계서잡록
계서야담

溪西雜錄·溪西野譚

정환국 책임교열

교감표점
정본
한국야담전집
05

보고사

해제

    이 책은 조선 후기 야담집 총 20종의 원전을 교감하여 새로 정본을 구축한 전집이다. 원래 2016년도 한국학 분야 토대연구지원사업으로 선정된 〈조선 후기 야담집(野談集)의 교감 및 정본화〉의 결과물로 2021년에 1차로 간행한 바가 있었다. 이후 약 3년간 수정 보완을 거친 끝에 이번에 명실공히 조선 후기 야담집의 정본을 내놓게 되었다.

    잘 알려져 있듯이 조선 후기 야담집은 거개가 필사본으로 존재하고 있으며, 다종의 이본을 양산하면서 축적되어 왔다. 그러다 보니 그 자체가 하나의 활물(活物)처럼 유동적이고 적층적인 형태를 취하고 있다. 이는 동아시아 고전 자료 중에서도 유별난 사례이자, 조선 후기 이야기문학의 역사를 웅변한다. 한자를 공유했던 동아시아 어느 지역에서도 찾아볼 수 없는 이 필사본의 족출과 적층은 조선조 문예사에서 특별히 주목할 사안이지만, 한편으로는 이 때문에 해당 분야의 접근이 난망했던 것도 사실이다. 다양한 필사본과 이본들의 존재는 원본과 선본, 이본의 출현 시기 등 복잡한 문제를 던져주었을 뿐만 아니라 애초 원전 비평을 어렵게 하였다.

    하지만 야담에 대한 이해와 접근은 무엇보다 원전 비평이 선결되어야 했었다. 물론 이런 문제의식과 고민, 그리고 일부 성과가 없었던 것은 아니다. 그렇지만 특정 야담집에 한정한 데다 그 방법 또한 유익한 방향이 아니었다. 그리하여 조선 후기 야담은 동아시아에서 우리만의 서사 양식으로, 또 조선 후기 사회를 밀도 있게 반영한 대상으로 주목받으면서도 원전에 대한 정리는 상대적으로 미진하기 짝이 없었다. 그러니 우리의 야담 연구는 어쩌면 첫 단추를 아예 끼우지 않았거나 잘못 낀 채 진행해 왔다고 해도 과언이 아니다.

그런데 조선 후기 야담의 전체 양이나 이본 수로 볼 때 이 분야 연구는 일개인의 노력으로는 거의 불가능한 영역이라 하겠다. 더구나 우리의 학문생태계에서 교감학이 활성화된 적도 거의 전무했다. 자료의 상태와 양은 물론 정립할 학문적 토대가 취약한 터라 해당 연구의 출발 자체가 난망했던 터다. 그럼에도 우리는 이젠 더 이상 미룰 수 없다는 책임감으로 연구팀을 꾸려 지난한 과제를 수행하게 된 것이다. 본 연구팀은 한국 야담 원전의 전체상은 물론 조선 후기 이야기문학의 적층성과 그 계보를 일목요연하게 드러내고자 이본 간의 교감을 통한 정본 확정의 도정을 시작한 것이다. 일단 이 자체로 개별 야담의 온전한 자기모습을 복원할 수 있게 되었다고 자부한다. 앞으로 이 자료가 고전문학뿐만 아니라 전통시대 역사와 예술 등 한국학과 인문학 전 영역의 연구에서 보다 적극적으로 활용되리라 믿는다. 나아가 이 책은 동아시아 단편서사물의 집성 가운데 중요한 결과물의 하나가 될 것이며, 자연스레 한국 야담문학에 대한 관심도 제고될 것으로 기대된다.

다만 본 연구가 기획되던 시점부터 스스로 던지는 의문이 있었다. 다른 고전 텍스트의 존재 양태와는 달리 야담의 경우 이본마다 나름의 성격과 시대성을 담보하고 있다. 그런데 이를 싸잡아 정본이라며 특정해 버리면 개별 이본들의 성격과 특징이 소거되는 것은 아닌가, 그러면 이 정본은 결국 또 다른 이본이 되고 마는 것은 아닌가. 이런 점을 고민하지 않을 수 없었다. 고민 끝에 우리는 '동태적 정본화'를 추구하기로 하였다. 정본을 만들기는 하지만 개별 이본의 특징들이

사상되지 않도록 유의미한 용어나 문장, 그리고 표현 등을 살리는 방향이었다. 대개는 주석을 다양하게 활용하여 이를 해결하고자 하였다. 말하자면 닫힌 정본이 아닌 열린 정본의 형태를 추구한 것이다. 이런 방식은 지금까지 시도된 예가 없거니와, 야담의 존재적 특성을 잘 반영하면서 새로운 교감학의 실례가 됐으면 하는 바람도 있어서다. 그러다 보니 일반 교감이나 정본화보다는 품이 훨씬 더 많이 들어갔다. 이 과정을 소개하면 이렇다.

먼저 해당 야담집의 주요 이본을 모은 다음, 저본과 대조본을 선정하였다. 저본은 선본이자 완정본이면서 학계에서 이미 인정되고 있는 점 등을 감안하여 잡았다. 대조용 이본은 야담집에 따라 그 수가 일정하지 않은바 최대한 동원 가능한 이본을 활용하되, 이본 수가 많은 경우 중요도에 따라 선별하였다. 다음으로, 저본과 대조이본을 교감하되 저본의 오탈자와 오류는 이본을 통해 바로잡았다. 문제는 양자 사이에 용어나 표현 등에서 차이가 있지만 모두 가능한 경우였다. 이때는 주로 저본을 기준으로 하되 개별 이본의 정보를 주석을 통해 반영하였다.(이에 대한 구체적인 사례와 처리 방식은 〈일러두기〉 5번 항목 참조) 그러나 저본과 대조본 사이의 차이를 모두 반영한 것은 아니다. 분명한 오류이거나 불필요한 첨가 부분은 자체 판단으로 반영하지 않았다. 이는 본 연구팀의 교감 기준에 의거했다.

그러나 실로 난감한 지점도 없지 않았다. 이본 중에는 리라이팅에 가까울 만큼 다른 내용이 첨입되어 있거나 일부 이야기를 다소 엉뚱한 방향으로 끌고 가는 사례도 있었기 때문이다. 이런 경우 꼭 필요한 부분만 반영하여 주석에 밝혔다. 이런 교감 과정에서 예상치 못한 상황에 직면하기도 하였다. 일반적이라면 으레 오자나 오류로 보이는 한자나 단어가 의외로 빈번하게 등장하였다. 이를 무시하려고 했으나 노파심에 자의와 출처를 다시 확인해 보니 뜻밖에도 해당 문장에 합당한 사례가 적지 않았다. 독자로서 교감 부분을 따라가다 보면 왜 이런 것들을 반영했을까 싶은 부분이 있을 텐데, 대개 이런 이유이니 유의해 주었으면 한다.

위와 같은 사례나 문제들 때문에 최선의 정본을 확정하는 과정은 참으로 쉽지 않았다. 그렇지만 이를 최대한 반영하고자 노력하였다. 그 결과 해당 야담집의 개별 이본들의 성격이 정본으로 흡수되면서도 어느 정도 자기 색깔을 유지할 수 있게 되었다. 이 20종의 편제는 다음과 같다.

1책	어우야담(522)	6책	기문총화(638)
2책	천예록(62) 매옹한록(262) 이순록(249)	7책	청구야담(290)
3책	학산한언(100) 동패락송(78) 잡기고담(25)	8책	동야휘집(260)
4책	삽교만록[초](38) 파수록(63) 기리총화(146)	9책	몽유야담(532) 금계필담(140)
5책	계서잡록(235) 계서야담(312)	10책	청야담수(201) 동패(45) 양은천미(36)

*( )는 화소 수

위 가운데 지금까지 원문 교감이 이루어진 사례로는 『어우야담』(신익철 외, 『어우야담』, 2006), 『천예록』(정환국, 『교감역주 천예록』, 2005), 『청구야담』(이강옥, 『청구야담 상·하』, 2019)과 『한국한문소설 교합구해』(박희병, 2005)의 일부 작품이 있었다. 당연히 이 결과물들의 원문은 본 연구의 참조가 되었다. 그러나 애초 교감의 방식이 다를뿐더러, 본서처럼 동태적 정본화를 구현한 것도 아니었다. 따라서 해당 야담집의 원전 교열은 더 종합화되고 정교해졌다. 이 외의 야담집은 그동안 몇몇 표점본과 번역본들이 나왔지만, 한 번도 이본 교감을 통한 정본화가 이루어진 사례는 없었다.

한편, 본서 10책의 구성은 대체로 성립 시기 순을 따랐다. 다만 『파수록』 등 일부 야담집은 성립 시기를 확정하기 어렵거나 불확실한 데다, 분량 등을 고려하다 보니 편제 순에 다소 차이가 있을 수 있다. 이 점 참작하여 봐주기를 바란다. 또한 「검녀(劍女)」로 유명한 『삽교만록(霅橋漫錄)』의 경우 개별 화소가 대개 필기류라서 전체를 실을 수 없었다. 그래서 불가피하게 야담에 해당하는 화소만 뽑아 초편(抄篇)하였다.

이렇게 해서 최종 수록된 야담집은 20종 10책이며, 총 화수는 4천 2백 여 항목이다. 화소 숫자로만 봐도 엄청나다. 그런데 이 숫자는 다소간 현실을 감추고 있다. 이 항목이 순전한 개별 이야기 숫자로 보기는 어렵기 때문이다. 이미 기존 연구에서 지적되었고 그 양상이 어느 정도 밝혀졌듯이 하나의 이야기가 여러 야담집에 전재(轉載)되는 경우가 많다. 실제 20종 안에 같은 이야기가 반복되는 화소의 빈도는 예상보다 높다. 그럼에도 독자성이 확인된 이야기는 대략 1,000편을 헤아리며, 그중에서도 좀 더 서사적 이야기, 즉 한문단편은 300편 안팎으로 잡힌다. 또 이 300편 안에서도 다종의 야담집에 빠짐없이 전재됨으로써 자기 계보를 획득한 작품은 150편 내외로 잡힌다. 다시 말해 이 150편을 잘 조각하면 조선 후기 사회현실과 인정세태의 퍼즐은 다 맞춰진다고 보면 될 듯하다.

물론 한 유형이 여러 야담집에 전재된다고 해서 이것을 '하나'로만 볼 수 없다는 점이 조선 후기 야담 역사의 중요한 특징이기도 하다. 한 유형의 다양한 전재는 고정된 것이 아니라 리트머스 종이마냥 번져 나갔기 때문이다. 단순한 용어나 표현의 차이뿐만 아니라 배경과 서사의 차이로 나가는가 하면, 복수(複數)의 화소가 뒤섞여 또 다른 형태를 구축하기도 하였다. 이런 변화상은 실로 버라이어티하다. 같은 화소가 반복된다고 해서 단순 수치화할 수 없는 이유이거니와 야담의 적층성과 관련해선 오히려 더 주목할 사안이다.

아무튼 이것으로 조선 후기 야담과 야담집의 전체상은 충분히 드러났다고 판단된다. 다만 조선 후기의 야담이라고 할 때 모두 이 야담집 20종 안에 들어있는 것은 아니다. 야담 중 완성도 높은 한문단편이 집약된 『이조한문단편집』에도 일부 수록되었듯이, 이외의 문집이나 선집류 서사자료, 기타 잔편류에도 흥미로운 야담 작품이 잔존하고 있기 때문이다. 하지만 해당 자료는 야담집이 아니어서 이 책에 반영할 수 없었다. 조만간 이들 잔존 자료들만 따로 수집, 정리하여 이 책의 부록편으로 간행할 예정이다.

사실 이 연구는 앞에서 언급했듯이 토대지원연구사업의 결과물이기는 하지만 그 준비는 그보다 훨씬 전이었다. 계기는 2007년으로 올라간다. 그해 동국대학교 대학원 고전문학 수업에서 처음 『청구야담』의 이본을 대조할 기회가 있었다. 그때 교토대 정선모 박사(현 남경대 교수)를 통해 그동안 학계에 알려지지 않은 교토대 소장 8책본 『청구야담』을 입수하였다. 이 책은 그동안 학계에 보고되지 않았던 『청구야담』 이본 가운데 하나였다. 검토해 보니 선본이었다. 실제로 어떤 차이가 있는지 궁금하여 기존에 알려진 주요 이본과의 교감을 시작한 것이다. 약 8편 정도를 진행했는데, 이 수업을 통해 『청구야담』 전체에 대한 교감이 절실함을 깨달았다. 그 후 이때 교감을 함께한 대학원생들을 중심으로 2013년 1월부터 『청구야담』의 이본 교감과 정본 확정, 그리고 이 정본에 의거하여 번역을 시작하였다. 우리는 약 3년을 매주 토요일을 반납한 채 이 교감과 번역에 매달렸다. 이 작업을 통해 야담 원전에 대한 장악력을 갖게 되었고, 『청구야담』에만 한정하지 말고 조선 후기 야담집 전체로 확대해야 한다는 점을 명확히 인식할 수 있었다.

  그러니까 이 책은 대략 15년 이상의 시간과 대학원생부터 전문연구원, 관련 분야 전문가까지의 노고가 쌓인 결과물이다. 나름 엄정한 기준과 잣대로 정본의 원칙을 세우고 저본과 이본 설정, 이본 대조와 원문 교감 등을 진행하여 정본을 구축하려 했고, 이 과정에서의 오류를 최대한 줄이려고 했다. 그러나 한문 원전을 교감하는 데는 오류의 문제가 엄존한 법이다. 최선의 이본들이 선정된 것인가, 정본화의 방향에선 문제가 없는가, 향후 개별 야담집의 이본이 더 발굴될 여지도 있지 않은가? 활자화 과정 중에 발생하는 오탈자 여지와 표점의 완정성 문제도 여전히 불안을 부추긴다. 그렇긴 하지만 질정을 달리 받겠다는 다짐으로 상재한다. 독자 제현의 사정없는 도끼질을 바란다.

  이 결과물이 나오기까지 많은 분들의 협업과 도움이 있었다. 은사이신 임형택 선생님과 고 정명기 교수는 좋은 이본 자료를 제공해주셨다. 감사한 마음을 이본의 명칭에 부여한 것으로 대신하였다. 본 연구팀의 공동연구원으로 이강옥 교수님과 오수창 교수님이 함께하였다. 각각 야담 문학 전문가와 역사학 전문가로 진행 과정에서 고견을 제시해 주셨다. 이채경, 심혜경, 하성란, 김일환 선생은 전임연구원으로 3년 동안 전체 연구를 도맡아 진행해 주었다. 이들의 노고는 이루 다 말할 수 없을 지경이다. 마지막으로 대학원 과정부터 함께한 동학들을 잊을 수 없다. 남궁윤, 홍진영, 곽미라, 정난영, 최진영, 한길로, 최진경, 정성인, 양승목, 이주영, 김미진, 오경양은 2013년 이후 『청구야담』 교감과 번역에 참여하였고, 일부는 본 연구팀의 연구보조원으로 참여하여 원문 입력과 이본 고찰에 기여하였다. 그리고 이들 모두 최종 교정 작업에 끝까지 함께 하였다. 특히 과정생인 이주현, 유양, 정민진은 교정 사항을 반영하는 일을 도맡아 주어 큰 힘이 되었다.

이들이 없었다면 이 책은 나올 수 없었다. 다행히 이 10여 년의 과정은 우리 모두에게 소중한 경험이자 학문적 자산으로 남게 되었다. 이들은 지금도 속집 작업을 함께 하는 중이다. 이래저래 이 책은 나와 나의 동학들이 동행하는 텍스트의 유토피아이다.

끝으로 3년여 전에도 그리고 이번에도 이 거질의 전집 출판을 흔쾌히 맡아 준 보고사 김흥국 사장님과 시종여일 책의 완성도를 높이기 위해 애써 준 이경민 대리를 비롯한 편집부 관계자 분들께 미안하고 감사하다는 마음을 전한다.

2025년 2월
연구팀을 대표하여 정환국 씀

차례

해제 … 3
일러두기 … 12

계서잡록 溪西雜錄 ——— 15

序 ——— 17
卷一 ——— 19
卷二 ——— 80
卷三 ——— 165
卷四 ——— 217

계서야담 溪西野譚 ——— 291

卷一 ——— 293
卷二 ——— 340
卷三 ——— 387
卷四 ——— 430
卷五 ——— 474
卷六 ——— 521

일러두기

1. 이 자료집은 조선후기 야담집 총 20종을 활자화하여 표점하고, 이본을 교감하여 정본화한 것이다.
   - 해당 20종은 다음과 같다. 『於于野談』, 『天倪錄』, 『梅翁閑錄』, 『二旬錄』, 『鶴山閑言』, 『東稗洛誦』, 『雜記古談』, 『雪橋漫錄(抄)』, 『破睡錄』, 『綺里叢話』, 『溪西雜錄』, 『溪西野談』, 『紀聞叢話』, 『靑邱野談』, 『東野彙輯』, 『夢遊野談』, 『錦溪筆談』, 『靑野談藪』, 『東稗』, 『揚隱闡微』.
2. 저본과 이본(대조본) 설정 과정은 다음과 같다.
   - 개별 야담집마다 저본을 확정하고 주요 이본을 대조본으로 삼았다.
   - 저본의 기준은 야담집마다 상이한데, 기존의 이본 논의를 참조하여 본 연구팀에서 최종 확정하였다.
   - 이본의 경우, 야담집마다 존재하는 이본들을 최대한 수렴하되 모든 이본을 대조본으로 활용하지는 않고 교감에 도움이 되는 주요본을 각 야담집마다 2~6개 정도로 선정하였다. 이본이 없는 유일본의 경우 다른 자료를 대조로 활용하였다.
3. 활자화 과정은 다음과 같다.
   - 개별 야담집의 저본을 기준으로 활자화하였다.
   - 원자와 이체자가 혼용되었을 경우 일반적으로 활용되는 이체자는 그대로 반영하되, 잘 쓰지 않는 이체자는 원자로 대체하였다.
   - 필사상 혼용하는 한자의 경우 원자로 조정하거나 문맥에 맞게 적절하게 취사선택하였다. 대표적으로 혼용되는 글자들은 다음과 같다. 藉/籍, 屢/累, 炙/灸, 沓/畓, 咤/吒, 斂/歛, 押/狎, 係/繫, 襧/稱, 辨/卞, 別/另, 縛/縳 등
4. 활자화와 표점은 다음과 같은 기준에 의거하였다.
   - 개별 야담집의 권수에 따라 이야기를 나누고 이어지는 작품들은 임의로 넘버링을 통해 구분하였다. 권수가 없는 야담집의 경우 번호만 붙여 구분하였다.
   - 원문의 한자를 최대한 반영하였으나 최종적으로 판독이 불가능한 글자는 ■로, 공백으로 되어 있는 경우는 □로 표시해 두었다.

- 원문의 구두와 표점은 일반적인 기준에 의거하였다. 문장 구두는 인용문(" " ' '), 쉼표(,), 마침표(. ?!), 대구(;) 등을 활용하였다.
- 원문의 책명이나 작품명의 경우 『 』, 「 」 등으로 표기하였다.
- 원주로 되어 있는 부분은 【 】로 표기하여 구분하였다.

5. 정본화 과정은 다음과 같다.
   - 개별 야담집마다 저본과 대조 이본을 엄선하여 교감하되 모든 작품들의 정본을 구축하는 것으로 목표로 하였다. 각 야담집의 저본과 대조본은 해당 야담집의 서두에 밝혀두었다.
   - 저본과 이본은 입력과 이해의 편의를 위해 각 본의 개별 명칭을 쓰지 않고 저본으로 삼은 본은 '저본'으로, 이본으로 삼은 본은 중요도에 따라 '가본', '나본', '다본' 등으로 통일하여 대체하였다. 대조본 이외의 이본을 활용한 경우 '다른 이본'으로 구분하여 반영하였다.
   - 저본을 중심으로 교감하되 이본을 적극적으로 활용하여 가장 이상적인 형태를 구축하고자 했다. 이 과정은 오류를 바로잡은 것에서부터 상대적으로 나은 부분을 선택하는 방향으로 이루어졌다. 그 기준은 다음과 같다.
     ① 저본의 오류가 확실할 때: '~본에 의거하여 바로잡음'
     ② 저본이 완전한 오류는 아니나 이본이 더 적절할 때: '~본 등에 의거함'
     ③ 저본에 빠져있는데 이본을 통해 보완할 경우: '~본 등에 의거하여 보충함'
     ④ 저본도 문제는 없으나 이본 쪽이 더 나을 때: '~본 등을 따름'
     ⑤ 서로 통용되거나 참조할 만한 경우: '~본 등에는 ~로 되어 있음'
     ⑥ 저본을 그대로 반영하면서도 이본의 내용도 의미가 있을 때도 주석을 통해 밝혔음.
     ⑦ 익숙하지 않은 통용된 한자나 한자어가 이본에 있는 경우도 주석을 통해 반영하였음.
     ⑧ 저본과 이본으로도 해결되지 않는 오류는 다른 자료를 활용하여 조정하였음. 이 경우 상황에 따라 바로잡기도 하고, 그대로 두되 주석에서 오류 문제를 적시하기도 하였음.
     ⑨ 기타 조정 사항은 각주를 통해 밝혔음.

계서잡록
溪西雜錄

저본 및 이본 현황

저본: 일사문고본
가본: 성균관대본
나본: 연민본
다본: 연세대본
라본: 하버드대본
마본: 국립중앙도서관본
바본: 가람문고본
사본: 고려대본
아본: 정명기본

自序

余自花山而移金陵, 由金陵而來南昌, 茲三者, 俱是峽邑之閑局也. 簿書不煩, 每春夏之交, 或鎭日而無一紙民訴, 以是之故, 得以養閑暮境. 花山有府內之金溥汝, 金陵有隣境之趙叔京, 二人者, 皆詩酒佳士也. 日夕追遊, 與之酬唱, 殆無虛日, 詞律之得頗贍, 而亦以慰客愁消永日矣. 於南昌, 則無此兩友, 山日抵年, 案牒多暇, 凡自坐臥, 無以遣懷. 年迫六旬, 而神精不至昏耗, 故仍臥念平日之所耳聞而目覩者, 自家間事蹟, 及外他前輩行于世之古談, 隨思隨錄, 使官童之解書者, 彙爲一書, 而題之曰'溪西雜錄', 以倣古之人遣閑逐睡等書. 蓋多野乘之所不載者, 要作閑中消遣之資, 而無年條之編次, 錯亂甚矣. 未知覽是書者, 以爲如何? 至若閭巷稗說之自古流傳而可博一噱者, 幷闕之云爾. 歲黃鼠暮春之下澣, 溪西老夫, 書于南昌府竹裏館.

序

『溪西雜錄』者, 以其所居在溪之西, 故準如氏因以自號而名其所著也. 噫! 古之博雅好奇之士, 必有所著, 流傳於後世[1]. 然所著不一, 或近於誕, 水村『天倪』是已; 或近於俚, 『慵齋叢話』是已, 又或駁焉不經, 不足示於來許者, 有之. 獨此錄, 的採聞見, 無誕俚之訛; 攄實記述, 無不經之歎, 補野乘之所不載, 斥古談之所共知. 上

---

[1] 世: 저본에는 빠져 있으나 沈能淑의 문집 『後吾知可』에 의거하여 보충함.

自牧隱先公, 下至近世諸公, 苟有一事一言之奇, 可以傳後者, 無不錄焉. 編爲四冊, 非聰明强記, 何以述此? 至若名姓之或換, 事實之或舛, 各出聞見之異, 非作者過也. 今溪西雖處劇髮白, 神貌如壯年, 善作歌謠及俗樂府, 揮筆成腔, 篇篇可誦, 贈歌衆妓, 代述己意. 若自其口出, 所以完府歌曲, 傳於南國, 而最愛玉娘. 故送侍於余, 而贈歌[2]最多, 已成一卷, 或以尋常書札, 演爲歌詞而寄之, 旣合於調, 曲盡其意, 才之敏華, 非可學而能焉. 且喜道古事, 夜盡而[3]語不盡, 余嘗戱曰: "老兄一肚皮, 都是歌, 又不知幾十卷『溪西錄』, 尙餘於胸中未脫藁之草也歟?" 主人旣招我以序, 故辭不獲以作, 異日溪西楠樓從遊時, 一傳奇事者云爾. 歲癸巳孟春, 少楠居士沈能淑英叟序.

---

2) 歌: 저본에는 '謌'로 나와 있으나 가본을 따름.
3) 而: 저본에는 '言'이 붙은 판독불가자로 나와 있으나 가본에 의거함.

卷一

1-1.

　先祖牧隱先生, 當國革命之時, 與圃隱先生, 義不仕本朝, 而圃隱則爲趙英珪鐵椎所椎, 賣于善竹橋上, 先生杜門自處. 太祖朝, 使之迎入, 而太祖下榻而迎之, 則先生長揖不拜, 曰: "老夫無可坐處!" 仍退出. 及彛初之獄, 逮繫淸州獄, 鞫問甚峻, 事將叵測. 一日黎明, 天乃大雨, 未及日中, 山崩水湧, 壞城門, 漲入城內, 屋舍皆沒. 問事官及諸隸, 皆漂溺, 攀鴨脚樹董免. 事聞, 釋不問, 以是得全. 玉川君劉敞, 聞公被誣逮獄, 語人曰: "先生乃天挺生之人, 必有天變." 其言果驗. 有人題詩, 曰:'流言不幸及周公, 忽有嘉禾起大風. 聞道西原江水漲, 是知天道古今同'云, 載在野乘. 先祖之當初收議, 云: "當立前王之子." 嘗有詩, 曰:'人情那似物無情? 觸境年來漸不平. 偶向東籬羞滿面, 眞黃花對僞淵明.' 其雍容就義, 可知也. 或問昆崙曰: "麗朝革命之時, 牧隱不卽致命, 雖未若圃老之明快, 而考其始終, 則乃心王氏, 畢竟全節之人. 而其謫長湍也, 呈都堂十絶有云, 放榜辛朝, 始出身. 牧隱若明知恭愍之子, 則豈忍以辛朝之說形諸吟咏乎?" 曰: "其時國祚垂[1]絶, 訛言繁興, 禁密牀第之事, 有非外臣所得詳, 而禑旣名爲旽子, 而見廢牧老, 亦旣與聞於策立, 則詩句之云, 然固無足深怪. 然以當立前王子之說, 觀之, 其不敢必其非王氏, 可見設若牧老明知爲辛旽子, 則雖不能立懂於廢禑, 亦豈無擇立王氏他宗室之議耶? 此亦可見其微意也." 或曰: "禑·昌之爲異姓, 中朝之所聞知而致詰者, 則其時國言之騰

---

[1] 垂: 가본에는 '無'로 되어 있음.

播, 此亦可見矣." 曰: "此尤不足爲公證. 當是時, 天命已去, 人心有歸, 大小朝紳, 王氏之人絶少, 則所謂中朝詰問, 安知非使臣自唱自和之蠱言耶? 耘谷異乎所傳聞異辭者, 情僞虛實, 宜無不知, 而記實之言, 顧不足爲斷案耶? 退溪先生書, 有云: '國家萬世後, 當從耘谷議.' 象村云: '禑·昌之事, 當以元天錫爲信, 史區區之見, 蓋亦有所受也.'" 昆崙旣如是, 可見百世公議也. 尤翁撰神道碑, 云: "史曰: '李某語人曰: '胡致堂以爲元帝姓牛, 而東晉群臣安而不革者, 必以胡羯交侵. 若不憑依舊業, 安能係屬人心? 吾於辛氏, 不敢有異議者, 亦此意也.'' 此筆似涉曲筆, 當時佐命諸公, 欲藉先生, 以成禑昌之爲正也云." 皆可爲信筆也, 而李芝湖選之雜錄, 誣以先生屈節於本朝云, 亦可駭異矣. 近者, 成海應作「蘭臺史筆」, 明知李選之誣, 而詳載前後事實, 李選未知何所據而如是爲言者, 其心術之不正, 有如是矣. 先生之伯胤被禍, 先生每向深山無人之處, 痛哭而歸. 世云: "先生後命, 卽鄭道傳之所爲, 而實非太祖之本意也."

1-2.

鄭寒岡問於退溪曰: "曺南冥, 嘗以鄭圃隱出處爲疑, 鄙意圃隱一事, 頗可笑. 爲恭愍朝大臣十三年, 於不可測之道, 已爲可愧, 又事辛禑父子, 謂以禑爲王出歟, 則他日放出, 已亦預焉, 何也? 十年服事, 一朝放殺, 是可忍乎? 如非王出, 則呂政之立, 嬴氏已亡, 而乃尙無恙, 又從而食其祿, 如是有後日之死, 深所未曉." 退溪答曰: "程子曰: '人當於有過中求無過, 不當於無過中求有過.' 圃隱大節, 可謂經緯天地, 棟樑宇宙, 而世之好議論喜攻伐者, 不樂成人之美, 嘵嘵不已, 每欲掩耳而不聞也." 圃隱之立節, 如是光明正大,而南冥·寒岡, 俱是儒賢, 尙不無致訝. 至有退溪之辨破, 則牧隱先祖雍容就義, 有非後生所可測見而妄議者也.

1-3.
牧隱先祖文稿, 皆遺失, 於毁板之餘開刊時, 鳩聚佛家所在碑石之文, 而謄刊. 以是之故, 佛氏文字居多, 而且俱是奉敎撰也, 非私自阿好而然也. 後之人不知此狀, 或指以爲崇佛云, 良可歎也!

1-4.
土亭諱之菡, 九代祖考之[2]弟也. 生而穎悟, 天文·地理及醫藥·卜筮·述數之學, 無不通曉, 未來之事, 預先知之, 世皆稱以爲神人. 兩足繫一圓瓢, 杖下又繫一圓瓢, 行于海水之上, 如踏平地, 無處不往, 如瀟湘·洞庭之勝, 皆目見而來. 周行四海, 以爲海有五色, 分四方中央, 而隨其方位而同色云. 家極貧寒, 朝夕無以供, 而不以介于心. 一日, 坐於內堂, 夫人曰: "人皆稱君子有神異之述云, 見今乏粮, 將絶火矣, 何不試神術[3]而救此急也?" 公笑曰: "夫人之言, 旣如此, 吾當少試之矣." 命婢子, 持一鍮器, 而諭之曰: "汝持此器, 往京營橋前, 則有一老嫗, 以百錢[4]願買矣, 汝可賣來." 婢子承命而往, 則果有老嫗之願買者, 一如所指敎, 仍捧價而來. 又命曰: "汝持此而往西門外市上, 則有蒻笠人, 以匙箸將欲急賣矣, 汝以此錢買來." 婢子又往, 則果符其言, 持匙箸來納, 卽銀匙箸也. 又命曰: "汝持此而往畿營前, 下隷方失其銀匙箸, 而來求同色者

---

2) 之: 저본에는 빠져 있으나 가본에 의거하여 보충함.
3) 術: 저본에는 '述'로 나와 있으나 가본에 의거함.
4) 錢: 가본에는 '金'으로 되어 있음.

矣, 示此, 則可⁵⁾捧十五兩錢, 汝可賣來." 婢子又往見, 則又符其言, 捧十五兩錢而來. 更以一兩錢, 給婢子而言曰: "買器之老嫗, 初失食器, 而欲代之矣. 今焉, 得其所失之器, 而欲還退, 汝可還退而來." 婢子又往見果然, 仍還退其器而來. 以其錢與器, 傳于夫人, 使作朝夕之費. 夫人更請加數, 則笑曰: "如斯足矣, 不必添加!" 其神異之事, 類多如此.

1-5.

七代祖考佐郎公, 以兵曹佐郎, 當壬辰倭寇之⁶⁾亂, 而其仲氏投筆供武職. 助防將邊璣出戰時, 以其仲氏從事官啓下, 而名字誤以公書之, 仲氏曰: "以吾啓下, 而誤書汝名, 吾可往矣." 公曰: "旣以吾名啓下, 則吾當往." 仍束裝而辭于慈親, 蒼黃赴陣. 邊璣出陣于嶺右, 大敗而逃, 軍中無主將, 仍大亂. 公聞巡邊使李鎰在尙州, 單騎馳赴之, 與尹公暹·朴公篪, 同處幕下, 又戰不利, 一陣陷沒, 尹·朴兩公, 皆被害. 公出陣外, 則奴子牽馬而待之, 見而泣告曰: "事已到此, 願速速還洛, 可也." 公笑曰: "國事如此, 吾何忍偸生?" 仍索筆, 告訣于老親及伯氏, 藏于袍裾中, 而使奴傳之, 欲還向敵陣, 則奴子抱而泣不捨, 公曰: "汝誠亦可佳, 吾當從汝言, 而吾饑甚, 汝可得飯而來." 奴子信之不疑, 尋人家乞飯而來, 則公已不在矣. 奴子望敵陣, 痛哭而歸. 公以得飯爲托而送奴, 仍回身, 更赴敵陣, 手格殺數人, 而仍遇害. 時享年二十四四月二十四日, 而尙州北門外坪也. 其奴子⁷⁾牽馬而來, 擧家始聞凶報, 以發書之日爲忌日, 而

---

5) 可: 가본에는 '可以'로 되어 있음.
6) 之: 저본에는 빠져 있으나 가본에 의거하여 보충함.
7) 子: 저본에는 빠져 있으나 가본에 의거하여 보충함.

始擧哀. 其奴自到而死, 馬亦不食而斃, 以所遺衣冠, 斂而入棺, 葬于廣州突馬面, 先塋之左麓, 而其下又葬奴與馬. 尙州士林設壇, 而行俎豆之[8]禮, 自朝家贈職都承旨. 乙卯正廟朝, 以親筆書'忠臣義士壇', 建閣於北坪, 命使三從事並享, 而春秋行祀. 公卒後, 每夜來家中, 聲音笑貌, 宛如生時. 對夫人趙氏酬酢, 無異平昔, 每具饍以進, 則飮啖如生時, 而後乃見之, 飮食如前. 每於日昏後始來, 臨鷄鳴, 則出門而去. 夫人問: "公之遺骸, 在於何處? 若知之, 則將返葬矣." 公愀然曰: "許多白骨堆中, 何由辨知乎? 不如置之爲好, 且吾之白骨所埋處, 亦自無害矣." 其他家事區處, 一如平時, 小祥後, 間日降臨矣. 及大祥時, 乃辭曰: "從今以後, 吾將不來矣." 時六代祖考府使公, 年四歲矣, 公撫而嗟歎, 曰: "此兒必登第而不幸, 當不幸時, 然而伊時, 吾當更來!" 仍出門, 伊後更無形影. 其後二十餘年後, 光海朝, 六代祖考登第, 謁廟之時, 自空中呼新恩進退, 人皆異之. 八代祖妣, 常有病患, 時則五六月間也. 喉渴而病患中, 謂侍者曰: "何由得喫一橘? 若得喫, 則渴病可解矣." 數日後, 空中有呼兄聲, 伯氏公下庭而仰視, 則雲霧中, 公以三橘投之, 曰: "老親念橘, 故吾於洞庭得來矣, 可以進之." 仍忽不見, 以橘進之, 病患卽差. 此是陶庵李文正神道碑銘, 曰'空裏投橘, 神悅惚兮'云者, 卽此也. 每當忌辰行祀時, 闔門之後, 則必有匙箸聲. 庶曾大父秉鉉, 向我言, "自家少時參祀, 每聞此聲矣, 近日以來, 未嘗聞云矣." 宗家行祀時, 餠有人毛之入者, 罷祀後聞之, 則外舍有呼奴之聲. 家人怪而聽之, 則出自舍廊, 奴子承命而入, 則使捉致蒸餠婢子, 分付曰: "神道忌人毛髮, 汝何不察? 汝罪可撻." 仍命撻楚. 自

---

[8] 之: 저본에는 빠져 있으나 가본에 의거하여 보충함.

是, 每當忌辰, 雖年久之後, 家人不敢少忽焉. 尹學士遲, 尹行恁之祖也; 朴學士篪, 朴長卨之祖也. 行恁當權時, 以當請不祧爲言, 先君子以爲不可, 曰: "不祧之典, 有大勳勞於邦家然後, 可也. 未聞以節義不祧, 又未聞子孫干恩云矣." 行恁大怒, 只請尹·朴兩學士不祧, 而公則不得預焉. 親盡而年前埋主於墓所.

1-6.
從曾大父文淸公, 諱秉泰氏, 高祖考監司公侄子也. 性至孝淸儉, 一毫不以取於人, 位至副學, 而居不容膝, 衣不掩身, 言議淸高, 有廉頑起懦之風. 自失怙之後, 就養於監司公. 監司公按海西時, 病患沈篤, 公時副學, 上疏陳情, 乞欲往省, 上特許之. 借隣戚家駑馬與奴, 發向海營, 中路馬斃, 仍徒步而及抵營下, 阻閽不得入. 蓋閽者見其破笠弊袍, 殆同乞人, 阻而不許入, 不知爲巡營親姪故也. 公亦不自言之[9], 少待于門外矣, 新延下隸之在京承顏者, 見之驚, 而迎拜前導而入. 及門, 監司公見儀, 叱責曰: "此何貌樣? 此是辱朝庭也. 汝旣請由, 則時任副學也, 乘馹而來, 可也. 今以乞客樣, 徒步下來, 自此, 海西之民, 以副學之位, 皆如此等人知之矣, 豈不貽羞乎? 可卽退去!" 公不敢入門, 惶蹙而退于冊室矣. 少焉, 自內出送一襲衣·笠子·新巾·玉圈·紅帶, 使之改服而來. 公迫於嚴敎, 不得已承命改服, 上下一新, 始乃進拜於澄軒, 則監司公笑而敎曰: "乃今始知爲副學矣." 留月餘告歸, 臨發盡脫冠巾, 別封以置, 而還着來時之衣冠而歸.

---

9) 之: 저본에는 '也'로 나와 있으나 가본을 따름.

1-7.

文淸公, 初除嶺伯, 辭不赴, 上怒之, 特補陝川郡, 邸人來見, 則絶火已數日矣. 所見悶迫, 以一斗米·一級靑魚·數束薪, 入送于內矣. 公下直而出, 見白飯·魚湯, 問家人曰[10]: "此從何得?" 家人以實對, 公正色曰: "何可受下隷無名之物乎?" 仍以其飯羹, 出給邸人. 及到郡, 一毫不近, 治民以誠. 時值大旱, 一道皆祈雨而無驗, 公行祀後, 仍伏於壇下暴陽之中, 矢于心, 曰: "不得雨, 則以死爲期." 只進米飮, 而數日心禱矣. 第三日之朝, 一朶黑雲, 出於所禱之山上矣, 暫時大雨注下, 一境周洽, 接界之他邑, 無一點雨之過境者. 一道之內, 陝川一境, 獨占大登. 吁! 亦異矣. 海印寺有紙役, 寺僧每以此爲痼弊矣, 自公上官之後, 一張紙曾不責出矣. 一日, 適有修簡事, 以簡紙三幅來納之意, 分付寺僧. 各房僧齊會, 每人一次擣砧, 以十幅來納之[11], 則公命捉入寺僧之來者, 而分付曰: "自官旣有三幅之分付, 一幅加減, 俱罪也. 汝何敢加數來納乎?" 仍拔置三幅, 而還給七幅而送之. 其僧受簡而出, 給官隷, 則俱不受, 不得已掛之外三門楣之上而去. 伊後, 公適出門, 見而怪之, 問而知之, 笑而使置案上矣. 遞歸時見之, 則加用一幅, 餘六幅, 置簿於重記. 公於暇日遊海印寺, 見題名之多, 指龍湫上特立之巖, 曰: "此石面題名, 則好矣, 而石立於水深處, 無接足處, 似無以刻之云矣." 諸僧徒聞此言, 七日齋戒, 而禱于山神. 時當五月, 潭水氷合, 仍伐木作梯而刻. 此是傳家之事, 而向於海印之行, 欲審其題名處而不得, 其已刓而然歟! 遞歸時, 邑中大小民遮路, 曰: "願留一物, 以爲永世不忘之資云云." 公曰: "吾於汝邑, 一無襯身之物, 而製一道袍

---

10) 曰: 저본에는 '以'로 나와 있으나 가본에 의거함.
11) 之: 저본에는 빠져 있으나 가본에 의거하여 보충함.

矣."此以出給, 卽廳布也. 民人輩以此立祠, 而號曰'淸白祠'. 至今, 春秋享以俎豆焉.

1-8.

從曾大父淸州公, 諱秉鼎, 伯高祖府使公伯胤也. 爲人坦率, 未嘗修飾邊幅, 工于文筆, 常自韜晦, 人無知者. 家貧無資身之策, 聘家極富饒, 自聘父母以下, 謾侮備至, 有時或往, 則岳翁問: "汝喫朝飯乎?"妻娚在傍, 曰: "不問可知."岳翁呼奴而言曰: "某處李郞來, 而闕食云矣. 內間如有水飯之餘者, 饋之好矣."其薄待如此. 晚而贅居于妻家下房, 晝則終日鼾睡, 到夜人靜之後, 必暗暗讀書賦詩. 時當式科, 將設初試, 公口不言科事, 夫人問曰: "科期不遠, 君子不欲赴耶?"公答曰: "雖欲赴擧, 試紙·筆墨, 從何辦備乎?"夫人乃出粧奩之屬, 賣而與之, 公以是辦科具. 時諸妻娚及同壻某, 皆紛紛治科具, 而一不問公之赴擧, 與不[12]入場. 公與同壻及妻娚, 幷高中, 其同壻, 則時宰相家子而妻家之愛壻也, 其接待比公, 不啻霄壤公晏如也. 榜出後, 諸人驚問曰: "君何以見科而得中也? 世事有未可知, 可謂倖科矣."公答曰: "偶隨諸從之後, 得見餘文餘筆矣, 不意得中也."諸人皆大笑. 及會試期, 公暗藏瓠博紙局而入場, 早呈券, 而訪其妻娚之接, 則娚妹姑未呈券矣. 仍出博局, 而要與之, 賭人皆詬罵, 而公一味欲賭, 又作戲談, 故使苦之諸人, 皆曰: "此君何爲而入場, 作此苦狀沮戲人科事也?"擧毆逐之. 公出場而歸妻家, 則諸人亦皆出來, 岳翁先問: "次壻之見科, 善不善?"其人對曰: "未及呈券, 方寫之時, 彼李生忽地突入, 以博局欲賭而沮戲

---

[12] 不: 가본에는 '否'로 되어 있음.

之, 幾乎狼狽矣." 岳翁咄嗟而責曰:"汝以無識之兒, 不知科事之
重, 胡爲戲人之科事乎? 人之沒廉沒覺, 有如是矣?"使之退去, 公
亦不介意. 及其榜出之日, 早飯後, 升門外桑樹, 而摘椹啗之, 而
已, 榜軍來矣, 仍奪其秘封而見之, 則卽公之名字也. 仍謂來隸曰:
"此是此家之第二婿得中也, 入門只云:'第二婿高中云云.'可也."
其隸如其言, 擧家相慶曰:"果然矣, 果然矣! 秘封何在?"其隸答
曰:"門外桑木上, 有一儒奪之云." 岳翁及同婿, 出來索之, 公徐曰:
"旣中司馬矣, 雖不見秘封, 庸何傷乎?"諸人責之誘之, 使之下之,
則下來後示之, 曰:"此則吾之秘封也, 何爲索之?"諸人始大驚訝
之, 其妻娚及同婿, 皆見屈, 而公獨高中. 伊後, 卽登筮仕, 屢典州
牧, 而妻家蕩敗家産, 貧無以聊生, 公迎來聘母于衙中, 厚待之, 而
一不相面. 時人以是短之矣[13].

1-9.

　族大父華重氏, 莅魯城時, 兵使尹光藎, 以軍器摘奸, 巡各邑, 到
處作弊. 路上如有一塊石, 則必使首鄕·首吏, 以齒拔之, 而以杖打
其趾, 往往嘔血而死. 將到魯城界, 公以其兄差出治道監官, 使之
境上待令, 公之爲政甚嚴, 吏民不敢違越, 兵使之兄, 不得已立於
境上路邊矣. 兵使來到, 見其兄立於路, 下馬拜而問:"何爲而作此
擧也?"其兄叱之曰:"汝以兵使行次, 尊則尊矣, 作弊父母之鄕, 至
使我至於此境, 此何道理? 吾則此土之民也, 奉行[14]官令來治道,
汝可安過." 兵使謝罪曰:"吾焉敢作弊於此邑耶? 願兄放心." 遂入
縣, 席藁於三門之外, 公聞此報, 具官服出門外, 又向兵使而伏,

---

13) 矣: 저본에는 빠져 있으나 가본에 의거하여 보충함.
14) 行: 저본에는 빠져 있으나 가본에 의거하여 보충함.

曰:"兵使道, 何爲作此過擧也云云." 兵使萬端哀乞, 數食頃後, 始罷. 濟州進上, 每從此上去, 刷馬之責, 立幾近十餘駄. 公趁此時, 具袍帶祗迎于五里亭, 分付曰:"進上有所重, 可奉安于客舍, 隨後入來, 立于客舍廳下, 濟州進上, 吾當奉審." 一一解卜, 則進上物種, 不過一二駄, 而其外無非濟牧之私卜也. 公怒叱曰:"各邑刷馬, 豈爲濟牧進封物而立耶? 進上物種, 安于床上, 其外一倂屬公!" 濟州下隷, 不敢出一言而去. 公之莅金山郡, 境內有他邑大同錢木上納全數見失之事, 自上命五營發捕, 而傳敎有十日內不得捉, 則道伯當遠配, 各營將幷施軍律之敎, 一道方以是驚怵. 時賊魁別號所謂'耳割'者, 居金山邑底, 而以妓爲妾, 晝夜以酒色爲樂. 其膂力絶倫, 人皆畏怵, 鎭營校卒[15]來者, 皆知其此漢之所爲, 而見必下拜而去. 是時, 公之姪子判書公復永氏, 在衙中, 年纔弱冠矣. 知其事, 而心竊忿之, 以少年銳氣, 有欲捉之心, 親迎厥妓使之出入. 一日, 以灸鐵作索, 使妓掛之渠房, 賊漢如問之, 則以實言之. 妓如其言, 賊見而問曰:"此鐵索, 誰[16]所爲也?" 妓曰:"官家冊室之爲也." 賊曰:"年幾何?" 曰:"十七八矣." 賊曰:"此童頗奇矣!" 以手伸之, 隨手而伸矣. 妓告此由, 公於月夜, 携此妓, 到湧金門樓下, 一聳而上樓, 又使其妓道此由. 賊乃於翌夜, 又到樓下, 一躍只近樓檻而下, 蓋賊則肥而鈍故也. 公知此狀, 以燒酒之最峻烈者, 給之, 使妓勸飮, 待泥醉後, 鎖其房戶, 從後衝火. 其家在於湧金門傍, 公持鐵椎, 上門樓, 隱身於棟樑之間, 須臾火起, 賊於醉睡中, 見火光, 推戶而戶鎖矣. 仍手擧舍樑之隅, 而跳出聳身, 欲上門樓, 公從暗中, 以椎迎擊墮地, 仍以椎椎折兩脚而入來. 蓋妓亦厭苦賊漢, 而畏不

---

15) 卒: 저본에는 빠져 있으나 가본에 의거하여 보충함.
16) 誰: 가본에는 '誰之'로 되어 있음.

敢遽絶, 以是之故, 一從公指揮故也. 翌日, 城內鼎沸, 以爲賊漢見捉云云. 自官使之捉入, 則無以起動, 以束車駄入, 賊漢呼妓, 近前隨來, 且吸烟茶, 而入官門, 施威官庭而問之, 則一一承服. 問其同黨, 則乃笑曰: "同黨不必問之, 此邑官屬, 亦皆吾黨也. 其可盡誅耶? 吾是偸公納之賊也, 只殺一人可矣, 不必濫及他人. 然而冊室有少年童, 此童果奇矣. 吾是常漢, 智慮不及於兩班, 豈可以吾氣力見殺於口乳之童耶云." 而更不言, 雖問之, 而一無所答. 仍以報營, 捉上正法, 本邑首校白姓人, 承加資之典. 伊後, 公被罪於伯父公, 而還京第.

1-10.

族大父三山判書公, 諱台重氏, 以言事忤上旨, 黜補甲山府使[17]. 時靈城君朴文秀, 按北關矣, 聞公至, 坐於樂民樓上而待之. 公延命後, 入見巡使, 則文秀曰: "令監老論中峻論也, 吾亦於少論中以峻爲[18]名者也. 今日相逢, 適又從容, 請與論議, 可乎?" 公曰: "諾." 文秀曰: "吾則曰'老少論', 俱是逆云矣." 公曰: "天下義理, 無兩是雙非, 下敎何爲也?" 文秀曰: "少論於戊申·乙亥, 有擧兵之擧, 此則今朝之逆也. 老論終是景廟之逆也, 故云爾." 公笑曰: "老論無稱兵之擧, 何可與少論同日而[19]語哉? 使道旣使之有懷無隱, 則終日危言而無誅, 可乎?" 朴曰: "諾." 公曰: "少論之中下官, 以使道爲逆賊云矣." 文秀大驚變色, 曰: "何謂也?" 公曰: "使道按廉三南, 爲三年之久矣, 麟賊之醞釀, 其果不知乎? 若曰'不知', 則溺職矣, 若曰

---

17) 使: 저본에는 빠져 있으나 가본에 의거하여 보충함.
18) 爲: 가본에는 '有'로 되어 있음.
19) 而: 저본에는 빠져 있으나 가본에 의거하여 보충함.

'知之', 則豈不伏知情之罪乎? 以是, 知以爲逆矣." 文秀面色[20]如土色, 曰: "不必更論此等事, 名樓可張風樂矣." 仍呼妓設樂, 極歡而罷.

1-11.

三山公以應敎, 自鄕承召, 上來留京. 一日, 往見李相天輔, 李相方帶三銓矣. 入門升軒, 則傔人輩睨而不起居[21], 公問曰: "令監在家麽?" 傔人對曰: "在第, 而方就睡矣." 公曰: "何爲午睡也[22]?" 曰: "昨夜, 與公洞洪參判令監, 夜話于里門內具判書宅, 達曉而來, 方就寢矣." 公曰: "汝須入稟." 傔人曰: "誰來云乎?" 公曰: "三山李應敎來云, 可矣." 傔人始知其爲學士, 入戶而攪之, 曰: "三山居李應敎來謁云矣." 李相蒼黃而起, 呼字曰: "子三, 何不入來乎?" 公開戶而立, 問曰: "令公無事乎?" 曰: "然." 公曰: "旣知其無事, 吾不必入門, 自外告退." 仍下堂, 不顧而去. 李相大驚訝, 詰問傔人輩, 知告以夜話事, 仍趣輿隨後而來, 把袖而問曰: "君之不入門而來者, 必緣吾夜話之事而罪之耶? 吾於昨夕, 爲雲章所邀, 不得已偕往, 實非吾之所欲也. 君其恕之, 吾乃今知罪知罪." 公笑曰: "人孰無過改之爲貴, 雲章雖是知舊中人, 而失之太流矣. 兩班何可夜話於具宅奎之家乎? 吾初欲與令公絶交矣, 令公旣覺悟還, 可幸也云." 李相大笑曰: "人謂君太執滯矣, 今果然矣, 然而吾當自飭矣."

1-12.

英廟幸春坊, 命春桂坊官員, 進前討論經旨, 又敎曰: "今日適從

---

20) 面色: 가본에는 '面'으로 되어 있음.
21) 居: 가본에는 빠져 있음.
22) 也: 저본에는 빠져 있으나 가본에 의거하여 보충함.

容, 爾等各言古談, 以供一笑." 諸臣次第奏達, 時族叔郡守公運永
氏, 以洗馬進前, 曰: "臣之桂坊, 近日有大得矣." 上曰: "何謂也?"
對曰: "春坊自前有投壺之器, 而桂坊獨無, 故臣等發簡於曾經之作
守宰者, 收合錢兩而新造矣. 日前, 春坊以春坊投壺器, 不如桂坊
之新件, 古風而換去矣." 上笑曰: "以新換舊, 何云大得也?" 對曰:
"春坊之臣, 不知古事, 而然此投壺, 卽孝廟之在瀋陽也, 以此消遣.
及還而登大位, 仍以此賜送于春坊, 此是稀貴之器, 豈非大得乎?"
上仍[23]命使持來, 撫摩而愀然, 春坊奏曰: "若然則此器還置春坊,
可矣." 上教曰: "此則大不然矣, 留作桂坊之寶." 春坊之臣, 大以爲
無顔, 而此器尙在桂坊.

1-13.

庶曾大父萬戶秉晋, 以御營廳別軍官, 出夜巡被酒, 坐於街上,
有燈燭導前, 而一儒生橫烟竹而過. 軍卒詰問其行止, 傍有一隷,
呵止, 曰: "汝焉敢問也云云." 如是之際, 萬戶追到而問之, 則其下
隷, 又復如前呵之, 曰: "副提學宅從氏, 方往其家, 何敢問之也?"
萬戶曰: "雖是副學[24]從氏, 白衣犯夜, 何爲犯法也?" 其儒使之問:
"彼來者爲誰?" 曰: "吾裨將也." 儒生曰: "此牌將不解人事矣, 須
諭[25]之." 其從者又曰: "此位卽副學宅從氏也. 斯速退去, 牌將姓名
爲誰?" 萬戶曰: "吾之姓名, 欲知之乎? 吾是副學之子, 副學之叔,
副學之從孫, 副學之四寸, 副學之五寸, 副學之六寸也. 以此六副
學, 尙此行牌將事, 這位以單副學犯夜而侮人乎?" 仍使軍卒挽止,

---

23) 仍: 저본에는 빠져 있으나 가본에 의거하여 보충함.
24) 副學: 가본에는 '副提學'으로 되어 있음.
25) 諭: 가본에는 '論'으로 되어 있음.

使不得前. 其儒生始大驚, 而無數推[26]謝, 久乃放送.

1-14.

　三山族大父判書公之按箕臬也, 崔鎭海, 時爲宣川任; 李仁綱, 時在中和任, 崔則英廟外家也, 李則顯隆園外家也. 公於登程之日, 語人曰: "此兩人, 何可置字牧之任也? 到卽黜罷云矣." 及到中和, 本倅入謁, 公問曰: "君爲誰?" 對曰: "東宮外四寸也." 公張目曰: "誰誰?" 又對如前, 仍使退出[27], 卽地修啓, 曰: "中和府使李仁綱, 毛羽未成, 言語做錯, 不得已罷黜云矣." 到浿之後, 宣川府使來延命矣. 及入謁, 公又問曰: "君爲誰?" 崔鎭海答曰: "小人宣川府使也." 公厲聲曰: "吾豈不知宣川府使耶?" 問: "君爲如何人也?" 鎭海曰: "小人門閥卑賤, 而荷國厚恩, 滾到于此矣. 此任於小人, 過濫莫甚矣. 使道只可知宣川府使崔鎭海而已, 其餘不須問也. 小人連姻接族, 非市井, 則乃是吏胥也, 雖擧某某名字而對之, 使道何由知之乎? 此等處不必下問矣." 公微笑而心善之, 款待而送之矣[28]. 自此以後, 顧念異於他倅事, 事皆從一言契合, 有如是矣. 兩人之優劣, 從可知矣.

1-15.

　祖考參判府君, 壬午五月, 陞通政, 而除刑議. 時判書李之億呈遞, 參判李奎采呈告[29], 府君以獨堂上赴衙, 忽有一張所志, 曰: "宦

---

26) 推: 가본에는 '稱'으로 되어 있음.
27) 退出: 가본에는 '退去'로 되어 있음.
28) 矣: 저본에는 빠져 있으나 가본에 의거하여 보충함.
29) 告: 저본에는 '故'로 나와 있으나 가본에 의거하여 바로잡음.

官·掖隷, 相與謀議, 宗社之危迫在呼吸, 堂上教是急急奏達于大朝云云."府君覽而驚訝, 捉入呈訴人, 問之, 則以爲, '渠是掖隷, 而姓名羅景彦也云.' 問: "汝訴何事?" 景彦曰: "若自大朝親鞫, 則可以言之, 而雖推鞫, 固不可發說矣, 何況刑曹之庭乎?"因縅口不言. 府君仍使枷囚, 袖其狀而往, 議于時三相之家, 則皆曰: "請對可矣."仍與之請對而入侍, 有設鞫之命, 罪人發遣, 禁都依法, 捉入于鞫庭. 上下問: "汝之此訴何爲而爲之?" 對曰: "難以口奏, 暫解縛, 則有所上之書."上命解縛, 則罪人解上衣, 而坼[30]其背, 自衣縫中出一紙而上之. 其書辭不知如何, 而蓋語逼小朝者也. 上親覽後, 命使焚之於帳前, 罪人卽使正刑, 其書則參鞫推官, 亦不得見之. 府君在衛外, 聞此言, 趣出, 時章獻世子待命于興化門外, 命府君進前, 而教曰: "卿之呈凶書, 爲公乎爲私乎?" 府君對曰: "小臣不知凶書之如何." 世子又教曰: "旣袖納, 而敢曰不知乎?" 府君對曰: "秋曹之呈狀, 在此矣."仍自袖中出其狀而上之, 世子覽畢, 笑曰: "然則凶書從何出乎?" 對曰: "小臣亦不知, 而俄於衛外, 聞參鞫諸臣之言, 則罪人自衣縫中出而納之云矣." 教曰: "若然則秋曹無罪, 而拿來時搜驗, 都事·書吏·羅將, 不可無罪, 並捉囚可也." 府君奏曰: "書吏·羅將, 自臣曹可囚, 而都事則朝紳也, 非臣曹所可囚者矣." 教曰: "都事移送禁府." 府君承下教, 退出傳睿教于禁府, 而禁吏徐必蕃, 羅將金去福, 捉囚矣, 仍睿教移送捕廳. 此是初五月事也, 而大朝大處分, 在於閏五月念後. 而伊後, 上以恐傷世孫之孝心, 伊時政院日記及禁府文書, 幷洗草於蕩春臺. 其後, 浸浸日久, 皆不知壬午之有閏五月也. 一邊之言, 欲緣此而搆陷吾

---

30) 坼: 저본에는 '折'로 나와 있으나 가본에 의거함.

家, 丙申有日和之凶疏. 至于壬子, 又有南學儒朴夏源之疏, 而至曰: "與凶賊符同云云." 人之搆誣, 胡至此極? 蓋彼輩以爲, '五月某日, 凶賊獄事出, 而某日有處分, 其間不過五六日云.' 而不知有閏月, 而凶賊事出於初五月, 處分在於閏月, 幾過一朔之後也. 必無不知之理, 而不如是無以搆成罪案故也. 時先府君以長湍府使, 廢務還第, 杜門而居, 與所後先君子相議, 而草上言, 使所後先君[31]抱狀席藁于闕門之外, 而陳前後事實, 將欲鳴寃, 過十餘日, 適値六月慶辰, 而乃撤. 七月十一日, 自畿營以先君之廢務啓罷, 上答曰: "此豈若此乎? 事實之相左, 筵敎之外, 又有先議大臣之一款, 興化門幕次, 入對時, 丁寧之敎, 不但當之者之感泣, 余亦奉若金石. 此狀啓還下送, 長湍府使使[32]之當日還官!" 恩言如是鄭重, 使三十餘年所抱之寃, 一朝昭晣[33], 使之復見天日, 闔門相聚而感泣, 卽日告辭于祖考神位前. 雖緣天日之無幽不照, 而正廟朝恩澤, 與天岡極矣. 祖考參判府君及先府君從兄弟, 俱以此積被一邊之誣, 幾陷禍機, 畢竟伸雪, 至寃之事, 天神亦必照燭而然也.

1-16.

生祖考軍資監正府君, 志行淸高, 人望之, 皆以爲非烟火中人也. 杜門看書, 絶意於名利之場. 族大父三山判書公病重, 洪翼靖躬往問疾, 曰: "大監如有不幸, 則一門之內, 誰有可繼者?" 公曰: "有一人, 而以大監之力, 恐難勸起, 此人若起, 則世道之幸也." 翼靖問: "爲誰?" 答曰: "三從弟某, 是也." 蓋指府君而言也. 翼靖大驚

---

[31] 先君: 가본에는 '先君子'로 되어 있음.
[32] 使: 저본에는 빠져 있으나 가본에 의거하여 보충함.
[33] 晣: 저본에는 '晰'으로 되어 있으나 가본을 따름. 뜻은 서로 통함.

曰:"若然則與子頤³⁴⁾氏, 何如?"子頤氏云者, 卽副學公德重氏字也, 而翼靖姑母夫也, 平生敬服故也. 公笑曰:"子頤何可當也云云." 翼靖曰:"吾不知此人之如斯也." 自此以後, 必欲使之登科, 婁次送言, 而府君一不應之, 仍以廢擧. 晚來爲親, 而屈於蔭路, 然而翼靖秉國之時, 未嘗相關, 翼靖以是大怒, 而府君不以介意.

1-17.
人之登第, 必有見兆於夢寐者, 或多. 族大父副學公, 諱德重氏, 在西學峴也. 家貧, 明曉將赴庭試科, 夫人貸米於人家, 不滿一升, 置之木器中矣. 夜夢, 其米粒粒皆爲龍, 小龍充滿于木器之中矣. 驚覺而起, 親自舂而淅之, 炊飯之際, 門外有剝啄聲, 而三山判書公台重氏入來. 副學公驚起, 延之而問曰³⁵⁾:"兄何爲而今始入來?" 判書公曰:"徒步而來, 足繭而日暮, 未及於昨日, 宿於城外店舍, 今始來到矣." 於公爲三從, 而時居結城故也. 公入內, 問有餘飯, 則一器之外無他餘者, 公命使備送于外舍, 吾與三從氏分喫, 而將赴擧矣. 夫人曰:"此飯決不可分喫." 公問其故, 夫人以夜夢告之, 公責曰:"何可以此而獨喫, 使兄饑之乎? 若有如此之心, 則天神必不祐矣." 使之出送. 夫人不得已出送, 從窓間窺之, 則三山公進飯而啗之, 以其半許, 副學公啗之, 與之入場矣. 榜出, 兩公俱登第.

1-18.
祖考參判府君, 庚午中謁聖科, 而伊時適患痢, 伯祖考使勿赴擧, 而府君强請入場. 曉過鐘街, 有一人來拜, 曰:"書房主作科行

---

34) 頤: 가본에는 '熙'로 되어 있음. 이하의 경우도 동일함.
35) 曰: 저본에는 빠져 있으나 가본에 의거하여 보충함.

乎?"曰:"然矣. 汝是誰也?"其人曰:"小人卽鍾閣直也. 夜夢, 有一人直入鍾閣, 手持懸鍾而出外, 立於大街之上, 以拳三打. 小人驚悟於其聲, 心甚怪訝而待之, 書房主先行此路, 儀形彷彿於夢中之人云云." 府君笑而過矣. 其科, 果以三下見擢.

1-19.

甲子年有科, 祖考三兄弟, 皆將赴場. 參判府君夜夢, 外舍之庭, 變爲大海, 波濤洶湧, 而一黃龍霹靂而聳身入雲中, 向西天而飛, 至于圓峰之上升天. 而其後, 不知幾許之小龍, 隨其尾而上天. 府君驚悟, 而獨語曰:"伯氏, 今番必登科云矣." 時天未曉, 而家內喧撓, 府君怪而問之, 則伯嫂氏趙夫人順娩矣. 問男女, 則婢以男子對. 府君嗟歎曰:"此兒必大貴, 而其子孫, 必多科第者云矣." 先君子甲子生, 而登科於圓峴之下角峴第[36], 子與孫, 又多相繼而登科者, 果符參判府君之夢矣.

1-20.

祖考參判府君之庚午登第也, 書手遲鈍, 未及寫半, 而帳已覆矣. 府君怒其遲, 欲奪試紙而出門, 則其人堅執不捨, 而猶書之. 而已, 上敎曰:"場中尙有書券者, 更俠[37]收券." 此時猶未畢書帳, 又覆而日勢已晚矣. 上敎曰:"諸儒之作, 俱失意矣. 場內如有未納卷者, 命又收券." 令下而適書畢矣, 仍納之而嵬中, 無非有數[38]而然也.

---

36) 第: 저본에는 '弟'로 나와 있으나 가본에 의거함.
37) 俠: 가본에는 '使'로 되어 있음.
38) 有數: 가본에는 '數在'로 되어 있음.

1-21.

　族曾大父奉朝賀, 諱秉常氏, 風儀動盪, 美如冠玉, 朝野之人, 皆稱以神仙中人. 家在圓峴下冷井洞, 一日之夜, 滅燭將寢, 忽爾陰風入戶, 冷氣逼骨, 有一物臥於前, 以手撫之, 則如一塊枯木. 呼傔從, 舉燭火見之, 則乃一小斂之屍體也. 心甚訝異, 使之解絞而見之, 卽一老嫗也. 仍更結其絞, 而置之於廳上矣. 翌朝聞之, 洞口外賣餠家老嫗, 身死三日, 忽失屍體云云, 公使招其子而出給. 蓋此嫗每於公出入之時, 瞻其儀容, 欽慕不已, 以至身死, 而一念不解, 乃有此擧, 亦可駭異也. 宗室之子, 有一宰相以副价, 將赴燕, 發行前一日, 遭其母喪. 公爲其代, 一夜之間, 治行而發, 行至[39)]鳳山之客舍, 將就寢. 更深後, 忽有曳履聲開戶聲, 有一人噴噴而入, 以手撫之, 曰:"焉有不救護母病而作此行耶?" 公思之, 似是遭喪人之翁, 而年前奉使出疆, 歸路得病死於此處者也. 乃曰:"吾則李某也. 某也爲副使, 遭故不來, 故吾乃代行矣云爾." 則其人大驚, 遽出門外, 此其宗室之魂, 而意其子之作行而來故也. 公之精神氣魄, 有如是矣.

1-22.

　文淸公, 奉使按廉于東峽, 行過一邑, 而邑內距路十餘里, 旣非抽栍[40)]之邑, 故不入而自外過去. 將向他邑, 到一村前而餒甚, 求飯於門前, 一女子出門而應, 曰:"無男丁之家, 貧窮極矣. 家有媤母, 而朝夕尙闕, 何暇有饋行人之飯乎?" 公問曰:"家長往何處?" 其女曰:"問之何爲? 吾之家長, 卽此邑之吏房也, 而惑於妖妓, 薄母出

---

39) 至: 저본에는 빠져 있으나 가본에 의거하여 보충함.
40) 栍: 저본에는 '往'으로 나와 있으나 가본에 의거하여 바로잡음.

妻, 至於姑婦之在此耳云." 而獨自叱責不已, 房內有老嫗聲, 曰: "阿婦, 何爲作不緊之言, 彰夫之惡乎? 不必如是云云." 公聞而痛之, 仍復路而還向其邑底, 尋首吏之家. 時當午時, 入其家, 則首吏坐於廳上, 而喫午飯, 傍有一妓, 亦對飯. 公坐於廳邊, 而言曰: "吾是京中過客, 偶到此處而失時, 願得一盂飯而餘[41]飢焉." 時當歉歲, 設賑時也. 其吏擧眼而熟視上下, 而呼雇奴, 曰: "俄者, 爲狗産而煮粥者, 有餘乎?" 曰: "有矣." 吏曰: "以一器, 給此乞人!" 而已, 雇奴以一器糟糠之作粥者, 來置于前, 公怒曰: "君雖饒居, 君則吏輩也; 吾雖行乞, 吾則士族也. 失時而覓飯, 則君以他一盂饋之好矣, 不然,[42] 則雖除飯以給, 亦無不可, 而何乃以狗彘口吻餘物饋人? 此何道理?" 其人圓睜怪眼, 而辱之曰: "汝則兩班, 則何不坐於汝之舍廊, 而作此等行也? 今當慘歉之歲, 雖此物, 人不得得喫矣, 汝是何人, 而乃敢如是云?" 而擧粥椀, 打之傷額, 血流粥汁, 遍於身上. 公忍痛而出, 卽爲出道. 此時, 本倅適以賑餘之穀, 作錢而送京第, 文書見捉, 仍封庫罷黜, 而首吏及妓, 並杖殺之. 以一女子之怨言, 事至於此, 古所謂'五月飛霜'者, 政謂此也夫[43]!

1-23.

生祖考軍資監正府君之莅杆城郡也, 先妣有娠, 朔幾滿, 是甲寅[44]五月日也. 將解娩于本第, 發京行, 而先君子護行矣. 至甕遷, 暴雨大注, 電光雷聲, 亂人耳目, 轎馬頻驚. 先君子戒從者, 解轎

---

41) 餘: 가본에는 '療'로 되어 있음.
42) 不然: 가본에는 '若不然'으로 되어 있음.
43) 夫: 저본에는 빠져 있으나 가본에 의거하여 보충함.
44) 甲寅: 가본에는 '甲申'으로 되어 있음.

繩, 而將以人夫作行, 轎未及於人肩, 霹靂一陣, 過馬頭, 而擊碎近地之檜木. 馬驚逸而跳躍, 轉于巖石之上, 沒入于海, 而轎則已擔矣. 先君子驚, 而急下轎於路左, 捲簾而見之, 則[45]先妣適昏睡而不省, 卒無事而至. 七月, 伯氏乃降生, 貴人之生, 必有神祐而然也. 伯氏年纔四歲, 隨先妣, 往留水橋外宅矣. 時外宅內舍, 遭火災, 將謀改建, 棟樑椽木之材, 積置後庭. 伯氏遊於其下, 仍緣木而上所積之材木[46], 一時潰下, 伯氏仍在其亂木之中矣. 家人驚遑, 皆以爲必無幸矣, 先妣仍而昏塞, 外王考牧使公, 亦錯愕不知所爲. 少間, 使家僮移木, 而置之於他, 則三木相交, 而中如覆盆樣, 伯氏俯伏於其中, 心驚而面如土色, 一無傷損處. 外王考常敎, '此兒必大達云云.'

1-24.

國朝培養士林, 無論公私事, 士論主張是非, 若被儒罰, 則大臣以下, 不得行公. 由是, 儒生或以私嫌付罰, 至[47]英廟朝始禁, 朝士施儒罰之風, 而人皆以士論爲重. 儒生中, 如有飭躬操行之人, 則大臣以下, 皆折節禮之, 如有大事, 則皆就議之. 生祖考府君, 以布衣, 居在城外, 而時原任大臣及宰相, 無不相訪, 門外軒車, 無日無之, 亦可見士論之重也. 至如校院儒任, 必擇文學人器而爲之, 而戚里則擯不許焉. 洪翼靖公, 每見先君子兄弟, 必托以其季胤, 圖差四忠祠有司, 先君子每托于親知間, 而以戚里之故, 終不許焉. 仲父通德郞府君, 身自爲之, 而仍以自代庫直, 以其望記持往翼靖家, 則翼靖見而喜動顏色, 招其季胤, 而言曰: "汝乃今爲兩班矣,

---

45) 則: 저본에는 '時'로 나와 있으나 가본을 따름.
46) 材木: 가본에는 '木材'로 되어 있음.
47) 至: 저본에는 빠져 있으나 가본에 의거하여 보충함.

自禁營給庫直五緡錢."亦可見儒任之重也.

1-25.
癸巳䄙後, 先君子中司馬科, 有生進入侍之命. 以次進伏, 而奏職姓名, 次至先君子, 奏以生員臣某, 上曰:"可奏其父名." 對以及第臣某, 上驚曰:"汝翁何爲而稱及第?" 對曰:"臣父待罪銓曹, 時以原在外, 擬之於臺望, 有削職之命而然也." 上曰:"然矣." 命承旨書傳旨, 曰:"其子登科, 其父之罪, 宜貰故參議某." 忽爾大驚, 曰: "吾妄發矣! 對人子弟, 故字何爲也?" 仍下敎曰:"汝翁長壽矣." 聖敎如此, 感祝無地.

1-26.
族叔判書公復永氏, 世居結城三山地海邊也. 每潮汐水至, 海上三島, 望之如三峯, 仍號三山. 後有山亭之四面欄檻者, 公居於此, 前有一大槐古木, 而每朝自其中霧起, 遍于庭, 每日如此. 公於一日, 開戶熟視, 則烟霧之中, 自樹穴, 有一物擧頭. 公怪之. 適有馬上銃之在傍, 公仍向而放之, 乃得中, 厥物縮頭而入. 少頃, 忽有霹靂聲, 驚起視之, 則大木乃折, 有一巨蟒, 流血而半露身, 其大不知幾圍, 而角鬣且具矣. 自其穴, 蛇虺之出者, 不知其數, 或大如棟樑椽木, 小如手指簡竹者, 相續不絶, 四面環之, 而將向亭上. 公乃袒裼而拔銃鐵, 周行欄邊, 而蛇頭之近欄者, 輒皆打之, 迅如風雨, 如或一隅放過, 則將爲所害矣. 自日出時打之, 至于晩飯後, 不暫休息, 血流前庭, 腥穢彰天, 蛇盡, 而公亦瘦喘息而臥矣. 家人以公之久不出, 致訝來見, 則蛇積如阜, 皆大驚, 使健奴四五人, 斥去于海水中, 而卒無事. 公之勇力, 有如是矣. 少時, 使妓輩數三十人, 各以大筆染墨而環立, 公則在中, 而使妓環以筆點衣. 已畢見之, 則無一點墨痕, 人皆驚訝, 後乃擧足示之, 則墨痕在矣. 蓋以足受之故也.

1-27.

癸卯, 先府君掌試湖南, 設試圍於潭陽客舍, 夜半明燭, 獨坐考閱試券. 忽有一丫鬟, 開門而入, 坐於燭後, 府君敎曰: "汝若官妓, 何爲不有招命, 而若是唐突?" 丫鬟無所對, 以手掩面, 張口作嘻笑, 狀兩牙長如戟. 又府君知是爲不若, 遂徐喚傔從, 其女由所入門出, 傔從亦卽入門, 而不見云.

1-28.

甲辰夏, 積雨浹旬不霽, 有人來言, "圓峴下有貧士夫, 妻與子, 俱患時疾而餓死, 至五六日, 而尙未殯[48]." 府君急使一隷, 先持數十緡錢, 往遺之, 而貽書于知舊之[49]諸處及戶判・惠堂・各營大將, 各令出米布以[50]賻之. 一日, 一皂隷持綿布三疋・布二疋而來, 遺喪家, 曰: "聞有慘喪, 而洞中兩班, 旣已專當, 吾亦以若干賻物送助." 家人問其來處, 則不答而去, 蓋亦深感於府君之義者也. 吾家世居門外, 凡門外窮家婚喪, 府君多爲之擔當, 幾至數十百處. 有一親友, 遭其親喪及妻喪, 窮不能辦初終, 府君爲之經紀之, 其人死, 又爲之經紀之. 其後, 其弟爲臺諫, 以非理事論劾府君, 知舊間謗言大起, 其人來謝. 過未幾, 又染癘死, 人無入見者, 府君又委造其家近處, 出布帛, 成其棺斂而歸. 時論多之.

---

48) 殯: 가본에는 '殯殯'으로 되어 있음.
49) 之: 저본에는 빠져 있으나 가본에 의거하여 보충함.
50) 以: 저본에는 빠져 있으나 가본에 의거하여 보충함.

1-29.

倭[51]譯梁國成, 兒醫衡之子也, 衡出入門下者, 久矣. 其爲人妖邪妄悖, 府君斥而遠之, 絶不來往者[52], 數十餘年矣. 甲辰, 府君赴燕時, 特念舊誼, 以國成爲別陪行矣. 未復命, 而瑛獄出, 衡也以同參, 正法矣. 府君渡江至灣上, 一日, 與主倅張樂于統軍亭, 門外鬧嚷, 忽報京捕校下來. 已而, 馳馬直入, 問書狀道所住處, 時滿座驚遑, 人無面色. 府君言笑自若, 問曰:"何爲問之? 我是書狀也."捕校曰:"有機察事, 請辟左右."灣尹以下, 潮退而避, 捕校出示密旨, 則乃是爲捉國成而來矣. 府君仍命首譯, 使之就捕, 而搜探[53]文書, 則其父私書往復中, 必曰:"三大人, 卽世交也, 想必厚待汝矣."每書每有之, 府君一不拔之, 皆親監封之親書, 謹封而出付矣. 伊后復命後, 自上問:"梁衡或相親乎?"府君對曰:"果相親, 而近年以來, 絶不來往者, 亦有年數矣."上笑而敎曰:"予亦知之, 向者文書中, 多有付托於卿之言, 而卿一不拔之者, 可見士大夫心事矣."申台者, 時以問郞參鞫來, 傳伊時說話, 曰:"衡獄時, 君家相親之說, 亦出於招辭. 自上敎曰:'親有許多般, 汝之與李某, 相親之間, 如何耶?'對曰:'相親者久矣, 近年以來, 不相問聞矣.'問于復榮, 所對又如此, 上敎曰:'若然則何爲相親云耶?'仍顧問郞曰:'李某家事公然, 謄諸文案者不成說, 一並拔之, 可也.'"

1-30.

丁未, 先府君莅南城, 南城卽守禦營管下也, 九寺軍器, 使僧將

---

51) 倭: 저본에는 '任'으로 나와 있으나 가본에 의거함.
52) 者: 저본에는 빠져 있으나 가본에 의거하여 보충함.
53) 探: 저본에는 '深'으로 나와 있으나 가본에 의거하여 바로잡음.

掌之. 一日, 僧將來告, 開元寺火藥六百餘斤, 見失. 凡失軍器, 法當抵死, 僧將自以爲必死. 時守禦[54]使, 卽金鍾秀也. 府君姑使擧實報狀, 而且抵書, 請勿督捕以致煩擾, 一委本官處置, 守使答書, 許之. 府君遂使詗察, 南漢別破陣, 春間搗火藥時, 或有潛得十餘斤者, 或數十斤者. 及此, 皆被捉繫囚十餘人, 其中雖有偸出寺庫中藥者, 亦無以知. 一日, 別破陣教師, 率其隊伍, 坐南將臺下, 而誓曰: "不知汝輩之中誰是偸出火藥者, 而賊名都歸於全夥, 以何面目, 復對城中之人乎? 不如一齊自首, 五百人同死一時." 於是, 軍心一變, 事將不測. 府君仍召教師, 而教曰: "若等皆城中精兵, 而且掌軍物, 豈有潛偸之理耶? 設或其中有偸藥之人, 豈可以一二人之罪而延及衆人耶? 今悉放汝, 汝勿復疑!" 遂令曰: "明日, 將搜城內人家, 勿許一人出城." 翌日, 天未明, 首校來告曰[55]: "夜於演武館月臺上, 得所失火藥." 卽令收聚, 秤之, 則得六百斤外, 又得[56]二百餘斤. 蓋前日偸出於搗藥時者, 聞搜家之令, 而難以掩匿, 仍擧皆棄之也. 仍命封置於庫中, 譏察搜驗, 一時俱掇, 城內始帖然. 時方營建南將臺, 石柱各長數丈餘者三十八箇, 在於東門外十餘里地, 而時値嚴冬, 難於輸運. 方以是爲憂, 別破陣等來言, "小人等向被使道之大德, 而無以報, 請運石柱, 以效微勞仰答萬一." 遂不用牛車, 每石用八人以撗杠擔負, 擊鼓鱗次而進, 數日而畢. 府君欲授雇直, 而辭不受, 遂强與酒, 債五十兩, 而酬其勞.

---

54) 禦: 저본에는 빠져 있으나 가본에 의거하여 보충함.
55) 曰: 저본에는 빠져 있으나 가본에 의거하여 보충함.
56) 得: 가본에는 '餘'로 되어 있음.

1-31.

丁未四月十四日初昏, 幕校急入密告曰: "境內民人, 扶老携幼, 顛仆號哭, 爭入城內, 四門塡隘, 皆云避亂而入." 府君徐答曰: "但嚴飭巡徼, 勿拒勿擾." 蓋於是日, 訛言大起, 皆言賊逼畿甸, 一日之內, 畿湖間諸郡所在騷屑. 十五曉, 張鼓吹[57], 由北門出行, 鄕校焚香禮, 直往演武館, 與幕客及守營本府諸校, 分兩隊射帳, 風流跌宕, 氣像安閒, 竟日劇歡而罷. 避亂之人, 相顧而謂曰: "吾使道雍容暇豫如此, 必無事矣." 遂稍稍引去, 民人蕩散之際, 慮有空舍偸竊之患, 乃分遣捕校, 詗察坊曲, 一境宴然. 數日後, 廉探捉得先作訛言之人, 蓋果川前座首也, 遂伏法.

1-32.

庚戌, 先府君以格外別擇, 莅任陽德. 一日試射, 時有一校, 衣服藍褸[58], 執弓而前, 左右皆欲其中. 府君問曰: "彼何人而諸人皆欲其中乎?" 有對者曰: "此人劉姓也, 家甚貧, 三旬九食, 亦不能給. 家有二女, 年皆二十餘, 而尙不得嫁, 欲其中者, 爲得斗米耳." 時兵房軍官缺, 而諸校之爭窠也, 仍特差此人. 劉校持傳令而泣, 詑其妻孥曰: "今而後, 吾嫁是女矣." 一邑恰然, 皆以爲積善. 當差之校, 亦曰: "善政, 吾不敢爲恨矣." 一妓家與劉相隣, 除夕妓往賀, 曰: "劉兵房! 今年快行久廢之祭[59]乎?" 曰: "以吾使道恩, 女子皆已定婚, 又行祖先之祭, 今年歲時樂莫樂矣." 仍入其房, 則上舖潔席, 而設一牀飯羹, 下設三四牀飯羹, 妓問曰: "下四床爲誰而設?" 曰:

---

57) 鼓吹: 가본에는 '鼓角'으로 되어 있음.
58) 藍褸: 가본에는 '襤褸'로 되어 있음. 서로 통함.
59) 祭: 가본에는 '祭祀'로 되어 있음.

"吾祖與父之床也." "上一床爲誰?" 劉校之妻, 攢手仰天, 曰: "吾使道床也." 聞者捧腹.

1-33.

壬子秋, 先府君莅長湍, 時積城校宮, 尤庵先生位板有毀書之變, 士林齊起, 文訴沓至. 湍是捕營, 而積爲[60]管下, 故自巡營, 捉送鄕校齋任及守僕輩十餘人, 滯月囚禁而盤詰, 終不得其端緖. 諸人所供, 皆歸罪於齋任, 齋任名以老論, 而年近七十矣. 蓋伊日持紙筆而來, 謂守僕曰: "吾精神昏迷, 奉安位板, 第次誰某, 不能記得, 欲書而識之." 仍啓門而入, 忽疾聲呼守僕, 曰: "尤庵位版, 何人作此變怪也?" 諸人皆入見, 則位版前面, 書以'洪相德徐命珪氏'七字, 七字畫不分明, 似非墨痕, 而齋任公然持筆墨而入去, 則焉敢逃其罪乎? 仍發四面譏捕, 則皆云: "齋任所爲." 府君仍問齋任曰: "私謁聖廟, 已是大罪, 而汝何持筆入去乎?" 其人淚隨言零, 曰: "天奪其魄, 使小生入去, 無辭發明, 只願速死." 觀其氣色, 似有冤枉, 而萬口一談, 歸罪於此人. 營門屢次移關, 使之嚴刑, 得情京外士論譁然, 皆以爲緩於治獄, 至有泮儒通文之擧, 但牢囚而不施刑. 居數日, 將就寐[61], 忽爾還起, 召捕校中伶俐者, 使之微服而前, 曰: "守僕之至親, 與洞里人中與守僕而有隙者, 勿致擾亂而招來." 數日後, 果捉來守僕之異姓四寸吳姓人, 此人素以酒狂, 人皆擯之, 屢欲爲守僕而不得, 每與守僕相鬨, 曰: "吾必陷汝於重罪, 而代汝爲守僕矣." 洪相德在任, 以酗酒降定軍牢, 屢受嚴杖, 仍負其上京祭需而逃, 徐命珪在任時, 又以使令屢受罪者也. 仍令牢囚獄中,

---

60) 爲: 가본에는 '是'로 되어 있음.
61) 寐: 가본에는 '寢'으로 되어 있음.

刑吏王寬, 素稱伶俐, 奏事在前, 忽令拿下, 着枷嚴囚, 教以待明朝治罪人, 莫曉其意. 數日後, 拿入王吏, 解枷給冠, 使之近前而問之, 則已得其情節矣. 蓋刑吏同在獄中, 與吳漢相親, 先以他事酬酢, 仍及其事, 笑而謂曰: "此必是汝之所爲, 吾使道明察如神, 汝何敢發明乎? 且以汝一人之故, 許多人皆繫囚, 今至淹淹濱死, 豈非積不善耶? 汝若自首, 則不過發配, 一直隱諱, 則刑幾次自斃乎? 何其不思之甚也?" 吳漢垂頭良久, 仍笑曰: "吾既見捉, 豈敢逃罪乎? 使道何以知吾所爲? 吾見招時, 固已知之云云." 卽令拿入, 問之, 則一一吐實, 仍何爲必書洪·徐兩人姓名, 曰: "兩等內, 屢受嚴杖, 故心所不忘也, 偶爾書之耳." "墨書之乎?" 曰: "否! 以爪甲書之." "何爲書之?" 曰: "欲使守僕得罪汰去, 而仍欲代之, 故耳." "何爲必於尤庵位版上, 書之?" 曰: "不知誰何, 而入門初見, 故耳." 使之書納所書字, 則書以'洪相德·徐命珪'六字, 而字畫與位版上所書, 無疑一手. 仍敎曰: "有落字, 更爲書入." 吳哥笑曰: "必氏字耳." 仍着枷下獄, 卽報營門, 以爲罪人斯得云. 則使朔寧倅, 定參覈官, 開坐問目, 吳哥略知文字, 參覈之參, 誤認爲斬字, 號哭曰: "今日, 吾其死矣!" 及入庭, 仍變前辭, 府君高聲敎曰: "汝罪政合萬戮, 而但國法, 只有發配之典, 無可殺之法, 甚可恨矣." 吳哥始仰首而言曰: "今日不斬頭乎?" 仍直招與前相符, 遂捧招報營, 嚴刑定配. 伊時, 所捉齋任·守僕輩十餘人, 俱免罪放送, 則皆垂涙攢手而謝, 齋任尤爲感泣, 曰: "小生自作之罪, 無以發明, 雖使小生, 問于小生, 難免其罪. 年過七十, 精神昏耗, 致有此境, 自分必死, 得蒙明察之恩, 雪冤而歸. 年今老矣, 犬馬之勞, 無以自效死, 當結草圖報其萬一." 躑躅瞻望[62], 不忍便去. 余時侍側, 仍稟曰: "何以察其齋任之冤乎?" 敎之[63]曰: "吾聞, 此人以老論爲名者, 必不於尤庵位版書之, 許多文字, 何必以洪·徐兩人書之？ 是以, 知其寃也."

1-34.

乙卯, 先府君以嶺伯, 巡到禮安, 李姓兩班, 卽退陶後裔也, 以山訟事來訴. 蓋李哥買一山地, 於孫哥兩班之先塋局內, 孫哥先山, 卽邑[64]吏申哥之被侵處也. 旣斬破土[65]而靷到山下, 方欲下棺時, 稱以孫哥之四寸, 持本價而來, 言曰: "吾之四寸, 貧窮無依, 至賣先山, 此大羞事. 吾賣田畓, 具本價而來, 願還退云." 故不得過葬, 而來呈此, 則本價百兩, 而申哥吏潛給一百五十兩於孫哥四寸, 五十兩則分食, 而以百緡還退也. 雖詳知其事, 申哥旣以爲不給云, 孫哥旣以爲不受云, 使本官查實, 則孫也以爲, '自官只卞其子孫之爲先祖還退, 已賣之先山而已, 不必問其受錢與否也. 吾之受錢時, 誰人見之也, 終不得其眞臟, 以此爲報矣.' 事實雖如此, 而在法無以治之, 以題辭禁李哥不得入葬. 而至若申哥吏, 渠乃下吏, 初欲作戲於兩班葬事, 時者萬萬痛駭, 嚴刑一次後, 放送爲辭矣. 一日, 李生來呈曰: "小生路逢申哥吏, 稠人場市之中, 萬端詬辱, 乞治其罪." 使之捉入, 則申哥年近六十, 而素有富名者也. 以納粟加資, 曾經衛將, 而其子婿弟侄二十餘人, 皆經吏戶長, 有權力於一鄉. 捉入之時, 子弟二十餘人, 皆免冠隨後而入. 府君問: "此是何人？" 有對以申哥之子侄, 乃厲聲而敎曰: "吾非惡刑, 而且非行刑於渠父, 渠輩焉敢乃爾？ 一幷着枷嚴囚." 申漢則移囚安東, 巡到安東,

---

62) 瞻望: 가본에는 '望望'으로 되어 있음.
63) 之: 저본에는 빠져 있으나 가본에 의거하여 보충함.
64) 邑: 가본에는 '邑內'로 되어 있음.
65) 土: 저본에는 빠져 있으나 가본에 의거하여 보충함.

時當都會也. 設場之後, 使多士環立, 而拿入申哥, 問: "何爲詬辱兩班?" 對曰: "小人焉敢詬辱? 路逢李哥兩班, 而問安, 則不下馬而答之, 故小人乃曰: '兩班固如是乎? 君乃以新寧倅藉勢耶? 吾亦平山申氏, 亦有一新寧倅, 足可藉勢者云矣.'" 府君敎曰: "此非辱乎? 汝是吏退者, 而何敢以新寧倅等說語, 侵兩班乎?" 仍令嚴刑, 還下獄. 士之觀者, 皆稱快.

1-35.

先府君按節嶺南, 群兄弟皆往侍焉. 達城北門之野, 有七塊巖石, 立如七星樣, 考之邑誌, 云: "不知何時七塊石步而來." 人皆訝之, 曰: "石亦步行乎云爾." 則石仍留在云. 自其後, 以七星名其里. 余輩偶爾往遊, 見而異之, 各於石面, 題名而刻. 蓋余之弟兄, 亦數七故也. 仍買土而養木, 今焉蔚然成林, 爲營邑遊覽之勝.

1-36.

金山地, 有假太守之行, 午人年少輩, 流來之戲劇也. 金倅李廷書大驚, 而發捕儒生七十餘人枷囚, 而星夜秘報, 先君笑而敎曰: "此必是太守戲也!"⁶⁶⁾ 仍題送曰: "時和歲豊, 官邸無事, 年少儒生之作此戲劇, 可謂賁飾太平. 然而生於鄒魯之鄕, 設爲俎豆之戲, 猶或可也, 具吏鄕, 備卒隷, 張傘呼唱, 來往於白晝大道之中, 而恬不知愧. 當初之不能禁止者, 父兄之過也, 何足深責?" 數日牢囚, 足可懲罪, 一幷放送, 施以停擧之科, 一境士子, 競來謄誦而歎服矣.

---

66) 金山地 … 此必是太守戲也: 가본에는 '金山地, 有假太守作弊民間, 此是年少儒生弄假成眞之致也. 金倅發捕捉囚而報營, 事甚難處.'로 되어 있음.

1-37.

正廟朝, 先府君以左承旨在院, 伯氏以玉堂坐直. 一日講筵, 伯氏以上番, 林相漢浩以下番, 登筵罷後, 上問: "上番知下番之年紀[67]乎?" 伯氏對曰: "適忘而不知矣." 上下責, 敎曰: "下番與予同庚, 而上番不知, 若然則予年亦不知矣. 寧有如許道理?" 仍命承旨, 書傳敎曰: "不知君年, 焉知親年? 萬萬駭然." 以此下敎, 往示于不知君親年者之翁息, 又敎曰: "不知君親年者, 誰也?" 其翁誰自政院, 捧現告以入, 現告書以不知君親年者翁左承旨, 不知君親年者二校理. 蓋伯氏一校理, 而朴大成吉源, 時二校理, 而誤書以二校理者也. 上又敎曰: "左承旨誰也? 二校理誰也? 書姓名以入." 政院以左承旨某也, 二校理朴吉源也, 以入, 上大笑, 入侍諸臣, 莫不掩口. 蓋自上已知二校理之爲誰, 而故有此敎也. 朴大成, 卽洞里人, 而與先府君友善者也. 先府君每戲之, 曰: "此是榻前定奪者也云爾." 則朴大成笑而不答. 一時傳爲笑事.

1-38.

丁巳夏, 先府君以前望, 除刑議, 上曰: "政官·騎堂, 別無所難, 人皆可爲, 而至如刑官, 則予難其人, 此所以特除也. 刑官一窠, 卿不可辭也, 卿須預知之." 自六月至九月, 而不得遞, 逐日赴衙, 剖決如流, 務從平反, 典獄久囚之可赦, 而不得赦者凡七人, 而滯囚已十餘年之久矣. 因論斷草記, 一時皆減死, 或定配, 或特放, 俾匹夫匹婦, 無一人含冤於聖明之世. 殺獄之疑者, 囚徒之冤者, 皆付之生路, 前後所賴活, 凡二十餘人. 嘗敎小子輩曰: "獄情, 不可不

---

67) 紀: 저본에는 '記'로 나와 있으나 가본에 의거함.

詳審爲之, 當殺而不殺, 則傷法; 不當殺而殺之, 則有所不忍, 不可毫髮之差者. 在昔, 先考之莅文化也, 信川有一獄事. 信川將校之老退者, 家則鉅富, 而年老無子, 至回甲之年, 産一男, 狀貌非凡, 愛之如金. 年近七八歲, 使出入於衙中, 而學文字, 衙中諸人, 亦皆奇愛之. 其父慮其或入於官役, 吏校及通引之廳, 皆以數百金納爲留財, 而只願勿侵官役, 使之遊學矣. 一日, 其人披髮號哭而入庭, 搥胸頓足, 絶而復甦, 叩地而哭曰: '小人之子, 俄爲人所殺, 只願使道, 報此深讐!' 一郡之人, 無不慘愕, 細問其故, 則不知何許人, 割其腎囊而殺之矣. 聞極驚駭[68], 卽發跟捕, 過數日, 捕校捉一人而來, 卽旅店之小二也. 伊日, 背負其兒而往, 見隣巫神祀, 日暮後還, 置中門內云. 探其囊中, 則有油紙一片紙, 有裹肉血痕云. 卽爲捉致, 問之, 則伊日果與之往隣家, 還置其家, 其後事不得知之. 至若囊中紙之血痕, 卽向日犒軍時裹肉矣, 而歸遺老母云. 而其狀貌獰悍, 蓬頭戟鬚, 年可四十餘總卝, 使之施威嚴刑, 則箇箇承服以爲, '果受他人之金, 割其腎囊而與之, 其人則生面也. 不知在於何處, 而以風瘡, 求八九歲兒腎囊, 故受錢十二緡, 埋之於主人家馬廐後, 兒腎則裹以此紙而與之矣.' 使人掘出, 則馬廐後, 果有十二緡錢, 仍結案而成獄. 此時, 上下官屬, 無不齊憤, 限死嚴刑, 幾至膝摧而骨碎. 數朔之後, 文化捕校之出使者, 彷徨于溫井近處, 則有一人瞻前顧後, 蹤迹頗殊常, 執而詰問, 又探囊而看[69]之, 有一箇臾腎裹置者. 因私自亂挺而究覈, 則卽某里之十歲童子也. 非但今番, 向日往信川邑內, 誘引某人之[70]子, 割腎而噉之, 卽結縛而來

---

[68] 駭: 저본에는 '該'로 나와 있으나 가본에 의거하여 바로잡음.
[69] 看: 나본에는 '見'으로 되어 있음.
[70] 之: 저본에는 빠져 있으나 가본에 의거하여 보충함.

稟, 細問先後首末, 則此漢果是向來殺人之賊也. 因移送信川, 而向日所囚店小二, 特爲放送, 則已不能行步矣. 始問之, 則垂淚而言曰: '囊中之紙血痕, 果是犒軍時裹切者也, 席後之錢, 卽賣水而聚利者也. 而嚴刑之下, 不忍其痛楚, 不得已誣服云云.' 雖以此獄事看之, 凡諸獄情, 不可不詳細審愼, 三覆成案, 良有以也. 此是余過庭時承問者也, 而今乃爲汝曹, 道其事."

1-39.

丁巳夏, 先府君以前望, 除承旨, 入侍誠正閤, 上敎曰: "予每有所一番言及於卿者, 而未果矣. 向來壬子年, 南學儒疏事於卿家, 可謂經一劫運, 而亦可謂過禍[71]爲福矣. 某年秋曹事之, 萬萬非當, 非但予之素所悉知者. 伊時, 先世子下令, 亦有所照燭無餘, 則世道雖險, 不知其本事顚末, 而公然齮齕於卿家者, 誠可異矣. 鞠庭凶書, 與曹庭所志段落, 各殊, 則雖今日在廷諸臣, 身經某年者, 夫誰不知也? 以是之故, 予於己酉, 『園誌』之改撰也, 羅賊事有所區別而書者, 卿亦庶幾得聞而知之矣. 非不欲一番洞諭, 而事係不忍言不忍聞, 且無事端, 故因[72]循以度矣. 畢竟, 儒疏出而構誣無餘, 人心世道, 何如是艱險? 然而仍此昭晣, 則亦可謂幸矣. 卿之平生, 重厚謹愼, 風流才諝, 無睚眦於一世者, 亦仍此端, 而積受齮齕, 中間之沈滯潦倒, 亦未必不由於此. 予雖洞悉, 而卿之如此誠, 亦卿之運數, 有時否塞而然矣. 余則旣有奉承於先世子下令者, 故向來畿營狀啓, 判付有所洞諭之擧, 卿家積年之冤枉, 快得暴雪, 於卿家豈非大幸耶?" 府君俯伏恭聽, 不覺汗[73]被面, 聲淚俱發, 掩抑對

---

71) 禍: 가본에는 '害'로 되어 있음.
72) 因: 가본에는 '仍'으로 되어 있음.

曰:"臣之叔, 積年抱寃之事, 幸賴天地之仁, 日月之明, 照燭無餘昭晳. 至此臣家, 世世生生, 雖粉身糜骨, 何以報答萬一耶?"上揮手, 曰:"此非如此之事, 莫非我先世子日月之明, 無幽不燭之至仁盛澤也. 且事在疑, 似而曲費造化, 則曰恩曰德, 猶或可也, 而此事, 則不過實狀之始爲昭暴而已, 何恩德之有也? 從此以後, 世人寧或有齮齕於卿家之理耶? 予每惜卿之才諝器量, 而屢有下敎於筵中者矣."

1-40.

戊午秋, 先府君以都承旨入侍時, 錦伯辭疏入來, 時方次對, 而大臣登筵矣. 上命府君, 書錦伯批旨, 曰:"疏辭依施." 仍敎大臣曰: "湖西一路, 旱災太甚, 元元嗷嗷, 此時道臣, 不可不別般極擇, 卿可呼薦, 卽地下批, 可也." 李秉模近前, 曰: "魚用謙・朴宗來, 可合[74]矣." 上曰:"不可! 此時民事, 不可付之生手, 更爲薦望, 而以二品擬[75]入也." 李又曰: "沈晉賢可矣." 上曰:"此外更無他人耶? 更爲薦望也." 李沈吟良久, 對曰:"以臣愚見, 終不思可合之人. 知臣莫如君, 維在聖簡." 上曰:"都承旨何如?" 李未及對, 又下問曰:"何如何如?" 李對曰: "通達鍊熟之才[76]矣." 上曰:"嶺臬之遞歸, 不過一載, 而方當朝著無人之時, 此人不可出外, 而左右思之, 非此莫可湖中, 豈可抛棄乎?" 仍命吏判, 擬望以入, 蒙點繼有, 不多日內, 辭朝之敎. 次對罷後, 有都承旨入侍之敎, 府君近前, 上曰:"卿之

---

73) 汗: 가본에는 '血淚'로 되어 있음.
74) 合: 저본에는 '答'으로 나와 있으나 가본에 의거함.
75) 擬: 저본에는 '倚'로 나와 있으나 가본에 의거함.
76) 才: 가본에는 '人'으로 되어 있음.

還朝未幾, 而又有此行, 事雖不獲已, 而予心之悵缺, 無以形言. 不久當召還, 其間須好過也. 湖西之歉荒, 前古所無, 其接濟之策, 將何以經紀耶?"對曰:"臣雖聞其大槪, 而在此無以質言仰對矣."上曰:"卿須下去, 從便爲之! 湖西一路, 予不復憂慮, 一任於卿矣."

1-41.

時道內大饑, 民皆流離, 又相聚爲盜, 境內騷然, 流播京師, 所聞甚駭. 下車之初, 民人十百爲群, 競來呼訴, 無非求活, 簿牒盈庭, 至於鷄鳴而不知止. 府君一一曉諭, 先布朝家軫恤之盛德, 次諭'營門請穀賑貸之政, 汝等皆安堵以待, 不必如是騷動云云.' 民人皆攢手, 曰:"唯望使道處分, 若乳兒之望哺, 今聞下敎, 豈欺我哉?" 皆退歸. 從此以後, 民皆相賀曰:"吾等幸逢此使道, 將免於溝壑之塡, 豈不樂哉?" 民訟頓息, 境內晏如, 至於守令輩, 皆曰:"今逢此使道, 一道民命, 可無虞矣." 若來訴其田畓之災結, 則皆曰:"不必多言, 營門必有處分矣." 民皆歡欣鼓舞.

1-42.

己未冬, 先府君移除箕伯, 入侍時, 上敎曰:"卿之居外, 亦云久矣. 當此朝廷乏人之時, 如卿之材器, 不欲更使出外, 而顧今關西一道, 萬不成說, 若非卿則無以坐鎭. 西京繁華, 自古有稱, 而挽近以來, 民生之憔悴, 錢穀之彈竭, 日以益甚. 卿須下去, 一一復舊, 使予無西顧之憂也." 府君以才不稱任, 且歷典諸藩, 縷縷陳懇, 而終不聽施. 退出後, 又以疏辭, 而恩批去而愈摯. 其後入侍, 又於前席辭免, 則上敎曰:"前席辭免, 非大臣則不敢, 箕伯焉敢乃爾?" 仍傳曰:"箕伯使之明日辭朝." 府君不得已退出, 人或曰:"前席辭免,非大僚[77)]不爲, 或未及知耶?" 府君笑曰: "吾豈不知? 我國自古外輕內重, 古人則以出外爲左遷矣. 今則雖郡縣之長, 若或連莅, 則人皆欽美, 況於雄藩乎! 方伯之任, 不輕而重, 非但吾才之不逮. 方今欲爲方伯而不得者, 甚多, 而吾是何人, 八九年間, 連按四藩, 有若非此莫可者然, 畢竟狼狽, 吾所自知. 以是之故, 欲於前席辭免, 期於獲罪, 而竟未如意, 可歎可歎!"

1-43.

中和縣, 有一殺獄, 卽金哥漢入其族侄婦房中, 而其侄婦, 以刀刴金哥而死, 自本里仍爲私和而掩置矣, 入於本郡廉探, 而報于營門者也. 其女則以爲, '厥漢暗地入房, 恐有强奸之事, 故以刀刺之云云.' 而厥漢則自來酗酒者, 而每每言其女之短處, 心常不快者云云. 諸議皆以爲, '此漢之突入女子之房, 其心可知[78)], 必緣欲行奸[79)]而然, 不然, 則豈入女子之房乎?' 府君敎曰: "厥漢之入房, 只緣無間出入之故也. 寧或有奸計而入耶? 渠則已死矣, 今無可明之辭, 而執其然疑之迹, 驅人於敗倫之科者, 其於死者, 豈不冤乎? 大抵獄情, 聽其兩人之言而決之, 至若一生一死, 而全爲生者, 不顧死者, 豈可成說乎? 諸議極不穩當, 文案一成, 便作千古之罪人, 此豈仁人君子之心乎?"

1-44.

先府君莅南城時, 値有靖陵動駕之命. 先府君以道路都差員, 方

---

77) 大僚: 가본에는 '大臣'으로 되어 있음.
78) 知: 저본에는 지워져 있으나 가본에 의거하여 보충함.
79) 奸: 저본에는 지워져 있으나 가본에 의거하여 보충함.

修治漢江[80]津浮橋, 畢役之後, 江源出處, 大雨暴下. 至夕, 江水溺溢, 船艙浮橋之上, 水深二三尺, 而明曉卽出宮日也. 擧皆驚遑, 以土石塞之, 至於朝飯時, 而不得禁其水之汎濫. 大駕入晝停所, 畿伯及都差員有拿入之命, 竝罷職, 而時命先府君以白衣董役. 時廣州一境之民, 千百爲群, 號訴于駕前, 以爲, '民人若失此倅, 則如幼子之斷乳, 願借數年.' 上下敎[81]曰: "汝輩今年田租之稅, 減半矣, 皆退去!" 民人輩皆泣訴曰: "不願田稅之減[82], 只願賢倅之更留云云." 上笑曰: "民願雖如此, 罪不可貰也." 及先府君以白衣董役也, 民人輩以爲, '若去水患, 則官家將仍云.' 而無論男女, 一時赴役, 女子戴土石, 童穉手掬沙土, 一時竝役, 至於斷流之境, 大駕利涉. 民情於斯[83]大可見矣.

1-45.

先府君按嶺時, 適値六月十八日[84]誕辰, 大會道內守令三十餘人, 設宴以餙慶, 日暮而罷. 先府君對諸守令, 而敎曰: "今日之會, 以我之故, 諸守令不得盡歡, 濟勝之具, 歌舞之妓, 竝當出送, 夜會營吏廳, 終宵讌飮, 可也." 仍分付各掌使之備送, 列邑倅齊會張樂. 酒至半酣, 一邑倅乘酒興, 盡去袍帶, 粧居士樣, 以一妓作舍堂樣, 擊小鼓, 對舞於庭, 座中皆大笑. 蓋此邑倅, 自少善於此, 有名於世者, 徹曉而罷. 先府君聞而駭之, 敎之[85]曰: "寧有官長作此駭擧於

---

80) 漢江: 저본에는 '江漢'으로 나와 있으나 가본에 의거함.
81) 下敎: 가본에는 '敎'로 되어 있음.
82) 減: 가본에는 '減半'으로 되어 있음.
83) 於斯: 저본에는 빠져 있으나 가본에 의거하여 보충함.
84) 日: 저본에는 빠져 있으나 가본에 의거하여 보충함.
85) 之: 저본에는 빠져 있으나 가본에 의거하여 보충함.

營下之會耶?" 臘貶, 置之下考.

1-46.
先府君按海營時, 伯氏適作覲行, 諸兄弟畢集. 一日夜侍坐, 更深後告退, 則先府君命伯氏獨留, 余出門而適坐窓後, 先府君敎于伯氏曰: "汝於汝弟太嚴毅, 汝弟輩見汝, 皆畏縮, 不敢仰視, 汝以長兄, 如是導率. 故汝弟輩, 幸不外入, 而今則年紀俱長成, 不必如是矣." 伯氏敬受敎, 自是之後, 多假辭色.

1-47.
閔僉知百顔, 武弁百恒之庶弟也. 居統營幕, 眄固城妓而生女, 年幾及笄, 未及率去矣. 先府君按節嶺南, 所後先君子, 適翫景于閑山島, 過固城, 見其女憐之, 使具人馬, 而送于京中其家, 嫁于洪川地. 余在洪川[86]時, 閔氏之舅家李氏, 居在官門不遠之地, 以針線資生. 衙中婢僕輩, 衣裳給貰, 而使之縫造, 其八歲兒, 每每往來. 以是之故, 奴輩皆憐之, 或給餠肉之屬, 自內衙亦知其可矜之狀, 每以米肉等屬給之, 閔氏感之. 其夫李生士允者, 亦出入官門而親熟矣. 其爲人性懶, 十指不動, 而衣食全資於其內, 故余每責之, 曰: "男子而不得使妻子衣之食之, 乃反貽憂於妻者, 是豈男子之道乎? 山田甚多, 何不力農云矣?" 而終不爲之. 辛巳春, 忽來言曰: "民將移居于三馬峙洞矣云." 故問其由, 則以爲, '有空舍, 且田多空閑之地故也.' 余責之曰: "何處無田? 唯在人之勤力與否! 君居生長之村, 則雖至饑餓之境, 或有以溫水救之者, 而離群索居, 誰復

---

86) 川: 저본에는 빠져 있으나 가본에 의거하여 보충함.

知君之狀而憐之也? 且三馬峙, 虎豹之穴也. 聞人家只有二云, 君
欲以其可憐之妻爲虎食, 而生此意也? 切不可爲!" 申申言之, 且使
其隣居[87]渠之戚叔, 又挽止矣, 終不聽而移去云. 故余謂兒輩曰:
"士允之妻, 過分於士允矣. 無其妻然後, 渠乃餓死, 此行必使其妻
捉虎口矣." 數日後, 士允來見, 嚬蹙而言曰: "昨日, 民之妻爲虎嚼
去云云." 余聞而高聲叱責, 曰: "吾豈不云乎?" 仍使下隷, 逐士允出
門外, 急調軍丁, 多發砲手, 使之往尋其屍, 則已盡食其肌膚[88], 而
只餘骸骨. 仍備給布木, 使之葬之, 而士允者仍絶之.

1-48.

壬戌, 先府君仍伯氏, 居謫[89]棄官, 而卜居于樂溪新舍, 以耕稼漁
獵自誤. 九月之日, 余往省焉, 時秋潦新收, 稼禾登場, 政是楓菊佳
節. 先府君與六七冠童, 釣魚於前溪, 以篛笠携漁竿, 混於野老之
班. 余時侍傍, 忽有一儒生, 荷青袱曳竹杖而來, 坐溪邊, 向先府君
而問曰: "君在何處?" 答曰: "在於此藪內之村矣." 其人又曰: "觀君
金圈, 無乃納粟同知乎?" 曰: "然矣." 其人曰: "旣納粟, 則家必富
矣." 曰: "略有富名矣, 願問生員, 何處人民, 而緣何過此?" 其人
曰: "吾在湖中某地矣. 聞京都之繁華, 方欲一觀而來矣. 過此時聞,
此藪內京中李參判令監遞箕伯而來留云, 然否?" 曰: "然矣." 其人
曰: "此令監以厚德君子, 今古福人, 有名於京鄉, 欲一承顔而無其
路矣, 君亦知此令監乎?" 曰: "旣居其籬下, 寧有不知之理耶?" 其
人曰: "若然, 則能使我通刺而使得一拜乎?" 答曰: "如我鄕居之人,

---

87) 隣居: 가본에는 '隣里'로 되어 있음.
88) 肌膚: 가본에는 '肌肉'으로 되어 있음.
89) 居謫: 나본에는 '謫居'로 되어 있음.

何敢薦人於宰相宅乎? 此則無奈何矣." 其人又曰: "君有子幾人?"
答曰: "有七八人矣." 其人曰: "有福之人矣! 福乃與李參判相同矣."
仍請烟茶, 先府君以草盒置之於前, 其人開盒而驚, 曰: "此是⁹⁰⁾三
登草也! 何處得來?" 曰: "旣在李參判宅, 洞內之故, 得於其宅矣."
其人曰: "好矣! 如此之草, 吾所初見, 幸許如干乎?" 先府君笑而許
之, 以其半給之, 其人稱謝曰: "回下, 當更訪於此處云." 而去. 座
中人, 莫不絶倒, 曰: "此人有眼而無珠矣. 雖以儀表見之, 豈或彷
彿於野老乎?" 先府君笑而教曰: "鄕曲年淺無知之輩, 無或怪矣.
吾仍此而半日消遣矣." 大笑而罷.

1-49.

余於七歲時, 在樂溪, 侍先妣寢矣. 夜蒙出門, 則有一居士, 呼余
而謂曰: "汝可隨我而往吾家." 仍背負余而行, 轉入深山之中, 入一
洞府, 極淸潔, 而有茅屋數間, 而前後有奇花瑤草·珍禽異鳥. 一老
嫗迎謂曰: "此是誰家之兒乎?" 對曰: "此是某處之兒, 而與吾有緣
故, 吾故率來云矣⁹¹⁾." 而仍留在其處. 過數三日後, 余忽有戀父母
兄弟之心, 號泣不食. 其人問余何故, 余乃以所懷言之, 居士顧謂
老嫗曰: "此兒不欲留, 將若之何?" 老嫗曰: "塵緣未盡而然也, 渠
旣欲歸, 則送之無妨矣." 居士又背負余而下山, 置之門外, 而言曰:
"吾於七十二年後, 又當來, 率汝而去云." 而仍驚覺. 先妣以余之夢
中號泣, 怪而問之, 余仍備陳夢事, 先妣仍呼燭, 而書之于曆書. 至
今思之歷歷, 七十二年後云者, 無乃七十二年之壽限者耶? 自七歲
而計七十二年, 則又或至七十九耶? 是未可⁹²⁾知也.

---

90) 是: 저본에는 빠져 있으나 가본에 의거하여 보충함.
91) 矣: 저본에는 빠져 있으나 가본에 의거하여 보충함.

1-50.

長湍東坡驛村後山, 余眞外家先瑩也, 松楸菀密. 丙申, 眞外從祖退軒趙公, 追奪官爵, 戚叔兄弟, 皆被謫, 退軒公夫人金氏, 與子婦守墓舍. 東坡村人輩, 日事樵採四山, 幾至童濯. 戚叔監役公, 自湖中適往省, 一日具酒肴, 布席于村前路上, 會洞人而諭曰: "汝輩以吾家瘊塾之故, 斧斤日入於先山松楸, 豈不痛迫? 今以酒肴饋之, 從此以後, 更勿犯斫, 爲可云云." 村民中, 年老稍解人事之人, 皆曰: "下敎旣如此, 小人輩何可更犯乎云?" 而年少悖惡之漢, 每每大呼曰: "犯斫彼山然後, 彼家餠酒, 更可得喫云云." 其害尤甚. 有黃首爲名[93]人, 卽一村之惡種也, 與人相鬨, 必拔劒自劃其胸, 不知老少班常之分, 人皆畏之如蛇蝎. 此漢每每斫薪於山上, 山直奴見而禁之, 則此漢持斧而突入大門, 以斧斫之, 曰: "逆賊之家, 破家可也!" 外舍廳與門, 皆碎破, 又入內, 斫破中門, 又斫大廳機. 時金夫人姑婦, 皆[94]戰慄不敢出一言, 蒙被而伏, 厥漢一場詬辱而去. 趙同知榮煜, 卽退軒公庶再從也, 赴統營幕, 適歸家, 家在近. 其翌日, 來拜于金夫人, 夫人泣道其狀, 同知曰: "此漢殺之無惜!" 仍出外, 呼統營下隷之率來者數人·奴輩數人, 捉來黃首爲名漢, 此漢被捉, 以叱辱不絶於口. 同知乃大聲叱曰: "吾雖廢族, 班名則自在, 汝焉敢若是? 吾年今六十餘, 而位在同知, 於分足矣. 家無一子, 單獨一身而已, 打殺汝而代殺, 則吾所甘心." 仍分付奴隷, 以麻繩絪縛, 以如指大新苩之枝, 自頭至下, 不計杖數而打之, 四五人遞臂而打之. 初則辱聲如前, 末乃哀乞, 打至數百杖, 氣息奄奄, 仍問

---

92) 可: 저본에는 빠져 있으나 가본에 의거하여 보충함.
93) 名: 가본에는 '言'으로 되어 있음.
94) 皆: 저본에는 빠져 있으나 가본에 의거하여 보충함.

曰: "厥漢死乎?" 奴隷對曰: "死矣." 仍曳出之於門外, 曰: "姑置門外, 待回甦, 更打矣." 仍使奴自外潛解其縛, 而放之. 黃首者, 收拾精神, 膝行歸其家, 其夜, 率妻子逃走, 不知去向. 自此以後, 雖落葉一片, 村人輩不敢窺見, 松楸仍以長養, 趙同知此擧, 可謂快矣. 余問曰: "如[95]是打之, 若至死境, 則將若之何?" 同知笑曰: "伊時則眞箇有代死之心云矣."

1-51.

吾家之在角峴時, 有盜入內挾室. 時當春節, 杜鵑酒方釀酷, 盜仍傾甕而飮之, 醉倒而鼾息如雷. 及曉, 家人驚怪, 開門而視之, 則器皿·衣服盡數偸出, 作一負卜, 而枕之昏睡矣. 仍呼奴縛之, 送于捕廳, 卽軍門軍士, 而其鑰封各色俱備, 不知其數矣. 事甚絶倒, 玆記之.[96]

1-52.

正廟乙卯, 卽惠嬪回甲之年也. 上以喜懼之心, 兼以不洎之痛, 閏二月, 奉慈[97]宮幸華城, 行酌獻禮于顯隆園, 還御行宮, 設宴進酌. 命慈宮內外親同姓八寸及異姓六寸, 無論文蔭武, 皆參宴. 又命侍衛文武百官及軍兵·皂隷, 竝揷花. 時余以慈宮外戚六寸親所後, 先府君及諸昆季, 皆預是宴. 未明, 赴行宮庭, 慈宮御洛南軒, 房房垂珠簾. 上侍于簾外廳上, 簾前置大畫樽, 挿三色桃假花, 遮日竹皆束花, 文武侍衛及預宴諸臣·伶官·奴隷, 皆揷花, 其燦爛輝

---

95) 如: 저본에는 '何'로 나와 있으나 가본에 의거함.
96) 玆記之: 가본에는 '玆記之云耳'로 되어 있음.
97) 慈: 저본에는 '玆'로 나와 있으나 가본에 의거하여 바로잡음.

煌. 殆難名狀. 儀仗及贊引擧行, 皆以妓女行之, 庭設大風樂, 無論文蔭儒生[98], 各以一大卓賜饌. 又宣醞, 妓女垂五色汗衫, 輪回擎銀盃而進, 殆至十餘盃. 上敎曰: "今日不醉無歸, 皆盡量而飮." 余則以花揷于衣衿之前, 蓋不欲簮于首而有妨科名故也. 酒過數三巡, 而有失儀之慮, 拜受而潛瀉于座下. 午後, 進饌床, 竝[99]與前進者, 而置于左右. 而已, 上製下七律一首, 命預宴諸臣賡韻, 賤臣賡進, 曰: '天眷吾東景籙新, 邦家大慶萃今春. 壽康宴設呼千歲, 長樂樽開頌六旬. 盛禮欣瞻天上樂, 彩花遍揷殿前人. 微臣此日無疆祝, 玄圃仙桃結幾巡云云.' 趁夕蹔退, 夕飯後又入庭, 仍達夜, 夜設煎鐵, 每人各一器, 蠟燭如臂大, 間一人設置. 行宮簷桷, 以靑紅紗燈籠, 懸之, 照耀如晝, 此身怳如在玄圃瑤池也. 破漏後退去[100], 東方旣白, 歸依幕少睡. 翌日, 行養老宴, 各賜黃巾鳩節, 父老皆乘醉, 呼千歲, 一時幷起舞, 亦一可觀. 夕上御將臺, 放火砲·埋火砲, 火光遍于城中, 砲聲動山岳. 又行城操, 滿城通紅, 卽一壯觀. 夜久, 罷歸下處. 翌朝, 將回鑾, 有待令于始興之下敎, 故與平汝, 隨後陣作行, 到始興, 日幾夕矣. 承旨傳下敎, 曰: "今日, 慈宮欲招見汝輩矣, 氣度不平, 汝輩好好還家." 承命退出. 明日卽冷節, 自華城距樂溪, 不過四十里地, 而自始興相距稍遠, 而且不知程道, 所騎馬, 卽海營雇馬, 帶隷卽海營奴也. 幷皆初行樂溪, 道里問于店家, 則以爲, '自軍川場市邊東行云.' 故寸寸問而作行, 到軍川, 日已暮矣. 時有微月, 尋逕而行, 誤入山路, 行十餘里, 馬忽驚却, 鞭之不行. 隨後之隷, 疾聲而呼父母, 直向馬前而立. 余與平汝, 驚駭而問之,

---

98) 儒生: 가본에는 '武弁'으로 되어 있음.
99) 竝: 저본에는 '善'으로 나와 있으나 가본에 의거함.
100) 去: 가본에는 '出'로 되어 있음.

則口不能對, 只以手指傍, 仍諦視, 則有一大巖在於路傍, 四五間之地, 而巖上時有二盞燈, 火光明滅, 不定知其爲虎也. 心雖驚惻, 無可避之道, 仍與平汝, 敲石出火, 爇于烟茶, 而以其竹向虎在處, 噓之以出火光, 而使搖馬頷鈴, 徐徐作行. 行作幾數[101]十里, 而其巖一樣, 在其在處. 而已, 遠村有犬吠聲, 心甚欣然, 只尋犬聲而訪人家, 始得出大道, 此是秋峴也. 到店門, 呼主人開門, 無一人應聲者, 蓋夜已深矣. 主家之犬, 見人而吠, 纔出門, 爲虎攫去, 目見其狀, 毛骨疎然, 急聲呼主人[102]. 良久, 主人漢始開門而迎, 曰: "未知何許行次, 而深夜到此? 此地有虎患, 昨夜嚇一人, 以是之故, 日暮之後, 未明之前, 人無敢出門, 行次何爲, 涉險而來也云云." 忽開窓戶而入, 則鷄已亂唱, 而汗透于衣[103]矣. 仍闕夕食, 而與平汝相枕而昏倒, 天明後, 始促飯而踰後嶺. 作樂溪行, 行節祀回語, 平汝曰: "此日午前, 極繁華矣, 夜來極危, 殆一日之間, 事多如此." 仍與一笑.

1-53.

余於庚辰八月, 作嶺東之遊, 登江陵鏡浦臺, 臺在湖上, 湖卽鏡湖也. 十里平湖, 流穩而不深, 自古以來, 曾無溺死之患, 一名稱以君子湖. 湖之外有海, 與天同大, 隔一沙堤, 而駭浪日打, 未嘗潰決, 各成一區, 亦一異事. 俗傳, 湖之基, 卽古富人之居, 而性吝, 積穀萬包, 一粒不以與人. 一日, 門外有一老僧乞粮, 主人答以爲無, 僧正色曰: "旣有前後積峙, 而以無爲言, 何也?" 主人怒曰: "胡

---

101) 數: 저본에는 빠져 있으나 가본에 의거하여 보충함.
102) 人: 저본에는 빠져 있으나 가본에 의거하여 보충함.
103) 衣: 가본에는 '衣裳'으로 되어 있음.

僧焉敢乃爾?" 仍以器盛人矢, 以給之, 僧乃開橐, 拜受而去. 未幾, 雷雨大作, 地忽瀦陷而爲湖, 一門之人, 無一免者. 包穀散而入水, 皆化爲蛤, 名曰'齊穀'. 江邊[104]男女, 朝暮採拾, 以作歉歲救荒之資云. 事近齊諧而姑錄之.

湖之中有紅嬙巖, 紅嬙古之名妓也. 巡使某巡到時, 甚嬖之[105] 而不能忘情, 每逢本倅, 娓娓言之. 本倅卽其切友也, 欲誆之, 佯言, "月前已死云爾." 則巡使茫然盡傷. 其後巡到, 悵然如失, 忽忽不樂, 本倅以爲, "今夜月色正好, 盍遊鏡湖乎? 湖是仙區, 每於風淸月白之時, 往往有笙簫鸞鶴之聲. 紅嬙名娼也, 安知不爲仙而隨伴來遊[106]乎? 若爾則庶幾一遇." 巡使欣然從之, 泛舟湖月, 凝神瞻望. 于時, 山月如畫, 水天一色, 蒼葭白露, 烟消風淸. 夜三鼓, 忽有玉簫一聲, 自遠而來, 嗚嗚咽咽, 若遠若近.[107] 巡使側耳而聽, 整襟而問曰: "此何聲也?" 本倅曰: "此必是海上仙女之遊也, 使道必有仙緣, 而得聞此聲矣. 且尋聲, 則似向此船而來, 事亦異矣." 巡使意欣然庶遇, 爇香而待. 良久, 一葉小船, 隨風而過, 有一鶴髮老[108]叟, 星冠羽衣, 端坐船上. 前有靑衣雙童, 橫吹玉簫, 傍有一小娥, 翠袖紅裳, 捧盃而侍立, 飄飄有凌雲步虛之態. 巡使如痴如醉, 注目而視之[109], 則船近處, 完是紅嬙. 仍起身而超上船頭, 稽首而拜, 曰: "下界俗骨, 不知眞仙之降臨, 有失迎候, 願眞仙赦罪." 老仙笑而答曰: "君是上界仙侶, 謫降人間, 已久矣. 今夜之遇, 亦一

---

104) 邊: 저본에는 '之'로 나와 있으나 가본에 의거함.
105) 之: 저본에는 빠져 있으나 가본에 의거하여 보충함.
106) 來遊: 가본에는 '遊此'로 되어 있음.
107) 若遠若近: 가본에는 '若近若遠'으로 되어 있음.
108) 老: 저본에는 빠져 있으나 가본에 의거하여 보충함.
109) 之: 저본에는 빠져 있으나 가본에 의거하여 보충함.

段仙緣也." 仍笑指在傍之佳人, 曰: "君知此娘乎? 此亦玉帝香案前侍兒, 謫降塵世矣, 今則限滿而歸矣." 巡使擧目而視之, 則果是前日之紅嬌, 而靑山乍嚬, 秋波微動, 如怨如愁, 殆不能定情. 巡使乃執手而泣, 曰: "汝何忍捨我而歸何[110]?" 紅嬌亦掩淚而對曰: "塵緣已盡, 亦已焉哉? 紫皇以相公戀妾之情誠, 格于天, 給妾一宵之暇, 隨君而來, 以爲一會之期耳." 巡使對老仙曰: "旣承玉帝之詔, 倘許紅嬌之暇否?" 老仙笑而答曰: "旣聞命矣, 姑與之偕行. 老夫厭烟火之氣, 不得近城, 君須與紅娘, 同舟而歸." 仍戒紅娘曰: "此亦上界已定之緣, 須與此人, 偕入城中, 未明出來, 則吾將艤船待矣." 紅嬌斂衽而言曰: "謹奉敎矣!" 老仙起送巡使及紅嬌于船上, 一陣淸風, 回棹而去. 巡使與紅嬌, 同輿而來, 携入寢室, 其繾綣之情, 雲雨之夢, 無異常時矣. 睡到日出, 忽爾驚覺, 意謂紅嬌之已去矣, 擧眼視之, 紅嬌完然在傍而理粧矣. 怪而問之, 則笑而不答. 俄而, 本倅入來, 笑而問曰: "陽臺之夢, 洛浦之緣, 其樂如何? 下官不可無月姥之功矣." 巡使始知見欺, 相與大笑. 蓋本倅已前期, 粧出老仙及仙童而欺之, 故也. 其所遇處有巖, 因名以紅嬌.[111] 此事載於邑誌云, 而余未得見, 只憑傳言錄之如右耳.

1-54.

戊午冬, 輪感自西而起, 遍行京鄕, 人之得是感而死者, 十至七八, 世稱燕京病也云矣. 辛巳·壬申兩年, 有怪疾, 亦自西而起, 人之死亡相續. 其症瀉泄一二次, 而自脚部有氣, 衝上至腹, 則輒死,

---

110) 歸何: 가본에는 '歸之乎'로 되어 있음.
111) 其所遇處有巖, 因名以紅嬌: 가본에는 '其所遇, 宛如楊小游之於春娘之事也. 其處有巖曰, 名以紅嬌'으로 되어 있음.

俗云'鼠升'. 其氣之衝上也, 或如鷄卵, 或如栗子, 形於外而衝上, 若鍼其氣而出毒血, 則或生. 辛巳年, 則夏潦陰濕, 故近水之人多傷; 壬午年, 則亢旱炎熟, 故依山之人多傷, 傳染如運氣, 遍行八道, 人無免焉. 余在洪川時, 辛之秋, 適作楓嶽之遊, 到九龍淵, 聞亡弟之訃, 擧哀於神興寺, 蒼黃復路, 到洪界泉甘之店舍, 患此症, 一夜之間, 瀉泄數十次. 强以疾馳還官, 多服消導之劑, 幸而免死. 而自此以後, 元氣萎薾, 百病交作, 蓋是前所未聞之怪症也.

1-55.
伯氏嚴於科場之弊[112], 如關節等事及借述等節, 嚴禁子姪輩, 使不得生意, 而嘗敎曰: "勤於科工, 而年紀老大, 或倩人述之, 猶或無怪, 以蒙騃之兒, 買一等文筆而觀光, 又托于主試, 而得參初會試, 而自以爲慶喜. 若然則一二歲乳兒, 獨不爲之乎? 有何慶喜, 有何意味? 吾之子姪, 若以其所賦科工, 來覽于我, 所作如成說, 則可許赴矣. 不然則雖白首, 不許矣." 子姪輩不敢違命. 姪兒一人, 纔冠而自其翁任所, 適仍事上洛. 時當科期也, 伯氏以工夫之未就, 開場之日, 使之還發徛行. 時有親知人聞此事, 亦停其子之科.

1-56.
伯氏之按灣府也, 金領相載瓚, 以冬至正使來到. 而以細微事, 起怒於下隷, 以不善檢飭, 首鄕·首校·首吏以下, 至奴令妓輩, 一時拿入, 至於二十餘人之多. 刑[113]棍笞杖, 一時幷施, 所見愁痛. 時伯氏在座, 金公時以目微察氣色, 伯氏氣色晏如, 金公仍謂曰: "吾

---

112) 弊: 저본에는 '幣'로 나와 있으나 가본에 의거하여 바로잡음.
113) 刑: 저본에는 '杖'으로 나와 있으나 가본을 따름.

於君之邑隷治罪者多, 於君之心, 得無未安底意耶?" 伯氏笑而對
曰: "大監之於侍生, 父執尊長也. 侍生設有過失, 可以庭叱, 何況
下隷乎? 且別星行次, 推治下隷然後擧行, 可以小勝矣." 小無幾微
色, 而終日談笑, 至暮而罷. 金公笑謂傍人曰: "今行得見一大臣
矣." 又抵書于先府君, 曰: "來見令胤, 則年少之人, 剛柔得宜, 局
量恢弘, 爲朝廷之幸也云云." 瑞興妓鏡梅, 頗有姿色, 伯氏年前,
過去路薦枕矣. 其後, 金公以箕伯歷路, 不知伯氏之所眄而近之
矣. 其後, 伯氏又以問禮官, 作西行, 過是邑, 鏡梅[114]來謁, 伯氏敎
曰: "箕伯大監, 不知吾之所眄而近汝矣, 吾則旣知箕伯大監之近
汝, 而何可近之乎? 雖有先後之別, 而箕伯大監於吾爲切親之尊長
也, 旣知之後, 不可不遠嫌也." 仍出送. 後金公聞之, 歎曰: "不意
年少之處事如此, 吾不及矣." 其後, 回還路, 仍不更近, 遂爲閑田.
伯氏嘗敎余輩曰: "色界上難以責人云者, 亦是不經之言也. 人不愼
於色界上, 而其可曰爲人理乎? 汝輩須戒之."

1-57.

伯氏篤於友愛, 朝夕之間, 一有異味, 則必分送之, 夜寒埈冷, 則
雖深夜之後, 必分柴而使煖之. 諸家有憂患, 則雖深更, 必往告之,
伯氏必也起寢, 而躬來審視, 指示其可用之藥. 以是之故, 諸家之
憂, 伯氏在傍, 則非但病心之慰悅, 其家人皆知以爲無慮. 至於藥
餌之節, 躬自看檢用之, 兄弟娣妹之家, 皆計口排日而給糧, 異姓
六寸之貧不能自存者, 亦繼糧而饋之. 待以擧火者十餘家, 每於日
出之前, 中門始開, 則荷橐之奴, 戴器之婢, 成群[115]而來, 則計其

---

114) 梅: 저본에는 '妓'로 나와 있으나 가본을 따름.
115) 群: 저본에는 '郡'으로 나와 있으나 가본에 의거하여 바로잡음.

口, 而合[116]給一日粮. 余嘗廩告伯氏曰: "每日給粮酬應甚繁[117], 何不於晦日預給來朔一月之粮乎?" 伯氏笑而敎曰: "不可矣! 余心不服矣." 甲戌, 伯氏按北關之節, 仲氏莅淸道, 余以其次當家政, 分給諸家之粮, 苦於每日往來而分給, 乃以一月粮前期而給之矣. 及至念後, 各家告饑, 蓋以其粮換作柴饌故也. 余乃曰: "吾伯氏眞聖人也云矣." 乙亥之春, 米一石價, 爲二十七兩之多, 一朔有貿穀米三十斗之一石然後, 可以分排一朔之粮, 七月之晦, 以此數貿之矣. 至八月望間, 年事占登, 米一石價爲七兩, 一望之間, 失六百金. 至今思之, 歎惜矣!

1-58.

沈鏧門外人也, 少業科工, 與伯氏年久同硏. 家素貧寒, 其親喪及妻喪, 無以辦諸具, 伯氏一一備送, 情好之篤, 無異骨肉. 其叔魯賢者, 薄有才藝, 游於門外士友之家, 而與余同硏, 每呼以接長, 往來無間. 忽於壬子·癸丑間, 時僻之論出, 而魯賢奔走於沈煥之及賊裕之門, 而又使其侄托迹, 時其侄已釋褐矣. 一日曉, 忽來見伯氏, 以爲, "君知時像乎?" 對曰: "不知矣." 沈鏧曰: "時牌如徐有隣者, 皆歸於逆邊矣. 而僻牌得時, 如吾宗人, 方今[118]騰颺, 君可與我偕往, 好矣." 伯氏曰: "吾則不知時僻之如何, 去則君可自去, 何乃携我而去也? 吾則自吾也, 別無所主處, 又無可去處矣." 沈鏧脅之誘之, 無所不至, 伯氏正色, 曰: "言且休矣! 君欲去則去矣, 吾何可隨君耶?" 沈鏧乃歎曰: "君太固執矣. 日後, 如有禍罟, 則吾當拯出

---

116) 合: 가본에는 '分'으로 되어 있음.
117) 甚繁: 가본에는 '若是其繁'으로 되어 있음.
118) 方今: 가본에는 '今方'으로 되어 있음.

矣." 伯氏笑曰: "君之意可感云矣." 伊後, 魯賢者, 必欲陷害吾家, 其背恩如此. 辛酉, 伯氏居謫于漆原也, 沈鎣時以守宰, 一不書問, 最後七八朔之後, 付書于京矣. 及到乙丑, 裕賊獄事起, 魯賢以同參伏法, 沈鎣廢枳, 居于金浦·洪川等地而死. 旣死, 無以掩身返葬, 伯氏聞而憐之, 優送喪需, 時論多之.

1-59.

亡弟[119]文汝, 性行高潔, 文思淸絶, 自幼少時有奇疾, 積年沉痼. 每以文字寓心, 無書不覽, 尤工於詞律, 句作淸新, 不愧唐宋諸作. 晩而應擧, 屢屈會圍, 仍落拓不得志, 以詩酒自娛, 竟無所成, 而纔過四十而夭命也. 夫其諸作詩與文, 有如干篇, 可以傳後, 未脫藁. 余嘗謂文汝曰: "詩律之作, 乘興而吟咏, 興盡而乃已, 可也. 君則每於吟咏之時, 苦費心神, 至於吐血之境, 何必乃爾?" 文汝笑曰: "各隨其性而然也. 然而吾兄諸作, 太不思想, 而句作無病, 其無病乃是爲病, 弟[120]所不服也云." 余笑而答曰: "毋論有病無病, 聊以自適, 君之勞心焦思, 吾亦不服矣." 乃與大笑.

1-60.

辛未, 西賊洪景來·李希著, 起兵於博川·嘉山等地, 連陷郡縣. 嘉山郡守鄭蓍, 罵賊不屈而死, 其外皆望風迎降者, 急報日至, 朝野洶洶. 時有一宰臣[121]請閉四大門, 時伯氏以備堂參座, 力言其不可, 曰: "城門一閉, 則人心一倍騷撓矣. 城門之閉, 小無所益, 不

---

119) 亡弟: 가본에는 '七弟'로 되어 있음.
120) 弟: 가본에는 '弟之'로 되어 있음.
121) 時有一宰臣: 가본에는 '兵判沈象奎'로 되어 있음.

如依前開閉, 以定人心." 時相從其議. 是時, 城內外無賴之輩, 會于圓峴之上, 列書門外饒居之家, 約以巡撫使出戰之後, 行劫爲計, 而余之大家, 亦參其中矣. 其中一人, 以筆劃于吾大家之上, 曰: "此則大不可矣." 其黨怪而問之, 則答曰: "此家世居城外, 未嘗有不仁之政於洞民, 自來以仁厚有德之家, 稱於世. 吾輩之所稔知者也, 吾輩何可有犯乎?" 衆皆曰: "諾云." 伊時,[122] 參其黨之人, 傳于親知人而來傳矣.

1-61.

戊寅春, 余莅洪川, 洪是峽中閑邑, 民俗淳厚, 訟牒稀闊. 與邑居金德翁相種及其侄而述箕魯·聖與·箕哲[123] 其從侄傳汝箕壽[124]諸人, 日夕追遊, 日以爲事, 五年如一日. 而金友善居鄕, 凡係官事得失, 一不相干, 足迹不及於公門. 余每朝夕, 扶杖而訪之, 情誼之篤, 無異骨肉. 金友每戒余, 以辭氣之暴怒, 多所資益焉. 德翁嘗曰: "明府性急, 非攝生之方也, 民之性甚緩, 民當先嘗明府之藥, 果也." 余笑曰: "吾當先嘗兄之藥, 果矣." 如是詼謔. 德翁不幸, 以辛巳輪疾, 竟不起, 余爲文而哭之.

1-62.

洪邑之鄕校聖殿頹圮, 霖雨之時, 則以油紙覆于各位位版, 所見駭怪, 客舍又如是, 雨漏殿牌, 幾至傷敗. 余乃謀其重建, 遂鳩聚財力, 而一新之客舍, 門無題額之名, 余乃以華陽舘名之, 刻而懸之.

---

122) 伊時: 저본에는 '申時'로 나와 있으나 가본에 의거함.
123) 哲: 가본에는 '晢'으로 되어 있음.
124) 壽: 가본에는 '鬻'로 되어 있음.

其前, 有江而無號, 故余以華陽江名之, 客舍之額, 亦取此義也. 五聖位牌, 移奉後毁, 撤舊殿, 則殿之下掘土而爲窟, 狐狸居焉者, 近百餘年. 人之髑髏委積如阜. 余謂齋任儒生曰: "私家之廟如埋凶, 則其家敗亡, 今此鄕校, 卽一邑儒生之宗家祠宇也. 而穢惡之物, 若是其多, 此邑儒生之一初試不得者, 良以此也. 吾乃今爲一邑多士而掃除之, 從此, 庶有科名矣云." 仍使役夫, 幷修掃, 而拾其骸骨, 則幾至數三負, 擇其山後精潔處而埋之. 一新棟宇, 蓋百七十年後重建矣.

1-63.

在洪邑時, 一日, 吸烟茶而坐, 知印一人, 持公事而入門, 不省而誤蹴簡竹, 烟臺之入上唇, 幾二寸許矣. 流血淋漓, 知印面無人色, 戰慄而立. 余時精神昏迷, 少焉更甦, 而以不謹責之, 首吏來請罪, 余以眚災原之. 其後, 適得一大體鏡, 置之前矣, 知印又蹴而碎之, 余亦不問矣. 時當夏節, 懸門於樑上之鐵釘, 使知印下之, 則以杖擊而下之, 門落而鑪破, 余乃嚴杖. 人或問其前後之異, 余曰: "向日之事, 渠輩不知而爲之者, 今日之事, 渠乃知而故犯也. 故治罪有前後之異云."

1-64.

洪邑多虎患, 一日之朝, 一大虎上南案山, 山於官閣相望之地也. 調發吏奴, 各執劍劍而行獵, 卞哥吏一人, 頗有氣力, 執劍居先而上. 虎乃顧而咆哮, 卞吏乃蹲坐而吐黃水, 少許而死, 其威猛可知. 竟捉是虎.

1-65.

斗村面, 有一人賣炭而歸, 以支機置于牛廐之後. 至夜, 一大虎來踢牛廐, 牛驚, 而人覺擧火發喊, 虎乃驚而逸. 支機索以人毛之合爲者, 偶繫于其後足, 虎乃跳躍, 則其支機自後而打, 愈跳愈打, 其勢然也. 畢竟, 支機皆破碎, 而只有一股木, 連打其背[125], 虎乃不勝其憤怒, 嚙其脛而碎之, 其索終不解, 仍臥于隱寂菴前藪, 而大聲咆哮. 日出後, 庵僧[126]聞之, 皆立於岸上而觀之, 有一僧, 乘醉而言曰: "折脛之虎, 焉敢害人? 吾欲近前而見之." 仍往其近處, 足滑于莎岸, 轉而近虎之前, 則乃嚙其禿頭而死. 僧徒急來告, 故遣砲手而捉之, 擔來見之, 則其索尙繫其後足矣.

1-66.

洪之東面, 卽麟蹄界也. 立三間院宇, 每當春秋巡歷時, 遞馬及延逢于此, 前有數十戶村, 號爲院村. 庚辰元春, 院村一人, 爲見其姑母之在京江者, 其姑乃是巫女也. 歲時, 自多餠肉之屬, 適見其侄, 以畫門神之紙, 裹餠與肉而遺之, 曰: "歸可饋妻子." 其人受而歸, 分饋其妻子, 以其紙置之[127]篋笥矣. 其妻忽有病, 問于巫女, 則曰: "家有畫神之祟也!" 乃出而示之, 則其巫女搖鈴奮身, 而言曰: "吾乃尉遲將軍, 何爲置之汝家? 可奉安乎公廨[128]." 其民祝曰: "公廨無可合處, 何以爲之?" 巫使畫紙, 奉而隨之, 揭之于院宇之中央壁上矣. 自其後, 人之騎牛馬而過者, 不下則必有殃焉. 來人去客,

---

125) 背: 저본에는 '勢'로 나와 있으나 가본에 의거함.
126) 僧: 저본에는 '曾'으로 나와 있으나 가본에 의거하여 바로잡음.
127) 之: 가본에는 '于'로 되어 있음.
128) 公廨: 가본에는 '公廳'으로 되어 있음.

必敬禮, 而置一葉錢而去, 爲一村之弊. 至二月之望[129], 巡行將入境矣, 居民來訴其由, 故使之亟去之, 而無敢着手者[130]. 適有隱寂庵一年少僧, 過而見之, 曰: "此畫若給我, 則可作山門之門衆神." 皆誘而許使持去, 其僧果持去而付之山門矣. 數日後, 同房一僧, 忽有狂疾, 高聲曰: "吾乃尉遲將軍, 而非汝山門之門神也, 焉敢使吾置之此也? 斯速還奉于公廨! 不然則山寺竝當滅亡云云." 諸僧驚訝, 笞罰當初持來之僧, 使之還置于前在之處. 其僧持畫而來院村, 則院村民人, 又不受而逐之, 可謂進退維谷. 其僧怒, 從心上以謂, '旣不容於山門, 又不容於民村, 持此安歸死, 則一也.' 仍以火燒, 畢竟[131]無事, 亦可異矣.

1-67.

辛巳五月之日, 夕飯後, 兒輩來言, "內衙有魍魎之變云." 余不以爲然, 而遽起入內, 則婦女輩驚惶, 而面如土色. 余怪而問之, 則對曰: "忽有土塊瓦礫之屬, 來打窓戶云." 故余少坐而察之, 則婢輩走告曰: "俄者, 打東上房門戶矣, 今則打西上房門戶云." 故余又往西上房, 則又打東上房云, 隨余之往, 避之而打之, 竟夜如是. 余入處內房而鎭之, 每日不止, 故使渾眷[132]出避于將廳, 而將治送京第. 余則獨留東軒內門之外, 無此患, 內眷出避之. 後數三日, 仍無消息, 故余適出見而言曰: "今則無事, 稍待凉生後, 可作京行云." 而入來矣, 又聞投石如在衙時云, 余乃曰: "神人之厭飫已久, 不可以

---

129) 之望: 가본에는 '望間'으로 되어 있음.
130) 者: 저본에는 빠져 있으나 가본에 의거하여 보충함.
131) 畢竟: 가본에는 '仍以'로 되어 있음.
132) 渾眷: 가본에는 '渾家'로 되어 있음.

居矣." 仍治送京第, 而余獨留矣. 發送之四五日後, 邑底輪氣大熾, 數日之間, 死者殆近五六十. 余又治行而上京, 此則有若鬼物之指導也, 豈不異哉? 冊室卽草室也, 伊時, 午適入內, 開後窓而坐, 其墻外則冊室也. 余偶爾擧眼而見之, 靑色火倏, 起於冊室屋上草蓋之上, 少頃延燒, 使之撲滅, 此是鬼火也. 一日之夕, 聞內衙庭醬瓮打破之聲, 使之見之, 則如木枕之石塊, 無數亂下打醬瓮, 聲如霹靂, 而瓮則少不傷破而如前, 亦可異也. 此皆目見者也.

1-68.

洪邑務蠶農, 而多山桑, 男女成群, 而採之於山上, 每年, 人之爲虎噬傷者多. 余乃勸民種桑, 以大戶八十株, 中戶五十株, 小戶三十株定式. 而或種之家後籬下, 或種之田邊, 而送校考其勤慢, 則其中民人之懈怠者, 至有折枝而揷于地以充株數, 故余嚴治[133]之矣. 後聞, 桑林或有茂密者, 得其效云. 邑基西北甚虛, 故買土而種樹, 今則成林云.

1-69.

移金陵邑之爲基, 水口不得關鎖, 風水之言, 以爲邑人之貧, 皆由於此云. 故買土於湧金門外, 植木如洪邑之爲. 官府之東, 有小峰而縹緲, 時仲氏以善山倅來臨, 成汝以順天倅, 亦來會矣. 共上其峰而嘯詠, 立石表之, 曰'三印峰'. 在善山, 則東閣之後, 有一大巖, 石刻以'三印巖'. 其後, 余陪仲氏, 往遊[134]于讓汝知禮任所, 而臨溪獵漁, 又名曰'三印浦', 俱傳爲美事.

---

133) 治: 가본에는 '杖'으로 되어 있음.
134) 遊: 저본에는 '逝'로 나와 있으나 가본에 의거함.

1-70.

伯氏登庚戌科, 時李後秀者, 判書祖源之子也, 亦赴此科. 夢見, 空中有彩閣三十二層, 仍步上第一層, 則有一白髮翁坐, 而使之去, 曰: "可下去!" 後秀下第二層, 老人又踵而逐之, 次次至最下層, 又迫逐, 仍問曰: "此是誰家而然也?" 老人曰: "此是李某之第, 汝不可暫留." 後秀懇乞暫留, 老人不聽, 而蹴而下去. 驚悟則一夢也. 是科, 後秀入於預備而落, 對人而道此夢, 曰: "空然爲李某做夢也云爾."

1-71.

己巳冬, 余與成汝, 中增廣監試終場, 鼎侄中九月製, 而許付監試初場. 待榜之日, 一婢言于內, 問曰: "夜夢見, 三馬馳入舍廊前庭, 一場咆哮, 一則越墻而走云云." 此婢不知馬夢之有應於司馬也. 余聞之而以爲, '三叔侄中二人, 可占云矣.' 俱屈而鄕外書手二人之留于家者, 俱中而去. 余於年來連居憂, 辛酉, 則仍伯氏居謫而不赴擧, 七次監試不得見矣. 每於監試設行之夜, 夢見馬逸每每逐出矣. 庚午監會之中, 夢見一馬入門, 縶[135]而騎之. 馬夢之應於小科云者, 亦不虛言[136]矣.

1-72.

箕城, 自古稱繁華之勝地, 其江山秀麗, 樓臺華侈, 士民皆以逝衍行樂爲事. 春之花辰, 秋之楓節, 乘小舟, 或張樂, 或歌嘯, 或吹笛, 或彈琴, 或上或下, 蔽於江上. 遊俠之輩, 歌舞之徒, 不絶於大道, 專以聲色, 飮食衣飾相尙. 以是之故, 諺云: '箕城之人家, 無三

---

135) 縶: 가본에는 '縶'로 되어 있음.
136) 言: 저본에는 빠져 있으나 가본에 의거하여 보충함.

世富云.' 而燕貨委積於市, 多富商大賈, 世所稱'西京[137]', 而比之中國秦淮·兩浙者也. 城內人居稠密, 衢隘而路狹, 又多蓄狗豚之屬, 左右多汚穢之物, 而勝槪專在於城外之江上矣. 伯氏嘗敎曰: "欲翫箕城, 須到長林, 盡頭望見, 粉堞耀日, 彩閣入雲, 白沙淸江之上, 帆檣紛集, 樓臺影到, 儘是畵中景也. 徊徘眺望而歎曰: '果是絶勝之名區云.' 切勿渡江入城而直還, 則眞是見箕城全面目, 心乎不忘矣. 如一入城內麤穢而不忍見, 使觀外而歡賞之心, 一時消耳, 豈不可恨也哉!" 此敎儘是趣語, 余亦遍遊城內外, 而益知此敎之非誣也.

1-73.

余在箕營冊時, 暮春者率妓樂而巡城行, 行且休, 至普通門城上, 望見一大瓦家, 問: "是誰之家?" 則一妓答曰: "乃是營妓閔愛之家云." 故余又問曰[138]: "此妓何爲而獨占大家舍?" 妓輩笑曰: "有奇談云爾." 而不肯言, 此時, 閔愛之弟閔玉者, 隨來故也. 余乃强而問之, 則其妓之言, 曰: 年前, 鄭判書等內, 其冊房注書進賜, 嬖妓閔愛而沈惑, 須臾使不離側. 外城, 時有李座首者, 累萬金之巨富也, 封錢一千兩而言, "若使閔愛一與我接言, 則當給此錢云云." 人有傳之者, 閔愛欲其錢, 而無計出外. 一日, 自外相約於李某, 而對注書進賜, 暗暗抆涕, 則注書怪而問之, 對曰: "小人早失生母, 就養於外祖母矣. 今日其亡日也, 而外家無人奉祀, 勢將闕祭, 故是以悲之." 注書聞其言而憐之, 自營庫備給祭需, 而使之出去行祀. 心猶疑之, 密送近待之知印, 使之探之, 則祭是虛言, 而方與李某行樂矣. 入以所見白之, 注書勃然大怒, 急起向宣化堂, 叩門. 時夜已

---

137) 京: 저본에는 '宗'으로 나와 있으나 가본에 의거하여 바로잡음.
138) 曰: 저본에는 빠져 있으나 가본에 의거하여 보충함.

牛, 使道驚覺, 而問之曰: "注書乎? 何爲不寐而來也?" 對曰: "閔愛欺我, 以有祭而出去, 方與外城李座首某行樂, 寧有如許切憤之[139]事乎? 願大人急發羅卒, 男女幷捉入, 嚴治之." 使道責曰: "此是胡大事, 而半夜三更, 如是作怪? 速爲還歸[140]安寢, 可也." 注書頓足, 曰: "大人若不聽小子之言, 則有死而已." 使道咄嗟曰: "下去矣!" 仍呼侍者, 招入入番捕校, 而分付曰: "汝率入番羅卒, 盡數出去, 環圍閔愛家, 而其男女一索縛來." 捕校承命而出, 以卒圍其家, 而校立其門前, 使之開門, 則時微雨, 李某在房而戰栗, 閔愛曰: "少勿驚惻, 收拾衣冠, 自後抱妾之腰云." 而以裳蓋頭, 仍以覆李哥之身, 有若避雨者趨出, 而入[141]於門內, 曰: "不知何許人, 而夜來叩門?" 校曰: "不須問誰, 某速開門!" 閔愛曰: "開門何爲?" 仍開門, 而潛使李哥隱身於門扇之後, 校卒輩不顧而直入房內. 乘此時, 李乃出門, 而使避于其前家, 三和妓娘伊之家矣. 校卒遍搜于房內外, 無人, 閔愛問曰: "何爲而來?" 校卒答曰: "使道分付, 汝與外城李某同寢, 使吾輩一索縛來云, 故來耳. 李哥何在?" 閔愛曰: "此處之無人, 君輩所目見也. 李哥非蠅蚊之微物, 豈可隱置乎? 曲曲搜見, 可也." 校乃[142]遍索而不得矣. 不得已還告, 此由而置之矣. 其夜, 閔愛與李哥, 行樂於娘伊之家, 而翌日, 作書告訣曰: "小人侍進賜, 別無得罪, 而半夜動軍搜驗家內, 小人逆家乎! 何爲而欲籍沒也? 小人雖不得被上德於進賜, 何忍被隣[143]里之嗤笑乎? 從今以後, 無更對之顔面矣. 願進賜更勿念如妾醜行之流, 更擇絶代人

---

139) 之: 저본에는 빠져 있으나 가본에 의거하여 보충함.
140) 歸: 가본에는 '去'로 되어 있음.
141) 入: 가본에는 '應'으로 되어 있음.
142) 乃: 저본에는 '來'로 나와 있으나 가본을 따름.
143) 隣: 저본에는 '憐'으로 나와 있으나 가본에 의거하여 바로잡음.

中潔行者, 薦枕焉. 妾亦人也, 何可於外祖母忌日而行淫乎云矣." 注書怒而數日絶之, 終不能忘情, 以書招之, 則辭不入, 如是者, 又數三日矣. 注書終不能忘情[144], 一日之內往復, 至於五六次, 而終不肯, 仍問曰: "是誰之言也? 若指示其人, 則當入去矣." 注書不得已, 而以知印爲對, 則答曰: "此知印, 乘進賜之不在, 嘗執妾手, 故妾果批其頰矣. 以此之嫌, 至有此誣告, 此知印若逐出而治罪, 則當入去云." 注書不得已, 分付首吏, 使之嚴治, 而除案黜之, 閔愛始入來云矣. 其後, 李座首以爲, "吾初以千金許汝矣, 汝之奇謀, 令人可服, 使我得免伊夜之辱者, 尤可奇矣, 加以五千金." 以此之錢, 買此屋云云. 余聞而一笑.

1-74.

伯氏除灣尹, 將啓程, 以朝體, 往辭於訓將趙心泰, 趙帥自來親熟之間, 臨別言曰: "少年名官, 新資之行, 不可不好事, 吾有純密花貝纓之好品, 當借之矣. 以此爲贐焉." 伯氏還第之後, 卽使一隷出送, 蓋是自燕市新出者, 而大如栗子, 價近千金之纓也. 伯氏懸之赴任後, 以爲, '他人之重寶, 不可久留, 仍作書還送矣.' 其後, 趙帥對先府君, 而笑曰: "子弟令監[145], 蓋是今世罕有之無欲人也. 吾之向來借纓, 非借之也, 欲贐之也, 而以借爲言矣, 去卽還送. 今之名士, 見此等物, 必欲奪之, 百般要之, 而子弟則入手之物, 趁卽還送, 其廉潔可知, 而大異於今世之人也云爾."

---

144) 情: 저본에는 빠져 있으나 가본에 의거하여 보충함.
145) 監: 저본에는 빠져 있으나 가본에 의거하여 보충함.

1-75.

金同知觀洙者, 陽智人也. 自弱冠時, 來留吾家, 或間一二年來, 往於其家. 而長在吾家, 爲人貿直, 一毫不以取人, 一毫不以與人, 家間大小事, 皆擔着而看檢者, 至五十餘年之久矣. 其同鄕人, 皆誹笑曰: "何不歸家力農而浪遊京中耶云?" 而金君不以介意, 連居先府君幕府, 所得盡貿田土, 晩來號爲富家翁. 余於辛丑失時後, 弟兄六人撫養無人, 金君夜則同衾而寢, 晝則訓書而課工, 俱得成就者, 皆此人之功也. 查丈金判書文淳, 常稱之曰: "安得如此人任以家政耶?" 謂伯氏曰: "此是君家寶也云." 年老後, 始歸家, 而聞病重之報, 余曾往見於鳳巖之家, 金君握手[146]嗟嘆, 曰: "今將與君輩而訣矣! 今之來訪, 亦是厚誼, 安得使吾少須臾無死? 更入洛下, 君之兄弟與子女, 面面一見而歸死, 則死無恨矣云." 其綣綣於吾家者, 有如是矣. 有一子, 繼先誼, 而往來不絶.

1-76.

余之諸兄弟, 幼時受業於金同知觀洙, 其生日在至月, 吾輩以如干衣襪備給, 而戱作賀箋, 曰: "陽動葭灰虎交之日, 纔過慶迓草席達生之辰, 載屆脫耳之辰, 攢手曷已. 仰惟先生, 陽智生員·冊房·神將, 優遊京洛四十載, 自稱吾吾子先生【嘗以吾吾堂爲號】, 勸課兒童六七人, 不過都都乎丈我【古有學究·敎授·學徒, 『論語』'郁郁乎文哉', 誤以'都都乎丈我'云, 蓋橫看也】. 念弟子等側目而對, 俯首而聽『千字』·『史略』·『通鑑』, 虛工夫於十載, 錦囊吐手木襪, 仰好事於三層云云." 以爲一時傳笑之資矣. 余在金陵, 善山倅李友率卿生日,

---

146) 握手: 저본에는 '屋乎'로 나와 있으나 가본에 의거하여 바로잡음.

卽五月,設盂酌而邀余,余以病未赴,以賀箋送之,曰:"女悅男欣角解之月,纔屆【五月麋角解故云,而挾書以角先生】辰良日吉達生之辰,載回脫耳之辰,攢手曷已. 仰惟使君,古之班也,今何姓焉?【本全義,有俗談之譏者,故耳】煞星照妻妾之宮,美諡已加以衝葬【古人有妻妾之連喪者,時人加諡,曰'衝葬'. 蓋云衝則葬故也,李友喪妻妾故耳】; 元年建太子之號,寶位誕承於乾隆【李友初字則嘉卿,以嘉慶之故,改以率字,人皆以乾隆太子戲之,故云耳】. 府有解語之花幾,多洗兒錢賞賜民,猶偃風之,草應有續,壽衣進呈【古之太守,生朝受賂遺曰:'此是續壽衣不可不受云'】. 念老友嶠南惡隣,泮中舊伴莫往來矣. 嗟阻!懸弧之筵,曷飲食之,恐有遺矢之歎云云." 時有隣倅之來者,見而絕倒云矣.

卷二

2-1.

　成廟時, 或微行, 一夜雪月照耀, 上與數三宦侍, 微服而行, 行到南山下. 時政三更後, 萬籟俱寂, 而山下數間斗屋, 燈火明滅, 有讀書聲. 上以幅巾道服, 開戶而入, 主人驚起, 延坐而問曰: "何許客子深夜到此?" 上對曰: "偶然過去, 聞讀書聲而來." 仍[1]問曰: "所讀何書?" 曰: "『易經』也." 上與之問難, 應對如流, 眞大儒也. 問: "年紀幾何?" 曰: "五十餘矣." "不廢科工乎?" 曰: "以數奇之故, 屢屈科場矣." 請見其私草, 乃出示, 則箇箇名作也[2]. 上怪而問曰: "如許實才, 尙未決科, 此則有司之責也." 對曰: "奇窮之致, 何可怨有司之不公乎?" 上熟視其中一篇題與所作, 仍問曰: "再明有別科, 其或聞之否?" 對曰: "姑[3]不得聞知矣, 何時出令乎?" 上曰: "俄者, 自上有命, 第爲努力見之也[4]!" 仍辭出, 使掖隸, 以二斛米・十斤肉, 自外投之而去, 還宮後, 仍命設別科. 及期, 御題以向夜儒生私草中題, 出揭, 而只待其文之入來. 未幾, 試券入呈, 果是向夜所覽之賦也. 自上大加稱賞多, 下御批, 而擢置第一矣. 及其折榜之時, 呼入新恩, 則非向夜所見之儒, 卽一少年儒也. 上訝然而敎曰: "此是汝之所做乎?" 對曰: "非也, 果逢於小臣老師私草中而書呈矣." 上又敎曰: "汝師何不赴擧乎[5]?" 對曰: "臣之師偶飽米肉, 猝患關格, 而不得入來, 故小臣懷其私草而來矣." 上默然良久[6], 使之退[7]. 蓋所

---

1) 仍: 라본에는 '因'으로 되어 있음. 이하의 경우도 동일함.
2) 也: 저본에는 공백으로 처리되어 있으나 나, 다, 라본에 의거하여 보충함.
3) 姑: 저본에는 빠져 있으나 다본에 의거하여 보충함.
4) 也: 저본에는 빠져 있으나 다본에 의거하여 보충함.
5) 乎: 저본에는 빠져 있으나 라본에 의거하여 보충함.

賜米肉, 過飽於饑腸而生病也. 由是觀之, 豈非命[8]耶? 此儒生仍此病不起云矣.

2-2.
成廟一[9]夜又微行, 過一洞, 洞是幽僻處, 遠見柴門開處, 一女子出來, 而門前之樹有鵲聲. 其女子四顧而無人, 仍往其樹下, 又作鵲聲, 而以口含木枝[10]而上, 上有鵲聲而受之. 上心竊訝之, 仍咳嗽, 則其女子驚避于門內, 又有一人, 從樹上跳下而入柴門. 上追到而問其由, 則其人答曰:"自少業科工, 年近五十, 而尙未得決科. 曾聞家有南鵲巢, 則登科云, 故此樹種于門前者, 已過十餘年, 而鵲不來巢. 吾今夜與老妻, 作雌雄鵲相和之聲, 而含木枝作巢, 以爲閑中戲劇, 而不幸爲客子所覩. 請問客子何許人而深夜到此?" 上笑而憐之, 以過客爲答, 還宮. 翌日, 出科令, 以人鵲爲題, 一場士子, 皆不知解題, 此士人獨知之, 呈券而登第. 南鵲之靈有如是, 此亦會時而然矣.

2-3.
成廟夢見, 黃龍由崇禮門而入, 額上書以'李石', 上驚而覺之, 問內侍夜如何, 其對曰:"幾至罷漏時矣." 仍命一別監, "卽往于門, 內門鎖開後, 如有初入之人, 毋論某人, 率置于汝家後, 回奏." 別監承命而出, 少[11]俟于門內, 少焉開門, 而有一總角負炭石而入. 別監

---

6) 良久: 다본에는 '久之'로 되어 있음.
7) 退: 나본에는 '退盡'으로 되어 있음.
8) 命: 나본에는 '天命'으로 되어 있음.
9) 一: 저본에는 빠져 있으나 바본에 의거하여 보충함.
10) 枝: 저본에는 빠져 있으나 나, 다, 라본에 의거하여 보충함.

仍執留, 其人驚惶[12]戰慄, 乃携至渠家而來奏, 時謁聖科只隔數日矣. 上命別監, "姑留汝家而饋朝夕, 及科期, 加冠而備給儒巾·靑袍, 如試紙·筆墨勿給, 而汝與偕入場內, 第觀其動靜之如何." 別監承命而出, 問其兒曰: "汝欲入科場乎?" 對曰: "小人無識之人, 以賣炭爲業, 何由而入場內乎云云." 別監依下敎, 備給巾服, 而强使入場, 而[13]同坐壯元峯下[14], 只觀光矣. 日稍晚, 榜幾出, 時多士會于峯下, 傍有白髮老儒, 頻頻熟視, 仍近前而問曰: "汝乃石伊乎?" 答曰: "然矣." 老儒執手而垂涕[15], 曰: "汝果生存於此世乎? 吾與乃翁, 卽切友也. 與乃翁同硏不知幾年矣. 某年疾疫, 汝家闔門病死, 伊時, 汝之乳媼抱汝而逃走云矣. 時汝年不過數三歲, 今於長成之後, 吾何以記得汝乎? 今於此相逢, 吾心忽爾有感認汝也. 丁寧如是, 此其非天乎?[16] 汝翁私草在於吾, 而今日之題, 吾與汝翁舊時宿搆也. 吾則以吾之所搆用之, 今餘汝翁之作, 汝已觀科乎?" 對曰: "何敢觀科? 爲此人所勸, 以欲瞻闕內威儀而入來矣." 其儒曰: "吾有空正草, 汝可觀科." 仍書秘封, 以李石書之而呈券矣. 未幾榜出, 李石居魁矣. 呼新恩後, 上命入侍, 而問曰: "此是汝作乎?" 李石對以實禀達[17], 上命尋其老儒生, 入侍, 下敎曰: "今除汝齋郞, 可敎李石以文字也." 仍除一齋郞, 而使李石受業矣. 其後[18], 李石位至參判, 爲成廟朝名臣云爾.

---

11) 少: 저본에는 빠져 있으나 나, 다, 라, 바본에 의거하여 보충함.
12) 惶: 저본에는 '遑'으로 나와 있으나 라본을 따름.
13) 而: 나, 다, 바본에는 빠져 있음.
14) 下: 저본에는 빠져 있으나 나본에 의거하여 보충함.
15) 垂涕: 라본에는 '流涕'로 되어 있음.
16) 此其非天乎: 다본에는 '豈非天耶'로, 라본에는 '此豈非天乎'로 되어 있음.
17) 禀達: 저본에는 빠져 있으나 나본에 의거하여 보충함.
18) 其後: 저본에는 빠져 있으나 나, 다본에 의거하여 보충함.

2-4.

徐孤青起, 沈相悅[19]家私奴也. 沈相死後, 敎訓其孤, 每朝問候於夫人, 前後戶庭, 躬自灑掃. 沈之子, 或有過失, 則必開廟門, 而或撻或責, 其謙恭守分如此. 一日, 以意外事, 受罪於夫人, 而歸其家, 家於[20]沈相家門外. 翌日, 軒韜塡巷而來, 沈相家人意謂將入其門矣, 過門而入孤青家. 婢僕輩以此事, 告于沈相夫人, 夫人悔之, 招問孤青, 則答曰:"小人適出入於宰相門下矣, 諸宰相以小人之受罪致慰而來云矣." 夫人始大驚, 從此以後, 不以奴隷[21]待之. 孤青行誼, 大有勝於龜峰者矣.

2-5.

鄭北窓礦, 順朋之子也. 生而神異, 百家術數之學, 無不通曉, 逆知未來之事, 至如鳥獸之音, 皆知之. 隨其[22]父入燕, 諸國之使來者, 各隨其方音, 而酬酢如流. 琉球國使來言曰:"吾在吾國時推數, 則某年月日入中國, 當遇天下異人, 子眞[23]是耶?" 仍出示所記冊子, 年月日相符[24]矣.

2-6.

北窓之年友一人病重, 而醫藥無效, 其老父知北窓之神異, 來問, 則答曰:"年數已盡, 無可救之道矣." 其父泣而哀乞, 願知其可

---

19) 沈相悅: 라본에는 '李評事慶長'으로 되어 있음.
20) 於: 저본에는 빠져 있으나 바본에 의거하여 보충함. 나, 다본에는 '乃'로 되어 있음.
21) 奴隷: 나본에는 '奴婢'로 되어 있음.
22) 其: 저본에는 빠져 있으나 나, 다, 라, 바본에 의거하여 보충함.
23) 眞: 바본에는 '其'로 되어 있음.
24) 符: 저본에는 '字'로 나와 있으나 나, 다, 라, 마, 바본에 의거하여 바로잡음.

救之方, 北窓憐其情理, 曰:"然則不得不減吾十年之壽, 以添公之子年限矣." 仍曰:"公於來夜三更後, 獨自步上南山絶頂, 則必有紅衣·黑衣之二僧, 相對而坐矣. 伏於其前, 而哀乞公子之命, 其僧雖怒而逐之, 切勿退去, 雖以杖敺之, 又勿去, 務積誠意, 則自有可知之道矣." 其人如其言, 至其夜, 獨自乘月而上南山, 果有二僧. 如其言, 仍於前泣乞, 二僧驚曰:"過去山僧, 暫憩于此矣, 公是何許人來作此[25]駭擧也? 公子之命壽脩短, 貧僧何以知之? 斯速退去!" 其人聽若不聞, 而一樣哀乞, 其僧怒曰:"此是狂人也, 可敺逐矣!" 擧杖打之, 痛不可忍, 而如前伏而泣乞[26]. 良久, 朱衣僧笑曰:"此必是鄭礦之所指導也. 此兒所爲[27]可恨, 當以渠之壽減十年, 而添此人[28]之壽無妨矣." 黑衣僧點頭, 曰:"然矣." 二僧始扶而起之, 曰:"聊試之矣!" 黑衣僧, 自袖中出一冊子, 以給朱衣僧, 朱衣僧受之, 對月光擧筆, 若有書字樣, 而言曰:"公之子, 從今延十年壽矣, 可歸語鄭礦, 使勿復洩天機也." 仍忽不見, 蓋朱衣僧南斗也, 黑衣僧北斗也. 其人歸家矣, 其子之病漸瘳, 十年後乃死. 北窓年過五十而卒, 一如其言.

2-7.

郭再佑, 玄風人也, 號忘憂堂. 當倭亂, 起義兵, 所向無敵, 血染衣甲而盡赤, 軍中號曰'紅衣將軍', 多建大功. 亂定後, 復還鄕廬, 不聞[29]世事, 入山修鍊, 仍[30]不知所終. 其父八兄弟, 皆以走字爲

---

25) 作此: 다본에는 '此作'으로 되어 있음.
26) 泣乞: 라, 바본에는 '哀乞'로 되어 있음.
27) 爲: 바본에는 '謂'로 되어 있음.
28) 人: 바본에는 '兒'로 되어 있음.
29) 聞: 라본에는 '問'으로 되어 있음.

號, 而俱有膽略, 里中皆敬憚之, 每相戒曰: "郭走可畏云云." 今之俗所謂'郭走鬼'者, 蓋[31]出於此.

2-8.

金德齡, 勇力絶倫, 能超數[32]仞之墻, 蓋其兩腋有肉翅云. 當倭亂, 起義兵, 所向必捷, 倭奴皆避其鋒. 光海在分司時, 封爲翼虎將, 而綉于旗, 使建于前, 大功未就, 爲權奸所搆誣, 發遣禁都[33], 而以檻車囚而拿來. 一日, 行到一處, 暫憩, 傍有山極其高峻, 絶頂之上有人, 呼金德齡字, 曰: "吾在此俟汝, 汝可上來, 與之飮酒, 面訣爲好." 德齡自檻車中, 請曰: "此是吾之切友也, 暫開車鎖, 而使之往見也." 都事不許, 德齡曰: "豈以吾之逃避爲慮耶? 吾以臣子, 順受君命, 故就拿耳, 不然而欲避之, 此世無可捉我之人. 君試見之!" 仍一運身, 鐵索自斷, 又以手一打檻車而[34]破碎. 仍出而聳身一躍, 直上其山頂, 與其人握手大哭, 而其人責之, 曰: "吾每戒汝, 以我國雖[35]偏小, 難以容身, 愼勿出世, 與我偕隱爲可矣. 汝不聽吾言矣, 竟何如?" 德齡揮涙而言曰: "此亦天也命也, 奈何奈何?" 其人酌酒以勸, 曰: "今日, 與汝訣矣, 倘作何懷? 汝旣到此, 順受天命, 可矣." 德齡曰: "吾亦然矣." 仍連倒數盂, 揮涙[36]而別, 仍忽不見. 而德齡又飛身下來, 復入車中, 傍視皆失色. 及到京, 上鞫問: "汝何爲謀逆?" 供曰: "初無是事, 而爲奸臣所搆, 使之結案, 則終不

---

30) 仞: 저본에는 빠져 있으나 라, 바본에 의거하여 보충함.
31) 蓋: 바본에는 '皆'로 되어 있음.
32) 數: 마본에는 '數百'으로 되어 있음.
33) 禁都: 라본에는 '禁府都事'로 되어 있음.
34) 而: 저본에는 빠져 있으나 다본에 의거하여 보충함.
35) 雖: 저본에는 빠져 있으나 바본에 의거하여 보충함.
36) 涙: 저본에는 '涕'로 나와 있으나 라, 바본을 따름.

伏." 曰: "若以忠孝二字結案, 則可矣, 不然則決不署名矣." 仍許 之, 以不得平亂定國[37], 爲臣不忠; 不得揚名顯親, 爲子不孝, 結案 而伏法[38]. 正刑之時, 刀刃不入, 德齡笑曰: "汝輩雖萬番試刃, 決不 得害我, 我自受刃然後, 可也[39]." 仍引頸, 而先去鱗甲, 後下刀, 如 其言, 頭乃斷. 以其忠義勇力, 不能成功, 而爲人所陷害, 可勝歎 惜![40] 後乃伸雪復官.

2-9.

李月沙廷龜, 以文章鳴[41]於世. 其時, 則柳西坰根, 亦是文章人 也, 而月沙不許可[42]. 西坰以是大怒, 語言之間, 每至不好之境. 西 坰出按湖西, 而月沙之親知人, 有推奴事向湖中, 要得一札於營 門[43]. 月沙笑曰: "此翁與吾, 以文字間事, 大端得罪, 若以吾言爲 托, 則反爲害焉, 不如不爲." 其人强請之, 月沙思之良久, 乃曰: "聞此翁新修拱北樓, 而有題詠云, 君不必受吾書, 到錦營通刺, 則 必邀見矣. 入見, 而以來時見吾爲言, 則必也發怒, 曰: '某也, 又貶 吾詩乎云矣.' 君答曰: '不如是, 而對小生而言曰: '西坰今番拱北樓 題詠詩, '蘇仙赤壁今蒼壁, 庾亮南樓是北樓'之句, 雖盛唐諸作, 無 出此右矣云云." 如是, 則似有助矣." 其人牢記而去, 到錦營通刺, 則果邀見矣. 禮罷, 曰: "小生來時, 見月沙令公而來矣." 西坰聽罷, 勃然變色, 曰: "某也, 又斥吾詩文耶?" 對曰: "不如是矣. 令公新修

---

37) 定國: 저본에는 빠져 있으나 라본에 의거하여 보충함.
38) 伏法: 라, 바본에는 '伏正法'으로 되어 있음.
39) 可也: 다본에는 '可害'로 되어 있음.
40) 可勝歎惜: 다본에는 '可勝歎哉, 可勝惜哉'로 되어 있음.
41) 鳴: 나, 라, 바본에는 '名'으로 되어 있음.
42) 不許可: 라본에는 '少不許可'로 되어 있음.
43) 營門: 나본에는 '中營'으로 되어 있음.

拱北樓而有題詠否?" 曰: "然矣." 曰: "某公[44]以爲第二聯, 卽盛唐諸作之所讓頭云矣." 西坰欣然曰: "此果是吾之平生甲作也. 某也能知此, 渠於詩律工夫, 有進而然也." 仍朗詠[45]一次, 而問曰: "君何爲而來此?" 其人對以所來之由, 西坰曰: "兩班何可躬自推奴乎? 第留在營中, 吾當使之收殺以來矣." 仍嚴關于該邑, 使之卽刻一一收捧上送, 而如或遲延, 則首吏鄕所當嚴處云云. 過幾日[46], 某[47]邑之報上來, 而奴貢一一收來, 仍厚遺行資而送之. 其後遞歸時, 月沙往候, 則西坰曰: "近來, 君之詩律之工夫進矣." 月沙曰: "何謂也?" 西坰曰: "君能知拱北樓詩, 豈非將進效耶?" 月沙笑曰: "令公[48]此詩尤不成說, 赤壁蒼壁·南樓北樓之說, 豈成說乎? 此吾所以尤不服令公者矣." 西坰默然良久, 乃怒曰: "吾見欺於汝云矣." 聞者絶倒.

2-10.

月沙夫人, 權判書克智女也. 有德行, 二子白洲·玄洲, 皆顯達, 而治家儉素, 華麗之衣, 未嘗近於身. 時某公主家迎婦, 自上命, 滿朝命婦皆赴宴, 諸家婦女, 競以華侈相尙, 伊日之宴, 珠翠綺羅, 奪人眼目. 追後, 有轎子入來, 而一老婦人扶杖而來, 葛衣布裳, 麤劣極矣. 將升堂, 主人公主倒屣下迎, 年少諸婦, 莫不指笑, 而驚訝不知爲誰家夫人. 主人延[49]之上座, 執禮甚恭, 人尤訝之. 進

---

44) 公: 저본에는 '令'으로 나와 있으나 나, 다본에 의거함.
45) 詠: 라본에는 '吟'으로 되어 있음.
46) 日: 바본에는 '月'로 되어 있음.
47) 某: 다, 라본에는 '其'로 되어 있음.
48) 公: 저본에는 빠져 있으나 나, 다, 라, 마본에 의거하여 보충함.
49) 延: 다본에는 '迎'으로 되어 있음.

饌後, 其老婦人先起告歸, 主人以日勢之尙早, 挽止, 則老婦人曰: "鄙家大監, 以藥院都提調, 曉已赴闕, 伯兒以長銓方赴政席, 小兒以都承旨坐直, 老身歸家, 而可備送夕飯矣." 座中大驚, 始知爲月沙夫人[50].

2-11.

李石樓慶全, 卽鵝溪之子也, 少有文筆. 明廟之世[51], 有鼕鼕鼓之遊, 午人年少才子輩, 皆參是遊, 或披髮徒跣, 擊鼓而舞于街上, 或歌或哭, 日以爲常, 午人之不拘禮節, 有如是矣. 宣廟, 餞天使于慕華館宴饗臺, 天使欲試我國之才, 臨行, 請于上曰: "俺今方啓行, 而有忘置事, 雖急遽而不得不奉請耳. 白司馬「琵琶行」韻, 使朝臣中能詩者, 卽地次韻以贐否?" 上問于諸臣, 無一人應對者, 或曰: "儒生中[52]有李慶全者, 非此莫可矣." 上命使入侍, 時石樓亦參鼕鼕鼓之[53]遊, 乘醉而在通衢之上矣. 使者傳上命, 而與之偕來, 則石樓進前而伏, 上命次白詩韻[54], 而天使呼韻, 使之應口輒對. 石樓以蓬頭突鬢, 面帶紅潮, 隨其韻, 而口呼製進, 天使疑其宿搆, 至'老大嫁作商人婦'之句, '婦'字故換'夫'字而呼之, 應聲曰: '傷時從古有志士, 恨別由來無丈夫.' 天使大驚稱贊, 卒篇而日尙[55]未午矣. 天使顧謂諸人曰: "朝鮮亦有才士云矣."

---

50) 夫人: 나, 다, 라, 마본에는 '婦人'으로 되어 있음.
51) 世: 라본에는 '時'로 되어 있음.
52) 中: 저본에는 빠져 있으나 나, 다본에 의거하여 보충함.
53) 之: 저본에는 빠져 있으나 나, 다본에 의거하여 보충함.
54) 韻: 나본에는 '題'로 되어 있음.
55) 尙: 저본에는 빠져 있으나 다본에 의거하여 보충함.

2-12.

　鄭忠州百昌, 少時, 亦行鼕鼕鼓之戲, 善於巫覡招魂事. 莅忠州時, 白江李相敬輿爲道伯, 一日, 往營下. 時適從容, 巡使問曰: "牧使尙能行招魂之事乎?" 答曰: "然矣." 曰[56]: "若然則試使我一見, 如何?" 答曰: "諾. 請修掃洞房之靜僻處焉." 巡使依其言, 精掃而使之行之,[57] 則鄭忠州焚香搖鈴, 招來白江之大人[58]魂, 言語酬酢, 一如常時. 白江大驚, 懇請止之, 而終不聽, 依前招呼[59], 白江百般哀乞, 而乃止.

2-13.

　徐花潭敬德, 博學多聞, 天文·地理·術數之學, 無不通曉, 卜居于長湍花潭之上, 仍以爲號. 一日, 會學徒講論, 忽有一老僧來拜而去, 花潭送僧之後, 忽爾嗟歎不已. 學徒問其故, 花潭曰: "汝知其僧乎?" 曰: "不知矣." 花潭曰: "此是某山之神虎也. 某處人之女方迎壻, 而將爲其害矣, 可憐矣." 一學徒問曰: "先生旣知之, 則有何可救之道乎?" 花潭曰: "有之,[60] 而但無可送之人矣." 學徒曰: "弟子願往矣." 花潭曰: "若然則好矣." 仍授一書, 曰: "此是佛經也. 其家在百餘里之地某村某處[61], 汝持此經, 往其家, 勿先泄,[62] 而但使之具床卓燭火於廳上後[63], 使其處女, 處之房中, 而鎖四面門. 又

---

56) 曰: 저본에는 빠져 있으나 라본에 의거하여 보충함.
57) 精掃而使之行之: 라본에는 '使之精掃而行之'로 되어 있음.
58) 大人: 다본에는 '夫人'으로 되어 있음.
59) 呼: 라본에는 '魂'으로 되어 있음.
60) 有之: 라본에는 '有可救之道'로 되어 있음.
61) 某村某處: 저본에는 '某處某村'으로 나와 있으나 나본을 따름.
62) 勿先泄: 다본에는 '勿爲先洩'로 되어 있음.
63) 後: 저본에는 빠져 있으나 나본에 의거하여 보충함.

使健婢五六人, 堅執勿放, 汝於廳上, 讀此書[64], 而勿誤句讀, 則挨過雞鳴之時, 自可無事矣.[65] 戒之愼之!" 其人承敎, 而馳往其家, 則上下紛紜, 問之, 則以爲明將迎婿, 今方受綵之云[66]. 其人入見主人, 寒暄罷後, 仍言曰: "今夜主家有大厄, 吾爲此而來, 欲使免焉, 可如斯如斯." 主人不信, 曰: "何處過客, 作此病風之言也?" 其人曰: "無[67]論吾言之病風與否, 過今夜, 則自有可知之道矣[68]. 過後, 吾言如無靈, 則伊時毆逐, 無所不可, 第須依吾言爲之, 可也.[69]" 主人心甚訝然, 第依其言, 鋪設而俟之. 其女亦如其人之言, 處之房內, 其人端坐廳上, 燭影之下而讀經矣. 三更時候,[70] 忽有霹靂聲, 家人皆戰慄走避, 見一大虎蹲坐於庭下而咆哮. 其人顏色不變, 讀經不撤. 此時, 其家[71]處女稱以放矢[72], 限死欲出, 諸婢左右執挽, 則處女跳踉不可堪. 其虎忽爾大吼, 而嚙破廳前木, 如是者三矣, 仍忽不見, 而處女昏絶矣. 家人始收拾精神, 以溫水灌之[73]口, 須臾得甦. 其人讀罷出外, 則擧家來揖謝, 皆以爲神人, 以數百金, 欲酬其恩. 其人謝, 曰: "吾非貪財而來者." 仍拂衣[74]告辭, 還拜花潭而復命, 則花潭笑曰: "汝何爲誤讀三處?" 其人曰: "無誤讀處矣." 花潭曰: "俄者, 其僧又過去, 而謝我活人之功, 又曰: '經書誤讀三處,

---

64) 書: 나본에는 '經'으로 되어 있음.
65) 自可無事矣: 라본에는 '則自然無事矣'로 되어 있음.
66) 之云: 저본에는 빠져 있으나 바본에 의거하여 보충함.
67) 無: 바본에는 '毋'로 되어 있음.
68) 自有可知之道矣: 라본에는 '自有可知矣'로 되어 있음.
69) 可也: 바본에는 '可也云云'으로 되어 있음.
70) 三更時候: 라본에는 '時之三更'으로 되어 있음.
71) 家: 저본에는 빠져 있으나 나, 다본에 의거하여 보충함.
72) 矢: 라본에는 '屎'로 되어 있음.
73) 之: 다본에는 '女'로 되어 있음.
74) 拂衣: 라본에는 '拂袖'로 되어 있음.

故噬破廳木以識之云矣.'" 其人思之, 果是誤讀時也.

2-14.

朴曄, 光海朝人也. 有將略·天文·地理·奇耦·術數之學, 無不通解. 以光海之同堉, 爲關西伯, 十年不遞, 威行西關, 北虜畏之, 不敢近邊. 一日, 呼幕客, 具酒肴以給, 曰: "持此而往中和駒峴下, 留待, 則必有二健夫執策而過者矣. 以吾之言致意, 曰: '汝輩雖來往我國, 亦有月矣, 他人皆不知, 而吾則已知[75]矣. 行役良苦, 爲送酒肴, 可一醉飽而速歸, 可也云.' 而傳之." 幕客往駒峴而待之, 則果有二人之過者. 幕客依其言傳之, 則二人相顧, 失色而答曰: "吾輩雖來此, 何敢慢將軍乎? 將軍神人也, 將軍之世, 吾輩何敢更來乎?" 仍飮酒而去, 蓋此是龍骨大·馬夫大也. 潛來我國, 爲探虛實, 而或爲政院帶隸, 人皆不知, 而曄獨知之云[76].

2-15.

朴曄有嬖妓, 一日, 問曰: "今夜, 汝欲隨我而往一處, 將壯觀乎?" 妓曰: "敬諾." 至[77]夜, 曄躬自牽出靑騾, 而鞴鞍騎之, 置[78]妓于前, 而以禾細束其腰, 而繫[79]于自家身上, 戒使闔眼, 曰: "愼勿開!" 仍加策, 則兩耳只有[80]風聲. 到一處, 使妓開眼, 始乃收拾精神, 開眼而視之, 則廣漠之野, 雲幕連天, 燈燭煌煌. 曄使妓伏於幕中坐

---

75) 已知: 저본에는 '知已'로 나와 있으나 나, 다, 마, 바본에 의거함. 라본에는 '已知久'로 되어 있음.
76) 云: 저본에는 빠져 있으나 라본에 의거하여 보충함.
77) 至: 다본에는 '其'로 되어 있음.
78) 置: 저본에는 '而置'로 나와 있으나 라, 바본을 따름.
79) 繫: 라본에는 '竝'으로 되어 있음.
80) 有: 라본에는 '聞'으로 되어 있음.

板之下, 曄兀然坐於床上矣. 少焉, 有鳴鑼聲, 胡騎千萬[81], 捲地而來, 有一大將下馬, 杖劍而入幕, 笑曰: "汝果來矣!" 曄應聲[82]曰: "然矣." 其將曰: "今日可試劍技, 以決雌雄, 可也." 曄[83]曰: "諾." 仍杖劍起而下床, 與其胡將, 對立於平原之上, 以劍共爲刺擊之狀. 未幾, 兩人化爲白虹, 聳入半空中[84], 只聞搏擊聲. 少焉, 胡將仆地, 曄自空[85]飛下, 踞胡將之胸, 而問曰: "何如?" 胡將僕僕謝曰: "從今以往, 不敢復與爭衡矣." 曄笑而起, 仍與之同入帳中, 呼酒相飮, 而胡將先起告歸, 胡騎又如前前擁後遮而去. 未及數馬場, 一聲砲響, 許多胡兵連人帶馬, 皆騰入天上, 而烟焰漲天, 只餘胡將一人矣[86]. 胡將更來乞命, 曄點頭而許歸, 仍呼妓出騎驃, 如來時樣而歸. 蓋此是金汗之父魯花赤演[87]武之所也, 而胡將卽其人, 而數萬騎一時盡爲燒死云爾.

2-16.

朴曄之按關西, 有親知宰相, 送其子而托之, 曰: "此兒姑未冠, 而使卜者推數, 則今年[88]有大厄, 而若置將軍之側, 則無事云. 故玆送之, 乞賜留置, 俾得度厄." 曄許使留之. 一日, 此兒晝寢, 曄使之攪睡, 而言曰: "今夜, 汝有大厄, 汝若依吾言, 則可免矣, 不然則不

---

81) 千萬: 라, 바본에는 '數千萬'으로 되어 있음.
82) 應聲: 라본에는 '對'로 되어 있음.
83) 曄: 저본에는 빠져 있으나 다본에 의거하여 보충함.
84) 半空中: 저본에는 '天中空中'으로 나와 있으나 라본을 따름. 바본에는 '天空中'으로 되어 있음.
85) 空: 라본에는 '空中'으로 되어 있음.
86) 矣: 저본에는 빠져 있으나 다본에 의거하여 보충함.
87) 演: 라본에는 '鍊'으로 되어 있음.
88) 今年: 라본에는 '今來'로 되어 있음.

可免[89]矣." 其兒曰: "敢不如命乎!" 曄曰: "第姑俟之." 日暮黃昏後, 牽出自家所騎之騾, 鞴鞍而使其兒騎之, 而[90]戒之曰: "汝騎此而任其所之, 此騾行幾里, 到一處當立, 汝始可下鞍, 尋逕而行, 行幾里, 必有一巨刹, 而年久廢寺也. 入其上房, 則有一大虎皮, 汝試可蒙其皮而臥, 有一老僧來, 索其皮矣, 切勿給! 如至見奪之境, 則以刀欲割之, 彼不敢奪, 如是而相持, 至鷄鳴後, 則無事矣. 鷄鳴後, 許給其皮, 可也. 汝能行此乎?" 對曰: "謹受敎矣!" 仍騎騾而出門, 則其行如飛, 兩耳但聞風聲, 不知向何處, 而度山踰嶺, 至一山谷之口[91]而乃立. 仍下鞍, 而帶微月之光, 尋草路而行, 行幾里, 果有一廢寺. 入其寺, 而開上房之戶, 則塵埃堆[92]積, 而房之下堗, 有大虎皮一張矣. 仍依其言, 蒙皮而臥矣. 數食頃後, 忽有剝啄之聲, 一老僧狀貌兇獰者, 入門而言曰: "此兒來矣." 仍近前, 曰: "此皮何爲蒙而臥[93]乎? 速還我!" 其兒不答而臥自如矣, 其僧欲奪之, 則擧刀作欲割之狀, 其僧退坐. 如是者五六次, 而如是[94]相持之際, 遠村鷄聲喔喔. 其僧微笑曰: "此是朴曄之所爲, 亦復奈何?" 仍呼起其兒, 曰: "今則還皮於我, 固無妨, 可起坐." 其兒旣聞朴曄之言, 故仍給其皮而起坐, 其僧又曰: "汝可脫上下衣給我, 而切勿開戶而見之也." 其兒依其言, 解衣給之, 其僧持其衣與皮而出外, 其兒從窓穴而窺見, 則其僧擧皮蒙之, 則變爲一大虎, 大聲咆哮, 引[95]向前啣衣, 幅幅裂之, 仍還脫皮. 又爲[96]老僧, 入戶而開一弊箱, 出僧之上

---

89) 不可免: 라본에는 '十分危'로 되어 있음.
90) 而: 다본에는 '乃'로 되어 있음.
91) 之口: 나본에는 '中'으로 되어 있음.
92) 堆: 저본에는 '推'로 나와 있으나 다, 라본에 의거함.
93) 蒙而臥: 바본에는 '而蒙'으로 되어 있음.
94) 如是: 다본에는 '彼此'로 되어 있음.
95) 引: 저본에는 '仍'으로 나와 있으나 라, 바본에 의거함.

下衣, 使服之. 又出一周紙軸, 披以見之, 以朱筆點其兒之名字上, 仍言曰: "汝可出去, 語朴曄云: '不可泄天機也.' 汝從今以後, 雖入虎群中, 決無傷害之慮[97]矣." 又給一片油紙, 曰: "持此而出, 如有攔于路者, 出示此紙." 其兒依其言, 出門, 曲曲有虎而遮路, 每示此紙, 則低頭而去. 未及洞口, 又有一虎遮前, 故出示此紙, 則不顧而將噬, 其兒曰: "汝若如此, 則與我偕至寺中, 決訟于老僧之前, 可也." 虎乃點頭, 與之偕至寺中, 則老僧尙在矣[98]. 其兒具[99]道其狀, 僧叱曰: "汝何違令?" 其虎曰: "非不知令, 而餓已三日, 見肉而何可放送乎? 雖違令, 而此則不可放送矣." 老僧曰: "然則給代, 可乎?" 曰: "然則幸矣." 僧曰: "從東行半里許, 則有一人着氈笠而來矣, 可作汝療飢之資也." 其虎依其言出門, 數食頃後, 忽有砲聲之遠出, 僧笑曰: "厥漢死矣." 其兒問其故, 僧曰: "渠是我之卒徒, 不從令, 故俄使往東給砲手矣." 蓋着氈笠人云者, 卽砲手故也. 其兒辭而出洞, 則天曉而髁齕草矣. 仍騎而還, 見朴曄而言其狀, 曄點其[100]頭, 而治送其家. 其後, 此兒果大達云爾.

2-17.

癸亥, 李延平諸人, 將謀擧義, 具綾城仁垕亦預, 而時在朴曄幕下[101]. 一日告辭, 朴曄贐以紅氈三十馱, 仁垕辭以無用, 曄笑曰: "將有日後之用處[102], 第爲持去." 仍執手而托, 曰: "日後, 君幸收吾

---

96) 又爲: 라본에는 '旋卽'으로 되어 있음.
97) 慮: 라본에는 '理'로 되어 있음.
98) 矣: 저본에는 빠져 있으나 다본에 의거하여 보충함.
99) 其兒具: 저본에는 빠져 있으나 바본에 의거하여 보충함.
100) 其: 저본에는 빠져 있으나 라본에 의거하여 보충함.
101) 幕下: 라본에는 '幕中'으로 되어 있음.
102) 處: 저본에는 빠져 있으나 다본에 의거하여 보충함.

屍." 仁垕驚曰: "此何敎也?" 曄曰: "君第銘于心." 仁垕辭退矣. 後朴曄受後命時, 擧朝皆恐怯[103], 無人敢下去者. 仁垕自請下去而處絞, 則曄多讐家, 其讐家諸人, 一時持刀而入, 仁垕一倂禁之. 入棺送喪行, 行到中和, 仁垕除御將, 仍先還矣. 讐家追至, 破棺而寸斷以去, 此是殺千人之害也. 朴曄少時推數, 則曰: "不殺千人, 千人殺汝." 千人乃具仁垕之[104]少字, 而曄誤知, 而多殺不幸, 以充千人之數, 良可歎也! 反正時, 仁廟之軍, 無以區別, 以其紅氈, 作氈笠而着之,[105] 今之紅氈笠, 卽其制也. 朴曄知之, 而有此贈之.

2-18.

癸亥三月反正後, 朴曄獨坐燭下, 撫[106]劍發歎, 窓外有咳嗽聲, 問: "誰也?" 對曰: "幕客某也." 曰: "何爲而來?" 對曰: "使道聞京城之奇乎?" 曰: "聞知矣." 對曰: "使道將何以爲之?" 曰: "試問[107]於汝, 將何以爲之?" 對曰: "小人有上中下三策, 使道擇於斯[108]三策, 可也." 曰: "何謂上策?" 曰: "使道擧兵而叛, 北通金人, 則臨津以北, 非朝家之有也, 下不失尉佗之計也." 曰: "何謂中策?" 曰: "急發兵三萬人, 使小人將之, 鼓行而向京, 則勝敗未可知也." 曰: "何謂下策?" 曰: "使道世祿之臣也, 順受國命, 可也." 朴曄默然良久, 喟然長歎曰: "吾從下策!" 曰: "小人自此告辭." 仍不知去處, 未知此人爲誰, 而姓名亦不露於世.

---

103) 怯: 저본에는 빠져 있으나 라 바본에 의거하여 보충함.
104) 之: 저본에는 빠져 있으나 라본에 의거하여 보충함.
105) 以其紅氈, 作氈笠而着之: 바본에는 '以其紅氈笠而着之'로 되어 있음.
106) 撫: 나본에는 '拊'로 되어 있음. 서로 통함.
107) 問: 다본에는 '聞'으로 되어 있음.
108) 斯: 저본에는 빠져 있으나 라본에 의거하여 보충함.

2-19.

　鄭錦南忠信, 光州人也. 其父以鄕任, 在鄕廳, 年近六十而無子[109], 一日之夜, 夢見無等山坼裂, 而靑龍躍出來[110], 纏于身. 仍而驚覺, 汗流浹背, 心竊怪之. 仍以更臥, 又夢見此山又坼裂, 而白虎跳出, 又抱于懷[111]. 又驚覺而起, 仍而不寐. 時夜將半, 而月色滿庭, 下階徘徊, 月下見一人, 臥於竈邊, 往視之, 則乃是食婢也. 忽爾心動, 與之合, 仍而有娠, 生忠信, 骨格超凡. 旣長, 爲本州知印矣. 權都元帥慄, 時以牧使, 見而異之, 知其非凡類, 仍率來京中, 送于其女壻李鰲城家, 以傔從育之. 後當倭亂, 多建奇勳[112], 位在副元帥, 封錦南君. 其在北邊, 與魯花赤相親, 一日, 魯花赤請與飮酒, 出[113]見其諸子, 次次來拜, 皆偃坐受之. 及到第六子, 忠信熟視而起敬, 魯花赤問曰: "汝何爲而見此兒而起敬也?" 曰: "不意秦始皇復出!" 魯花赤笑曰: "汝猶不知矣, 此兒[114]乃唐太宗也." 此是金汗也, 後果代皇明而爲天子.

2-20.

　李起築, 店舍雇奴也. 爲人甚魯鈍[115], 不知東西, 而只以飽食爲好, 有絶倫之力, 店主以奴隷使之. 主家有女, 年及笄, 而稍解文字, 性又穎敏. 父母鍾愛, 欲擇佳壻而嫁之, 其女不願, 曰: "吾之良人, 吾自擇之, 願嫁于李己丑矣." 己丑者, 己丑生, 故仍以名呼之,

---

109) 無子: 다본에는 '恨無一子'로 되어 있음.
110) 來: 라, 바본에는 '乃'로 되어 있음.
111) 懷: 라, 바본에는 '身'으로 되어 있음.
112) 勳: 라, 바본에는 '功'으로 되어 있음.
113) 出: 바본에는 '又'로 되어 있음.
114) 兒: 저본에는 빠져 있으나 나본에 의거하여 보충함.
115) 魯鈍: 나본에는 '鈍魯'로, 바본에는 '駑鈍'으로 되어 있음.

起築云者, 後改之故也. 其父母大驚, 而叱責曰: "汝何所緣而欲嫁于雇奴也?" 使勿更言, 則其女以死自期, 不願他適, 父母責之諭[116]之, 終不聽, 計無奈何, 遂許之. 其女既以己丑作配, 不願在此, 與之欲上京, 買斗屋而資生云云. 其父母亦以爲在此, 惹人恥笑, 不如各居之爲好, 仍給家産之資而送之. 其女與己丑上京, 買舍於壯洞, 而沽酒爲業, 酒甚淸洌[117], 人[118]皆稱之. 一日, 以『史略』初卷授之, 而標於'伊尹廢太甲放桐宮'篇, 而示[119]曰: "持此冊, 往神武門後松陰下, 則[120]有諸人之聚會者, 以冊置于前, 而願受學焉." 己丑依其言而往, 則果有七八人團會而酬酢, 聞其言, 而相顧大驚曰: "誰[121]所使也?" 對曰: "小人之妻, 如是云矣." 諸人問其家而偕往, 則其女迎之座, 而設酒肴待之, 仍托曰: "列位之事, 妾已知之, 家夫愚癡, 而有膂力, 日後自有用處, 事成之後, 得參勳錄[122], 幸矣. 吾家有酒, 而旨且多, 議事時, 必會于妾家無妨, 而妾家靜僻, 無有人知." 衆皆驚異而許之, 蓋此是[123]昇平·延平諸人也. 其後, 舉義而入彰義門時, 己丑居前, 折將軍木而入, 事定策勳, 參二等功臣.

2-21.

丙子[124]南漢下城, 仁廟[125]祗迎淸將于路左, 通官將[126]鄭命壽, 我

---

116) 諭: 바본에는 '誘'로 되어 있음.
117) 淸洌: 다본에는 '淸烈'로 되어 있음.
118) 人: 라본에는 '鄰家'로 되어 있음.
119) 而示: 라, 바본에는 '示之'로 되어 있음.
120) 則: 저본에는 빠져 있으나 다본에 의거하여 보충함.
121) 誰: 다본에는 '誰人'으로 되어 있음.
122) 勳錄: 라본에는 '錄勳'으로 되어 있음.
123) 是: 나, 다본에는 '卽'으로 되어 있음.
124) 丙子: 바본에는 '丙子年'으로 되어 있음.
125) 廟: 저본에는 '朝'로 나와 있으나 바본을 따름.

國人也. 其父殺人而伏法, 命壽逃入淸陣, 以通官出來, 騎馬而過, 以鞭指仁廟, 發悖言而去. 惜乎! 若使江東諸臣在此, 則必有寸刃之試, 而我朝之諸臣, 無一人知主辱臣死之義, 可勝痛歎! 當此之時, 如有卽地刺殺者[127], 則可以有光於後世矣, 而不得辦, 此爲千秋忠臣烈士之恨焉.

2-22.

白沙在光海朝[128], 疏陳廢母, 而謫于北靑有病, 而飮啖之節, 不適於口, 每思尾井之水, 枉尋里之沉菜, 而遠莫致之, 恨歎而已[129]. 一日, 錦南在京, 仰見天星, 大驚曰: "鰲城大監將不幸矣!" 仍急鞴馬, 而一器盛尾井水, 一器盛枉尋里沉菜, 駄之, 而晝夜兼程, 而行到北靑之謫所, 姑使勿通. 而先以尾井水, 作茶[130]飮, 枉尋里沉菜, 作饌而進之[131]. 白沙啖菜飮水, 而問曰: "鄭忠信來矣, 何不入見我云矣?"

2-23.

錦南以捕將兼都監中軍, 一日, 往拜于白沙, 白沙曰: "吾之所騎馬, 吾甚愛其良馴善步矣. 今忽有病, 汝試看審用藥, 可也." 錦南敬諾而下堂, 躬自牽出, 步于庭下, 審其病而議藥. 時一宰相適在座, 問錦南曰: "令公[132]知馬病乎?" 對曰: "略知之." 宰相曰: "明日

---

126) 通官將: 바본에는 '通官'으로 되어 있음.
127) 者: 라본에는 '之人'으로 되어 있음.
128) 朝: 바본에는 '廟'로 되어 있음.
129) 而已: 라, 바본에는 '不已'로 되어 있음.
130) 茶: 다본에는 '煮'로 되어 있음.
131) 之: 저본에는 빠져 있으나 라, 바본에 의거하여 보충함.
132) 令公: 라, 바본에는 '公'으로 되어 있음.

可訪我." 錦南曰: "諾." 明日往見, 其宰相則指馬而言曰: "此馬有病, 令公旣知馬病云矣, 可暫見之而示藥." 錦南出坐于廳, 而呼隷曰: "急往都監, 招一馬醫以來!" 下隷承命而去, 宰相曰: "令公旣知之矣, 何不親見乎?" 錦南曰: "小人雖疲魯, 顧其位, 則乃武宰也, 何可作馬醫事乎?" 宰相曰: "然則昨於鰲城宅, 何爲議馬病?" 錦南冷笑曰: "大監何可與鰲城大監比倫乎?" 仍辭去.

2-24.

宣廟幸灣上, 而天將李如松, 將兵渡鴨江[133]而來, 忽有一種之怪說, 以朝臣中有名望者, 柳西厓成龍·李漢陰德馨·李白沙恒福, 皆人心所歸云. 而傳說藉藉, 擧朝怊懼, 不知計所出. 漢陰見白沙, 曰: "世豈有如此之變怪乎? 此將奈何?" 白沙答曰: "君幸而爲吾上矣." 少焉, 白沙入見領相尹梧陰斗壽, 而道此事, 梧陰張目熟視而無言, 白沙惶怯而退, 語人曰: "吾平生未嘗有[134]驚怯之事, 今日, 領相座上, 不覺惶汗之霑背也云." 時朝臣中, 有請上望北號痛, 天將聞玉音, 曰: "此是龍吟之聲?" 邪說遂寢云耳.

2-25.

李鰲城恒福, 號白沙, 文學·才諝·德行·名節之兼備, 當推爲第一. 少時, 與隣居宰相之子親熟, 相與往來, 其人積年沈痾[135], 漸至無奈何之境. 其父以其獨子之病, 晝宵焦心[136], 邀醫問卜, 無所不

---

133) 鴨江: 바본에는 '鴨綠江'으로 되어 있음.
134) 未嘗有: 다본에는 '無'로 되어 있음.
135) 痾: 라본에는 '痼'로 되어 있음.
136) 焦心: 라본에는 '焦悶'으로 되어 있음.

至. 一日, 聞[137]有一盲名卜知人之死生, 送騎迎來, 使之卜之, 則卜
者作卦, 沈吟搖頭, 曰: "必不幸矣! 將於今年某月日時[138], 將死矣."
其父涕泣曰: "其或有可救之方乎[139]?"卜者曰: "第有一事之可救,
而此則不可發說矣." 其父曰: "願聞之." 卜者曰: "若言之[140], 則吾
必死矣, 何可爲他人而代死乎?" 其父又泣而詰之, 卜者作色, 言
曰: "主人之言, 可謂非人情之言也. 好生惡死, 人之常情也, 主人
欲爲其子, 而吾獨不爲吾身乎? 此則不必更問矣." 主人無奈何, 而
但[141]涕泣而已. 其病人之妻, 自內持小刀而出來, 手把卜者之項,
而言曰: "吾是病人之妻也. 夫死則吾欲下從, 已決于心, 汝若不知
占理而不言, 則容或無怪, 而旣已解之矣. 且有可救之方云, 而以
死爲言[142], 終不言之, 吾旣聞知[143], 到此地頭, 何可顧男女之別乎?
吾將以此刀刺汝, 而吾亦自刺矣, 汝之死則一也. 旣知一死, 則何
不明言而救人命乎?" 卜者默然良久, 乃曰: "駟不及舌, 政謂此也.
吾將言之, 放手可矣." 仍言曰: "有李恒福者乎?" 主人曰: "果有, 而
卽吾兒之友朋[144]也." 卜者曰: "自今日邀此人, 與之同處, 使之不暫
離, 使過某日, 則自可無事矣." 且曰: "吾於伊日當死, 吾之妻子,
可善顧恤視同家人云." 而仍辭去. 其後, 主人邀白沙, 道其事而强
請同處, 白沙許之. 自其日, 白沙來留其家, 與病人同坐臥. 至伊日
之夜, 白沙與病人同枕而臥矣, 三更後, 陰風入戶, 燭光明滅, 而病

人昏昏不省. 白沙臥見, 燭影之後[145], 有一鬼卒, 狀貌獰悍[146], 杖劍而立, 呼白沙之名, 曰: "李某! 汝可出給我此病人." 白沙曰: "何謂也?" 鬼曰: "此人與我有宿世之怨, 今夜某時卽報讐之期也. 若失此期, 則又不知何時可報矣." 白沙曰: "人旣托我以子, 則吾何給汝而使之殺之乎? 斯速退去![147]" 鬼曰: "汝不給我, 則我將並與汝而殺之矣." 白沙曰: "吾死則已矣, 不死之前, 決不給汝矣." 鬼乃大怒, 擧刀而向之, 忽爾悚然而退. 如是者三次[148], 仍擲劍俯伏而泣請, 曰: "願大監憐我之情事, 而出給此人." 白沙曰: "汝何不殺我乎?" 鬼曰: "大監國之棟樑, 名垂竹帛之正人君子, 吾何敢害之? 只願出給病人." 白沙曰: "殺我之外, 無他策矣.[149]" 仍抱病人而臥, 如是之際, 遠村鷄鳴矣. 鬼乃大哭曰: "不知何年可報此讐, 豈不寃恨哉? 此必是某處某盲之所指也, 吾可雪憤於此人矣." 仍杖劍而出門, 不知去處. 此時病人昏絶矣, 以溫水灌之口, 乃[150]得甦, 而翌朝, 向日之卜者訃書來[151]矣. 其主家, 厚遺其初終葬需, 優恤其妻子矣.

2-26.

宋龜峯翼弼, 安相塘家婢[152]甘丁之子也, 宋祀連作妾, 而生龜峯. 龜峯[153]生而奇傑, 文章·道學蔚然, 爲後生之師表, 如栗谷李先生·

---

145) 後: 바본에는 '下'로 되어 있음.
146) 獰悍: 라본에는 '凶惡'으로 되어 있음.
147) 斯速退去: 저본에는 빠져 있으나 나, 다, 라, 마, 바본에 의거하여 보충함.
148) 次: 저본에는 빠져 있으나 나본에 의거하여 보충함.
149) 無他策矣: 라본에는 '更無他策'으로 되어 있음.
150) 乃: 저본에는 빠져 있으나 바본에 의거하여 보충함.
151) 來: 라, 바본에는 '至'로 되어 있음.
152) 婢: 저본에는 빠져 있으나 라본에 의거하여 보충함.
153) 龜峯: 저본에는 빠져 있으나 라본에 의거하여 보충함.

牛溪成先生, 皆許與而交遊, 學者稱以龜峯先生. 然而爲人負氣傑
驁, 其謙恭自卑之德, 不及於徐孤靑. 常對栗谷曰: "叔獻與吾連婚,
何如?" 栗谷笑曰: "我朝[154]自有名分, 此則不可矣." 龜峯笑曰: "叔
獻亦未免俗客云." 龜峯非不知, 故[155]出此言者, 聊試栗谷而然也.
然而其傲態如此, 沙溪金先生, 師事之. 龜峯嘗往沙溪家, 則饋以
豆飯, 龜峯責之, 曰: "汝以雜飯饋我, 決非待長者之道也云耳." 龜
峯遭其母喪[156], 門人問: "以銘旌何以書之?" 曰: "叔獻來當書之,
少俟之." 已而, 栗谷果[157]來弔, 而書銘旌, 曰'私婢甘丁之柩', 門人
皆失色. 栗谷之書, 龜峯之受, 豈他人所可爲[158]者耶?

2-27.

月沙赴燕京, 與王弇州世貞相親熟, 結以文章之交. 一日, 早朝
往見, 則弇州具公服而起, 曰: "適有入闕之事, 少間當還[159], 君須
於吾書樓上, 披覽諸書, 而待吾來也." 仍囑其家丁, 使備朝饍而進
之. 弇州出門後, 餠麪·酒肉·魚果之屬, 相續而進, 月沙且啖且看
書矣. 日晩, 弇州出來, 問月沙, "朝饍已罷否?" 對曰: "朝飯曾不喫
矣." 弇州驚訝而責家丁, 對曰: "俄者已進矣." 弇州大笑曰: "吾忘
之矣![160] 朝鮮人, 以一椀白飯·一器藿湯, 爲朝夕飯矣, 豈如吾儕之
所啗耶? 斯速備飯而來云." 月沙還歸後, 常[161]對人而言, "吾於此羞

---

154) 我朝: 나본에는 '我國'으로 되어 있음.
155) 故: 저본에는 '而放'으로 나와 있으나 나, 다, 라, 마, 바본에 의거함.
156) 母喪: 나, 다본에는 '母氏喪事'로 되어 있음.
157) 果: 저본에는 빠져 있으나 다본에 의거하여 보충함.
158) 爲: 나, 라, 마본에는 '受'로 되어 있음.
159) 還: 다본에는 '還來'로 되어 있음.
160) 吾忘之矣: 저본에는 이 구절이 대화문의 끝에 위치해 있으나 나, 다, 라, 바본에
  의거하여 조정함.

愧欲死云矣." 一日, 月沙往見弇州, 則蜀郡太守爲其父求碑文, 而禮單以蜀錦一車·人雙陸一隊, 分美人靑紅裳, 各十五, 而以黃金爲廬而送之. 大國[162]饋遺之豊, 如是云[163]矣.

2-28.

東陽尉申翊聖, 象村之子也, 文章才諝, 冠於當世. 嘗[164]以身爲駙馬, 不得致位卿相, 爲至恨, 每對翁主, 叱責曰: "吾非都尉, 則此世之文衡捨我其誰?" 每出入, 未嘗乘軒, 而遵大路, 必騎驢遮面, 而行間路, 恒自菀菀不得志. 至親之家有婚事, 欲借金轎而用之, 東陽尉使之借之, 尙宮內人曰: "此轎翁主所乘者, 不可借人." 東陽尉怒曰: "有轎而不許人乘, 將焉用哉?" 命使碎之. 宣廟知其不得爲文衡爲恨, 文衡圈點後, 被圈人出題試之, 而使東陽尉考試, 曰: "考被抄於文衡人之試文, 反復勝於文衡乎云矣."

2-29.

東陽尉善推數, 一日, 作湖中掃墳之行, 行到一店舍, 將中火, 店主之家, 有牝鬣産駒. 東陽尉以其日月時, 成四柱, 則乃是名馬也. 呼主人, 謂之[165]曰: "此駒吾欲買之, 汝肯許之否?" 店主曰: "此是駑駘之雛也, 有何論價之可言乎?" 東陽尉曰: "不然, 凡物皆有主, 吾之行中持來者, 只此錢而已." 乃以三十兩給之, 店主大喜, 過望而受之, 東陽尉又謂店主曰: "此駒姑馴養於汝家, 從當牽去云." 而

---

161) 嘗: 저본에는 '甞'으로 나와 있으나 라, 바본에 의거함.
162) 大國: 다본에는 '中國'으로 되어 있음.
163) 云: 저본에는 빠져 있으나 라본에 의거하여 보충함.
164) 嘗: 다본에는 '常'으로 되어 있음.
165) 之: 저본에는 빠져 있으나 나, 다. 마본에 의거하여 보충함.

去, 自此以後, 稱以東陽宮兒駒云矣. 此駒過數三歲後, 橫逸不可
制, 見人欲踶嚙, 人皆畏避. 仍斷勒索而上後山, 任自齕[166]草, 仍不
還歸者, 亦有年過三四年. 後東陽尉又作楸行, 入此店, 則此馬咆
哮一聲, 自山上飛也似下來. 見東陽尉, 似有欣悅之狀. 東陽尉[167]
手自撫摩[168]勒, 而轡鞍牽而上洛矣. 此馬駿逸無比, 號稱千里馬, 有
名於都下矣. 光海聞而入之司僕內寺,[169] 而喂之. 東陽尉以廢母事
收議時, 立異, 謫居于濟州. 一日, 忽有馬嘶聲如霹靂, 東陽尉大驚
曰: "此是某馬之聲也, 而寧有越海來此之理耶云矣?" 未幾, 此馬疾
走入來, 猶轡法鞍. 東陽尉益驚訝, 以手撫摩[170]而言曰: "汝欲活我
乎[171]? 自今更勿出聲." 仍於後庭[172], 作地窖而藏之. 蓋光海御此馬,
欲橫馳于春塘臺矣. 馬仍跳踉, 落光海于地, 跳出禁門, 直向濟州,
亂流渡海而來者也. 其翌年癸亥三月, 馬忽長號[173]數聲, 東陽尉大
驚, 而又以言戒之. 此日, 仁廟反正日也. 東陽尉解配而歸, 常騎此
馬, 未知其後之如何. 後[174]聞, 其母馬夏日齕草于江邊矣, 一日, 雲
霧四塞, 暴雨注下, 有一龍自江水出身, 交合云. 此是龍種而然也.

2-30.

洪相沂川命夏, 與金判書佐明, 俱是東陽尉女婿也. 金公早登科

第, 聲望蔚然. 洪公以四十窮儒, 家貧贅居于東陽門[175], 自聘母翁主以下, 皆賤待之. 妻娚申冕者, 亦早登第, 而爲人驕亢, 待沂川尤薄, 以奴隷視之. 一日對飯, 適有雉脚之爲饌[176]者, 申冕擧而投之於狗, 曰: "貧士之床, 雉脚何爲?" 公但含笑, 而少無怒意[177]. 東陽尉獨知其晩必大達, 每責其子, 而加意於洪公. 金公之爲文衡也, 洪公做數首表而示之, 曰: "可做科第耶?" 金公不見, 而以扇揚之, 曰: "豹乎彪乎?" 洪公笑而收[178]之. 一日, 東陽尉出他暮歸, 聞小舍廊[179]笙歌之聲, 問於傍人, 則以爲, '令監與金參判令監及他宰數人, 方張樂而遊矣.' 申公問: "洪生在座否?" 對[180]曰: "洪生在下房而睡矣." 申公顰眉, 曰: "兒輩事可駭矣!" 仍請洪公而問曰: "汝何爲不參於兒輩之遊耶?"[181] 對曰: "宰相之會, 非儒生之所可參, 況是不請客也耳[182]!" 申公曰: "汝則與吾一遊, 好矣." 仍命樂, 盡歡而罷. 申公有疾濱危, 公把沂川之手, 一手擧盃而勸飮, 曰: "吾有一言之可托于汝者, 可飮此盃, 而聽我臨終之言." 洪公謙讓, 曰: "未知有何下敎, 願先承敎後, 飮此盃." 申公連曰: "飮盃後, 吾當言之." 洪公一味不從, 申公四五次勸之, 而終不聽, 乃擲盃於地而含淚, 曰: "吾家亡[183]矣." 仍賁命. 蓋似是托子之言也. 其後, 洪公登第, 十餘年之間, 位至左相. 肅廟朝, 申冕獄事出, 而自上問於洪相

---

175) 門: 저본에는 빠져 있으나 나, 다, 라, 마, 바본에 의거하여 보충함.
176) 饌: 라, 바본에는 '膳'으로 되어 있음.
177) 怒意: 마본에는 '怨意'로 되어 있음.
178) 收: 라본에는 '受'로 되어 있음.
179) 廊: 저본에는 빠져 있으나 라, 바본에 의거하여 보충함.
180) 對: 저본에는 빠져 있으나 다본에 의거하여 보충함.
181) 汝何爲不參於兒輩之遊耶: 바본에는 '汝不參兒輩之遊, 何故乎'로 되어 있음.
182) 耳: 바본에는 빠져 있음.
183) 亡: 바본에는 '始亡'으로 되어 있음.

曰: "申冕何如人也?" 洪相對以不知, 仍伏法. 冕之平日行事, 沂川含憾, 久矣. 但旣受知於東陽尉, 則一言救之, 以報東陽尉[184]知遇之感, 可也. 不此之爲者, 沂川事極可咄歎. 沂川拜相之後, 金公佐明, 尙帶文衡之任, 燕京奏文, 文衡製進, 而以四六爲之, 先鑑于大臣而入啓, 例也. 金公以其所製之表, 入覽于大臣, 洪公以扇揚之, 曰: "豹乎彪乎?" 此亦量狹之事也.

2-31.

孝廟朝, 議仁廟諡, 以仁祖定望矣. 兪市南棨, 上疏駁正, 曰: "多殺不辜, 可謂仁乎; 屈膝虜[185]庭, 可謂祖乎? 請大行大王諡號改正." 上痛哭, 而書于壁上, 曰: "兪棨父讎." 卽命設鞠殿庭[186]. 此時, 上下驚惶, 禍將不測, 人無敢言者. 尹臺某以正言, 泣辭老親曰: "朝廷方有過擧, 小子以臺官, 義不可泯默, 若諫爭, 則必不免禍矣." 其老親亦泣, 曰: "汝旣食君之祿, 何可不盡忠乎?" 仍與之相訣而送之. 尹臺直入臺廳, 發啓曰: "撲殺諫臣, 桀紂之所不爲, 請停刑." 又啓曰: "殿下行此無前之過擧, 無一人匡救者, 請在廷臣僚, 竝削職而已." 答曰: "依啓市南之此疏, 無愧於古人直截之風, 而恐欠爲親諱之義. 世人如或以此等[187]事, 加於其親, 則看作世讎, 至于子孫, 而相阻隔君臣之間, 雖異於此, 而諡號改正, 恐涉大[188]過矣." 尹臺匡救之忠直, 固可嘉, 而孝廟環轉之量, 欽歎萬萬.

---

184) 尉: 저본에는 빠져 있으나 바본에 의거하여 보충함.
185) 虜: 나, 다, 마, 바본에는 '奴'로 되어 있음.
186) 殿庭: 라, 바본에는 '殿前'으로 되어 있음.
187) 等: 저본에는 빠져 있으나 나, 다, 라, 마, 바본에 의거하여 보충함.
188) 大: 나, 다, 라, 마, 바본에는 '太'로 되어 있음.

2-32.

鄭陽坡少時, 與親友二人, 讀書于山寺. 一日, 與之論懷, 而各言平生所欲爲, 陽坡曰:"吾則早登科第, 坐於廟堂之上, 致君澤民, 名垂竹帛, 則好矣."一人曰:"吾則不願仕宦, 擇居於山明水麗之地, 以山水娛平生,[189] 是所願矣."一人獨無言, 兩人問曰:"君何無一言乎?"其人曰:"吾之所欲爲, 大異於二君, 不須問矣."二人强之, 乃曰:"吾不幸而生於偏邦, 自顧此世, 無可容身之所, 不如自橫. 吾志爲大賊之魁, 而處於深山窮谷中, 率數萬之衆, 奪不義之財, 以供軍粮, 橫行山間. 而歌童舞女, 羅列於前; 山珍海錯, 厭飫於口, 如斯度了, 則幸矣."二人大笑, 而責之以不義矣. 其後, 陽坡果登第, 位至上相, 一人以布衣終老, 而一人則不知下落矣. 陽坡之按北關也, 其布衣之人, 窮不能自存, 恃同硏[190]之誼, 徒步作乞駄之行, 向北關矣. 行到淮陽之地, 忽有一健奴, 牽一駿驄, 而迎於前, 曰:"小人奉使道將令來到[191]于此, 亦已久矣, 快乘此馬而行, 可也."其人怪而問:"汝使道誰也, 而在於何處?"奴對曰:"去則自可知之矣."其人仍上馬, 則其疾如飛, 行幾里, 又有一馬之待者, 且有盃盤之供, 怪而又問, 則其對[192]如前. 行幾里, 又如是, 漸入深峽之中, 而夜又不休息, 炬火導[193]前而行, 其人不知緣何向何處, 只從其奴之言而行矣. 翌午, 入一洞口, 深山之中, 人居櫛比, 中有一大朱門, 入三重門, 而下馬而入, 則階下有[194]一人, 頭戴紫驄笠,

---

189) 以山水娛平生: 바본에는 '以平生娛山水'로 되어 있음.
190) 硏: 저본에는 '姸'으로 나와 있으나 나, 라, 마, 바본에 의거하여 바로잡음. 다본에는 '硯'으로 되어 있음.
191) 到: 나, 다, 라, 마, 바본에는 '待'로 되어 있음.
192) 對: 나, 다, 라, 마, 바본에는 '答'으로 되어 있음.
193) 導: 저본에는 '遵'으로 나와 있으나 나, 다, 라, 마, 바본에 의거함.
194) 有: 저본에는 빠져 있으나 다본에 의거하여 보충함.

身被藍色雲紋緞天翼, 腰係紅帶, 足穿黑靴. 而身長八尺, 面如傅粉, 河目海口, 儀表堂堂, 威風凜凜. 軒然而笑, 執手而共升階, 曰: "某也, 別來無恙[195]乎?" 其人初不知何許人矣, 坐定熟視, 則乃是山寺同苦之時, 願爲賊將者之人也. 其人始乃[196]大驚, 曰: "吾輩山門各散之後, 不知君之蹤迹矣, 今乃至於斯耶?" 賊將笑曰: "吾豈不云乎? 吾今得吾志, 不羨世上之富貴矣. 人生此世, 豈不有意於功名進就乎? 然以其命懸於他人之手, 而畏首畏尾平生, 作繩營狗苟之態, 一有所失, 則身棄東市, 妻子爲奴[197], 此豈所可願耶? 吾今擺脫塵臼, 入於深山之谷, 衆有數萬, 財積阜陵, 吾非如鼠竊狗偸之爲[198], 而探囊劫篋者也. 吾之卒徒, 遍於八道, 燕市‧倭館之物, 無不畢致; 貪官‧汚吏之財, 必也攘奪, 權與富, 不讓於王公, 人生幾何, 聊以自適吾意耳." 仍命進盃盤[199], 有美女數雙, 擎盤而進, 水陸畢陳, 酒旨而肴豊. 與之盡歡, 同卓而食, 同床而寢. 明日, 與之同覽軍中財貨及山水勝槪, 仍言曰: "君之此行, 欲見鄭某而去者, 將有所求耶?" 曰: "然." 賊將曰[200]: "此人之規模, 君豈不知之[201]耶? 雖有所[202]贈, 未洽[203]於君之所望矣. 不如更留幾日, 自此處直歸, 可也." 其人曰: "必不然矣, 舊日同研之情, 彼亦念之矣." 賊將曰: "量其贐物, 不過幾兩矣, 何可爲此而作遠行乎? 吾當有贐矣,

---

195) 恙: 다본에는 '蹉'으로 되어 있음. 서로 통함.
196) 始乃: 저본에는 빠져 있으나 다본에 의거하여 보충함.
197) 奴: 나, 다, 마본에는 '拏'로 되어 있음.
198) 爲: 나, 다본에는 '所爲'로 되어 있음.
199) 盃盤: 다본에는 '酒盤'으로 되어 있음.
200) 曰: 나, 다, 라, 마본에는 '答曰'로 되어 있음.
201) 之: 저본에는 빠져 있으나 나, 마본에 의거하여 보충함.
202) 所: 저본에는 빠져 있으나 다본에 의거하여 보충함.
203) 洽: 나본에는 '合'으로 되어 있음.

勿往可矣."其人不聽, 而決意欲行, 賊將曰: "旣如是, 吾不可更挽, 惟君意行之." 又留數日, 其人要行, 賊將使奴馬護送如來時樣[204], 而臨行戒之, 曰: "君見鄭某, 切勿言吾之在此也. 鄭某雖欲捕[205]我, 不可得矣, 言出之日, 吾卽聞知矣. 若然, 則君之頭不可保矣, 愼之勉[206]之, 勿出口, 可也!" 其人發矢言曰: "寧有是理?" 賊將笑而送之出門, 其人依前乘其馬, 出山外大路, 牽夫辭而去. 其人徒步作行, 到北營而見監司, 寒暄禮罷後, 其人低聲密告曰: "令公知吾輩少時, 山寺讀書時, 作伴之某人去處乎?" 監司曰: "一自相別之後, 不知下落矣." 其人曰: "今在令公之道內, 而卽大賊也. 渠言則有衆萬餘[207]云, 而皆散在各處, 渠之部下無多, 而俱是烏合之賊徒也. 令公若借我伶俐之健卒[208]三四十人, 則吾當縛致營下[209]矣." 監司笑曰: "渠雖賊魁, 而姑無作弊於郡邑者, 且量君之智勇才力, 恐不及此人矣. 空然惹起禍機乎, 君且休矣!" 其人作色曰: "令公知大賊之在境內[210], 而掩置不捕, 後若滋蔓, 則責歸於誰也? 公若不從吾言, 則[211]吾於還洛之後, 當告變矣." 監司不得已許之, 留數日而送之, 所贐之物數, 果[212]符賊將之言. 擇校卒如數而給之, 其人率校卒, 更向此路, 埋伏於山左右叢樾之間, 而戒之曰: "吾將先入去矣, 汝等姑俟之!" 行至幾里, 來[213]時牽騎來邀之人又來, 而傳其賊將之

---

204) 樣: 저본에는 빠져 있으나 라본에 의거하여 보충함.
205) 捕: 나본에는 '捕捉'으로 되어 있음.
206) 勉: 라본에는 '戒'로 되어 있음.
207) 萬餘: 나, 다본에는 '數萬'으로 되어 있음.
208) 健卒: 다본에는 '健奴'로 되어 있음.
209) 營下: 라, 바본에는 '營中'으로 되어 있음.
210) 內: 저본에는 빠져 있으나 라, 바본에 의거하여 보충함.
211) 則: 저본에는 빠져 있으나 다본에 의거하여 보충함.
212) 果: 저본에는 빠져 있으나 라본에 의거하여 보충함.
213) 來: 다본에는 '向'으로 되어 있음.

言, 與之偕來, 而不送騎矣. 心竊怪之, 行到洞口, 一聲號令, 使之拿入, 無數健卒, 以繩縛之, 前擁後遮, 如快鶻搏兎樣. 而入門, 其人喘息未定, 拿至庭下, 仰見賊將, 盛備威儀而坐, 怒叱曰: "汝以何顏來見我乎?" 其人曰: "吾有何罪而待我至此之辱也?" 賊將叱曰: "吾豈不云乎? 汝往北營所得, 豈不符我言乎? 且汝以吾事, 泄于北伯, 不念臨別之托[214], 尙何撓舌?" 其人曰: "天日在上, 吾無是事, 君從何聞知而疑我乎?" 賊將號令卒徒曰: "可拿入北營校卒!" 言未已, 數十箇北營校卒, 一時被縛, 而伏于堦下, 賊將指示, 曰: "此是何許人也?" 其人面如土色, 無語可答, 只稱死罪死罪. 賊將冷笑曰: "如渠腐鼠孤雛, 何足污我刃也? 棍之可也." 仍下十餘杖, 而依前縛之, 使之解諸[215]校卒, 曰: "汝等良苦, 何爲隨此人而來也?" 命各賜二十兩銀子而送之, 曰: "歸語爾主將, 更勿聽此等人之語也云云[216]." 仍[217]使卒徒, 出各庫財帛·銀錢·器用等物, 而或馱或擔, 而一時擧火[218], 燒其屋宇, 曰: "今[219]旣被人知, 不可以處矣." 更使一卒驅逐. 其人出之門外大路, 仍不知去處. 其人艱辛得脫, 而前進歸家, 則已移於[220]他洞矣. 尋其家而入, 則門戶之大, 比之前家, 大不同矣. 問於家人, 則以爲, "向者[221]在北營時, 豈不作書而送物種乎?" 其人驚訝, 出而視之, 則恰如自家之筆, 實非自家之爲也. 其錢與布帛之數, 甚夥, 然默而思之, 則[222]此是賊將之所送, 而

---

214) 托: 다본에는 '言'으로 되어 있음.
215) 諸: 나, 다본에는 '其'로 되어 있음.
216) 云云: 바본에는 '云'으로 되어 있음.
217) 仍: 바본에는 '因'으로 되어 있음.
218) 擧火: 바본에는 '炬火'로 되어 있음.
219) 今: 저본에는 빠져 있으나 다본에 의거하여 보충함.
220) 於: 저본에는 빠져 있으나 다본에 의거하여 보충함.
221) 向者: 저본에는 빠져 있으나 바본에 의거하여 보충함.

做[223]自家之筆迹而送之者也. 後乃悔之云爾. 或云: "北伯非陽坡云." 未可知矣.

2-33.

孝廟亦間間微行, 一日夜, 步過宮墻後. 時雪夜[224]嚴酷, 軍舖守直一人, 自外而入, 曰: "寒威如此, 何以經夜?" 一人曰: "今夜何爲而寒乎[225]云哉?" 一人曰: "何謂也?" 曰: "吾輩遼東野露宿時, 豈可曰寒乎!" 其人曰: "吾輩何爲而露宿遼東耶?" 曰: "主上今方議北伐[226], 如此之時, 吾輩豈可不從征乎?" 曰: "無是理矣." 曰: "懷德宋相大監, 日前入來獨對, 已定計云矣." 其人曰: "必不然矣." 曰: "汝何以知之?" 曰: "主上無威斷, 此等大事, 何以辦之乎?" 曰: "汝又何以知之?" 其人曰: "主上若有剛斷[227], 則年前以王子守江華時, 金慶徵豈不斬頭? 一慶徵尙不得正其罪, 何況上國乎? 吾是以[228]知之." 孝廟聞此言, 不勝忿恨而還宮.

2-34.

孝廟朝, 尤庵宋先生, 受不世之遇, 明春秋大義. 孝廟以北伐之事, 委之先生, 先生非不知北伐之事[229]不濟, 而將以伸大義於天下後世, 如諸葛武侯之六出祁山之意. 而時輩[230]不諒此意, 每以尤翁

---

222) 則: 저본에는 빠져 있으나 바본에 의거하여 보충함.
223) 做: 나본에는 '倣'로 되어 있음.
224) 時雪夜: 바본에는 '是夜雪寒'으로 되어 있음.
225) 今夜何爲而寒乎: 바본에는 '何爲以寒也'로 되어 있음.
226) 北伐: 바본에는 '北伐之議'로 되어 있음.
227) 剛斷: 바본에는 '强斷'으로 되어 있음.
228) 是以: 라본에는 '以是'로 되어 있음.
229) 之事: 저본에는 '事之'로 나와 있으나 나, 다, 라본을 따름.

之議爲迂濶, 此輩顧何足責乎? 尤翁獨對罷後, 歷見陽坡鄭相太和, 時其弟鄭相至和在座, 嚬眉而避, 曰: "此老何爲而來也?" 已而, 尤翁坐定, 陽坡問曰: "今日獨對, 上下酬酢如何?" 尤翁曰: "卽北伐事, 而上以軍粮之轉輸無人爲憂[231], 故小生薦大監矣, 未知大監意向如何?" 陽坡曰: "小生才雖不及於蕭何, 豈不效蕭何之爲耶? 軍粮一事, 小生自可當之." 尤翁曰: "若然, 則國家之幸也." 少間, 更無酬答之聲, 鄭相在狹室, 高聲問曰: "厥漢已爲[232]去乎?" 陽坡微笑而答曰: "果川山直漢已去, 而宋相在座矣." 言畢, 尤翁起出門, 陽坡呼其季, 責之[233]曰: "君何言輕若是?" 鄭相曰: "伯氏俄以軍粮擔當, 以今經費, 何以繼軍粮耶? 不量[234]事勢, 而乃反輕言之若是乎[235]? 弟所心笑而不服也." 陽坡笑曰: "軍粮[236]吾不能當耶?" 鄭相曰: "伯氏雖有可當之才, 其於無穀何?" 陽坡又笑, 曰: "兵渡鴨江, 則吾可督粮矣." 一笑而罷.

2-35.[237]

尤翁遭遇孝廟, 如孔明之於昭列也, 寧有一毫貶薄之意哉? 至於服制之議, 則此天經地緯也, 豈有私意於其間也哉? 南人中[238]如尹鑴·許穆輩, 指以爲有貶薄之意於先生云云[239], 而尤翁竟以是被

---

230) 時輩: 라, 바본에는 '時人'으로 되어 있음.
231) 無人爲憂: 라, 바본에는 '爲憂無人'으로 되어 있음.
232) 已爲: 저본에는 빠져 있으나 다본에 의거하여 보충함.
233) 之: 저본에는 빠져 있으나 라본에 의거하여 보충함.
234) 量: 라본에는 '諒'으로 되어 있음. 서로 통함.
235) 乎: 저본에는 빠져 있으나 나본에 의거하여 보충함.
236) 軍糧: 다, 마본에는 '君量'으로 되어 있음.
237) 이 화소부터 2-38 화소까지는 저본에 빠져 있으나 나본을 대체 저본으로 하여 정리함.
238) 南人中: 저본에는 '南中人'으로 나와 있으나 바본에 의거함.

禍[240], 吁! 亦冤且痛矣.

2-36.

尼尹以背師見棄, 君師父一也, 生三事一之義, 至重矣. 若使爲師者[241], 設有誣辱其親之事, 在弟子之道, 固當思其自靖不可以倒戈矣. 至於尼尹, 則不然, 尤翁初無誣其親之事, 而只以墓文之不叶所望, 生釁而排斥, 乃曰: "栗谷有入山之失, 先人無可死之義, 栗翁[242]若有與人約死之事, 則引而言之, 可也. 今於此初不襯着, 而如是言之[243], 亦可異也." 且尼尹見南人輩得時, 尤翁必無幸矣, 而恐禍及己, 以早自立異之計, 至有做出己酉擬書之擧, 其患得失之病[244], 有如是矣. 其上疏言, "其親之稱以死罪臣云者, 非以向日自廢事而言也, 卽邇慢君命而然也云云." 魯西尹宣擧之在江都, 與友及妻, 約死而不死, 此爲自家沒身之恨, 死之一字, 固不可容易責之於人者也. 宣擧以此自廢, 如尤·春諸先生, 以其悔過爲貴, 而[245]許與也. 自家之疏[246], 稱以死罪者, 以此也, 而其子則反, 以此誣其旣骨之親, 此豈人子之道乎? 尼尹見擯於尤門之後, 自付於少輩而已, 初非少輩之領袖. 少輩領袖, 當以趙持謙·韓泰東爲首, 可也, 而今之少論稱曰: "明齋推以[247]爲首." 還可呵也耳[248].

---

239) 云云: 바본에는 '云'으로 되어 있음.
240) 禍: 다본에는 '誣'로 되어 있음.
241) 者: 저본에는 '則'로 나와 있으나 다, 라, 바본을 따름.
242) 栗翁: 라, 바본에는 '栗谷'으로 되어 있음.
243) 言之: 저본에는 '之言'으로 나와 있으나 다, 라, 바본에 의거함.
244) 病: 라, 바본에는 '心'으로 되어 있음.
245) 而: 저본에는 '於'로 나와 있으나 다, 라, 바본에 의거함.
246) 疏: 라본에는 '書'로 되어 있음.
247) 以: 라, 바본에는 '而'로 되어 있음.
248) 耳: 저본에는 빠져 있으나 라본에 의거하여 보충함.

2-37.

　尼尹之不貳尤門, 時門徒之少者, 或受業於尼尹, 此無怪之事也. 韓慶州聖輔, 卽尤門高弟子[249]也, 而四兄弟中三人, 受業於尤翁[250], 其中一人及子侄, 皆受學於尼尹. 韓慶州無嗣, 以其侄配夏爲子矣. 及其[251]尼尹之見擯也, 韓公使配夏絶尼尹, 曰: "彼旣背師之賊也, 不可相通矣." 配夏曰: "大人旣以背師爲罪, 則[252]何使小子又背師也? 此則不敢奉命矣." 以是之故, 父子不相見, 爲[253]幾月矣. 配夏後以奉命, 往湖西[254], 慶州戒之, "過淸州, 須拜華陽洞先生影幀而去, 可也." 配夏曰: "敢不如命!" 發行渡江, 則其弟配周追到, 曰: "聞[255]伯氏欲拜宋某之畫像云, 然否?" 答[256]曰: "然矣." 配周曰[257]: "宋某卽兇逆也, 伯氏何可拜其祠乎?" 配夏曰: "父命也, 何可不奉乎?" 配周曰: "伯氏如欲往拜, 則弟當隨往, 將唾其像, 而自此弟當書白於伯父之前矣." 仍作書曰: "宋某, 擧世方欲寢皮食肉, 伯父何可使兄欲拜於其祠乎云云[258]." 答曰: "汝欲寢先生之皮, 先寢吾皮; 汝欲食先生之肉, 先食吾肉云云." 配夏兄弟, 以是見棄於世. 其後, 尼尹削逸疏出, 韓慶州之第三弟之子, 進士早孤, 而就養於其伯父矣. 適以泮任, 書謹悉. 其妹卽尼尹之子婦也, 尼尹呼其子婦, 而問曰: "汝知汝家事乎?" 答曰: "不知." 尼尹曰: "汝之娚以

---

249) 子: 저본에는 빠져 있으나 라, 바본에 의거하여 보충함.
250) 尤翁: 바본에는 '尤門'으로 되어 있음.
251) 其: 라, 바본에는 '到'로 되어 있음.
252) 則: 저본에는 빠져 있으나 라, 바본에 의거하여 보충함.
253) 爲: 저본에는 빠져 있으나 라, 바본에 의거하여 보충함.
254) 西: 저본에는 '而'로 나와 있으나 라, 바본에 의거함.
255) 聞: 저본에는 '問'으로 나와 있으나 다, 라, 바본을 따름.
256) 答: 라, 바본에는 '對'로 되어 있음.
257) 配周曰: 저본에는 빠져 있으나 라, 바본에 의거하여 보충함.
258) 云云: 바본에는 '云'으로 되어 있음.

泮任, 請吾削逸矣. 女子之道, 所重在舅家, 汝可往辭于汝家祠宇, 而絶甥妹之情義, 可也." 其妹乘轎, 直到祠堂前, 痛哭而辭, 不見其甥而歸.

2-38.

肅廟朝, 於春塘臺池邊, 建三間樓, 名曰'觀豊樓'. 時尹判書絳, 以副學上疏, 諫曰: "非時土木之役, 亡國之兆." 上優批, 而以豹皮一領賞之, 命使之親受. 尹承命而入闕, 則一宦侍導前, 至春塘臺. 已而, 軍卒高聲, 而有捉入之命, 尹被拿伏於庭下矣. 上以便服, 坐於一小樓上, 敎曰: "汝試見此樓, 此不過三間也, 有何土木之非時而亡國之可言乎? 汝輩所居有山亭水閣, 而吾獨不得建此小樓[259]耶? 汝輩欲釣名而有此疏, 心常痛恨, 可以決棍矣." 尹乃對曰: "小臣之罪雖萬死, 顧其職, 則玉署之長也, 殿下不可以辱儒臣矣." 上曰: "儒臣獨不可治罪乎?" 命決棍五度後, 敎曰: "汝以[260]儒臣, 受此棍治, 已是汝之羞辱也. 汝可出而言之, 在予爲過擧, 而汝獨不廖辱身名乎?" 命給豹皮而出送.

2-39.

肅廟朝有患候, 一日, 命入梨園樂及妓女, 自內張樂. 時臺諫尹某, 獨詣臺廳啓, '以不正之色, 不雅之樂, 此是前代帝王所以亡國[261]也, 亟賜撤去云云.' 上大怒, 卽有親鞫之命, 擧朝皇皇, 爲先自禁府臺官書吏喝導, 幷蒙頭捉待, 禁堂‧捕將, 皆命招諸事預備而

---

259) 樓: 다, 마본에는 '閣'으로 되어 있음.
260) 以: 마본에는 '爲'로 되어 있음.
261) 亡國: 나, 다본에는 '亡國者'로 되어 있음.

無動靜, 管絃之聲不絶. 申後, 下敎曰: "更思之, 臺言好矣. 俄者設
鞫之命, 還收, 臺臣及下隷, 一倂特放, 而不可無褒異之典." 內下
茶啖二床, 御酒二甁, 一則餽臺隷, 又命²⁶²⁾賜虎皮一領. 臺諫及下
隷, 驚魂纔定, 盡意醉飽, 上下俱沈醉. 及其退歸之時, 前導下隷蒙
虎皮, 而呼唱於大道路, 傍觀者問其故, 則答曰: "主上殿下挾娼會
飮, 見捉於禁亂, 吾方收贖而歸云云." 聞者絶倒. 諫院至今有虎皮
之藏焉.

2-40.

尹判書絳, 肅廟朝人也. 初娶有二子, 趾完·趾善, 而喪配更不娶
矣. 其伯子仕至亞卿, 其仲子²⁶³⁾通政. 而尹判書晚²⁶⁴⁾年, 按湖西, 巡
部之路, 過一邑, 邑底之人, 無論上下男女, 觀者如堵. 而婦女輩依
短籬而立, 人衆籬弱乃仆, 諸婦女皆蒼黃走避. 其中一處女, 不慌
不忙, 擧止從容, 引回身而坐.²⁶⁵⁾ 尹判書在轎內²⁶⁶⁾, 見其狀之雍容,
問之, 則此邑首鄕之女也. 入縣後, 招致首鄕²⁶⁷⁾, 而問曰: "汝有女,
而年今幾何?" 首鄕俯伏流汗, 而答曰: "小人只有一女, 而年今二
十, 姑未適人矣." 尹曰: "吾欲聘以爲繼室, 明當入門, 汝可設禮而
待也." 首鄕唯唯而退. 翌日, 尹乃具冠帶, 馬頭送綵而成禮, 一宿
而歸. 更思之, 卽一妄擧也, 仍羞愧, 不使家人知之, 遞歸後²⁶⁸⁾亦不

---

262) 命: 저본에는 빠져 있으나 나, 다본에 의거하여 보충함.
263) 子: 저본에는 빠져 있으나 나, 다, 마본에 의거하여 보충함.
264) 晚: 저본에는 '末'로 나와 있으나 나, 다, 라, 마, 바본을 따름.
265) 引回身而坐: 라, 바본에는 '引身而回坐'로 되어 있음.
266) 在轎內: 저본에는 빠져 있으나 나, 다, 라, 마본에 의거하여 보충함.
267) 首鄕: 라, 바본에는 '座首'로 되어 있음. 이하의 경우도 동일함.
268) 後: 저본에는 빠져 있으나 다, 라, 마, 바본에 의거하여 보충함. 나본에는 '時'로
되어 있음.

言之, 置而不率去矣. 一日, 門外喧譁, 傳言, "夫人行次到門矣!" 其二子, 莫曉其事[269], 來問曰: "此何事也?" 尹判書嚬蹙, 曰: "汝父行老妄之事矣. 事[270]已到此, 此將奈何?" 未幾, 一弊破之轎[271], 以木裳爲帳, 駕牛而來, 下轎於中門之內, 一女子方面巨口, 腰大一圍, 身長八尺. 從容步上大廳之上, 坐定, 呼婢子近前. 于斯時也, 參判·承旨二夫人, 皆驚惶, 諸婢子莫不掩口, 上下皇皇, 其夫人大叱曰: "婢子何不近前?" 其中膽大一婢, 忍笑而趨前, 則其夫人曰: "聞汝家有參判·承旨兩令監云, 使之入來." 婢子出外而傳言, 則判書語其二子曰: "第往見之." 二人入來, 則其夫人曰: "斯速還出, 具巾服而來!" 二子不得已出外, 着道袍而入, 則又使之立於庭下, 自懷中出一婚書紙, 擲之于前, 曰: "汝輩試見此, 旣有此, 則吾非汝輩[272]之庶母也, 卽是繼母也. 汝翁不知緣, 何而絶我? 汝輩旣出身, 位至金玉之班, 而人事如此, 不得修身齊家, 而何可事君乎? 天尊地卑, 寧有如許道理?" 兩人俯首聽命, 而只稱死罪而已. 命使升堂, 坐受其子與婦之拜, 又命修內上房而入處, 門內肅然. 判書在外[273]聞之, 吐舌而無言, 處上房一朔, 而呼伯婦, 謂之曰: "吾之處上房, 非欲久計也. 稱以主母, 而不知家產之如何, 今焉過一朔, 皆有槪領矣. 從今君可以主饋, 吾則退處[274]越房, 可也." 仍移處焉. 其後產二子, 趾仁·趾慶, 皆顯達. 判書棄世後, 四子二相·二判書, 遞相榮養. 夫人年過八十而病, 將至屬纊之時[275], 四子奉藥水, 涕

---

269) 事: 나본에는 '意'로 되어 있음.
270) 事: 저본에는 빠져 있으나 라본에 의거하여 보충함.
271) 轎: 나, 다본에는 '轎子'로 되어 있음.
272) 輩: 저본에는 빠져 있으나 라본에 의거하여 보충함.
273) 在外: 저본에는 빠져 있으나 나, 다, 라, 마, 바본에 의거하여 보충함.
274) 處: 나, 다본에는 '居'로 되어 있음.
275) 時: 다본에는 '境'으로 되어 있음.

泣而勸進, 夫人搖頭, 曰:"吾以遐鄕微門之女, 幸托高門, 又以公等之誠孝, 一生安樂矣. 年今八十, 又將進藥而冀生乎? 只有一生之恨, 公等念我. 我有一侄矣, 幸忝一命之官, 則死將瞑目矣." 四人齊聲泣對曰:"小子輩謹當奉敎矣! 願進此藥云云." 夫人不飮而考終, 二大臣·二重臣執喪矣. 滿朝皆來慰問, 四人對長銓, 泣傳臨終之言, 伊後, 果得除匠作監云耳.

2-41.

柳瑺[276]者, 肅廟朝名醫也, 尤精於痘疫方, 人家小兒之救活者, 甚多. 有一中村家, 甚富饒, 兩世寡居, 只有遺腹子一人, 年纔六七[277]歲, 而未經疫[278]者也. 其母買舍於柳醫之門前, 托兒於柳醫, 饌品之新出, 酒肴之豊潔, 逐日饋之, 如是者數年, 朝夕不怠. 柳亦憐其心, 而感其誠[279], 率置其兒而訓之矣. 一日, 其兒患痘, 而初出之日, 已是不治之症也. 柳醫矢于心, 曰:"吾若不得救出此兒, 不敢復以醫術自處矣." 藥罐五六箇, 羅于前, 分溫冷熱涼[280]補瀉之劑, 而別煎之, 隨症之變而用之[281]矣. 一日, 似夢非夢間, 一人來, 呼柳醫之名, 曰:"汝何爲而必欲救此兒之病也?" 柳曰:"此兒家情景可矜, 必欲救活矣." 其人曰:"汝必欲活乎? 吾將[282]必殺之矣." 柳

---

276) 瑺: 저본에는 '鐺'으로 나와 있으나 의미상 바로잡음. 나, 다, 라, 마, 바본에는 '常'으로 되어 있음.
277) 六七: 나본에는 '五六'으로 되어 있음.
278) 疫: 저본에는 '瘂'으로 나와 있으나 나, 라, 마본을 따름. 다본에는 '痘疫'으로 되어 있음.
279) 誠: 나, 다, 라, 마, 바본에는 '意'로 되어 있음.
280) 溫冷熱涼: 나, 다, 라, 마, 바본에는 '溫涼熱冷'으로 되어 있음.
281) 之: 저본에는 빠져 있으나 라본에 의거하여 보충함.
282) 將: 나, 라, 마, 바본에는 '則'으로 되어 있음.

醫曰: "汝何爲而必欲殺之?" 其人曰: "此兒[283]與我有宿怨, 故也. 汝不必用藥云云." 柳醫曰: "吾技窮, 則未知如何, 而吾技不窮矣, 汝雖欲殺之, 吾則必欲活之矣." 其人曰: "汝第觀之." 柳亦曰: "汝第觀之." 其人有怒氣而出門, 柳醫連用藥餌, 艱辛至二十日矣. 一日, 其人又來而問曰: "從今以後, 汝其可活此兒乎? 汝第觀之." 仍出門而去矣. 少焉, 門外喧擾, 內局吏隷及政院隷, 喘息而來言, "上候以痘症不平, 斯速入侍!" 連忙催促, 疾馳而去, 入闕之後, 仍更不得出來矣. 數日間, 其兒仍不救云矣. 肅廟痘候極重, 柳醫欲用猪尾膏, 以此稟于明聖大妃殿, 大妃大驚, 而敎曰: "如此峻劑, 何可進御乎? 此則大不可矣." 柳醫時伏于簾外[284], 大妃在簾內, 下敎曰[285]: "汝欲用此藥耶?" 柳醫曰: "不可不用." 大妃殿頓足, 曰: "汝有兩頭乎?" 柳醫俯伏而奏曰: "小臣之頭雖可斷, 此藥進御後, 可以責效矣." 大妃終不許進, 柳醫乃袖其器而入診, 仍潛自進之, 食頃之後, 諸症差勝. 聖候平復, 雖賴天地神明之佑, 而柳醫之術, 亦可謂神矣. 其後, 以此勞, 除豊德府使, 赴任矣. 一日, 肅廟進御軟泡湯, 而仍成關格, 以撥馬召柳醫入診. 柳醫罔夜上來, 到新門, 門姑未開, 自門內告于兵曹, 使之稟而開門, 往來之際, 稍遲延. 柳醫見城底一草堂[286], 燈火熒然, 仍暫憩于其家矣. 一老嫗, 問[287]于房內之女兒曰: "俄者米泔水, 置之何處? 恐滴于太泡上矣." 柳醫怪而問之, 則對曰: "米泔水滴於太泡, 則卽地[288]消融故也." 已而,

---

283) 兒: 저본에는 '是'로 나와 있으나 다, 라본에 의거함.
284) 簾外: 나본에는 '簾下'로 되어 있음.
285) 曰: 저본에는 빠져 있으나 다본에 의거하여 보충함.
286) 草堂: 라, 바본에는 '草家'로 되어 있음.
287) 問: 다본에는 '向'으로 되어 있음.
288) 卽地: 다본에는 '卽時'로 되어 있음.

門鑰出來, 城門開矣. 柳乃赴闕, 而問症候, 則以軟泡而滯者也. 卽使內局, 入米泔水一器, 微溫而進御矣. 滯氣乃降, 事亦異矣.

2-42.

一儒生, 投筆而業武藝, 習射于慕華館, 夕陽時罷歸. 有一內行駕轎而來, 後無陪行, 只有一童婢隨後, 而頗妍美. 儒生見而欲之, 腰矢肩弓而隨, 或前或後, 風吹捲簾[289], 瞥見轎內, 女人素服而坐, 眞國色也. 儒生神精悅惚, 心內暗忖, '此是誰家女子? 第隨往, 而探知其家所在[290].' 仍隨後而行, 遵大路入新門, 轉向南村某洞一大第而入. 儒生彷徨門外, 日勢已暮, 仍轉向店舍買食, 而帶弓矢, 周察其家前後, 無可闖入處. 其家後墻, 依一小阜而不高, 登阜而俯視, 則其墻內有花園, 叢竹菀[291]密, 可以隱身. 乃帶月色, 踰後墻, 由園而下, 則其下卽其家後面, 而東西兩房, 燈火熒然, 照後雙窓. 仍往其窓下, 潛窺東房, 則有一老嫗倚於枕上[292], 而俄者所見之女子, 讀諺冊[293]於燈下, 聲音琅琅如碎玉. 儒生潛伏於窓下, 而以窓隙窺見. 已而, 老嫗謂其女子曰: "今日似必困憊, 可歸汝房休息." 其女子承命而退, 歸西房. 儒生自外又往西邊窓外, 窺見, 則女子喚童婢謂曰: "行役之餘, 汝亦困憊矣, 可出宿于汝母家, 明朝早來." 童婢出門, 女子起而閉上窓戶, 儒生暗喜曰: "此女子旣獨宿, 吾當乘間突入, 可也云." 而屛氣窺見, 則其女子開籠, 而出鋪錦衾, 吸烟茶而坐燈下, 若有所思想者然, 儒生心竊訝[294]之. 少焉, 後園

---

289) 捲簾: 다, 라, 마, 바본에는 '簾捲'으로 되어 있음.
290) 所在: 저본에는 빠져 있으나 다본에 의거하여 보충함.
291) 菀: 나, 다, 라본에는 '蔚'로 되어 있음. 서로 통함.
292) 枕上: 다본에는 '枕邊'으로 되어 있음.
293) 諺冊: 나, 다본에는 '諺冊'으로, 라, 바본에는 '諺書'로 되어 있음.

竹林有聲, 若有人迹, 儒生驚怯, 而隱身以避而見之, 則有一禿頭和尙, 披竹林而來, 叩後窓, 自內開窓而迎之. 儒生隨其後, 而從窓窺見, 則其和尙摟抱其女子, 淫戲無所不至. 已而, 其女子起向卓上, 拿下酒壺饌盒, 滿酌而勸之, 和尙一吸²⁹⁵⁾而盡, 問曰: "今日墓行, 果有悲懷否?" 女子含笑而答曰: "惟汝在吾, 何悲懷? 且是虛葬之地, 亦有何悲懷之可言耶?" 又與僧一場淫戲, 而躶體同入衾中, 相抱而臥. 此時, 儒生初來欲奸之心, 雲消霧散, 而憤慨之心倍激矣²⁹⁶⁾. 仍彎弓注矢, 從窓戶²⁹⁷⁾滿的射去, 正中和尙之禿頭頂門上挿去. 女子驚起戰慄, 急以衾裹其僧之屍, 置之樓上. 儒生細察其動靜, 更踰後墻而出來, 時已漏罷矣, 仍還家矣. 其夜, 似夢非夢間, 有一靑袍儒生²⁹⁸⁾, 年可十八九, 來拜於前, 曰: "感君之報讐, 是以來謝." 儒生驚而問曰: "君是何許人, 而所仇何人? 吾無爲君報仇之事, 何爲來謝?" 其人掩抑而對曰: "某乃某洞某宰之獨子也. 讀書于山寺時, 使主人僧持粮饌往來於家中矣, 淫婦見而欲之, 遂與之通奸矣. 某於歸覲之路, 此僧同行, 到無人之地, 蹴吾殺之, 以屍體置之於山後巖穴間者, 于今三年矣. 某旣冤死, 而無以報讐雪恨²⁹⁹⁾矣. 昨夜, 君之所射殺者, 卽其僧也, 其女子卽吾之內也. 此讐已雪, 感謝無地. 又有一事奉托者, 君須往見吾父親, 告吾之屍體所在處, 使之移窆, 則恩又大矣." 言訖, 而忽不知去向. 儒生驚覺, 則一夢也, 心甚異之. 翌朝,³⁰⁰⁾ 更往其家, 通刺而入, 則有一老宰,

---

294) 訝: 나본에는 '怪'로 되어 있음.
295) 吸: 라본에는 '飮'으로 되어 있음.
296) 倍激矣: 다본에는 '江翻海激'으로 되어 있음.
297) 窓戶: 다, 라, 마, 바본에는 '窓穴'로 되어 있음.
298) 儒生: 나, 다본에는 '少年'으로 되어 있음.
299) 恨: 마본에는 '冤'으로 되어 있음.
300) 翌朝: 다, 라, 마, 바본에는 '翌日'로 되어 있음.

起迎坐定, 儒生問曰: "子弟有幾人?" 主人揮淚而言曰: "老夫命道奇窮, 無他子女, 五十後得一兒子, 愛如掌珠, 纔成婚, 往山寺課工, 爲虎所噉去, 終祥纔[301]過矣." 儒生曰: "小生有一疑訝事, 第隨我而訪屍身所在處, 可乎!" 主人大驚痛, 曰: "君何由知之?" 對曰: "第往見之, 可也." 主人卽具鞍馬, 與之同行, 至其寺, 下馬登山, 由寺後行幾步, 有岩石而有穴, 以土石塞其口. 使下隷去其土石, 而以手探之, 則有一屍體出而見之, 果爾其子, 而顏色依舊. 其老宰抱尸而哭, 幾絶而甦, 仍向其儒生, 而問: "汝何由知之? 此必是汝之所爲也." 其儒生笑曰: "吾若行兇, 則何可見公而道之耶? 第爲治喪而歸, 問其由於令子婦處, 其房樓上有一物之可證者. 公須速行之!" 其老宰一邊運屍, 安于僧舍之內, 使辦喪需而歸家, 直入子婦之[302]房, 問曰: "吾有朝服之置於汝樓上矣, 吾欲出而見之, 須開樓門, 可也.[303]" 其子婦慌忙而對曰: "此則兒當出來, 何煩尊舅之親搜也云." 而氣色頗殊常, 老宰仍向樓, 開鎖而入, 則有穢惡之臭, 搜至籠後, 有以衾裹者, 出而置之於房內, 則卽一少年胖大和尙之屍, 而挿箭[304]於頂門之上矣. 老宰問曰: "此何爲也?" 其子婦面如土色, 戰慄不敢對. 仍出請其父與兄, 道此事而黜之, 其父以刃割而殺之云矣. 仍改葬其子之屍於先山之下矣. 一夜, 其儒生又於似夢非夢間, 其少年又來, 百拜致謝, 曰: "君之恩無以酬之, 今科期不遠, 而場內所出之題, 卽吾之平日所做之文. 吾可誦而傳之, 君須書之, 入場後呈券, 則必做第矣." 仍誦傳一首賦, 題是'秋風悔心

---

301) 纔: 나, 다, 라, 마, 바본에는 '未'로 되어 있음.
302) 之: 저본에는 빠져 있으나 라, 바본에 의거하여 보충함.
303) 可也: 저본에는 빠져 있으나 라, 바본에 의거하여 보충함.
304) 挿箭: 나, 다, 라, 마, 바본에는 '箭挿'으로 되어 있음.

萌'也, 其儒生受而書之矣. 日後,[305] 科期已[306]迫, 入場則果出此題矣. 仍書其賦而呈券矣, 至'秋風颯兮夕起, 玉宇廓而崢嶸'之句, '秋'字誤換書以'金'字矣. 時竹泉金公鎭圭主試, 見此券, 曰: "此賦果是善作, 而似是鬼神之作, 無乃欲試吾輩試鑑之故耶云矣." 讀至'金風颯兮夕起'之句, 笑曰: "此非鬼作!" 仍擺置第一. 人問其故, 竹泉答曰: "鬼神忌金, 若是鬼作, 則必不書金字也, 是[307]故知非鬼之作云矣." 榜出, 其儒生果登魁科矣[308]. 其姓名考之科榜, 則可知爲誰某, 而未及考見焉.

2-43.

金進士某者, 有智略, 而家貧落拓, 菀菀不得志. 時有親知宰相之子, 約與明日同往東郊, 迎弔親友之返虞. 其日未明, 窓外有人, 來言曰: "某家某送騎云: '聞某友返虞未明入來, 吾輩須於平明出城, 人馬茲送之, 急急騎來.'" 金生信之不疑, 騎馬出門, 其行如飛, 由東城外鍾巖, 而日尙未出. 金生問于牽夫曰: "汝家上典, 在於何處?" 對曰: "在於前面." 仍加鞭而行, 度[309]樓院, 遵大路而行, 行到一處, 則又有一健夫, 具鞍馬而待之[310], 傍有一人, 具酒肴飯供而進之. 金生心盆疑怪, 而問曰: "汝輩是何人而此何爲也?" 其人答曰: "第可飮喫, 換騎而行, 則自可知之." 金生不得已依其言, 飮罷換騎而行, 行到五六十里, 又有人備酒食鞍馬如俄者樣矣[311]. 金生

---

305) 日後: 다본에는 '數日後'로, 라본에는 '伊日後'로 되어 있음.
306) 已: 다본에는 '漸'으로 되어 있음.
307) 是: 저본에는 빠져 있으나 바본에 의거하여 보충함.
308) 矣: 저본에는 빠져 있으나 라본에 의거하여 보충함.
309) 度: 바본에는 '渡'로 되어 있음.
310) 之: 저본에는 빠져 있으나 바본에 의거하여 보충함.
311) 矣: 저본에는 빠져 있으나 나, 다, 마본에 의거하여 보충함.

第又如前飮而換騎, 晝夜不止, 每於五六十里, 必有人之留待. 而由鐵嶺, 轉而入山路, 踰嶺度山, 行幾日, 至一處, 則四山環圍之中, 有一洞府. 洞中人家櫛比, 有一大舍, 如公廨樣, 朱門有三. 遂[312)]下馬而歷重門而入, 則有一[313)]大廳, 而題額曰'聚義廳', 兩邊有房舍. 金生入門, 則有一丈夫擁衾而臥, 左[314)]右有侍娥數人, 扶將而坐, 氣息奄奄, 向金生[315)]而言曰: "吾亦京洛之人, 誤入於此, 積有年矣. 今則病且死矣, 無人可代我, 聞君有智略, 故奉邀到此地頭, 不必苦辭. 若欲圖免, 則必有大禍矣, 愼之愼之! 麾下軍卒有千餘名, 倉庫亦實, 可代吾而善處置. 吾雖賊魁, 而未嘗行不忍之事, 如貪官汚吏之物, 富民之吝而不給人者, 燕市物貨之出來者, 幷與倭館財寶, 而量其可取而取之, 以充軍需之用. 君亦依此爲之, 可也. 人生斯世, 功名在天, 非人之可爲者, 曷若坐此而號令軍中? 歌姬舞女, 山珍海錯, 不患不足, 可謂公卿不換者也. 勉之勉之!" 言訖而臥, 更無所言. 金生始知其賊將, 而滿心驚訝, 無計脫身, 第坐於廳上, 則如軍校者十餘人, 來拜於前庭下. 軍卒一時皆來謁, 以絲笠藍袍, 加之於身, 金生不得已受而着之, 其供饋等節, 極其豊潔, 金生處於越房. 是夜, 賊將殞命, 軍中擧哀, 掛孝治喪, 極其侈麗, 成服後, 瘞之于山後之麓. 金生左思右想, 無計可脫, 留七八日後, 軍中往往有偶語曰: "舊帥已歿[316)], 新帥代坐, 而于今近十日, 別無出謀發慮, 似是一箇飯囊, 將焉用之? 更俟幾日, 如一樣如是, 則不可不殺之, 而更求他人爲好云云." 金生微聞此言, 大生恐怯.

---

312) 遂: 저본에는 빠져 있으나 다본에 의거하여 보충함.
313) 一: 저본에는 빠져 있으나 바본에 의거하여 보충함.
314) 左: 저본에는 빠져 있으나 나, 다, 마, 바본에 의거하여 보충함.
315) 生: 저본에는 빠져 있으나 나, 다, 라, 마, 바본에 의거하여 보충함.
316) 歿: 나, 다본에는 '殞'으로 되어 있음.

翌日之朝, 坐廳上, 招軍校之爲首者, 分付曰:"間緣舊帥喪禮之未畢, 無暇問之矣, 見今軍中, 需用能無匱乏者耶?" 對曰:"如干所儲, 幾盡於喪需, 見今餘者無多, 方以此爲悶矣." 金生曰:"自明日[317]當分送軍卒, 軍令板斯速入來!" 其校承命而退. 未幾, 入軍令板, 而背後列書可偸之人家, 金生乃以永興朱進士家, 劃出, 則首校俯伏請, 曰:"此家果是巨富, 而實無可偸之望, 其洞中四五百戶, 俱是奴屬, 而每戶門楣懸一大鈴, 以其索頭, 都聚于一索, 掛於朱家. 如有警, 則一搖鈴索, 許多之鈴, 一時應之, 一入之後, 萬無出來之望[318]. 此將奈何?" 金生乃怒[319]叱曰:"將旣出令, 則雖水火, 固不可辭焉, 敢亂言以撓軍心乎?" 卽爲拿入, 嚴棍六七度後, 分付曰:"此則吾當親往." 明日, 金生粧出營裨樣, 以靑天翼佩將牌, 如大箱子·大籠等屬數十駄, 載之於馬, 隨後人, 皆以驛卒樣粧出. 而日暮時, 馳入朱進士家, 以爲, '咸營進上領去神將云.' 入門則朱進士連忙延接, 敍寒暄後, 向主人而言曰:"此是營門別進上物種也, 有所重大[320], 不可置之於外, 可置之于大廳上." 主人依其言, 置之廳上, 備夕飯饋之. 到夜, 與主人聯枕矣, 主人睡夢之中, 胸膈塞菀, 驚覺而開眼, 則俄者營裨者, 據胸而坐, 手執長劍, 而言曰:"汝若出聲, 則當以劍斬之矣, 須勿驚怯[321], 亦勿發聲. 吾非營裨, 乃是賊魁也. 欲借軍粮於汝, 汝指示錢布[322]所在處, 則予可汝活矣, 不者,[323] 汝命止於今夜, 汝命爲重乎? 錢布爲重乎?" 主人面如土色,

---

317) 日: 저본에는 빠져 있으나 나, 다본에 의거하여 보충함.
318) 望: 바본에는 '道'로 되어 있음.
319) 怒: 저본에는 빠져 있으나 라, 바본에 의거하여 보충함.
320) 大: 저본에는 빠져 있으나 다본에 의거하여 보충함.
321) 怯: 나, 다, 라본에는 '怪'로 되어 있음.
322) 錢布: 나본에는 '錢帛'으로 되어 있음. 이하의 경우도 동일함.
323) 不者: 나본에는 '不然'으로 되어 있음.

惶汗浹背, 而哀乞曰:"謹當一一奉行, 幸勿傷吾!"賊將許諾, 仍招
卒徒之隨來[324]者, 開庫而一一搜出. 如斯之時, 家人皆驚動, 或有
近之者, 則主人連聲曰:"須勿近我, 而庫中之物, 任其收[325]去!"於
是, 賊徒闌[326]入庫中, 布木之屬, 銀錢之物, 出[327]而駄之, 並其主人
家牛馬而駄之, 殆近數百餘駄. 使之運出洞口後, 乃左手執主人之
手, 右手執長劍, 同行出門, 至於洞口外, 而拋却主人, 乃上馬去,
如風雨之驟. 一行所得, 殆過萬餘金, 軍中莫不稱神. 過四五日後,
又使入軍令板, 劃出釋王寺, 首校者又稟曰:"此寺洞府, 只有一路,
若深入, 而官軍塞洞口, 則無以出來, 此將奈何?"金生又叱退, 而
分付曰:"今番吾又當作行."仍粧[328]咸興中軍服色, 而多率校卒, 賊
徒中數人, 以紅絲結縛隨後, 而入寺中, 坐于樓上, 而捉入賊漢, 鉤
問惡刑備至. 賊招出僧徒, 隨出隨縛, 寺中四五百餘僧徒[329], 無不
縛之. 仍使搜出佛器及錢布等屬, 一併駄之於馬, 而鱗次出送. 時
有數僧採樵於山上, 見其狀, 急告于安邊官, 本倅聞而[330]大驚, 急
發奴令及軍校輩, 掩入洞口[331]. 賊徒聞此報, 急報[332]於金生, 金生
乃以賊徒中四五, 削髮爲僧徒樣, 面帶血痕, 作痛聲而出, 向官軍
曰:"賊徒蹤後山而去, 官軍速由後山之路, 不必入此洞口."官軍聞
之, 一併由山後路而去. 金生仍從洞內, 脫身而走, 又得錢布百餘

---

324) 隨來: 마본에는 '隨行'으로 되어 있음.
325) 收: 다본에는 '搜'로 되어 있음.
326) 闌: 다본에는 '攔'으로 되어 있음.
327) 出: 다본에는 '盡數出'로 되어 있음.
328) 粧: 라, 바본에는 '作'으로 되어 있음.
329) 徒: 저본에는 빠져 있으나 라본에 의거하여 보충함.
330) 聞而: 저본에는 빠져 있으나 다본에 의거하여 보충함.
331) 洞口: 나, 다본에는 '洞中'으로, 마본에는 '洞中之時'로 되어 있음.
332) 報: 다본에는 '告'로 되어 있음.

駄, 軍需之用, 漸漸[333]裕足矣. 如此設計而收納者, 不止於此, 而不得盡錄[334]. 過數三年後, 金生聚卒徒, 而言曰: "汝輩亦皆平民也, 而迫於饑寒, 乃有此擧, 然此非長久之計也. 汝輩各分金帛, 而衣食不艱, 則何必如是也? 吾亦非久居此之人也. 庫中所在之物, 各自均分, 還歸故[335]里, 以作平民, 好也. 未知汝輩之心何如?" 諸人皆曰: "唯將軍命!" 金生乃出所積之財, 一一均分, 以給各人, 使各歸鄕里, 以火燒其屋宇, 騎馬出山, 還歸本第云. 此時, 卽[336]余幼少時, 所聞於人者, 而金生之名, 忘未記之, 未知於古果有此人此事不[337]也.

2-44.

趙持謙, 號迂齋; 韓泰東, 號是窩, 每以金煥獄事爲非, 欲因此而除老論. 每當臺職, 欲以是發之啓辭, 僚員中論議, 不一未克售計矣. 一日講筵, 趙以司諫, 韓以執義登筵, 而三司之中, 無一老論之參者, 只有疎齋李公, 時年十八, 以弘文正字, 適參矣. 韓·趙以爲時不可失, 將欲發兩司合啓, 老論之在外諸人, 皆曰: "今則大禍將起矣, 此將奈何? 李某以二十前新進, 何以相機周族耶云矣." 講筵罷後, 承旨命兩司進前傳啓, 韓·趙起伏而傳啓, 將發新啓之際, 疎齋奏曰: "今日講筵, 何等嚴重, 而臣見執義韓泰東泥醉矣, 推考何如?" 蓋韓不飮酒, 有鼻病, 鼻梁皆紅故也. 承旨高聲曰: "臺諫斯速避嫌!" 韓心知其事不成, 不勝忿慎, 遽起而避嫌之時, 口又訥語,

---

333) 漸漸: 저본에는 빠져 있으나 다본에 의거하여 보충함.
334) 錄: 바본에는 '記'로 되어 있음.
335) 故: 저본에는 '古'로 나와 있으나 바본을 따름.
336) 卽: 저본에는 빠져 있으나 마본에 의거하여 보충함.
337) 不: 다, 라본에는 '否'로 되어 있음. 서로 통함.

音不分明, 上曰: "大醉矣, 罷職可也!" 趙以獨臺, 不得發啓而罷.
其後, 少論臺官, 以疎齋之欺罔慘駁, 而其臨時處變, 亦可見矣.

2-45.

文谷金公, 諱壽恒, 夫人羅氏也, 明村羅良佐之姊也. 有識鑑, 爲女擇壻, 使第三胤三淵, 往見閔氏諸少而定婚[338], 三淵往見而告曰: "閔家兒皆氣短, 且貌不颺, 無可合者矣[339]." 夫人曰: "此是名家也, 後進必不然矣." 其後, 三淵擇定於李氏兒, 而來言曰: "今日果得佳郎矣!" 夫人問曰[340]: "爲誰而風範如何?" 對曰: "風儀動盪, 才華發越, 眞大器之人也." 夫人曰: "若然則好矣." 及迎壻合巹之日, 夫人見而歎曰: "三兒有目而[341]無珠矣!" 三淵怪而問之, 則夫人曰: "新郎佳則佳矣, 壽限大不足遠, 不過三旬, 汝何所取而定婚也?" 已而熟視, 而又歎曰: "吾女先死矣, 亦復奈何[342]云云." 而責三淵不已, 三淵終不以爲然. 一日, 閔趾齋鎭厚·閔丹岩鎭遠諸從兄弟, 俱以弱冠, 適有事而來矣. 三淵入告曰: "母氏每以閔家之不得連婚, 爲恨矣. 今閔家少年來矣, 母氏可從窓隙窺見, 必下諒小子言之不誣也." 夫人從而窺見, 而又責三淵, 曰: "汝眼果無珠矣! 此少年俱是貴人, 名垂後世之大器也. 惜乎! 不得連婚矣." 其後, 果符其言, 閔公俱大達, 而李氏年纔過三十, 以參奉夭, 而夫人之女, 先一年而歿. 夫人嘗[343]織錦三端, 而以一端造文谷之官服, 二端深藏, 而

---

338) 壻: 라, 마본에는 '婚'으로 되어 있음.
339) 矣: 저본에는 빠져 있으나 다본에 의거하여 보충함.
340) 曰: 저본에는 빠져 있으나 나, 다본에 의거하여 보충함.
341) 而: 저본에는 빠져 있으나 나, 다, 마본에 의거하여 보충함.
342) 奈何: 라본에는 '奈何奈何'로 되어 있음.
343) 嘗: 저본에는 '常'으로 나와 있으나 나본을 따름.

第二胤農巖登第, 而不許造朝衣. 其後夢窩, 以蔭官登第, 仍使造朝衣, 一端又藏之, 孫婿趙文命登第, 又使造朝衣. 三人俱位至三公, 夫人之意, 以爲未至三公之人, 不可許故也. 農巖登第而入謁, 則[344)]夫人嚬眉, 曰: "何爲而如山林處士樣也?" 其後, 夢窩登第而入謁, 則夫人[345)]笑曰: "大臣出矣云云."

2-46.

二憂堂趙忠翼公, 喪配後, 悲不自勝. 時判騎省, 而適有公故, 曉起而俟曹吏之來, 請坐而無消息, 幾至日出而不來矣. 公大怒, 趣駕而赴, 公該吏使之捉待拿入, 而將棍治, 則吏乃泣而對曰: "小人有切悲之情事[346)], 願一言而死." 公問: "何事[347)]?" 吏曰: "小人喪妻, 家有三幼稚矣, 一子年纔五歲, 二子纔三歲, 一女生纔一朞. 小人身兼慈母而養育之, 今曉欲起, 則稚女啼呼, 故請隣家女而[348)]乳之. 少焉, 兩子又飢號, 小人以錢買粥而饋之, 如斯之際, 自爾晚時[349)]. 小人旣知有公故, 且知大監威令, 焉敢故爲犯科乎?" 公聞而悲之揮涕[350)], 曰: "汝之情事, 恰似余矣." 仍放釋, 優給米布, 以爲養兒之資. 蓋此吏無此等事, 而知公之情事, 故以此飾詐圖免也.

2-47.

兪文翼公拓基, 按嶺南時, 巡到慶州, 府尹卽趙相文命也. 知其

---

344) 則: 저본에는 빠져 있으나 라본에 의거하여 보충함.
345) 夫人: 저본에는 빠져 있으나 라, 바본에 의거하여 보충함.
346) 情事: 바본에는 '事情'으로 되어 있음.
347) 事: 나, 마본에는 '故'로, 다본에는 '言'으로 되어 있음.
348) 而: 저본에는 빠져 있으나 다본에 의거하여 보충함.
349) 時: 나본에는 '矣'로 되어 있음.
350) 揮涕: 라, 바본에는 '揮淚'로 되어 있음.

爲人之大可用, 故欲試其量, 仍一微事, 推治邑隷, 無人免者. 旣罷, 顧謂府尹曰: "吾到令監邑, 推治下隷, 若是之多, 於令監之心, 得無如何底意乎?" 趙相笑而對曰: "使道旣按一道, 則此是使道之[351)]下隷也. 且下隷輩之渠自得罪, 而被刑杖, 於下官何關焉?" 氣色自如. 公笑曰: "吾今行得一大臣矣!" 其後, 公以正卿出補楊牧[352)], 而趙相時帶摠戎[353)]使, 楊是摠管[354)]之管下. 兪公以牧使, 一日, 投刺於摠使, 禮畢而將出門[355)], 趙相笑曰[356)]: "年前吾於大監前, 作此禮矣, 今大監, 又作此禮於吾之前, 世事固未可知矣." 公熟視而笑曰: "惜乎! 未得爲首相矣." 其後, 趙相果位至左相, 未躋領相. 古人之以一言知其位限者, 如此.

2-48.

三淵金先生, 諱昌翕, 晚居于雪嶽庵, 以'永矢'爲名, 與僧同處. 一日夜, 同房僧爲虎囕死[357)], 淵翁爲文弔之, 不勝慘惻. 數日後, 女婿李公德載來拜, 時年不過十六七歲[358)]矣. 淵翁言前狀, 戒勿出外, 夕飯後, 李公不知去處, 淵翁連呼而無應聲, 始大驚, 聚會僧徒, 火炬而推尋. 時月色如畫, 李公獨在[359)]後山絶頂之上, 乘[360)]月之下, 淵翁見而大責曰: "吾不云乎? 日前同房僧爲虎所囕, 汝以幼稚之

---

351) 之: 저본에는 빠져 있으나 나, 다본에 의거하여 보충함.
352) 楊牧: 라본에는 '楊州'로 되어 있음.
353) 戎: 저본에는 빠져 있으나 바본에 의거하여 보충함.
354) 摠管: 다본에는 '摠使'로 되어 있음.
355) 門: 저본에는 빠져 있으나 라, 바본에 의거하여 보충함.
356) 曰: 라, 바본에는 '而言曰'로 되어 있음.
357) 囕死: 라, 바본에는 '所囕'으로 되어 있음.
358) 歲: 저본에는 빠져 있으나 다본에 의거하여 보충함.
359) 在: 라, 바본에는 '自徘徊於'로 되어 있음.
360) 乘: 저본에는 '明'으로 나와 있으나 다본을 따름.

兒, 獨自登陟於昏夜無人之中, 倘有虎豹之患, 其將奈何? 汝之不聽長者之訓, 有如是矣." 李公含笑而隨後下來, 到庵坐定, 淵翁又責之戒之, 李公笑而對曰: "岳翁以同房僧之爲虎所噬, 久愈疚懷, 故小子俄於山上刺殺大虎, 爲僧報仇耳." 淵翁不信, 曰: "寧有是理云矣?" 翌朝, 與諸僧往見, 則山下之壑, 一大虎亂刺而倒, 衆皆大駭異. 蓋李公有絶人之力, 而又善劍術故也.

2-49.

竹泉每每主試, 試鑑如神. 適作湖中楸行而回, 時當監試會期, 有一士子, 騎馬而在前, 馬上常手持一[361]冊子, 而終日看之, 中火·宿所之時, 必同一店矣[362]. 竹泉心甚怪之, 及到宿所店, 使人邀來而問之, 則卽赴會試人也. 自言, "兩老親侍下, 今行爲七八次, 每屈於會圍, 情理切迫云云." 又問: "所看冊子何書, 而須臾[363]不暫[364]離於手也?" 對曰: "此是[365]年來所作私草, 而今則精神昏耗, 掩卷輒忘, 故欲[366]常目在之意故也." 竹泉請其冊子, 見之, 則箇箇善作, 仍嗟歎而問曰: "課工如是勤實, 句作又如是淸新, 何爲而屢屈也? 此是有司之責也." 其人曰: "今則年老多怯, 自作自書之時, 字畫每每橫書如是, 而安得不屈乎? 今行又當如此, 初不欲赴, 而爲老親所勸, 不得已作此不緊之行也." 竹泉憐而悶之, 慰諭曰: "今番, 須努力而觀之." 仍爲入城, 而當會試主試. 考券之時, 有一券, 字畫

---

361) 一: 라본에는 '一卷'으로 되어 있음.
362) 矣: 저본에는 빠져 있으나 다본에 의거하여 보충함.
363) 須臾: 라, 바본에는 '何爲'로 되어 있음.
364) 暫: 저본에는 빠져 있으나 나, 다, 마본에 의거하여 보충함.
365) 此是: 저본에는 빠져 있으나 라본에 의거하여 보충함.
366) 欲: 저본에는 빠져 있으나 라본에 의거하여 보충함.

皆或左書橫書, 竹泉見而笑曰: "此必是厥者之券也." 仍向諸試而言曰: "此是[367]老儒實才累屈[368]之券也, 今番吾輩可以[369]積善矣." 仍不問而擺置矣. 及其榜出, 見其封內, 則年紀不至衰老, 心竊訝之矣. 放榜後, 新恩之來見恩門也, 此人亦來見, 竹泉賀曰: "積屈之餘, 得此一捷者, 幸矣." 其人對曰: "初試, 卽初爲之矣." 又曰: "老親侍下, 可以供歡矣." 又對曰: "永感下矣." 竹泉怪而問曰[370]: "向於路上, 何爲飾詐欺我也?" 其人避席俯伏, 而對曰: "小生知大監之主試, 故以此欺之, 不如是, 大監豈或擢拔乎? 自知死罪云." 竹泉熟視而笑而已.

2-50.

老峰閔公鼎重, 與弟驪陽閔公維重, 友于篤至. 嘗嗜酒, 而監司公每禁之, 使不得放飮矣. 監司公按節原營, 兄弟俱作覲行, 伯則以亞銓承召, 季則以副學承召, 一時竝到. 閔公於此日, 使之許飮, 兄弟對酌沉醉後, 仍出往客舍坐廳上, 而連使進酒, 下隷以巡使分付, 不敢繼進爲言. 二公醉中大言曰: "汝之巡使, 接待別星, 固不當如是云云." 而昏睡矣. 醒後, 聞其酒中失言, 兄弟大驚, 席藁於門外, 監司公笑而不責.

2-51.

有一武擧子, 忘其姓名, 洞有一廢舍, 此亦緣鬼祟而廢棄者也.

---

367) 是: 라본에는 '專'으로 되어 있음.
368) 累屈: 저본에는 빠져 있으나 라, 바본에 의거하여 보충함.
369) 以: 저본에는 빠져 있으나 라, 바본에 의거하여 보충함.
370) 曰: 저본에는 빠져 있으나 다, 라본에 의거하여 보충함.

諸擧子約會于其家, 將賭雜技, 而使此人先往修掃以俟焉. 其人夜往其家, 燃燭舖席, 天忽大雨, 夕鍾已鳴, 人不得往來. 其人秉燭獨坐, 夜至三更, 忽有軍馬之聲, 其人驚訝, 擧目而見之, 則有一將軍, 帶劍騎馬, 而率無數甲兵入來矣. 其人乃下廳, 而伏於階下, 視其將則重瞳, 而所騎乃烏騅也. 到階前, 下馬而使起, 曰: "汝可隨我!" 而陞軒, 其人惝惝慄慄, 屛息而隨後上廳. 將軍坐於上座, 而命之坐, 仍問曰: "汝知我爲誰乎?" 此擧子[371]畧解『史記』, 答曰: "視將軍之眼, 乃是重瞳, 所騎又是烏騅也, 無乃西楚覇王乎?" 笑而答曰: "然矣! 然而吾與沛公, 八年相爭, 畢竟爲沛公所輸, 世人以我爲何如人也? 吾於戰場, 非智力之不足, 乃天之所亡也, 世人其知之乎?" 其人對曰: "此則載在『漢史』'南宮酒席之問答[372]', 豈不聞知乎?" 神將怒叱曰: "噫! 竪子無足言也. 所謂『漢史』, 我死之[373]幾年後, 所做出者也, 吾何以知之? 汝第言之." 其人曰: "其書曰: '沛公用三傑, 大王有一范增, 而不能用, 以是之故, 勝敗辦矣'云矣." 神將咄嘆曰: "果有是事, 吾亦悔之." 其人曰: "小擧平生有歎惜者, 可以質之於大王之前." 曰: "何事?" 對曰: "大王雖有東城之敗, 一渡烏江, 再起江東之兵, 則天下之得失, 有未可知也. 且大王以單騎橫行於世, 此世之上, 無有敢縛致大王者矣. 大王何爲而不勝一時之憤, 至於自刎之境, 豈不可惜者耶? 大丈夫何爲作兒女子區區小節之事耶?" 神將聽末半[374], 以劍擊柱而起, 曰: "言且休矣! 吾亦思之, 忿恨欲死, 吾去矣." 仍下軒, 騎馬而出中門. 其人潛躡其後,

---

371) 擧子: 나, 마, 다, 라, 바본에는 '擧人'으로 되어 있음.
372) 答: 저본에는 빠져 있으나 나, 마, 다, 라, 바본에 의거하여 보충함.
373) 之: 저본에는 '後'로 나와 있으나 다본을 따름.
374) 半: 라, 바본에는 '罷'로 되어 있음.

則到後面而滅, 心甚訝之. 及天明, 往審其後面, 則有虛廳四五間, 而塵埃堆積之中, 壁上付項羽起兵渡江之畫及鴻門宴畫, 而幾盡破傷矣. 仍以其畫本, 燒之于火矣, 此後無此患, 其人仍入處焉.

2-52.

申判書鉦, 號寒竹堂, 有知人之鑑. 喪獨子, 有遺腹女, 而年及笄矣. 其孀婦每請于其舅曰: "此女之郎材, 尊舅必親自相之而擇之." 申公曰: "汝求何許郎材?" 對曰: "壽至八十而偕老, 位至大官, 家富而多男之人, 則幸矣." 公笑曰: "世豈有如此兼備之人乎? 若副汝願, 猝難得矣." 伊後, 出門而歸, 則必問郎材之可合者, 每每如是矣. 一日, 申公乘軒而過壯洞, 群兒嬉戲叢中, 有一兒, 年可十餘歲, 而蓬頭突鬢, 騎竹而左右跳踉. 公停軺熟視, 則衣不掩身, 而河目海口, 骨格異凡. 仍命一隸使之招來, 則掉頭不肯, 公使諸隸扶持以來, 其兒號哭曰: "何許官員, 空然捉我? 我有何罪而如是也?" 諸隸擁其兒[375]至軺前, 公問曰: "汝之門閥何如人也?" 對曰: "門閥知之何爲? 吾是兩班也." 公又問: "汝年幾何, 而汝家何在, 汝姓云何?" 對曰: "欲捧疤軍丁乎? 何爲而問我[376]姓名·年歲·居住也? 吾姓兪氏也, 吾年十三也, 吾家在於越洞矣. 何爲問之? 速放我去!" 公放送而尋其家, 則不蔽風雨之斗屋也, 只有寡居之母夫人. 公招出婢子, 傳喝曰: "我是某洞居申某也. 吾有一箇孫女, 方求婚矣, 今日定婚於宅都令而去云云." 而仍飭下隸, 歸家愼勿言[377], 仍適他暮歸, 則孀婦[378]又問郎材得之與否, 公笑曰: "汝求何許郎材?" 其

---

375) 其兒: 저본에는 빠져 있으나 다본에 의거하여 보충함.
376) 我: 저본에는 빠져 있으나 다본에 의거하여 보충함.
377) 勿言: 다본에는 '勿出此等言'으로 되어 있음.

孀婦對如初. 公又笑曰: "今日得之矣." 孀婦欣然而問: "誰家之子, 家在何處?" 公曰: "不必知其家矣, 後當知之." 仍不言矣. 及到迎綵之時[379], 始乃言之, 自內急送解事一老婢, 往見其家計之貧富, 郎材之姸醜. 其婢子回告曰: "家是數間草屋, 而不蔽風雨, 竈下生苔, 鼎上有蛛絲, 而郎材則目大如筐, 髮亂如蓬, 無一可取, 無一可見. 吾小姐入門之後, 則杵臼必當親執矣. 以吾小姐, 如花如玉, 生長綺紈之弱質, 何可送于如此之家乎?" 孀婦聞此言, 膽落魂飛, 而卽受綵之日也. 事到無奈何之境, 仍飮泣而治迎郎之具矣. 翌日, 新郎入來行禮, 孀婦審視, 果如婢言, 而卽一可憎之郎也. 心焉如碎, 而無奈何矣. 過三日後送郎, 而夕時新郎又來矣, 申公問: "汝何爲更來也?" 新郎曰: "歸家則夕飯無期, 且有順歸人馬, 故還來矣." 公笑而留之. 自此, 每每留在, 而連日內寢, 新婦以質弱之女子, 見惱於丈夫, 幾至生病之境矣. 公憂之諭之, 曰: "汝何爲連日內寢也? 今日可出外與吾同寢, 可也." 新郎曰: "敬受敎矣!" 及夜, 公就寢, 而新郎寢具鋪之於前矣. 乍闔眼, 則新郎[380]以手槌公之胸矣, 公驚曰: "此何爲也?" 新郎對曰: "小壻果不安其寢, 昏夢之中, 每有此等事矣." 公曰: "後勿如是!" 對曰: "諾." 未幾, 又以足擲之, 公又驚覺而責之, 已而, 又以手足, 或打或擲. 公不堪其苦, 乃曰: "汝可入內而宿, 吾則不可與同寢矣." 新郎仍捲具[381]寢, 荷而入內, 則[382]時其家族黨婦女之來者, 適留於新房中. 夜且[383]三更, 驚起而避, 新

---

378) 孀婦: 다본에는 '婦氏'로 되어 있음.
379) 時: 마본에는 '日'로 되어 있음.
380) 新郎: 나, 다본에는 '兪郎'으로 되어 있음.
381) 具: 저본에는 '其'로 나와 있으나 라본을 따름.
382) 則: 라, 바본에는 '此'로 되어 있음.
383) 且: 저본에는 빠져 있으나 라, 바본에 의거하여 보충함.

郎高聲而言曰:"諸婦女皆急避, 而獨留兪書房宅, 可也云云." 如是
之故, 妻家上下, 皆厭苦之. 申公按海藩也, 內行將率去, 而使兪郎
陪來. 孀婦請曰:"兪郎不可率去, 姑留之, 使吾女暫時休息, 可也."
公不許而率去矣. 及墨進上之時, 公呼兪郎而問曰:"汝欲墨乎?"
對曰:"好矣." 公指示而言曰:"任自擇去." 兪郎躬自擇之[384], 大折
墨百同別置, 該監裨將前奏曰:"若如此, 則進上恐有闕封之慮矣."
公曰:"使之急急更造!" 兪郎還至書室, 并給下隸, 無一餘者云. 兪
郎卽兪相國拓基也, 享年八十而偕老, 位至領相, 子有四人, 家又
富, 果符申公之言. 其後, 兪公爲海伯, 率女壻洪南原益三而去矣.
又當墨進上時, 呼洪郎, 而使之任自擇去, 則洪郎擇其大折二同·
中折三同·小折五同, 而別置. 公曰:"何不加擇?" 洪郎曰:"凡物皆
有限, 用處亦有限[385], 小壻若盡數擇之, 則進上何以爲之? 洛下知
舊何以問之乎? 小壻則十同, 優可用矣." 公睨視而笑曰:"緊莫緊
矣! 可作蔭官之材云[386]矣." 果如其言.

2-53.

陝川守某, 年六十, 只有一子, 溺愛而敎訓矣, 方年至十三歲, 而
目不識丁. 海印寺有一大師僧, 自前親熟, 往來衙中矣. 一日, 來見
而言曰:"阿只年幾成童, 而尙不入學, 將何以爲之?" 倅曰:"雖欲
敎文字, 而慢不從命, 不忍楚撻, 以至於此, 深以爲悶[387]." 大師曰:
"士夫子弟, 少而失學, 則將爲世棄人, 全事慈愛, 而不事課工, 可

---

384) 躬自擇之: 라, 바본에는 '手自擇取'로 되어 있음.
385) 亦有限: 저본에는 빠져 있으나 라, 바본에 의거하여 보충함.
386) 云: 저본에는 빠져 있으나 나, 마, 다, 라, 바본에 의거하여 보충함.
387) 悶: 나, 다본에는 '恨'으로 되어 있음.

乎? 其人物凡百, 可以有爲, 而如是拋棄, 甚可惜也. 小僧將訓學矣, 官家其可[388]許之乎?" 倅曰: "不敢請固所願也! 大師若敎訓, 而使之解蒙, 則豈非萬幸耶?" 大師曰: "若然, 則有一事之可質者, 以生殺惟意爲之, 只可嚴立課程之意, 作文記踏印, 而給小僧. 且一送山門之後, 限等內, 官隷之屬, 一不相通, 割斷恩愛然後, 可矣. 至於衣食之供, 小僧自可辦之, 如有所送者, 僧徒往來便, 直送于小僧, 許爲宜, 官家其將行之乎?" 倅曰: "惟命是從矣!" 仍如其言, 書文紀給之, 自伊日, 送兒于山門, 而絶不相通. 其兒上山之後, 左右跳踉, 慢侮老僧, 辱之詬之, 無所不爲[389], 大師視若不見, 任其所爲. 過四五日後平朝, 大師整其弁袍, 對案跪坐, 弟子三四十人, 橫經侍坐, 禮儀整肅. 大師仍命一闍梨僧, 拿致厥童, 厥童號哭詬辱, 曰: "汝以僧徒, 何敢侮兩班至此甚[390]也? 吾可歸告大人, 將打殺汝等[391]矣." 仍罵曰: "千可殺萬可殺賊禿云云." 限死不來. 大師大聲叱之責諸僧, 使之縛來, 諸僧齊來, 縛致之於前, 大師出示手記, 曰: "汝之大人, 書此給我, 從今以往, 汝之生死, 在於吾手. 汝以兩班家子弟, 目不識字, 全事悖惡之行, 生而何爲? 此習不祛, 將亡汝之門戶矣, 第受吾罰!" 仍以錐末, 灸火待赤, 而刺之于股, 厥童昏塞, 半晌而甦. 大師又欲刺之, 乃哀乞曰: "自此以後, 惟大師命是從, 更勿刺之!" 大師執錐, 而責之誘之, 食頃而後, 始[392]放, 使之近前, 以『千字文』先授之, 而排日課程, 不許少休. 此童年旣長成, 智慮亦長, 聞一知十, 聞十知百, 四五朔之間, 『千字』·『通史』皆通

---

388) 可: 라본에는 '將'으로 되어 있음.
389) 爲: 바본에는 '至'로 되어 있음.
390) 甚: 저본에는 빠져 있으나 다본에 의거하여 보충함.
391) 等: 저본에는 빠져 있으나 라본에 의거하여 보충함.
392) 始: 저본에는 '是'로 나와 있으나 나, 다본에 의거함.

曉. 而晝夜不輟, 孜孜不懈, 一年之餘, 文理大就, 留山寺三年, 工
夫已成. 每於讀書之時, 獨語于心曰:"吾以士大夫, 受此辱於山[393]
僧者, 皆不學之致也. 吾將勤工登科後, 必欲打殺山僧, 以雪今日
之恨云."而一念不懈, 尤用工力. 大師又使習科工, 一日, 使近前
而言曰:"汝之工夫, 今則優, 可作科儒, 明日, 可與我下山."翌日,
仍率來衙中, 而言曰:"今則文辭將就, 登科後, 文任亦可不讓於他,
小僧從此辭歸."仍留置而去. 其重子始議親成婚, 而上京後, 出入
科場, 數年之後決科, 數十年之間, 得爲嶺伯. 始乃大喜, 心語曰:
"吾今而後, 可殺海印寺老[394]僧, 以雪向日之憤云矣."及按道而出
巡也, 申飭刑具, 作別杖, 而擇執杖之善者三四人以從, 將到山門,
而欲撲殺此僧之計也. 行到紅流洞, 此老僧率諸僧, 祗迎于路左.
巡使見之, 仍下轎執手而致款, 老僧欣然而笑曰:"老僧幸而不死,
及見巡使威儀, 幸莫甚矣."仍與之入寺, 老僧請曰:"小僧之居房,
卽使道向年工夫處也. 今夜移下處, 與小僧聯枕無妨矣."巡使許
之, 與之同寢, 更深後, 老[395]僧問:"使道兒時受學時[396], 有必殺小
僧之心乎?"曰:"然矣."僧曰:"自登科至建節, 而皆有此心乎?"曰:
"然矣."僧曰:"發巡時, 矢于心而欲打殺小僧, 至有別刑杖, 擇執杖
之擧然否?"曰:"然矣."僧曰:"若然, 則使道何不打殺而下轎致款
乎?"巡使笑[397]曰:"向來之恨, 心乎不忘, 及對君顏, 此心氷消雲
散, 油然有欣悅之心故也."僧曰:"小僧亦已揣知矣. 使道位可至大
官, 而某年月日, 按節箕城時, 小僧當送上佐矣. 使道必須加禮, 而

---

393) 山: 나, 마, 다, 라, 바본에는 '此'로 되어 있음.
394) 老: 저본에는 빠져 있으나 마, 다, 라, 바본에 의거하여 보충함.
395) 老: 저본에는 빠져 있으나 라본에 의거하여 보충함.
396) 時: 라본에는 '之際'로 되어 있음.
397) 笑: 저본에는 빠져 있으나 라본에 의거하여 보충함.

如見小僧樣, 與之同寢, 可矣. 愼勿忘置, 必須如是." 巡使許諾, 老僧乃[398]出示一紙, 曰: "此是小僧[399]爲使道推數平生而編年者[400]也. 享年幾許, 位至幾品, 昭然可知, 而俄者[401]所言箕營事, 愼勿忘却." 巡使唯唯. 翌日, 多給米布錢木之屬而去. 其後, 過幾年後, 果爲箕伯. 一日, 閽者告曰: "慶尙道陜川郡海印寺僧, 欲入謁矣." 巡使怳然覺悟, 卽使入來[402], 使之升堂, 把袖促膝, 問其師之安否. 夕餐與之聯床, 至夜又與之同寢, 至更深, 房堗過溫, 巡使仍易其寢席而臥矣. 昏夢中, 忽聞有腥穢之臭, 以手撫僧, 則僧之臥處, 有水漬手, 仍呼知印, 擧火而見之, 則刀刺於僧腹, 五臟突出, 血流遍地. 巡使大驚, 急使運置於外. 翌朝窮查, 則巡使所嬖之妓, 卽官奴之所眄, 而彼此大惑者也. 以是含憾, 爲刺巡使而入來, 意謂下堗之臥者, 卽巡使也而刺之矣. 仍拿致嚴覈, 則一一直招, 遂置之法, 治僧之喪, 送于本寺. 蓋大師預知有此厄, 而故使上佐代受故也. 其後, 功名壽限, 皆符大師之推數矣.

2-54.

柳生某者, 洛下人也. 早有文名, 二十前登司馬, 而家甚貧窶, 居於水原地. 其妻某氏, 才質俱美, 以針線資生矣. 一日, 門外傳言, "有一女子, 善劍舞戲云." 柳生招入內庭, 而使之試藝, 其女子入來, 熟視柳妻, 直上廳而相抱, 放聲大哭. 莫知其故, 問于其妻, 則答以爲, "曾所面熟之人故也云." 仍不試劍技, 而留數日而送之矣.

---

398) 乃: 나본에는 '又'로 되어 있음.
399) 小僧: 마본에는 '所謂'로 되어 있음.
400) 者: 마본에는 '運'으로 되어 있음.
401) 者: 저본에는 빠져 있으나 라, 바본에 의거하여 보충함.
402) 入來: 라본에는 '召入'으로 되어 있음.

越⁴⁰³⁾五六日後, 望見前路, 三箇新轎駕駿馬, 而前有婢子數雙⁴⁰⁴⁾亦騎馬, 後無陪行, 而直向⁴⁰⁵⁾其家. 柳生訝之, 使人問: "何來內行誤入吾家?" 下隷不答而入門, 下轎於內門之內, 人馬皆息於店幕. 柳生倍生疑訝, 書問其內, 則以爲, "從當知之, 不必强問云云." 而自伊日, 夕飯饌品豊潔, 水陸備⁴⁰⁶⁾陳. 柳生心尤訝惑, 又書問, 則以爲, "只可飽喫, 不必問之, 從當知之, 數日則不必入內云矣." 其明日, 朝夕飯又如是, 過數日, 其內書請以爲作京行云云. 柳生怪之, 請於中門內, 暫面而問曰: "內行從何⁴⁰⁷⁾而來也? 朝夕之供, 何爲而比前豊厚也? 洛行云云, 何爲而言也? 洛行有何委折, 而何以治行而發程耶?" 其妻笑曰: "不必强問, 從當知之, 至如⁴⁰⁸⁾京行之人馬, 卽不必掛念, 自當備待, 只可治行而已." 柳生怪訝, 而任其所爲矣. 翌日, 三轎依前駕馬, 而自家所騎之馬, 亦已具鞍以待矣, 第騎馬而隨後矣. 到京城南門, 而入會洞一大第, 三轎入於內門, 自家下馬於中大門之外而入, 則卽一空舍也. 而鋪筵設席, 書冊筆硯之屬, 唾壺溺器之物, 左右羅置, 有冠者數人, 如傔從樣者, 待令而使喚. 已而, 奴輩四五人, 入庭現謁, 柳生問曰: "汝輩誰也?" 對曰: "皆是宅奴子也." 柳生曰: "此宅誰人之宅也?" 對曰: "進士主宅也." 又問: "左右鋪設之物, 何處得來者⁴⁰⁹⁾也?" 對曰: "皆是進士主需用什物也." 柳生驚訝, 如坐⁴¹⁰⁾雲霧中. 夕飯後, 擧燭而坐, 其妻作書

---

403) 越: 바본에는 '過'로 되어 있음.
404) 數雙: 라본에는 '數人'으로 되어 있음.
405) 向: 라본에는 '到'로 되어 있음.
406) 備: 다본에는 '畢'로 되어 있음.
407) 何: 바본에는 '何處'로 되어 있음.
408) 如: 나, 라, 바본에는 '於'로 되어 있음.
409) 者: 저본에는 빠져 있으나 나, 마, 다, 라, 바본에 의거하여 보충함.
410) 坐: 마본에는 '在'로 되어 있음.

曰:"今夜當出送一美人, 庶慰孤寂之懷也云." 柳生答以爲, "美人誰也? 此何事也?" 其妻曰: "從當知之云." 而至更深後[411], 傔從輩皆出外, 自內門一雙丫鬟, 擁出一箇絕代美人, 凝粧盛飾, 而坐於燭下. 侍婢又鋪寢具而入, 生仍問以何許人, 則笑而不答, 仍與之就寢. 明朝, 其妻以書, 賀得新人, 而又曰: "今夜當換送他美人云云." 柳生莫知其故, 任之而已. 其夜, 侍婢如前, 擁一美人而出來, 察其形容, 乃是別人, 柳生又與之同寢矣. 翌朝, 其妻又以書賀之. 午時[412], 門外忽有喝導聲, 一隷入來而告曰:"權判書大監行次入來矣!" 生驚而下堂拱立, 俄而, 一白髮老宰相, 乘軒而入來, 見柳生, 欣然把手, 而上堂坐定. 柳生拜而問: "大監不知何許尊貴人, 而小生一未承顏, 何爲降臨也?" 其宰相笑曰: "君尙未覺繁華夢耶? 吾第言之, 如君之好八字, 今古罕倫者也. 年前, 君之聘家與吾家及驛官玄知事者家, 俱隔墻, 而同年同月[413]日, 三家俱產女, 事甚稀異, 故三家常常互相送兒而見之. 及稍長之時, 三女朝夕相送而遊嬉, 渠輩私自矢心, 同事一人相約, 而吾亦不知, 彼家亦[414]不知矣. 其後, 君之聘家移居, 而不聞聲息矣. 吾女卽側出生也, 年及笄欲議婚, 則抵死不願, 曰:'旣有前約, 當從君妻而事一人, 其外雖老死父母家, 決無入他門之念云云.' 玄家女子, 又如是云, 責之諭之, 終不回心, 至於過卄五歲, 而尙未適人矣. 向聞, 玄女學劍技, 粧男服出遊八方, 將尋君聘家去處云矣, 日前逢着於水原地云矣. 再昨之夜, 出來佳人, 卽吾庶女也, 昨夜之出來佳人, 卽玄家女也. 家舍

---

411) 後: 저본에는 빠져 있으나 나, 다본에 의거하여 보충함.
412) 時: 바본에는 '時許'로 되어 있음.
413) 月: 저본에는 빠져 있으나 마, 다본에 의거하여 보충함.
414) 亦: 마, 다본에는 '必'로 되어 있음.

及奴婢·什物·書冊與[415]田土等屬, 吾與玄君[416]排置者也. 君一擧而 得兩美人及家産, 古之楊少遊, 無以加此, 君可謂好八字也." 仍使 人招玄知事以來, 須臾, 一老者金圈紅帶, 來拜於前, 權判書指而 言曰: "此是玄知事也云." 三人對坐, 盛設酒肴, 終日盡歡而罷. 權 卽權大運也. 柳生與一妻二妾, 同室和樂者數年. 一日, 柳妻謂其 夫曰: "見今朝廷, 南人得時, 而權判書南魁而當局矣. 近日事, 無 非滅倫之事, 不久必敗, 敗則恐有禍及己之慮, 不如早自下鄕, 以 爲免禍之計矣[417]." 柳生然其言, 盡賣家産, 而携妻妾還鄕, 更不入 京城矣. 甲戌年, 坤殿復位之後, 南人皆誅竄, 權大運[418]亦參其中, 而柳生獨不被之收坐之律. 柳妻可謂女中之知識者也, 豈當時午 人宰相輩所可及者耶?

2-55.

洪東錫者, 惠局吏, 而二憂堂傔人也. 辛壬之間, 少論臺官發啓, 而故使東錫寫之, 東錫投筆, 曰: "子不可以手寫其父之罪名! 傔從 之於官員, 有父子之義, 小人不可寫." 諸臺怒使囚之, 至於受刑數 三次, 而終不書之. 及二憂堂謫濟州也, 東錫自退而隨往. 至下後 命之時, 悔軒聞此報, 走馬[419]發行, 未及三十里, 而賜藥都事先入 去矣. 藥椀促使飮之, 則東錫在傍, 請曰: "聞罪人之子, 不久入來 云, 少延晷刻, 以爲父子相面之地云云." 則都事不許, 東錫乃蹴其 藥椀而覆之, 諸人皆失色, 而無奈何矣. 都事不得已, 以藥椀爲海

---

415) 與: 저본에는 빠져 있으나 나, 다본에 의거하여 보충함.
416) 玄君: 바본에는 '玄家'로 되어 있음.
417) 矣: 저본에는 빠져 있으나 나, 다본에 의거하여 보충함.
418) 大運: 라, 바본에는 '判書'로 되어 있음.
419) 走馬: 다본에는 '貫馬'로 되어 있음.

水漂沒修啓, 而悔軒入來矣. 自禁府更送藥水之際, 拖至月餘矣.
及受後命之時, 二憂堂顧謂悔軒曰: "東錫! 汝可視以同氣." 東錫隨
喪上來, 復爲惠吏, 世世承襲, 而其子孫出入趙公門下, 而通內外.
其孫禹鼎, 卽吾先君傔從也, 而亦有義氣[420]之人, 以司僕吏老退後
加資, 年前身故.

2-56.

連山人金銖者, 善相人, 出入四大臣門下. 辛壬年前, 見郊外動
駕[421], 遍觀班行間諸人, 而獨自咄歎. 至最後散班, 有一朝士, 貌寢
而騎駑馬, 參班而過者, 問其人, 則或曰: "沈僉知云." 又問家在何
洞, 而探知之. 翌日往訪, 則沈僉知者, 驚而起迎, 曰: "聞名久矣,
無由邀來, 今焉甚風吹到?" 金某曰: "某有相人之術, 請相令監之
狀而來矣." 仍言曰: "令監大貴人也, 數年之間, 位必至一品矣." 沈
曰: "寧有是理?" 曰: "無相法則已矣, 若有則言不誣矣." 又曰: "生
有所托於令監者, 令監能不忘而記有不[422]?" 沈曰: "第言之." 金請
紙筆書, 曰: "某年月日, 湖西金某還歸故土, 而更不出門云." 而付
之壁, 曰: "日後, 必有事端矣. 生今日自此直還鄉, 而更不入洛矣,
令監須銘念[423]而活我." 沈驚訝而言曰: "何其言之妄也?" 金曰: "無
論言之妄與不妄, 第以此爲證云." 而辭出, 沈心竊訝之, 沈卽檀也.
辛壬年, 以判金吾當大獄, 鞫庭之招出湖西金某, 雜出於奴傔之
招, 而尙今出入云. 沈檀始乃大覺[424], 曰: "金生可謂神人也!" 遂言,

---

420) 氣: 저본에는 빠져 있으나 나, 마, 다, 라, 바본에 의거하여 보충함.
421) 動駕: 라본에는 '擧動'으로 되어 있음.
422) 不: 나, 다, 라, 바본에는 '否'로 되어 있음.
423) 念: 바본에는 '心'으로 되어 있음.
424) 始乃大覺: 다본에는 '悟'로 되어 있음.

"金生年來不在京, 吾所稔知也." 遂極力而救之.

2-57.
景廟患候彌留, 而儲位未定, 時三宗血脈, 只有英廟而已. 四大臣, 夢窩金公昌集, 疎齋[425]李公頤命, 寒圃齋[426]李公健命, 以爲國家深長之慮, 發建儲之請. 李公廷熽上疏請之, 如趙泰耉·崔錫恒·金一鏡·柳鳳輝之徒, 必欲沮戱其議, 二憂堂趙公, 諱泰采, 卽泰耉之從行間也. 三相慮其爲泰耉邊, 不以大議議之, 趙公往見三相, 曰: "公等聞有大議, 而不使小生聞知, 何[427]也? 或以小生之從行間事而然耶? 公私自別, 義理至嚴, 何可以私害公耶? 小生亦參其議." 仍相與之定議, 此之謂四大臣也. 耉輝輩, 忌英廟之英明, 樂景廟患候中用權, 遂起大獄. 四大臣及向國效忠之臣, 一倂除去, 大而誅戮, 小而竄配, 朝著一空, 此是辛壬士禍也. 二憂堂亦在其中, 其季胤悔軒公, 泣乞于泰耉兄弟之門, 耉與億曰: "汝翁如有一言于吾輩, 則當極力救矣." 悔軒泣傳其言, 則二憂堂怒叱, 而終無一言, 以至於受後命之境, 而公少無悔心. 甲辰, 英廟登極後, 並復官, 丙申, 正廟致祭文, 有曰: "禍起蕭墻, 忠逆乃判者, 此也." 時禍氣[428]滔天, 老論一邊人, 皆一網打盡, 其婦女皆發配. 曾大姑母, 適金公達行, 以夢窩孫婦, 亦在編配之中, 禁府隷問名, 則其婢子打頰, 曰: "汝焉[429]敢問吾內上典名字乎云?" 聞者齒冷.

---

425) 疎齋: 저본에는 '寒圃齋'로 나와 있으나 의미상 바로잡음.
426) 寒圃齋: 저본에는 '疎齋'로 나와 있으나 의미상 바로잡음.
427) 何: 나, 바본에는 '可'로 되어 있음.
428) 禍氣: 다, 라, 바본에는 '禍色'으로 되어 있음.
429) 焉: 라본에는 '安'으로 되어 있음.

2-58.

　　張武肅公, 諱鵬翼, 以家貧親老, 投筆而位至秋判. 當戊申及乙亥逆變, 躬擐甲冑, 杖劍立殿門[430]之外, 英廟始乃就寢, 其佩國家安危如此. 以刑判兼訓將及捕將, 常乘軒車, 一日, 出城過一洞, 則時當生進放榜, 曲曲絃歌, 家家選優. 路傍井邊, 有一婢子汲水, 而傍人問之曰: "汝家新恩, 何以應榜?" 對曰: "應榜猶屬餘事, 朝夕難繼, 吾家老上典, 方在領顑中, 應榜何暇念及乎云." 時[431]武肅公聞其言, 停軺而使厥婢近前, 問曰: "汝家何在, 而汝主方應榜乎?" 答曰: "家在某處." 手指而示之, 不遠之地, 而不蔽風雨之數間斗屋也. 公仍呼新來, 則儒生不肯, 曰: "武將何可呼我? 我不可以出." 公乃曰: "吾亦生進矣, 以生進呼生進, 無所不可, 斯速出來!" 儒生不得已出來, 數次進退, 偕入其門, 問曰: "應榜何以爲之?" 對曰: "朝夕全闕, 何論[432]應榜也?" 公曰: "此則吾當備給矣." 又曰: "旣是侍下, 則當率倡矣." 對曰: "雖是侍下, 應榜亦無以爲之, 何敢議到於率倡乎?" 公曰: "不然矣, 侍下而何可不率倡[433]乎?" 仍分付捕廳, 倡優四人極擇, 而服飾務令[434]鮮明, 唱榜前待令. 而吾將留宿於此而一遊矣, 自都監新營, 盛設夜饌, 備待于此處左右山棚, 使捕廳待令事分付. 日暮後, 鋪陳於其家前通衢之上, 終夜張樂, 及曉而罷. 又以錢三百兩[435], 獻壽於其老親而去, 先輩之風流有如此矣.

---

430) 殿門: 라본에는 '寢門'으로, 바본에는 '寢殿門'으로 되어 있음.
431) 時: 다본에는 '時適'으로 되어 있음.
432) 論: 다본에는 '諭'로 되어 있음.
433) 倡: 저본에는 빠져 있으나 나, 다본에 의거하여 보충함.
434) 令: 마본에는 '送'으로, 다본에는 '從'으로, 라, 바본에는 '選'으로 되어 있음.
435) 兩: 저본에는 빠져 있으나 라본에 의거하여 보충함.

2-59.

高王考致祭時, 朝士多會. 時張武肅公, 以漢城判尹兼訓將而參座矣. 大廳之上, 倚[436]席枕, 吸烟茶, 俞公拓基, 以臺諫[437]後至, 及到廳邊, 還下去, 會客皆莫知其故矣. 俞相坐於小舍[438], 而分付諫院吏, 曰: "大廳上, 橫竹倚枕之重臣, 誰也?" 對曰: "訓鍊使道也." 俞相叱曰: "今日公會也, 武將焉敢如是無禮於公座[439]乎?" 公乃投竹而起, 曰: "可以去矣!" 一蹙[440]眉而網巾坼裂. 伊後, 逢俞相, 以執法之意致謝, 而交歡而罷. 俞相之執法, 武肅公之氣岸, 槩可見矣.

2-60.

張武肅公, 嚴於忠逆之分如是[441], 時相李光佐, 必去姓而呼. 次對時, 光佐奏曰: "近日武將驕蹇, 事多寒心, 臣旣參在大臣之列, 而武將謾侮忒甚, 朝體恐不如是矣." 上曰: "武將誰也?" 對曰: "訓將也." 上將欲下問之時, 右相丹巖閔公入來, 武肅公下塌而拱立, 筵臣皆驚駭. 公隨右相上來就座[442]後, 公起伏曰: "小臣之敬大臣, 如是矣, 彼領相則逆賊也, 臣雖武臣, 何可禮賊臣耶?" 上大怒命削職.

2-61.

申大將汝哲, 少時, 習射于訓鍊院, 歸路, 都監軍一人, 乘醉詬辱, 汝哲仍蹴殺之. 直入李貞翼公浣家, 通剌, 使之入來, 而寒暄罷

---

436) 倚: 다, 라본에는 '依'로 되어 있음. 서로 통함. 이하의 경우도 동일함.
437) 臺諫: 나, 다본에는 '臺官'으로 되어 있음.
438) 舍: 라, 바본에는 '舍廊'으로 되어 있음.
439) 公座: 라본에는 '公席'으로 되어 있음.
440) 蹙: 다본에는 '縮'으로 되어 있음.
441) 是: 저본에는 빠져 있으나 다본에 의거하여 보충함.
442) 座: 마본에는 '庭'으로, 라본에는 '席'으로 되어 있음.

後, 李公問: "何爲來見?" 汝哲對曰: "某名某也, 俄於射亭歸路, 都監軍士, 如斯如斯, 某果蹴殺之矣, 此將奈何?" 李公笑曰: "殺人者死, 三尺至嚴, 焉敢[443]逭其律?" 汝哲曰: "死則一也, 殺一軍士而死, 非丈夫之事也, 欲殺其大將而死, 如何?" 李公曰: "汝欲殺我乎?" 汝哲曰: "五步之內, 公不得恃其衆也." 李公笑曰: "第姑俟之." 仍分付於都監執事, 曰: "聞軍卒一人, 乘醉臥於街上, 托以佯死, 須擔來!" 下隷承命而擔來, 則拿入決棍而出之, 仍以無事矣[444]. 李公使留之, 曰: "汝大器也, 可親近往來." 愛之如親子姪. 一日, 召[445]而言曰: "吾之親知人, 家在不遠, 而以染疾擧家皆死, 無人斂襲. 諸具吾已備置, 今夜汝可往其家, 躬自斂襲, 可也." 申帥承命曰: "諾." 至夜執燭而往, 則一房之內, 有五屍矣. 乃以布木, 次次斂之, 至第三屍, 將斂之時, 忽然屍起而打頰, 燭乃滅矣. 申帥少不驚動[446], 以手按之, 曰: "焉敢如是云?" 呼人爇燭而來, 其屍起坐大笑, 乃是李公也. 蓋李公欲試其膽氣, 而先臥屍側矣.

2-62.

世傳, 若通內侍之妻, 則登科云. 趙相顯命, 少時, 聞其言, 而欲一試之, 使人居間, 而致意於壯洞一宦侍之妻, 其女許之, 約以某日, 內侍入番後潛來矣. 及期委往, 果無人矣, 仍與其女交歡而臥矣. 夜將闌, 有開門聲, 而內侍入來, 趙相驚遑, 莫知所爲, 其女指之, 曰: "但坐此, 隨問隨答, 可也." 已而, 宦者着公服而入來, 其女問曰: "大監何爲而夜出也?" 宦侍對曰: "適承命, 往毓祥宮歸路,

---

443) 敢: 저본에는 빠져 있으나 나, 마, 다본에 의거하여 보충함.
444) 矣: 저본에는 빠져 있으나 라, 바본에 의거하여 보충함.
445) 召: 나, 마, 다본에는 '招'로 되어 있음.
446) 驚動: 다본에는 '動心'으로 되어 있음.

爲暫見君而來矣."仍顧見趙相, 而問曰:"此何人也?"其女笑而答曰:"富平居吾之娚兄也."宦侍致款[447], 曰:"君是富平金生乎?何不趁卽來訪, 而而今始來也, 何時入來[448]乎?"曰:"今夕始來矣, 伊時適有科期."宦侍曰:"欲見科而來乎?"對曰:"然矣."宦侍忽忽而起, 曰:"吾今入去矣, 須與君妹敍阻懷也."臨起, 托曰:"君於入場後, 必坐於薑田上, 則吾當以水刺茶啖退物得給矣."曰:"諾."宦侍出門後, 笑而與其女同寢, 至曉乃去. 數日後, 入場而慮其來訪, 坐於壯元峰下, 見一內侍與一紅衣者, 遍訪於場內, 曰:"富平金生坐於何處云云."諸人皆不知, 而趙相心獨知之. 其人漸近, 趙相乃以扇掩面[449]而臥, 知舊之在傍者, 嘲之曰:"汝是金生乎?何爲聞其聲而避臥也?"趙相不答而臥矣. 其宦侍來訪而問之, 傍人以弄談指示, 曰:"臥此矣!"宦侍擧扇而見之, 曰:"然矣. 君旣在此, 而雖是喧擾之中, 何不應聲也?"自紅衣袖中, 出果肴之屬, 而饋之, 曰:"以此作療飢之資云云."一接皆[450]笑, 而趙相無一言矣. 果登是科, 以此, 每每見嘲於親知中云爾.

2-63.

金鉉者, 英廟朝臺臣也. 鯁直敢言, 人號曰'鐵公'. 宋淳明除箕伯, 辭朝而出南門外, 時有餞之者, 盃盤豊厚, 金鉉適在座同盃矣. 掇床未幾, 而宋對座客而言曰:"吾之姑母家在近, 暫辭而來矣, 可少坐焉."仍出門而去, 未幾還來, 將欲發行, 座客皆作別而去, 金正色而言曰:"令監不可發行, 須遲待焉."宋曰:"何故也?"金曰:"令

---

447) 致款: 바본에는 '致意'로 되어 있음.
448) 入來: 라본에는 '入城'으로 되어 있음.
449) 面: 저본에는 빠져 있으나 라본에 의거하여 보충함.
450) 皆: 저본에는 빠져 있으나 나, 다본에 의거하여 보충함.

監以主人, 不顧座上之客而出門, 此則大失賓主之體禮[451]矣. 飮食出給下隸[452], 而旋卽出門, 下隸何暇[453]得喫餘瀝乎? 此則不通下情矣. 大失體禮, 不通下情, 而何可受方面之責, 而導率列邑守宰乎? 吾將治疏矣." 仍起去, 宋意其戲言而發程矣. 金歸家, 而卽治疏駁之, 曰: "臣於新箕伯私席有一二事目見者, 大失體禮, 不通下情, 不可置之方伯之任, 請改差." 上以依施下批, 宋纔到高陽而見遞. 古之官箴, 乃如是矣.

2-64.

英廟戊申, 嶺南賊鄭希亮, 起兵於安陰, 以應麟佐. 希亮, 桐溪之宗孫也, 初名遵儒, 而以名祖之孫, 稱有學問, 頗有名於嶺右者也. 以其梟獍之性, 敢生射天之計, 以熊輔爲謀主, 而先發凶檄, 進兵居昌. 本倅逃走, 執座首李述原, 而使之起軍, 則李述原據義責之, 辭氣凜烈. 賊使之降, 則述原憤罵曰: "吾頭可斷, 此膝不可屈於汝也. 汝以名祖之孫, 世受國恩, 國家何負於汝, 而汝乃作此擧也? 獨不參於汝祖忠節乎?" 賊怒以刃脅之, 述原終不屈, 遂遇害至死, 罵不絶口. 其子遇芳, 收其屍斂之, 安于枕流亭, 而哭曰: "父讐未雪, 吾何生爲? 且復讐之後, 乃可葬也." 仍白衣起軍, 與賊戰于牛頭嶺之下, 遇芳居先力戰, 夜登皐而呼曰: "居昌之軍民聽我言! 希亮國賊也, 汝輩若從之, 則死亡無日矣. 汝輩之中, 如[454]有縛致吾陣者, 赦前罪而錄勳, 利害順逆不難卜矣云." 而周行倡聲, 邑校數人, 適在賊陣[455], 夜縛希亮, 而致之陣中. 諸議皆以爲, '囚之檻車, 上送大

---

451) 體禮: 다본에는 '體面'으로 되어 있음.
452) 下隸: 나본에는 '下人'으로 되어 있음.
453) 暇: 나, 다, 라, 바본에는 '可'로 되어 있음.
454) 如: 다본에는 '或'으로 되어 있음.

陣, 可也.' 遇芳泣曰:"殺父之讐, 吾何可一時共戴一天乎?" 仍以刀刳其腹而出肝, 祭于父柩前, 仍行襄禮[456]. 自朝[457]旌其閭而贈職, 建祠于熊陽面, 名曰'褒忠祠', 春秋享之. 李遇芳以承傳筮仕, 官縣監.

2-65.

時賊報日至, 朝廷洶洶, 以吳命恒爲巡撫使, 李遂良爲副, 出陣于安城地, 與麟佐軍相對而陣. 命恒使騎兵先出戰, 遂良曰:"步卒在前, 騎兵在後, 可也. 今使騎兵在前, 騎如不利, 則步卒不戰而自散, 以騎先戰, 不可也." 命恒不從, 遂良不得已以騎兵接戰. 騎士中有善[458]於馬上才者, 縱馬而或臥或立, 出沒馬腹下. 麟佐眇一目, 初見馬才, 而心異之, 從幕內穿穴而見之, 騎士中有善射者, 仍臥於鞍上, 而彎弓射之, 中其目, 兩眼俱眇. 軍中[459]大亂, 官軍仍以乘勝, 賊大潰, 追[460]至竹山, 而獲麟佐斬之.

2-66.

麟佐之起兵也, 初粧喪車, 而兵器束作棺樣, 擔軍皆賊徒也. 以數十喪車舉擔, 入淸州城內, 營將南忠壯延年及幕客洪霖, 言于兵使李鳳祥曰:"喪車多入城內, 事甚怪訝, 請搜見而譏察焉." 兵使醉而答曰:"過去喪車, 何必疑訝? 君等退去, 可也." 時夜將半, 有一雙鵲, 上下於樓上之樑而噪之, 逐之不去. 已而亂作, 城中大亂, 賊

---

455) 陣: 라, 바본에는 '陣中'으로 되어 있음.
456) 襄禮: 라본에는 '葬禮'로 되어 있음.
457) 朝: 라본에는 '朝廷'으로 되어 있음.
458) 善: 다본에는 '戰'으로 되어 있음.
459) 軍中: 바본에는 '軍士'로 되어 있음.
460) 追: 저본에는 '進'으로 나와 있으나 나, 다, 라, 바본을 따름.

兵擁入營門, 兵使昏夢之中, 走避于後庭竹林之中. 忠壯坐于樓上而號令, 賊有問兵使去處, 忠壯曰: "我也!" 罵賊不屈, 而遂遇害. 賊中有知面者, 見之, 曰: "非也." 遂至竹林, 而又刺殺之, 洪霖以身覆之, 幷被害. 兵使營將及裨將, 自朝家幷施旌閭贈職之典. 其後, 有人題詩于淸州城外南石橋石上, 曰: '三更鳴鵲繞樑喧, 燭滅華堂醉夢昏. 裨將能全蓮幕節, 元戎反作竹林魂. 雲惟死耳[461]傳唐史, 陵獨何心負漢恩. 堪笑漁人功坐受[462], 一時榮寵耀鄕村.' 此詩傳播, 而不知誰作也. 又其後, 南忠壯緬禮時, 請輓於知舊之間, 有儒生兪彦吉, 卽兪知樞彦述從行間也. 詩曰: '吾頭可斷膝難摧, 千戟森森萬刃催. 是夜人能貞節辦, 暮春天以雪風哀. 名符漢塞張拳死, 姓憶睢陽齧指回. 堪笑五營巡撫使, 忍能無恙戴頭來.' 李氏子孫見此詩, 指以淸州詩, 亦此人所作也, 至於鳴冤之境. 兪生竟被謫, 便作[463]詩案也.

2-67.

尹判書汲, 美風儀, 善文翰, 志又亢, 未嘗輕與人交. 其在漢城判尹時, 府隷皆以爲, '當今之世, 地處也, 風儀也, 言論也, 文華也, 無出於此大監之右云矣.' 一日, 罷衙歸路, 路逢一騎牛客, 衣弊縕而過, 彼此見, 而俱下軺下牛, 執手而問上來之由, 騎牛客曰: "聞美仲闕食已三日云, 而昨日吾家適受還, 故載米而來, 將饋之云云." 府隷莫不驚, 而探知騎牛客, 卽臨齋尹副學心衡也, 美仲李正言彦世之字也.

---

461) 耳: 라본에는 '爾'로 되어 있음.
462) 受: 다본에는 '收'로 되어 있음.
463) 作: 나, 다, 라, 바본에는 '是'로 되어 있음.

2-68.

崔相奎瑞, 少時, 約諸友會做于小貞洞空舍, 此舍仍鬼祟[464]人多死. 以是之故, 廢棄者有年, 其內廳頗敞, 每日晝會夕散, 以做科工矣. 一日, 奎瑞先到, 而天仍暴雨, 終日不霽, 道路不通, 看看日勢將暮, 夕飯艱辛備來. 罷後, 明燭而坐于廳上, 夜幾二三更, 陰風肅然, 忽有曳履聲. 奎瑞方看書而窺視, 則有金甲冑將軍, 杖劍而威風凜凜. 其後, 有一金冠朝服之宰相, 執笏而來, 當燭而立在前者, 高聲而叱曰: "汝以妙少儒生, 見長老之來, 而偃坐不起, 於禮可乎?" 奎瑞仍起而揖, 曰: "適耽[465]看文字, 不知長老之臨, 有失迎拜之禮, 不勝悚仄." 其人欣然而笑曰: "今而後見丈夫矣!" 舉手請坐, 朝服者侍甲冑者而立[466], 甲冑者, 掀髥[467]而言曰: "吾乃高麗將軍也, 在後人, 卽角干而吾子也. 吾之父子有所訴於人者, 每每入來, 則其殘生驚怵而死. 以是至于今, 有言莫吐, 今見君, 而不如前人之樣, 可知大貴人也. 吾之墓, 在於舍廊前簷東邊石柱下, 吾子之墓, 在於西邊石柱下, 人皆不知. 而立柱於墳墓之上, 年久, 而石柱漸漸沒入于地, 今則幾近於板上. 情理切迫, 欲以此由訴于主人, 而以爲移窆之計矣. 事不如意者, 積有年矣. 何幸逢君, 君其爲我而移葬, 則將有厚[468]報矣." 奎瑞曰: "此是非難之事, 旣非吾家, 且無入手之物, 何以辦之?" 其人曰: "此不難矣, 今所坐廳, 第幾板下, 掘地數尺, 則有銀瓮之埋置, 可出而用作此需也." 奎瑞曰: "諾." 其人父子稱謝而去, 纔下廳, 而不知去處. 天明雲收雨止, 奎

464) 祟: 저본에는 '崇'으로 나와 있으나 나, 라본에 의거하여 바로잡음.
465) 耽: 다본에는 '探'으로 되어 있음.
466) 立: 나, 다, 라, 바본에는 '坐'로 되어 있음.
467) 髥: 다본에는 '鬢'로 되어 있음.
468) 厚: 나, 다본에는 '後'로 되어 있음.

瑞歸家, 訪問其家之主, 而以歇價買之, 掘廳下之土, 則果有銀甕. 仍出而換錢, 毀其外舍前簷, 而去石柱, 則其下果有玄棺之以銀索懸之者, 一則書以高麗將軍, 一則書以高麗角干. 奎瑞爲文而祭之, 移葬於他山淨潔[469]處矣. 伊後, 前來之將軍·角干, 又來而稱謝曰: "賴君之力, 吾之父子體魄, 幸得其所, 此恩將何以報之? 吾爲君推數平生, 編年以來, 以此爲報恩之資. 且有一言之可托者, 君須牢記而勿忘也. 君於某年必爲騎判, 承命之日, 仍卽下鄕不者, 大禍將至, 愼之愼之! 勿忘勿忘!" 奎瑞曰: "諾." 其人仍辭去矣. 奎瑞其後登第, 而家間休咎, 官職除拜之日時, 無不相符. 後丁未年間, 爲兵判, 仍忘其神人之托, 而數日行公. 一日, 爲見知舊返虞出城外, 後有呼奎瑞之名者, 顧視, 則其神人立於雲烟之間, 大責曰: "君何爲而忘吾言而不下鄕也? 禍機迫頭, 斯速下去!" 奎瑞怳然覺之, 卽日呈疏而歸, 龍仁墓下矣. 翌年戊申三月賊變, 奎瑞先聞, 而告變參錄勳. 此事載其年譜, 余曾未得見, 而只憑傳者之言, 以錄之.【奎瑞崔相錫鼎初名[470]也】

2-69.

李兵使源, 提督如松之後也. 朝家以提督之有勞於壬辰之役, 收用其孫, 位至兵使, 有勇力, 能超數仞之墻, 彎一石弓. 其堂叔某, 居于春川地, 而躬耕資生, 亦有膂力神勇, 而人皆不知. 春耕時, 家貧無牛, 乃手自把耒耜而耕田, 則反勝於牛之所耕. 以是, 人或怪之. 其知舊有爲豊川倅, 一日, 委往見之, 仍言曰: "吾有大禍, 欲圖免而力不足, 君以故人之情[471], 能活我乎?" 倅曰: "何謂也?" 曰:

---

469) 潔: 저본에는 빠져 있으나 나, 다, 라, 바본에 의거하여 보충함.
470) 名: 나, 다본에는 '字'로 되어 있음.

"吾之氣力健實然後, 可免此禍, 而窮不能如意, 自今日君可饋我全牛乎? 喫十牛則可免矣." 倅許之. 李生每日使牽牛而來, 屠于前, 而飮其血, 又擧肉而吮之, 色白後棄之, 連日如是. 托于本倅曰: "日間有一僧來, 問吾之下來與否矣. 以姑不來爲言, 而彼若不信, 則吾以期日之書, 書置矣." 出此以示之, 倅許之矣. 過數日, 門者入告曰: "有江原道五臺山僧, 請謁矣." 使入來, 則一狀貌獰悍之健僧入來, 施禮而問曰: "春川李生來此乎?" 答曰: "有約而姑不來矣." 僧曰: "與小僧丁寧約會于此, 而期過不來, 甚可訝矣." 倅出示其書, 曰: "有書在此, 汝試見之, 某日當來云矣." 其僧見書畢, 辭曰: "伊日謹當更來云." 而出門, 倅怪之, 問于李生, 則曰: "此僧卽殺我之人也, 而吾氣力未充實, 不得敵彼. 故欲調補十餘日後, 始欲與之較力矣." 到伊日[472], 其僧又來請見, 時李生在座, 其僧入來, 又問: "李生之來否?" 李生開戶而言曰: "余果來矣!" 僧冷笑曰: "汝旣來矣, 可出來!" 李生自腰間出一鐵椎, 而下堂與僧對立, 其僧又出一椎, 與之相擊. 未幾, 並化爲一帶白虹, 亘于天際, 而空中只有椎擊之聲. 已而, 李生自空中挾椎而落來, 仰面而臥如屍, 傍人皆驚駭, 李乃瞬目而使勿近. 少焉,[473] 其僧自雲中, 又挾椎而飛下, 如胡鷹之搏雉, 將近李生之前, 李生忽擧椎, 而其僧頭碎而斃於地. 李生喘息而起, 曰: "吾與此僧, 每較椎法, 力弱而不得勝. 今日又幾爲渠所輸, 不得已用臥椎法, 幸而渠不知而直下矣. 渠若知此法而橫下, 則吾不得免矣, 此亦數也云." 而更留數日, 告歸春川[474],

---

471) 之情: 라본에는 '情理'로 되어 있음.
472) 伊日: 나, 다본에는 '其日'로 되어 있음.
473) 少焉: 다본에는 '少間'으로 되어 있음.
474) 春川: 저본에는 빠져 있으나 나, 다본에 의거하여 보충함.

豊川倅問僧之來歷, 則不答而去, 隱於春川山下云.

2-70.
英廟每幸毓祥宮, 趙判書重晦, 以臺臣上疏以爲, '歲時未行大廟之謁, 先幸私廟, 於禮不可云云.' 上大怒, 卽以步輦, 直出興化門. 時當倉卒, 侍衛之臣, 陪護之軍, 皆未備, 由夜峴到毓祥宮, 垂涕而敎曰:"以不肖之故, 辱及亡親, 以何顏面[475]更對臣民乎? 予當自處." 令軍兵, 執戟環衛, 而大臣以下, 一勿許入, 如許入, 則大將當施軍律. 又敎曰:"八十老人若坐氷上, 不久當死." 仍以手足, 沉之前池氷雪之水. 時當早春, 氷未解之時, 百僚追到, 而被阻搪不得入. 正廟以世孫獨侍立, 叩頭涕泣而諫之, 終不聽從[476]. 少焉, 玉體戰慄, 世孫泣涕而復諫, 則上曰:"斬趙重晦頭來置之目前, 則予當還宮!" 世孫忙出門, 招大臣, 令曰:"趙重晦斯速斬頭以來!" 時金相相福, 獨立於衛外, 奏曰:"趙重晦無可斬之罪, 何可迫於嚴命而殺不辜乎? 惟願邸下務積誠意, 期於天意之回." 世孫頓足而泣, 又下令曰:"宗社之危, 迫在俄頃, 大臣何愛一重晦而不奉命乎?" 金相對曰:"此是大朝之過擧, 何可仍過中之擧, 殺言官乎? 臣雖死, 不敢奉令." 上下相持之際, 自上下敎曰:"趙重晦姑勿斬, 先以庭請啓辭入之." 右相仍與諸臣, 呼草登啓以入, 上覽之, 裂書而擲于地, 曰: "此是啓辭乎? 乃是趙重晦之行狀也. 諸臣改草以亟正邦刑." 入啓, 上命三倍道, 濟州安置, 卽日發送, 而仍還宮. 趙未及濟州, 而有放釋之命.

---

475) 顏面: 라본에는 '面目'으로 되어 있음.
476) 從: 저본에는 빠져 있으나 다본에 의거하여 보충함.

2-71.

李判書鼎輔, 以副學遭故. 一日, 往省湖中先山, 聞獨子病報, 蒼黃復路, 行到省草店, 時日暮, 而貫目商人十餘人[477], 先入店矣. 李公處于越小房, 夜深月明, 仍不寐而坐, 一商人開戶而出溺, 仰見天象, 忽呼同伴之字, 曰:"某也出來!"已而, 一人又出來[478], 相對而坐, 一人指示星辰, 曰:"畢星犯某星, 明日[479]午必大雨, 數日不止矣. 趁早起動, 越某川, 可也." 一人仰視, 曰:"然矣." 仍與之酬酢, 一人問曰:"今日所逢守令行次[480], 汝知之乎?" 曰:"聞是靈光倅也." 曰:"其人何如?" 曰:"風儀動盪矣." 曰:"其面目之上[481]能無凶氣乎?" 曰:"十年之後, 必舞於車上矣, 至凶之像也." 曰:"今日入此店喪人知之乎?" 曰:"極貴人, 見今似貴至宰相之班矣." 曰:"其眉間得無所現之氣耶?" 曰:"其形極淸秀, 子宮甚貴, 必聞獨子病報而去. 然而昨日午後[482], 已不救矣, 仍而無嗣可慮." 李公聞而訝異, 開戶而視之, 則二人仍入房內, 鼾聲如雷. 李公高聲曰:"俄者, 酬酢之人誰也? 願一見之." 連聲而無應者. 未幾鷄唱[483], 行人皆起, 催飯而出門, 李公亦秣馬而發. 過[484]午後, 大雨果注, 川渠漲溢, 行人數日不通. 到家則其子已死, 果符其言. 而靈光倅, 卽申致雲也, 乙亥謀逆伏誅.

---

477) 人: 다본에는 '名'으로 되어 있음.
478) 來: 저본에는 빠져 있으나 다본에 의거하여 보충함.
479) 日: 저본에는 빠져 있으나 나본에 의거하여 보충함.
480) 次: 저본에는 빠져 있으나 나, 라본에 의거하여 보충함.
481) 之上: 저본에는 빠져 있으나 라본에 의거하여 보충함.
482) 後: 라본에는 '時'로 되어 있음.
483) 唱: 나본에는 '鳴'으로 되어 있음.
484) 過: 나본에는 '果'로, 다본에는 '至'로 되어 있음.

2-72.

　柳統制鎭恒, 少時, 以宣傳官入直矣. 時歲壬午, 酒禁極嚴. 一日月夜, 上忽有入直宣傳官入侍之命, 鎭恒承命入侍, 則出一長劍而賜, 而敎之[485]曰: "聞閭閻尙多釀酒者[486]云, 汝須持此劍出去, 限三日, 捉納則好矣. 不然, 則可以汝頭來納!" 鎭恒承命而退歸家, 以袖掩面而臥, 其嬖妾問曰: "何爲而如是忽忽不樂也?" 曰: "吾之嗜飮, 汝所知之[487]也, 而斷飮已久, 喉渴欲死." 其妾曰: "暮後可圖, 第姑俟之." 及夜, 其妾曰: "吾知有酒之家, 除非吾躬往, 則無以沽來." 仍佩壺, 而以裙掩面而出門, 鎭恒潛躡其後, 則入東村一草家, 沽酒以來. 鎭恒飮而甘之, 更使沽來, 其妾又往其家而沽來. 鎭恒佩壺而起, 其妾怪而問之, 則答曰: "某處某友, 卽吾之酒伴也, 得此貴物, 何可獨醉? 欲往與之共[488]飮云." 而出門, 尋其家而入戶, 則數間斗屋, 不蔽風雨, 而一儒生挑燈讀書, 見而怪之, 起而迎, 曰: "何來客子深夜到此?" 鎭恒坐定而言曰: "吾是奉命也!" 自腰間出酒壺, 曰: "此是宅中所沽也. 日前下敎如斯如斯, 旣見捉, 則不可不與之同行矣." 其儒生半晌[489]無語, 曰: "旣犯法禁, 何可稱頉? 然而家有老親, 願一辭而行, 如何?" 柳曰: "諾." 儒生入內, 低聲呼母, 其老親驚問曰: "進士乎? 何爲不眠而來也?" 儒生對曰: "前豈不仰陳乎? 士大夫雖餓死, 而不可犯法云矣. 慈母氏終不信聽[490], 今乃見捉, 小子今方就死矣." 其老親放聲大哭, 曰: "天乎地乎! 此

---

485) 之: 저본에는 빠져 있으나 나, 다본에 의거하여 보충함.
486) 者: 저본에는 빠져 있으나 다본에 의거하여 보충함.
487) 之: 저본에는 빠져 있으나 나본에 의거하여 보충함.
488) 共: 저본에는 빠져 있으나 다본에 의거하여 보충함.
489) 半晌: 다, 라본에는 '半晌'으로 되어 있음. 서로 통함.
490) 信聽: 저본에는 '聽信'으로 나와 있으나 나, 다, 라본을 따름.

何事也? 吾之潛釀, 非貪財而然也, 欲爲汝朝夕粥飮之資矣. 今乃如此, 此是吾罪也, 此將奈何?" 如是之際, 其妻亦驚起, 搥胸而號哭, 儒生徐言曰: "事已到此, 哭之何益? 但吾無子, 吾死之後, 子[491] 可奉養老親如吾在時. 某洞某兄弟, 有子幾人, 一子率養而安過." 申申付托而出, 柳在外而[492]聞其言, 而心甚惻然. 及儒生之出來也, 問之曰: "老親春秋, 幾何?" 曰: "七十餘矣." 曰: "有子乎?" 曰: "無矣." 柳曰: "此等景像[493], 人所不忍見. 吾則有二子, 又非侍下, 吾可以代死, 君則放心." 酒壺竝使出來, 仍與之對酌, 而打破其器, 埋之于庭. 臨行, 又言曰: "老親侍下, 家計不成說. 吾以此劍, 聊表一時之情, 須賣而供老[494]親, 可也." 解佩刀, 與之而去, 主人苦辭, 而不顧而去. 主人問: "姓名爲誰?" 對曰: "吾乃宣傳官也, 姓名何須問之也?" 飄然而去. 翌日卽限也, 入闕待罪, 則自上問曰: "果捉酒而來乎?" 對曰: "不得捉矣." 上大[495]怒曰: "然則汝頭何在?" 鎭恒俯伏, 無語良久, 仍命三倍道, 濟州牧安置. 鎭恒在謫幾年, 始解配, 十餘年落拓, 晩後復職, 得除草溪郡, 而在郡數年, 專[496]事肥己, 民皆嗷嗷. 一日, 繡衣出道[497]而封庫, 直入政堂, 首鄕首吏及倉色諸人, 一倂拿入, 刑杖[498]方張. 柳從門隙窺見, 則的是向者東村酒家之儒生也. 仍使之請謁, 則御史駭而不答, 曰: "本官何爲請見? 可謂沒廉矣." 鎭恒直入而拜, 御史不顧, 而正色危坐. 柳乃問

---

491) 子: 라본에는 '君'으로 되어 있음.
492) 而: 저본에는 빠져 있으나 다본에 의거하여 보충함.
493) 景像: 나, 다본에는 '景色'으로 되어 있음.
494) 老: 저본에는 빠져 있으나 나, 다본에 의거하여 보충함.
495) 大: 저본에는 빠져 있으나 라본에 의거하여 보충함.
496) 專: 나, 라본에는 '全'으로 되어 있음.
497) 出道: 나, 다, 라본에는 '出頭'로 되어 있음.
498) 刑杖: 다본에는 '刑具'로 되어 있음.

曰: "御史道知此本官乎?" 御史沉吟不答, 而獨語于口曰: "本官吾何以知之?" 柳曰: "貴第前日豈不在於東村某洞乎?" 御史微驚, 曰: "何爲問之?" 柳曰: "某年某月某日夜, 以酒禁事奉命之宣傳官, 或記有否?" 御史尤驚訝, 曰: "果記得矣." 柳曰: "本官卽其人矣!" 御史急起把手, 而淚如雨下, 曰: "此是恩人也. 今之相逢, 豈非天耶?" 仍命退刑具, 而[499]諸罪人一倂放之. 終夜張樂, 娓娓論懷, 更留幾日而歸, 仍卽褒啓, 繡啓之褒奬, 前未有出於此右者. 自上嘉其治績, 特除朔州府使. 伊後, 此人位至大臣, 而到處言其事, 一世譁然義之. 柳鎭恒一蹶頭, 位至統制使. 此是少論大臣, 而忘其姓名, 不得記之, 或云: "李判書益輔." 而未詳.

2-73.

李相思觀, 少時, 作湖中行, 過省草, 遇大風雪, 幾不得作行. 路傍一儒生率內眷而行, 下轎於路, 氣色蒼黃罔措, 李相怪而問之, 則儒生答曰: "拙荊作歸寧之行, 到此有産漸, 前不及村, 後不及店, 而雪寒如此, 方在危急之中矣." 李相仍下馬, 解毛裘而言曰: "當此酷寒, 産母及兒, 有難言之慮, 殆同亂離之[500]中, 何暇顧男子之衣乎? 願以此裘急裹産母云云." 而又使奴子幷力擔轎, 疾走向店, 以自家盤費, 貿藿及米, 而以行中艮醬, 急備飯羹而進之. 由是, 得免凍餓. 此儒生[501], 乃是鰲興府院君金漢耈也.

---

499) 而: 저본에는 '及'으로 나와 있으나 라본을 따름.
500) 之: 저본에는 빠져 있으나 라본에 의거하여 보충함.
501) 生: 저본에는 빠져 있으나 라본에 의거하여 보충함.

2-74.

洪翼靖公鳳漢, 卽高王考第三婿也. 惠嬪誕降于平洞故第, 長於吾家, 以至於入宮. 晚年, 每下問舊第之尙傳與否. 洪公登第後, 遭遇英廟, 眷注隆重, 秉權數三十年, 而其子弟次第決科, 門庭烜爀. 時金龜柱, 亦以戚里相頡頏, 而有猜忌之心, 收拾人心自處, 以下士儒生之婚喪, 貧不能辦者, 皆力爲之助. 以是之故, 聲譽蔚. 然金參判光默正言時, 往拜洪相[502], 而洪相時適入內舍, 傔從輩未卽通, 以至食頃之久, 金台乃大慍, 不見而去. 自是之後, 大生嫌隙, 仍附於金龜柱[503], 與金鍾秀諸人相黨, 號曰'攻洪十八學士', 論議峻激, 而皆以龜柱爲領袖, 自此, 南北黨始分矣. 儕流中老熟之論, 皆以爲嬪宮孤危, 洪相不可斥, 彼輩皆目之, 爲洪黨互相攻擊, 而[504]龜柱欲求儒生中疏斥洪相之人. 時淸州儒韓鍮[505], 以『裕昆錄』事上京, 將治疏, 而爲人猙毒, 龜柱與之親密, 置之家後山亭, 待之如燕丹禮荊卿也. 每以攻洪事言之, 則鍮曰:"吾以他事上來[506], 彼旣與我無嫌, 則當局首相, 吾何故[507]疏論也云云." 龜柱曰:"聊試耳, 更不强勸." 一日, 洪相爲見[508]龜柱而來, 聞後堂喧笑聲, 問曰:"後亭有人乎?" 曰:"有淸州韓鍮者, 卽東方一士也, 吾故邀置家中." 洪相曰:"令與吾俱是戚里也, 不必延攬人客矣云." 而少焉歸去矣. 翌日, 龜柱粧出, 一隷假做洪相之傳喝, 迨渠之在座, 而傳之相約後, 坐山亭與韓生[509]酬酢, 忽有一隷來, 問:"令監何在?" 龜柱曰:"何

---

502) 洪相: 라본에는 '鳳漢'으로 되어 있음. 이하의 경우도 동일함.
503) 龜柱: 저본에는 빠져 있으나 라본에 의거하여 보충함.
504) 而: 저본에는 빠져 있으나 라본에 의거하여 보충함.
505) 鍮: 저본에는 '瑜'로 나와 있으나 나본에 의거하여 바로잡음.
506) 上來: 나, 다본에는 '上京'으로 되어 있음.
507) 故: 라본에는 '敢'으로 되어 있음.
508) 見: 저본에는 '相'으로 나와 있으나 나, 다, 라본을 따름.

處來?" 隷對曰: "小人卽國洞領相宅隷也. 大監傳喝以爲, '昨奉尙慰, 夜候如何? 昨豈不云乎? 吾與令監[510]俱是戚里也, 不必延攬人客, 而至如淸州韓哥者, 尤是怪物, 不可久留, 斯速逐送, 爲好云云.'" 韓鏔[511]聞此言, 勃然大怒, 面色靑紅, 仍起而請疏草. 主人以不必如是, 挽止, 則怒髮衝冠, 拂袖而起, 左挾斧, 右持草席, 走伏闕門之外, 而疏曰: "請斬洪鳳漢之頭, 以謝神人之[512]事云云." 自上卽爲行刑. 其後, 又有沈懿之之疏, 大抵俱是死黨也, 而龜柱之激使呈疏也.

2-75.

盧同知者, 南陽人也. 善射而數奇, 每榜初試, 而會試則每屈. 一日乘醉, 而人定後, 立於六曹前大道上矣. 時則御營廳發巡日也, 邏卒輩[513]執之, 則仍以手搏[514]之, 牌將又來, 又打之, 連打四五人, 而又不去. 各牌邏卒幷會而結縛, 待明朝, 捉待于大將門外. 大將卽洪相也, 洪相使之拿入, 問: "汝知巡邏法意乎?" 曰: "知之." 曰: "然則何爲打巡邏也?" 對曰: "欲一言而死, 願暫解縛." 公命解縛, 盧君起而對曰: "小人卽南陽擧子也, 署有勇力, 善騎射, 而以數奇之故, 會試之赴, 已近十次, 而今番又見屈矣. 自顧身世, 求死不得, 欲托迹宰相之門, 以爲拔跡[515]之計, 而亦無其路. 方今名望無出於使道之右, 竊欲一次承候, 而爲閽所阻. 故出此計, 打巡邏, 則

---

509) 生: 저본에는 '也'로 나와 있으나 라본을 따름.
510) 監: 저본에는 빠져 있으나 다, 라에 의거하여 보충함.
511) 韓鏔: 라본에는 '韓生'으로 되어 있음.
512) 之: 저본에는 빠져 있으나 라본에 의거하여 보충함.
513) 輩: 저본에는 빠져 있으나 다본에 의거하여 보충함.
514) 搏: 나본에는 '縛'으로 되어 있음.
515) 拔跡: 다본에는 '發跡'으로, 라본에는 '發身'으로 되어 있음.

必也拿致此庭, 一次承顔而陳情故也. 若不打而犯夜, 則不過自執事廳棍治而放之矣, 何由入此庭乎? 使道須俯諒此箇事狀, 一人敵二人, 則曰: '兼人之勇.' 而小人則打五人, 可謂兼五人之勇也. 使道使小人得處門下, 則何如?" 洪公熟視而笑, 曰: "俄者, 被打之校, 在於何處?" 厥校承命而待, 則洪[516]公命曰: "汝輩校卒五人, 被打於彼一人, 將焉用哉? 汝可解將牌而退去, 可也." 仍命退, 而以其傳令牌使盧君佩之, 而使之處門下矣. 其爲人百伶百俐, 每事中主人之意, 由是, 寵愛日隆, 家間內外大小事, 一倂委任, 而出納適中, 無一事疎虞. 洪公視之, 如左右手, 自別軍官陞資, 而以久勤窠, 得爲宣沙浦僉使. 赴任之時, 洪公書托於箕伯及兵使, 每事斗護, 滿瓜[517]而三年之間, 一不書問于洪公, 門下人皆訝, 以爲背恩之人云矣. 及其遞歸來謁, 則公欣然曰: "間者無故, 而官況所得幾何?" 對曰: "小人以使道恩澤, 得爲腴鎭三年, 所得幾何, 買南陽田土[518]幾許, 今則可謂足過平生矣." 洪公喜曰: "甚可幸也!" 盧君仍起而告辭, 公驚曰: "汝旣來此, 何不留在而卽日還歸耶?" 對曰: "小人效誠盡力於使道者, 將以有所求而然也. 今焉, 所得洽爲過望, 則更留何爲從此?" 而告退, 公無語而許出[519]之. 及出門時[520], 或有責以忘恩之人, 笑曰: "吾豈不知耶? 吾在使道門下十餘年矣, 諸道饋遺, 使道何曾盡覽乎? 如干之物, 皆爲吾輩之用, 吾以殘鎭僉使, 雖竭一鎭之力, 而進俸不過爲傔從輩眼下物而已, 不緊甚矣. 吾以此之故, 不爲矣." 仍歸南陽, 絶踪絶信, 仍不相通矣. 及到丙

---

516) 洪: 저본에는 빠져 있으나 다본에 의거하여 보충함.
517) 瓜: 라본에는 '苽'로 되어 있음. 서로 통함.
518) 田土: 라본에는 '田畓'으로 되어 있음.
519) 出: 저본에는 빠져 있으나 다본에 의거하여 보충함.
520) 時: 저본에는 빠져 있으나 나, 다본에 의거하여 보충함.

申, 洪公廢居于高陽文峯墓下, 時則傔從一人無來侍者, 盧君始扶杖而來, 侍朝夕服事. 及病重之時, 左右扶持, 親嘗藥餌, 晝夜洞屬. 卒逝之後, 手自斂襲而入棺, 至葬而畢禮後, 痛哭而歸, 蓋是義人也.

2-76.

禹六不者, 趙相顯命傔從也, 人甚質直, 而嗜酒貪色. 吾家婢莫大者, 曾祖妣轎前婢也. 人頗妍美, 六不仍作妾而大惑, 每出入廊下. 一日, 在趙相家, 新統制使下直而來, 請古風, 則給二兩, 六不受而還擲于前, 曰: "歸作大夫人主衣資!" 統制[521]使含怒, 熟視而去矣. 其後, 爲捕將而上來, 仍出令曰: "捕校中如有捉納禹六不者, 吾施重賞." 過數日, 果見捉, 直欲施亂杖之刑, 有[522]人急告于趙相. 趙相時帶御將, 乘軒而過捕廳門外, 駐軒而傳喝, 曰: "此是吾之傔人[523]也. 渠雖有死罪, 欲一面而訣, 須暫出送!" 捕將不得已出送, 以紅絲結縛, 校卒十餘人隨而來. 六不見趙相, 而泣曰: "願大監活我!" 趙相曰: "汝犯死罪, 吾何以活之? 然而汝旣死矣, 吾欲把手而訣, 暫[524]可解縛." 捕校以大將令爲難, 趙相怒叱之, 曰: "斯速解之!" 捕校不得不承命而解縛, 趙相執其手, 而仍上置于軺軒踏板上, 仍分付御廳執事, 曰: "如有追來之捕廳所屬, 一倂結縛." 軍卒唱諾, 而回車疾馳而還, 留之家中, 而不使出門. 趙相死後, 侍其子趙相載浩, 常見有不是事, 諫之, 則趙相叱曰: "汝何知而敢如是耶云云." 六不直入祠堂, 呼大監而哭曰: "大監宅不久必亡, 小人從此

---

521) 制: 저본에는 빠져 있으나 다본에 의거하여 보충함.
522) 有: 저본에는 빠져 있으나 라본에 의거하여 보충함.
523) 傔人: 가본에는 '傔從'으로 되어 있음.
524) 暫: 저본에는 빠져 있으나 라본에 의거하여 보충함.

辭退云."而仍更不往其家. 及到壬午年, 酒禁之令至嚴, 六不以酒 爲粮, 斷飮已久, 仍以成病, 有朝夕難保之慮. 莫大潛釀一小缸, 夜 深後勸之, 則驚問曰: "此物何處得來乎[525]?" 曰: "爲君之病潛釀 矣." 仍呼莫大而出外, 以手握渠之髻而拿入, 曰: "禹六不捉入[526] 矣." 渠自作分付曰: "汝何爲而犯禁釀酒乎?" 又自對曰: "小人焉敢 乃爾? 小人無識之妻, 爲小人病而釀之矣." 官又分付曰: "可斬!" 仍作斬頭樣, 曰: "如此則何如? 吾以小民, 何敢冒犯國禁乎? 大是 不可." 仍破瓮而不飮, 仍其病[527]而不起.

2-77.

湖中古有一士人, 迎妹婿, 而三日內仍病不起. 自士人家治喪, 而幷孀妹送于舅家, 其士人隨後渡江, 士人不勝其悲慘之懷, 仍賦 詩, 曰: '問爾江上船, 古又今娶而來幾人, 嫁而歸幾人? 未有如此 行, 丹旌先素轎後, 靑孀新婦白骨新郎. 江上船歸莫疾, 郎魂猶 自[528]臥東床. 江上船歸莫懶, 聞有郎家, 十年養孤兒之萱堂. 萱堂 朝萱堂暮, 望子不來. 來汝喪, 此理誰復問? 蒼蒼小婢依船泣, 且 語彼鳥者元央. 猶自雙雙飛飛, 水之北山之陽云.' 而書置于柩前, 一聲長號. 少焉, 忽有長虹, 自江中亘于柩上[529], 已而, 柩自坼裂, 死者還起云, 亦可異矣. 事近齊諧, 而姑錄之.

---

525) 乎: 저본에는 빠져 있으나 라본에 의거하여 보충함.
526) 捉入: 다본에는 '捉來'로 되어 있음.
527) 其病: 나본에는 '臥病'으로 되어 있음.
528) 自: 나, 다본에는 '在'로 되어 있음.
529) 上: 라본에는 '前'으로 되어 있음.

卷三

3-1.

　　靈城君朴文秀, 少時, 隨往內舅晉州任所, 眄一妓而大惑, 相誓以彼此同日死生. 一日, 在書室, 有一醜惡之婢子, 汲水而過, 諸人指笑而言曰: "此女年近三十, 而以醜惡之故, 尙不知陰陽之理云. 如有近之者, 則可謂積善, 必獲神明之佑矣." 文秀聞其言, 其夜厥婢又過, 仍呼入而薦枕, 厥女大樂而去. 及還洛登科, 十年之間, 承暗行之命, 到晉州, 訪其所嬖之妓家, 立於門外而乞飯, 則自內一老嫗出來, 熟視, 曰: "怪哉怪哉! 異哉異哉矣!"[1] 文秀問老嫗, "何爲如是也?"[2] 老嫗對[3]曰: "君之顏面, 恰似前前等內朴書房主樣, 故怪之矣." 文秀曰: "吾果然矣!" 老嫗驚曰: "此何事也? 不意書房主作此乞客而來也. 第可入吾房內, 小留喫飯而去." 文秀入房坐定, 問: "君之女安在?" 答曰: "方以本府廳妓長番, 而不得出來矣云." 而方蓺火炊飯, 忽有曳履聲, 而其女來到廚下, 其母曰: "某處朴書房來矣." 其女曰: "何時來此, 而緣何故來云耶?" 其母曰: "其狀可矜, 破笠弊衣, 卽一丐乞兒. 問其委折, 則見逐於其外家前前書房主[4], 今方轉轉乞食而來, 以此處曾是久留處, 吏隷輩面熟, 故欲得錢兩而委來云矣." 其女作色, 曰: "此等說, 何爲對我而言也?" 其母曰: "欲見汝而來云, 旣來矣, 一次入見, 可也." 其女曰: "見之何益? 此等人不願見矣. 明日, 兵使道生辰, 守令多會, 將張樂於矗石樓, 營本

---

1) 異哉異哉矣: 저본에는 빠져 있으나 마, 사본에 의거하여 보충함.
2) 問老嫗, 何爲如是也: 마, 사본에는 '心笑問之, 則'으로 되어 있음.
3) 對: 저본에는 빠져 있으나 마, 사본에 의거하여 보충함.
4) 書房主: 저본에는 '使道家'로 나와 있으나 나본을 따름.

府以妓輩衣服事, 申飭至嚴. 吾之衣箱中, 有新件衣裳矣, 母氏出來也." 其母曰: "吾何以知之? 汝可入而持去[5]也." 其女不得已開戶而入, 面帶怒色, 不轉眸, 循房壁而來, 開箱而出衣[6]箱, 不顧而出. 文秀乃呼其母, 而言之曰: "主人旣如是冷落, 吾不可久留, 從此逝矣." 其母挽止, 曰: "年少不解事之妓, 何足責也? 飯幾熟矣, 少坐喫飯而去, 可也." 文秀曰: "不願喫飯." 仍出門外[7], 又尋其婢子之家, 則其婢子尙汲水矣. 汲水而來, 見其狀貌, 良久熟視, 曰: "怪哉怪哉!" 文秀問曰: "何爲見人而稱怪乎[8]?" 其婢子曰: "客之貌, 恰似向來此邑冊房朴書房主[9], 故心竊怪之." 對曰: "吾果然矣!" 其婢子去水盆于地, 把手大哭, 曰: "此何事也? 此何樣也? 吾家不遠, 可偕往." 文秀隨而往, 則有數間斗屋矣. 入其房坐定, 泣問其丐乞之由, 文秀對如俄者對妓母之言, 其女驚曰: "一寒如此哉! 吾以爲書房主大達矣, 豈料到此? 今日則願留吾家云." 而出一籠箱, 卽紬衣一襲也. 勸使改服, 文秀曰: "此衣從何出乎?" 對曰: "此是吾之積年汲水雇賃也, 聚錢貿此, 貰人縫衣以置此, 生若遇書房主, 則欲以表情故也." 文秀辭曰: "吾於今日, 以弊衣來此, 今忽着此, 則人豈不怪訝乎? 終當着之, 姑置之." 其女入廚而備夕饍, 入後面, 口呐呐若有叱焉者然, 又有裂破[10]器皿之狀. 文秀怪而問之, 則答曰: "南中敬鬼神矣, 吾自送書房主後, 設神位而朝夕祈禱, 只願書房主立身揚名矣. 鬼若有靈, 則書房主豈至此境耶? 以是之故, 俄者裂

---

5) 去: 나본에는 '來'로 되어 있음.
6) 衣: 나본에는 '衣服'으로 되어 있음.
7) 外: 저본에는 빠져 있으나 마, 사본에 의거하여 보충함.
8) 乎: 저본에는 빠져 있으나 마, 사본에 의거하여 보충함.
9) 主: 저본에는 빠져 있으나 나본에 의거하여 보충함.
10) 裂破: 마, 사본에는 '打破'로 되어 있음.

破而燒火矣." 文秀忍笑, 而感其意. 而已, 具夕饍[11]以進, 文秀頓服而留宿. 平明催飯, 曰: "吾有所往處." 仍出門, 先往矗石樓, 潛伏於樓下. 日出後, 官吏紛紛修掃肆筵設席. 少焉, 兵使及本官出來, 而隣邑守令十餘人皆來會, 文秀突出上座, 向兵使而言曰: "過去客子, 欲參盛宴而來矣." 兵使曰: "第坐一隅, 觀光無妨矣." 而已, 盃盤狼藉, 笙歌嘈囋. 其妓立於本官背後, 服飾鮮明, 含嬌含態. 兵使顧而笑曰: "本官近日大惑於厥物耶? 神色不如前矣." 本官笑而答曰: "寧有是理? 只有名色[12], 無實事矣." 兵使笑曰: "必無是理." 仍呼使行盃, 其妓行盃, 而次次進前, 文秀請曰: "此客亦善飮, 願請一盃." 兵使曰: "可進酒!" 妓乃酌酒, 給知印, 曰: "可給彼客." 文秀笑曰: "此客亦男子也, 願飮妓手之盃酒." 兵使與本官作色, 曰: "飮則好矣, 何願妓手乎?" 文秀仍受而飮之. 進饍, 而各人之前, 俱是大卓, 而自家之前, 不過數器而已. 文秀又言曰: "俱是班也, 而飮食何可層下乎?" 本官怒曰: "長者之會, 何可如是至煩? 得喫飮食, 可斯速去矣, 何爲多言也?" 文秀亦怒, 曰: "吾亦非長者乎? 吾已有妻有子, 鬚髮蒼然, 則吾豈孩子[13]乎?" 本官怒曰: "此乞客妄悖矣, 可以逐出!" 仍分付官隷, 使逐送, 官隷立於樓下, 呵叱曰: "斯速下來!" 文秀曰: "吾何以下去? 本官可以下去." 本官益怒, 曰: "此是狂客也, 下隷輩焉敢不爲曳下乎[14]?" 號令如霜, 而知印輩擧袖推背, 文秀高聲曰: "汝輩可出去!" 言未已, 門外驛卒大呼曰: "暗行御使出道矣!" 自兵使以下, 面無人色, 而蒼黃迸出, 文秀高坐而笑

---

11) 饍: 마, 사본에는 '飯'으로 되어 있음.
12) 色: 저본에는 빠져 있으나 나, 마, 사본에 의거하여 보충함.
13) 孩子: 나, 마, 사본에는 '孩少'로 되어 있음.
14) 乎: 저본에는 '号'로 나와 있으나 나, 마, 사본에 의거하여 바로잡음.

曰:"固當如是出去矣."仍坐於兵使之座,而自兵使以下各邑守令,皆具帽帶請謁. 一一入現, 禮罷後, 文秀命捉入其妓, 又呼[15]妓母, 而分付於妓曰:"年前吾與汝, 情愛何如? 山崩海渴, 而情好不變爲約矣. 今焉吾作此樣而來, 則汝可念舊日之情, 好言慰問, 可也, 何爲而發怒也? 俗云: '不給粮而破瓢者.' 政謂汝[16]也. 事當卽地打殺, 而於汝何誅?" 仍略施笞罰, 謂妓母曰:"汝則稍解人事, 以汝之故, 姑不殺之." 命給米肉, 又曰:"吾有所眄之女, 斯速呼來!" 仍使汲水之婢升軒, 而坐於傍, 撫之, 曰:"此眞有情女子也. 此女陞付妓案, 使行行首事, 而其[17]妓降付汲水婢." 仍招入本府吏房, 無論某樣, 錢二百金, 斯速持來, 以給其婢子而去.

3-2.

朴文秀以繡行, 轉向[18]他邑, 日晚不得食, 頗有饑色. 仍向一人之家, 則只有一童子, 而年近十五六矣. 仍向前, 乞一盂飯, 則對曰:"吾卽偏親侍下, 而家計貧窮, 絶火已數日, 無飯與客." 文秀困憊少坐, 童子屢瞻見屋漏之紙囊, 微有慘然之色, 而解囊入內. 數間斗屋戶外, 卽其內室[19]也, 在外聞之, 則童子呼母曰:"外有過客, 失時請飯, 人飢豈可[20]不顧耶? 粮米絶乏, 無以供飯, 以此炊飯, 可矣." 其母曰:"如此而汝父[21]之忌事, 將闕之乎!" 童子曰:"情理雖切迫, 而目見人饑, 何可不救乎?" 其母受而炊之, 文秀旣聞其言, 心甚惻

---

15) 呼: 마, 사본에는 '招'로 되어 있음.
16) 汝: 저본에는 '此'로 나와 있으나 나, 마, 사본을 따름.
17) 其: 마, 사본에는 '某'로 되어 있음.
18) 向: 나본에는 '行'으로 되어 있음.
19) 內室: 나, 마, 사본에는 '內堂'으로 되어 있음.
20) 可: 저본에는 빠져 있으나 마, 사본에 의거하여 보충함.
21) 父: 나, 마, 사본에는 '親'으로 되어 있음.

然. 童子出來, 文秀問其由, 則答曰:"客子旣聞知, 不得欺矣. 吾之親忌不遠, 無以過祀, 故適有[22]一升米, 作紙囊懸之, 雖闕食而不喫矣. 今客子飢餓, 而家無供飯之資, 不得已以此炊飯矣. 不幸爲客子所聞知, 不勝慙愧云云." 方與酬酢之際, 有一奴子, 來言曰:"朴道令斯速出來!" 其童子哀乞曰: "今日則吾不得去矣." 文秀聞其姓, 則仍是同宗也. 又問:"彼來者爲誰?" 曰:"此邑座首之奴也. 吾之年紀已長, 聞座首有女通婚, 則座首以爲見辱云, 而每送奴子, 捉我而去, 捽曳侮辱, 無所不至, 今又推捉矣." 文秀乃對奴而言曰: "吾乃此童之叔也, 吾可代往." 飯後, 仍隨奴而往, 則座首者高坐, 而使之捉入云. 文秀直上廳坐, 而言曰:"吾侄之班閥, 猶勝於君, 而特以家貧之故, 通婚於君矣. 君如無意, 則置之可也, 何每每捉來示辱乎? 君以邑中首鄕, 而有權力而然耶?" 座首大怒, 呼[23]入其奴, 而叱之曰:"吾使汝捉來朴童, 而汝何爲捉此狂客而來, 使汝上典見辱乎? 汝罪當笞." 文秀自袖中露示馬牌, 曰:"汝焉敢若是?" 座首一見, 而面如土色, 降于階下俯伏, 曰:"死罪死罪!" 文秀乃曰:"汝可結婚乎?" 對曰:"焉敢不婚?" 又曰:"吾見曆, 三明卽吉日. 伊日, 吾當與新郞偕來矣, 汝可備婚具以待!" 座首曰:"敬諾." 文秀仍出門, 直入邑內而出道, 謂其本官曰:"吾有族侄, 而在於某洞, 與此邑首鄕定婚, 而期在某日. 伊時, 外具及宴需, 自官備給爲好." 本官曰:"此是好事, 何[24]不優助? 須當如是命, 又請隣邑守令." 當日, 文秀請新郞於自家下處, 具冠服, 而文秀備威儀隨後. 座首之家, 雲幕連天, 樽盤[25]狼藉, 座上御使主壁, 諸守令皆列坐, 座首之

---

22) 故適有: 마, 사본에는 '而適得'으로 되어 있음.
23) 呼: 나, 마, 사본에는 '捉'으로 되어 있음.
24) 何: 마, 사본에는 '豈'로 되어 있음.

家, 一層生光輝矣. 行禮後, 新郎出來, 御使命拿入座首, 座首叩頭, 曰:"小人依分付, 行婚禮矣." 御使曰:"汝田與畓幾何?" 曰:"幾石數矣." 曰:"分半給女婿乎?" 曰:"焉敢不然?" "奴婢牛馬幾何, 器皿汁物, 亦幾何?" 答曰:"幾口·幾正·幾件·幾箇矣." 曰:"又分半給女婿乎?" 答曰:"焉敢不然?" 御使命書文記, 而證人首書御史朴文秀, 次書本官某某邑倅某, 列書而踏馬牌, 仍而轉向他處.

3-3.

尹判書游, 以副使奉命入燕, 知舊中問曰:"令公之風流, 歷箕城, 必有妓女之所眄者矣." 尹答曰:"聞無可意者, 而只有一妓可合, 此則將使薦枕矣云." 厥妓, 卽時箕伯之子所嬖者也. 聞此言, 猶恐失之, 使行入府時, 深藏而不出. 副使到箕城, 留二日, 而仍無某妓待令之言, 箕伯之子, 以爲傳言之訛矣. 及其發行之時, 坐於轎上, 而言曰[26]:"吾忘之矣. 某妓卽知舊之[27]托, 而未及招見, 可暫招來." 下隷傳言, 則某之子意以爲, '今當發行, 出送固無妨云.' 而使之暫往矣. 副使問曰:"某班汝知之乎?" 曰:"然矣." 副使近前, 而出轎內餠盒, 而命喫之. 其妓以手受賜之時, 仍把手而入轎內, 仍使之闔轎門, 載于馬, 勸馬一聲, 飛也似北出普通門. 箕伯之子聞此報, 雖忿憤而無奈何矣. 副使仍與之, 偕往灣上, 渡江時, 言曰:"汝若歸去則好矣, 不然, 則留待明春之回還." 其妓願留, 到明春又偕來. 聞者絶倒.

---

25) 樽盤: 나본에는 '樽盃'로, 마, 사본에는 '杯樽'으로 되어 있음.
26) 曰: 저본에는 '之'로 나와 있으나 나본에 의거함.
27) 之: 저본에는 '中'으로 나와 있으나 나본을 따름.

3-4.

李臺敏坤, 以貪贓, 駁一道伯, 請施烹阿之典云云, 上以受人指嗾而論人, 命定配, 赴謫之路, 店舍失火, 李臺被燒而死, 聞者慘愕. 時金相相福, 偶爾對人言曰: "李某欲烹人, 使渠身先作灰云矣." 俞知樞彥述, 輓詩曰: '人未能烹身已灰, 誰將此語幸君灾? 人心世道渾如許, 先死非哀後死哀云云.' 金相見而大怒. 其後, 堂錄坐此見拔, 從兄弟之俱以詩見敗, 亦可異也.

3-5.

李益著, 以義城宰, 一日宴飮. 時當夏節也, 忽有一陣風過去, 益著急撤樂, 而作營行, 見巡使, 請貸南倉錢五千兩, 以貿车麥. 時大登價至賤, 貿麥而封置各洞, 使洞任守直矣. 七月初夜, 忽覺睡, 而呼官僮, 摘後園一葉草, 而見之, 曰: "然矣云矣!" 翌朝見之, 則嚴霜大降, 草木盡凋殘. 是秋嶺南一道, 野無靑草, 仍爲赤地, 而設賑穀, 價登踊, 麥一石價, 初夏不過三四十錢矣, 其秋價至三百餘錢. 益著以其麥作賑資, 而又發賣, 報南倉錢如數, 蓋有占風之術也. 後移隣邑, 而趙顯命時爲巡使, 益著有事往見, 而鬖髮未整, 亂髮露於網巾. 旣退, 巡使拿入隨陪吏, 以容儀怠謾, 數之. 益著復請謁而入謝, 曰: "下官年老氣衰, 鬖髮未及整, 見過於上官, 知罪知罪, 如是而何可供職乎? 惟願啓罷." 巡使曰: "尊丈以俄者事有此敎乎? 此不過體禮間事也, 何必乃爾?" 益著曰: "以下官而不知事, 上官之體禮, 則何可一日供職乎? 斯速啓罷, 可矣." 巡使曰: "不可如是." 益著正色, 曰: "使道終不許乎?" 曰: "不可許矣." 益著曰: "使道必欲使下官作駭氣, 良可慨然." 仍呼下隷, 而言曰: "持吾冠袍而來." 仍脫帽帶而解符, 置之于巡使之前, 而大責曰: "吾以佩符之故, 折腰於汝矣, 今則解符矣. 汝非我故人穉子乎? 吾與若翁, 竹馬之交也, 同枕而臥, 約以先娶婦者, 知新婦之名字而相傳矣. 而翁先吾娶汝母, 而以汝母之名, 來傳于我, 言猶在耳. 以而翁之沒已久, 而待我至此, 汝是忘父之不肖子也. 鬢髮之不整, 何關於上下官體禮也? 吾老不死, 而以口腹之累, 爲汝之下官, 汝若念爾亡父, 則固不敢如是也! 汝乃狗彘之不若也." 言罷, 冷笑而出. 巡使半晌無語, 隨至下處, 懇乞曰: "尊丈此何擧也? 侍生果爾大得罪矣, 知罪知罪, 幸勿强辭焉." 益著曰: "以下官而叱辱上官於公堂, 以何顔而復對吏民乎?" 仍拂衣而起, 不得已啓罷.

3-6.

金相若魯, 性本勵勤, 自箕伯移兵判. 時按箕營未久, 江山樓臺, 笙歌綺羅, 戀戀不能忘, 大發火症, 揚言曰: "兵曹下隷如或[28]來, 則當打殺云云." 兵曹所屬, 無敢下去者, 龍虎營諸校, 相與議曰: "將令如此, 固不敢下去. 若緣此而不得下去, 則又有晚時之罪, 此將奈何?" 其中一校曰: "吾當下去, 無事陪來矣, 君輩其將厚餽我乎?" 皆曰: "君如下去, 無事陪來, 則吾輩當盛備酒饌而待之." 其校曰: "然則吾將治行矣." 仍擇巡牢中身長而有風威氣力者十雙, 服色皆新造, 而號令之聲, 用棍之法, 皆使習之, 與之同行. 時若魯每日設樂於鍊光亭而消遣, 望見長林之間, 有三三五五來者, 心甚訝之. 而已, 有一校, 衣服鮮明, 而趨入於前, 使下隷告曰: "兵曹敎鍊官現身矣." 若魯大怒, 拍案高聲, 曰: "兵曹敎鍊官, 胡爲而來哉?" 其人不慌不忙而上階, 行軍禮後, 仍號令曰: "巡令手斯速現謁[29]!" 聲

---

28) 或: 마, 사본에는 '下'로 되어 있음.
29) 現謁: 나본에는 '現身'으로 되어 있음.

未已,二十箇巡牢,趨入拜於庭下,分東西而立.其身手也,軍服[30]也,比箕營羅卒,不啻[31]霄壤.其校忽又高聲號令,曰:"左右禁喧嘩!"如是者數次,仍俯伏而稟曰:"使道雖以方伯,行次於此處,固不敢如是.今則大司馬大將軍行次也,渠輩焉敢若是喧嘩,而邑校不得禁止乎?邑校不可不拿入治罪矣."仍號令曰:"左右禁亂,邑校斯速拿入!"巡牢承命而出,以鐵索繫頸[32]而拿入,其校仍分付曰:"使道行次,雖是一道方伯,不可如是喧擾,況今大司馬大將軍行次乎!汝輩焉敢不禁其雜亂云?"而仍使之依法,巡牢執其所持去之兵曹白棍,袒衣棍之,聲震屋宇.其應對之聲,用棍之法,卽京營之例,而與箕營之隸,不可同日而語矣.若魯心甚爽然,下氣而坐,任其京校之爲,至七度,其校又稟曰:"棍不過七度."使之解縛而拿出,若魯心甚無聊,呼營吏謂曰:"營門付過記幷持來,以給京校."其校受之,一一數其罪,而或棍五度,或七八度而拿出.若魯又曰:"前付過記之炎周者,並付京校."其校又如前之爲,若魯大喜,問京校曰:"汝年幾何而誰家人也?"對以年幾何某家之人也,曰:"汝於箕城初行乎?"曰:"然矣."曰:"如此好江山,汝何可一番不遊乎?"仍入帖下記,以錢百兩·米五石,書而給之,曰:"明日,可於此樓一遊,而妓樂飲食,當備給矣."仍信任如熟面人,留幾日,與之上京.一時傳爲笑談[33].

3-7.

金尙魯,若魯之弟也,以大臣丙申追奪罪人也.性酷而急,爲箕

---

30) 軍服: 마, 사본에는 '服色'으로 되어 있음.
31) 啻: 마본에는 '翅'로 되어 있음. 서로 통함.
32) 頸: 나본에는 '頭'로 되어 있음.
33) 笑談: 마, 사본에는 '美談'으로 되어 있음.

伯時, 巡到各邑, 道路如³⁴⁾有石, 則使首鄕·首吏, 以齒拔之, 而以杖
打其趾, 往往嘔血而死. 其外擧行及³⁵⁾茶啖之屬, 少不如意, 則刑之
棍之, 十至八九之死. 列邑震動, 行到一邑, 未入境, 諸吏喘喘不知
所爲. 有一妓, 年少貌姸, 笑曰: "巡使道亦是人也, 何乃如是恐惻
也? 巡使豈生啗人乎? 吾若薦枕, 則非但各廳之無事, 使巡使赤身
而下房門矣, 自吏廳將厚餽我乎?" 諸吏曰: "若然, 則自吾廳重賞
汝也." 妓曰: "第觀之." 及巡行入府, 以其妓守廳矣. 時當八月, 日
候晝熱夜凉³⁶⁾, 巡使見此妓之美, 使之薦枕, 房戶障子, 未及下矣.
此妓故作寒栗之態, 巡使問曰: "汝有寒意乎?" 對曰: "房門不閉,
凉氣逼人矣." 巡使曰: "若然, 則將使下隷下之乎?" 妓曰: "夜已深
矣, 何可呼之乎?" 巡使曰³⁷⁾: "爲之奈何?" 妓曰: "小人則身短³⁸⁾不
及, 使道暫下之無妨矣." 巡使曰: "擧措得無駭異乎?" 妓曰: "深夜
無人矣." 巡使仍不得已赤身而起, 擧障子而閉之. 伊時, 下屬左右
潛窺, 莫不掩口³⁹⁾. 此邑無一人受罪, 無事經過, 諸吏厚賞其妓云.
其爲大臣也, 有連査間宰相喪出, 而傔從一人, 分差而來矣. 每有
所使新來者, 必應命而來, 足蹴溺器·硯匣等屬而覆之, 之東則必
之西, 事事拂其意. 尙魯不勝其苦, 每責諸傔人曰: "汝等何⁴⁰⁾爲而
占便, 必使新來之傔, 使喚不知向方, 而必也僨事, 汝輩何在而然
也?" 諸傔輩每每禁之, 使勿出應使喚, 而其人終不聽之, 如有呼喚
之聲, 則必也挺身先出, 尙魯見輒生火, 必責他傔, 如是者月餘. 一

---

34) 如: 저본에는 '有'로 나와 있으나 나, 마, 사본에 의거함.
35) 及: 저본에는 '之'로 나와 있으나 나, 마, 사본에 의거함.
36) 凉: 저본에는 '深'으로 나와 있으나 마, 사본에 의거함.
37) 曰: 저본에는 빠져 있으나 나, 마, 사본에 의거하여 보충함.
38) 短: 저본에는 '長'으로 나와 있으나 마, 사본에 의거함.
39) 口: 저본에는 '鼻'로 나와 있으나 사본을 따름.
40) 等何: 저본에는 빠져 있으나 나, 마, 사본에 의거하여 보충함.

曰, 惠局吏有闕, 此人俯伏于前, 曰: "小人願得差此窠." 尙魯熟視, 曰: "諾." 仍出差紙, 諸傔一時稱冤, 曰: "小人幾年勤苦, 小人幾世世交, 而初出之窠, 何可讓與於新來之傔乎?" 尙魯曰: "我生然後, 汝輩可得差任, 我死之後, 汝輩向誰圖差乎? 此人若在, 則我當成火而死矣, 不如速爲區處, 汝輩更勿言." 仍差出矣. 其後來謁, 如有使喚處, 則無論大少事, 適中其意, 千伶百俐矣. 尙魯怪而問之, 曰: "汝之人事凡百, 大勝於前[41]之蒙孩, 爲腴任之故耶?" 其人俯伏而對曰: "小人犯死罪矣." 尙魯曰: "何謂也?" 對曰: "小人新到門下, 則傔從之數, 過三十餘, 而小人居末矣. 各司吏役之有闕者, 循次而得差, 則小人其將老死矣. 竊伏見, 大監氣質嚴急, 故衝怒氣, 使之若不堪, 則必也先爲區處也. 故向者故作沒覺之狀, 以至於此矣." 尙魯大笑曰: "汝可謂諸葛孔明, 可恨吾果[42]見欺矣!"

3-8.

尹參判弼秉, 午人也, 居抱川. 以生進, 將赴到記場, 曉到東門外, 則時尙早, 門未開, 仍入酒店而少坐.[43] 伊時, 適有隣居人賣柴之行, 仍坐牛背柴上而來矣. 店主出迎而問曰: "生員此行赴科, 而姓是尹氏乎?" 答曰: "然矣." 店主曰: "夜夢, 一人牽牛而駄柴, 柴上又有五彩玲瓏之一怪物, 從此路而來, 入于酒店. 故問其柴上載何物, 則答曰: '此牛産雛, 而乃是龍也, 故欲賣於京市而來云.' 驚覺而心竊訝之, 生員旣從此路, 而又坐牛柴上, 姓又尹氏云. 嘗聞尹氏指以爲牛, 而龍是科徵也, 可賀登科." 尹笑而責之而入城, 果登是科.

---

41) 前: 나본에는 '前日'로 되어 있음.
42) 果: 저본에는 빠져 있으나 마, 사본에 의거하여 보충함.
43) 仍入酒店而少坐: 마, 사본에는 '欲入酒店而憩矣'로 되어 있음.

3-9.
　延安文進士者, 善科工, 夢見黃龍飛上天, 而額上有彩閣, 楣有懸板, 書之曰'利見大人'. 身坐閣上, 依雙窓門戶而坐. 旣覺而異之, 以'利見大人'爲賦題, 而會神做之. 及科期, 上京而入場, 則御題果懸'利見大人', 以宿搆書呈, 而心獨喜自負. 及其榜出, 見屈, 而閔弘燮爲壯元, 閔姓之閔字, 卽門內有文. 此人蓋爲閔弘燮, 而做夢者也, 事甚奇巧矣.

3-10.
　有一宰相之女, 出嫁未朞而喪夫, 孀居于父母之側矣. 一日, 宰相自外而入來, 見其女在於下房, 而凝粧盛飾, 對鏡自照, 而已擲鏡, 而掩面大哭. 宰相見其狀, 心甚惻然, 出外而坐, 數食頃無語. 適有親知武弁之出入門下者, 無家無妻之人, 而年少壯健者也. 來拜問候, 宰相屛人, 言之曰: "子之身世, 如是其窮困, 君爲吾之女婿否?" 其人惶蹙, 曰: "是何敎也? 小人不知敎意之如何, 而不敢奉命矣." 宰相曰: "吾非戲言耳." 仍自樻中出一封銀子, 給之, 曰: "持此而往, 貰健馬及轎子, 待今夜罷漏後, 來待于吾後門之外, 切不可失期." 其人半信半疑, 第受之, 而依其言, 備轎馬, 待之于後門矣. 自暗中, 宰相携一女子, 而使入轎中, 而誡[44]之曰: "直往北關而居生也!" 其人不知何委折, 而第隨轎出城而去. 宰相入內下房, 而哭曰: "吾女自決矣!" 家人驚惶, 而皆擧哀, 宰相仍言曰: "吾女平生不欲見人, 吾可襲斂, 雖渠之娚兄, 不必入見矣." 仍獨自斂衾而裹之, 作屍體樣, 而覆以衾, 始通于其舅家, 入棺後, 送葬于舅家先山

---

[44] 誡: 저본에는 '試'로 나와 있으나 나, 마, 사본을 따름.

之下矣. 過幾年後, 其宰相子某, 以繡衣按廉關北, 行到一處, 入一人家, 則主人起迎, 而有兩兒在傍讀書, 狀貌清秀, 頗類自家之顏面, 心竊怪之. 日勢已晚, 又憊困, 仍留宿矣. 至夜深, 自內忽有一女子出來, 把手而泣, 驚而熟視, 則卽其已死之妹. 不勝驚訝而問之, 則以爲因親敎, 而居於此, 已生二子, 此是其兒矣. 繡衣口噤, 半餉無語, 略敍阻懷, 而待曉辭去, 復命還家. 夜侍其大人宰相而坐, 時適從容, 低聲而言曰: "今番之行, 有可怪訝之事矣." 宰相張目熟視而不言, 其子不敢發說而退. 此宰相之姓名, 姑不記之.

3-11.

李忠州聖佑, 光佐之從兄也. 性卓犖不羈, 常斥光佐以逆節, 不往來, 平生憎南九萬之爲人. 嘗在家, 有屠狗漢, 唱買狗而過門外, 李乃捉入, 露臀欲打, 屠漢大聲而辱, 曰: "南九萬, 狗也彘也云." 而連聲詬辱, 李乃擊節, 曰: "快矣快矣!" 仍放送, 事多駭俗如此. 光佐之爲嶺伯也, 以宗家之故, 每送忌祭及四節祭需, 領去吏每每被打而來, 若當封送之時, 則吏皆避之. 有一吏, 自願領去, 一營上下, 皆怪之. 使之上去, 則吏領祭需而上京, 凌晨往其家, 李忠州姑未起寢臥, 而使家人照數捧之云矣. 其吏仍無去處, 人皆訝之, 明日如是, 又明日又如是. 李忠州大怒, 使捉入其吏, 而責叱曰: "汝是何許人, 而旣封祭需而來, 則納之可也, 連三日暫來旋去, 有若侮弄者然, 達營下習, 固如是乎? 此是汝之監司所指使者乎? 汝罪當死." 其吏俯伏, 曰: "願得一言而死." 問: "何言也?" 吏曰: "小人巡使道之封祭需也, 着道袍, 設鋪陳, 跪坐而監封, 及其畢封, 而載之於馬也, 下階再拜而送此, 無他爲所重也. 今進賜不巾櫛而臥受之, 小人義不辱, 故果爾[45)]不得納上, 至於三日之久矣. 此祭物用之祖先忌辰, 則進賜固不當如是屑慢也. 嶺南之俗, 雖下隸之賤, 皆知祭需爲重, 何況京華士大夫乎? 願進賜整衣冠, 設席及床, 下堂而立, 則小人謹當納上矣." 李忠州無奈何, 而依其言爲之, 則其吏各擧物種, 而高聲曰: "此是某物云." 過食頃而乃罷, 李忠州拱手而立, 心頗善之. 及歸, 作答書, 而稱其吏之知禮解事云云, 光佐聞而大笑, 仍差優窠云矣. 李忠州夏月, 爲見知舊之喪, 坐其哀次矣. 時魚贊善有鳳, 亦在座, 見其襲斂之少有違禮, 則必使之更解絞布, 如是者數矣. 日中而襲斂未畢, 李乃勃然變色, 呼其奴, 拿魚贊善庭下, 叱責曰: "人於他家之大事, 不言爲大助, 汝於襲斂, 細談支離, 小斂失時, 六月屍體, 其將盡朽敗矣." 仍摔曳而出之, 坐中皆大驚失色. 其不循規度若此矣.

3-12.

趙侍直泰萬, 泰億之伯兄也. 其爲人, 亦落拓不羈, 自處以方外, 而棄官不仕. 泰億之爲兵判, 故犯夜被捉, 而誘其巡羅之鄕軍, 曰: "吾之弟泰億, 在於角峴兵曹判書宅門下, 暫爲通之, 曰: '泰億阿, 汝兄泰萬見捉於巡羅云云.' 則當優給酒債云云, 而先給數盂之資." 其鄕軍依其言, 往呼泰億而傳之, 泰億大驚而出來.

3-13.

趙承旨[46]泰億之妻沈氏, 性本猜妬, 泰億畏之如虎, 未嘗有房外之犯矣. 泰耉之爲箕伯, 泰億以承旨, 適作奉命之行於關西, 留營中幾日, 始有所眄之妓. 沈氏聞其由, 乃卽地治行[47], 使其姨[48]陪

---

45) 果爾: 나본에는 '果如'로 되어 있음.
46) 趙承旨: 저본에는 빠져 있으나 마, 사본에 의거하여 보충함.

行, 而直向箕營, 將欲打殺其妓. 泰億聞其狀, 失色無語, 泰耆亦大驚, 曰: "此將奈何?" 欲使其妓避之, 其妓對曰: "小人不必避身也. 自有可生之道, 而貧不能辦矣." 泰耆問其由, 對曰: "小人欲飾珠翠於身而無錢, 故恨歎矣." 泰耆曰: "汝若有可生之道, 則雖千金, 吾自當之矣. 唯汝所欲, 可也!" 仍使幕客隨所入得給云, 而中和·黃州, 出送裨將而問候, 且備送廚傳而支供矣. 沈氏之一行, 到黃州則云, 有箕營裨將之來待, 且有支供之待者, 乃冷笑曰: "吾豈大臣別星行次而有問安裨將乎? 且吾之路需優足, 何用支供爲也?" 幷使退出, 到中和, 又如是斥退, 發行過栽松院, 將入長林之中. 時當暮春, 十里長林, 春意方濃, 曲曲見淸江景物, 頗佳. 沈氏搴轎簾, 而賞玩過長林, 林盡而望見, 則白沙如練, 澄江似鏡, 粉蝶周繞於江岸, 商舶[49]紛集於水上. 練光亭·大同門·乙密臺·超然臺之樓閣, 丹靑照曜, 屋宇縹緲, 奪人眼目. 沈氏嗟歎曰: "果爾絶勝之區, 名不虛得[50]矣." 且行且玩之際, 遠遠沙場之上, 忽有一點花, 渺渺而來, 漸近則一介名妹[51], 綠衣紅裳, 騎一匹綉鞍駿驄, 橫馳而來. 心甚怪之, 駐馬而見之, 及近其女子下馬, 而以鶯聲唱諾曰: "某妓請謁." 沈氏纔[52]聞其名, 而無名業火, 衝起三千丈矣. 仍大聲叱責曰: "某妓某妓! 渠何爲來謁?" 第使立之于馬前, 其妓斂容, 而敬立馬前. 沈氏見之, 則顔如含露之桃花, 腰似依風[53]之細柳, 羅綺珠翠, 飾其上下, 眞是傾城之色. 沈氏熟視, 曰: "汝年幾何?" 曰: "十八歲

---

47) 治行: 사본에는 '馳行'으로 되어 있음.
48) 甥: 사본에는 '甥'으로 되어 있음.
49) 商舶: 나본에는 '商船'으로 되어 있음.
50) 得: 저본에는 빠져 있으나 나, 마, 사본에 의거하여 보충함.
51) 妹: 나, 마, 사본에는 '妓'로 되어 있음.
52) 纔: 저본에는 빠져 있으나 마, 사본에 의거하여 보충함.
53) 依風: 마, 사본에는 '臨風'으로 되어 있음.

矣." 沈氏曰: "汝果名物矣. 丈夫見此等名妓而不近, 則可謂拙夫! 吾之此行, 初欲殺汝而來矣, 旣見汝則名物也, 吾何必下手也? 汝可往侍吾家令監, 而令監炭客也, 若使之沈惑而生病, 則汝罪當死. 愼之愼之!" 言罷, 仍回馬而向京路[54]. 泰耆聞之, 急走伻傳喝, 曰: "嫂氏行次, 旣來到城外, 而仍不入城, 何也? 願暫到城內, 留營中幾日而還行, 可矣." 沈氏冷笑曰: "吾非乞駄客也, 入城何爲?" 不顧而馳[55]還京第. 其後, 泰耆招致其妓, 而問曰: "汝以何大膽直向[56]虎口, 而反[57]獲免焉?" 其妓對曰: "夫人之性雖婦妬, 而作此行於千里之地者, 豈區區兒女輩所可辨乎? 馬之蹎嚙者, 必有其步, 人亦如是, 小人死則等耳, 雖避之其可免乎? 故玆凝粧而往拜, 若被打殺, 則無可[58]奈何矣, 不然, 則或冀有見而憐之之意故也云爾."

3-14.

李大將潤城之爲平兵也, 嬖一妓. 潤城每晨如廁, 一日之夜, 晨起如廁, 還來開戶, 則有一知印, 與其妓狼藉行淫. 潤城假稱腹痛, 復坐廁上, 食頃之後入來, 仍不問之. 翌日, 知印與妓逃走矣, 亦不問而[59]置之矣. 遞歸後, 張大將志恒, 爲其代赴任, 則知印與妓, 謂李之已遞, 還歸應役矣. 張帥到任三日後, 設大宴於百祥樓, 而張樂酒至半酣, 仍拿下其知印與妓, 男女縛以一索, 投之於江. 李之不問, 張之沉江, 俱爲得體云爾.

---

54) 京路: 나, 마, 사본에는 '京城'으로 되어 있음.
55) 馳: 나, 마, 사본에는 '行'으로 되어 있음.
56) 向: 마, 사본에는 '入'으로 되어 있음.
57) 反: 마, 사본에는 '能'으로 되어 있음.
58) 可: 저본에는 빠져 있으나 나, 마, 사본에 의거하여 보충함.
59) 而: 저본에는 공백으로 되어 있으나 나본에 의거하여 보충함.

3-15.

李正言彥世, 門外人也. 門閥雖不高, 而性甚簡亢, 尤嚴[60]於辛壬義理. 以是之故, 三山族大父及尹臨齋心衡諸名流, 皆許與, 與之友善. 李正言家貧, 不蔽風雨, 朝夕之供屢空, 三山公怜而悶之, 欲得除一邑矣. 時尹判書叙掌銓, 而成川適有窠矣. 公以親查之間, 薦李擬之於首蒙點矣. 李乃大怒, 捉來吏曹政色吏, 捽曳而叱曰: "汝之大監, 何爲而使我外補云云." 而仍爲[61]而合三呈辭而遞. 三山公往見, 而諭之曰: "此是吾之所使也. 吾見君將有餓死之慮, 故累囑于長銓而爲之[62]矣, 何乃如是也?" 李冷笑曰: "此是令監之事耶? 吾以爲令監可人矣, 今見此事, 不勝慨咄, 令監何待親舊如是之薄耶云云." 而竟不赴任矣. 伊後, 爲言官也, 駁尹公曰: "行公臺諫, 無故外補, 此杜塞言路, 壅蔽聰明云." 人皆吐舌. 古人之志槩, 蓋可見矣.

3-16.

金相[63]鍾秀之慈母, 卽洪相之從妹, 鍾秀兄弟, 皆養育於其外家, 無異親舅甥也. 自論議岐貳之後, 仇視洪家, 尤甚於他. 洪相之帶御將也, 鍾秀時居憂, 而其奴見捉於御廳松禁矣, 鍾秀兄弟曳縗, 而席藁於洪相之門外. 時洪相入闕, 而其諸胤在第, 聞而驚訝, 使人傳喝, 而使之入來, 則辭曰: "犯法之罪人, 不可入去." 諸人誹笑而置之矣. 洪相晚後出來, 見其狀[64], 下軺而責之, 曰: "汝奴見捉於

---

60) 嚴: 나본에는 '重'으로 되어 있음.
61) 爲: 저본에는 빠져 있으나 나본에 의거하여 보충함.
62) 之: 저본에는 '矣'로 나와 있으나 나본에 의거하여 바로잡음.
63) 相: 저본에는 빠져 있으나 마, 사본에 의거하여 보충함.
64) 狀: 사본에는 '相'으로 되어 있음.

松禁, 則以書通之, 可也, 何爲作此駭擧也?" 仍挽袖而偕入, 則終不聽. 洪相使放其奴而入門, 聞諸胤不出見, 招而責之, 曰: "汝輩何爲不出見也?" 皆對曰: "其駭擧, 還可笑也. 屢次邀來而不聽矣." 洪相曰: "旣不入, 則何不出見而挽止乎[65]? 吾家必危於此人之手矣." 仍咄歎不已.

3-17.

李兵使日濟, 判書箕翊孫也. 勇力絶人, 捷如飛鳥, 自兒少時, 豪放不羈, 不業文字, 判書公每憂之. 十四五, 始冠而未及娶. 一日夜, 潛往娼家, 則掖隷·捕校之屬, 滿坐盃盤狼藉. 日濟以眇然一少年, 直入座與妓戲, 座中惡少皆曰: "如此無禮乳嗅之兒, 打殺可也." 仍群起蹴之, 日濟以手接一人之足, 執以爲杖一揮, 而諸人皆仆于地. 仍抛置而出門, 飛身上屋, 緣屋而走, 或超五六間地. 此時, 一捕校適放溺出門, 不預其事, 心竊異[66]之, 亦超上屋而躡後, 入于李判書門矣, 捕校卽其親知之人也. 翌朝, 來傳此事, 判書公杖之, 而使不得出門矣. 伊後, 隨伴訪花, 上南山蠶頭. 時閑良之習射, 數十人會于松陰, 見日濟之來, 以爲將受喫東床禮云, 而一時幷起, 執其袖[67]而將欲倒懸. 日濟乃聳身一躍, 而折松枝, 左右揮之, 一時從風而靡, 仍下來. 自此之後, 次次傳播, 入於別薦, 付武職, 位至亞[68]卿. 趙判書曦之通信日本也, 以日濟啓幕賓, 將航海上, 船失火, 火焰漲天. 諸人各自逃命, 急下倭人救急船, 而又有連

---

65) 乎: 저본에는 빠져 있으나 마, 사본에 의거하여 보충함.
66) 異: 사본에는 '疑'로 되어 있음.
67) 袖: 사본에는 '手'로 되어 있음.
68) 亞: 저본에는 '惡'으로 나와 있으나 나, 마, 사본에 의거하여 바로잡음.

燒之慮, 仍搖櫓而避之. 去上船, 幾爲數十間之地. 始收拾精神, 相與計數各人, 則獨無日濟一人, 諸人驚惶, 意其爲火所燒矣. 而已, 遠聞人聲, 諸人立船頭望之, 則日濟立於火焰之中, 擧手高聲呼曰: "暫駐船!" 諸人始知其爲日濟, 乃駐船而待. 日濟自火中飛下船上, 人皆駭異. 蓋日濟醉睡於上船船艙之上層, 不知火起, 而諸人亦於倉黃中, 未及察也. 睡覺而見火勢, 仍跳下傍船, 其神勇如此.

3-18.

李相性源, 按原營也, 巡路入楓嶽, 到[69]九龍淵, 欲題名, 而刻手僧皆出他矣. 高城倅以爲, "此下民村, 有一人之來留者, 而頗有手才, 可刻云矣." 使之呼來而刻之, 則其人着眼鏡, 而鏡是品絶. 李相素有此癖, 使之持來, 愛翫不已, 偶爾失手, 落于巖石之上而破碎. 李相錯愕而使給本價, 則其人辭之, 曰: "物之成敗[70], 亦有數焉, 不必關念也." 李相謂之曰: "汝以山峽貧民, 失此鏡, 而又何可得買[71]乎? 此價不必辭也." 强與之, 其人解示鏡匣, 曰: "覽此可知矣." 李相受而視之, 書以'某年月日, 遇巡使破于九龍淵.' 李相大驚, 問曰: "此是汝之所書乎?" 曰: "當初買得[72]之時, 有此書云矣." 而終不言誰某所書, 亦可異矣.

3-19.

關北一人, 喪配後後娶, 而其後妻悍惡, 疾其前妻子女, 如仇讐而侵虐之. 其子與女, 不堪其苦, 娚妹相携而出門, 女是十二歲, 子

---

[69] 到: 나, 마, 사본에는 '對'로 되어 있음.
[70] 敗: 마, 사본에는 '毁'로 되어 있음.
[71] 買: 저본에는 '賓'으로 나와 있으나 나, 마, 사본에 의거함.
[72] 得: 저본에는 빠져 있으나 마, 사본에 의거하여 보충함.

是十三歲矣. 其娚兄托其妹於外家, 而將向京城, 訪其親戚之在洛者, 欲托身. 臨行作詩, 別其妹, 曰: '蒸蒸大舜不怨號, 王子悲歌亦暮途. 去住殊常無奈爾, 死生有命可憐吾. 遠天獨下離群鴈, 古木雙啼失哺烏. 日下長安何處是, 熹微[73]前路問征夫云云.' 語甚悽悲. 余在箕城時, 聞此兒日前過去云爾.

3-20.

金應立者, 嶺右常賤也. 目不識丁, 而以神醫名于嶺外, 其術不診脉而不論症, 但觀形察色, 而知其病祟, 所命之藥, 不是藥料之恒用者. 李銘之爲金山倅, 其子婦自入門之初, 咳嗽苦劇, 李亦曉醫理, 雜試藥餌, 而少無動靜, 至於委臥垂盡之境. 乃邀應立而問之, 對曰: "一瞻顏色而後, 可以[74]議藥, 此則不敢請之事." 李銘曰: "今至死境, 一見何傷?" 使坐于廳, 招使見之, 應立入門而熟視, 曰: "此是至易之病, 腸胃有生物之滯而然也." 使買飴糖數箇, 和水鎔化[75]而服之, 曰: "必吐出云矣." 服之未幾, 吐出一痰塊, 割[76]而視之, 則中有一小茄子一枚, 而小不傷敗. 問于病人, 則以爲, '十餘歲時, 摘食茄子, 一箇誤呑下, 必是此物也云.' 自其後, 病根遂差[77]. 李銘之姪婿, 積年沈痼, 駄病而來, 又使應立診視[78], 則見而笑曰: "不必服他藥, 今當秋節葉落, 毋論某葉, 擇其不傷朽者數駄, 以大釜四五坐[79]煎之, 次次煎至一椀[80]後, 無時服, 可也." 如其言果

---

73) 微: 나본에는 '迷'로 되어 있음.
74) 以: 저본에는 빠져 있으나 마, 사본에 의거하여 보충함.
75) 化: 사본에는 '和'로 되어 있음.
76) 割: 마, 사본에는 '剖'로 되어 있음.
77) 差: 마, 사본에는 '祛'로 되어 있음.
78) 診視: 마, 사본에는 '視之'로 되어 있음.
79) 坐: 저본에는 '箇'로 나와 있으나 마, 사본을 따름.

得效. 又有一人, 病如角弓反張, 應立見, 而使作紙鍼, 刺鼻孔, 作咳逆狀, 如是終日而病愈. 其所命藥皆如是, 亦可異矣.

3-21.

大金者, 吾家古奴也. 自幼時, 侍王考守廳, 雖不學而粗解文字. 癸未年間, 王考莅杆城郡[81], 大金隨往, 衙中留歲餘, 有故上京, 山路少店舍, 行到某境一處, 借宿於民村閭家. 其家有喪, 故終夜喧撓, 而主人頻頻出門而望, 曰: "有約不來, 大事狼貝矣, 此將奈何云." 而擧措忙急, 大金問其故, 答曰: "今曉將過亡[82]父之葬禮, 而題主官請于某洞某生員, 丁寧爲約矣, 尙無消息, 大事將狼貝矣云." 而仍問: "客子京華人也? 必知題旣成[83]矣, 幸爲我書之, 如何?" 大金渠亦不知題主之法, 而以愚痴之性, 快諾, 主人大喜, 厚饋酒肴. 及曉行喪, 而與大金隨後上山, 旣下棺平土, 而請大金題主. 大金業已許之, 無以辭之, 遂盥水[84], 欲書之, 而不知法例, 思之半晌, 仍書以'春秋風雨, 楚漢乾坤', 蓋此則習見於博局之故也. 書罷, 主人奉安於卓上, 如禮行祭, 而已, 自山下有一箇着道袍者, 帶十分酒氣而來, 主人迎之, 曰: "生員何使人狼貝於大事也?" 其人曰: "吾爲知舊所挽, 醉酒而不得來, 今始驚覺而急來矣, 題[85]旣成何以爲之?" 主人曰: "幸有京客之來者, 已[86]書之矣." 其人曰: "若然則好矣, 願一見之." 大金聞此言大驚, 而獨[87]語于心曰: "此書

---

80) 椀: 저본에는 '桄'으로 나와 있으나 나, 마, 사본을 따름.
81) 郡: 나, 마, 사본에는 '時'로 되어 있음.
82) 亡: 저본에는 '其'로 나와 있으나 마, 사본에 의거함.
83) 題旣成: 나, 마, 사본에는 '題主'로 되어 있음.
84) 遂盥水: 저본에는 빠져 있으나 마, 사본에 의거하여 보충함.
85) 題: 저본에는 빠져 있으나 나, 마, 사본에 의거하여 보충함.
86) 已: 저본에는 빠져 있으나 마, 사본에 의거하여 보충함.

綻^(88))露於此班之眼矣, 吾將受無限辱境矣." 仍托以如厠, 方欲避身 逃走之際, 其人見題主, 而笑曰: "此則眞書也, 有勝於吾之諺文題 主矣云云." 大金始乃放心醉飽, 而及晚辭行, 主人無數稱謝云矣. 余於幼時聞此言, 不覺絶倒, 今玆錄之.

3-22.

原州蔘商有崔哥者, 累萬金巨富也. 聞原州^(89))之人所傳言, 則崔 之母, 纔過卄歲生子而喪夫, 與穉兒守節孤居. 一日, 忽有一健丈 夫, 衣裳楚楚, 腰紅臀金而來, 坐于廳, 崔之母驚訝之, 言曰: "守寡 之室, 何許男子唐突入來?" 其人笑曰: "吾是家長也, 何須驚怪也?" 仍入房逼奸, 崔母無奈何而任之, 但交合之時, 冷氣逼骨, 痛不可 堪. 自此以後, 每夜必來, 而銀錢布帛, 每每輸來, 充溢庫中. 崔母 知其爲鬼物, 而自爾情熟矣. 一日, 問曰: "君亦有所畏惻者耶?" 其 人曰: "別無所畏惻, 而但惡見黃色, 若見黃色, 則不敢近焉." 崔母 乃於翌日, 多求染黃之水, 遍塗於屋壁, 且染渠之顔面身體, 又染 衣而衣之. 其夜, 其人入來, 驚而退出, 曰: "此何爲也?" 咄歎不已, 仍發歎曰: "此亦緣分盡而然也, 吾從此辭去. 汝須好在, 吾之所給 之財, 吾不還推去, 俾作汝之産業也^(90))云." 而仍忽不見, 自其後, 仍 無踪跡. 崔之家, 仍此而致富, 甲於一道, 崔之母年近八十, 而家産 依前饒富云. 原之人莫不傳之^(91)), 故玆錄之.

---

87) 獨: 마, 사본에는 '暗'으로 되어 있음.
88) 綻: 저본에는 '必'로 나와 있으나 마, 사본을 따름.
89) 州: 저본에는 빠져 있으나 나본에 의거하여 보충함.
90) 也: 저본에는 빠져 있으나 마, 사본에 의거하여 보충함.
91) 之: 나본에는 '言'으로 되어 있음.

3-23.

　李觀源, 判書鼎輔之繼子也, 有文學, 早登司馬, 而性甚簡亢. 洪國榮, 卽其戚五寸侄也, 爲人簿倖, 無行檢, 觀源未嘗與之接談, 如或來拜, 則點頭而已, 國榮自兒時, 含憾而切憎之. 及到丙申後, 獄事大起, 觀源之妻父洪啓能, 被拿伏法矣. 國榮以觀源亦參是謀, 請拿, 及觀源之被拿, 自上問: "汝受學於汝之妻父云, 然不[92]?" 供曰: "矣身粗解文字, 平日不服於矣身妻父矣受業云云, 千萬不近矣." 又敎曰: "汝與汝之妻父, 何爲論『書傳』太甲篇乎?" 供曰: "今年有故, 未嘗見妻父之面矣, 何暇論『書傳』乎?" 命刑推得情, 觀源泣曰: "矣身罪雖可殺, 矣身之父, 有勞於王家之臣也, 乞留矣身之命, 無使矣父絶祀焉." 上聞而憐之, 仍命停刑, 下敎曰: "李觀源聽言, 觀貌容, 有可恕之道, 特爲減死島配." 觀源直出[93]南門外, 治裝將赴謫所[94], 其妻洪氏, 先來待于店舍矣. 觀源見而泣, 曰: "子欲死乎?" 洪氏正色斂衽, 而對曰: "以妾家事, 連累於舅家, 至使君子, 至於此境, 妾雖粉身碎骨, 卽地溘然, 而無以自贖. 而天日無幽不燭, 天下至寃之事[95], 必有伸雪之日, 妾當圖生, 欲見伸雪之日矣, 何必[96]輕死? 且妾竊有慨惜者, 夫子讀古人之書, 而言行相符, 妾常敬服矣. 以今日事見之, 不覺惘然自失, 以堂堂大丈夫, 何爲此女子之涕泣耶?" 觀源收淚而謝之, 洪氏仍勉以在道加護, 而不言他事, 仍起而辭曰: "久坐徒亂人心, 從此告別." 仍出門, 處他房, 終不更對, 招其轎前婢, 而托曰: "汝可隨往謫所." 其婢泣曰: "小婢

---

92) 不: 나본에는 '否'로 되어 있음.
93) 出: 나본에는 '向'으로 되어 있음.
94) 所: 저본에는 빠져 있으나 나본에 의거하여 보충함.
95) 事: 나본에는 '狀'으로 되어 있음.
96) 必: 나본에는 '乃'로 되어 있음.

有良人矣, 何以離去?"洪氏責曰: "吾別進士主矣, 汝焉敢言汝夫之難離乎? 斯速隨去!"仍作一封書給婢, 曰: "到謫所, 可傳此書." 婢子不得已治裝隨去矣. 及到謫所, 覽[97]則書曰: "此婢性行良順, 亦解衣服飲食之節, 勸使作副室云云."觀源執書而泣, 仍作小室, 生二子而夭. 至辛亥, 上忽以前望李健源, 除注書, 乃是觀源之兄也. 健源席藁於闕外, 而不應命, 上下嚴敎, 使之入侍, 肅命後又辭, 上下敎曰: "前席辭免, 大臣外不敢爲者也, 李健源渠以假官, 焉敢乃爾?"命除明月萬戶, 當日辭朝. 健源辭陛之時, 上敎曰: "可往見汝弟."蓋與觀源所在之島, 隣近故也. 健源赴任, 而往見其弟, 相持痛哭, 攢祝聖恩. 伊後, 觀源患時疾, 健源往而[98]救護, 亦染其病, 兄弟俱死, 命也夫, 慘矣慘矣! 李判書之妾, 全州之妓, 國榮幼少時, 常梳洗於此妓者, 久矣. 妓老在觀源家, 見此光景, 夜往國榮家, 欲乞其全保, 而阻閽不得入門. 待曉, 赴闕之路, 老妓突出而執軺車, 曰: "令監何忍使我大監家覆亡乎?"國榮聽若不聞, 命使驅逐, 左右巡牢, 一時迫逐. 老妓仰天痛哭, 曰: "天乎知之, 使洪國榮陰誅云云矣."國榮入奏, 以觀源妻洪氏, 路上詬辱云, 洪氏仍此謫于豊川, 未解配而死.

3-24.

趙判書雲逵, 爲完伯時, 一日夜, 廳妓適有故出外, 獨寢宣堂矣. 夜深後, 自挾室有錚然聲, 心甚訝然, 忽有人問曰: "上房有人乎?" 巡使驚而問曰: "汝是誰也?"對曰: "小人乃是殺獄罪人."巡使尤驚訝, 曰: "汝是殺獄重囚, 則胡爲乎來此[99]?"曰: "明朝粥[100]進支, 必

---

97) 覽: 나본에는 '折見'으로 되어 있음.
98) 而: 나본에는 '見'으로 되어 있음.

勿喫, 而使及唱某喫之也. 小人旣活使道, 使道亦須活小人也云."
而直出去. 心甚驚惶, 未接一眠, 待曉靜坐. 未幾, 朝粥自補饍庫備
進矣, 仍稱氣不平而退之, 招及唱某也, 給粥器而使之喫之, 則厥
漢捧器戰栗. 巡使乃大叱催喫, 則遂一吸而倒于地, 使之曳屍而
出. 其後審理時, 此囚置之生道, 而登啓聞其委折, 則獄墻之後, 卽
食母家也. 一日, 偶爾放溺於墻下, 有人語聲, 從墻穴窺見, 則及唱
某也, 招食母到墻下, 給二十兩錢, 且給一塊藥, 曰: "以此藥, 和於
朝粥而進之, 事若成, 則當更以此數賞之矣." 食母婢問: "何爲而如
是也?" 曰: "某妓卽吾之未忘也, 汝亦當知之, 一自侍使道之後, 不
得見面目, 思想之心, 一日如三秋, 不得不行此計也." 食母曰: "諾
云." 故暮夜潛出而告之云云.

3-25.

趙判書在完營時, 一日, 夜深後就寢. 昏夢中, 在傍之妓, 攪之使
覺, 巡使驚悟而問之, 則妓曰: "試見窓外之影." 時月色如晝, 窓外
有人影, 乃從隙窺見, 則有八尺身長健兒, 全身上下裝束杖雪色
也, 似匕首, 而有將入之狀. 心神飛越, 厥妓低聲而言曰: "小人將
通于神將廳矣." 潛開後窓而出去. 巡使自念, '獨臥恐有非常之事,
隨妓後而出去, 無可隱身之所.' 入竈下, 傍邊[101]有盛灰之空石, 仍
蒙于首而隱伏. 而已, 杖劍之漢, 漸至于竈矣, 毛髮俱疎, 屛氣而
伏. 少焉, 營中鼎沸, 炬燭明晃, 賊乃以劍擊竈柱, 而言曰: "莫非命
也云." 而超越後墻而去. 四面喧嘩, 聲中皆曰: "使道安在乎?" 巡使

---

99) 胡爲乎來此: 저본에는 '何爲此此'로 나와 있으나 나본에 의거함.
100) 粥: 저본에는 '術'로 나와 있으나 나본에 의거하여 바로잡음.
101) 邊: 저본에는 빠져 있으나 나본에 의거하여 보충함.

暗中乃言曰: "使道在此, 使道在此耳!" 幕客及下隷, 尋聲而至, 扶持還歸上房. 後仍上疏, 乞遞而得卸云爾.

3-26.
趙判書在北營時, 英廟以北關都試之多出沒技[102], 有嚴敎. 關北有親騎衛, 名色監營千名, 南北兵營各千名, 而擇軍校子弟中年少勇健可充額, 每年試都試出科者也. 近來科規蕩然, 一番試射, 幾出十餘人科, 以是之故, 上敎至嚴, 巡使欲釐其弊, 使漏水直射而下. 蓋臨射之時, 以漏刻爲限, 而漏水屈曲而瀉之, 則稍遲, 若使直射而下之, 則甚促故也. 一武士, 射騎蒭連中, 而擧末矢時, 漏水盡下而鳴金, 武士仍下馬, 而臥於蒭巷, 曰: "天下寧有如此至寃事乎? 吾將死矣, 後來者, 走馬躁我腹而過去過去!" 後來者, 卽其姪也. 按轡不進, 而臺上鳴鼓而揮旗, 終不進, 問其故, 對以此故. 巡使大怒, 命拿入臥者及不進者, 親騎衛一時作隊而進, 皆曰: "使道何爲作此至寃之事也云." 而將有犯臺上之慮者, 臺上觀者, 無不汗背. 巡使乃推戶, 而坐于退廳上, 曰: "汝輩此擧, 無乃犯我乎?" 命出植肅正牌, 牌植而諸軍不得近矣. 仍拿入左右別將, 而分付曰: "汝是別將, 而不得禁戢軍卒, 今日乃有此擧, 汝罪當死, 斯速梟首警衆!" 中軍請貫耳, 乃曰: "肉貫耳." 中軍驚而仆地. 蓋梟首之法, 眞箇梟首, 則以箭貫兩耳, 不然則貫網巾後髮際依樣而已故也. 一通鼓一聲砲後, 面塗灰以箭貫耳, 使徇示軍中, 曰: "此人爲別將, 不得禁戢部曲, 至有今日之變, 罪當斬耳." 又一通鼓一聲砲後, 劊[103]數十, 執利刀, 環圍罪人, 而罪人之髻, 以繩懸于豹尾旗, 而又

---
102) 技: 저본에는 '枝'로 나와 있으나 나본에 의거함.
103) 劊: 나본에는 '劊子'로 되어 있음.

若一鼓一砲, 則頭可斷矣. 少焉, 諸軍一時俯伏而請罪, 巡使怒未解而不許. 時王考府君, 亦在房, 極力挽解, 仍貰其死, 而嚴棍二十度後放送. 蓋伊時, 巡使如有驚惻之狀, 則事不知至於何境耳.

3-27.

英廟展謁東陵, 還宮之路, 御鞍馬到東門瓮城外, 馬忽驚却, 幾至落傷. 時李相鐸, 以兵房承旨陪[104]衛, 急入駕前, 奏曰: "馬驚可疑, 願以侍衛軍兵, 搜見城底." 上允之, 時天海獄事纔勘, 人心危疑之時也. 承旨仍命軍卒搜之, 城上有一漢, 挾銃藏藥, 將欲向法駕而放, 被[105]捉鉤問, 則乃是天海之從弟, 仍正法. 李相以此有際遇云爾.

3-28.

正廟幸永陵, 回鑾之路, 駐駕陽川坪, 將親行閱武, 御軍服. 時金文貞公熤, 以原任大臣參班, 進前曰: "殿下何爲御軍服也?" 上曰: "今日風日淸佳, 且尙早, 欲親行閱武矣." 公奏曰: "拜陵回鑾, 聖慕㭆切, 不宜行此擧也. 且軍服非王者之所御服飾也, 還寢下敎似好矣." 上無語而罷. 及徐判書有隣入侍也, 上敎曰: "金判府當面駁我, 使我羞愧[106]無顔矣." 其後, 以學齋任之謀避, 下嚴敎. 時金公之季胤載瓉, 在其伯氏金相載瓚成川任所, 而帶齋任. 以是之故, 有金公削黜成川府使罷黜之命矣, 未幾皆敍用. 後以黃基玉事, 命罷其父昌城尉職名, 金公以時相, 奏曰: "經云: '罰不及嗣.' 以其父

---

104) 陪: 저본에는 '浯'로 나와 있으나 나, 마본에 의거하여 바로잡음.
105) 被: 나본에는 '搜'로 되어 있음.
106) 愧: 나본에는 '恥'로 되어 있음.

之罪, 尙不及於其子矣, 何況以其子之罪, 罪其父乎? 請還收下敎.”上允之. 時金公之伯胤領相公, 以閣臣入直矣. 上使入侍而敎曰: “君家大臣, 今又妄發矣.” 金相退而傳此敎于大人公, 而言曰: “日前有吾家處分[107], 大人何不避嫌而有此奏也?” 金公嗟歎曰: “吾忘之矣! 事在目前, 而爲聖明過中之擧, 故有此陳奏矣. 今而思之, 果是妄發矣.” 其後, 金公之喪, 金相搆行狀草, 而不書此事矣. 上命使之入覽, 而敎曰: “此中有漏事, 何不書之?” 左右曰: “似是不敢書矣.” 上曰: “此是予之失, 而此大臣之所匡救者也, 不必拔之.” 命使書入, 大聖人處事之光明如是, 出尋常萬萬矣. 金公之病危瓴, 上聞而憂慮, 內下山蔘五兩, 使其伯胤金相賜給, 以爲藥餌之資. 金相承命而來傳, 則金公於昏昏之中, 起坐整衣冠, 使家人捉下其伯胤于庭下, 而責曰: “吾雖不似備位三公, 主上欲下藥物, 則自有遣御醫齎藥物看病之例, 此則可矣. 人臣無私受而來者, 斯速還納, 不者, 吾不見汝!” 金相可謂進退維谷, 受藥封, 而伏於門外, 泣數日. 上聞之, 使之還納, 而遣醫生齎送. 金公之守正, 不撓如是, 可謂名碩矣.

3-29.

金鍾秀·沈煥之輩, 初以攻洪之人, 作一黨, 而全以傷人害物爲事. 丙申之獄, 老論古家之盡數敗亡者, 雖是國榮之所誣陷, 而無非鍾秀之所慫恿, 自爲劊子而然也. 李琈與文良海, 往復謀凶, 而鍾秀預知之, 金履鎔爲其間所使, 而文賊之書云: '撥亂反正之初矣, 底定人心, 惟夢村台一人而已.' 此指鍾秀而言也. 履鎔仍袖往,

---

[107] 分: 저본에는 '公'으로 나와 있으나 나본에 의거함.

示其書, 鍾秀踰後垣, 自夢村疾馳入城, 請對而泣陳其被誣之狀, 上亦置而不問. 煥之則廢處龍仁地, 正廟特拔之, 眷遇隆重, 位至大臣. 而庚申後, 裕賊欲沮戲大婚, 投呈凶疏, 而煥之以首相, 乃奏以老臣忠愛. 其後, 壯勇營革罷收議, 渠有曰: "何待三年云?" 洪樂任處分收議, 曰: "降在殿下之庭, 無所不可." 此三條奏議, 俱是不可逭之逆節也. 乙丑裕獄後, 始追奪. 鍾秀之兄鍾厚, 以山林自處, 號本菴, 而爲國榮呈願留疏矣. 文稿開刊時, 拔此疏不錄, 還可笑也. 其墓在楊州地, 而年前雷擊封墳, 幾至露棺, 其家人改封築矣. 其後雷震, 亦可[108]異也.

3-30.

洪格者, 水原人也. 登武科, 而晚始筮仕, 以禁府都事, 五次見汰, 其官數之奇險, 如此. 年又衰老, 居于華城地, 而得差外營衛將, 以斗祿資生. 衛將之任, 每夜巡邏于行宮, 而年少之輩, 或訪酒家, 或訪娼樓, 每每闕巡. 而洪格則年老之人, 恪勤職事, 隨更巡綽而不暫休. 正廟聞而嘉之, 外人皆不知者也. 煥之秉銓時, 以其門客, 擬於內資主簿首望, 而猶恐天點之下副末, 問于政色吏曰: "世所不知之遐鄉武弁, 或有之可備此望?" 吏以洪格對, 蓋是落仕數十年, 而世不知存沒之故也. 乃擬于末而蒙點, 煥之含嫌於此, 翌年貶渠以內資提擧, 書洪格之貶, 曰: "何擬于官云?" 而書下, 洪格往而泣訴, 曰: "小人有何釁累, 而如是書貶? 使不得更爲照望於官方, 願問其故." 煥之無以答, 仍使逐出, 此豈可爲者耶?

---

108) 可: 저본에는 빠져 있으나 나본에 의거하여 보충함.

3-31.

正廟爲今上, 揀擇嬪宮, 而初揀日, 已屬意於金領敦寧之家, 再揀之後, 設衛等節, 一如嬪宮威儀, 人孰不知聖意之所在? 未及三揀, 而庚申正廟昇遐, 煥之輩, 締結泥峴之金, 必欲沮戱大婚, 蓋以金領敦寧之不附於己故也. 遂粧出裕賊之疏, 而至有金家一族中定婚之議, 朝野喧藉, 以姜彝天之與邪魁相親, 起大獄, 而又援引金鑢. 蓋鑢則北村親知人也, 欲以鑢證援金氏之計也. 鑢屢受刑訊, 而終不服, 金觀柱以委官, 問曰: "汝於北村無親知人乎?" 鑢供曰: "矣身粗有文藝, 非但北村有親知人也, 南村亦多, 奚獨指北村爲也?" 抵死不輸款, 金亦無奈何, 仍遠配金鑢, 而其凶計日甚[109]. 貞純大妃殿, 以日月之明‧天地之德, 洞悉其凶謀奸狀, 小不動撓, 終始保護. 至於壬戌, 行大禮, 而使吾東[110]宗社有億萬年盤泰之安, 猗歟盛矣!

3-32.

李進士寅炯, 門外人也, 先府君曾與之同硏矣. 其從兄某, 以看秋事, 往安山地, 迷失道, 誤入山逕[111], 登登愈險峻, 樹木茂密. 行至一洞口, 則山上開野, 而極淸絶深邃, 琪花瑤草, 爛熳芬馥, 珍禽異鳥, 上下飛翔, 眞仙境也. 李生心切訝之, 漸入深處, 則有一茅屋, 竹扉半掩, 入其門, 有一絶世佳人, 年可二十餘, 衣裳鮮楚, 非人世間所見者. 其女子含笑而起迎, 曰: "妾固知先生之來也. 妾聞先生之工於詞律, 欲與一番酬唱[112], 而故使失道而來此也." 進茶,

---

109) 甚: 저본에는 '急'으로 나와 있으나 나본을 따름.
110) 東: 나본에는 빠져 있음.
111) 逕: 저본에는 '地'로 나와 있으나 나, 마, 사본을 따름.

茶罷, 出示所詩賦篇, 其一曰: '白鷺蕭蕭立, 秋江萬里空. 尖尖黃小集, 引頸夕陽中.' 其外多不得誦傳, 李生因與之拈[113]韻共賦, 留數日, 仍告歸, 女子送之于洞, 而有戀戀不忍捨之意. 李生惘然[114] 出洞, 則楓葉已盡, 綠陰遍山[115], 已是夏節也. 遂記其程道而歸家, 則失之已半歲矣[116]. 對洞中親知, 道其事, 誦傳其詩, 而其後, 委往更尋前路, 則澗壑千疊, 雲烟萬重, 眞所謂'不辨仙源何處尋'者也. 李生數年尋訪, 而終不得, 仍以成病, 如喪性之人焉.

3-33.

朴綾州右源, 門外人也. 在南中某邑時, 其夫人見樹上鵲雛之落下者, 朝夕飼之以飯, 而馴之. 漸至羽毛之成, 而在於房闥之間不去, 或飛向樹林, 而時時來翔于夫人之肩上. 及移長城, 將發行之日, 忽不知去處, 內行到長城衙門, 則其鵲自樑上噪而飛下, 翶翔于夫人之前. 夫人如前飼之飯, 巢于庭樹而卵育之, 去來如常. 其後, 移綾州, 又復如前隨來, 遞歸京第, 亦又隨來. 及夫人之喪, 上下啼號, 不離殯所, 及葬而行喪, 坐於柩上, 到山下, 又坐墓閣上, 而噪之不已. 及下棺時, 飛向柩上, 啼號不已, 仍飛去, 不知去處. 雖是微物, 蓋亦知恩矣, 時人作「靈鵲傳」.

3-34.

正廟朝, 李在簡與趙時偉, 俱有罪, 減死島配. 伊時, 在簡之從李

---

112) 唱: 저본에는 '媢'으로 나와 있으나 나, 마, 사본에 의거하여 바로잡음.
113) 拈: 저본에는 '指'로 나와 있으나 나, 마, 사본에 의거함.
114) 惘然: 저본에는 빠져 있으나 마, 사본에 의거하여 보충함.
115) 遍山: 나, 마, 사본에는 '滿山'으로 되어 있음.
116) 矣: 저본에는 빠져 있으나 마, 사본에 의거하여 보충함.

在亨在廣津, 而以蔭官, 累典腴邑, 家稍饒. 一日, 禁都及府吏·府
隷, 稱有拿命突入, 而捉下蒙頭, 以文書, 搜探內外庫舍及挾室內
樓, 一竝搜出錢木·布帛, 出而馱之, 以李在亨縛置于馬上, 疾驅而
走. 大村之中, 無一人出頭敢見, 行至十餘里, 仍棄在亨而去. 蓋是
劫奪之盜, 而粧來禁府官吏服色故也.

3-35.[117]

李相思觀, 少時, 作湖中行, 過省墓[118], 遇大風雪, 幾不得作行.
路傍一儒生, 率內眷而行, 下轎於路, 氣色蒼黃罔措, 李相怪而問
之, 則儒生答曰: "拙荊作歸寧之行, 到此有産漸, 前不及村, 後不
及店, 而雪寒如此矣." 李相仍下馬, 解毛裘而言曰: "當此酷寒, 産
母及兒, 有難言之慮, 殆同亂離中, 何暇顧男子之衣? 願以此裘急
裹産母云云." 而又使奴子幷力擔轎, 疾走向店, 以自家盤備貿藿及
米, 而以行中艮醬, 急備飯羹而進之. 由是, 得免凍餓. 此儒乃是鰲
興府院君金漢耈也.

3-36.

金基敍者, 金判書[119]光默子也, 居在平邱其從弟基有之家. 忽於
一日, 有鬼來, 言曰: "我是高麗淸虜將軍也, 可爲我設壇而祭之."
基敍聞其言而往見, 與之酬酢, 麗朝之事歷歷皆言, 而[120]與基敍最
親, 與之語無不到, 而他人則不如也. 基敍乃設壇於家後, 請祭文

---

117) 이 항목은 2-73과 동일하여 겹치나 우선 그대로 둠.
118) 墓: 저본에는 '草'로 나와 있으나 나본에 의거함.
119) 金判書: 나본에는 '參判'으로 되어 있음.
120) 而: 저본에는 '曰'로 나와 있으나 나본에 의거함.

于金直閣邁淳, 時金亦在近故也. 鬼見祭文草, 乃曰: "似草草." 使之隨處點化, 而乃曰: "'東風細雨淚痕尙瀅', 此一句揷入, 爲好云." 行祭之時, 以洪參判遇燮之在近, 請獻官而行之. 此時, 士民之聞風來見者, 成群作黨, 京城之內, 訛言大起, 具臺康疏, 論基敍及洪遇燮, 自朝廷毀去其壇. 其後, 鬼仍不知去處, 事亦駭異矣.

3-37.

梅花者, 谷山妓也. 一老宰爲巡使, 巡到時嬖之, 率置營中, 寵幸無比. 時有一名士之爲谷山倅者, 延命時, 霎而見其姸美, 心欲之. 還衙後, 招其母, 賜顔而厚遺之. 自此以後, 使之無間出入, 而米肉錢帛, 每每給之, 如是者幾月, 其母心竊怪之. 一日, 問曰: "如小人微賤之物, 如是眷愛, 惶恐無地, 未知使道何所見而若是也[121]?" 本倅曰: "汝雖年老, 自是名妓也. 故欲[122]與之破寂, 自爾親熟而然也, 別無他事." 一日, 老妓又[123]問曰: "使道必有用小人處, 而如是款曲, 何不明言敎之? 小人受恩罔極, 雖赴湯火, 自當不辭矣." 本倅乃言曰: "吾於營行時, 見汝女, 愛戀不能忘, 殆乎生疾, 汝若率來, 更接一面, 則死無恨矣." 老妓笑曰: "此至易之事, 何不早敎也? 從當率來矣." 歸家, 作書于其女, 曰: "吾以無名之疾, 方在死境, 而以不見汝, 死將不瞑目矣. 速速得由下來, 以爲面訣之地云." 而專人急報, 梅花見書, 泣告于巡使, 請得往省之暇, 巡使許之, 資送甚厚. 來見其母, 則母具[124]道其由, 與之偕入衙中. 時本倅年纔三十餘, 風儀動盪, 巡使則容儀老醜, 殆若仙凡之別異. 梅花一見, 而亦

---

121) 若是也: 마, 사본에는 '然乎'로 되어 있음.
122) 欲: 저본에는 빠져 있으나 나, 마, 사본에 의거하여 보충함.
123) 又: 마, 사본에는 '入'으로 되어 있음.
124) 則母具: 저본에는 빠져 있으나 마, 사본에 의거하여 보충함.

有戀慕之心, 自伊日薦枕, 兩情歡洽, 過一朔, 由限將滿. 梅花將還[125]向海州[126], 本倅戀戀不忍捨, 曰:"從此一別, 後會難期, 將若之何?" 梅花揮淚, 曰:"妾旣許身矣, 今行自有脫歸來[127]之計, 非久更當還侍矣." 仍發行, 到海營, 入見巡使, 則巡使問其母, 曰:"病如何?" 對曰:"病勢委篤, 幸得良醫, 今則向差矣, 依前在[128]洞房矣." 過十餘日後, 梅花忽有病, 寢食俱廢, 呻吟度日, 巡使憂之, 雜試醫藥[129]而無效, 委臥近一旬矣[130]. 一日, 忽爾突然而起, 蓬頭垢面, 拍手頓足, 狂叫亂嚷, 或哭或笑, 跳躍於澄軒之上, 而斥呼巡使之名. 人或挽止, 則蹙之囓之, 使[131]不得近前, 卽一狂病也. 巡使驚駭, 使之出居于外, 而翌日縛置轎中, 送于渠家. 蓋是佯狂也. 還家之日, 卽[132]入衙中, 見本倅, 語其狀, 留在挾室[133], 情義愈篤. 如是之際, 所聞傳播, 巡使亦聞之. 其後, 谷倅往營下, 則巡使問曰:"府妓之爲廳妓者, 以病還家矣. 近則其病如何, 而時或招見否?" 對曰:"病則少差云, 而巡營廳妓, 下官何有可招見乎?" 巡使冷笑曰: "願令公爲吾善守直焉." 谷倅知其狀, 請由而上京, 嗾一臺, 駁巡使而罷之. 仍率畜梅花, 遞歸時, 與之偕來京第矣. 及丙申之獄, 前谷倅, 辭連逮獄, 其妻泣請[134]梅花曰:"主公今至此境, 吾則已有所決于心者, 汝則年少之妓也, 何必在此? 還歸汝家, 可也." 梅花亦泣,

---

125) 還: 사본에는 '歸'로 되어 있음.
126) 海州: 마, 사본에는 '營門'으로 되어 있음.
127) 脫歸來: 사본에는 '逃脫'로, 마본에는 '圖脫'로 되어 있음.
128) 在: 나, 마, 사본에는 '向'으로 되어 있음.
129) 醫藥: 마, 사본에는 '刀圭'로 되어 있음.
130) 矣: 저본에는 빠져 있으나 마, 사본에 의거하여 보충함.
131) 使: 마, 사본에는 '俾'로 되어 있음.
132) 卽: 마, 사본에는 '潛'으로 되어 있음.
133) 挾室: 마, 사본에는 '挾房'으로 되어 있음.
134) 請: 나, 마, 사본에는 '謂'로 되어 있음.

曰: "賤妾承令監之恩愛, 已久矣. 繁華之時, 則與之安享, 而今當如此之時, 安忍背而歸家? 有死而已云矣." 數日後, 罪人杖斃之報到家, 其妻自縊而死, 梅花躬自殯殮入棺, 而及罪人屍之出給也, 又復治喪, 夫婦之柩, 合祔于先瑩之下. 仍自裁於墓傍下, 從其節, 槩烈烈矣. 初於巡使, 則用計圖免, 後於本倅, 則立節死義, 其亦女中之豫讓歟!

3-38.

洪太湖元燮, 余查丈也. 少時, 借家於壯洞, 而與安山李生者, 做科工矣. 洪公適出他, 而李生獨坐, 見前面墻穴, 一紙漸次出來, 李生怪而見之, 諺書也. 以爲, "妾乃宦寺[135]之妻也. 年近三十, 而尙不知陰陽之理, 是爲終身之恨, 今夜適從容, 願踰垣而來訪也." 李生見大怒, 曰: "寧有如許之女人也[136]?" 翌日, 仍披衣而入其門, 訪見其主人宦寺, 正色而言曰[137]: "主人不得齊家, 使內子有如此書, 寧有如許道理云云." 給其書而來矣. 伊日之夕, 其家哭聲出, 而其女縊死云. 洪公歸後, 聞其事, 責之曰: "君旣欲不往則已矣, 何乃往見而給書, 至於此境? 君則必不登科云矣." 其秋李生歸家, 家爲晚潦所頹, 仍以壓死云爾.

3-39.

西賊之亂魁, 則洪景來, 謀主則禹君則, 君則勸景來, 曰: "急引兵向安州, 則安州必不能守矣, 箕城·黃崗等地, 亦皆如是矣. 兩西

---

135) 宦寺: 나, 마, 사본에는 '宦官'으로 되어 있음.
136) 女人也: 나, 마, 사본에는 '女子乎'로 되어 있음.
137) 曰: 저본에는 빠져 있으나 마, 사본에 의거하여 보충함.

已得, 而鼓行而上, 則京城可得矣." 景來曰: "不然! 吾輩初起兵, 無有根本之地, 若孤軍深入, 而義州·寧邊之兵, 議其後, 則腹背受敵, 取敗之道也. 不如先擊寧邊, 以爲根本, 如漢高之關中·光武之河內, 次下義州, 以絶後患, 而直犯京城, 則此萬全之計也." 兩敵此言, 俱有兵法之可據, 若從君則之計, 則都下未受敵之前, 自成魚肉矣, 其計之不行, 天也. 若使寧邊有失, 而爲賊所據, 而官軍如來, 則閉城而守之. 官軍如去, 則又出兵掠之, 如彭越之遊兵, 則此亂不知何時可底定, 而國家輸轉之費, 軍卒干戈之役, 又不知何時可休矣. 寧邊不失者, 豈非民生之福耶! 尹郁烈以咸從府使, 出戰松林之捷, 博川津頭之勝, 皆其功也. 如金見臣者, 不過賊退後, 入據白馬之空城, 別無斬將搴旗之功, 而特以遐土卑微之蹤, 能不附賊, 而起義兵者, 亦可謂忠矣. 論功之時, 尹郁烈別無異賞, 而金見臣節次推遷, 至兵使, 其亦有數之幸不幸而然歟! 李堯憲, 以巡撫使留京, 而送中軍, 朴基豊, 圍定州城, 相守幾月而無功, 仍拿來而代送. 柳孝源·朴基豊, 性寬厚, 與士卒同甘苦, 大得軍中之心, 而柳孝源, 性嚴酷[138]不恤, 士卒大失軍心. 幸以江界銀店穿壙之徒, 穿城下地, 道埋火藥, 而燒之城, 以是而頹圮, 大軍驅入而成功矣. 不然而如又持久, 則軍中又將有變矣. 景來在定州城, 立紅涼傘乘轎, 而鼓樂前導, 周行城上, 而撫士卒, 設文武科. 城中之賊徒, 以渠之曾登科之紅牌, 自城上投之於外, 曰: "還汝國王之紅牌云云." 令人聞此, 不覺髮竪而齒切. 大軍入城之日, 一城之人, 不分玉石而並屠之, 可也. 而旣破賊獲醜, 而令曰: "投兵而降者, 當勿問云云." 脅從之徒皆降, 而一時斬之, 此則大非不殺降之意, 是可歎也!

---

138) 嚴酷: 나본에는 '嚴峻'으로 되어 있음.

金見臣至武宰, 而不知守分, 大失鄕里之人心云.

3-40.

尹某, 卽有地閥之武弁也. 性甚悍毒, 而又妄率薄, 有文藝, 出入於時宰相之門, 宰相多許可者.[139] 其在湖中也, 適居憂, 窮不能自存, 隣里適有親知之人, 與松商以錢貨相去來者. 尹弁請於其人, 欲貸用錢兩, 其人以八十兩書標以給, 使之推用於松人處矣. 尹弁乃潛改十字, 書以百字, 而全州公納錢之上京者, 換用矣, 換錢失期. 自完營査實, 知其爲尹弁之所爲, 朴崙壽之爲完伯, 發送鎭營校卒, 以結縛尹弁某以來之意嚴飭, 而校卒來矣, 尹弁方在罔措之中矣. 其人來言曰: "君之當初行事, 雖甚不美之, 事已至此, 君則前啣, 以前啣一入鎭營, 則豈不敗亡身名乎? 吾則布衣, 吾當代行, 定限以來矣, 趁期[140]備送, 好矣." 尹弁[141]感泣而代送矣, 其人受棍, 而被囚於獄中, 使之備納後放送. 其人無奈何, 盡賣自家之田土·家産而充納[142], 閱無幾月[143] 得放還家, 又以杖毒, 幾死堇生. 家仍蕩敗, 而目見尹弁之無出處, 姑俟日後, 而一不開口矣. 其後, 尹弁爲端川府使, 其人始乃貰騎, 而訪於千里之外, 意謂執手致款矣, 阻閽而不得入. 留月餘, 行資已罄, 負債於店主者, 亦多. 其人計無所出, 進退維谷. 一日, 聞本倅出他之報, 要於路, 直前而呼曰: "吾來久矣!" 尹倅回顧, 而言于[144]下隸曰: "可率入衙內云." 而去, 未幾

---

139) 出入於時宰相之門, 宰相多許可者: 저본에는 '出入於時宰相, 多許可者宰相之門'으로 나와 있으나 나본에 의거함.
140) 期: 나, 마, 사본에는 '卽'으로 되어 있음.
141) 弁: 저본에는 '倅'로 나와 있으나 마, 사본에 의거함.
142) 納: 저본에는 '報'로 나와 있으나 마, 사본을 따름.
143) 無幾月: 나, 마, 사본에는 '幾箇月'로 되어 있음.
144) 言于: 마, 사본에는 '分付'로 되어 있음.

還來, 敍寒暄後, 別無他語. 其人仍語曰: "吾之貧窮, 君所知也. 以舊日之誼, 千里而委來矣, 阻閽而留月餘, 食債又多, 君幸憐而濟之, 吾不言向來債耳." 尹倅聞而噸蹙, 曰: "公債如山, 無暇救君." 仍定下處於外, 而接待極其冷落, 留數日, 給病脚馬一正, 曰: "此馬價過數百, 君可牽去賣用云." 而又以五十兩, 贐之, 其人懇請曰: "馬是病脚, 錢又如此其少[145], 食債及回粮亦云不足, 此將奈何? 君其更思之." 尹倅作色, 曰: "以君之故, 積債之中, 有此贈也, 如非君, 則可空手而見逐, 勿多言!" 仍使之出去, 其人大怒, 散其錢於庭下, 而叱辱曰: "汝乃偸喫公貨, 將入於營中[146], 而吾以義氣代汝而行, 幾死獄中, 蕩敗家産, 而報其債矣. 汝乃今爲守宰, 而吾自千里而來, 則汝旣不邀以見, 而見又疎待, 末乃以五十兩贈我, 此猶不足於來去[147]之需. 古今天下, 寧有如許非人情之賊漢乎?" 仍放聲大哭而出門, 呼冤於通衢之上, 對往來之人, 而皆言其狀. 尹倅聞而憾之, 又忿其揚渠之惡, 使將校搜檢[148]其行具, 則有宗簿郞廳帖二張矣. 尹倅囚其人, 卽日發營行, 對監司而言曰: "下官之邑, 捉得御寶僞造罪人, 將何以治之?" 監司曰: "自本府治罪, 可也." 尹倅曰: "若然, 則下官可處置乎?" 曰: "諾." 仍還官而打殺之, 世豈有如許殘忍非人情之人乎? 吁! 亦慘毒矣.

3-41.

柳參判誼, 以繡衣行嶺南, 行到晉州, 聞首鄕連四五等仍任, 而多行不法之事, 期於出道日打殺. 方向邑底, 未及十餘里地, 日勢

---

145) 少: 저본에는 '所'로 나와 있으나 나, 마, 사본에 의거함.
146) 營中: 나, 마, 사본에는 '鎭營'으로 되어 있음.
147) 來去: 나, 마, 사본에는 '來往'으로 되어 있음.
148) 檢: 저본에는 '驗'으로 나와 있으나 사본을 따름.

已晚, 又有路億, 偶入一家. 家頗精潔, 升堂有一十三四歲童子, 迎之上座. 其作人聰慧, 區處奴馬, 使之喂之. 呼奴備夕飯, 人事凡百, 儼若成人. 問其年, 而且問是誰之家, 則答曰: "年今十三, 而此[149]時座首之家也." 問: "汝是座首之兒乎?" 曰: "然矣." "汝翁何處去?" 曰: "方在邑內任所矣." 其應接極詳而敬謹, 柳奇愛之, 獨語于心曰: "奸鄉有寧馨兒云矣?" 至夜就寢, 忽有攪之者, 驚覺則燈火熒然, 前有一大卓, 魚肉・饌餌・酒果之屬, 皆高排矣. 起而訝之, 問: "此何飲食?" 其兒曰: "今年, 家翁之身數不吉, 必有官災云, 故招巫而禳之, 此其所設也. 玆庸接待客子, 願小下箸." 柳忍笑而啗之, 久饑之餘, 腹果氣蘇. 其翌日辭, 而入邑底出道, 拿入其座首, 數其前後罪惡, 而仍言曰: "吾之此行, 欲打殺如汝者矣. 昨宿汝家, 見汝子, 大勝於汝矣. 旣宿汝家, 飽[150]汝之酒食而殺之, 有非人情." 仍嚴刑遠配而歸. 柳台曾來家中, 而道其事, 曰: "巫女禱神, 亦不虛, 殺座首之神, 卽我也. 以酒肉禱之, 於我而免其禍." 儘覺絶倒云爾.

3-42.

　柳參判河源, 午人也. 登科幾四十年, 年過六旬, 而不得陞資, 貧窮可憐. 居在洞內, 而又有文藝, 故余時往來親知矣. 一日往見, 則出示所作詩律, 其中有自歎詩, 曰[151]: '四十荊妻髻已絲, 家翁衰朽也應知. 笑誇掌憲初除日, 料是夫人在腹時云.' 蓋後娶也. 未幾, 以宗簿正陞資, 其後數年, 以年八十, 又陞嘉善, 至參判.

---

149) 年今十三, 而此: 저본에는 빠져 있으나 마, 사본에 의거하여 보충함.
150) 飽: 나본에는 '饒'로 되어 있음.
151) 曰: 저본에는 빠져 있으나 나, 마, 사본에 의거하여 보충함.

3-43.

榮川儒生盧某[152], 有一子, 過婚未一年而身死. 其孀婦朴氏女, 而亦有班閥之家也, 執喪以禮, 而孝奉舅姑, 隣里稱之. 來時率童奴一人, 而名則萬石者. 盧[153]家素貧窮, 朴氏躬自紡績, 使奴樵汲, 朝夕之供, 未嘗闕焉. 隣居有金祖述者, 亦有班名, 家計亦累萬金富者也. 從籬間, 偶見朴氏之姸美, 心欲之矣. 一日, 盧生欲出他, 借着揮項於祖述之家, 而祖述乘其不在家, 使人探知朴氏之寢房, 帶月着驄冠而入其家. 時朴氏獨在其寢房, 房與其姑之寢隔一壁, 而間有小戶矣. 朴氏睡覺, 聞窓外履聲, 又見窓間, 月色下人影, 心竊疑惕, 潛起開戶, 而入其姑之房. 其姑怪而問之, 朴氏[154]密語其由, 姑婦相對而坐. 時萬石者, 爲祖述之婢夫, 宿於其家, 寂無一人, 而忽於戶外, 有人厲聲曰: "朴寡女與吾有私, 亦已久矣, 斯速出送云云." 其姑疾聲呼洞人, 而謂曰: "有賊入來云!" 隣家之人, 擧火而來, 祖述仍還歸其家, 朴氏姑婦, 知爲祖述也. 盧生歸來, 聞其言, 而忿不自勝, 欲呈訴于官, 而恐致所聞之不好, 仍姑忍之. 其後, 祖述又揚言于洞中, 曰: "朴氏與吾相通, 孕已三四朔矣云云." 傳說藉藉, 朴氏聞之, 曰: "今則可以呈官而雪恥矣." 以裳掩面, 而入官庭, 明言祖述之罪惡, 又言自家受誣之狀. 時祖述行貨於官屬, 且一邑官屬, 俱是祖述之奴屬也. 刑吏輩皆言, "此女自來行淫, 所聞之出, 亦已久矣云." 本倅尹彝鉉, 信聽官屬之言, 以爲, "汝若有貞節, 則雖被誣於人, 久則自脫, 何乃親入官庭而自明乎? 退去可也." 朴氏曰: "自官若不卞白, 而嚴處金哥之罪, 則妾當自刎於此

---

152) 盧某: 나본에는 '閔鳳朝'로 되어 있음.
153) 盧: 나본에는 '閔'으로 되어 있음. 이하의 경우도 동일함.
154) 朴氏: 저본에는 빠져 있으나 마. 사본에 의거하여 보충함.

庭下矣." 仍拔所佩小刀, 而辭氣慷慨, 本倅怒而叱曰: "汝欲以此而恐動我乎? 汝若欲死, 則以大刀, 自刎於汝家, 可也, 何乃以小刀爲也? 斯速出去!" 仍使官婢推背, 而逐出官門之外, 朴氏出門, 放聲大哭, 以其小刀, 刎其頸而死, 見者無不錯愕. 本倅始乃驚動, 使之運屍而去. 盧生不勝其忿, 入庭而語多侵逼, 本倅以土民之肆惡, 官庭侵逼, 土主報營, 盧生移囚于安東府矣. 其奴萬石者, 以其狀, 上京鳴金于駕前, 有下該道查啓之判付. 行查, 則祖述以累千金, 行賂於洞人及營邑之下屬, 至於朴氏之死, 非自刎, 而羞愧於孕胎之說, 服毒致死云. 而貿藥之嫗, 賣藥之商, 皆立證, 此亦祖述給賂於老嫗及商人而然也. 獄久不決, 拖至四年之久, 盧家以朴氏之屍, 不斂而入棺, 不覆蓋, 曰: "復此讐後, 可改斂而葬云." 而置越房者四年, 而身體小不傷敗, 面如生時, 入其門, 少無穢惡之嗅, 而蠅蚋亦不近, 亦可異矣. 奉化倅朴始源[155], 卽其再從娚妹間也. 往哭其靈筵, 云: "故余於逢場問之, 則以爲其家人啓棺蓋, 以見之, 則如生時無異云矣." 萬石爲金家之婢夫, 生一男一女矣. 當此時, 逐其妻而訣曰: "汝主殺吾主, 卽讐家也. 夫婦之義雖重, 而奴主之分, 亦不輕, 汝自還歸汝主, 吾則爲吾主而死云." 而絶之, 奔走京鄕, 必欲復讐乃已. 及金判書相休之按節時, 萬石又上京鳴金, 啓下本道, 更定查官而窮覈. 盧家擔來朴氏之柩於查庭, 而中有裂帛之聲, 盧家人去棺蓋, 而欲示之, 查官使官婢驗視, 則面色如生, 兩頰有紅暈, 頸下尙有劍刺之血痕, 腹帖[156]于背, 而肌[157]膚堅如石, 少無腐傷. 藥物買賣之商人及老嫗, 嚴鞫問之, 則始吐實, 曰: "祖

---

155) 朴始源: 나본에는 '朴時源'으로 되어 있음.
156) 帖: 마본에는 '貼'으로 되어 있음.
157) 肌: 저본에는 '肥'로 나와 있으나 마, 사본에 의거함.

述各給二百兩[158]錢, 而如是爲言云." 自營門, 以此狀啓聞, 而祖述始伏法, 朴氏旋閭, 萬石給復. 余在金山時, 雖不得目覩, 而聞查官言, 見巡營之啓草, 祖述之罪[159], 萬戮猶輕, 而至曰: "朴氏與萬石, 有私而然云." 尤可痛也. 嶺之士, 立石記萬石之忠. 附嶺伯金相休查啓跋辭.[160]

3-44.

古人有喪配, 而悲念不已. 一日之夜, 夢與相遇, 酬酢如平時, 而忽爲窓前梧葉上雨滴聲, 而驚覺, 仍此賦詩, 曰: '玉貌依俙看却無, 覺來燈影十分孤. 早知秋雨驚殘夢, 不向東窓種碧梧云云.' 余嘗誦其詩, 而悲其情矣. 丙子夏, 偶會仲氏宅, 略設盂盤而談笑矣. 忽有一乞客入來, 而言曰: "吾非求乞之客也, 早業文筆, 有事而自鄕上京, 路逢賊人, 行資盡失矣. 今將還下, 而手無分錢, 欲優得行資而來訪矣." 諸人皆曰: "旣如是, 則可矜矣." 其人又曰: "吾自[161]善於詞律, 請誦詩[162]一首矣, 座上其或[163]斥正否?" 余適依枕而臥, 起而對曰: "願一聞之." 其人曰: "吾喪妻矣, 悲懷難抑, 向者夢見, 而爲梧桐秋雨聲之所驚覺, 至今恨之云." 而仍誦此詩首句, 余笑而言曰: "吾亦曾喪妻, 懷事略同, 此下句, 吾當續之否?" 其人曰: "第言之." 余乃誦其下句, 其人遽起, 不告辭而去, 滿座絶倒.

---

158) 兩: 저본에는 빠져 있으나 마, 사본에 의거하여 보충함.
159) 罪: 저본에는 빠져 있으나 나, 마, 사본에 의거하여 보충함.
160) 附嶺伯金相休查啓跋辭: 저본과 이본 모두 이 뒤에 査啓의 내용이 첨부되어 있으나 생략함.
161) 自: 마, 사본에는 '果'로 되어 있음.
162) 誦詩: 나, 마, 사본에는 '誦傳'으로 되어 있음.
163) 或: 저본에는 '果'로 나와 있으나 마, 사본을 따름.

3-45.

　橫城邑內, 有一女子, 出嫁之後, 忽有一箇丈夫, 入來而劫奸, 其女百般拒之, 而無奈何矣. 每夜必來, 他人皆不見, 而渠獨見之, 雖其夫在傍而無難矣. 坐與同寢, 每交合之時, 痛楚不可堪, 其女知其爲鬼祟, 而無計却之. 自此, 不計[164]晝夜而來, 見人不避, 而只見其女五寸叔之入來[165], 則必也出避. 其女語其狀, 其叔曰: "明日彼[166]物若來, 暗以綿絲塊繫針, 而縫于其衣衿, 則可知其物之去向矣." 其女從其言, 翌日依其計, 以針繫絲, 刺于其衣裾下, 而其叔突入, 則厥物驚起, 出門而避之. 綿絲之塊, 次次解而隨之, 其叔[167]只見綿絲而逐之, 至於前林叢樾之下, 乃止. 迫而見之, 則絲入地下[168], 仍掘地數寸餘, 有一朽敗之春木段一箇, 而絲繫於木端[169], 而木之上頭, 有紫色珠, 如彈子大者一枚, 而光彩射人. 其人仍拔其珠, 置[170]之囊, 而燒其木矣, 其後, 遂絶迹. 一日夜, 其人之家門外[171], 忽有一人, 來乞曰: "此珠願還我[172]! 若還, 則富貴功名, 從汝願當爲之矣." 其人不許, 終夜哀乞而去, 每夜如是者, 四五日矣. 一夜又來, 言曰: "此珠在我甚緊, 在汝不緊, 吾當以他珠換之, 可乎? 此珠, 則有益於汝者也." 其人答曰: "第示之." 鬼物自外入, 送一枚黑色珠, 大亦如其珠樣者, 其人並奪而不給, 鬼物仍痛哭而

---

164) 計: 마, 사본에는 '分'으로 되어 있음.
165) 來: 저본에는 빠져 있으나 마, 사본에 의거하여 보충함.
166) 彼: 마, 사본에는 '厥'로 되어 있음.
167) 叔: 저본에는 '人'으로 나와 있으나 마, 사본을 따름.
168) 地下: 마, 사본에는 '地中'으로 되어 있음.
169) 端: 저본에는 '下'로 나와 있으나 마, 사본을 따름.
170) 置: 마, 사본에는 '藏'으로 되어 있음.
171) 門外: 나, 마, 사본에는 '門下'로 되어 있음.
172) 我: 나, 마, 사본에는 '下'로 되어 있음.

去, 仍無形影. 其人每誇之於人, 而不知用於何處, 其不問用處, 眞可惜也. 其後, 仍出他泥醉而歸, 露宿路上矣, 囊中之兩珠, 並不知去處, 必也爲鬼物所持去也. 洪邑之人, 多見其珠者, 向余[173]道之, 故茲錄之.

3-46.

金化縣村人父子, 往來兎山興販[174], 金之距兎, 卽挾路無人之境也. 一日, 買牛於兎山場市, 馱數十兩錢而歸, 父在前而子在後, 其子年纔十四歲兒[175]也. 行到一處, 忽有一健夫, 突出山凹處, 刺其父殺之, 又將殺其子, 其子哀乞, 曰: "吾卽兎山某店乞食人[176]兒也, 無父母兄弟, 四顧無親, 行乞於店幕, 此人給錢, 而要使馱牛同行, 故隨而[177]來者也. 殺我何爲? 若活我, 則吾當隨君而爲卒徒矣, 未知如何?" 盜乃許之, 使馱牛同行, 還到兎山邑底, 將賣牛於肉直. 方論價之際, 其兒忽爾高聲曰: "此是殺吾父之賊漢, 吾將發告于官矣!" 諸人捉留此漢, 諸人大驚, 仍縛其盜, 而其兒直入官庭, 泣訴此狀, 置之于法. 余在洪邑時, 金化倅來傳此言, 余聞而歎曰: "渠以十餘歲兒, 猝當蒼黃之際, 有此處變者, 可謂有膽略矣." 恨未詳其姓名矣.

3-47.

平壤有一妓, 姿質歌舞, 少時擅名, 自言, "閱人多矣, 有未忘二

---

173) 余: 저본에는 '汝'로 나와 있으나 마. 사본에 의거하여 바로잡음.
174) 販: 저본에는 '敗'로 나와 있으나 나. 마. 사본에 의거하여 바로잡음.
175) 兒: 저본에는 '兒兒'로 나와 있으나 나본에 의거함.
176) 人: 마. 사본에는 빠져 있음.
177) 而: 나본에는 '牛'로 되어 있음.

人, 一則姸美而不能忘, 一則醜[178]惡而不能忘矣." 人或問其故, 對
曰: "少年時, 侍巡使, 宴于鍊光亭. 夕陽時, 依欄而望長林, 則有一
少年佳郎, 騎驢飛也似馳, 到江邊, 呼船而渡, 入大同門, 風儀動
盪. 望之如神仙中人, 吾[179]心神如醉, 托以如厠, 下樓而審其所住
處, 卽大同門內店舍也. 詳知而待宴罷, 改粧村婦服飾, 乘夕而往
其家, 從窓穴窺見, 則如玉美少年, 看書于燭下. 自念, '如此佳郞,
如不得薦枕, 則死不瞑目.' 仍咳嗽打窓外, 其少年問: '爲誰?' 答
曰: '主家婦也.' 又問: '何爲而昏夜到此?' 答曰: '弊舍商賈多入, 無
寄宿處, 故欲借上埃一席而寢矣.' 曰: '然則入來, 可也.' 吾[180]仍開
戶而入, 坐於燭火之背, 則少年目不斜視, 端坐看書, 更深後, 仍滅
燭而臥. 吾仍[181]作呻吟之聲, 少年問: '何爲而有痛聲?' 吾對曰: '曾
有胸腹痛矣, 今仍房堗之冷, 宿症復發矣.' 其人曰: '若然, 則來臥
於吾之背後溫處.' 吾仍臥于背後, 食頃而又不顧, 吾仍言曰: '行次
不知何許人, 而無[182]乃是宦寺[183]也?' 其人曰: '何謂也?' 吾曰: '妾
非主人之婦, 而乃是官妓也. 今日於鍊光亭上, 瞻望[184]此行次之風
儀, 心甚艶慕, 作此樣來此, 冀其[185]一面矣. 妾之姿質, 不至醜惡,
行次年記, 不至衰老,[186] 靜夜無人之時, 男女混處, 而一不顧眄, 非
宦而何?' 其人笑曰: '汝是官物乎? 然則何不早言? 吾則認以主人

---

178) 醜: 마, 사본에는 '醜'로 되어 있음.
179) 吾: 저본에는 빠져 있으나 마, 사본에 의거하여 보충함.
180) 吾: 저본에는 '渠'로 나와 있으나 마, 사본에 의거함. 이하의 경우도 동일함.
181) 仍: 마, 사본에는 '佯'으로 되어 있음.
182) 無: 저본에는 빠져 있으나 나, 마, 사본에 의거하여 보충함.
183) 宦寺: 마, 사본에는 '宦侍'로 되어 있음. 서로 통함.
184) 望: 저본에는 빠져 있으나 마, 사본에 의거하여 보충함.
185) 其: 마, 사본에는 '得'으로 되어 있음.
186) 不至衰老: 마, 사본에는 '方今少壯'으로 되어 있음.

之婦而然也. 汝可[187]解衣同枕, 可也.' 仍與之狎, 其風流興味, 卽一花柳場蕩男子也. 兩情歡洽, 及曉而起, 促裝將發, 對吾而言曰: '意外相逢, 幸結一宵之緣, 遽爾相分, 後會難期, 別懷何可言? 行中別無可表情之物, 可[188]留一詩.' 仍使吾擧裳幅, 而書之曰: '水如遠客流無住, 山似佳人送有情. 銀燭五更羅幌冷, 滿林風雨作秋聲.' 書畢, 投筆而起, 吾仍把袖而泣, 問居住姓名, 則笑而答曰: '吾自放浪於山水樓臺之人也, 居住姓名, 不必問知.' 仍飄然而去. 吾仍歸家, 欲忘而不可忘, 每抱裳詩而泣, 此是姸慕而難忘之人也. 嘗以巡使隨廳妓, 侍立矣, 一日, 門卒來告, '某處舍音某同知來謁, 次在[189]門外矣.' 巡使使之入來, 卽見一胖大村漢, 布衣草鞋, 腰帶牛渝之紅帶, 顚懸金圈云, 而純是銅色, 眉目獰獰, 狀貌矗惡, 卽一天蓬將軍. 來拜于前, 巡使問: '汝何爲而遠來也?' 對曰: '小人衣食不苟, 別無所望於使道而來者也. 平生所願, 欲得一箇佳妓而暢情, 爲是而不遠千里而來也.' 巡使笑曰: '汝若有此心, 則可於此中擇一箇洽意妓也.' 厥漢聞命, 而直入隨廳房, 諸妓一時風靡電散, 厥漢追後逐之, 捉一而云貌不美, 又捉一而云體不合. 及到於[190]吾, 捉而見之, 曰: '足可用.' 仍抱至墻隅而强奸之. 吾於此時, 以力弱之故, 不得適他, 求死不得, 而任其所爲. 少焉, 脫身而歸家, 以溫水浴身, 而脾胃莫定, 數日不得進食. 此是矗惡而難忘者也云爾."

3-48.

巫雲者, 江界妓也, 姿色才藝, 擅于一時. 京居成進士者, 偶爾下

---

187) 可: 마, 사본에는 '其'로 되어 있음.
188) 可: 마, 사본에는 '當'으로 되어 있음.
189) 在: 저본에는 빠져 있으나 나본에 의거하여 보충함.
190) 於: 저본에는 빠져 있으나 마, 사본에 의거하여 보충함.

來, 仍薦枕, 而情愛甚篤, 及其歸也, 彼此戀戀不忍捨. 雲自送成生之後, 矢心靡他, 艾灸兩股肉, 作瘡痕, 托言有惡疾云. 以是之故, 前後官家, 一未嘗侍. 李大將敬懋之莅任也, 招見而欲近之, 雲解示瘡處, 曰: "妾有此惡瘡, 何敢近前?" 李帥曰: "若然, 則汝可在前使喚, 可也." 自此以後, 每日守廳, 而至夜必退, 如是四五朔. 一夜, 雲忽近前, 曰: "妾今夜願侍寢矣." 李倅驚曰: "汝旣有惡疾, 則何可侍寢?" 雲曰: "妾爲成進士守節之故, 以艾灸之, 以是避人之侵困矣[191]. 侍使道, 積有月, 微察凡百, 卽是大丈夫也. 妾旣是妓物, 則如使道大男子, 豈無心近侍耶?" 李帥笑曰: "若然則可就寢." 仍與之狎. 及苽熟將歸也, 雲願從之, 李帥曰: "吾有三妾之率畜者, 汝又隨去, 甚不緊矣." 雲曰: "若然, 妾當守節矣." 李帥笑曰: "守節云者, 若爲成進士守節乎[192]?" 雲勃然作色, 仍以刀斫左手四指, 李帥大驚, 欲率去, 則又不聽, 仍以作別矣. 後十餘年後, 以訓將補城津, 蓋朝家新設城津鎭, 而以宿將重望鎭之, 故李帥單騎赴任城津, 與江界接界, 三百餘里地也. 一日, 雲來現[193], 李帥欣然逢迎, 敍積阻之懷, 與之同處, 夜欲近之, 則抵死牢拒. 李帥問之曰: "此何故?" 對曰: "爲使道守節矣." 李帥曰: "旣爲吾守節, 則何拒我也?" 雲曰: "旣以更[194]不近男子, 矢于心, 則雖使道不可近, 一近之, 則便毀節也." 仍堅辭, 同處一年餘, 而終不相近. 及遞[195]歸, 又辭歸渠家. 其後, 李帥喪妻, 雲奔喪而留京, 過襄禮後, 還下去, 李帥之喪亦然. 自號雲大師, 仍終老焉.

---

191) 矣: 저본에는 빠져 있으나 마. 사본에 의거하여 보충함.
192) 乎: 저본에는 '乎乎'로 나와 있으나 나본에 의거함.
193) 現: 마. 사본에는 '謁'로 되어 있음.
194) 更: 저본에는 빠져 있으나 마. 사본에 의거하여 보충함.
195) 遞: 저본에는 빠져 있으나 마. 사본에 의거하여 보충함.

3-49.

金參判應淳, 少時, 得一夢, 夢中南天門開, 而高聲呼名, 曰: "金某受此!" 金台乃下堂, 而立於庭, 則自天下一漆函, 受而見之, 則其上以金字大書, 以'無忝爾祖'. 開而見之, 則中有錦袱所裹之冊子[196], 披而見之, 則卽自家平生推數也. 一生休咎, 皆書日時, 末乃云: '某月日時死, 而位至禮判云云.' 金台覺而異之, 仍擧火而逐年錄之于冊子矣, 無不符合. 至將死之日, 整衣冠, 辭于家廟, 會子侄與知[197]舊, 面面告訣, 而言曰: "今日某時, 吾將棄世, 而禮判尙不得爲, 亦可異也云." 蓋此時位尙參判矣. 迨其時, 仍臥而奄忽, 訃聞, 英廟嗟歎曰: "吾欲除禮判, 而未果者也." 銘旌可書以禮判爲敎, 事亦異矣. 嘗以承旨入侍, 英廟以御筆, 書以'爾是仙源之孫, 無忝爾祖'十字, 賜之, 亦符於夢中之書矣[198].

3-50.

洪判書象漢, 年過八十, 其孫義謨, 登癸未冬增廣司馬. 洪判書每每張樂, 而滿庭觀光者, 每人饋一器湯餠一串肉炙, 每日如是, 殆近一朔. 其伯胤領相樂性, 時以亞卿在家, 而爲人謹拙, 每以盛滿迭宕爲憂, 而無計諫止. 求一親戚中期望人, 欲諫之, 金都正履信, 多才善辨, 而異姓六寸間也. 洪相請來, 而道其事, 要使諫止, 金公見洪判書, 而先讚其福力, 而末乃以盛滿爲戒, 洪判書聞而微笑, 曰: "汝來時見兒子乎? 吾以無才無德之人, 遭遇聖世, 位躋崇品, 年踰八旬矣. 又見孫兒之登科, 如是行樂, 世人皆目之, 曰: '公

---

196) 所裹之冊子: 저본에는 '之裹冊者'로 나와 있으나 마. 사본을 따름.
197) 知: 저본에는 '至'로 나와 있으나 나. 마. 사본에 의거함.
198) 矣: 저본에는 빠져 있으나 마. 사본에 의거하여 보충함.

洞某位一品, 年八十, 見孫兒科慶而發狂云爾.' 則庸何傷乎? 汝第見之, 吾死之後, 淸風堂上塵埃堆積, 參判塊坐於一處, 其象如何? 汝之言, 不願聞也." 仍呼妓而進歌曲, 金公無聊而坐, 洪判書又言曰: "近日少年輩呼新來, 而無一人有風度, 可謂衰世矣, 豈不慨惜耶云云." 金公辭歸之路, 逢金參判應淳於路, 時以玉堂兼軍門從事, 多率帶隸, 而見金公, 下馬路左, 金公問: "何往?"[199] 金台答曰: "欲往見公洞洪進士矣." 金公乃言曰: "洪叔之言, 如此如此, 君須立馬於此, 而呼新恩, 又使出妓樂而前導也." 金台曰: "好矣." 仍立馬廣通橋, 而送隸呼新恩, 洪判書問: "誰也?" 曰: "壯洞金應教也." 問: "在何處?" 曰: "方在某橋上矣." 洪判書擊節, 曰: "此兒甚奇矣." 已而, 一隸又來, 傳妓樂之出送, 洪判書聞而起, 曰: "此兒尤可奇矣." 仍扶杖而隨出洞口外, 立於街上. 金台使新恩與妓, 同騎一馬, 墨抹其面, 而導前以行, 見洪判書之立於路上, 下馬問候, 則把手撫其背, 曰: "今世之人, 皆死屍矣, 而汝獨生矣." 聞者絶倒.

3-51.

金進士錡, 參判銑之弟也. 家在原州興元倉下, 有獨子, 年過二十, 有才藝. 一日晝坐, 有一健夫, 牽一白馬赤鬣者, 鞴鞍而來, 言曰: "主人奉邀, 須卽騎此而行, 可也." 金生獨見, 而家人則皆不得見者也. 乃騎而出門, 其行如飛, 度山踰嶺, 行至一洞口, 則奇花異草, 珍禽異獸, 卽一別世界也. 有一白髮老仙, 迎笑曰: "汝於我有緣, 故使邀來, 汝可從我而學道, 可也." 仍留在同學者十餘人, 而其中高弟之可傳道者三人, 一則自家也, 一則江南人也, 一則日本

---

199) 何往: 나, 마, 사본에는 '往何處'로 되어 있음.

大坂城[200]人也. 洞名卽靑鶴, 留幾月, 傳其道, 仍辭歸其家. 自此之後, 瞑目會神而坐, 則人馬已待令矣, 往來無常. 方其時, 則閉門闔目, 而坐如睡, 或至二三日, 六七八日之後, 始惺, 家人皆怪之. 一日, 往靑鶴洞, 與其師逍遙於山上, 其師曰: "吾欲見汝輩之述, 可變幻而供一笑也." 江南人, 化一白鶴而飛, 倭人, 化一大虎而蹲坐, 自家則化秋風落葉, 飄飄而下, 其師大笑云. 一日, 告辭于其兩親曰: "吾非久於塵世之人也, 今將永歸, 願父母少勿掛念." 又與其妻告訣, 無病而坐化, 事近虛誑矣. 其翁初則知[201]以爲心病矣. 其後, 偶搜其子之箱篋, 則有靑鶴洞日記, 而多有酬唱及神異之事矣. 收而藏之, 不煩人眼目云. 余在東邑時, 邑底金友道此事, 而自家則略見其書云爾.

3-52.

郭思漢, 玄風人, 而忘憂堂後孫也. 少時, 業科工, 嘗遇異人, 傳授秘述, 通天文·地理·陰陽等[202]書. 家甚貧, 其親山在於境內, 而樵牧日侵, 無以禁養. 一日, 周行山下, 而揷木而標之, 曰: "人或有冒入此標之內, 則必有不測之禍云." 而戒飭洞人, 使勿近一步地, 人皆笑之. 洞有一年少頑悍之漢, 故往其山下樵採, 入其木標之內, 則天旋地轉, 風雷飛動, 劍戟森嚴, 無路可出. 其人魂迷神昏, 仆于地矣. 其母聞之而急來, 哀乞于郭生, 郭生怒曰: "吾旣丁寧戒之而不遵, 何來惱我? 我則不知耳." 其母涕泣而更乞, 食頃後, 躬自往視, 而携手以出. 自其後, 人莫敢近. 其仲父病重, 而醫言, "若

---

200) 城: 저본에는 빠져 있으나 마, 사본에 의거하여 보충함.
201) 知: 마, 사본에는 '認'으로 되어 있음.
202) 等: 저본에는 '籌'로 나와 있으나 나, 마, 사본에 의거함.

得用山蔘, 則可療云云." 其從弟來, 懇曰: "親病極重, 而山蔘無可得之望, 兄之抱才, 弟所素[203]知者也, 盍求數根而治療乎?" 郭生嚬眉, 曰: "此是重難之事, 而病患如此, 不可不極力周旋." 仍與之上後麓, 至一處松陰之下, 有平原, 卽一蔘田也. 擇其最大者三根而採之, 使作藥餌, 而戒之曰: "此事勿出口, 且勿生更採之念." 其從急歸煎用, 而果得效. 來時識其程道及蔘所在處, 乘其從兄之不在, 潛往見之, 則非復向日所見處也. 心竊驚訝, 嗟嘆而歸, 對其兄道此狀, 郭生笑曰: "向日與汝所往處, 卽頭流山也. 汝豈可更躡其境耶? 後勿如是云云." 一日, 在家靜掃越房, 而戒其妻曰: "吾在此, 將有三四日所幹之事, 切勿開戶, 且勿窺見, 待限日, 吾自出來矣." 仍闔戶而坐, 家人依其言, 置之矣. 過數日後, 其妻心訝之, 從窓隙竊覰, 則房中變成一大江, 江上有丹靑之一樓閣, 而其夫坐[204]其樓上, 援琴鼓之. 五六鶴氅衣羽者對坐, 而霞裳霧裙之仙女, 或吹彈, 或對舞. 其妻驚異, 而不敢出聲. 至期日, 開戶而出, 責其妻之窺見, 曰: "後復如是, 則吾不可久留此矣." 有切己之親知人, 願一見萬古名將之神, 生笑曰: "此不難, 而但恐君之氣魄, 不能抵當而爲害也." 其人曰: "若一見, 則雖死無恨." 生笑曰: "君言旣如是, 第依我言爲之." 其人曰: "諾." 郭生使抱自家之腰, 而戒之曰: "但闔眼, 待吾聲始開眼, 可也." 其人依其言爲之, 兩耳但聞風雷之聲矣. 而已, 使開眼視之, 則坐於高峯絶頂之上矣. 其人惝怳問之, 則乃是伽倻山也. 少焉, 郭生整衣冠, 焚香而坐, 若有所指揮呼召者然, 未幾, 狂風大作, 無數神將, 從空而下, 俱[205]列國秦‧漢‧唐‧宋

---

203) 素: 저본에는 '知'로 나와 있으나 나, 마, 사본에 의거함.
204) 坐: 저본에는 '在'로 나와 있으나 마, 사본을 따름.
205) 俱: 마, 사본에는 '皆'로 되어 있음.

之諸名將也. 威風凜凜, 狀貌堂堂, 或帶甲, 或杖劍, 左右羅列. 其人魂迷神昏, 俯伏於郭生之側, 而已, 郭生使各退去, 而其人昏窒矣. 郭生待其稍惺, 而言曰: "吾豈不云乎? 君之氣魄如此, 而妄自懇我, 畢竟得病, 良可歎也云." 而又使抱腰, 如來時樣而歸家矣. 其人得驚悸症, 不久身死云. 蓋多神異之術之見於人者, 年過八十, 康健如年少人, 一日, 無病而坐化云. 嶺外之人, 多有親知者, 而其死不過數十年云耳.

卷四

4-1.

　楊蓬萊士彦之父, 以蔭官爲靈巖郡守, 受由上京, 還官之路, 未及本郡. 一日程, 曉起作行, 未及店舍, 人馬疲困, 爲尋路旁閒舍, 欲爲中火之計. 時當農節, 人皆出野, 村中[1]一空, 一箇村舍, 只有一女兒, 年可十一二歲, 對下隷而言曰: "吾將炊飯, 行次須暫接於吾家, 可也." 下隷曰: "汝以年幼之兒, 何可炊飯而供饋行次乎?" 對曰: "此則無慮, 須卽行次好矣." 一行無奈何, 入門, 則其女子淨掃房舍, 鋪席而迎之, 謂下隷曰: "行次進支米, 自吾家辨出矣, 只出下人各名之粮, 可也." 楊倅因[2]細察其女兒, 則容貌端麗, 語音淸朗[3], 少無村女之態, 心甚異之. 而已, 進午飯, 則其精潔疎淡, 絶異常品, 上下之人, 皆嘖嘖稱奇. 楊倅招使近前, 而問年幾許, 對曰: "十二歲矣." 又問: "汝父何爲?" 對曰: "此邑將校, 而朝與吾母出野鋤草矣." 楊倅奇愛之, 乃出箱中靑紅扇各一, 而給之, 戲言曰: "此是吾之送綵於汝之需, 謹受之." 其女子聞其言, 卽入房中, 出箱中紅色袱[4], 而鋪之前, 曰: "此扇置之此袱之上." 楊倅問其故, 曰: "旣是禮幣, 則莫重禮物, 何可以手授受乎?" 一行上下, 莫不稱奇. 楊倅遂出門而作行, 到郡後忘之. 過數年後, 門卒入告云: "隣邑某處校某來, 謁次通刺矣." 使之入來, 則卽素昧之人也. 楊倅問曰: "汝之姓名云何, 而緣何來見?" 其人拜伏而言曰: "小人卽某邑之校也.

---

1) 村中: 라본에는 '村落'으로 되어 있음.
2) 因: 저본에는 빠져 있으나 라본에 의거하여 보충함.
3) 淸朗: 바본에는 '淸琅'으로 되어 있음.
4) 袱: 바본에는 '褓'로 되어 있음. 이하의 경우도 동일함.

官司再昨年京行回路, 有中火於小人之家, 而時有一女兒炊飯接待[5]之事乎?" 楊倅曰: "然矣." 又曰: "伊時, 或有信物之給者乎?" 曰: "不是信物, 吾奇愛其女兒之伶俐, 以色扇賞之矣." 其校曰: "此兒, 卽小人之女兒[6]也. 今年爲十五歲矣, 方欲議親[7]招婿矣, 女兒以爲, '吾受靈巖[8]官司禮幣, 矢死不之他云云.' 故以一時戲言, 何可信之? 欲使强之, 則以死爲限, 萬端誘之, 難回其心, 迫不得已來告矣." 楊倅笑曰: "汝女[9]之好意, 吾何忍背之? 汝須擇日以來, 吾當迎來矣." 及吉期, 以禮迎來, 爲小室. 時楊倅適鰥居, 以其女, 處內之正堂, 而主饋飮食衣服, 無不稱意. 及遞歸本第, 其撫愛嫡子女敦[10]篤, 馭諸婢僕, 各盡其道, 至於一門宗黨, 無不得其歡心, 譽聲溢於上下內外. 產一子, 卽蓬萊也. 神彩俊逸, 眉目淸秀, 政是仙風道骨. 幾年之後, 楊倅作故, 哀毀如禮, 成服之日, 宗族[11]咸集, 蓬萊之母, 號泣而出座, 言曰: "今日[12]列位齊會, 諸喪人在坐, 妾有一奉托之事, 其能肯許不[13]?" 喪人曰: "以庶母之賢淑, 所欲託者, 吾輩安有不從之理乎?" 諸宗之答亦然, 乃曰: "妾有一子, 而作人不至愚迷, 然而我國之俗, 自來賤孽, 渠雖成人, 將焉用哉? 諸位公子, 雖恩愛無間, 而妾死之後, 將服庶母之服矣. 如是, 則嫡庶[14]懸殊矣, 此兒將何以行世? 妾當於今日自決, 若於大喪中繼縫, 則

---

5) 接待: 아본에는 '接對'로 되어 있음.
6) 兒: 저본에는 빠져 있으나 라본에 의거하여 보충함.
7) 議親: 라본에는 '議婚'으로 되어 있음.
8) 巖: 저본에는 '光'으로 나와 있으나 바본에 의거하여 바로잡음.
9) 汝女: 바본에는 '渠'로 되어 있음.
10) 敦: 저본에는 빠져 있으나 라본에 의거하여 보충함.
11) 宗族: 라본에는 '宗黨'으로 되어 있음.
12) 今日: 바본에는 '今日諸位'로 되어 있음.
13) 不: 라, 바, 아본에는 '否'로 되어 있음.
14) 嫡庶: 바본에는 '嫡妾'으로 되어 있음.

庶無嫡庶之別矣. 奉望列位, 哀憐將死之人, 勿使飮恨於泉下." 諸人皆曰: "此事吾輩相議好樣之[15]道理, 俾無痕跡矣, 何乃以死爲期乎?" 蓬萊母曰: "列位之意, 雖甚可感, 却不如一死之爲愈." 言罷, 自懷中出小刀, 自刎於楊倅之柩前, 諸人皆大驚, 而嗟惜曰: "此人也, 以賢淑之性, 以死自決, 而如是勤託, 逝者之託, 不可孤也." 遂相議而嫡兄輩, 視若親兄弟, 少無嫡庶之別. 蓬萊長成之後, 位歷士大夫之職, 名滿一國, 人不知其爲庶流[16]云爾.

4-2.

海豊君鄭孝俊, 年四十三, 貧窮無依, 喪妻者三, 而只有三女, 無一子. 以寧陽尉之曾孫, 本家奉先[17]之外, 又奉魯陵及顯德王后權氏·魯陵王后宋氏三位神主, 而無以備香火, 在家愁亂. 每日從游於隣居李兵使進慶家, 以賭博爲消遣之資. 李卽判書俊民之孫也, 時以堂下武弁, 日與海豊賭博矣. 一日, 海豊猝然而言曰: "吾有衷曲[18]之言, 君其信聽不?" 李曰: "君與吾如是親熟, 則有何難從之請乎? 第言之!" 海豊囁嚅良久, 乃曰: "吾家非但累世奉祀, 且奉至尊之神位, 而吾今鰥居無子[19], 絕祀必矣, 豈不怜悶乎? 如非君, 則吾何可開口乎[20]? 君其怜我情勢, 能以我爲女壻乎?" 李乃勃然作色, 曰: "君言眞乎假乎? 吾女年今十五, 何可與近五十之君作配乎? 君言妄矣, 絕勿更發此沒知覺必不成之言, 可也." 海豊滿面羞愧,

---

15) 之: 저본에는 빠져 있으나 바본에 의거하여 보충함.
16) 庶流: 라, 바, 아본에는 '庶類'로 되어 있음.
17) 奉先: 라본에는 '奉祀'로 되어 있음.
18) 曲: 저본에는 '由'로 나와 있으나 라본에 의거함.
19) 無子: 바본에는 '無匹'로 되어 있음.
20) 乎: 저본에는 빠져 있으나 바본에 의거하여 보충함.

無聊而退, 自此以後, 更不往其家矣. 其後十餘日之夜, 李兵使就寢矣, 昏夢中, 門庭[21]喧撓, 遠遠有警蹕之聲, 一位官服者入來, 曰: "大駕幸于君家, 須卽出迎!" 李慌忙而下階, 俯伏于庭. 而已, 少年王者, 端冕珠旒, 來臨于大廳之上, 命李近前, 而敎曰: "鄭某欲與汝結親, 汝意如何?" 起伏而對曰: "聖敎之下, 焉敢違咈? 而但臣之女, 年未及笄, 鄭是三十年長, 其何以[22]作配乎?" 敎曰: "年齒多少, 不須較計, 必須成婚, 可也." 仍還宮[23]. 李乃恍惚而覺, 卽起入內, 則其妻亦明燭而坐, 問曰: "夜未曉, 何爲入來[24]?" 李以夢中事言之, 其妻曰: "吾夢亦然, 大是怪事!" 李曰: "此非偶然之事, 將何以爲之?" 其妻曰: "夢是虛境, 何乃信之云矣?" 過十餘日後, 李又夢, 大駕又臨, 而王色不豫, 曰: "前有所下敎者, 汝何尙今不奉行乎?" 李惶蹙而謝曰: "謹當商量爲之矣." 覺而言于其妻, 曰: "此夢又如是, 此必是天意也. 若逆天, 則恐[25]有大禍矣, 將若之何?" 其妻曰: "夢雖如此, 事則不可成, 吾何忍以愛女作寒乞人四室乎? 此則毋論天定與人定, 死不可從矣." 李自此之後, 心甚憂恐, 寢食不安矣. 過十餘日後, 大駕又臨[26]于夢中[27], 曰: "向所下敎於汝者, 非但天定之緣, 此乃多福之人也, 於汝無害而有益者也. 余屢次下敎, 而終是拒逆, 此何道理? 將降大禍." 李乃惶恐, 起伏而[28]對曰: "謹奉聖敎矣!" 又敎曰: "此非汝之所爲, 專由於汝妻之頑, 不奉命,

---

21) 門庭: 라본에는 '門前'으로 되어 있음.
22) 以: 마, 아본에는 '可'로 되어 있음.
23) 宮: 저본에는 '官'으로 나와 있으나 라, 마, 바, 아본에 의거함. 이하의 경우도 동일함.
24) 來: 아본에는 '內'로 되어 있음.
25) 恐: 바본에는 '或'으로 되어 있음.
26) 臨: 마, 아본에는 '視'로 되어 있음.
27) 中: 저본에는 빠져 있으나 바본에 의거하여 보충함.
28) 而: 저본에는 빠져 있으나 라, 마, 바본에 의거하여 보충함.

當治其罪." 仍下教拿入, 霎時間大張刑具, 拿入其妻[29]而數之, 曰: "汝之家長, 欲從吾命矣, 汝獨持難而不奉命, 此何道理?" 仍命加刑, 至四五杖而止, 李妻恐懼[30]而哀乞, 曰: "何敢違越? 謹當奉[31]教矣." 仍停刑而還宮. 李乃驚覺而入內, 則其妻以夢中事, 言[32]之, 捫膝而坐, 膝有刑杖之痕. 李之夫妻大驚恐, 相與議定, 而翌日請海豊, 曰: "近日何久不來云?" 則海豊卽來矣. 李迎請曰: "君以向日事自外而不來乎? 吾於近日千思萬量, 非吾則此世無濟君之窮困, 吾雖誤却吾女之平生, 斷當送歸于君家矣. 君爲吾家之東床, 吾意已決, 寧有他議[33]? 柱單不必相請, 此席書之, 可也." 仍以一幅簡給而書之, 仍於座上, 披曆而涓吉, 丁寧相約而送之. 翌日之朝, 其女起寢, 而言于其母曰: "夜夢甚奇, 嚴君之博友鄭生, 忽化爲龍, 向余而言曰: '汝受吾子.' 吾乃開裳幅而受, 小龍五箇, 蜿蜿蜒蜒於裳幅之上, 授受之際, 一小龍落于地, 折項而死, 豈不可怪乎?" 父母聞其言而異之. 及入鄭門, 逐年生產, 產純男子, 五人皆長成, 次第登科, 一男二男, 位至判書, 三男位至大司諫, 四男五男, 俱是玉堂. 長孫又登第[34]於海豊之生前, 其壻又登第. 海豊以五子登科, 加一資, 位至亞卿, 享年九十餘, 孫曾滿前, 其福祿之盛, 世所罕比. 其第五男, 以書狀官[35]赴燕回路, 未[36]出柵而作故, 以其柩還到[37].

---

29) 妻: 바본에는 '女'로 되어 있음.
30) 恐懼: 라, 마, 바, 아본에는 '惶恐'으로 되어 있음.
31) 奉: 아본에는 '如'로 되어 있음.
32) 言: 마, 아본에는 '告'로 되어 있음.
33) 議: 아본에는 '意'로 되어 있음.
34) 登第: 아본에는 '登科'로 되어 있음.
35) 官: 저본에는 빠져 있으나 라본에 의거하여 보충함.
36) 未: 저본에는 빠져 있으나 라, 바본에 의거하여 보충함.
37) 到: 저본에는 빠져 있으나 라본에 의거하여 보충함.

時海豊尙在, 果符夢中之事. 其夫人先海豊三年而歿. 海豊窮時, 適於知舊之家, 逢一術士, 諸人皆問前程, 海豊獨不言, 主人言曰: "此人相法神異, 何不一問?" 海豊曰: "貧窮之人, 相之何益?" 術士熟視之[38], 曰: "這位是誰? 今雖如是困窮, 其福祿無窮. 先窮後通, 五福俱全之相, 座上人皆不及云矣." 其後, 果符其言. 海豊初娶時, 醮禮之夕, 夢入一人之家, 則堂上排設, 一如婚娶之儀, 但無新婦, 覺而訝之. 未幾[39]喪妻, 而再娶之夜, 夢又入其家, 則[40]又如前夜夢, 而所謂新婦, 未免[41]襁褓. 又喪妻, 三娶之夕, 又夢入其家, 則一如前夢, 而稱以新婦未免襁褓之兒, 年近十餘歲而稍長矣. 又喪妻, 及四娶於[42]李氏門, 見新婦, 則卽向來夢見[43]之兒也. 凡事皆有前定而然也. 李兵使夢中下敎之君上, 乃是端廟云爾.

4-3.

沈一松喜壽, 早孤失學. 自編[44]髮時, 全事豪宕, 日夜往來於狹斜靑樓, 公子王孫之宴, 歌娥舞女之會, 無處不往. 蓬頭突鬢, 破屨弊衣, 少無羞澁, 人皆目之以狂童. 一日, 又赴權宰家[45]宴席, 雜於紅綠叢中, 唾罵而不顧, 歐逐而不去. 妓中有少年名妓一朶紅者, 新自錦山上來, 容貌歌舞, 獨步一世. 沈童慕其色, 接席而坐, 紅少無厭苦之色, 時以秋波, 微察其動靜, 仍起如厠, 以手招沈童. 沈童起

---

38) 之: 저본에는 빠져 있으나 아본에 의거하여 보충함.
39) 未幾: 저본에는 빠져 있으나 라본에 의거하여 보충함.
40) 則: 저본에는 빠져 있으나 마, 아본에 의거하여 보충함.
41) 未免: 저본에는 빠져 있으나 라본에 의거하여 보충함.
42) 於: 저본에는 빠져 있으나 라본에 의거하여 보충함.
43) 見: 바본에는 '中'으로 되어 있음.
44) 編: 저본에는 '偏'으로 나와 있으나 바본에 의거함.
45) 家: 저본에는 빠져 있으나 라본에 의거하여 보충함.

而從之, 則紅附耳語曰: "君家何在?" 沈童詳言某洞第幾家, 紅曰: "君須先往, 妾當隨後卽往矣. 幸俟之, 妾不失信矣." 沈童大喜過望, 先歸家, 掃塵而俟之. 日未暮, 紅果如約而來, 沈童不勝欣幸[46], 與之接膝而酬酌. 一童婢自內而出, 見其狀, 回告於其母夫人, 夫人以其子之狂宕爲憂, 方欲招而責之. 紅曰: "催呼童婢以來, 吾將入謁於大夫人矣." 沈童如其言, 呼婢使通, 則紅入內, 拜謁[47]於階下, 曰: "某是錦山新來妓某也, 今日, 某宰相[48]家宴會, 適見貴宅都令矣. 諸人皆以狂童目之, 而以賤妾之愚見, 可知其大貴人氣像. 然而其氣太麤粗, 可謂色中餓鬼, 今若不得抑制, 則將至不成人之境矣. 不如仍其勢而利導之, 妾自今日, 爲都令斂迹於歌舞花柳之場, 與之周旋於筆硯書籍之間, 冀其有成就之道矣. 未知夫人意下, 如何? 妾如或以情欲而有此言, 則何必取貧寒寡宅之狂童乎? 妾雖侍側, 決不使任情受傷矣, 此則勿慮焉." 夫人曰: "吾兒早失家嚴, 不事學業, 全事狂蕩, 老身無以制之, 方以是晝宵[49]熏心矣. 今焉, 何來好風, 吹送如汝佳人? 使吾家之狂童, 得至成就, 則可謂莫大之恩也, 吾何嫌何疑? 然而吾家素貧, 朝夕難繼, 汝以豪奢[50]之妓女, 其能忍飢寒而留此乎?" 紅曰: "此則少無所嫌, 萬望勿慮." 遂自其日, 絕跡於娼樓, 隱身於沈家, 其梳頭洗垢之節, 終始不怠. 日出則使之挾冊, 學於隣家, 歸後坐於案頭, 晨夕勸課, 嚴立科程. 少有怠意, 則勃然作色, 以別去之意恐動, 沈童愛而憚之, 課工不懈. 及到議親之時, 沈童以紅之故, 不欲娶妻, 紅知其意, 詰其故,

---

46) 欣幸: 라본에는 '喜幸'으로 되어 있음.
47) 謁: 저본에는 빠져 있으나 라, 바본에 의거하여 보충함.
48) 相: 저본에는 빠져 있으나 아본에 의거하여 보충함.
49) 晝宵: 바본에는 '晝曉'로 되어 있음.
50) 豪奢: 아본에는 '豪侈'로 되어 있음.

乃嚴責曰:"君以名家子弟, 前程萬里, 何可仍[51]一賤娼而欲廢大倫乎? 妾決不欲因妾之故而使之亡家矣, 妾則從此去矣." 沈童不得已娶妻, 紅下氣怡聲, 洞洞屬屬, 事之如事老夫人. 使沈童定日限, 四五[52]日入內房, 則一日許入其房, 如或違期, 則必掩門不納, 如是者數年矣. 沈生[53]厭學之心, 尤倍於前, 一日, 投書於紅前[54]而臥, 曰:"汝雖勤於勸課, 其於吾之不欲何?" 紅度其怠惰之心, 有不可以口舌爭也. 乘沈生出外之時, 告于老夫人曰:"阿郎厭讀之症, 近日尤甚, 雖以妾之誠意, 亦無奈何矣, 妾從此告辭矣. 妾之此去, 卽激勸之策也, 妾雖出門, 何可永辭乎? 如聞登科之報, 則須當卽地還來矣." 仍起而拜辭, 夫人執手而泣[55], 曰:"自汝之來, 吾家狂悖之兒, 如得嚴師, 幸免蒙學者, 皆汝之力也. 今何仍一厭讀之微事, 舍我母子而去也?" 紅起拜, 曰:"妾非木石, 豈不知別離之苦乎? 然而激勸之道, 唯在於此一條. 阿郎歸, 聞妾之告辭, 而[56]以決科後更逢爲約之言, 則必也發憤勤業矣. 遠則六七年, 近則四五年間事也, 妾當潔身而處, 以俟登科之期矣. 幸以此意, 傳布于阿郎, 是所望也." 仍慨然出門, 遍訪老宰無內眷之家, 得一處, 見其主人老宰, 而言曰:"禍家餘生, 苦無托身之所, 願得側婢僕之列, 俾效微誠, 針線酒食, 謹當看檢矣." 其老宰, 見其端麗聰慧, 怜而愛之, 許其住接. 紅自其日, 入廚備饌, 極其甘旨, 適其食性, 老宰尤奇愛之, 仍曰:"老人以奇窮之命, 幸得如汝者, 衣服飮食, 便於口體. 今則

---

51) 仍: 바본에는 '以'로 되어 있음.
52) 四五: 라본에는 '五六'으로 되어 있음.
53) 沈生: 라, 바본에는 '沈童'으로 되어 있음.
54) 前: 저본에는 빠져 있으나 라본에 의거하여 보충함.
55) 泣: 마, 아본에는 '言'으로 되어 있음.
56) 而: 라본에는 '諭之'로 되어 있음.

依賴有地, 吾旣許心, 汝亦殫誠, 自今結父女[57]之情, 可也." 仍使之
入處內舍, 以女呼之. 沈生歸家, 則紅已無去處, 怪而問之, 則其母
夫人傳其臨別時言, 而責之曰: "汝以厭學之故, 至於此境, 將何
以[58]面目立於世乎? 渠旣以汝之登科爲期, 其爲人也, 必無食言之
理. 汝若不得決科, 則此生無更逢之期矣, 惟汝意爲之." 沈生聞而
惘然, 如有失矣. 數日遍訪於京城內外, 終無踪跡, 乃矢于心曰:
'吾爲一女之所見棄, 以何顏面對人? 彼旣有科後[59]相逢之約, 吾當
刻意工課, 以爲故人相逢之地, 而如不得科名, 而不如約, 則生而
何爲?' 遂杜門謝客, 晝宵不掇其做讀, 纔過數年, 嵬捷龍門. 生以
新恩遊街之日, 遍訪先進, 老宰卽沈之父執也. 歷路拜謁, 則老宰
相[60]欣然迎之, 敍古話今, 留與從容做話. 而已, 自內饋饍, 新恩見
盂盤饌品, 愀然變色, 老宰怪而問之, 則遂以紅之始末, 詳言之, 且
曰: "侍生之刻意做業, 期於登科者, 全爲故人相逢之地也. 今見饌
品, 則宛是紅之所爲也, 故自爾傷心矣." 老宰問其年紀[61]狀貌, 而
言曰: "吾有一箇養女, 而不知所從來矣, 無乃此女乎!" 言未畢, 忽
有一佳人, 推後窓突入, 抱新恩而痛哭. 新恩起拜於主人, 曰: "尊
丈今則不可不許此女於侍生矣." 主人曰: "吾於垂死之年, 幸得此
女, 依以爲命, 今若許[62]送, 則老夫如失左右手矣. 事甚難處, 而其
事也甚奇, 相愛也亦[63]如此, 吾豈忍不許?" 新恩起拜, 而僕僕稱謝.
時日已昏黑, 與紅幷騎一馬, 以炬火導前而行, 及門[64], 疾聲呼母夫

---

57) 女: 저본에는 '母'로 나와 있으나 마, 아본에 의거함.
58) 何以: 저본에는 '以何'로 나와 있으나 라, 바, 아본을 따름.
59) 科後: 라본에는 '登科'로 되어 있음.
60) 相: 저본에는 빠져 있으나 바본에 의거하여 보충함.
61) 紀: 저본에는 '記'로 나와 있으나 라, 마, 아본에 의거함.
62) 許: 바본에는 '回'로 되어 있음.
63) 亦: 저본에는 빠져 있으나 바본에 의거하여 보충함.

人, 曰: "紅娘來矣, 紅娘來矣!" 其母夫人不勝奇喜, 屢及於中門之內, 執紅之手而升階, 喜溢堂宇, 復續前好.[65] 沈後爲天官郞, 一夕, 紅斂衽而言曰: "妾之一端心誠, 專爲進賜之成就, 十餘年念不及他. 吾鄕父母之安不, 亦不遑聞之矣, 此是妾之日夜撫心者也. 進賜今當可爲之地, 幸爲妾求爲錦山宰, 使妾得見父母於生前, 則至恨畢矣." 沈曰: "此至[66]易之事也[67]." 乃治疏乞郡, 果爲錦山倅, 挈紅偕往, 赴任之日, 問紅之父母安不, 則果皆無恙. 過三日後, 紅自官府, 盛具酒饌, 而[68]往其本家, 拜見父母[69], 會親黨, 三日大宴. 衣服需用之資, 極其豊厚, 以遺其父母, 而言曰: "官府異於私室, 官家之內眷, 尤有別於他人. 父母與兄弟, 如或因緣而頻數出入, 則招人言, 累官政. 兒今入衙, 一入之後, 不得更出, 亦不得頻頻相通, 以在京樣知之, 勿復往來相通, 嚴以[70]內外之分." 仍拜辭而入, 一未相通于外. 幾過半年, 內婢以少室之意, 來請入, 適有公事, 未卽起. 婢子連續來請, 公怪之, 入內而問之, 則紅着新件衣裳, 鋪新件枕席, 別無疾恙, 而顔帶悽愴[71]之色, 而言曰: "妾於今日, 永訣進賜, 而長逝之期也. 願進賜保重, 長享榮貴[72], 而勿以妾之故而疚懷焉. 妾之遺體, 幸返葬於進賜先塋之下, 是所願也." 言罷, 奄然而歿. 公哭之痛, 仍曰: "吾之出外, 只爲紅娘之故也. 今焉, 渠已身

---

64) 門: 바본에는 '中門'으로 되어 있음.
65) 復續前好: 바본에는 '復續前好緣, 似夢而眞'으로 되어 있음.
66) 至: 바본에는 '則'으로 되어 있음.
67) 也: 저본에는 빠져 있으나 아본에 의거하여 보충함.
68) 而: 바본에는 '出'로 되어 있음.
69) 父母: 바본에는 '父兄'으로 되어 있음.
70) 嚴以: 라, 마, 바, 아본에는 '以嚴'으로 되어 있음.
71) 悽愴: 아본에는 '悽悵'으로 되어 있음. 뜻은 서로 통함.
72) 榮貴: 아본에는 '富貴'로 되어 있음.

死, 我何獨留?" 仍呈辭單而圖遞, 以其柩同行, 至錦江, 有'錦江秋雨銘旌濕, 疑是佳人泣別時'悼亡之詩.

4-4.

洪宇遠, 少時, 作鄕行, 住一店幕[73], 無男子主人, 而只有女主人, 年可卅餘, 容貌頗美. 其淫穢之態, 溢於面目[74], 見洪之年少美貌, 喜笑而迎之, 冶容納媚, 殆不忍正視. 洪視若不見, 坐於房中, 其女頻頻入來, 手撫房堗, 而問曰: "得無寒乎?" 時以秋波送情, 洪端坐不答. 至夜深, 洪臥于上房, 女則臥于下房, 微以言誘之, 曰: "行次所住之房陋湫, 何不來[75]臥于此房乎?" 洪曰: "此房足可容膝, 挨過一夜, 何處不可? 不必更移他房." 女又曰: "行次或以男女之別爲難乎? 吾儕常賤, 有何男女之可別乎[76]? 斯速下來爲好." 洪不答, 微察其氣色, 則必有鑽穴來惝之慮, 仍以行中麻索, 縛其隔壁之戶, 而就寢矣. 其女獨語曰: "來客無乃[77]宦官乎? 吾以好意再三諭之, 使入於佳人懷中, 而穩度[78]良夜, 不害爲風流好事, 而聽我漠漠, 甚至於縛房戶, 可謂天下[79]怪物, 可恨可恨!" 洪佯若不聞而就睡矣. 昏夢之中, 忽聞下房有怪底聲, 而已, 窓外[80]有咳嗽聲, 曰: "行次就寢乎?" 洪驚訝而應, 曰: "汝是何人, 而問我何爲?" 對曰: "小人卽此家之主人也, 今將欲開戶擧火而有所可白之事耳." 洪乃

---

73) 店幕: 라본에는 '村舍'로 되어 있음.
74) 面目: 바본에는 '眉目'으로 되어 있음.
75) 來: 마본에는 '下'로 되어 있음.
76) 乎: 저본에는 빠져 있으나 바본에 의거하여 보충함.
77) 無乃: 바본에는 '非'로, 아본에는 '莫非'로 되어 있음.
78) 度: 저본에는 '到'로 나와 있으나 라, 바본을 따름.
79) 下: 저본에는 '字'로 나와 있으나 라본에 의거함.
80) 窓外: 바본에는 '門外'로 되어 있음.

起坐而開戶, 則主人漢持火而入, 明燭而坐, 進酒肴一案而勸之. 洪問曰: "此何爲也? 汝是主人, 則晝往何處, 而夜深後始來?" 主人漢曰: "行次今夜經一無限危境矣. 小人之妻, 貌雖美, 而心甚淫亂, 每乘小人之出他, 行奸無常, 小人每欲捉贓, 而終未如意. 今日必欲捉奸, 稱以出他, 懷利刃, 匿于後面矣. 俄聞, 行次酬酢, 已悉聞[81]之, 行次如或爲其所誘, 則必也實命於小人之劍頭矣. 行次以士夫心事, 鐵石肝腸, 終始牢拒, 至於鎖門之境. 小人暗暗欽歎之不暇, 敢以酒肴, 以[82]表此歎服之心. 厥女欲誘行次, 事不諧意, 則淫心難制, 與越邊金總角同寢, 故俄者小人以一刀, 斷其男女之命. 事已到此, 行次須卽地出門, 可也. 少留, 則恐有禍延之慮, 小人亦從此逝矣." 洪大驚起, 趣裝而出門, 主人漢仍擧火燒其家, 與洪同行數十里, 仍分路而作別, 曰: "行次早晚必顯達, 此別之後, 後會難期, 萬望保重." 殷勤致意而去. 洪登第後, 以繡衣暗行, 行過山谷間, 只有一草舍, 日勢已暮, 仍留宿. 見其主人, 則卽是厥漢, 仍呼而問曰: "汝知我乎?" 主人曰: "未嘗承顔, 何以知之?" 洪曰: "某年, 汝於某邑某地, 逢一過客, 有所酬酢, 夜間放火其家, 而與我同行數十里之事, 汝能記憶乎?" 主人怳然而覺之[83], 迎拜於前[84], 曰: "行次其間, 必也做第而就仕矣." 洪不以諱之, 以實言之, 仍問曰: "汝何爲獨處於四無隣里之地乎?" 對曰: "小人自其後, 寓居于隣邑, 又娶一女, 而貌亦姸美, 若在村閭熱鬧之中, 則或恐更有向日之事, 故擇居于深山無人之地[85]云矣."

---

81) 聞: 라본에는 '知'로 되어 있음.
82) 以: 라본에는 '爲'로, 마·아본에는 '乃'로, 바본에는 '有'로 되어 있음.
83) 之: 저본에는 빠져 있으나 아본에 의거하여 보충함.
84) 於前: 저본에는 빠져 있으나 바본에 의거하여 보충함.
85) 地: 아본에는 '處'로 되어 있음.

4-5.

　燕山朝, 士禍大起, 有一李姓人[86], 以校理亡命. 行到寶城地, 偶爾[87]渴甚, 見一童女汲於川邊, 趨而求飮[88], 其女以瓠[89]盛水, 而摘川邊柳葉, 浮之中而給之. 心竊怪之, 問曰:"過客渴甚, 急欲求飮, 何乃以柳葉浮水而給之也?" 其女對曰:"吾觀客子甚渴, 若或急飮冷水, 則必也生病也故, 故以柳葉浮之, 使之緩緩飮之之故也." 其人大驚異之, 問:"是誰家女?" 對曰:"越邊柳器[90]匠家女云也." 其人乃隨其後, 而往柳器匠家, 求爲其壻而托身焉. 自以京華貴客, 安知柳器之織造乎? 日無所事, 以午睡爲常, 柳器[91]匠之夫妻, 怒罵曰:"吾之迎壻, 冀欲助柳器之役矣. 今焉新壻, 只喫朝夕飯, 晝夜昏睡, 卽一飯囊也云." 而自伊日, 朝夕之飯, 減半而饋之. 其妻矜[92]而悶之, 每以鍋底黃飯, 加數而饋之, 夫婦之恩情甚篤. 如是度了數年之後, 中廟改玉[93], 朝著一新, 昏朝獲罪, 沉廢之流, 一幷赦[94]而付職, 李生亦[95]還付官[96]職. 行會八道, 使之尋訪, 傳說藉藉, 李生聞於風便, 而時適朔日, 主家將納柳器於官府矣. 李生乃謂其婦翁曰:"今番則官家朔納柳器, 吾當輸納矣." 其婦翁責曰:"如君渴睡漢, 不知東西, 何可納器於官家乎? 吾雖親自納之[97], 每每見退,

---

86) 人: 저본에는 빠져 있으나 라, 바본에 의거하여 보충함.
87) 偶爾: 저본에는 빠져 있으나 라본에 의거하여 보충함.
88) 飮: 아본에는 '水'로 되어 있음.
89) 瓠: 아본에는 '瓢'로 되어 있음. 서로 통함.
90) 柳器: 아본에는 '鍮器'로 되어 있음. 이하의 경우도 동일함.
91) 器: 저본에는 빠져 있으나 라, 바본에 의거하여 보충함.
92) 矜: 라, 마, 바, 아본에는 '憐'으로 되어 있음. 서로 통함.
93) 改玉: 바본에는 '改立'으로 되어 있음.
94) 赦: 저본에는 '起'로 나와 있으나 라, 마, 바, 아본을 따름.
95) 亦: 저본에는 빠져 있으나 바본에 의거하여 보충함.
96) 官: 저본에는 '舘'으로 나와 있으나 라, 마, 바본에 의거함.

如君者, 其何以無事納之乎?" 不肯許之. 其妻曰: "試可乃已, 盍使
往諸?" 柳器[98]匠始乃許之. 李乃背負而到官門前, 直入庭中, 近前
而高聲, 曰: "某處柳器[99]匠, 納器次來待矣!" 本官乃是李之平日切
親之武弁也, 察其貌, 聽其聲, 乃大驚起而下堂, 執手而延之上座,
曰: "公乎公乎? 晦跡於何處, 而乃以此樣來此乎? 朝廷[100]之搜訪
已久, 營官[101]遍行, 斯速上京, 可也." 仍命進酒饌, 又出衣冠而改
服. 李曰: "負罪之人, 偸生於柳器匠家, 至于今延命以度, 豈意天
日之復見也?" 本官仍以李校理之在邑, 成報于巡營, 催發駙騎, 使
之上洛[102]. 李曰: "三年主客之誼, 不可不顧, 且兼有糟糠之情, 吾
當告別於主翁. 今將出去[103], 君須於明朝, 來訪吾之所住處." 本官
曰: "諾." 李乃換着來時之[104]衣, 出門而向柳器[105]匠家, 言曰: "今番
柳器, 無事上納矣." 主翁曰: "異哉! 古語云: '鴟老千年能搏一雉
云.' 信非虛矣. 吾壻亦有隨人爲之事乎? 奇哉奇哉! 今夕則當加給
數匙飯矣." 翌日平明, 李早起, 灑掃門庭, 主翁曰: "吾壻昨日善納
柳器, 今則[106]又能掃庭, 今日日可出於西矣." 李乃鋪藁席于庭, 主
翁曰: "鋪席何爲?" 李曰: "本府官司今朝[107]當行次, 故如是耳." 主
翁冷笑曰: "君何作夢中語也? 官司主何可行次於吾家乎? 此千不

---

97) 之: 바본에는 '器'로 되어 있음.
98) 器: 저본에는 빠져 있으나 바본에 의거하여 보충함.
99) 器: 저본에는 빠져 있으나 바본에 의거하여 보충함.
100) 廷: 저본에는 '庭'으로 나와 있으나 라, 바본에 의거함.
101) 營官: 라, 마, 바, 아본에는 '營關'으로 되어 있음.
102) 上洛: 바, 아본에는 '上京'으로 되어 있음.
103) 出去: 바본에는 '歸去'로 되어 있음.
104) 之: 저본에는 빠져 있으나 바본에 의거하여 보충함.
105) 器: 저본에는 빠져 있으나 바본에 의거하여 보충함.
106) 今則: 아본에는 '今朝'로 되어 있음.
107) 今朝: 저본에는 빠져 있으나 마, 바, 아본에 의거하여 보충함.

近萬不近[108]之詭說也. 到今思之, 則[109]昨日柳器之善納云者, 必是委棄路上而歸, 作誇張之虛語也." 言未已, 本官[110]工吏持彩席, 喘喘而來, 鋪之房中, 而言曰: "官司主行次, 今方來到矣!" 柳匠夫妻, 蒼黃失色, 抱頭而匿于籬間. 少焉, 前導聲及門, 本官騎馬而來, 下馬入房, 與敍別來寒暄, 仍問曰: "嫂氏何在?" 使之出來, 李乃使其妻來拜, 其女以荊釵布裙, 來拜於前, 衣裳雖弊, 容儀閑雅, 有非常賤女子. 本官致敬, 曰: "李學士身在窮途, 幸賴嫂氏之力, 得至于今日. 雖義氣男子, 無以過此, 何不欽歎乎?" 其女斂衽而對曰: "顧以至微至[111]賤之村婦, 得侍君子之巾櫛, 全昧如是之貴人, 其於接待周旋之節, 無禮極矣. 獲罪大矣, 何敢當尊客之致謝乎[112]? 官司主[113]今日降臨於常賤陋湫之地, 榮耀極矣, 竊爲賤女[114]之家, 有損於福力也." 本官聽罷, 命下隷, 招入柳匠夫妻, 饋酒賜顔. 而已, 隣邑守宰, 絡續來見[115], 巡使又送幕客而傳喝, 柳匠之門外, 人馬熱鬧, 觀光者如堵. 李謂本官曰: "彼雖常賤, 吾旣與之敵體, 必作配矣. 多年服勞, 誠意備至, 吾今不可以貴而易之, 願借一轎而與之偕行." 本官乃卽地得一轎[116], 治行具以送之[117]. 李於入闕謝恩之時, 中廟命[118]入侍, 而俯問流離之顚末, 李乃奏其事甚悉, 上再三

---

108) 千不近萬不近: 아본에는 '千不當萬不當'으로 되어 있음.
109) 則: 저본에는 빠져 있으나 라본에 의거하여 보충함.
110) 本官: 라본에는 '本府'로 되어 있음.
111) 至: 저본에는 빠져 있으나 바본에 의거하여 보충함.
112) 乎: 저본에는 빠져 있으나 바, 아본에 의거하여 보충함.
113) 主: 저본에는 빠져 있으나 바본에 의거하여 보충함.
114) 賤女: 라, 바본에는 '賤妾'으로 되어 있음.
115) 見: 아본에는 '到'로 되어 있음.
116) 卽地得一轎: 바본에는 '卽時備一轎子'로 되어 있음.
117) 之: 저본에는 빠져 있으나 바본에 의거하여 보충함.
118) 命: 저본에는 빠져 있으나 라본에 의거하여 보충함.

嗟嘆, 曰:"此女子, 不可以賤妾待之, 特陞爲後夫人, 可也." 李與此女偕老, 榮貴無比, 而多有子女. 此是李判書長坤之事云爾.

4-6.
湖中一士人, 行子婚於隣邑五六十里地, 新郎罷醮禮, 夜入新房, 與新婦對坐. 夜將深, 一聲霹靂, 後門破碎, 忽有一大虎, 突入房中, 囕新郎而去. 新婦蒼黃急起, 乃抱虎後脚不舍, 虎直上後山, 其行如飛. 而新婦限死隨去, 不計岩壑之高下·荊棘之叢樾, 衣裳破裂, 頭髮散亂, 遍身流血, 而猶不止. 行幾里, 虎亦氣盡, 仍抛棄新郎於草岸之上而去. 新婦始乃收拾精神, 以手按撫身體, 則命門下微有溫氣, 四顧察視, 則岸下有一人家, 後窓微有火光. 度其虎行之旣遠, 乃尋逕而下, 開後戶而入, 則適有五六人會飮, 肴核浪藉. 忽見新婦之入, 滿面脂粉, 和血而凝[119], 遍身衣裳, 隨處而裂, 望之卽一女鬼. 諸人皆驚仆於地, 新婦乃曰:"我是人也, 列位幸勿驚動! 後岸有人, 而方在死生未分之[120]中, 幸乞急救." 諸人始收拾驚魂, 一齊擧火而上後岸, 則果有少年男子, 殭臥於[121]岸上, 氣息將盡. 諸人始審視之[122], 則乃是主人之子也. 主人大驚, 擧而臥之房內, 灌以藥水等物, 過數更後乃甦. 擧家始也驚惶, 終焉慶幸. 蓋新郎之父, 治送婚行, 而適會隣友, 而飮酒之際, 而卽其家後也. 始知其女子之爲新婦, 延置于房, 饋以粥飮. 翌日, 通于婦家, 兩家[123]父母, 皆莫不驚喜, 歎[124]其婦之至誠高節. 鄕里多士, 以其事呈官

---
119) 凝: 저본에는 '應'으로 나와 있으나 라, 마, 바, 아본에 의거하여 바로잡음.
120) 之: 저본에는 빠져 있으나 아본에 의거하여 보충함.
121) 於: 저본에는 빠져 있으나 바본에 의거하여 보충함.
122) 之: 저본에는 빠져 있으나 바본에 의거하여 보충함.
123) 兩家: 바본에는 '婦家'로 되어 있음.

呈營, 至承旌褒之典云耳.

4-7.

　金監司緻, 號南谷, 柏谷金得臣之父也. 自少精於推數, 多奇中神異之事. 仕昏朝, 爲弘文校理, 晚始悔之, 托病解官, 卜居于龍山之上, 杜門晦跡, 謝絶人客. 一日, 侍者來告曰: "南山洞居沈生請謁云矣." 金公謝曰: "尊客不知此漢之病廢而枉顧乎? 人事之廢絶, 已久, 今無以延迎, 甚可恨嘆云." 而送之. 金公平日, 每以自家四柱, 推數平生, 則當得水邊人之力, 可免大禍, 忽而思, '來客旣是水邊姓, 則斯人也, 無乃有力於我?' 急使侍者, 追還於中路, 此是沈器遠也. 沈生隨其奴還來, 則金公連忙起迎, 曰: "老夫[125]廢絶人事者, 久矣, 尊客枉屈, 適有採薪之憂, 有失迎拜之禮, 憨愧無地矣." 客曰: "曾未承顔, 而竊聞長者精通推數云, 故不避猥越, 敢來以質. 某以四十窮儒, 命道崎嶇, 今此之來, 欲一質正於神眼之下矣." 仍自袖中出四柱而示之, 且曰: "某之來時, 有一親切之友, 又以四柱托之, 難以揮却, 不得已持來矣." 金公一一見之, 極口稱贊曰: "富貴當前, 不須更問矣." 最後客, 又出示[126]一四柱, 曰: "此人不願富貴, 只願平生無疾蟲, 且欲知壽限之如何而已." 公瞥眼一覽, 卽命侍者, 鋪席置案, 起整冠服, 斂膝危坐[127], 以其四柱, 置之書案上, 焚香而言曰: "此四柱貴不可言, 有非常人之命數, 可不欽敬哉!" 沈生欲告退, 公曰: "老夫病中愁亂, 難遣尊客, 幸且[128]暫留,

---

124) 歎: 바본에는 '而隣里莫不欽慕'로 되어 있음.
125) 夫: 저본에는 '父'로 나와 있으나 라, 마, 바본에 의거함.
126) 示: 바본에는 '袖中'으로 되어 있음.
127) 危坐: 라본에는 '跪坐'로 되어 있음.
128) 且: 라, 바본에는 '此'로 되어 있음.

以慰病懷, 可也." 仍使之留宿. 至夜深無人之時, 公乃促膝而近前, 曰: "某實托病, 老夫不幸出身於此時[129], 曾有染跡於朝廷者, 晚而悔悟, 杜門病蟄, 而朝廷之翻覆, 不久矣. 君之來質, 吾已領略, 幸勿相外而欺我, 以實言之, 可也." 沈生大驚, 初欲諱之, 末乃告其故, 公曰: "此事可成, 少無疑慮, 將以何日擧事乎?" 曰: "定於某日矣." 公沉唫[130]良久, 曰: "此日吉則吉矣, 而[131]此等大事擇日, 有殺破狼之日然後, 可矣. 某日若於小事, 則吉矣, 擧大事, 則不可矣. 某當爲君, 更擇吉日矣." 仍披曆熟視, 曰: "三月十六日, 果吉矣. 此日犯殺破狼, 擧事之際, 必也先有告變之人, 而少無所害, 畢竟無事順成[132]矣. 必以此日擧事, 可也." 沈大異之, 仍曰: "若然則公之名字, 謹當錄入於吾輩錄名冊子矣." 公曰: "此則非所願, 但明公成事之後, 幸救垂死之命, 俾不及禍, 是所望也." 沈快諾而去. 及至更化之日, 多以金公之罪不可原言之者衆, 沈乃極力救之, 超拜嶺南伯而卒. 公嘗以自家四柱, 問于中原術士, 則書以一句詩, 詩曰: '花山[133]騎牛客, 頭戴一枝花云云.' 莫曉其義. 及爲嶺伯, 巡到安東府, 猝患痁疾, 遍問譴却之方, 則或以當日倒騎黑牛, 則卽瘳云云. 故依其言, 騎牛而周行庭中, 纔下牛而臥房內, 頭痛劇甚, 使一妓以按之, 問其名, 則對以一枝花. 公忽憶中原人詩句, 歎曰: "死生有命!" 乃命鋪新席, 換着新衣盛服, 正枕而臥, 悠然而逝. 是日, 三陟倅某在衙, 忽見公盛騶從入門, 驚而起迎, 曰: "公何爲而越他道, 來訪下官也?" 金公笑曰: "吾非生人, 俄者已作故, 方以閻

---

129) 此時: 아본에는 '此世'로 되어 있음.
130) 唫: 마, 바본에는 '吟'으로 되어 있음. 뜻은 서로 통함.
131) 而: 저본에는 빠져 있으나 마, 아본에 의거하여 보충함.
132) 順成: 마, 아본에는 '順平'으로 되어 있음.
133) 花山: 마본에는 '華山'으로 되어 있음.

羅王赴任之路, 歷見君, 而且有所託者. 某方赴任, 而恨無新件章服, 君念平日之誼, 幸爲辦備否?" 三陟倅心知其虛誕, 而仍其强請, 出篋中緞一疋而給之, 則金公欣然受之, 告辭而去. 三陟倅[134] 大驚訝, 送人探之, 則果於是日, 金公歿于安東府巡到所矣. 以是之故, 金公爲閻羅王之說, 遍行于世. 朴久堂長遠, 與金公之子柏谷, 切親之友也. 曾於北京推數以來, 則書以某年某月當死云云矣. 當其年[135]月正初, 委送人馬, 邀柏谷以來, 授以一張簡而書之, 柏谷曰: "書以何處?" 久堂曰: "欲得君之一書于先尊丈前矣." 柏谷恍悅[136]而不書, 久堂曰: "君以吾爲誕乎? 勿論誕與不誕, 第爲我書之." 再三懇請, 柏谷不得已擧筆, 久堂口呼, 而使之書之曰: '某之切友朴某[137], 壽將止[138]於今年矣. 幸伏望特垂矜憐, 俾延其壽云云.' 而外封書'父主前', 內封書以'子某白是'云云. 書畢, 久堂淨掃一室, 與柏谷焚香, 焚其書, 曰: "今已後[139]吾知免矣." 果穩度其年, 過數十年後始歿. 事近誕妄[140], 而金公之精魄, 大異於人矣. 其後, 每夜盛騶率, 列燈燭, 往來於長洞·駱洞之間, 或逢知舊, 則下馬而敍懷. 一日之夜, 一少年曉過駱洞, 逢金公於路上, 問曰: "令監從[141]何而來乎?" 金公曰: "今曉卽吾之忌日也. 爲饗飮食而去[142], 祭物不潔, 未得歆饗, 悵缺而歸." 仍忽不見. 其人卽往其家, 家在倉洞,

---

134) 倅: 저본에는 빠져 있으나 라, 바본에 의거하여 보충함.
135) 年: 저본에는 빠져 있으나 라본에 의거하여 보충함.
136) 恍悅: 라, 바본에는 '悅惚'로 되어 있음.
137) 朴某: 라본에는 '長遠'으로, 바본에는 '朴友'로 되어 있음.
138) 止: 라, 바본에는 '至'로 되어 있음.
139) 已後: 라, 아본에는 '以後'로 되어 있음.
140) 誕妄: 아본에는 '虛妄'으로 되어 있음.
141) 從: 바본에는 '將'으로 되어 있음.
142) 去: 라본에는 '來'로 되어 있음.

主人罷祭而出矣. 以其酬酢傳之, 柏谷大驚, 直入內廳, 遍審祭物, 無一不潔之物[143], 而餠餌之中[144], 有一人毛, 擧家驚悚. 其後, 又有一人逢於路, 則金公曰: "吾曾借見他人之『綱目』, 而未及還傳[145], 第幾卷第幾張, 有金箔之挾置者. 日後還送之時, 如或不審, 則金箔有遺失之慮, 須以此言, 傳于吾家, 須詳審而送之[146], 可也." 其人歸傳其語, 柏谷搜見『綱目』, 則金箔[147]果有之, 人皆異之. 其外多有神異之事, 而不能盡記焉.

4-8.

鄭桐溪薀, 少時, 與洞中名下士數人, 作會試之行. 中路逢一素轎, 或先或後, 而後有一童婢隨去, 而編髮垂後及趾, 容貌佳麗, 冉冉作行, 擧止端雅. 諸人在馬上, 皆目之, 曰: "美而艶!" 童婢頻頻顧後, 而獨注目於桐溪, 如是而行[148]半晌. 諸人相與戲言, "文章學識, 吾輩固可[149]讓頭於輝彦[150], 而至於外貌, 何渠不若輝彦, 而厭女奚獨屬情於輝彦也? 世事之未可知者[151], 如此矣." 相與一笑. 未幾, 其轎子向一村閭而去, 桐溪立馬而言曰: "過此卄餘里地, 有店舍, 君輩且歇宿而待我, 我則向此村而寄宿, 明曉當追到矣." 諸人皆曰: "吾輩之期望於輝彦者, 何如? 而今當千里科行, 聯轡同行,

---

143) 物: 바본에는 '需'로 되어 있음.
144) 中: 마, 아본에는 '間'으로 되어 있음.
145) 傳: 저본에는 빠져 있으나 라본에 의거하여 보충함.
146) 之: 저본에는 빠져 있으나 바본에 의거하여 보충함.
147) 箔: 저본에는 '泊'으로 나와 있으나 라, 마, 바, 아본에 의거하여 바로잡음.
148) 行: 라본에는 '過'로 되어 있음.
149) 固可: 바본에는 '皆'로 되어 있음.
150) 輝彦: '輝遠'이 되어야 하나 우선 그대로 둠.
151) 者: 저본에는 빠져 있으나 라본에 의거하여 보충함.

不可中路相離. 今於路次逢一妖女, 空然爲情欲所牽, 妄生非義之心, 至欲舍同行, 而作此妄行, 人固未易知, 知人亦難矣." 桐溪笑而不答, 促鞭向其女所去之村[152], 及其門, 則一大家舍, 外廊則廢已久矣. 桐溪下馬, 而坐於外廊之軒上矣. 其童婢隨轎入內[153], 少焉出來, 笑容可掬, 仍言曰: "行次不必坐此冷軒, 暫住小婢之房." 桐溪隨入其房, 則極其精潔, 而已進夕飯, 亦復疎淡而旨. 其婢曰: "小人入內灑掃廚下而出來." 仍入去, 至初更出來, 揮送其親屬而避之, 促膝而坐於燭下. 桐溪笑而問曰: "汝何由知吾之來此, 而有所排設也?" 婢對曰: "小人面貌免讎, 而行年十七, 未嘗擧眼[154]而對人. 今午路上屬目於行次者, 非至[155]一再, 則行次雖是剛腸男兒, 豈或恝然耶? 小人之如是者, 竊有悲冤之懷, 欲借行次而伸雪, 未知行次倘能肯從否?" 仍灑淚而顔色悽然, 桐溪怪而詰其故, 則對曰: "小婢之上典, 以屢代獨子, 娶一淫婦, 青年死於奸夫之手, 而旣無强近親屬, 無以雪冤復讐. 而只有小婢一人知其事, 而冤憤之心, 結于胸膈, 而自顧以一女子之身, 計無所施, 只願許身於天下英男, 假手而雪冤矣. 今日上典之淫妻[156], 自本家還來, 故小婢不得已隨後往來矣. 路上見行次諸人之中, 行次容貌, 埋沒而膽氣, 有倍於他人, 眞吾所願者也. 以是之故, 以目送情誘之, 以致此. 奸夫今又相會, 淫譃狼藉, 此誠千載一時, 行次幸乘機而圖之." 桐溪曰: "汝之志槩, 非不奇壯[157], 而吾以一介書生, 赤手空拳, 遠行[158]

---

152) 村: 바본에는 '處'로 되어 있음.
153) 入內: 마본에는 '入來'로 되어 있음.
154) 擧眼: 바본에는 '擧顔'으로 되어 있음.
155) 至: 라본에는 '止'로, 아본에는 '只'로 되어 있음.
156) 淫妻: 라, 바, 아본에는 '淫婦'로 되어 있음.
157) 奇壯: 라본에는 '壯麗'로 되어 있음.
158) 行: 바본에는 '作'으로 되어 있음.

此大事乎?" 童婢曰: "吾有意而藏置弓矢者, 久矣. 行次雖不知射法, 豈不知彎弓而放矢乎? 若放矢而中, 則渠雖凶獰之漢, 豈有不死之理哉?" 仍出弓矢而與之, 偕入內舍. 從窓隙窺見, 則燭火明亮, 一胖大漢, 脫衣而露胸, 與淫婦相抱戲謔, 無所不至, 而其坐稍近於房門. 桐溪乃滿的, 而從窓穴射去, 壹矢正中厥漢之背, 洞胸而仆. 又欲以一矢, 射其淫婦, 童婢揮手而[159])止之, 促使出外, 曰: "彼雖可殺, 吾事之久矣. 奴主之分旣嚴, 吾何忍自吾手殺之? 不如棄之而去." 促行至渠房, 收拾行李[160]), 隨桐溪而出. 桐溪適有餘馬之載卜者, 不得已載後而同行, 行幾里, 訪同行科客之所住處, 時天色未明, 艱辛搜覓而入門, 則同行驚起, 而見桐溪與一女子同來矣. 行中[161])一人, 正色而言曰: "吾於平日, 以輝彦謂學問中人矣, 今忽於昏夜路次携女而行, 君之有此行, 吾儕意慮之所不到也. 士君子行事, 固如是乎?" 正色責之, 桐溪笑曰: "吾豈貪色之徒乎[162])? 不知士大夫[163])之行, 而作此擧也? 箇中多有委折, 從當知之矣." 仍與之上京, 置之店幕, 桐溪果中會試, 放榜後還鄉之日, 又與之率來[164]), 仍作副室[165]). 其人溫恭姸美, 百事無不可意, 家鄉稱其賢淑矣.

4-9.

禹兵使夏亨, 平山人也. 家甚貧窮, 初登武科, 赴防于關西江邊之邑, 見一水汲婢之免役者, 貌頗免麤, 夏亨嬖之, 與之同處. 一

---

159) 而: 저본에는 빠져 있으나 라본에 의거하여 보충함.
160) 行李: 아본에는 '行裝'으로 되어 있음.
161) 行中: 저본에는 빠져 있으나 바본에 의거하여 보충함.
162) 乎: 저본에는 빠져 있으나 바본에 의거하여 보충함.
163) 士大夫: 바본에는 '士君子'로 되어 있음.
164) 率來: 바본에는 '偕來'로 되어 있음.
165) 副室: 바본에는 '妾'으로 되어 있음.

日, 厥女謂夏亨曰: "先達旣以我爲妾, 將以何物爲衣食之資乎?" 對[166]曰: "吾本家貧, 而況此千里客中手無所持者乎! 吾旣與汝同室, 則所望不過澣濯垢衣補綻弊襪而已, 其何物之波及於汝乎?" 其女曰: "妾亦知之熟矣. 吾旣許身而爲妾, 則先達之衣資, 吾自當之, 須勿慮也." 夏亨曰: "此則非所望也." 厥女自其後, 勤於針線紡績, 衣服飮食, 未嘗闕焉. 及赴防限滿, 夏亨將還歸, 厥女問曰: "先達從此還歸之後, 其將留洛而求仕不?" 夏亨曰: "吾以赤手之勢, 京中無親知之人[167], 以何粮資留京乎? 此則無可望矣, 欲從此還鄕, 老死於先山之下爲計耳." 女曰: "吾見先達, 容儀氣像, 非草草之人也. 前程優可至梱帥[168], 男子旣有可爲之機, 何可坐於無財, 而埋沒於草野乎? 甚可歎惜! 吾有積年所聚銀貨, 可至六百兩, 以此贐之矣. 可備鞍馬及行資, 幸勿歸鄕, 直向洛下[169]而求仕焉. 十年爲限, 則可以有爲矣. 吾賤人也, 爲先達何可守節? 當托身於某處, 聞先達作宰本道之報, 則卽日當進謁矣[170]. 以是爲期, 願先達保重保重!" 夏亨意外得重財, 心竊感幸, 遂與其女灑淚作別而行. 其女送夏亨之後, 轉托於邑底鰥居之一校家, 其校見其人物之伶俐, 與之作配而處, 家頗不貧. 其女謂校曰: "前人用餘之財, 爲幾許[171]? 凡事不可不明白爲之, 穀數爲幾許, 錢帛布木爲幾許, 器皿雜物爲幾許, 皆列書名色及數爻, 而作長件記." 校曰: "夫婦之間, 有則用之, 無則措備, 可也, 何嫌何疑而有此擧也?" 女曰: "不然." 懇請不

---

166) 對: 바본에는 '答'으로 되어 있음.
167) 人: 마, 아본에는 '友'로 되어 있음.
168) 梱帥: 라, 마, 바본에는 '閫帥'로 되어 있음. 뜻은 서로 통함.
169) 洛下: 라본에는 '京中'으로 되어 있음.
170) 矣: 저본에는 빠져 있으나 바, 아본에 의거하여 보충함.
171) 幾許: 라본에는 '幾何'로 되어 있음.

已, 校乃依其言, 書而給之, 女受而藏之衣笥, 勤於治産, 日漸富饒. 女謂其校曰:"吾粗解文字, 好看洛中之朝報政事, 君盍爲我每每借示於衙中乎?" 校如其言, 借而示之, 數年之間政事, 宣傳官禹夏亨, 主簿禹夏亨, 由經歷而陞副正, 乃除關西腴邑矣. 其女自其後, 只見朝報, '某月日某邑倅禹夏亨辭朝矣.' 女乃謂校曰:"吾之來此, 非久留計也. 從此可以永別[172]矣." 其校愕然, 問其故, 女曰:"不必問事之本末, 吾自有去處, 君勿留戀." 乃出向日物種長件記, 以示之, 曰:"吾於七年之間, 爲人之妻, 理家産, 萬一有一箇之減於前者, 則去人之心, 豈能安乎? 以今較前, 幸而無減, 或有一二三四倍之加數者, 吾心可以快闊矣." 仍與校作別, 使一雇奴負卜, 而作男子粧, 着蔽陽子, 徒步而往夏亨之郡. 時夏亨莅任纔一日矣, 托以訟民而入庭, 曰:"有所白之事, 願陞[173]階而白活." 太守怪之, 初則不許, 末乃許之. 又請近窓前, 太守尤怪而許之, 其人曰:"官司倘識小人乎?" 太守[174]曰:"吾新到之初, 此邑之民, 何由知之?" 其人曰:"獨不念某年某地赴防時同處之人乎?" 太守熟視, 而大驚急起,[175] 把手而入于房內[176], 而問之曰:"汝何作此樣而來也? 吾之赴任之翌日, 汝又來此, 誠一奇會." 彼此不勝其喜, 共敍中間阻懷, 時夏亨喪配[177]矣. 因以其女入處內衙正堂, 而摠付[178]家政, 其女撫育其嫡子, 指使其婢僕等[179], 俱有法度, 恩威幷行, 衙內洽

---

172) 永別: 바본에는 '告別'로 되어 있음.
173) 陞: 저본에는 '升'으로 나와 있으나 라, 아본을 따름.
174) 太守: 바본에는 '太守熟視'로 되어 있음.
175) 而大驚急起: 라본에는 '大驚而喜心, 自往急起'로 되어 있음.
176) 內: 저본에는 빠져 있으나 아본에 의거하여 보충함.
177) 喪配: 바본에는 '喪妻'로 되어 있음.
178) 付: 저본에는 빠져 있으나 바본에 의거하여 보충함.
179) 等: 저본에는 빠져 있으나 아본에 의거하여 보충함.

然稱之. 每勸夏亨, 托于備局吏給錢兩, 而得見每朔朝報, 女見之而揣度世事. 時宰之未及爲銓官, 而未久可爲者, 必使厚饋. 如是之故, 其宰相秉軸, 則極力吹噓, 歷三四腴邑, 家計漸饒, 而饋問尤厚, 次次陞遷, 位至節度使, 而年近八十以壽, 終于鄕第. 其女治喪如禮, 過成服, 謂其嫡子喪人曰: "令監以鄕曲武弁, 位至亞將, 位已極矣, 年過稀年, 壽已極矣, 有何餘憾? 且以我言之, 爲婦事夫, 自是當然底道理, 何必自矜? 而積年費盡誠力, 贊助求仕之方, 得至于今, 吾之責已盡矣. 吾以遐方賤人, 得備小室於武宰, 享厚祿於列邑, 吾之榮亦極矣, 有何痛寃之懷? 令監在世時, 使我主家政, 此則不得不然, 而今喪主如是長成, 可幹家事, 嫡子婦當主家政, 自今日請還家政." 嫡子與婦泣而辭, 曰: "吾家之得至于今, 皆庶母之功也. 吾輩只可依賴而仰成, 今何爲而遽出此言也?" 女曰: "不可! 不如是, 家道亂矣." 乃以大小[180]物件, 器皿·錢穀等屬, 成件記, 一幷付之. 嫡子婦使處正堂, 而自家退處越邊一間房, 曰: "自此, 一入而不可出." 仍闔門而絶粒, 數日而死, 嫡子輩皆哀痛[181], 曰: "吾之庶母, 非尋常人, 何可以庶母待之?" 初終後, 葬事待三月將行, 立別廟而祀之. 及兵使之襄期已迫, 將遷柩而靷行, 擔軍輩不得擧, 雖十百人無以動, 諸人皆曰: "無或[182]係戀於小室而然耶?" 乃治其小室之靷, 行與之同發, 則兵使之柩, 卽輕擧而行, 人皆異之. 葬于平山地大路邊, 西向而葬者, 兵使之墳也, 其右十餘步地, 東向而葬者, 其小室之墳云耳.

---

180) 大小: 마, 아본에는 '多少'로 되어 있음.
181) 嫡子輩皆哀痛: 라본에는 '嫡子與婦皆痛哭'으로 되어 있음.
182) 或: 라본에는 '乃'로 되어 있음.

4-10.

淸風金氏祖先, 中葉甚微, 金和順某之父某, 居在廣州肆覲坪, 而甚貧賤, 人無知者. 趙樂靜錫胤, 適比隣而居, 自京中新來冊子, 多未輸來. 金之家適有『綱目』, 趙聞而願借, 則諾之, 已久而終不送之, 樂靜心竊訝之, 意其吝惜而不借矣. 時當重五日, 趙氏婢子, 自金氏家而來, 言曰:"俄見金氏宅行祀之儀, 眞箇行祭祀, 如吾上典宅祭祀. 祭需雖豊誠潔, 不及於金氏宅, 神道必不享之, 金氏宅則神其洋洋如降歆矣." 樂靜夫人問其由, 則其婢曰:"俄往金氏宅, 方欲行節祀, 廳上階下, 皆已灑掃, 無半點塵垢[183], 金班內外, 淨洗弊衣如雪色, 而一身沐浴而着之. 鋪新件席于上, 上置冊子, 其冊子上, 陳設祭物, 不過飯羹蔬菜果品而已. 器數雖小, 而品極精潔[184]. 出主, 而其夫妻獻酌拜跪, 皆有法度, 誠敬備至. 小人立其傍, 自不覺毛髮竦然, 怳見神靈之來格. 吾之主人宅祭祀, 比之於此, 可謂有如不祭之歎, 眞箇祭祀, 今日始見之矣云." 夫人以其言, 傳于樂靜, 始知『綱目』之不卽借, 蓋以行祀之故也. 金家無床卓, 以此冊代用故也. 樂靜聞而異之, 卽往見金氏而賀, 曰:"聞君有至行, 必有餘慶, 可不欽嘆. 吾欲成就令胤, 未可許之否?[185]" 金大樂而許之. 金和順受學于樂靜之門, 後又爲朴潛冶門人, 以學行, 薦登蔭仕. 自其子監司公, 始顯達, 後有三世五公爲大家焉[186].

4-11.

柳西崖成龍, 居安東地, 家有一叔, 爲人蠢蠢無識, 可謂菽麥不

---

183) 塵垢: 마. 아본에는 '塵埃'로 되어 있음.
184) 潔: 저본에는 빠져 있으나 라본에 의거하여 보충함.
185) 未可許之否: 라본에는 '未知可許否'로 되어 있음.
186) 焉: 라본에는 '而至今繁衍爾'로 되어 있음.

辨, 家間號曰'痴叔', 心甚易之. 痴叔每日: "吾有從容可道之言, 而君之家每患喧撓, 如有無客靜寂之時, 可請我, 我有千萬緊說話云云矣." 一日, 適無人而從容矣, 使人請痴叔, 則叔以弊冠破衣[187], 欣然而來, 曰: "吾欲與君, 賭一局碁, 未知如何?" 西崖曰: "叔父平日, 未嘗着碁, 今忽對局, 恐非侄之敵手也." 蓋西崖之棋法, 高於一世者也. 叔曰: "高下何論? 姑且對局, 可也." 西崖强而對局, 心竊訝之, 其叔先着一子, 未至半局, 而西崖之局勢全輸, 不敢下手. 始知其叔韜晦, 俯伏而言曰: "猶父猶子之間, 半生同處[188], 如是相欺, 下懷不勝抑鬱, 從今願安承敎." 叔曰: "豈有欺君之理哉? 適偶然耳. 君旣出身於世路, 則如我草野之人, 有何可[189]敎之事乎? 然而明日, 必有一僧來訪而請宿矣, 切勿許之, 雖千萬懇乞, 而終始牢拒, 使指村後草菴而寄宿, 可也. 惟銘心勿誤!" 西崖曰: "謹奉下[190]敎矣." 及到其日, 忽有一僧通刺, 使之入來[191], 狀貌堂堂, 年可三四十許人也. 問其居, 則居在江陵五臺山矣. '爲覽嶺南山川而下來, 遍覽名勝, 今方復路, 而竊伏聞大監淸德雅望, 爲當世第一[192]云, 故以識荊之願, 暫來拜謁. 今則日勢已晚, 願借一席而寄宿, 以爲明朝發行之地矣.' 西崖曰: "家間適有事故, 今不可以生面人留宿, 此村後有佛庵, 可於此中宿矣, 待明[193]朝下來, 可也." 其僧萬端懇乞, 而一向牢辭, 僧不得已隨僮, 向[194]村後之菴. 此時, 痴

---

187) 衣: 바본에는 '履'으로 되어 있음.
188) 同處: 아본에는 '同居'로 되어 있음.
189) 可: 바본에는 '敢'으로 되어 있음.
190) 下: 저본에는 빠져 있으나 아본에 의거하여 보충함.
191) 入來: 아본에는 '入內'로 되어 있음.
192) 一: 바본에는 '一人'으로 되어 있음.
193) 明: 저본에는 빠져 있으나 마본에 의거하여 보충함.
194) 向: 바본에는 '往'으로 되어 있음.

叔使¹⁹⁵⁾婢子粧出舍堂樣, 自家作居士樣, 以繩巾布褐, 出門合掌, 拜而迎之, 曰:"何來尊師, 降臨于薄陋之地?" 僧答禮而入坐定, 居士使舍堂精備夕飯, 而先以一壺旨酒待之, 僧飮而甘之, 曰:"此酒之淸冽非尋¹⁹⁶⁾常, 何處得來?" 對曰:"此老嫗, 卽此邑之酒母, 妓老退者也. 尙有舊日手法而然也, 願尊師勿嫌冷淡¹⁹⁷⁾, 而盡量則幸矣." 仍進夕飯, 山肴野蔌, 極其精潔, 其僧飽喫, 而泥醉昏倒矣. 夜深後始覺, 而胸膈悶鬱, 擧眼而視之, 則其居士騎坐胸腹之上¹⁹⁸⁾, 手執利刀, 張目叱之曰:"賤僧焉敢如是¹⁹⁹⁾? 汝之渡海日, 吾已知之, 汝其瞞我乎? 汝若吐實, 則或有饒貸之道, 而不然, 則汝命盡於卽刻矣. 從實直告, 可也." 其僧哀乞曰:"今則小僧之死期, 已迫矣, 何可一毫相欺乎? 小僧果是日本人也. 關伯平秀吉, 方欲發兵, 謀陷²⁰⁰⁾本國, 而所忌者, 獨尊家大監, 故使小僧, 先期來此, 以爲先圖之地矣. 今者, 現²⁰¹⁾露於先生神鑑之下, 幸伏望寄我一縷殘命²⁰²⁾, 則誓不敢復作此等事矣." 痴叔²⁰³⁾曰:"我國兵禍, 乃是天數所定, 難容人力, 吾不欲逆天. 吾鄕則雖兵革之禍, 吾在矣, 優可救濟, 倭兵如躪此鄕之地, 則俱不旋踵矣. 如汝螻蟻之命, 斷之何益? 寬汝禿頭而送之, 往傳于平秀吉, 使知我國之吾在也." 仍以釋之, 其僧百拜致謝, 曰:"不敢不敢!" 抱頭鼠竄而去, 歸見平²⁰⁴⁾秀吉, 備傳其事.

---

195) 使: 저본에는 '以'로 나와 있으나 바본을 따름.
196) 尋: 저본에는 빠져 있으나 아본에 의거하여 보충함.
197) 冷淡: 바본에는 '冷笑'로 되어 있음.
198) 上: 아본에는 '間'으로 되어 있음.
199) 如是: 저본에는 빠져 있으나 라본에 의거하여 보충함.
200) 謀陷: 바본에는 '圖謀'로 되어 있음.
201) 現: 바본에는 '始'로 되어 있음.
202) 殘命: 마, 아본에는 '賤命'으로 되어 있음.
203) 痴叔: 바본에는 '居士'로 되어 있음.
204) 平: 저본에는 빠져 있으나 라본에 의거하여 보충함.

秀吉大驚異, 勅軍中, 以渡海之日, 無敢近安東一步地, 一境賴以
安過矣.

4-12.

驪州地, 古有許姓儒生, 家甚貧寒, 不能自存, 而性甚仁厚. 有三
子, 使之勤學, 自家躬自乞粮于親知之間[205], 以繼書糧, 無論知與
不知, 皆以許之仁善, 來必善待, 而優助粮資矣. 數年之間, 偶以癘
疫, 夫妻俱歿, 其三子晝宵號泣, 艱具[206]喪需, 僅[207]行草葬. 三霜
纔[208]過, 家計尤無可言. 其仲子名弘云者, 言于其兄及弟曰: "曾前
吾輩之幸免餓死者, 只緣先親之得人心, 而助粮資之致也. 今焉,
三霜已過, 先親之恩澤已竭, 無他控訴, 以今倒懸之勢, 弟兄闔
沒[209]之外, 無他策矣. 不可不各自圖生, 自今日, 兄弟各從素業, 可
也." 其兄其弟曰: "吾輩之自少所業, 不過文字而已, 其外如農商之
事, 非但無錢可辦, 且不知向方, 將何以爲之乎? 忍飢課工之外,
無他道矣." 弘曰: "人見各自不同, 從其所好, 可矣, 而三兄弟, 俱
習儒業, 則終身之前, 其將俱死於饑寒矣. 兄與弟, 氣質甚弱, 復理
學業, 可也. 吾則限以十年, 竭力治産, 以作日後兄弟賴活之資矣.
自今日破産, 二嫂各姑[210]還于本第, 兄與弟負策上山, 乞食於僧徒
之餘飯, 以十年後, 相面爲限, 可也. 所謂世業, 只有家垈牟田三斗
落及童婢一口而已, 此是宗物也, 日後自當還宗矣. 吾姑借之, 以

---

205) 親知之間: 라본에는 '親知家'로 되어 있음.
206) 具: 마, 아본에는 '俱'로, 바본에는 '求'로 되어 있음.
207) 僅: 저본에는 '葷'으로 나와 있으나 라, 마, 바본을 따름. 서로 통함. 이하의 경우도 동일함.
208) 纔: 마본에는 '已'로 되어 있음.
209) 闔沒: 바, 아본에는 '合沒'로 되어 있음.
210) 姑: 저본에는 빠져 있으나 마, 아본에 의거하여 보충함.

作營産之資矣."自伊日, 兄弟灑淚相別, 二嫂送于其家, 兄與弟送于山寺, 賣其妻之新婚時資粧, 價僅爲七八兩矣. 時適木綿豊登之時, 以其錢盡貿甘藿, 背負而遍訪其父平日往來乞粮之親知人家, 以藿立作面幣, 而乞綿花, 諸人憐其意, 而優給不計好否, 所得爲幾百斤, 使其妻晝夜[211]紡績, 渠則出而賣之. 又貿耳牟十餘石, 每日作粥, 渠與其妻, 每日以一器分半而喫之, 婢則給一器, 曰: "汝若難忍飢餓, 自可出去, 以安飽暖,[212] 吾不汝責." 其婢泣曰: "上典則喫半器, 小的則喫一器, 焉敢曰飢乎? 雖餓死無意出去云." 隨其上典, 勤於織布, 許生則或織席, 或捆屨, 夜以繼日, 少不休息. 或有知舊之來訪者, 則必賜座於籬外, 而言曰: "某也, 今不可以人事責之, 十年後相面云." 而一不出見. 如是者三四年, 財利稍殖, 適有門前畓十斗落, 田數日耕之賣者, 遂準其價買之. 及春耕作時, 乃曰: "無多之田畓, 何可雇人耕播? 不如自己之勤力其中, 而但不知農功之如何, 此將奈何?" 遂請隣里老農, 盛其酒食, 使坐於[213]岸上, 親執耒耟, 隨其指教而耕種. 其耕之也, 鋤之也, 必三倍於他人, 故秋收之穀, 又倍於他人. 田則種烟草, 而時當亢旱, 每於朝夕汲水而澆之, 一境之烟草, 皆枯損, 而獨許田之種茁茂, 京商預以數百金買之. 及其二芽之盛, 又得厚價, 草農之利, 近四百金. 如是者五六年, 財産漸殖, 露積四五[214]百石穀, 近地百里內田畓, 都歸於許生, 而其衣食之儉約, 一如前日樣. 其兄其弟, 自山寺, 始下來見之, 弘之妻, 始精備三盂飯而進之, 則弘張目叱之, 使之持去, 更

---

211) 晝夜: 라본에는 '晝宵'로 되어 있음.
212) 以安飽暖: 저본에는 빠져 있으나 라본에 의거하여 보충함.
213) 於: 저본에는 빠져 있으나 라본에 의거하여 보충함.
214) 四五: 바본에는 '五六'으로 되어 있음.

使煮粥而來. 其兄怒罵, 曰: "汝之家産, 如此饒[215]富, 而獨不饋我一盂飯乎?" 弘曰: "吾旣以十年爲期, 十年之前, 以勿喫飯, 盟于心矣. 兄亦於十年之後, 可喫吾家之飯, 兄雖怒我, 我不以介於懷矣." 其兄怒而不喫粥, 還上山寺矣. 翌年春, 兄與弟聯璧而小成矣. 弘多持錢帛而上京, 以備應榜之需, 率倡而到門. 伊日, 招倡優而諭之, 曰: "吾家兄弟, 今雖小成, 且有大科, 又當上山[216]而工課. 汝等留之無益, 可以還歸汝家." 各給錢兩而送之, 對其兄及弟而言曰: "十年之限, 姑未及, 須卽上寺, 待限滿下來, 可也." 仍卽日送之上山, 及到十年之限, 奄成萬石君矣. 仍擇布帛之細者, 新造男女衣裳[217]各二件, 治送人馬於二嫂之家, 約日率來. 又以人馬, 送之山寺, 迎來兄及弟, 團聚一室. 過數日後, 對兄弟而言曰: "此室狹隘, 無以容膝, 吾有所經營者, 可以入處." 仍與之偕行, 行數里許, 越一岡, 則山下之大洞, 有一甲第, 前有長廊, 奴婢牛馬, 充溢其中. 內舍則分三區, 而外舍則只有一區, 而甚廣闊. 三兄弟內眷, 各占內舍之一區, 兄弟則同處一房, 長枕大被, 其樂融洽. 其兄驚問曰: "此是誰家, 如是壯麗?" 答曰: "此是弟所經紀者, 而亦不使家人知之耳." 仍使奴隷, 擧木函四五雙, 置于前, 曰: "此是田土之券, 從今吾輩均分析産, 可也." 仍言曰: "家産之致此, 俱是荊妻之所殫竭者也, 不可不酬勞." 乃以二十石落畓券, 給其妻, 三人各以五十石落, 分之. 從此以後, 衣食極其豊潔, 其隣里宗族之貧窮者[218], 量宜周給, 人皆稱之[219]. 一日, 弘忽爾悲泣, 其兄怪而問之曰: "今則吾

---

215) 饒: 저본에는 '其'로 나와 있으나 바본을 따름.
216) 山: 바본에는 '寺'로 되어 있음.
217) 衣裳: 마, 아본에는 '衣服'으로 되어 있음.
218) 者: 저본에는 빠져 있으나 라본에 의거하여 보충함.
219) 稱之: 마본에는 '稱善'으로 되어 있음.

輩衣食, 不換三公矣, 有何不足事, 而如是疚懷也?" 答曰: "兄及弟, 旣隷課工, 皆占小科[220], 已出身矣. 而顧弟則汨於治産, 舊業荒蕪, 卽一愚蠢之人, 先親之所期望者, 於弟蔑如矣, 豈不傷痛哉? 今則年紀老大, 儒業無以更始, 不如投筆而業武." 自其日, 備弓矢習射, 數年之後, 登武科, 上京求仕, 得付內職, 轉以陞品, 得除安岳郡守. 定赴任之期, 而奄遭妻喪, 弘喟然歎曰: "吾旣永感之下, 祿不逮養, 猶欲赴[221]外任者, 爲老妻之一生艱苦, 欲使一番榮貴矣. 今焉, 妻又歿矣, 我何赴任爲哉?" 仍呈辭圖遞, 下鄕終老云爾.

4-13.

宣廟壬辰之亂, 天將李提督如松, 奉旨東援. 平壤之捷後, 入據城中, 見山川之佳麗, 懷異心, 有欲動搖宣廟, 而仍居之意. 一日, 大率僚佐, 設宴于練[222]光亭上, 江邊沙場, 有一老翁, 騎黑牛而過者. 軍校輩高聲辟除, 而聽若不聞, 按轡而[223]徐行. 提督大怒, 使之拿來, 則牛行不疾, 而軍校輩無以追及. 提督不勝忿怒, 自騎千里名騾, 按劒而追之, 牛行在前不遠, 而騾行如飛, 終不可及. 踰山渡水, 行幾里, 入一山村, 則黑牛繫於溪邊垂楊樹, 前有茅屋, 竹扉不掩. 提督意其老人之在此, 下騾杖劒而入, 則老人起迎於軒上, 提督怒叱曰: "汝是何許野老, 不識天高, 唐突至此? 吾受皇上之命, 率百萬之衆, 來救汝邦, 則汝必無不知之理, 而乃敢犯馬於我軍之前乎? 汝罪當死." 老人笑而答曰: "吾雖山野之人, 豈不知天將之

---

220) 小科: 라본에는 '小成'으로 되어 있음.
221) 赴: 저본에는 '付'로 나와 있으나 라, 마, 바, 아본을 따름.
222) 練: 저본에는 '鍊'으로 나와 있으나 아본에 의거함.
223) 而: 저본에는 빠져 있으나 라본에 의거하여 보충함.

尊重乎? 今日之行, 專爲邀將軍, 而欲枉於鄙所之計也. 某竊有一
事之奉托者, 難以言語導達, 故不得已行此計也耳." 提督問曰: "所
託甚事? 第言之." 老人曰: "鄙有不肖兒二人, 不事士農之業, 專行
强盜之事, 不率父母之敎, 不知長幼之別, 卽一禍根. 以吾之氣力,
無以制之, 竊伏聞, 將軍神勇蓋世, 欲借神威, 而除此悖子也." 提督
曰: "在於何處?" 答曰: "在於後園草堂上矣." 提督按劒而入, 則有
兩少年, 共讀書矣. 提督大聲叱曰: "汝是此家之悖子乎? 汝翁欲使
除去, 謹受我一劒!" 仍揮劒擊之, 則其少年不動聲色, 徐以手中書
證竹捍之, 終不得擊. 而已, 其少年以其竹, 迎擊劒刃, 劒刃鏗然一
聲, 折爲兩端而落地矣. 提督氣喘汗流, 少焉, 老人入來, 叱曰: "小
子焉敢無禮?" 使之退坐, 提督向老人而言曰: "彼悖子勇力非凡,
無以抵當, 豈負老翁[224]之託哉!" 老人笑曰: "俄言戲耳. 此兒雖有膂
力, 以渠十輩, 不敢當老身一人. 將軍奉[225]皇旨, 東援而來, 掃除島
寇, 使我東再奠基業, 而將軍唱凱還歸, 名垂竹帛, 則豈非丈夫之
事業乎? 將軍不此之思, 反懷異心, 此豈所望於將軍者耶? 今日
之[226]擧, 欲使將軍, 知我東亦有人材之計也. 將軍若不改圖而執迷,
則吾雖老矣, 足可制將軍之命, 勉之勉之! 山野之人, 語甚唐突, 惟
將軍垂察而恕之." 提督半晌無語, 垂頭喪氣, 仍諾諾而出門云耳.

4-14.

金倡義使千鎰[227]之妻, 不知誰家女子, 而自于歸之日, 一無所事,

---

224) 老翁: 라본에는 '老人'으로, 바본에는 '老主人'으로 되어 있음.
225) 奉: 저본에는 '迎'으로 나와 있으나 바본에 의거함.
226) 之: 바본에는 '此'로 되어 있음.
227) 鎰: 저본에는 '鑑'으로 나와 있으나 라, 바본에 의거하여 바로잡음.

日事晝寢. 其舅試之, 曰:"汝誠佳婦, 而但不知爲婦道, 是可欠也. 大凡婦人, 皆有婦人之任, 汝旣出嫁, 則治家營産, 可也, 而乃不此之爲, 日以午睡爲事乎?" 其婦對曰:"雖欲治産, 赤手空拳[228], 何所藉而營産乎?" 其舅悶而憐之, 卽以租數三十包[229]·奴婢四五口·牛數隻給之, 曰:"如此則足可爲營産之資乎?" 對曰:"足矣." 仍呼奴婢近前, 曰:"今則汝輩旣屬之於我, 當從吾之指揮. 汝可駄穀於此牛, 入茂朱某處深峽中, 伐木作家, 以此租作農粮. 而無主空虛山谷之中[230], 勤耕[231]火田, 每秋以所出都數, 來告於我, 粟則作米儲置, 每年如是, 可也." 奴婢輩承命, 而向茂朱而去矣[232]. 居數日, 對金公而言曰:"男子手中無錢無[233]穀, 則百事不成[234], 何不念及於此?" 公曰:"吾是侍下人事, 衣食皆賴於父母, 則錢穀從何而辦出乎?" 婦曰:"竊聞洞中李生某家, 積累萬財貨, 而性嗜賭博云, 郎君何不一往, 以千石之露積一塊爲賭乎?" 公曰:"此人以博局一手, 有名於世, 吾則手法甚[235]拙, 此等事, 何可生心賭博乎[236]?" 婦曰:"此則[237]易與事[238]耳, 第以博局持來." 仍對坐而訓之, 諸般妙手, 隨手指訓, 金公亦奇傑之人也, 半日對局, 陣法曉然. 其婦曰:"今則優可賭博, 君子須以三局兩勝爲賭, 初局則佯輸, 而二三局, 則僅

---

228) 拳: 저본에는 '眷'으로 나와 있으나 라, 마, 바, 아본에 의거하여 바로잡음.
229) 包: 라본에는 '石'으로 되어 있음.
230) 無主空虛山谷之中: 저본에는 빠져 있으나 라본에 의거하여 보충함.
231) 耕: 아본에는 '農'으로 되어 있음.
232) 矣: 저본에는 빠져 있으나 라본에 의거하여 보충함.
233) 無: 저본에는 빠져 있으나 아본에 의거하여 보충함.
234) 百事不成: 아본에는 '百萬之事, 都皆不成矣'로 되어 있음.
235) 甚: 아본에는 '太'로 되어 있음.
236) 乎: 저본에는 빠져 있으나 라, 아본에 의거하여 보충함.
237) 則: 저본에는 빠져 있으나 마, 아본에 의거하여 보충함.
238) 事: 저본에는 빠져 있으나 라본에 의거하여 보충함.

僅[239]決勝. 旣得露積後, 彼必欲更決雌雄, 此時則出神妙之手, 使彼不得下手, 可也." 金公然其言, 明日躬往其家, 請賭博局, 則其人笑曰: "君與我居在同閈, 未聞君之賭博矣, 今忽來請者, 未知何故也. 且君非吾之敵手, 不必對局." 金公曰: "對局行馬然後, 可定其高下, 何必預先斥破[240]?" 仍强請至再至三, 其人曰: "若然, 則吾於平生對局, 則必賭, 以何物爲博債[241]乎?" 公曰: "君家有千石露積[242]者三四塊, 以此爲賭, 可乎?" 其人曰: "吾則以此爲賭, 君則以何物爲賭乎?" 公曰: "吾亦以千石爲賭." 其人曰: "君以侍下之人, 不少之穀, 從何辦出乎?" 金公曰: "此則決勝負後, 可言之事, 吾當不勝, 則千石何足道哉?" 其人勉强而對局, 以兩勝爲限, 初則金公佯輸一局, 其人笑曰: "然矣! 君非吾之敵手, 吾不云乎?" 金公曰: "猶有二局, 第又對局." 李生心甚異之, 又復對局, 則連輸二局矣, 李生驚訝曰: "異哉異哉! 寧有是理? 旣許之, 千石不可不給, 卽當輸之, 第又更賭一局." 金公許之, 復對博局, 始出神妙之手, 李生勢窮力盡, 不得下手. 金公笑而罷歸, 對其妻而言, 則妻曰: "吾已料知矣." 公曰: "旣得此矣, 將焉用哉?" 妻曰: "君子之所親人中, 窮婚窮喪, 及貧不能資生者, 量宜分給. 毋論遠近貴賤, 如有奇傑之人, 則與之許交, 而逐日邀來, 則酒食之費, 我自辦備矣." 金公如其言而行之. 一日, 其婦又請于其舅, 曰: "媳將欲事農業, 籬外五日耕田, 可使許耕乎?" 其舅許之, 於是, 耕田而遍種瓠種, 待熟而作斗容瓠, 使之着漆, 每年如是, 充五間庫. 又使冶匠, 鍊出二箇如

---

239) 僅僅: 저본에는 '菫菫'으로 나와 있으나 라본을 따름.
240) 斥破: 라, 마, 바, 아본에는 '斥罷'로 되어 있음.
241) 博債: 마, 아본에는 '賭債'로 되어 있음.
242) 露積: 아본에는 '積穀'으로 되어 있음.

斗容瓠樣, 並置于庫中, 人莫曉其故. 及壬辰, 倭寇大至, 夫人謂金
公曰: "吾之平日勸君子, 以恤窮濟貧, 交結英男, 欲於此等時得其
力故也. 君子倡起義兵, 則舅姑避亂之地, 吾已經紀於茂朱地, 有
屋有穀, 庶不貽君子之憂矣. 吾則在此, 辦備軍粮, 使勿乏絶也."
金公欣然從之, 遂起義兵, 遠近之平日受恩者, 皆來附, 旬日之間,
得精兵四五千, 使軍卒, 各佩漆匏而戰. 及其回陣之時, 遺棄鐵鑄
之匏於路而去, 倭兵見而皆大驚, 曰: "此軍人人佩此匏, 其行如飛,
其勇力可知其無量." 遂相與戒飭, 無敢嬰其鋒. 以是之故, 倭兵見金
公之軍[243], 則不戰而披靡. 金千鎰多建奇功, 蓋夫人贊助之力[244]也.

4-15.

盧玉溪禛, 早孤家貧, 居在南原地, 年旣[245]長成, 無以婚娶. 其堂
叔武弁, 時爲宣川倅, 玉溪母親, 勸往宣川, 乞得婚需以來. 玉溪以
編髮, 徒步作行, 行至宣川[246]府之門, 阻閽不得入, 彷徨於[247]路上.
適有一童妓, 衣裳鮮新者過去, 停步而立, 熟視而問曰: "都令[248]從
何而來?" 玉溪以實言之, 妓曰: "吾家在於某洞, 而卽第幾家, 距此
不遠, 都令須定下處於吾家." 玉溪許之, 艱辛入官門, 見其叔, 言
下來之由, 則嚬蹙曰: "新延未幾[249], 官債山積, 甚可悶也云." 而殊
甚冷落, 玉溪以出宿於下處之意, 告而出門, 卽訪其妓之家, 童妓
欣迎, 而使其母, 精備夕餐而進之, 夜與同寢焉[250]. 其妓曰: "吾見

---

243) 軍: 바, 아본에는 '兵'으로 되어 있음.
244) 力: 아본에는 '功'으로 되어 있음.
245) 旣: 라본에는 '紀'로 되어 있음.
246) 川: 저본에는 빠져 있으나 라, 마, 바, 아본에 의거하여 보충함.
247) 於: 저본에는 빠져 있으나 아본에 의거하여 보충함.
248) 都令: 라, 바본에는 '道令'으로 되어 있음. 이하의 경우도 동일함.
249) 未幾: 바본에는 '未久'로 되어 있음.

本官司, 手段甚小[251], 雖至親之間, 其婚需之優助[252], 有未可知. 吾見都令之氣骨狀貌, 可以大顯達之狀[253]也, 何必自歸於乞客之行也? 吾有私儲之銀五百餘兩, 留此幾日, 不必更入官門, 持此銀直還, 可也." 玉溪不可, 曰: "行止如是飄忽, 則堂叔豈不致責乎?" 妓曰: "都令雖恃至親[254]之情, 而至親何可恃也? 留許多日, 不過被人苦色, 及其歸也, 不過以數十金贐行, 將安用之? 不如自此直發." 過數日, 晝則入見其叔, 夜則宿於妓家, 一日之夜, 妓於燈下, 理行裝, 出銀子, 裹以袱. 及曉, 牽出廐上一匹馬, 馱使之促行, 曰: "都令不過十年內外, 必大貴矣. 吾當潔身, 而俟之會面之期, 只此一條路而已, 千萬保重!" 灑淚而出門, 玉溪不得已不辭於其叔而作行. 平明, 本官聞其歸, 竊怪其行色之狂妄, 而中心也, 自不妨其費錢兩也. 玉溪歸家, 以其銀子, 娶妻而營産, 衣食不苟, 乃刻意科工[255], 四五年之後登第, 大爲上所知. 未幾, 以繡衣, 按廉于關西, 直訪其妓之家, 則其母獨在, 見玉溪, 認其顏面, 乃執裾而泣, 曰: "吾女自送君之日, 棄母逃走, 不知去向. 于今幾年, 老身晝夜思想[256], 而淚無乾時云云." 玉溪茫然自失, 自量以爲, '吾之此來, 全爲故人相逢矣. 今無形影, 心膽俱墜, 然而渠必爲我而晦跡之故也.' 仍更問曰: "老嫗之女, 自一去之後, 存歿尙未聞之否?" 對曰: "近者傳聞, 吾女寄跡於成川境內之山寺, 藏踪秘跡, 人無見其面者云云. 風傳之言, 猶未可信, 老身年衰無氣, 且無男子, 無以追尋其

---

250) 焉: 저본에는 빠져 있으나 바본에 의거하여 보충함.
251) 小: 라, 마본에는 '少'로 되어 있음.
252) 助: 바본에는 '給'으로 되어 있음.
253) 狀: 라본에는 '像'으로 되어 있음.
254) 至親: 마본에는 '親知'로 되어 있음.
255) 科工: 바본에는 '課工'으로 되어 있음.
256) 思想: 마본에는 '思量'으로 되어 있음.

踪跡矣." 玉溪聽罷, 仍直[257]往成川地, 遍訪一境之寺刹, 窮搜而終無形影. 行尋一寺, 寺後有千仞絶壁, 其上有一小菴, 而峭峻無着足處矣. 玉溪捫蘿挒藤, 艱辛上去, 則有數三僧徒, 問之, 則[258]以爲, "四五年前, 有一箇年可二十之女子, 以如干銀兩, 付之禮佛之首座, 以爲朝夕之費[259], 而仍伏於佛座之卓下, 披髮掩面, 而朝夕之飯, 從窓穴而入送. 或有大小便之時, 暫出門而還入, 如是者, 已有年矣[260]. 小僧皆爲以爲蔭藋生佛, 不敢近前矣." 玉溪心知其妓, 乃使首座, 從窓隙傳言曰: "南原盧都令, 全爲娘子而來此, 何不開門而迎見乎[261]?" 其女仍其僧而問曰: "盧都令如來, 則登科乎否乎?" 玉溪遂以登科後, 方以繡衣來此云云, 其女曰: "妾之如是積年, 晦迹而喫苦, 全爲郎君地也, 豈不欣欣然卽出迎之? 而積年之鬼形, 難現於丈夫行次, 如爲我留十餘日, 則妾謹當洗垢理粧, 復其本形後, 相見好矣." 玉溪依其言, 遲留矣. 過十餘日後, 其女凝粧盛飾, 出而見之, 相與執手, 而悲喜交至. 居僧始知其來歷, 莫不嗟歎. 玉溪通于本府, 借轎馬駄送于宣川, 與其母相面, 竣事復命之後, 始送人馬, 率來同室, 終身愛重云耳.

4-16.

延原府院君李光庭, 爲楊州[262]牧時, 養一鷹, 使獵夫每作山行. 一日, 獵夫出去, 經宿而還, 傷足而行蹇, 公怪而問之, 則[263]笑而對

---

257) 直: 마, 바, 아본에는 '卽'으로 되어 있음.
258) 問之則: 바본에는 '問於僧徒'로 되어 있음.
259) 費: 라본에는 '資'로 되어 있음.
260) 矣: 저본에는 '所'로 나와 있으나 바본에 의거함.
261) 乎: 저본에는 빠져 있으나 바본에 의거하여 보충함.
262) 州: 저본에는 빠져 있으나 바본에 의거하여 보충함.
263) 則: 저본에는 빠져 있으나 마, 아본에 의거하여 보충함.

曰:"昨日放鷹獵雉, 雉逸而鷹逃, 四面搜訪[264], 則鷹坐某村李座首門外大樹上. 故艱辛[265]呼鷹而臂之, 將欲復路之際, 忽聞籬內有喧撓之聲. 故自籬間窺見, 則有五介處女, 豪健如壯男樣, 相率而來, 氣勢甚猛, 故意其或被打, 急急避身, 足滑而傷. 時日勢幾昏, 心甚訝之, 隱身於籬下叢樾之中[266]而聞之, 則其五處女, 相謂曰:'今日適從容, 又當作太守戲乎?' 僉曰:'諾.' 其中大處女, 年可近三十, 高坐石上, 其下諸處女, 各稱座首・刑房・及唱・使令名色, 侍立於前. 而已, 太守處女出令曰:'座首拿入!' 刑房處女呼及唱處女而傳令, 及唱處女呼使令處女而傳分付, 使令處女[267]承令, 而捉下座首處女, 拿而跪于庭下. 太守處女高聲數其罪, 曰:'婚姻人之大倫也, 汝之末女, 年已過時, 則其上之兄, 從可知矣. 汝何爲而使汝之五女, 空然并將廢倫乎? 汝罪當死!' 座首處女俯伏而奏, 曰:'民豈不知倫紀[268]之重乎? 然而民之家計赤立, 婚具實無可辦之望矣.' 太守曰:'婚姻稱家之有無, 只具單衾, 勺水成禮[269], 有何不可之理乎? 汝言太[270]迂闊矣.' 座首曰:'民之女, 非一二人, 則[271]郎材亦無可求之處矣.' 太守叱曰:'汝若誠心廣求, 豈有不得之理乎? 以鄕中所聞言之, 某村之宋座首・吳別監, 某里之鄭座首・金別監・崔鄕所家, 皆有郎材, 如是則可定汝五女之匹矣. 此人輩與汝, 地醜德齊, 有何不可之理?' 座首曰:'謹當依下敎通婚, 而彼必以民之家貧[272], 不

---

264) 訪: 저본에는 '放'으로 나와 있으나 라, 마, 바, 아본에 의거함.
265) 艱辛: 바본에는 '艱苦'로 되어 있음.
266) 中: 마, 아본에는 '間'으로 되어 있음.
267) 處女: 저본에는 빠져 있으나 바본에 의거하여 보충함.
268) 倫紀: 바, 아본에는 '倫氣'로 되어 있음.
269) 成禮: 서본에는 빠져 있으나 라, 바, 아본에 의거하여 보충함.
270) 太: 바본에는 '實'로 되어 있음.
271) 則: 저본에는 빠져 있으나 바본에 의거하여 보충함.

肯矣.' 太守曰: '汝罪當笞, 而今姑十分參酌, 斯速定婚而行禮, 可
也. 不者, 後當嚴處[273]矣.' 仍命拿出, 五介處女, 仍相與大笑一闋而
散. 其狀絶倒, 仍而作行, 寄宿於旅舍, 今始還來矣." 延原聞而大
笑, 召鄕所, 問李座首來歷, 與家勢子女之數, 則以爲, '此邑曾經
首鄕之人, 而家勢赤貧無子, 而有五女家貧之故, 五女已過時, 而
尙未成婚矣.' 延原卽使禮吏, 告目而請李座首以來. 未幾, 李座首
來謁, 公曰: "君是曾經首鄕而解事云, 故[274]吾欲與之議邑事而未果
矣." 仍問子女之數, 則對曰: "民命道崎窮, 未育一子, 只有無用之
五女矣." 問俱已婚嫁與[275]否, 對曰: "一未成婚矣." 又曰: "年各幾
何?" 對曰: "第末女, 已過時矣." 公乃以俄者[276]所聞, 太守處女之分
付, 一一問之, 則其答果如座首處女之答. 公乃歷數某座首·某別
監·某鄕所之家, 而依太守處女之言, 而言曰: "何不通婚也?" 對
曰: "渠必以民之家貧, 不願矣." 公曰: "此事吾當居間矣." 使之出
去, 又使禮吏, 請五鄕所, 而問曰: "君家俱各有郎材云, 然否?" 對
曰: "果有之." 問曰[277]: "已成娶否?" 對曰: "姑無定婚處矣." 公曰:
"吾聞某里[278]某[279]座首家, 有五女云, 何不通而結親乎?" 五人躕躇
不卽應, 公正色曰: "彼鄕族, 此鄕族, 門戶相敵, 君輩之不欲婚[280]
只較貧富而然也. 若然則貧家之女, 其將編髮而老死乎? 吾之年

---

272) 家貧: 라본에는 '家計貧乏'으로 되어 있음.
273) 嚴處: 바본에는 '嚴治'로 되어 있음.
274) 故: 저본에는 빠져 있으나 바본에 의거하여 보충함.
275) 與: 저본에는 빠져 있으나 바본에 의거하여 보충함.
276) 者: 저본에는 빠져 있으나 바본에 의거하여 보충함.
277) 曰: 저본에는 빠져 있으나 바본에 의거하여 보충함.
278) 里: 바본에는 '洞'으로 되어 있음.
279) 某: 라본에는 '李'로 되어 있음.
280) 婚: 저본에는 빠져 있으나 라본에 의거하여 보충함.

位, 比君輩, 何如不少之地, 旣發說, 則君輩焉敢不從乎?" 乃出五幅簡, 使置于五人之前, 曰: "各書其子四柱, 可也." 聲色俱厲, 五人惶蹙俯伏, 曰: "謹奉教矣!" 仍各書四柱以納, 公以其年紀之多少, 定其處女之次第, 仍饋酒肴. 又各賜苧布一疋, 曰: "以此爲道袍之資." 又分付曰: "李家五處女之婚具, 自官備給, 本家勿慮也." 卽使之擇日[281], 期在數日之間, 仍合[282]送布帛錢穀, 使備婚需. 伊日, 公出往李家, 屛障鋪陳之屬, 自官遮[283]設, 列五卓於庭中, 五女五郎, 一時行禮, 觀者如堵, 無不欽歎. 延原之積善如此[284], 其後承繁衍而顯達, 皆由於積善之餘慶云爾.

4-17.

安東權進士某者, 家計富饒, 性嚴峻, 治家有法. 有獨子而娶婦, 婦性行悍妬難制, 而以其舅之嚴, 不敢使氣. 權如有怒氣, 則必鋪席於大廳而坐, 或打殺婢僕, 若不至傷命, 則必見血而止. 以此, 如鋪席於大廳, 則家人喘喘, 知其有必死之人也. 其子之妻家, 在於隣邑, 其子爲見其妻父母, 而行歸路遭雨, 避入於路傍[285]店舍. 先見一少年人, 坐於廳上, 而廐有五六匹駿馬, 婢僕又多, 若率內眷之行. 見權少年[286], 與之寒暄, 而以酒肴饌盒[287], 勸之, 酒甚淸冽, 肴又豊旨. 相問其姓氏與居處, 權少年則對以實, 先來少年, 則只道姓氏, 而不肯言所在處, 曰: "偶爾過此, 避雨而入此店, 幸逢年

---

281) 擇日: 바본에는 '擇吉'로 되어 있음.
282) 合: 저본에는 빠져 있으나 바본에 의거하여 보충함.
283) 遮: 라본에는 '借'로 되어 있음.
284) 如此: 저본에는 빠져 있으나 바본에 의거하여 보충함.
285) 路傍: 저본에는 빠져 있으나 바본에 의거하여 보충함.
286) 權少年: 바본에는 '權生'으로 되어 있음. 이하의 경우도 동일함.
287) 酒肴饌盒: 라본에는 '酒壺饌盒'으로, 바본에는 '美酒佳肴'로 되어 있음.

輩佳朋, 豈不樂乎?"仍與之酬酢, 以醉爲期, 權少年醉倒先睡[288], 夜深後始覺, 擧眼審視, 則同盃[289]之少年, 已無形影. 而自家則臥於內室, 而傍有素服佳娥[290], 年可十八九, 容儀端麗, 知非其常賤, 而的是洛下卿相家婦女也. 權生大驚訝, 問曰:"吾何以臥於此處, 而君是誰家何許婦女, 在於此處乎?"其女子羞澁而不答, 叩之再三, 終不開口, 最後過數食頃, 始低聲而言曰:"吾是洛下門地繁盛[291]之仕宦家女子, 十四出嫁, 十五喪夫, 而嚴親又早世, 依於娚兄主家矣. 兄之性執滯, 不欲從俗而執禮, 使幼妹寡居也, 欲求改適之處, 則宗黨之是非大起, 皆以汚辱門戶, 峻辭嚴斥. 兄不得已罷議, 因具轎馬駄我而出門, 無去向處而作行, 轉而至此. 其意以爲, '若遇合意之男子, 則欲委而托之, 自家因以避之, 以[292]遮諸宗之耳目者也.' 昨夜乘君之醉, 而使奴子, 負而入臥於此處, 而家兄則必也遠走." 因指在旁之一箱, 曰:"此中有五六百銀子, 以此, 使作妾衣食之資云耳." 權生異之, 出外而視之, 則其少年及許多人馬, 幷不知去處, 只有蒙孩[293]之童婢二人在傍. 生還入內, 與其女同寢而已. 思量, 則嚴父[294]之下, 私自卜妾, 必有大擧措, 且其妻悍妬之性, 必不相容, 此將奈何? 千思萬量, 實[295]無好箇計策, 反以奇遇之佳人爲頭痛. 待朝, 使婢子謹守門戶, 而言于其女曰:"家有嚴親, 歸當奉稟而率去, 姑少俟之." 申飭店主而出門, 直向親朋中

---

288) 醉倒先睡: 저본에는 '先醉倒'로 나와 있으나 마, 아본을 따름.
289) 同盃: 아본에는 '同輩飮酒'로 되어 있음.
290) 佳娥: 아본에는 '佳人'으로 되어 있음.
291) 繁盛: 바본에는 '繁華'로 되어 있음.
292) 以: 라본에는 '爲'로 되어 있음.
293) 孩: 저본에는 '駭'로 나와 있으나 마, 아본에 의거하여 바로잡음.
294) 嚴父: 라본에는 '嚴親'으로 되어 있음.
295) 實: 바본에는 '大'로 되어 있음.

有智慮者之家, 以實告之, 願爲之劃策. 其友沉吟良久, 曰:"大難大難! 實無好策, 而第有一計, 君於歸家之數日, 吾當設酒席而請之矣. 君於翌日, 又設酒筵而請我, 我當自有方便之計矣." 權生依其言, 歸家之數日, 其友人送伻, 懇請以, '適有酒肴, 諸盆畢[296]會, 此席不可無兄, 兄須賁臨云云.' 權生稟于其父而赴席, 其[297]翌日, 權生稟于[298]其父曰[299]:"某友昨日, 直[300]酒有邀, 而酬答之禮, 不可闕也. 今日略具酒饌, 而請邀諸友, 則似好矣."其父許之, 爲設酒席而邀其人, 且邀洞中諸少年, 諸人皆來, 先拜見於權生之父老, 權曰:"少年輩迭相酒會, 而一不請老我, 此何道理?"其少年對曰: "尊丈若主席, 則年少侍生, 坐臥起居, 不得任意爲之. 且尊丈性度嚴峻, 侍生輩暫時[301]拜謁, 十分操心, 或恐其見過, 何可終日侍坐於酒席? 尊丈若降臨, 則可謂殺風景矣."老權笑曰:"酒會[302]豈有長幼之序乎? 今日之酒, 我自[303]爲主矣. 擺脫拘束之儀, 終日湛樂, 君輩雖百番失儀於我, 我不汝責矣, 盡歡而罷, 以慰老夫一日孤寂之懷也." 諸少年一時[304]敬諾, 長幼雜坐而擧觴, 酒至半, 其多智之少年近前, 曰:"侍生有一古談之奇事, 請一言之以供一噱, 若何[305]?"老權曰:"古談極好, 君試爲我言之."其人乃以權少年之客店[306]奇遇之事[307], 作古談而言之, 老權節節稱奇, 曰:"異哉異哉!

---

296) 畢: 바본에는 '來'로 되어 있음.
297) 其: 저본에는 빠져 있으나 바본에 의거하여 보충함.
298) 于: 라본에는 '之'로 되어 있음.
299) 曰: 저본에는 빠져 있으나 바본에 의거하여 보충함.
300) 直: 저본에는 '擧'로 나와 있으나 마, 아본을 따름.
301) 時: 저본에는 '前'으로 나와 있으나 라, 마, 바, 아본을 따름.
302) 酒會: 마본에는 '酒席'으로 되어 있음.
303) 自: 저본에는 빠져 있으나 마, 아본에 의거하여 보충함.
304) 一時: 라본에는 '一齊'로 되어 있음.
305) 若何: 저본에는 빠져 있으나 라본에 의거하여 보충함.

古則或有此等奇緣, 而今則未得聞也." 其人曰: "若使尊丈當之, 則
當何以處之? 中夜無人之際, 絶代佳人在旁, 則其將近之乎? 否
乎? 旣近之, 則其將率畜乎? 抑棄之乎?" 老權曰: "旣非宮刑之人,
則逢佳人於黃昏, 豈有虛度之理也? 旣同寢席, 則不可不率畜, 何
可等棄而積惡乎?" 其人曰: "尊丈性本方[308]嚴, 雖當如此之時, 必
不毀節矣." 老權掉頭, 曰: "不然不然! 使吾當之, 不得不毀節矣.
彼之入內, 非故爲也. 爲人所欺, 此則非吾之故犯[309]也. 年少之人,
見美色而心動, 自是常事, 彼女旣以士族行此事, 則其情慽矣, 其
地窮矣. 如或一見而棄之, 則彼女[310]必含羞含冤而死, 此豈非積惡
乎? 士大夫之處事, 不可如是齷齪也." 其人又問曰: "人情事理, 果
如是乎?" 老權曰: "豈有他意? 斷當不作薄倖[311]人, 可也." 其人笑
曰: "此非古談, 卽胤友日前事也. 尊丈旣以事理當然, 再三質言而
有敎, 今則胤友庶免罪責矣." 老權聽罷, 半晌無語, 仍正色厲聲曰:
"君輩皆罷去! 吾當[312]有處置之事矣." 諸人皆驚怵而散, 老權因高
聲曰: "斯速設席於大廳!" 家中人皆悚然, 不知將治罪者[313]何許人
矣. 老權坐於席上, 又高聲曰: "急持斫刀以來!" 奴子遑忙承命, 置
斫刀及木板於庭下, 老權又高聲曰: "捉下書房主, 伏之斫刀板." 奴
子捉下權少年, 以其項置之刀板, 老權大叱曰: "悖子以口尙乳嗅之
兒, 不告父母, 而私蓄小妾者, 此是亡家之行也. 吾之在世, 猶尙如

---

306) 客店: 아본에는 '酒店'으로 되어 있음.
307) 之事: 저본에는 빠져 있으나 바본에 의거하여 보충함.
308) 方: 바본에는 '大'로 되어 있음.
309) 故犯: 바본에는 '所欺'로 되어 있음.
310) 女: 저본에는 빠져 있으나 라본에 의거하여 보충함.
311) 薄倖: 라, 바, 아본에는 '薄行'으로 되어 있음.
312) 當: 저본에는 빠져 있으나 라본에 의거하여 보충함.
313) 者: 저본에는 빠져 있으나 라본에 의거하여 보충함.

此, 況吾之身後乎! 此等悖子, 留之無益, 不如吾在世之時, 斷頭而以杜後弊, 可也." 言罷, 號令奴子, 使之擧趾而斫之, 此時上下遑遑, 面無人色. 其妻與子婦, 皆下堂而哀乞, 曰: "彼罪雖云可殺, 何忍於目前斫獨子之頭乎?" 泣諫不已, 老權高聲而叱, 使退去, 其妻驚惻而避[314], 其子婦以首叩地, 血流被面, 而告曰: "年少之人, 設有放恣自擅之罪, 尊舅血屬, 只此而已. 尊舅何忍行此殘酷之事, 使累世[315]奉祀, 一朝絶嗣乎? 請以子婦之身代其死." 老權曰: "家有悖子, 而亡家之時, 辱及祖先矣. 吾寧殺之於目前, 更求螟嗣, 可也. 以此以彼, 亡則一也. 不如亡之, 乾淨之爲愈也." 因號令而使斫之, 奴子口雖應諾, 而不忍加足, 其子婦泣諫益苦, 老權曰: "此子亡家之事, 非一矣. 以侍下之人, 而擅自蓄妾, 其亡兆一也. 以汝之狷妬, 必不相容, 如此則家政日亂, 其亡兆二也. 有此亡兆, 不如早爲除去之爲好也." 子婦曰: "妾亦是具人面人心矣. 目見此等光景, 何可念及於妬之一字乎? 若蒙尊舅一番容恕, 則子婦謹當與之同處, 小不失和矣. 願尊舅, 勿以此爲慮, 而特下[316]廣蕩之恩." 老權曰: "汝雖迫於今日擧措, 而有此言, 必也, 面諾而心不然矣." 婦曰: "寧有是理? 如或有近似此等之言[317], 則天必殛之, 鬼必誅之矣." 老權曰: "汝於吾之生前, 無或然矣, 而吾死之後, 汝必復肆其惡. 此時則吾已不在, 悖子不敢制, 此非亡家之事乎? 不如斷頭以絶禍根." 婦曰: "焉敢如是? 尊舅下世之後, 如或有一分非心, 則犬豚不若, 謹當以矢言納侉矣." 老權曰: "若然則[318]汝以矢言, 書紙以

---

314) 避: 아본에는 '走避'로 되어 있음.
315) 累世: 바본에는 '累代'로 되어 있음.
316) 下: 마, 아본에는 '施'로 되어 있음.
317) 言: 바본에는 '說'로 되어 있음.
318) 則: 저본에는 빠져 있으나 마, 아본에 의거하여 보충함.

納."其子婦書禽獸之盟,且曰:"一有違背之事,子婦父母之血[319]肉,可以生啗矣.[320] 矢言至此,而尊舅終不信聽,有死而已."老權乃赦而出之,因命呼首奴人,分付曰:"汝可率轎馬人夫,往其某店,舍迎書房主小室以來." 奴子承命而率來,行現舅姑之禮,又禮拜於正配,而使之同處.其子婦不敢出一聲,到老和同,人無間言云耳.

4-18.

古有一宰,爲關西伯,有獨子而率去.時有童妓,與其子同庚,而容貌佳麗,與之相狎,恩情之篤,如山如海.及箕伯之遞歸,其父母憂其子之不能斷情而別妓,故[321]問曰:"汝與某妓有情,今日倘能割情,而決然歸去否?" 其子對曰:"此不過風流好事,有何係戀之可言乎?" 其父母幸而喜之,發行之日,其子別無惜別之意.及歸使其子,負笈山寺,俾勤三餘之工.生讀書山房,而一日之夜,大雪初霽,皓月滿庭,獨倚欄檻[322],悄然四顧,萬籟收聲[323],千林闃若.雲間獨鶴,失羣而悲鳴;巖穴孤猿,喚侶而哀號.生於此時,心懷愀然,關西某妓,忽然入想,其妍美之態,端麗之容,森然在目[324]. 相思之懷,如泉湧出,欲忘未忘,終不可抑.因坐而苦俟晨鍾,不使旁人知之,而獨自躡草履,佩如干盤費,步出山門,直向關西大路而行.翌日,諸僧及同牕之人,大驚搜索,終無形影,告于其家,則[325]擧家驚遑,遍尋山谷而不得,意其謂爲虎豹所嚙,其悲冤號痛之

---

319) 血: 저본에는 빠져 있으나 아본에 의거하여 보충함.
320) 可以生啗矣: 아본에는 '亦有歸忘矣'로 되어 있음.
321) 故: 저본에는 빠져 있으나 바본에 의거하여 보충함.
322) 欄檻: 라본에는 '虛欄'으로 되어 있음.
323) 收聲: 아본에는 '俱寂'으로 되어 있음.
324) 在目: 바본에는 '若在於目前'으로 되어 있음.
325) 則: 저본에는 빠져 있으나 바본에 의거하여 보충함.

狀, 無以形言矣. 生間關作行, 行幾日[326], 僅到浿城, 卽訪其妓之家, 則妓不在焉. 只有其老母, 見生之行色草草, 冷眼相對, 全無欣歡之心. 生問曰: "君之女何在?" 對曰: "方入於新使道子弟守廳, 一入之後, 尙不得出來, 然而書房主, 何爲千里徒步而來也?" 生曰: "吾以君女思想之故, 柔腸斷盡, 不遠千里而來者, 全爲一面之地也." 老妓冷笑曰: "千里他鄕, 空然作虛行矣. 吾女在此, 而吾亦不得相面, 何況書房主乎? 不如早自還歸." 言罷, 還入房中, 少無迎接之意. 生乃慨歎出門, 而無可向處, 因念營吏房吏曾親熟, 且多受恩於其父者, 盍往訪之? 因問其家而往見, 則其吏大驚, 起而迎之坐, 曰: "書房主此何舉也? 以貴价公子, 千里長程, 徒步此行, 誠是夢寐之所不到, 敢問此來何爲?" 生告之故,[327] 其吏掉頭, 曰: "大難大難! 見今新使道子弟寵愛, 此妓跬步不暫離, 實無相面之道, 姑暫留小人之家幾日, 徐圖可見之機也[328]." 仍接待款洽. 生留數日, 天忽大雪, 吏曰: "今則有一面之會, 而未知書房主能行之否?" 生曰: "若使吾一見其妓之面, 則死且不避, 何況其外事乎?" 吏曰: "明朝, 調發邑底人丁, 將掃雪營庭, 小人以書房主, 充於冊房[329]掃雪之役, 則或可瞥眼相面矣." 生欣然從之, 換着常賤衣服[330], 混入於掃雪役丁之叢中[331], 擁箒而掃冊室之庭. 時以眼頻頻偸視廳上, 終不得相面. 過食頃之後, 房門開處, 厥女凝粧而出, 立於曲欄之頭, 翫雪景. 生停掃而注目視之, 厥妓[332]忽然色變, 轉而

---

326) 日: 저본에는 '月'로 나와 있으나 마, 아본을 따름.
327) 生告之故: 바본에는 '生言其故'로 되어 있음.
328) 也: 저본에는 빠져 있으나 아본에 의거하여 보충함.
329) 冊房: 라, 마본에는 '冊室'로 되어 있음.
330) 服: 저본에는 '冠'으로 나와 있으나 바, 아본을 따름.
331) 中: 저본에는 빠져 있으나 바본에 의거하여 보충함.
332) 妓: 라, 마, 바본에는 '女'로 되어 있음.

入房, 更不出來. 生心甚恨之, 無聊而出, 其吏問曰: "得見厥妓
否?" 生曰: "霎時見面矣[333]." 仍道其入房不出之狀, 吏笑曰: "妓兒
情態, 本自如此, 較冷暖而送舊迎新, 何足責也?" 生自念行色, 進
退不得, 心甚悶然[334]矣. 此時[335], 厥妓一見生之面目, 心知其下來,
欲出一面, 而其奈冊室暫不得使離何? 仍心思脫身之計, 忽爾揮
涕, 作悲苦之狀, 冊室驚問曰: "汝何作此樣也?" 妓掩抑而對曰[336]:
"小人[337]無他兄弟, 故小人在家之日, 親自掃雪於亡父之墳上矣. 今
日大雪, 無人掃雪, 是以悲之." 冊室曰: "若然, 則吾使一隷掃之
矣." 妓止之, 曰: "此非官事, 當此寒冱, 使渠掃雪於不當之小人先
山, 則小人及小人之亡父, 必得無限辱說. 此則大不可, 小人暫往
而掃之[338], 旋卽入來, 無妨矣. 且父之墳[339], 在於城外未十里之地,
去來之間, 不過數食頃矣." 冊室憐其情事而許之. 厥妓卽往其母
家, 問於其母[340]曰: "某處書房主, 豈不來此乎?" 母曰: "數日前暫
時來見而去矣." 妓曰: "來則何不使留之?" 母曰: "汝旣不在, 留之
何益?" 妓曰: "向何處云乎?" 母曰: "吾亦不問, 彼亦不言而去矣."
妓呑聲而責其母, 曰: "人情固如是乎? 彼以卿相家貴公子, 千里此
行, 全爲見我而來, 則母親何不挽留而通于我乎? 母以冷落之色相
接, 彼肯留此乎?" 仍揮涕[341]不已, 欲訪其所在處, 而無處可問. 忽

---

333) 矣: 저본에는 빠져 있으나 라본에 의거하여 보충함.
334) 然: 저본에는 빠져 있으나 바본에 의거하여 보충함.
335) 此時: 저본에는 빠져 있으나 바본에 의거하여 보충함.
336) 曰: 저본에는 빠져 있으나 라, 바본에 의거하여 보충함.
337) 小人: 마, 바, 아본에는 '小女'로 되어 있음. 이하의 경우도 동일함.
338) 之: 바본에는 '雪'로 되어 있음.
339) 墳: 아본에는 '先山'으로 되어 있음.
340) 於其母: 저본에는 빠져 있으나 바본에 의거하여 보충함.
341) 涕: 라본에는 '淚'로 되어 있음.

念, '前等吏房, 每親近於冊室, 無或寄宿其家耶?' 仍忙步往尋, 則果在矣. 相與執手, 悲喜交切[342], 妓曰: "妾旣一見書房主, 則斷無相捨[343]之意, 不如從此而相攜逃避矣." 因還至其家, 則其母適不在, 搜其箱篋中所儲五六百銀子. 且以渠之資粧貝物, 作一負卜, 貰人背負[344], 往[345]其吏家, 使吏貰得二匹馬, 吏曰: "貰馬往來之際, 踪跡易露, 吾有數匹健馬, 可以贐之." 又出四五十兩錢, 俾作路需, 生與厥妓, 卽地發行, 向陽德孟山之境, 買舍於靜僻處, 以居焉. 伊日, 營冊怪其妓之到晚不來, 使人探之[346], 則無形影矣[347]. 問於其母, 則母亦驚遑, 而不知去向, 使人四索, 而終無影形矣. 厥妓整頓家事, 謂生曰: "郎旣背親而作此行, 則可謂父母之罪人也. 贖罪之道, 惟在於登科, 決科之道, 惟在於勤業, 衣食之憂, 付之於妾. 自今讀之做之, 用工倍他然後, 可以有爲." 使之遍求書冊之賣者, 不計價而買[348]之. 自此勤業, 科工日就, 如是而過四五[349]年之後, 國有大慶, 方設科取士, 女勸生作觀光行, 行資準備而送之. 生上京, 不得入其家, 寓於旅舍. 及期赴場, 懸題後, 一筆揮灑, 呈券而待榜, 榜出後, 生嵬參第一人矣. 自上招吏判, 近榻前而敎曰: "曾聞卿之獨子, 讀書山寺, 爲虎嚙去云矣. 今見新榜壯元秘封, 則的是卿之子, 而職啣何爲而書大司憲也? 此[350]是可訝也." 吏判俯伏

---

342) 交切: 아본에는 '切切'로 되어 있음.
343) 捨: 저본에는 '舍'로 나와 있으나 라, 바본을 따름. 서로 통함.
344) 背負: 라본에는 '擔'으로 되어 있음.
345) 往: 라본에는 '到'로 되어 있음.
346) 探之: 마본에는 '探知'로 되어 있음.
347) 矣: 저본에는 빠져 있으나 바본에 의거하여 보충함.
348) 買: 라본에는 '貿'로 되어 있음.
349) 四五: 라본에는 '五六'으로 되어 있음.
350) 此: 저본에는 빠져 있으나 마본에 의거하여 보충함.

奏[351]曰: "臣亦疑訝, 而臣之子, 決無生存之理, 或有姓名同之人而然也. 然而父子之同名, 亦是異事, 且朝班宰列, 寧有臣名之二人乎? 誠莫曉其故也." 上使之呼新來, 吏判俯伏榻下而俟之. 及新恩承命入侍, 則果是其子, 父子相持, 暗暗揮淚, 不忍相舍. 上異之, 使之近前, 詳問其委折, 新恩俯伏而起, 以其背親逃走之事, 及掃雪營庭之擧[352], 以至與妓逃避, 做工登科之由, 一一詳細奏達. 上拍案稱奇, 而敎之[353]曰: "汝非悖子, 乃是孝子也! 汝妾之節槪志慮[354], 卓越於他, 不知賤倡之流[355], 乃有如此人物, 此則不可以賤倡待之, 可陞爲副室." 卽日下諭關西道臣, 使之治送其妓, 新恩謝恩而退, 隨其父還家, 家中慶喜之狀, 溢於內外. 封內職啣之書以大司憲, 蓋是上山時, 其父[356]所帶職故也. 妓名紫鸞, 字玉簫仙云爾[357].

4-19.

李貞翼公浣, 荷孝廟眷注, 將謀北伐, 廣求人材[358], 雖於行路上, 如見人之貌之魁偉, 則必延致之門, 隨[359]其才而薦于朝. 曾以訓將, 得暇掃墳, 行到龍仁店幕, 有一總角, 年近三十許之人. 身長幾十尺, 面長一尺, 瘦骨層稜, 短髮鬖鬆, 布褐[360]不能掩身, 踞坐土廳之上, 以一瓦盆濁醪, 飮如長鯨. 公於馬上, 瞥見而異之, 仍下馬, 坐

---

351) 奏: 저본에는 빠져 있으나 바본에 의거하여 보충함.
352) 擧: 아본에는 '事'로 되어 있음.
353) 之: 저본에는 빠져 있으나 바본에 의거하여 보충함.
354) 志慮: 라, 마, 바본에는 '智慮'로 되어 있음.
355) 賤倡之流: 라, 마본에는 '賤娼之類'로 되어 있음.
356) 其父: 저본에는 빠져 있으나 라본에 의거하여 보충함.
357) 爾: 저본에는 빠져 있으나 마, 바, 아본에 의거하여 보충함.
358) 材: 저본에는 '財'로 나와 있으나 라, 마, 아본에 의거하여 바로잡음.
359) 隨: 마, 아본에는 '試'로 되어 있음.
360) 布褐: 마, 아본에는 '布衣'로 되어 있음.

于岸上, 使人招其童以來. 厥童不爲禮, 又踞坐于石上, 公問其姓名, 答曰: "姓朴, 名鐸也." 又問: "汝之地閥何如?" 答曰: "自是班族, 而早孤家有偏母, 而家貧[361]負薪而養之." 又問: "汝飮酒, 能復飮乎?" 對曰: "卮酒安足辭也?" 公命下隷, 以百文錢, 沽酒以來, 而已, 沽濁醪二大盆以來. 公自飮一椀, 以其器擧而給之, 厥童少無辭讓羞澁之意, 連倒二盆. 公曰: "汝雖埋沒草野, 困於飢寒, 骨相非凡, 可大用之人也. 汝或聞我名字[362]乎? 我是訓將[363]李某也. 方朝廷[364]營大事, 遍求將帥之材, 汝若隨我而去, 則富貴何足道哉?" 厥童曰: "老母在堂, 此身未敢以許人也." 公曰: "若然, 則吾當升堂拜母矣, 而家安在? 汝須導前." 行十餘里, 抵其門前, 數間斗屋, 不蔽風雨. 厥童先入門, 而已, 出一弊席, 鋪之柴門外, 夫人[365]出而迎之, 蓬頭布裙, 年可六十餘. 相與讓席坐定, 公曰: "某是訓鍊大將李某[366]也. 掃墳之行, 路逢此兒, 一面可知其人傑, 尊嫂有此奇男, 大賀大賀!" 老婦斂衽而對曰: "草野之間, 無父之兒, 早失學業, 無異山禽野獸, 大監過加詡獎, 不勝憝愧." 公曰: "尊嫂雖在草野, 時事必有及聞者矣. 方今朝廷方營大事, 招延人材, 某見此兒, 不忍遽別, 欲與之同行. 以圖功名, 則此兒無親命爲辭, 故不得已躬來敢請, 幸尊嫂能許之否?" 老婦曰: "鄕曲愚蠢之兒, 有何知識而敢[367]當大事乎? 且此是老身之獨子, 母子相依爲命, 有難遠離, 不敢奉命矣." 公懇請再三, 老婦曰: "男子生而志四方, 旣許身於國

---

361) 家貧: 라본에는 '貧乏'으로 되어 있음.
362) 字: 저본에는 빠져 있으나 바본에 의거하여 보충함.
363) 訓將: 바본에는 '訓鍊大將'으로 되어 있음.
364) 廷: 저본에는 '庭'으로 나와 있으나 아본에 의거함.
365) 夫人: 저본에는 빠져 있으나 라본에 의거하여 보충함.
366) 李某: 라본에는 '李浣'으로 되어 있음.
367) 敢: 아본에는 '能'으로 되어 있음.

家, 則區區私情有不暇顧矣. 且大監之誠意如是, 老身何敢不許乎?"
公大喜, 卽辭其老婦, 與其兒偕行, 還歸洛下, 詣闕請對, 上敎曰:
"卿旣作掃墳之行, 何爲而徑還也?" 公奏曰: "小臣下鄕之路, 逢一
奇男子, 與之偕來矣." 上使之入侍, 則蓬頭突鬢, 旣一寒乞之兒,
直入榻前, 不爲禮而踞坐. 上笑而敎曰: "汝何瘦瘠之甚也?" 對曰:
"大丈夫不得志於世, 安得不然乎?" 上曰: "此一言, 奇且壯矣." 顧
李公曰: "當除何職乎?" 公曰: "此兒姑未免山野禽獸之態, 臣謹當
率畜家中, 磨以歲月, 訓戒人事然後, 可以責一職事矣." 上許之.
公常置之左右, 豊其衣食, 而敎以兵法及行世之要, 聞一知十, 日
就月將, 非復舊日痴蠢樣子. 上每對李公, 必問朴鐸之成就, 公每
以將進奏達, 如是度周年矣. 公每與朴鐸, 議北伐之事, 則其出謀
發議[368], 反有勝於自家, 公大奇之, 將奏達而大用之矣. 未幾, 孝廟
賓天, 朴鐸隨人參哭班, 痛哭不已, 至於目腫而淚血, 每日朝夕, 必
參哭班. 及引山禮畢, 告公以永訣, 公曰: "此何言也? 吾與汝, 情
同父子, 汝何忍捨[369]我而去耶?" 對曰: "吾豈不知大監眷愛之恩
哉? 某之此來, 非爲飽啜[370]之計也. 英傑之聖主在上, 可以有爲於
世矣. 皇天不弔, 奄遭大喪, 今則天下事無可爲者, 此誠千古不禁
英雄淚者也. 吾雖留在大監門下, 無可用之機, 且拘於顔私, 浪費
衣食, 而逗留不去, 亦甚無義, 不如從此逝矣." 仍揮淚拜辭而歸鄕,
與其母離家, 而入深峽, 不知所終. 尤齋先生常對人, 道此事而嗟
嘆矣[371].

---

368) 發議: 바본에는 '發計'로 되어 있음.
369) 捨: 저본에는 '舍'로 나와 있으나 바본을 따름.
370) 飽啜: 라본에는 '哺啜'로 되어 있음.
371) 矣: 저본에는 빠져 있으나 바본에 의거하여 보충함.

4-20.

貞翼公少時, 射獵于山間, 逐獸而轉入深山, 日勢且暮, 四顧無人家, 心甚慌忙. 按轡而尋草路, 歷盡數岡, 到一處, 則山凹之處, 有一大瓦家. 仍下馬叩門, 則無一應者, 居食頃, 一女子自內而出, 曰: "此處非客子暫留之地, 斯速出去!" 公見其女子, 則年可卄餘, 而容貌頗端麗. 公對曰: "山谷幽[372]深矣, 日勢暮矣, 虎豹橫行之地, 艱辛[373]尋覓人家而來, 則如是拒絶, 何也?" 女曰: "在此則有必死之慮故也." 公曰: "出門而死於猛獸, 寧死於此處." 仍排門而入, 女子料其無奈何, 遂延之入室. 坐定, 公問其不可留之故, 女曰: "此是賊魁之居也. 妾以良家女, 年前爲此賊魁所摽畧[374], 在此幾年, 尙不得脫虎口. 賊魁適作獵行, 姑未還, 夜久必來, 若見客子之留此, 則妾與客, 俱當授首於一劍之刃. 客子不知何許人, 而空然浪死於賊魁之手, 豈不悶乎?" 公笑曰: "死期雖迫, 不可闕食, 夕飯斯速備來!" 女子以其賊魁之飯, 進之, 公飽喫後, 仍抱女而臥, 其女牢拒, 曰: "如此而將於後患何?" 公曰: "到此地頭, 削之亦反, 不削亦反, 靜夜無人之際, 男女同處一室, 雖欲別嫌, 人孰信之? 死生有命, 恐㥘何益?" 仍與之交, 偃臥自若. 居數食頃, 忽聞剝啄之聲, 又有卸擔之聲. 其女戰慄, 而面無人色, 曰: "賊魁已[375]至矣, 此將奈何?" 公聽若不聞, 而已, 一大漢身長十尺, 河目海口, 狀貌雄偉, 風儀獰猙, 手執長劍, 半醉而入門. 見公之臥, 高聲大叱曰: "汝是何許人, 敢來此處, 奸人之妻?" 公徐曰: "入山逐獸, 日勢已昏, 寄

---

372) 幽: 저본에는 빠져 있으나 라본에 의거하여 보충함.
373) 艱辛: 라본에는 '千辛'으로 되어 있음.
374) 摽畧: 라본에는 '摽掠'으로 되어 있음.
375) 已: 저본에는 빠져 있으나 라본에 의거하여 보충함.

宿於此." 賊魁又大叱曰:"汝是大膽, 旣來此處, 則處于外廊, 可也, 何敢入內室, 而犯他人之妻也[376]? 已是死罪, 汝以客子而見主人, 不爲禮偃臥而見之[377], 此何道理, 如是而能不畏死乎?"公笑曰: "到此地頭, 吾雖貞白一心, 男女分席而坐, 汝豈信之乎? 人之生斯世也, 必有一死, 死何足懼也? 任汝爲之!" 賊魁乃以大索, 縛公懸之樑上, 顧語其妻曰:"廳上有山獸之獵來者, 汝須洗而炙來!" 其女[378]戰戰出戶, 宰割山猪獐鹿等肉, 爛熟而盛于一大盤, 以進之. 賊魁又使進酒, 以一大盆, 連倒數盃, 拔劍切肉而啗之, 更以一塊肉, 揷于劍鋩, 曰:"何可置人於旁而獨喫乎? 渠雖當死之漢[379], 可使知味." 仍以劍頭肉與之, 公開口, 受而啗之, 小無疑慮恐怖之狀. 賊魁熟視, 曰:"足可謂大丈夫矣!" 公曰:"汝欲[380]殺我, 則殺之可也, 何爲而如是遲延, 又何大丈夫小丈夫之可言乎?" 賊魁擲劍而起, 解其縛, 把手就坐, 曰:"如君之天下奇男子, 吾初見之矣. 將大用於世, 爲國干城矣, 吾何以殺之? 從今以後, 吾以知己許之. 彼女子, 雖是吾之妻眷, 君旣近之, 則卽君之內眷也, 吾何可更近也? 且庫中所積之財帛, 一[381]付之於君, 君其勿辭. 丈夫有爲於世, 手無錢財[382], 何以營爲? 吾則從此逝矣, 日後必有大厄, 君必救我!" 語罷, 飄然而起, 仍不知去向. 公以其馬, 載其女, 且以庡上所繫馬匹, 盡載錢帛而出山. 其後, 公顯達, 以訓將兼捕將, 時自外邑, 捉上一大賊魁, 公[383]將按治之際, 細察其狀貌, 則卽其人也. 乃以往

---

376) 也: 저본에는 빠져 있으나 바본에 의거하여 보충함.
377) 見之: 바본에는 '不起'로 되어 있음.
378) 女: 아본에는 '妻'로 되어 있음.
379) 漢: 마, 아본에는 '人'으로 되어 있음.
380) 欲: 라본에는 '若'으로 되어 있음.
381) 一: 라본에는 '一一'로 되어 있음.
382) 錢財: 바본에는 '錢帛'으로 되어 있음.

事, 奏達于榻前, 仍白放而置之校列, 次次推遷, 至於登武科, 位至
閫任云耳.

4-21.

崇禎甲申以後, 皇朝遺民之東來者, 甚多. 有一仕宦人, 削髮衣
緇而來, 歸京寺[384], 過半年, 忽謂其上佐僧曰: "吾聞懷德宋相某,
方贊助國家大議, 鎭岑申生, 亦預其事云, 此是吾日夜所冀望者
也. 吾將見此兩人之何如樣." 仍與上佐, 向懷德, 未及半程, 道逢
尤齋之上京. 因合掌而拜于馬前, 先生仍下馬, 欣然而言曰: "吾與
禪師, 草草相逢於路次, 甚可恨也. 禪師今當向洛乎? 入洛之日,
必來訪我於所住處, 以爲從容酬酢之地, 可也." 僧曰: "諾." 與之相
別而行, 其僧顧謂上佐曰: "宋相一擧目, 已知我之爲有心人, 且吾
察其狀貌, 可謂英傑, 百事皆[385]做, 庶副吾願矣. 第向鎭岑, 見申生
之何如人." 仍向鎭岑, 路訪申生之家, 及門, 則舟村方對午饍, 欣
然而笑, 曰: "禪師從何而來也? 斯速升堂!" 其僧再三告辭, 舟村吐
哺, 而手自携裾, 而上之坐定, 舟村曰: "禪師遠來, 必有飢思, 吾家
貧, 無以別供一案, 可與我共喫一盂飯." 僧辭曰: "小僧俄於客店,
已饒飢, 不必俯念." 舟村曰: "主人旣對飯, 而何可使客闕飯乎?" 强
與之共喫, 其欣款之心, 無異於平生知舊. 僧告辭而退, 出門, 謂其
上佐曰: "此人亦可當大事之人也! 朝野俱有此等人, 何患大事之
不成? 然而必有大有爲之君然後, 可用此等人物, 吾第觀主上之何
如也." 更留京數月, 孝廟適親行, 閱武於露浦之上. 其[386]僧從觀光

---

383) 公: 저본에는 빠져 있으나 라. 바본에 의거하여 보충함.
384) 寺: 저본에는 '師'로 나와 있으나 라본을 따름.
385) 皆: 아본에는 '可'로 되어 있음.

人叢中, 一瞻天顔, 急向靜僻處, 放聲大哭. 上佐驚怪而問之, 則掩淚而言曰: "吾之一片苦心, 今焉已矣. 吾觀主上, 天日之表, 可謂英傑聖明之主, 可以有爲, 而但屍氣滿面, 壽限盡於今年之內, 天乎天乎! 旣出其人, 又何奪之速也?" 哀痛不已. 其後一旬之間[387], 孝廟賓天, 而其僧不知去處云矣. 舟村申生之號耳.[388]

4-22.

廣州慶安村, 有一鄭姓人, 以蔭官, 官至任實縣監. 少時, 家計赤貧, 躬持耒耟而耕田, 一日早朝, 出野而耕. 此是大路邊, 忽有一介豪猂之奴, 着白氈笠, 乘駿馬, 橫馳而過, 鄭生無心而見之矣. 其行已遠, 偶爾見之, 則路邊落下一袱封, 鄭生[389]以手擧之, 則頗重而十襲封之. 鄭意其爲俄者過去人所遺失, 仍持而來, 埋于田頭, 耕自若. 過半日後, 俄所過去之漢, 回馬而來, 問曰: "彼耕田者, 自朝至于今而在此耕之乎?" 答曰: "然矣." 又曰: "若然則君或見路旁遺失之物乎?" 對[390]曰: "果不見矣, 未知遺失者果何物?" 其人曰: "某是湖中宰相宅奴子, 仍主人分付上京, 而賣第捧舍價銀五百兩, 而駄之此馬, 乘而下去, 俄適酒後作行, 未知遺失於何處. 君若得之, 則可還我, 我當以其半酬之." 答曰: "未知封標如何?" 其人曰: "如斯如斯."[391] 鄭笑曰: "俄者, 果有所得, 欲待主而還之, 埋之于此." 仍掘而與之, 其人稱謝不已, 欲以其半與之, 鄭掉頭, 曰: "旣有欲

---

386) 其: 저본에는 빠져 있으나 라본에 의거하여 보충함.
387) 間: 아본에는 '內'로 되어 있음.
388) 舟村申生之號耳: 저본에는 빠져 있으나 라본에 의거하여 보충함.
389) 生: 저본에는 빠져 있으나 아본에 의거하여 보충함.
390) 對: 아본에는 '答'으로 되어 있음.
391) 如斯如斯: 마, 아본에는 '如此如此'로 되어 있음.

於此物[392], 則全數藏之, 可也. 何乃欲其半乎? 物各有主, 斯速持去! 吾雖食土之人, 不願此等之財." 其人熟視, 曰: "君無奈班族乎?" 曰: "然矣." 其人垂頭沉吟, 望遠山而坐者半晌, 忽爾潸潸下淚, 鄭怪而問之, 答曰: "而今吾以實狀言之, 吾是大賊也. 此是銀封, 而銀與馬, 俱偸出者也. 大凡天之生斯民也, 無論貴賤, 天性同一仁善. 公以赤立之勢, 至於躬耕, 不顧自來之財, 必待其主而還, 吾則乘昏入他人之家, 攘竊財貨, 甚至殺人而奪之, 公是何人, 我是何人? 善惡之懸殊如是, 安得不悲乎?" 仍坼開銀封, 碎于石上, 而飄之風前, 又解卜而出緞屬, 以刀裂之. 又以其馬解轡, 而驅出路上, 曰: "任汝所之!" 仍拜于前, 曰: "如公之仁善, 廉潔之人, 吾何忍離去? 自今, 願爲奴隷服事." 鄭生[393]曰: "吾家素貧, 汝何忍飢而從我? 汝須擇可依賴處往焉." 其人曰: "吾本無妻子, 只此單身而已, 衣食何可貽憂於公也? 只願[394]借門外一間房, 而依以爲生." 鄭辭之不得, 與之同歸, 處于門外一間破屋矣. 其人自其後, 以捆屨爲業, 而不貳其價, 雖一毫不取於人, 至於老死而不去, 事亦奇矣. 鄭蔚山光殷, 判書實之孫, 詳道其事云矣.

4-23.

許積以領相當局時, 有一傔從廉喜道者, 爲人儱侗不解事. 但天性戇直, 許之過失, 每每直言之, 許憎而奇之, 未嘗以不是之事, 視於此傔. 一日, 喜道出外, 而手持一大封物, 來言曰: "此是路上所遺者, 必是銀貨[395]等屬, 不知何許人失於路上, 小人欲尋其主而還

---

392) 欲於此物: 아본에는 '慾意'로 되어 있음.
393) 生: 저본에는 빠져 있으나 아본에 의거하여 보충함.
394) 願: 저본에는 빠져 있으나 라본에 의거하여 보충함.

之, 不知誰何, 姑且持來, 將何以處之乎[396]?" 許曰: "汝旣得之, 汝又家貧, 盍作己物乎?" 喜道熟視, 曰: "大監待小人, 何如是其薄也? 小人雖至餓死之境, 何可取路上遺落之物乎? 大監此敎, 誠是夢外." 許改容謝之, 乃曰: "吾昨於公座[397], 聞兵判靑城, 以六百兩[398]銀子賣驢云矣. 必是此物, 而其奴子誤落於路邊也." 喜道袖其封, 往靑城門下通刺, 而拜謁曰: "大監宅或有賣馬捧價之事乎?" 靑城曰: "果有之, 而奴子以爲今日當納云, 姑未捧之矣." 喜道曰: "厥數幾何?" 曰: "六百兩矣." 喜道自袖中, 出而納之, 曰: "小人朝於路上, 得此物矣. 聞大監宅新賣驢子云, 故意謂此物, 而持來以獻." 靑城問曰: "汝是何人?" 對曰: "小人乃是領相宅傔從, 某姓某名也." 靑城異之, 招問賣驢之奴曰: "汝以馬價之, 今日當出云矣. 此人所得於路上之物, 似是馬價, 甚可訝也." 其奴俯伏叩頭, 而言曰: "果於昨日捧價之時, 過飮興成之酒, 乘醉負來, 不知落在何處, 圖免目下之罪責, 以今日爲對, 遍尋而無迹. 故方欲自裁之際, 承此下問, 不勝惶恐矣." 靑城謂喜道曰: "汝以路上之遺物, 訪還于本主者, 其廉潔之誠, 令人歎服. 此銀吾旣失之, 汝旣得之, 便是汝財, 汝可取其半以去." 喜道掉頭, 曰: "小人若生慾於此物, 則全數藏之, 可也, 何乃還納本主而希其分半乎? 此則死不敢從." 因告辭而退, 及出門, 靑城家奴子之母與妻, 遮前而拜, 曰: "吾子吾夫, 酒後失此馬價, 空手而歸, 上典之性度嚴峻矣. 明日則自分必死, 方欲自決, 何幸逢此生佛, 活此殘命, 其恩山德海, 雖粉身磨骨, 無以

---

395) 銀貨: 라본에는 '銀寶'로 되어 있음.
396) 乎: 저본에는 빠져 있으나 아본에 의거하여 보충함.
397) 座: 저본에는 '坐'로 나와 있으나 라, 아본을 따름.
398) 兩: 저본에는 빠져 있으나 아본에 의거하여 보충함.

報答. 願恩人暫留弊舍, 欲以一杯酒, 以表感謝之意." 喜道辭曰:
"此是當然底事[399], 何謝之爲?" 欲辭去, 其奴之母與妻, 牽裾不舍,
含淚懇乞, 喜道不得已暫入其家, 則盛備酒肴而待之. 有一女子,
容儀端妙, 年可十三四許者, 來前致謝曰: "活父之恩, 無以報之,
吾當從子, 而爲使喚之婢矣." 喜道以好言拒之, 拂衣出門矣. 及庚
申年, 逆豎獄事大起, 積謂喜道曰: "汝於吾家, 雖無恩私, 而世皆
以心腹之傔目之, 禍將不測, 汝可預先避之." 喜道泣曰: "小人當此
時, 何忍捨[400]大監而去將安之?" 積曰: "不然. 汝以無罪之人, 同入
死地, 大是不可. 忠牧[401]與我最厚, 作書托之, 可以接濟, 汝須向忠
州而去." 喜道泣而拜辭, 受書而向忠州地, 見牧使而納[402]書, 則忠
牧曰: "此地亦是大路邊, 有煩耳目, 汝往順興浮石寺, 隱身而可
也." 仍厚給粮資, 喜道不得已往留浮石寺, 從此京信, 漠然無聞,
寢食不安. 一日之夜, 夢一神人, 來言曰: "汝往月海菴, 則可聞洛
奇, 且知前程吉凶矣." 喜道驚覺, 而向寺僧問月海菴, 則人無知者.
有一老僧, 良久乃[403]曰: "此寺六七里之地, 絶壁上有一廢庵, 似是
月海, 而石逕峻急, 雖飛鳥無以上去. 而數三十年前, 聞有一僧上
去, 仍不下來, 其生死未得詳知, 必也死已久矣. 此庵雖老僧輩, 一
無往[404]見者矣." 喜道自量曰: "身世[405]旣如此, 不容於天地間, 若隱
死於巖壁之上, 則亦所甘心." 遂扶杖而尋路, 攀蘿捫藤, 寸寸前進,
行過半山, 兩岸對立, 其下不知幾萬仞, 而幾數十間之地, 有一獨

---

399) 當然底事: 아본에는 '當然之事'로 되어 있음.
400) 捨: 저본에는 '舍'로 나와 있으나 라본을 따름.
401) 忠牧: 라본에는 '忠州牧使'로 되어 있음.
402) 納: 라, 마, 아본에는 '傳'으로 되어 있음.
403) 乃: 라, 마, 아본에는 '言'으로 되어 있음.
404) 往: 아본에는 '上'으로 되어 있음.
405) 身世: 라본에는 '身勢'로 되어 있음.

木橋, 而年久朽傷, 難以着足. 喜道以死爲限, 匍匐而行[406], 千辛萬苦, 僅[407]度木橋, 及到山門, 則門楣果以'月海庵'懸額. 喜道暗暗稱奇, 入門則卽一破落廢寺, 而塵垢堆積, 而上房卓上有一僧, 瞑目跏趺而坐, 塵埃滿面, 形如枯木. 喜道拜伏于卓前, 曰: "某是天地間無歸處, 窮迫人也. 伏願生佛, 特垂慈悲, 指示禍福." 合掌而百拜而已, 生佛乃言曰: "吾是汝之五寸曾大父也. 別來近四十年, 幸逢於此, 豈不慰幸耶?" 喜道涕泣曰: "若然, 則生佛無乃兒名某氏乎?" 曰: "然矣." 蓋喜道之從曾大父, 年近十五六, 忽發狂疾, 出門而去, 仍無形影矣, 今之生佛, 卽其人也. 喜道曰: "某是無去處之窮人, 幸逢至親於此, 從今長侍卓下, 依而爲命, 誓不之他矣." 生佛曰: "不然. 吾與汝, 道已殊矣, 留之無益. 汝之前程, 吾不必煩說, 某處某寺有僧名某, 卽吾之[408]從弟也. 汝往質問, 則可知吉凶矣." 言罷, 促使出去. 喜道曰: "某之來時, 幾死於獨木橋矣, 今何以再躡此危乎?" 生佛以去皮麻杖一枝, 給之, 曰: "杖此而行, 則可保無事矣." 喜道迫不得已, 携其杖, 拜辭出門, 則身輕足捷, 行步如飛, 穩度獨木橋矣[409]. 心竊訝之, 自念以爲, '此杖乃是成仙之器, 杖此出世, 則行步必無難矣, 可謂絶寶云矣.' 及出洞, 渡溪水, 足滑而墮水中, 仍放其杖矣. 顧視, 則麻杖蜿蜿蛇蛇, 飛上空中, 還向月海菴而去. 喜道茫然自失, 復從去時路而作行, 遍訪生佛從弟所在處, 以生佛之言傳之, 則其僧曰: "許氏則已爲[410]伏法, 而無一人遺在[411]者, 且子之禍機迫頭, 跟捕之校, 已及門[412]矣, 斯速出去! 天

---

406) 行: 라, 마본에는 '往'으로 되어 있음.
407) 僅: 저본에는 '董'으로 나와 있으나 라본을 따름.
408) 之: 저본에는 빠져 있으나 라, 마본에 의거하여 보충함.
409) 矣: 저본에는 빠져 있으나 라본에 의거하여 보충함.
410) 爲: 저본에는 빠져 있으나 아본에 의거하여 보충함.

數王命, 有不可逆也. 然而子之此行, 少無灾害[413], 必有一貴人, 極力周旋, 多賴其力, 而自歸無事矣. 此後, 又得一賢妻, 家計饒足, 子孫繁盛, 小凶大吉, 不須疑問云云." 喜道聽罷出門, 則京捕校, 果跟捕而來矣. 仍自就捕, 上京而囚之王府矣. 時靑城以判金吾, 當此獄, 乃以喜道不取馬價銀之事, 達于榻前, 且力言其志操如此, 必無干涉於凶逆之理[414]. 上特原之, 使之白放, 喜道出獄, 往拜靑城, 而謝其救活之恩, 靑城曰: "以汝之堂堂之志槩, 寧有參涉於凶逆之理也? 吾之所力救者, 欽歎汝之志操也, 何謝之有?" 仍以銀子二十兩, 俾作衣食之資, 喜道僕僕拜謝而出[415], 以其銀販物貨, 行商於八道矣. 行到嶺南一處, 則有一大屋宇, 而門外有婢子, 問何許人也, 以[416]賣買物貨爲言, 仍[417]導之入門. 又入重門, 則一未笄之女子, 顚倒下堂而迎之, 曰: "君能知我之爲誰乎?" 喜道曰: "不知矣." 其女曰: "某是金靑城宅失馬價銀之奴子女也, 伊時豈不相面乎? 吾欲報君活父之恩, 仍削髮出門, 遍行八道, 尋君踪跡, 轉而來[418]此, 以紡績爲業. 五六年之間, 財産蕃殖, 奄成一富家, 而晝夜禱天, 以冀見君之一面矣. 昨夜之夢, 有神人來言曰: '明日某時, 汝之所欲見之人, 自某方而必[419]來矣, 須勿失差.' 吾以是之故, 自朝使婢子延候, 何幸相逢, 豈非天耶?" 仍與作配以處. 喜道每以

---

411) 在: 저본에는 빠져 있으나 아본에 의거하여 보충함.
412) 門: 아본에는 '於門外'로 되어 있음.
413) 灾害: 아본에는 '灾祥'으로 되어 있음.
414) 理: 아본에는 '事'로 되어 있음.
415) 出: 라, 다본에는 '退'로 되어 있음.
416) 問何許人也以: 저본에는 빠져 있으나 라본에 의거하여 보충함.
417) 仍: 저본에는 빠져 있으나 라본에 의거하여 보충함.
418) 來: 아본에는 '至'로 되어 있음.
419) 必: 저본에는 빠져 있으나 마, 아본에 의거하여 보충함.

許之亡爲悲痛, 欲以財貨, 圖其伸雪, 遂賣田土, 而挈妻上京, 散數千金, 而終不得如意. 喜道知其無奈何, 而止之. 其後, 有子有孫, 家計豊足, 壽至八十而終. 安洞金生某作傳, 示于趙豊原顯命, 趙乃訪問喜道之子孫, 則有一人, 方帶掌樂[420]院員役云耳.

4-24.

權判書禰, 石洲韠[421]奉祀孫也. 居在連山盤谷, 以孝聞於世, 年四十而死, 擧家發喪, 而以胸膈間, 有一線溫氣, 故姑未斂襲矣. 過一日, 忽爾回甦, 而言曰: "吾死而見所見, 則世人所云冥府之說, 果不虛矣. 吾於病中, 神精昏昏, 忽聞鬼卒高聲, 而呼我姓名, 驚訝而出門, 隨鬼卒而行, 不知東西, 但見大路濶而長. 行幾里, 到一處, 則有如官府樣. 吾則立於門外, 鬼卒先入而告曰: '權某捉來矣.' 使之拿入, 吾俯伏於庭下, 則有一大殿, 坐王者服色者, 問鬼卒曰: '捉來於何處?' 對曰: '捉來於連山地矣.' 如王者者厲聲曰: '吾使汝捉來水原居不孝子, 權姓人矣, 何爲誤捉連山孝子權姓人也? 此人壽限, 已定於八十, 尙有四十年, 斯速還送!' 鬼卒惶蹙而聽命, 推我出門, 故吾以旣入冥府, 不得一拜父母而歸, 心甚痛缺, 勉强而出. 道見兩介童子, 遊戲於路旁, 見我而欣然牽衣, 而欲隨行[422], 熟視之, 乃是前日夭折之兩兒. 心甚慘愕, 更入門, 而懇乞於殿上人, 曰: '陽界之人, 入冥府而還歸, 則此是不易得之機也. 旣入, 而不得見父母而歸[423], 則此豈人情也哉? 伏望暫許, 使之一面.'

---

420) 樂: 저본에는 빠져 있으나 라본에 의거하여 보충함.
421) 韠: 저본에는 '蹕'로 나와 있으나 의미상 바로잡음.
422) 行: 아본에는 '之'로 되어 있음.
423) 歸: 아본에는 '去'로 되어 있음.

殿上人掉頭, 曰: '此則不可不可, 斯速出去!' 吾乃再三涕泣而哀
乞, 終不許. 吾乃又懇請兩兒之率去, 則又不許, 曰: '汝之命數, 自
來無子, 不可以許, 如欲率去, 則一童當使托生於尙州吏金姓人家
矣. 汝可於後日, 率去於陽界上, 吾無奈何.' 出門, 則兩兒號哭而
欲隨, 爲鬼卒所逐, 心甚慘痛. 且以一見父母之意, 懇請于鬼卒曰:
'雖不得一拜, 可指示我親[424]所住處.' 鬼卒指一處小亭, 而言[425]曰:
'此雖相望之地, 程途甚遠, 不可以往.' 仍促行, 吾以父母之不得一
拜, 而兒之不得率來, 心甚痛寃之際, 鬼卒自後推, 而仆于地, 精神
怳惚, 仍而[426]驚覺矣云云." 人皆異之. 其後, 年過八十而無嗣, 以
孝旌閭. 常對人言曰: "尙州金吏家兒, 欲率來見之, 而不知名字之
爲誰." 且事甚妖誕, 而未果云矣.

4-25.

黃判書仁儉, 少時, 讀書山寺, 有一僧盡誠使役, 粮資如缺, 則渠
每間間自當, 有無相資, 終始不怠. 黃頗感其誠, 而愛其人. 及其[427]
顯達, 其僧絶迹, 黃每念之, 而不得見, 心常恨歎. 其爲嶺伯, 出巡
之路, 有一僧避坐路旁, 黃自轎中, 瞥眼見之, 似是厥僧, 乃命隷招
使近前, 則果是此[428]僧. 不勝欣幸, 仍命一騎, 載而隨後, 夜每同
寢, 撫愛如子侄. 及還營, 置之冊室, 供饋甚豊潔. 一日, 招而謂曰:
"古人有一飯之德必報, 吾於汝, 奚但一飯而已哉? 吾則錢帛裕足,
雖割半而與之, 無所不可, 而汝以山僧, 衣葛食草, 錢帛雖多, 將安

---

424) 親: 저본에는 빠져 있으나 라본에 의거하여 보충함.
425) 而言: 저본에는 빠져 있으나 아본에 의거하여 보충함.
426) 而: 라본에는 '爲'로 되어 있음.
427) 其: 저본에는 빠져 있으나 라본에 의거하여 보충함.
428) 此: 라본에는 '其'로 되어 있음.

用哉? 汝若長髮而退俗, 則非但家產之饒足, 吾當爲汝圖拔身之計矣. 汝意如何?" 僧曰: "使道爲小僧之意, 非不感謝, 而小僧有區區迷執, 欲以此終, 無意於出世也." 黃怪而問之, 則僧笑而不答, 黃再三强問, 終始牢諱, 黃又詰之, 則僧終不言. 黃乃辟左右, 促膝而問曰: "汝之所執, 必有所以, 而吾於汝之間, 有何諱秘之事? 從實言之, 可也." 僧始乃勉强而言曰: "小僧不知使道之前, 卽俗人也. 某年偶經山谷間, 有一新塚, 前一素服女子, 採蔬於其前[429], 而貌頗姸美, 四顧無人, 故逼而欲奸, 則抵死不從. 故乃以衣帶, 縛其四肢而强奸之. 仍解其縛, 而行數十里, 宿於店幕, 翌朝聞傳說, 則以爲, '某處守墓之節婦, 昨夜自決, 不知何許過人, 必也强淫而致死云云.' 故心甚驚動而哀憐, 猶慮傳聞之未詳, 委往其近處[430]而採[431]之, 則果是的報, 而其手足縛痕宛然. 人皆曰: '必也縛其手足而强淫, 至於此境云云.' 卽報于地方官, 方使之跟捕兇身云矣. 一聞此言, 毛髮悚然[432], 悔之哀之, 仍以自量, 則吾不忍一時之欲, 致使節婦至於此, 卽天地間, 難容之罪也, 神明必降之以殃矣. 左右思量, 欲得贖罪之方而不可得, 又自念以爲, '吾旣負此大罪, 當喫盡天下之風霜, 小無生世之樂然後, 庶可贖罪.' 仍以削髮爲僧, 以平生不脫緇衣, 矢于心矣. 今何以使道之厚意, 變初意乎? 以是之故, 不欲還俗矣. 事已久遠, 下問又切, 故不得已吐實矣." 日前巡使適見, 道內殺獄文案, 則有此獄事, 而殆近數十年, 而兇身尙未得跟[433]捕者也. 年月日無一差喪, 乃歎曰: "吾與汝, 雖親切之間, 公法不可

---

429) 於其前: 저본에는 빠져 있으나 라본에 의거하여 보충함.
430) 其近處: 아본에는 '某處'로 되어 있음.
431) 採: 아본에는 '探'으로 되어 있음.
432) 悚然: 라본에는 '竦然'으로 되어 있음. 서로 통함.
433) 跟: 저본에는 빠져 있으나 라본에 의거하여 보충함.

廢也." 仍命隷拿下抵之法, 厚給喪需云耳.

4-26.
趙豊原顯命, 英廟甲寅年間, 按嶺藩, 而鄭彦海爲通判矣. 一日, 與之終夜酬酢, 幾至鷄鳴而罷, 通判還衙, 解衣將就寢, 營隷以巡使傳喝以爲, '適有緊急面議事, 以平服斯速入來.' 通判莫知其故, 忙整巾服, 從後門而[434]入見巡使, 則巡使曰: "通判須於天明時, 馳往漆谷地, 有老除吏裵以發, 其弟時仕吏裵之發, 捉入而着枷後, 先問以發之子女有無, 則彼必以'有一女死已久'爲言矣. 使渠導前, 馳往其葬所, 掘檢可也. 其屍體卽女子, 而年則十七歲, 面貌頭髮, 如斯如斯, 所着衣裳, 上衣玉色紬赤古里, 下衣藍木裳, 須詳審以來." 通判驚異, 仍曰: "事旣如此, 則何待天明? 下官卽爲擧火發行." 因辭出, 卽地治行而發, 向漆谷, 漆谷人皆驚, 曰: "此邑初無殺獄之發告, 而[435]檢官何爲而來?" 上下莫不驚訝, 通判直入坐衙軒, 命捉入二裵吏, 問以發曰: "汝有子女乎?" 對曰: "小人無子, 只有一女, 年及笄病死, 葬已近十年矣." 又問曰: "葬於何處乎[436]?" 對曰: "距官府十里許地矣." 通判使之着枷, 而使兩吏立於馬頭, 直往其女之葬處, 掘塚破棺而出屍, 則面色如生, 其容貌衣裳, 一如巡使之言. 仍使解絞, 脫衣而檢屍, 則無傷處之可執, 更使合面檢之, 則背上有石打處, 皮肉破傷, 血猶淋漓. 乃以是定實, 因忙修檢狀, 以發兄弟及夫妻, 出付刑吏, 使之上送營獄, 疾馳而歸見巡使, 道其事, 巡使曰: "然矣." 因捉入裵吏兄弟夫妻, 自營庭施威嚴問, 則

---

434) 而: 저본에는 빠져 있으나 아본에 의거하여 보충함.
435) 而: 저본에는 빠져 있으나 라본에 의거하여 보충함.
436) 乎: 저본에는 빠져 있으나 마본에 의거하여 보충함.

以發對如前, 之發則曰:"使道明鑑如神, 小人何敢隱情乎? 小人之兄, 家饒而無子, 只有一女, 以小人之子立後, 則小人兄每曰:'吾儕小人, 有何養子之可言乎? 祖先奉祀, 弟可代行, 吾則得女婿而率畜, 爲可云云.' 而小人之兄嫂, 卽女之繼母[437], 常常憎其女, 故小人與兄嫂同謀, 以侄女之失行倡言, 而使兄欲殺之. 兄不忍着手, 小人乃乘兄出外之日, 與兄嫂縛侄女, 而以石亂搗其背[438]而殺之. 仍爲入棺, 數日後, 兄之入來, 告以渠與某處總角潛奸, 見捉之後, 不勝羞愧, 至於自決, 故已入棺云云. 則無奈何, 而葬于此處者幾十年, 而兄則至于今, 認以爲然矣. 此是小人欲使小人之子爲兄之[439]子, 而全吞兄家財産之故也. 此外無他可達之辭矣." 又問以發之妻, 則所供亦然. 仍成獄, 通判問曰:"使道何由知此獄之如斯? 屍體衣服[440], 及獄情虛實, 如是其詳也." 巡使笑曰:"昨夜, 通判退出之後, 欲就寢矣. 燭影明滅, 寒風逼骨, 燭影之背, 有一女子, 百拜而稱有訴冤之事. 吾問曰:'汝人乎鬼乎? 未知有何冤抑而如是來訴也? 一一詳陳.' 女子泣而拜, 曰:'某是某邑某吏之女也, 橫被惡名, 而爲人所打殺. 一生一死, 人之常事, 妾之一死, 不必尤人, 而但以閨中處子[441]之身, 蒙被累名而死, 此是千古至冤之事也. 每欲伸雪於巡使道, 而人皆精魄不足, 難以訴冤, 今使道, 則精魄有異於他也. 故不避猥越, 敢來訴冤, 萬望伸雪焉.' 吾快諾, 則其女子出門而滅, 故吾心竊訝之, 請通判而行檢者, 此也云爾."

---

437) 繼母: 라본에는 '庶母'로 되어 있음.
438) 背: 라본에는 '胸'으로 되어 있음.
439) 兄之: 저본에는 빠져 있으나 라본에 의거하여 보충함.
440) 衣服: 마, 아본에는 '衣裳'으로 되어 있음.
441) 處子: 라, 아본에는 '處女'로 되어 있음.

4-27.

　高裕, 尙州人也. 爲人剛直廉潔, 以文科, 累典州郡, 而官人不敢干囑, 其發奸摘伏之神, 如漢之趙廣漢, 到處以得治著名. 其爲昌寧也, 前後疑獄之裁決事, 多神異. 時有僧南朋[442], 薄有文華才藝者, 交結洛下權貴, 以表忠祠院長, 怙勢[443]行惡, 所到之處, 守宰奔趨風下, 雖以道伯之體重, 亦與之抗禮. 小有違咈[444], 則守宰每每罪罷, 道內黜陟, 皆出於此僧之手. 貽弊各邑, 行惡寺刹, 無論[445]僧俗, 擧皆側目, 而莫敢誰何. 南朋適有事, 過昌寧, 使開正門而入, 見本倅而不爲禮. 高裕預使官隷[446]約定, 使之捉下, 則其凌辱之說, 恐喝之言, 不一而足, 遂卽地打殺. 居數日, 京中書札之來, 不可勝記, 皆以南朋爲托矣. 趙尙書曦之爲嶺伯也, 道內設酒禁, 以昌寧之不禁, 至有首鄕吏推治之境. 高裕一日至營下, 使下隷, 買酒以來, 大醉而入見巡使, 曰: "昌寧一境, 雖有酒而薄, 不堪飮矣. 今來營下, 則無家不釀, 可謂大酒, 下官盡量[447]而飮云云." 巡使知其意, 微笑而不答云矣. 歷州縣, 一毫不取歸, 則食貧如初. 尙州吏屬一人, 每以傔從相隨, 廩捧或有餘, 則必擧而給之, 其人以此饒居. 高裕之沒後, 其孫貧不能聊生. 此時其傔人, 年已八十餘, 一日, 謂其子與孫曰: "吾家之致此富饒者, 皆高官司之德也. 吾非不知, 官司在世時, 以錢穀納之, 而恐累淸德, 設或納之, 必無許受之理, 故忍而至今矣. 聞其宅形勢, 萬不成說, 於吾輩之心安乎? 人而背恩忘

---

442) 南朋: 라, 마, 아본에는 '南明'으로 되어 있음. 이하의 경우도 동일함.
443) 怙勢: 아본에는 '恃勢'로 되어 있음.
444) 違咈: 라본에는 '違越'로 되어 있음.
445) 論: 저본에는 빠져 있으나 라본에 의거하여 보충함.
446) 官隷: 아본에는 '官吏'로 되어 있음.
447) 盡量: 마본에는 '盈量'으로 되어 있음.

德, 天必殃之, 吾自初留意, 而買置某處畓, 又有樓上所儲錢矣. 將以此納, 汝於明日, 須往邀某宅孫子書房主[448]以來." 其子與孫佯應, 曰: "諾." 及其日, 來言曰: "有故不得來云矣." 此時高氏[449]之孫, 適入城內, 歷路暫訪其家門外[450], 則其人之子與孫, 自外揮逐, 使不得接跡, 高生大怒而歸. 適逢邑底親知人, 言其痛駭之狀, 其人來問於老者, 老者大驚, 招子與孫, 以杖毆之, 使貰乘轎, 騎而卽往其家, 待罪門外. 高生驚訝而出見, 老者强請同行, 至其家, 接以酒肴, 乃言曰: "小人之衣食, 無非先令監之德也. 小人爲貴宅, 而留意經紀[451]者, 玆以奉獻, 幸勿辭焉." 仍出畓券之每年收二百石者, 及錢千兩手標而送之. 高生之家, 因以致富云. 尙州之人, 來傳此事始末, 故玆錄之.

4-28.

古有一宰相, 有同硏之人, 文華贍敏, 而屢屈科場, 家計貧寒, 窮不能自存. 宰相適出補安東倅, 其友來見, 乘間而言曰: "令監今爲安東倅, 今則吾可以得聊賴之資, 非但聊賴, 可以足過平生矣." 宰相曰: "吾之作宰, 助君衣食之資, 可也, 何以足過平生也? 此則妄想之[452]." 其人曰: "非爲令監之多助給錢財也. 安東都書員, 所食夥多, 以此給我則好矣." 宰相曰: "安東鄕吏之邑也, 都書員, 吏役之優窠, 豈有空然許給於京中儒生耶? 此則雖官威[453], 恐無以得成

---

448) 主: 저본에는 빠져 있으나 라본에 의거하여 보충함.
449) 氏: 저본에는 빠져 있으나 아본에 의거하여 보충함.
450) 門外: 저본에는 빠져 있으나 아본에 의거하여 보충함.
451) 紀: 저본에는 '記'로 나와 있으나 라, 마, 아본을 따름.
452) 之: 라, 아본에는 '也'로 되어 있음.
453) 官威: 마, 아본에는 '家威'로 되어 있음.

矣." 其人曰: "非爲令監之奪而給之也. 吾先下去, 當付吏案, 旣付吏案之後, 有何不可之理耶?" 宰相曰: "君[454]雖下去, 吏案其[455]可容易付之耶?" 其人曰: "令監到任後, 民訴題辭, 煩[456]口呼之, 刑吏如不得書之, 則罪之汰之. 又以此等刑吏之守[457]廳, 治首吏, 每每如此, 則自有可爲之道. 凡干文字上, 如出於吾手, 則必稱善, 如是過幾日, 出令以刑吏試取, 無論時仕及閑散, 文筆可堪者, 幷許赴而試之, 則吾可自然居首, 而得爲刑吏矣. 爲刑吏之後, 都書員一窠, 分付則好矣. 若然則外間事, 吾當隨聞隨錄以進矣, 令監可得神異之名矣." 宰相曰: "若然則第爲之也." 其人先期下去, 稱隣邑之逋吏, 寄食旅舍, 往來吏廳, 或代書役, 或代看檢文書. 人旣詳明, 文筆又優如, 諸吏皆待之, 使之寄食於吏廳庫直, 而宿於吏廳, 諸般文字, 與之相議. 新官到任之後, 盈庭民訴, 口呼題辭, 刑吏未及受書, 則必捉下猛棍. 一日之間受罪者, 不知其數, 至於報狀及傳令, 必執頉而嚴治, 又拿入首吏, 以刑吏之不擇, 每日治之. 以是之故, 吏廳如逢亂離, 刑吏無敢近前, 文狀去來, 此人之筆蹟, 如入去則必也無事. 以是之故, 一廳諸吏, 猶恐此人[458]之去也. 一日, 本倅分付首吏曰: "吾於在洛時, 聞本邑素稱文鄕, 以今所見, 可謂寒心, 刑吏無一人可合者. 自汝廳會時, 任吏及邑底人之有文筆者, 試才以入." 首吏承命而出, 題試之, 以諸吏文筆入覽, 則此人居然爲魁矣. 仍問曰: "此是何許吏也?" 對曰: "此非本邑之吏, 卽隣邑退吏, 來寓于小人之廳者也." 乃曰: "此人之文筆最勝, 聞是隣邑吏

---

454) 君: 라, 아본에는 '吾'로 되어 있음.
455) 其: 마, 아본에는 '豈'로 되어 있음.
456) 煩: 마본에는 '順'으로 되어 있음.
457) 守: 저본에는 '隨'로 나와 있으나 라본을 따름.
458) 人: 라본에는 '吏'로 되어 있음.

役之人也, 則無妨於吏役, 其付吏案而差刑吏也." 首吏依其言爲
之, 自是日, 此吏獨自擧行, 自其吏之爲刑房, 一未有致責治罪之
擧. 自首吏以下, 始乃放心, 廳中無事. 及到差任之時, 特兼都書員
而擧行, 無一人敢有是非者. 其吏畜一妓而爲妾, 買家而居, 每於
文牒擧行[459]之際, 必錄外間所聞, 置之方席而出, 本倅暗持見之.
以是之故, 民隱吏奸, 燭之如神, 吏民皆慴伏. 明年又使兼帶都書
員, 兩年所得, 殆至萬餘金, 暗暗換送京第. 本倅瓜遞之前, 一日
夜, 因棄家逃走, 吏廳擧皆惶惶. 首吏入告, 則曰: "與其妾偕逃
乎?" 對[460]曰: "棄家棄妾, 單身逃走矣." 曰: "或有所遣乎?" 曰: "無
矣." 曰: "然則亦是怪事, 自是, 浮雲蹤跡之人[461], 任之可也云矣."
其人還家, 買宅買土家計甚饒, 後登科, 累典州邑[462]云爾.

4-29.

古有外邑一士人, 治送其子婚于隣境, 而急患關格而死. 新郞纔
罷醮禮, 訃書乃[463]至, 仍卽奔喪而歸, 治喪而將營窆. 山地未定, 率
地師求山, 轉至其妻家後山, 地師点山[464], 曰: "此地極佳, 而山下
有班戶, 恐不許矣." 喪人左右審視, 則其下班戶, 卽其妻家也. 其
妻家只有寡居之聘母, 又是無男獨女也. 喪人仍下去, 而拜其妻
母, 則妻母悲喜交至, 精備午饍而待之, 問其來由, 則以占山爲對.
妻母曰: "他人固不可許矣, 君欲占山, 則豈不許乎?" 喪人乃大喜

---

459) 擧行: 라본에는 '去來'로 되어 있음.
460) 對: 마본에는 '伏'으로 되어 있음.
461) 之人: 저본에는 빠져 있으나 라본에 의거하여 보충함.
462) 州邑: 아본에는 '州郡'으로 되어 있음.
463) 乃: 라본에는 '來'로 되어 있음.
464) 山: 라본에는 '之'로 되어 있음.

而告歸, 其妻母曰:"君旣來此矣, 暫入越房, 見女兒而去."喪人初則强辭, 其妻母携手而入, 與其妻對坐而出, 喪人始也羞赧, 忽有春心之萌, 仍强逼而成婚, 雲雨纔罷而出去. 歸家治葬需, 行喪到山下[465], 將下棺之際, 其妻家婢子, 來告曰:"吾家[466]內小上典, 方爲[467]奔哭而來矣, 役軍須暫避[468]之."而已, 其妻徒步上山, 哭於柩前而盡哀, 仍向喪人而言曰:"某日君子之來也, 與吾同寢而去, 不可無標跡, 須成手記以給我."喪人面發騂, 責之曰:"婦女胡得亂言? 斯速下去!"其女子終不去, 曰:"不得手跡之前, 死不得下去云云."時喪人之叔, 與諸宗之會下者, 甚多, 莫不驚駭[469]. 其叔叱責[470]曰:"世豈有如許事乎? 吾家亡矣. 汝若有此等駭惡之事, 須成給手記也. 日勢已晩, 役軍四散, 豈不狼貝於大事耶?"勸使書給, 喪人不得已, 書給手記其女子, 始乃下去, 諸人莫不唾罵. 及封墳返虞, 過數三日後, 喪人偶然得病, 仍而不起. 數朔之後, 其寡妻之腹漸高, 滿十朔而生男子. 宗黨隣里, 皆驚訝曰:"某家喪人, 纔行醮禮而奔喪, 則此兒從何出乎云?"而疑訝未定, 其女子乃出其夫之手記, 而示之然後, 是非大定. 人或問其故, 則對曰:"纔罷醮禮, 而奔哭之喪人, 葬前來見其妻, 已是非禮. 及其相見[471]之時, 又以非禮逼之者, 又是常情之外, 人無常情, 則其能久乎? 吾非不知以禮拒之, 而或冀其落種, 强而從之, 旣而思之, 則此時夫婦之會合, 雖家內之人無有知者, 夫死之後生子, 則必得醜談, 而發明無路.

---

465) 下: 라본에는 '處'로 되어 있음.
466) 吾家: 라본에는 '小女之'로 되어 있음.
467) 爲: 아본에는 '欲'으로 되어 있음.
468) 避: 아본에는 '退'로 되어 있음.
469) 驚駭: 아본에는 '驚訝'로 되어 있음.
470) 責: 라본에는 '之'로 되어 있음.
471) 相見: 라본에는 '相面'으로 되어 있음.

以是之故, 冒死忍恥, 受此手記於衆會之中者, 此也云云." 人皆歎
服. 其遺腹子, 後登科顯達云矣.

4-30.
古有武弁, 以宣傳官, 侍衛於春塘臺試射, 濟州[472]牧之罷狀, 適
入來矣. 武弁因語同僚曰: "吾若得除濟牧, 則豈不爲萬古第一治天
下大貪乎?" 同僚笑其愚痴矣. 上聞之, 下詢誰發此言, 武弁不敢
欺, 仍伏地奏曰: "此是小臣之言也." 上曰: "萬古第一治, 豈有天下
大貪之理哉? 天下大貪, 何可爲萬古第一治耶?" 武弁俯伏對曰:
"自有其術矣." 上笑而許之, 仍特敎超拜濟州牧使, 而敎曰: "汝第
往爲萬古第一治天下大貪, 不然, 則汝伏妄言之誅矣." 武弁承命而
退歸家, 多貿眞麥末, 染以梔子水, 盛于大籠中, 作三駄, 而餘外其
衣封. 而已, 辭朝而赴任, 只與傔從一人隨行, 聽訟公平, 朝夕供饋
之外, 不進一杯酒. 廩有餘者, 幷付之於革弊, 土産一無所取. 如是
過了一年, 吏民皆愛戴, 每稱設邑後初有之淸白吏. 令行禁止, 一
境晏如. 一日, 忽有身病, 閉戶呻吟, 過數日, 病勢大添, 食飮全廢,
坐暗室中, 痛聲不絶. 鄕所及吏校輩, 三時問候, 而不得見面, 首鄕
及中軍, 懇乞曰: "病患症勢, 未知何祟, 而此邑亦有醫藥, 何不診
治?" 太守喘促而作喉間聲, 曰: "吾之病源, 吾自知之, 有死而已.
君輩勿須問也." 諸人曰: "願聞症勢之如何?" 太守良久, 强作聲而
言曰: "吾於少時得此病, 吾之世業家産, 盡入於此病之藥治, 近廿
年更不發, 故意謂快差矣. 今則無可治之道, 只俟死期而已." 諸人
强問: "何症而藥是何料? 使道病患如此, 無論邑村, 雖割股剜心,

---

[472] 州: 저본에는 빠져 있으나 라본에 의거하여 보충함.

無有辭焉, 且升天入海[473], 必求藥餌矣. 只願指示藥方." 太守曰: "此病卽丹毒也, 藥則牛黃也. 以牛黃幾十斤作餠, 遍裹一身, 每日三四次, 改付新藥, 必是四五日則可瘳. 而吾之家計稍饒矣, 以是之故, 一敗塗地矣. 今於何處, 更得牛黃而付之乎?" 諸人曰: "此邑之産, 求之易耳." 首鄕因出, 而傳令各面, 以爲如此, '官司之病患, 苟有可瘳之方, 則吾輩固當竭力求之. 況此藥, 乃是邑産, 而不貴者也. 無論大小民, 不計多小, 隨有隨納.' 人民輩[474]聞令, 而爭先來納, 一日之間, 牛黃之納, 不知幾百斤, 傔從受而盛之于籠, 以所駄來梔子餠換之. 每日以其餠盛于器, 埋之于地, 曰: "人或近之, 則毒氣所薰, 面目皆傷, 不可近也." 如是者五六日, 病勢漸差, 仍起而視事, 廉公之治, 又復如前, 滿瓜而歸, 濟民立碑思之. 上京後, 販此藥, 獲累千金. 蓋濟州之牛十, 則牛黃之入爲八九, 以是之故, 牛黃至賤. 此人知此狀, 而預備梔子餠, 而行此術. 官隷不敢近, 而自遠見其黃, 認以爲牛黃也. 此人以是, 而家計殷富云. 年前, 柳台畊之除濟牧, 余就別焉, 仍曰: "令行果駄去梔子餠否云." 一座大笑耳[475].

---

473) 海: 아본에는 '地'로 되어 있음.
474) 輩: 라본에는 '等'으로 되어 있음.
475) 耳: 저본에는 빠져 있으나 라본에 의거하여 보충함.

계서야담 溪西野譚

저본 및 이본 현황

저본: 규장각본
가본: 천리대본
나본: 연세대본
다본: 가와이문고본

卷一

溪西者, 李尙書義準之堂號也; 野譚者, 隨其見聞而記錄也. 蓋多別名, 或曰記聞叢話, 或曰莘田遺書, 或曰德湖野譚, 抑亦自錄而自號歟!

1-1.

李正言彦世, 門外人也, 門閥雖不高, 性甚簡亢, 尤嚴於辛壬義理. 以是之故, 三山之族大夫及尹臨齋心衡諸名流, 皆許與之友善. 李正言家貧, 不蔽風雨, 朝夕之供屢空, 三山公憐而憫之, 欲得一邑矣. 時尹判書汲掌銓[1], 而適有窠矣. 公以親查之間, 薦李擬於首蒙點矣, 李乃大怒, 捉來吏曹政色吏, 摔曳而叱, 曰: "汝之大監, 何爲而使我外補云云." 而[2]合三呈辭而遞. 三山公往見而諭之, 曰: "此是吾之所使也. 吾見君將有餓死之慮, 故屢囑于長銓而爲之矣, 何乃如是也?" 李冷笑曰: "此是令監之事耶? 吾以爲令監可人也, 今見此事, 不勝慨咄, 令監何待親舊如是薄耶云云." 而竟不赴任矣. 伊後, 爲言官也, 駁尹公, 曰: "行公臺官, 無故外補, 杜塞言路, 壅蔽聰明云." 人皆吐舌. 古之人志槩, 蓋可見矣.

1-2.

李兵使逸濟, 判書箕翊孫也, 勇力絶人, 捷如飛鳥. 自兒時, 豪放不羈, 不業文字, 判書公憂之. 十四五, 始冠而未及娶. 一夜, 潛往

---

1) 銓: 저본에는 '詮'으로 나와 있으나 나, 다본에 의거함. 이하의 경우도 동일함.
2) 而: 다본에는 빠져 있음.

娼家, 則掖隷·捕校之屬, 滿堂而坐, 盃盤狼藉, 以眇一少年, 直入座與妓戲. 座中惡少皆曰:"如此無禮乳臭之兒, 打殺可也!" 仍群起蹴之. 逸濟以手接一人之足, 執以³⁾爲杖一揮, 而諸人皆仆于地. 仍抛置而出門, 飛身上屋, 緣屋⁴⁾而走, 或超五六間也. 此時, 一捕校適放溺出門, 不預其事, 心竊異之, 亦超上屋而躡後, 入于李判書門矣. 捕校卽其親知⁵⁾之人也. 翌朝, 來傳此事, 判書公杖之, 而使不得出門矣. 伊後, 隨伴訪花, 上南山蚕頭, 時閑良習射, 數十人會于松陰, 見逸濟之來,⁶⁾ 以爲將受食⁷⁾東床禮云, 而一時竝起, 執其手欲倒懸. 逸濟乃聳身一躍, 而折松枝, 左右揮之, 一時從風而靡, 仍下來. 自此之後, 次次傳播, 入于別薦付武職, 位至亞卿. 趙判書曮之通信日本也, 以逸濟啓幕賓, 將航海, 上船失火, 火焰漲天. 諸人各自逃命急下, 倭人救船, 而又有連燒之慮, 仍搖櫓而避之, 去上船幾數十間之地. 始收拾精神, 相與計數各人, 則獨無逸濟一人, 諸人驚惶, 意其爲火⁸⁾所燒矣. 而已, 遠聞人聲, 諸人立船頭望之, 則逸濟立於火焰之中, 擧手高聲大呼, 曰:"暫住船!" 諸人始知其爲逸濟, 乃住船而待, 逸濟自火中飛下船上, 人皆駭異. 逸濟蓋醉睡於上船, 船艙之下層, 不知火起, 諸人亦於蒼黃中, 未及察也, 睡覺而見火勢, 仍跳下傍船. 其神勇如此.

---

3) 以: 다본에는 '而'로 되어 있음.
4) 屋: 나, 다본에는 '崖'로 되어 있음.
5) 親知: 나, 다본에는 '親切'로 되어 있음.
6) 見逸濟之來: 나, 다본에는 '見其來也'로 되어 있음.
7) 食: 나, 다본에는 '喫'으로 되어 있음.
8) 火: 저본에는 '大'로 나와 있으나 이본에 의거하여 바로잡음.

1-3.

李相性源, 按原營也, 巡路入楓⁹⁾嶽, 到九龍淵, 欲題名之, 而¹⁰⁾刻僧皆出他矣. 高城倅以爲, '此下民村, 有一人來留者, 頗有手才, 可刻云矣.' 使之呼來而刻之, 則其人着眼鏡, 而鏡是絶品. 李相素有此癖, 使之持來, 愛玩不已, 偶爾失手, 落于巖石之上破碎. 李相錯愕, 而使給本價, 則其人辭之, 曰: "物之成敗, 亦有數焉, 不必關念也." 李相謂之曰: "汝以山峽貧民, 失此鏡, 而又何可買得乎? 此價不必辭也." 强與之, 其人解示鏡匣, 曰: "覽此可知矣." 李相受而視之, 書以'某年月日, 遇巡使, 破于九龍淵.' 李相大驚, 問曰: "此是汝之所書乎?" "當初買之時, 有此書云." 而終不言誰某所書, 亦可異矣.

1-4.

金應立者, 嶺右常賤也, 目不識丁, 而以神醫名于嶺外. 其術不診脈而不論症, 但觀形察色, 而知其病祟, 所命之藥料之恒用者. 李銘爲金山倅, 其子婦自入門之後, 咳嗽苦劇, 李亦曉醫理, 雜試藥餌, 而少無動靜. 至於委臥垂盡之境, 乃邀應立而問之, 對曰: "一瞻顔色而後, 可議藥, 此則不敢請之事." 李銘曰: "今至死境, 一見何傷?" 使坐于廳, 招使見之, 應立入門而熟視, 曰: "此是至易之病, 腸胃有生物之滯而然也." 使買飴數箇, 和水溶化而服之, 曰: "必吐出云矣." 服之未幾, 吐出一痰塊, 剖而視之, 則有一小茄子一枚, 而少不傷敗. 問于病人, 則以爲, '十餘歲時, 摘食茄子, 一箇誤吞下, 必是此物也云.' 自後, 病根遂差. 李銘姪壻, 積年沈痼, 駄病

---

9) 楓: 저본에는 '風'으로 나와 있으나 나본에 의거함.
10) 而: 저본에는 빠져 있으나 나본에 의거하여 보충함.

而來, 又使應立診視, 則見而笑, 曰: "不必服他藥, 今當秋節, 落葉
毋論某葉, 擇其不傷朽者十餘駄, 以大釜四五箇煎之, 次次煎至一
椀然後, 無時服, 可也." 如其言, 方得效. 又一人, 病如角弓反張,
應立見, 而作[11]紙針, 刺鼻孔, 作咳逆狀, 如是終日而病愈. 其所命
藥, 皆如是, 亦可異矣!

1-5.

原州蔘商有崔哥者, 累萬金巨富也. 聞原之人所傳言, 則崔之
母, 才過卄歲而生子, 喪其夫, 與穉兒守節孤居. 一日, 忽有一健丈
夫, 衣服草草, 腰紅髥金而來, 坐于廳, 崔之母驚訝之, 言曰: "守寡
之室, 何許男子唐突入內?" 其人笑曰: "吾是家長也, 何須驚怪也?"
仍入房逼奸, 崔母無奈何而任之, 但交合之時, 冷氣逼骨, 痛不可
堪. 自此以後, 每夜必來, 而銀錢·布帛, 每輸來, 充溢庫中. 崔母知
其爲鬼物, 而自爾情熟矣. 一日, 問曰[12]: "君亦有所畏惻者耶?" 其
人曰: "別無所畏惻, 而但惡見黃色, 若見黃色, 則不敢近焉." 崔母
乃於翌日, 多求漆黃之水, 塗於屋壁, 具漆其顔面身體, 又漆衣而
衣之. 其夜, 其人入來, 驚而退出, 曰: "此何爲也?" 咄歎不已, 仍
曰: "此亦緣分盡而[13]然也, 吾從此辭去. 汝但[14]好在吾之所給之物,
吾不還推去, 俾作汝之産業云." 而仍忽不見. 自此以後, 仍無蹤跡.
崔之家, 因此而致富, 甲於一道, 崔之母, 年近八十, 而家産依前饒
富云.

---

11) 作: 다본에는 '使作'으로 되어 있음.
12) 問曰: 저본에는 빠져 있으나 나본에 의거하여 보충함.
13) 而: 저본에는 '矣'로 나와 있으나 나본에 의거함.
14) 但: 다본에는 '須'로 되어 있음.

1-6.

趙判書雲逵, 爲完伯時, 一日夜, 廳妓適有故出外, 獨寢宣化堂矣. 夜深後, 自夾室有錚然聲, 心甚訝之, 忽有人, 問曰: "上房有人乎?" 巡使驚曰: "汝是誰也?" 對曰: "小人乃是殺獄罪人." 巡使尤驚, 曰: "汝是殺獄重囚, 則何爲來此?" 對曰: "明朝粥進支[15], 必勿喫, 而使及唱某喫之也. 小人旣活使道, 使道亦活小人也云." 而直出去. 心甚驚訝, 未接一眠, 待曉靜坐. 未幾, 朝粥自補饌庫備進矣, 仍稱氣不平而退之, 招及唱某也, 給粥器, 使之喫之, 則厥漢奉器戰慄. 巡使乃大叱催喫, 則遂一吸而倒于地, 使之曳屍而出[16]. 其後審理時, 此囚置生道而啓, 聞其委折, 則獄墻之後, 卽食母家也. 一日, 偶爾放溺於墻下, 有人語聲, 從墻隙穴窺見, 則及唱某也. 招食母, 到墻下, 給二十兩錢, 且給一塊藥, 曰: "以此和於朝粥而進之, 事若成, 則更以此數賞之矣[17]." 食母婢問: "何爲而如是也?" 曰: "某妓, 吾之未忘也, 汝亦當知之. 一自侍使道之後, 不得見面目, 思想之心, 一日如三秋, 不得不行此計也." 食母曰: "諾云." 故暮夜潛出而告之云云.

1-7.

趙判書雲逵, 在完營時, 一日, 夜深後就寢矣. 昏夢之中[18], 在傍之妓, 攬之使覺, 巡使驚悟而問之, 則妓曰: "誠有一怪事矣."[19] 時月色如晝, 窓外有人影, 乃從隙窺見, 則有八尺身健丈夫, 全身上

---

15) 粥進支: 다본에는 '進粥'으로 되어 있음.
16) 出: 저본에는 '去'로 나와 있으나 나, 다본을 따름.
17) 矣: 저본에는 빠져 있으나 다본에 의거하여 보충함.
18) 昏夢之中: 저본에는 '房中'으로 나와 있으나 나, 다본에 의거함.
19) 誠有一怪事矣: 나, 다본에는 '試見窓外之影'으로 되어 있음.

下裝束, 携雪色匕首, 而有將入之狀. 心神飛越, 厥女低聲告曰: "小人將通于裨將廳矣." 潛開後窓而出去. 巡使自念獨臥, 恐有非常之事, 隨妓而出去, 無可隱身之所, 入竈下傍, 有盛灰之空石, 仍蒙于首伏. 杖劍之漢, 漸近于竈矣, 毛髮俱竦, 屛氣而伏. 少焉, 營中鼎沸, 炬燭明煌, 賊乃以劍擊竈柱, 曰: "莫非命也云." 而超越後墻而去. 四面喧譁聲中, 皆曰: "使道安在乎?" 巡使暗中, 乃言曰: "使道在此, 使道在此!" 幕客[20]及下隸, 尋聲而至, 扶持還歸宣堂. 後乃上疏, 乞遞而歸.

1-8.

正廟幸永陵, 回鑾之路, 駐駕陽鐵坪, 將親行閱武, 御軍服. 時金文貞公熤, 以原任大臣參班, 進前, 曰: "殿下何爲御軍服也?" 上曰: "今日, 風日淸佳, 且尙早, 欲親行閱武矣." 公奏曰: "拜陵回鑾, 聖慕罙切, 而不宜行此擧也. 且軍服非王者之所御服飾也, 還寢下敎, 似宜矣." 上無語而罷. 徐判書[21]有隣入侍也, 上[22]曰: "金判府當面駁[23]我, 我羞愧無顔矣." 其後, 以學齋任之謀避, 下嚴敎. 時金公之季胤載瓚, 在其伯氏金相載瓚成川任所, 而帶齋任, 以是之故, 有金公削出成川府使罷黜之命, 未幾, 皆敍用. 後以黃基玉事, 命罷其父昌城尉職名, 金公以時相[24]奏曰: "經云: '罰不及嗣.' 以其父之罪, 尙不及於其子矣, 何況以其子之罪, 罪其父乎? 請還收下敎." 上曰: "然." 時金相公之子領相公, 以閣臣入直矣. 上使入侍,

---

20) 幕客: 나본에는 '幕下'로 되어 있음.
21) 書: 저본에는 빠져 있으나 다본에 의거하여 보충함.
22) 上: 다본에는 '上敎'로 되어 있음.
23) 駁: 나본에는 '迫'으로 되어 있음.
24) 時相: 다본에는 '首相'으로 되어 있음.

而敎曰: "君家大臣, 今又妄發矣." 金相退傳此敎于大人公, 而言
曰: "前日[25])有吾家處分, 大人何不嫌避[26])而有此奏也?" 金公嗟歎,
曰: "吾忘之矣! 事在目前, 而爲聖主過中之擧[27]), 故有此陳奏矣. 今
而思之, 果是妄發矣." 其後, 金公之喪, 金相搆行狀草, 而不書此
事矣. 上命使之入覽, 而敎曰: "此中有漏事, 何不書之?" 左右曰:
"似是不敢書矣." 上曰: "此大臣所匡救者也, 不必拔之." 命使書之.
大聖人處事之光明如是, 出尋常萬萬矣. 金公之病危欺, 上聞而憂
慮, 內下山蔘五兩, 使其伯胤金公[28])賜給, 以爲藥餌之資. 金相承命
以來傳, 則金公於昏昏之中, 起坐整衣冠, 捉下其伯胤于庭下而責
之, 曰: "吾雖不似備位三公, 主上欲下藥物, 則自有遣御醫看病之
例, 此則可也. 人臣無私受來者, 還納, 不者, 吾不見汝." 金相可謂
進退維谷, 受藥封, 而伏於門外, 而泣數日. 上聞之, 使之還納, 而
遣醫齎送. 金公之守正不撓如是, 是可謂名碩矣.

1-9.

朴綾州右源, 門外人也. 在南邑時, 其夫人見樹上鵲雛之落下
者, 朝夕飼之飯而馴之, 漸至羽毛之盛, 而在於房闥之間, 不去, 或
飛向樹林, 而時時來翔于夫人之肩上矣. 及移[29])長城, 將發行之日,
忽不知去處, 內行到長城衙門[30]), 則其鵲自樑上噪而飛下, 翶翔于
夫人之前. 夫人如前飼之, 巢于庭樹而卵育之, 去來如常. 其後, 又

---

25) 前日: 저본에는 빠져 있으나 나본에 의거하여 보충함.
26) 嫌避: 나, 다본에는 '避遙'으로 되어 있음.
27) 擧: 저본에는 빠져 있으나 다본에 의거하여 보충함.
28) 金公: 나, 다본에는 '金相'으로 되어 있음.
29) 移: 나, 다본에는 '離'로 되어 있음.
30) 門: 다본에는 '中'으로 되어 있음.

移綾州, 又復如前隨³¹⁾來, 及其遞歸京第, 亦又隨來. 其後, 夫人之喪, 坐于柩上, 到山下, 又坐墓閣上, 而噪之不已. 及下棺時, 飛向³²⁾柩上, 啼呼不已, 仍飛去, 不知去處. 雖是微物, 蓋亦知恩矣. 時人有作靈鵲詩³³⁾.

1-10.

梅花者, 谷山妓也, 有姿色. 一老宰爲海伯, 巡到時嬖之, 率置營下, 寵幸無比. 時有名士之爲谷山府使, 延命時, 霎見其妍美, 心欲賜顏, 而招其母厚遺.³⁴⁾ 自此以後,³⁵⁾ 無間出入, 而米錢肉帛, 每每給之, 如是者幾月, 其母心竊³⁶⁾怪之. 一日, 問曰: "如小人微賤之物, 如是眷愛, 惶悚無地, 未知使道有何所見而若是也?" 本倅曰: "汝雖年³⁷⁾老, 自是名妓, 故與破寂, 自爾親熟³⁸⁾而然也, 別無他事." 一日, 老妓又問曰: "使道必有用小人處, 而如是款曲, 何不明言敎之? 小人受恩罔極, 雖赴湯火, 自當不辭矣." 本倅乃言曰: "吾於營行時, 見汝女, 愛戀不能忘, 殆乎生病. 汝若率來, 更接一面, 則死無恨矣." 老妓笑曰: "此至易之事, 何不早敎也? 從當率來矣." 歸家, 作書于其女, 曰: "吾以無名之疾, 方在死境, 而以不見汝, 死將不瞑目矣. 速速得由下來, 以爲面訣云云." 而專人急報, 梅花見書,

---

31) 隨: 저본에는 '受'로 나와 있으나 나본을 따름.
32) 向: 저본에는 빠져 있으나 나본에 의거하여 보충함.
33) 詩: 다본에는 '傳'으로 되어 있음.
34) 心欲賜顏, 而招其母厚遺: 나, 다본에는 '心欲之還衙後, 招其母賜顏而厚遺'로 되어 있음.
35) 自此以後: 저본에는 '以後'로 나와 있으나 나, 다본을 따름.
36) 竊: 저본에는 '切'로 나와 있으나 나본을 따름.
37) 年: 저본에는 빠져 있으나 나본에 의거하여 보충함.
38) 親熟: 나, 다본에는 '情熟'으로 되어 있음.

泣告於巡使, 請得往省之暇, 巡使許之, 資送甚厚. 來見其母, 其母
道其由, 與之偕入衙中. 時本倅年才三十餘, 風儀動盪, 巡使則容
儀老醜, 殆若仙凡之別異. 梅花一見, 而亦有戀慕之心, 自伊日薦
枕, 兩情歡洽. 過一朔, 由限已滿, 梅花將還向營門, 本倅戀戀不
忍[39]捨, 曰: "從此一別, 後會難期, 將若之何?" 梅花揮淚, 曰: "妾旣
許矣, 今行脫歸之計, 非久更當還侍矣." 仍發行, 到海州, 入見巡
使, 巡使問其母病之如何, 對曰: "病勢委篤, 幸得良醫, 今則尙差
矣." 依前在洞房, 過十餘日後, 梅花忽有病, 寢食俱廢, 呻吟度日,
巡使[40]雜試藥物而無效. 委臥近一旬, 忽爾突起, 蓬頭垢面, 拍手頓
足, 狂叫亂讓. 或哭或笑, 跳踉[41]於澄淸軒之上, 而斥呼巡使之名,
人或挽止, 則蹵之嚙之, 使不能前, 卽一狂病也. 巡使驚駭, 使之出
外, 而翌日縛致轎中, 送于渠家, 蓋是佯狂, 安得不差? 還家之日,
卽入衙中, 見本倅, 語其狀, 留在夾室, 情愛愈篤. 如是之際, 所聞
傳播, 巡使亦聞之. 其後, 谷山倅往營門, 則巡使問曰: "府妓之爲
廳妓者, 以病還家矣, 近則病勢如何, 而時或招見否?" 對曰: "病則
少差云, 而巡營廳下官, 何以招見乎?" 巡使冷笑曰: "願公爲吾善
守直焉." 谷倅知其狀, 請由而上京, 唉一臺, 而駁巡使罷之. 仍率
育梅花, 遞歸時, 與之偕來京第矣. 及夫請丙申之獄, 前谷倅, 辭連
逮獄, 其妻泣謂梅花曰: "主公今至此境, 吾則已有所決於心者, 汝
則年少之妓也, 何必在此? 還歸汝家, 可也." 梅花亦泣, 曰: "賤妾
幸[42]承令監之恩愛已久, 繁華之時, 則與之安享, 而今當如此之時,

---

39) 不忍: 나, 다본에는 '不能'으로 되어 있음.
40) 巡使: 다본에는 '使之'로 되어 있음.
41) 踉: 저본에는 '浪'으로 나와 있으나 나본을 따름.
42) 幸: 저본에는 빠져 있으나 나본에 의거하여 보충함.

安忍背而歸家? 有死而已." 數日後, 罪人杖斃, 其妻自縊而死, 梅花躬自殯殮入棺, 而及罪人屍之出給也. 又復治喪, 夫婦之棺, 合祔于先塋之下, 仍自裁於墓傍下, 從其節槩烈烈矣. 初於巡使, 則用計圖免; 後於本倅, 則立節死義, 其亦女中之豫讓也.

1-11.

洪參議元燮,[43] 少時, 借家於壯洞, 與安山李生者, 做科工矣. 洪公適出他, 李生獨坐, 見前面墻穴, 有一紙漸次出來, 李生怪而見之, 則諺書也. 以爲, "妾乃宦侍之妻也, 年近三十, 尙不知陰陽之理, 是爲終身之恨也[44]. 今夜適從容, 願踰墻而來訪也." 李生見而大怒, 曰: "寧有如許之女人也?" 翌日, 乃往其家, 訪見主人內侍, 正色而責之. 夕其家哭聲出, 而其家女縊死云. 洪公歸[45]後, 聞其事, 責之曰: "君旣欲不往則已矣, 何乃往見而給書, 至於此境? 君則必無幸矣." 其秋, 李生歸家, 家爲晚潦所頹, 仍爲壓死, 是豈[46]偶然也哉?

1-12.

柳參判誼, 以繡衣行嶺南, 到晉州, 聞首鄕連四等仍任, 而多行不法之事, 期於出道打殺. 方向邑底, 未及十餘里, 日勢已晚, 又有路憊, 偶入一家, 家頗精潔, 升堂, 有一十三四歲童子, 延之上座. 其作人聰慧, 區處人馬, 使之喂之, 呼奴備夕飯, 接待凡節,[47] 儼若

---

43) 洪參議元燮: 나, 다본에는 '洪參議大湖元燮, 余査丈也'로 되어 있음.
44) 也: 저본에는 빠져 있으나 다본에 의거하여 보충함.
45) 歸: 저본에는 '其'로 나와 있으나 나, 다본을 따름.
46) 豈: 저본에는 '其'로 나와 있으나 나, 다본을 따름.
47) 凡節: 다본에는 '凡百'으로 되어 있음.

成人. 問其年, 而且問是誰之家, 則答曰: "年是⁴⁸⁾十三, 卽是座首之家也." 又問: "汝是座首之兒乎?" 曰: "然矣." "汝翁何處去了?" 曰: "方在邑內任所矣." 其應接詳而謹敬, 公奇愛之, 獨語于心曰: "妍鄕有英馨兒云矣." 至夜就寢, 忽有攬之者, 驚起則燈火熒然, 前有一大卓, 魚骨饌餌酒果之屬, 皆高排之. 起而訝之, 問: "此何飮食?" 其兒曰: "今年, 家翁之身數不吉, 必有官災云, 故招巫而攘⁴⁹⁾之, 此其所設也. 玆庸接待客子, 願少下箸." 公忍笑而啗之, 久饑之餘, 腹氣快蘇. 其翌日, 辭而入邑底出道, 拿入其座首, 數其前後之罪惡, 而仍言曰: "吾之此行, 欲打殺如汝者矣. 昨宿汝家, 見汝子, 大勝於汝矣. 旣宿汝家, 飽汝之酒食而殺之, 有非人情." 仍嚴刑遠配, 而歸來, 語於家中曰: "巫女禱神, 亦不虛矣. 殺座首之神, 卽我也, 而以酒肉禱之, 免其⁵⁰⁾禍." 儘覺絶倒云爾.

1-13.

柳參判河源, 午人也. 登科幾四十年, 年過六旬, 而不得陞資, 貧窮可憐, 居在門外. 而又有文藝, 有自嘆詩, 曰: '四十荊妻鬢已絲, 家翁衰朽也應知. 笑誇掌憲初除日, 料是夫人在腹時.' 蓋後娶也, 未幾, 以宗簿正陞資. 其後數年, 以年八十, 又⁵¹⁾陞嘉善, 至參判.

1-14.

榮川儒生閔某, 有一子, 過婚未幾而身死. 其孀婦朴氏女, 而有

---

48) 年是: 저본에는 빠져 있으나 나본에 의거하여 보충함.
49) 攘: 나본에는 '讓'으로 되어 있음.
50) 其: 저본에는 빠져 있으나 가, 나본에 의거하여 보충함.
51) 又: 저본에는 빠져 있으나 가, 나본에 의거하여 보충함.

班閥家也,[52] 執喪以禮, 孝奉舅姑, 隣里稱之. 來時, 率童奴一人,
而名則萬石者. 閔家素貧寒, 朴氏躬自紡績, 使奴樵汲, 朝夕之供,
未嘗闕焉. 隣居[53]有金祖述者, 亦有[54]班名, 家計亦累萬金富[55]者
也. 從籬隙, 窺見朴氏之妍美, 心欲之矣. 一日, 閔生欲出他, 借着
揮項於金祖述之家, 祖述乘其不在, 使人探知朴氏之寢房, 帶月着
騣冠而入其家. 時朴氏獨在其寢房, 房與其姑之房, 隔間有小戶
矣. 朴氏睡覺, 聞窓外有聲, 又見月下人影, 心竊疑之, 起開戶, 入
其姑之房, 其姑怪而問之, 密語其由, 姑婦相對而坐. 時萬石者, 爲
祖述之婢夫, 宿於其家, 靜無一人, 而忽於窓外[56], 有人厲聲, 曰:
"朴寡婦與吾有私, 亦已久矣, 斯速出送云云." 其姑厲聲呼洞人, 謂
曰: "有賊入來云." 隣家之人, 擧火而來, 祖述還歸其家, 朴氏姑婦,
知其爲祖述也. 閔生歸來, 聞其言, 而忿不自勝, 欲呈于官, 而恐致
所聞之不好, 仍姑忍之. 其後, 祖述又揚言于洞中, 曰: "朴氏與吾
相通, 孕已四五朔云云." 傳說藉藉, 朴氏聞之, 曰: "今則可以呈官
而雪恥矣." 以裳掩面, 而入官庭, 明言祖述之罪惡, 且言自家受誣
之狀. 時祖述行貨於官屬, 且一官屬, 俱是祖述之奴屬也, 刑吏輩
皆言, "此女自來淫行, 所聞之出, 亦已久矣." 本倅尹彝鉉, 信聽[57]
官屬之言, 以爲, "汝若有貞節, 則雖被誣之人, 久則自脫, 何乃親
入官庭而自明乎?" 朴氏曰: "自官辨白而下, 嚴處金哥之罪, 則妾
當自刎於此庭下矣." 仍拔所佩小刀, 而辭氣慷慨, 本倅怒而叱曰:

---

52) 而有班閥家也: 나, 다본에는 '以班家有閥也'로 되어 있음.
53) 隣居: 나, 다본에는 '隣里'로 되어 있음.
54) 有: 다본에는 '是'로 되어 있음.
55) 亦累萬金富: 나, 다본에는 '則巨富'로 되어 있음.
56) 窓外: 나, 다본에는 '窓前'으로 되어 있음.
57) 聽: 다본에는 '之'로 되어 있음.

"汝欲以此恐動乎? 汝若欲死, 則以大刀自刎於汝家, 可也, 何乃以小刀爲也? 斯速出去!" 仍使官婢推背, 出官門之外. 朴氏出門, 放聲大哭, 以其小刀, 刎其頸而死, 見者無不錯愕. 本倅乃驚動, 使運屍而去. 閔生不勝其忿, 入庭而語, 多侵土主報營, 移囚閔生於安東府矣. 其奴萬石者, 上京鳴金于駕前, 有下該道査啓之判付, 行査, 則以累千金行賂於洞人及營邑下屬, 至於朴氏之死, 則非自刎, 而羞愧孕胎之說, 服藥致死云云. 而貿藥之嫗, 賣藥之商, 皆立證此, 亦祖述給賂於老嫗及商人而然也. 獄久不決, 拖至四年之久, 閔家以朴氏之屍, 不斂而入棺, 不覆蓋, 曰: "復此讎, 可改斂而葬之云." 而置越房者四年, 而身體少不傷敗, 面如生時, 入其門, 少無穢惡之臭, 蠅蚋不近, 亦可異矣. 奉化倅朴始源, 卽其再從姨妹也, 往哭其靈筵云, 故余於逢場問之, 則以爲, '其家人啓棺蓋以見之, 與生時無異云爾.' 萬石爲金哥之婢夫[58], 生一男一女矣. 當此時, 逐其妻而訣, 曰: "汝主殺吾主, 卽讎家也. 夫婦之義雖重, 奴主之分亦[59]不輕, 汝自還歸汝主, 吾則爲吾主死矣云." 而奔走京鄕, 必欲復讎乃已. 及金判書相休之按節時, 萬石上京鳴金, 啓下本道, 更定[60]査官而窮覈. 閔家擔來朴氏之柩於査庭, 則中有裂帛之聲, 閔家人去棺蓋, 以欲示之, 則査官使官婢驗視, 則面色如生, 兩頰有紅暈, 頸下有刀刺之痕, 腹帖于背, 而肌膚堅如石, 少無腐傷. 藥物賣買之商人及老嫗, 嚴鞫問之, 則始吐實, 曰: "祖述各給二百兩錢, 而如是爲言云." 自營以此狀啓聞, 而祖述伏法, 朴氏旌閭, 萬石給復云爾.

---

58) 夫: 저본에는 빠져 있으나 나본에 의거하여 보충함.
59) 亦: 저본에는 빠져 있으나 다본에 의거하여 보충함.
60) 定: 저본에는 '當'으로 나와 있으나 나, 다본을 따름.

1-15.

附嶺伯金相休 啓跋辭:

爲等如各人等, 招辭是白置有, 亦此獄段三歲四查, 端緒畢露, 道啓曹讞, 淑慝已判. 朴氏至冤實狀, 祖述窮凶[61]情節, 世皆公傳, 人無不知. 便屬已了之案, 無煩更查之擧, 是白乎所, 今此親執, 窮覈成命, 寔出於愼獄恤刑之盛德. 其在對揚盡分之道, 尤切根究, 或疎之慮, 故臣於盤詰之際, 倍加審愼之意. 或溫言平問, 或施威嚴覈[62], 而惟彼祖述, 賦性淫慝[63], 設心凶譎[64], 無論平問與嚴覈, 直以抵賴爲能事, 問向春溲溺, 則曰: "夢亦不知." 問叩門請開, 則曰: "白地曖昧." 問三乳復孕之說, 則曰[65]: "天日在上." 問買㺚逼殺之誣, 則曰: "閔哥自唱言." 言皆謊, 事事牢諱, 其至至微細無緊關之說, 已彰露, 莫敢隱之跡, 忍能赤面相對, 必欲白賴乃已. 急則惟願速死, 作爲目下漫漶之計, 比如木石之頑, 難以理諭; 便同禽獸之塞, 莫可首服. 是白如在[66]中, 天道孔昭, 淫禍罔逃. 祖述父金鼎源者, 所著冊子, 名以'朴寡婦致命是非文案'云者, 現捉於查庭, 而其中列錄, 無非閔哥自先世亂倫干紀之事. 而至於朴寡女[67], 其所媿[68]誣, 比之三乳復孕又深, 一節殆不忍汚口. 而其子則發於言[69], 其父則筆之書, 子唱父和, 同惡相濟之跡, 和盤托出, 更沒餘蘊. 而

---

61) 凶: 저본에는 빠져 있으나 나본에 의거하여 보충함.
62) 覈: 나, 다본에는 '問'으로 되어 있음.
63) 慝: 저본에는 빠져 있으나 나, 다본에 의거하여 보충함.
64) 凶譎: 나본에는 '奸譎'로, 다본에는 '譎姦'으로 되어 있음.
65) 曰: 저본에는 빠져 있으나 나본에 의거하여 보충함.
66) 如在: 나, 다본에는 '在如'로 되어 있음.
67) 女: 나, 다본에는 '婦'로 되어 있음.
68) 媿: 나, 다본에는 '醜'로 되어 있음.
69) 言: 저본에는 빠져 있으나 나, 다본에 의거하여 보충함.

凶彼祖述, 罔念舐犢之情, 猶肆困獸之鬪, 乃曰: "矣父此書, 欲殺矣身作也." 又曰: "此皆矣父之罪, 而矣身則無罪, 願以矣父之罪, 殺矣身." 旋又曰: "矣身若以此至死, 則雖父子之間, 當有恩怨." 徐觀其意, 必欲渠罔赦之罪, 移之於其父, 而渠則掉脫, 至請嚴問其父, 渠亦有人之形矣, 且又頂天立地矣. 若非別具梟獍之腸者, 寧忍以此等說萌心而發口乎? 本罪外, 卽此一款, 決不可一日假息於覆載之間, 而到此地頭, 雖以渠凶獰悖戾, 理屈辭窮, 發明無路, 叩門請開也, 三乳復孕也, 買礵逼殺也. 諸般誣衊等事, 畢竟箇箇輸款, 直納遲晚, 祖述之眞贓致案, 於是乎, 悉具而更無可查之說. 只有當擬之律是白乎所, 謹按通編奸犯條, 曰: "士族妻女劫奪者, 無論奸未成, 不待時斬." 彼祖述乘昏夜無人之時, 叩班寡獨處之門者, 專出於劫奪之意, 則渠烏得免奸未成不待時斬之律是白乎旀? 又按大明律, 曰: "所誣之人已決杖者, 反坐以其律." 就使朴氏眞有三乳之事, 則當擬以極律, 而今其誣案已決, 則以朴寡三乳之律, 反坐於所誣之人者, 斷無可疑, 則渠烏得⁷⁰⁾免反坐之律是白乎旀? 又按律, 曰: "若因奸盜, 威逼人致死者斬." 祖述以奸淫凶醜之說·汚衊之誣, 逼之, 以致朴氏之死以自明, 則渠烏得免逼人致死斬之罪乎? 考之於法典, 參之以律文, 則祖述尙貸一縷, 不置於極律, 豈非失刑之大者是白乎旀? 至於朴寡, 則以青年未亡之身, 堅之死靡他之心, 孝養舅姑; 備修爲婦之道, 慈育螟蛉. 蓋出立孤之誠, 死固自甘, 生無可樂, 其情絶悲⁷¹⁾, 其事甚慼. 不意蒼蠅之點, 欲汚白玉之潔, 遭忽地之凶誣, 叩皇天而罔階, 暗哭藏身. 雖一死之⁷²⁾已

---

70) 得: 저본에는 빠져 있으나 나본에 의거하여 보충함.
71) 悲: 나본에는 '怨'으로 되어 있음.
72) 之: 나, 다본에는 '而'로 되어 있음.

決, 公庭鳴哀, 稱至冤之或雪. 噫! 彼榮川倅, 甘聽政敏之慫慂, 祖述則無意嚴治, 顯有愛護之意, 朴氏則有若蔑視, 輒肆侮弄之說. 閽者之怒, 又阻叩關薄言之愬, 亦斷其路, 進不得暴冤於官庭, 退不得雪誣於彼隻. 遂乃決取捨於生死, 擲性命於俄忽, 刎身於九衢官道之上, 橫屍於萬人堵立之中, 暴心事於白日, 立貞節於秋霜. 其決烈之擧, 不但大驚於韓市; 幽鬱之怨[73], 足致久旱於東海是白乎所. 大凡[74]人之死也, 焄蒿悽愴之氣, 漸消散而歸無; 血肉筋絡之形, 必瀜化而爲土者, 此其理也, 萬古同然. 而竊聞閔家以不復雊·不營葬之意, 朴氏之喪, 斂而不絞, 柩而不釘, 留停房屋, 尋常啓視. 而尸身已經三霜, 肌膚一如始死, 蠅蚋不近, 虫蛆不出. 而棺中往往有裂帛之聲, 隣近之人, 莫不見聞是如. 不但萬石之言丁寧, 可質一道喧傳, 萬口同辭是白乎矣. 事係稀異, 跡涉疑怪是白乎等, 以臣別遣, 親信摘奸, 眼同榮川官婢, 對衆開視, 以驗[75]其虛實是白加尼, 及其回告, 一如所聞, 尤可詳焉. 蓋以爲耳目鼻唇, 宛然如常[76], 而兩點紅暈, 着於雙靨, 隱然可見. 胸腹之形色不變, 恰如初死人一般, 臀臂脚腿, 肉氣不消, 堅如鐵石, 適然不聞者, 特是柩中裂帛之聲, 而其他則無一差爽云. 噫! 其異矣. 聞亦竦然, 若非至冤之氣, 百結不散, 豈有是理? 而向來四朔亢旱時, 側聞道路之言, 則無不謂祖述不殺, 朴冤未雪. 故致此譴謫是如, 開口卽說, 便成巷謠, 天路幽玄, 雖未必一如其言, 而亦可見秉彝之心·公正之憤也. 且以祖述之獰頑, 亦以爲朴氏之不腐, 其箇的實, 則卽殺矣

---

[73] 怨: 나본에는 '冤'으로 되어 있음.
[74] 大凡: 나, 다본에는 '大抵'로 되어 있음.
[75] 驗: 나, 다본에는 '檢'으로 되어 있음.
[76] 常: 나본에는 '生'으로 되어 있음.

身, 以雪其至冤, 甘心無辭是如, 則渠亦至此, 已亦其必死也.[77] 法律旣如彼, 人心又如此, 而祖述亦知其罪之罔赦, 則祖述之當施一律, 今無可論是白乎矣, 若只殺祖述而止, 而不施褒旌之恩於朴氏, 則冤恨雖雪, 而烈行未著, 何以表千古之節, 慰九原之魂耶? 亟正祖述之罪, 置之一律, 而兼擧朴氏表章之典, 使之瞑目入地, 有不容少緩是白旀. 所謂朴氏奴萬石者, 以逅土無識之私賤, 能出爲主復讎之心[78]者, 已爲奇矣. 而萬石之妻, 卽祖述之婢, 而亦旣抱子矣, 萬石以爲讎人之婢, 何可作配? 到今夫婦之情反輕, 奴主之義爲重, 便卽割恩斷慈, 黜妻屛子, 以主讐之未復, 三年已過, 而猶不脫衰服. 其所處義, 雖素稱烈丈夫, 無以加此, 而暗合於春秋復讎之義者, 尤豈非偉且異歟? 況[79]以其至微賤之踪, 至屑弱之身, 奔走營邑, 雪恥[80]而備說其主之冤, 冒犯鑾[81]蹕, 瀝血而乞, 復其主之讎, 指一死而自誓, 歷三歲而不懈. 苟非根天忠義, 豈或然乎? 蹟其前後事實, 雖與古之忠臣義士, 生幷其名, 死同其傳, 實無愧矣, 豈非有是生有是奴乎? 主立其節, 奴效其忠, 竊附史氏牽聯得書之法. 玆又尾陳, 乞幷賜褒賞, 俾世之人知奴主之義, 並列三綱, 則其有裨風敎大矣是白旀. 金鼎源段誣錄之作, 雖出爲子減罪之計, 其書旣已現發, 則亦不可以父子幷勘爲嫌, 置之勿[82]問是白乎旀. 李廷敏段腸肚相連於祖述, 脈絡潛通於官家[83], 朴氏之至冤, 因此而未洩, 祖述之凶計, 因此而粧出. 其時, 榮川倅之誤事, 皆是

---

77) 已亦其必死也: 나, 다본에는 '已知其死也'로 되어 있음.
78) 心: 저본에는 빠져 있으나 나, 다본에 의거하여 보충함.
79) 況: 나본에는 '且'로 되어 있음.
80) 恥: 저본에는 '涕'로 나와 있으나 나본을 따름.
81) 鑾: 저본에는 '鷥'으로 나와 있으나 나, 다본에 의거함.
82) 勿: 나본에는 '不'로 되어 있음.
83) 官家: 나, 다본에는 '官長'으로 되어 있음.

政敏之所爲, 則論其罪狀, 不可尋常處之是白乎旀. 鄭弼周段符同政敏, 買礵逼殺之誣, 同聲和應, 同心排布, 其設計之凶慘, 無異於政敏是白如乎, 右項三人, 方自臣營從重科治, 計料爲白乎旀. 其[84]時, 榮川倅尹彝鉉段酷被政敏之誣, 畢竟, 朴氏之爲朴氏, 祖述之爲祖述, 無非該倅不善處之失, 不容不重勘, 而前道臣已爲論啓, 姑不擧論是白乎旀. 金厚京·朴坤守·林在晦等段, 旣皆輸款, 竝押付原籍邑, 使之遠配, 而金鼎源段, 忽地逃避, 今方嚴飭鎭營, 使之刻期跟捕. 其餘諸人, 別無更問之端, 故一倂放送爲白乎旀. 原獄案別單, 馳啓爲白去乎, 令該曹, 稟處爲白只爲.

1-16.

古人有喪配, 而悲念不已. 一日之夜, 夢與相遇, 酬酢如平時, 而忽爲窓前梧葉上雨滴聲, 而驚覺, 因此賦詩, 曰: '玉貌依俙看却無, 覺來燈影十分孤. 早知秋雨驚殘夢, 不向東窓種碧梧'云云. 余常誦其詩, 悲其情矣. 丙子夏, 偶會仲氏宅, 略設盃盤而談笑矣. 忽有一乞客,[85] 入來而言曰: "吾非求乞之客也, 早業文筆, 有事而自鄕上京,[86] 路中逢賊, 行資盡失矣. 今將還下,[87] 而手無分錢, 欲優[88]得行資而來訪矣." 皆曰: "旣如是, 則可矜矣." 其人又曰: "吾自善於詞律, 請誦傳一首矣." 座上某果斥正否, 余倚枕而臥, 起而對曰: "願一聞之." 其人曰: "吾喪妻後, 悲懷難抑, 向者夢見, 而爲梧桐雨聲之所驚覺, 至今恨之云." 而仍誦此詩首句, 余笑而言曰: "吾亦曾喪

---

84) 其: 나본에는 '是'로 되어 있음.
85) 乞客: 다본에는 '乞人'으로 되어 있음.
86) 有事而自鄕上京: 나, 다본에는 '而有事上京'으로 되어 있음.
87) 還下: 나, 다본에는 '下去'로 되어 있음.
88) 優: 나, 다본에는 빠져 있음.

妻, 懷事[89]略同, 此下句, 吾當續之否." 其人曰: "第言之." 余乃誦其下句, 其人起逃, 不告辭而去, 滿座絶倒.

1-17.

大金者, 吾家故老也. 自幼時, 侍王考守廳, 雖不學而粗解文字也. 癸未年間, 王考莅杆城, 時大金隨往, 衙中留歲餘, 有故上京, 山路小店舍, 行到某境一處, 借宿於民村閭家. 其家有喪, 故終夜喧擾, 主人頻頻出門而望, 曰: "有約不來, 大事狼狽矣, 此將奈何云?" 而擧措忙急[90], 大金問其故, 答曰: "今曉, 將過其父之葬禮, 而題主官請于某洞某生員, 丁寧爲約矣, 尙無皂白, 大事狼狽云." 而仍問: "客子京城人也, 必知題主之法矣, 幸爲我書之如何?" 大金隨後上山, 旣下棺平土, 而請大金, 業已許之, 無以辭之, 欲書而不知法例, 思之半晌, 仍書以'春秋風雨, 楚漢乾坤'. 蓋此則習見於博局之故也. 書罷, 主人奉安於卓上, 如禮行祭[91]. 已而, 山下有一箇着道袍者, 帶十分酒氣而來, 主人迎之, 曰: "生員何使人狼狽於大事乎?" 其人曰: "吾爲知舊所挽, 醉酒而不得來, 今始驚覺而急來矣. 題主何以書之?" 主人曰: "幸有京客之來者, 書之矣." 其人曰: "然則好矣, 願一見之." 大金聞此言, 大驚而獨語于心, 曰: "此書必露於此班之眼矣, 吾將受無限之辱境矣." 仍托以如厠, 方欲逃走之際, 其人見題主而笑, 曰: "此則眞書也, 勝於吾之諺書云云." 大金始乃放心醉飽, 而及辭行, 主人無數稱謝云矣. 余於幼時, 聞此言, 不覺絶倒, 今玆錄之. 大金者, 羲準之奴也.

---

89) 事: 나본에는 '思'로 되어 있음.
90) 忙急: 나, 다본에는 '忙忽'로 되어 있음.
91) 祭: 나, 다본에는 '祀'로 되어 있음.

1-18.

　橫城邑內有女子, 出嫁之後, 忽有一箇丈夫, 入來而劫奸. 其女百般拒之, 無奈何矣. 每夜必來, 他人皆不知[92], 而渠獨見之, 雖其夫在傍而無難矣. 每交合之時, 痛楚不可堪, 其女知其爲鬼祟, 而無計却之. 自此, 不計晝夜而來, 見人不避, 而只見其女五寸叔, 則必也出避. 其女語其狀, 其叔曰: "明日, 彼物若來, 暗以綿絲繫針, 而縫其衣襟, 則可知其物之去向矣." 其女從其言, 翌日, 依其計, 以針繫絲, 刺于衣裾下, 而其叔突入, 厥物驚起, 出門而避之, 綿絲之塊, 次次解而隨之. 其人只見綿絲解而逐之, 前林叢樾之下乃止, 迫而見之, 則絲入地下[93]. 仍掘數寸餘, 有一朽破之舂木端一箇, 而絲繫於木下, 木之上頭, 有紫色珠, 如彈子大者一枚, 而光彩射人, 仍拔其珠, 置于囊中矣. 其後, 遂絶跡, 一日夜, 其人之家門外, 忽有一人, 來乞曰: "此珠願還下! 若還則富貴功名, 從汝願爲之矣." 其人不許給, 終夜哀乞而去, 每夜如是者, 四五日矣. 一日[94], 又來言曰: "此珠在我甚緊, 在汝不緊, 吾當以他珠換之, 可也, 此珠則有益於汝者也." 其人答曰: "第示之." 鬼物自外入送黑色珠, 大亦如其珠樣子, 其人竝奪而不給, 鬼物痛哭而去, 頓無形影矣. 其人每誇之於人, 而不知何物, 亦不問用處, 眞可惜也. 其後, 出他泥醉, 而露宿於路上矣, 兩珠不知去處, 必也鬼物之持去也. 橫邑之人, 向余道之, 故玆錄之.

---

92) 不知: 나, 다본에는 '不見'으로 되어 있음.
93) 地下: 나, 다본에는 '地中'으로 되어 있음.
94) 一日: 나, 다본에는 '一夜'로 되어 있음.

1-19.

平壤有一妓, 姿質歌舞, 少時擅名, 自言, "閱人多矣, 有未忘者[95] 二人, 一則姸美而不能忘, 一則醜惡而不敢忘也." 或人問其故, 對曰: "少年時, 侍巡使道, 宴于練光亭, 而當[96]夕陽時, 依欄而望長林, 則有一少年佳郎, 騎驢飛也似馳, 到江邊, 呼船而渡, 入大同門, 風儀動盪, 望之如仙中人. 心神如醉, 托以如廁, 下樓而審其處, 則卽大同門內店舍也. 詳知而待宴罷, 改粧村婦服飾, 乘夕而往其家, 從窓隙窺見, 則如玉美少年, 看書于燭下. 自念, '如此佳郎, 如不得薦枕, 則死不瞑目.' 仍咳嗽打窓外, 其少年問: '爲誰?' 答曰: '主家婦也.' 又問: '何爲昏夜到此?' 答曰: '弊舍商賈多入, 無寄宿處, 故欲借上堗, 一席而寢矣.' 曰: '然則入來, 可也.' 渠仍[97]開門而入, 坐於燭下, 則少年目不斜視, 端坐看書. 更深後, 仍滅燭而臥, 渠仍作呻吟之聲, 少年問: '何爲有痛聲?' 渠對曰: '曾有胸腹痛矣, 今因房堗之冷, 宿疾復發矣.' 其人曰: '若然則來坐[98]於吾之背後溫處.' 渠仍臥于背後, 食頃而又不顧, 渠仍言曰: '行次不知何許人, 而無乃宦侍乎?' 其人曰: '何謂也?' 渠曰: '妾非主人婦, 而乃是官妓也. 今日, 練光亭上, 瞻此行次之風儀, 心甚艶慕, 作此樣來此, 冀其一面矣. 妾之姿質, 至不[99]醜惡, 行次年紀, 不至衰老, 靜夜無人之時, 男女混處, 而一不顧眄, 非宦而何?' 其人答曰: '汝是官物乎? 然則何不早言? 吾則認以主人婦而然也, 汝可解, 同寢可也.' 仍與之狎, 其風流興味, 卽一花柳場之[100]蕩男子也. 兩情歡洽,

---

95) 者: 저본에는 빠져 있으나 나본에 의거하여 보충함.
96) 而當: 저본에는 빠져 있으나 나, 다본에 의거하여 보충함.
97) 仍: 나본에는 '乃'로 되어 있음.
98) 坐: 나, 다본에는 '臥'로 되어 있음.
99) 至不: 나, 다본에는 '不爲'로 되어 있음.

及曉而起, 促裝將發, 對渠而言曰: '意外相逢, 幸結一宵之緣, 遽爾相分, 後會難期, 別懷何言? 行中別無他情表之物, 可留一詩.' 仍使渠擧裳幅而書之, 曰: '水如遠客流無住, 山似佳人送有情. 銀燭五更罷幌浥, 滿林風雨作秋聲.' 書畢, 仍投筆而去, 渠乃把袖泣, 問居住姓名, 則笑而不答, 曰: '吾自放浪於山水樓臺之人, 居住姓名, 不必問也.' 仍飄然而去. 渠仍歸家, 欲忘而不可忘, 抱[101]裳詩而泣, 此妍慕而難忘者也. 嘗以巡使道守廳妓, 侍立矣, 一日, 門卒來告, '某處舍音某同知來謁, 次在門外矣.' 巡使使之入來, 卽見一胖大村漢, 布衣草鞋, 腰帶半渝之紅帶, 顧懸金圈, 而純是銅色, 眉目獰悍, 容貌魖惡. 卽一天蓬將軍, 來拜之前, 巡使問: '汝何爲而遠來也?' 對曰: '小人食衣不苟[102], 別無所望於巡道[103]也, 平生所願, 欲得一箇佳妓暢情, 而爲是而不遠千里而來也.' 巡使笑曰: '汝若有此心, 則可於此擇可合[104]之妓!' 厥漢聞命, 直入隨廳房, 諸妓皆靡, 厥漢追後逐之, 捉一而貌不美, 又捉一而云: '身豊不合.' 及到渠, 捉而見之, 曰: '足可用!' 仍抱至墻隅, 而强奸之. 渠於此時, 以力弱故, 不得適他, 求死不得, 任其所爲. 少焉, 脫身而歸家, 以溫水浴身, 而脾胃莫定, 數日不能食. 此是醜惡而難忘者云爾."

1-20.

巫雲者, 江界妓也, 姿色才藝, 擅于一時. 京城成進士者, 偶爾下來, 仍薦枕, 而情愛甚篤, 及其歸也, 彼此戀戀不忍捨. 雲自送成生

---

100) 之: 저본에는 빠져 있으나 나본에 의거하여 보충함.
101) 抱: 나, 다본에는 '把'로 되어 있음.
102) 食衣不苟: 나, 다본에는 '衣食不拘'로 되어 있음.
103) 巡道: 나, 다본에는 '使道'로 되어 있음.
104) 可合: 나, 다본에는 '合意'로 되어 있음.

之後, 矢心靡他, 艾灸兩股肉, 作瘡痕, 托言有惡疾云. 以是之故, 前後官家, 一未嘗侍. 李大將[105]敬懋之來莅也, 招見而欲近之, 雲解示瘡處, 曰:"妾有惡疾, 何敢近前[106]?" 李倅曰:"若然則汝可在前使喚, 可也." 自此以後, 每日隨廳, 至夜必退, 如是四五朔. 一夜, 雲忽近前, 曰:"妾今夜願侍寢矣." 曰:"汝旣有惡疾, 則何可侍寢?" 雲曰:"妾爲成進士守節之故, 以艾灸之, 以是避人之侵困矣. 侍使道積有月, 微察凡百, 卽是大丈夫也. 妾旣是妓物, 則如使道大男子, 豈無心近侍耶?" 李倅笑曰:"若然則可就寢!" 仍與之狎. 及[107]瓜熟, 將歸也, 雲願從之, 李倅曰:"吾有三妾率育者, 汝又隨去, 甚不緊也." 雲曰:"若然則妾當守節矣." 李倅笑曰:"守節云者, 如爲成進士守節乎?" 雲勃然作色, 仍以佩刀, 斫左手四指[108], 李倅大驚, 欲率去, 則又不聽, 仍以作別矣. 後十年, 以訓將補城津, 蓋朝家新設城津, 而以宿將重望鎭之, 故李倅單騎赴任, 城津與江界接界三百餘里地也. 一日, 雲來現[109], 李倅欣然逢迎, 敍積阻之懷, 與之同處, 夜欲近之, 則抵死牢却, 李倅曰:"此何故?" 對曰:"爲使道守節矣." 李倅曰:"旣爲吾守節, 則何拒我也?" 雲曰:"旣以不近男子矢于心, 則雖使道不可近, 一近之則便毁節也." 仍堅辭, 同處一年餘, 而終不相近. 及歸, 又辭歸渠家. 其後, 李倅喪妻, 雲奔走而留京, 過襄禮後, 還下去, 李倅之喪亦然. 自號雲大師, 仍終老焉.

---

105) 大將: 나, 다본에는 '將軍'으로 되어 있음.
106) 近前: 나, 다본에는 '近侍'로 되어 있음.
107) 及: 저본에는 '之'로 나와 있으나 가, 나본에 의거함.
108) 指: 저본에는 '脂'로 나와 있으나 나본에 의거함.
109) 來現: 나본에는 '見謁'로 되어 있음.

1-21.

金參判應淳, 少時得一夢, 夢中南天門開, 而叩聲呼名, 曰: "金受此!" 金台乃下堂而立於庭, 則自天下一漆函, 受以見之, 則其上以金字, 大書以 '無忝爾祖'. 開而見之, 則中有錦褓之裹冊子[110], 披以見之, 卽自家平生推數也. 一生休咎, 皆書日時, 末乃云: "某年月日時死, 而位至禮判云云." 金台覺而異之, 擧火而逐年錄之于冊子矣, 無不符合. 至將死之日, 整衣冠, 辭家廟, 會子侄與知舊, 面面告訣, 而言曰: "今日某時, 吾將棄世, 而禮判尙不得爲, 亦可異也云." 蓋此時, 位尙判書矣. 迨其時, 仍臥而奄忽訃聞, 英廟嗟歎, 曰: "吾欲除禮判, 而未果者也." 銘旌可書以禮判爲敎事. 嘗以承旨入侍, 英廟以御筆, 書以 '仙源之孫無忝爾祖' 十字, 賜之, 亦符合於夢中之事[111]. 洪判書象漢, 年近八十, 其孫義謨, 登癸未冬增廣司馬, 洪判書每日張樂, 而滿庭觀光者, 每饋一器湯餠, 一串肉炙, 每每如是, 殆近一朔. 其伯胤相公樂性, 時以亞卿在家, 而爲人謹拙, 每以盛滿迭宕爲憂, 而無計諫止, 求一親戚中期望人, 欲諫之. 金都正履信, 多才善辯, 而異姓六寸間也. 洪相請來, 而道其事, 要使諫止, 金公見洪判書, 先讚其福力, 而末乃盛滿爲戒. 洪判書聞之, 微笑曰: "汝來時見兒子乎? 吾以無才無德之人, 遭遇聖世, 位躋崇品, 年踰八旬矣. 又見孫兒之登科, 如是行樂, 世人皆目之, 曰: '公洞某, 位一品, 年八旬, 見孫兒科慶, 而發狂云爾.' 則庸何傷乎? 汝第見之, 吾死之後, 淸風堂上塵埃堆積, 參判塊坐於一處, 其象如何? 汝之言, 不欲[112]聞也." 仍呼進歌妓, 金公無聊而坐, 洪判書又

---

110) 子: 저본에는 '者'로 나와 있으나 나, 다본에 의거함.
111) 事: 나, 다본에는 '書'로 되어 있음.
112) 不欲: 나, 다본에는 '不願'으로 되어 있음.

言曰:"近日, 年少輩呼新來, 而無一人有風度, 可謂衰世矣, 豈不慨惜也云云." 金公辭歸之路, 逢金判書應淳於路, 時以玉堂兼軍門從事, 多率帶隷, 而見金公下馬路左, 金公問:"何往?" 金台答曰: "欲往見公洞洪進士矣." 金公乃言曰:"洪叔之言, 如此如此, 君須立馬於此, 呼新恩[113], 又使出妓樂而前導也." 金台曰:"好矣." 仍立馬於[114]廣通橋, 送隷呼[115]新來, 洪判書問:"誰也?" 曰:"壯洞金應敎也." 問在何處, 曰:"方在某橋上矣." 洪判書擊節, 曰:"此兒甚奇矣." 已而, 一隷又來傳, 妓樂之出送, 洪判書起而言曰:"此兒又可奇矣." 仍扶杖而隨出洞口, 立於街上, 金台使新恩, 同騎一馬, 墨抹其面, 而導前以行. 見洪判書之立於路上, 下馬問候, 則把手撫背, 曰:"今世之人, 皆死矣, 汝獨生矣." 聞者絶倒.

1-22.

郭思漢, 玄風人, 而忘憂堂後孫也. 少時, 業科工, 嘗遇異人, 傳秘術, 通天文·地理·陰陽等諸書矣. 其親山在於境內, 樵牧日侵, 無以禁養. 一日, 行山下, 而揷木而標之, 曰:"人或有冒此入標之內, 則必有不測之禍云." 而戒飭洞人, 使勿近一步地, 人皆笑之. 有一年少頑悍之漢, 故往其山下樵採, 入其木標之內, 則天旋地轉, 風雷飛動, 劍戟森嚴, 無路可出, 其人魂迷神昏, 仆于地矣. 其母聞之而急來, 哀乞于郭生, 郭生怒曰:"吾卽丁寧戒之而不遵, 何來惱我? 我則不知." 其母涕泣而哀乞, 食頃後, 躬自往視而携出, 自其後, 人莫近. 其仲父病重, 而醫言, "若得用山蔘, 則可療[116]云."

---

113) 恩: 저본에는 빠져 있으나 나본에 의거하여 보충함.
114) 於: 저본에는 빠져 있으나 나본에 의거하여 보충함.
115) 呼: 나, 다본에는 '請'으로 되어 있음.

其從弟來懇, 曰:"親病極重, 而山蔘無可得之望, 兄之抱才, 弟所
知者也, 盍求得數根而致療乎?" 郭生嚬眉而言曰:"此是重難之事,
而病患如此, 不可不極力周旋." 仍與之上後麓, 至一處松陰之下,
有平原, 卽一蔘田也. 擇其最大者三根, 而採之使作藥餌而戒之,
曰:"此事勿出口, 且勿生更採之念." 其從急歸煎用, 而果得效. 來
時, 識其程道及蔘所在處, 而[117]乘其從兄之不在, 潛往見之, 則非
復向日所見處也. 心竊驚訝, 嗟歎而歸, 對其兄, 道此狀, 郭生笑
曰:"向日, 與汝所往處, 卽頭流山也, 汝豈可更躡此境耶? 後勿如
是云云." 一日在家, 淨掃越房, 戒其妻曰:"吾在此, 將有三四日所
幹之事, 切勿開戶, 且勿窺見, 待限日, 吾自出來." 仍闔戶而坐, 家
人依其言置之矣. 過數日後, 其妻甚訝之, 從窓隙窺見, 則房中
便[118]成一大江, 江上有丹靑一樓閣, 而其夫在其樓上, 援琴鼓之,
五六鶴氅衣羽者對坐, 而霞裳霧裾之仙女, 或吹彈, 或對舞. 其妻
驚異[119], 而不敢出聲, 至期日, 開戶而出, 責其妻之窺見, 曰:"後復
如是, 則吾不可久留此[120]矣." 有切己親知之人, 願一見萬古名將之
神, 生笑曰:"此不難, 而但恐君之氣魄不能抵當而爲害也." 其人
曰:"若一見, 則雖死無恨." 生笑曰:"君言如是, 第依我言爲之." 其
人曰:"諾." 郭生使抱自家之腰而戒之, 曰:"但且以闔眼, 待吾聲,
始開眼, 可也." 其人依其言爲之, 而兩耳但聞風雷之聲矣. 已而,
使開眼視之, 則坐於高峰絶頂之上矣, 其人惝怳[121]問之, 則乃是伽

---

116) 療: 나, 다본에는 '瘳'로 되어 있음.
117) 而: 저본에는 빠져 있으나 나본에 의거하여 보충함.
118) 便: 나, 다본에는 '變'으로 되어 있음.
119) 驚異: 나본에는 '驚訝'로 되어 있음.
120) 此: 저본에는 빠져 있으나 나, 다본에 의거하여 보충함.
121) 惝怳: 나, 다본에는 '怳惚'로 되어 있음.

倻山也. 少焉, 郭生整衣冠, 焚香而坐, 若有所指揮呼召者然. 未幾, 狂風大作, 無數神將, 從空而下, 俱列國秦漢唐宋之諸名將也. 威風凜凜, 狀貌堂堂, 或帶甲, 或杖劍, 左右羅列. 其人魂迷神昏, 俯伏於郭生之側, 已而, 郭生使各退去, 而其人魂窒矣. 郭生待其稍醒, 而言曰: "吾豈不云乎? 君之氣魂如此, 而妄自懇我, 畢竟得病, 良可歎也云." 而又使抱腰如來時樣, 而歸家矣, 其人得驚悸之症, 而不久身死云. 蓋多神異之術見於人者[122], 年過八十, 康健如少年, 一日, 無病而坐化云. 嶺南之人, 多有親知者, 而其死不過數十年云爾.

1-23.

楊承旨某, 有遊覽之癖, 一馬一僮, 遠遊北關, 登白頭山, 回路歷安邊, 將欲秣馬於店舍矣. 家家盡鎖門扉, 彷徨回顧, 十數步許, 溪巖窈窕中, 有一小庄, 雞犬相聞. 遂至庄前, 一小娘, 年可十五六, 應門而問: "客從何以來?" 答曰: "遠行之人, 見店門盡鎖, 故將欲餧[123]馬而去, 汝家主人, 何處去乎?" 娘曰: "與店主, 盡往後洞契會矣." 因下入[124]廚下馬, 粥一桶出飼之. 楊公因天氣尙[125]熱, 解衣樹下, 娘鋪簟席於樹下[126], 還入廚下. 俄而, 備飯而來, 山荣野蔬, 極其精潔. 楊公見其應對詳敏, 舉止溫淑, 心甚異之, 且猝辦接客, 皆有條理. 問娘曰: "吾請餧馬, 而位與人饋之, 何也?" 娘曰: "馬旣餤矣, 人何不飢, 豈可賤人而貴畜乎?" 仍問其年, 則十六, 其父母則

---

122) 見於人者: 저본에는 빠져 있으나 나본에 의거하여 보충함.
123) 餧: 저본에는 '畏'로 나와 있으나 가, 나본에 의거하여 바로잡음.
124) 入: 저본에는 빠져 있으나 나, 다본에 의거하여 보충함.
125) 尙: 저본에는 '向'으로 나와 있으나 나, 다본을 따름.
126) 樹下: 나, 다본에는 '林下'로 되어 있음.

村人也. 臨發[127], 計給烟價, 則固辭不受, 曰:"接賓客, 人家應行之事, 若受價, 則非但風俗之不美, 將未免父母之嚴責." 末乃給扇頭香一枚, 娘跪而受之, 曰:"此則長者所賜, 豈敢辭也?" 楊公尤爲嗟歎, 曰:"遐土村家, 何物老嫗, 生此寧馨兒乎?" 仍還家. 數年後, 有人來拜於階下, 曰:"小人安邊某村人也, 某年某時, 令監偶過陋室, 有贈香於小娘之事乎?" 楊公沉思良久, 曰:"果有是事!" 其人曰: "一自其後, 不欲適他云[128], 故不遠千里而來." 楊公笑曰:"吾老頭白[129]矣, 豈有意於小娘? 而然特愛姸秀敏[130]給, 且不受烟價, 故無物相贈, 解香而贈之. 假使歸吾家, 吾若朝暮逝, 則小娘之芳年, 不其惜乎! 汝歸諭吾意, 擇壻而嫁之, 更勿起妄念於吾." 其人辭歸, 復[131]來現, 曰:"百端解諭, 以死自誓, 不得不率來, 令監諒處之." 楊公固辭不得, 笑而受之. 楊公君子也, 鰥居數十年, 不近女色, 琴書自娛, 遨遊山水, 小室入來後, 一見慰勞其遠來之意而已, 少無繾綣之色. 一日, 晨謁家廟, 入內室, 見庭戶房闥,[132] 灑掃精潔, 飮食器皿, 井井有條理. 問其子婦曰:"前日, 吾家朝夕屢空, 凡百皆蕪穢不治, 近日則頓改前規, 且吾甘旨之供, 尙不乏焉, 何以致此?" 子婦答曰:"安邊小室入來後, 針線猶是餘事, 治家幹辦, 決非凡人, 鷄鳴以起, 終日孜孜, 近日[133]家樣之稍饒, 良由以也. 且其性行淳, 備有女士之風, 讚不容口." 公感其意, 當夕招小室酬酢,

---

127) 臨發: 나, 다본에는 '發行時'로 되어 있음.
128) 云: 저본에는 빠져 있으나 나, 다본에 의거하여 보충함.
129) 頭白: 나, 다본에는 '白頭'로 되어 있음.
130) 敏: 저본에는 '而'로 나와 있으나 나, 다본에 의거함.
131) 復: 나, 다본에는 '又'로 되어 있음.
132) 入內室, 見庭戶房闥: 저본에는 '見內室, 戶庭房闥'로 나와 있으나 나, 다본에 의거함.
133) 近日: 나본에는 '勤勤'으로 되어 있음.

則非但幽閒貞靜之態, 逈出常品; 賢淑明敏之識, 無愧古人. 自此, 甚愛重之, 連生二子, 形貌端正, 穎悟夙成. 二子[134]年至八九歲時, 小室忽請築室各居, 且願治第于紫霞洞溪山勝處, 路傍高大門閭. 一日, 成廟幸紫霞洞, 賞花歸路, 遇暴雨注下如盆, 避入一家, 庭宇蕭灑, 花卉馨香. 上問誰家, 從官以實對. 俄而, 有兩小兒, 衣帽鮮明, 容貌妍秀, 進拜於前, 上問之, 則楊某小室子也. 上見稱仙風道骨, 叩其學業, 則無愧於古之神童, 筆翰如流, 皆有標格, 呼韻賦詩, 應口輒對, 上大喜. 已而, 從官皆避雨[135]入簷下, 相顧囁嚅, 上問: "何爲而然也?" 主家欲進饌, 而不敢云耳, 遂進之, 珍羞妙饌, 極其精備, 竝與從官而接待之. 上甚訝其猝辦, 賞賜頗優, 仍率兩兒還宮, 喜謂東宮曰: "吾今行, 得二神童, 爲汝輔弼之臣也." 仍除春坊假啣, 使之長在闕中, 蓋與東宮年相若也, 寵遇無比. 其後, 小室撤家, 還入大家, 以終老焉. 其長兒楊士彦, 號蓬萊, 官至安邊府使, 其次兒楊士俊也. 余見南壺谷所撰『箕雅』詩集, 楊蓬萊兄弟之子與姜, 俱入選中, 心甚訝[136]之, 以爲, '人才何聚於一家之內也?' 及聞安邊奇遇, 乃知楊公純德, 小室之淑行, 有以鍾毓於此也.

1-24.

金公汝坜, 昇平塾之大人也. 家有一僕, 食量頗大, 諸僕皆給七合料米, 此僕特給一升料米, 諸僕皆有怨言. 金公自義州任所, 逮械金吾, 當壬辰倭亂時, 命白衣從軍[137], 將功贖罪. 以巡邊使申砬

---

134) 形貌端正, 穎悟夙成. 二子: 저본에는 빠져 있으나 나, 다본에 의거하여 보충함.
135) 雨: 저본에는 빠져 있으나 나본에 의거하여 보충함.
136) 訝: 나, 다본에는 '異'로 되어 있음.
137) 從軍: 나, 다본에는 '從事'로 되어 있음.

從事, 束裝發行, 招諸僕, 立庭下, 曰: "誰從吾出戰?" 一升僕自請從行, 曰: "小人平居, 食一升料米, 臨亂安可在人後也?" 餘僕皆願從進士主避亂之行, 時昇平小成故也. 遂策馬前驅, 如赴樂地, 及彈琴臺背水陣, 倭兵如蟻屯如潮湧, 皆持一短杖, 靑烟乍起, 人無不立死者, 官軍始知其鳥銃焉. 巡邊昔在北關時, 尼陽介以鐵騎蹴踏之, 如摧枯拉朽, 今忽見鳥銃, 一出英雄, 無用武之地, 遂敗劍焉. 時金公着軍服, 左臂掛決拾角弓, 佩劍負羽, 右手書狀啓, 不起草立寫之, 嗚[138]毫颯颯, 詞理俱美, 卽地封發. 又書寄伯胤昇平書, 曰: "三道徵兵, 無一人至者, 吾輩惟有死耳. 男兒死國固所願, 但國恩未報, 壯心成灰, 只有仰天噓氣而已. 家事惟汝, 在吾不言." 書畢, 馳馬奮劍, 竟死於亂陣中. 僕失公之處, 退走獼川邊, 回顧彈琴臺下, 飛瓦如雨, 歎曰: "吾愛死而負公恩, 非丈夫也." 持短槍, 披陣而入, 爲倭所逐, 三退三進, 身被數十槍, 竟得公屍於臺下, 負而出, 收斂於山僻處. 畢竟, 返葬於先塋, 奴主之義何限, 而豈有若此僕之忠且勇哉? 士爲知己者死, 女爲悅己者容, 僕之視死地, 如歸樂地[139], 豈爲一升米而爲也, 激於義而然也?

1-25.

安東權某, 以經術行義登薦, 仕徽陵參奉. 時年六十, 家計富饒, 新喪配, 內無應門[140]之童, 外無朞功之親. 時金相宇杭, 爲本陵別檢, 適有陵役, 與之合直齋室. 而一日, 陵軍捉犯樵人以納, 權公據理責之, 將笞罰之, 樵人老總角也, 涕泣漣漣, 無辭可答. 權公察其

---

138) 嗚: 저본에는 '鳥'로 나와 있으나 가, 나본에 의거함.
139) 樂地: 저본에는 빠져 있으나 나본에 의거하여 보충함.
140) 應門: 나, 다본에는 '應問'으로 되어 있음.

氣色, 決非常漢. 問: "汝何許人也[141]?" 總角曰: "言之憨也. 小生簪纓後裔, 早孤, 老母今年七十有一, 有一妹, 年三十五, 尙不嫁, 小生年三十, 未有室. 男妹樵汲以奉養, 家近火巢, 而今當極寒, 不能遠樵而[142]犯樵, 知罪知罪." 仍又涕泣. 權公見其涕泣, 忽生惻隱之心, 顧謂金公曰: "可矜哉其情! 特[143]赦之如何?" 金公笑曰: "無妨." 權公曰: "聞汝情理可矜, 故放之, 更勿犯罪!" 賜一斗米·一隻鷄, 曰: "以此歸養老親." 總角感謝而去. 數日後, 又見[144]捉於犯樵. 權公大責之, 總角失聲哭, 曰: "辜負盛意, 固知兩罪之俱犯, 而不忍老母之呼寒, 積雪之中, 且無採樵之路, 今則擧顔無地." 權公又生惻隱之心, 縮眉良久, 不忍笞治. 金公在傍, 微哂曰: "隻鷄·斗米, 不能感化, 第有好樣道理, 依我言否?" 權公曰: "願聞其說." 金公曰: "老夫[145]喪配而無子, 總角之妹, 娶爲繼室, 如何?" 權公捋其白鬚, 曰: "吾雖年老, 筋力足可爲也." 金公揣其意, 遂招總角近前[146], 曰: "彼權參奉, 忠厚君子也, 家計饒足, 喪配而無子. 汝之妹, 過年[147]未嫁, 未知凡節之何如, 而與之作配, 則汝家依托有所, 豈不好哉?" 總角曰: "家有老母, 不敢擅便, 當往議焉." 去而復返, 曰: "往告老母, 則老母曰: '吾家世世閥閱, 今至衰替之境, 雖前世未行之事, 不愈於廢倫乎?' 泣而許之." 金公喜之, 遂力勸之, 涓吉拜需, 助力於兩家, 急急成禮, 果是名家後裔, 女中賢婦也. 一日, 權公來見金公, 曰: "賴君之力勸, 得此良配, 而[148]吾年已七十, 何所求乎?

---

141) 人也: 저본에는 '也人'으로 나와 있으나 가, 나본에 의거함.
142) 而: 저본에는 빠져 있으나 나본에 의거하여 보충함.
143) 特: 저본에는 빠져 있으나 나, 다본에 의거하여 보충함.
144) 見: 저본에는 '犯'으로 나와 있으나 나본에 의거함.
145) 老夫: 저본에는 '老人'으로 나와 있으나 나, 다본을 따름.
146) 近前: 나, 다본에는 '而言之'로 되어 있음.
147) 過年: 나, 다본에는 '年過'로 되어 있음.

永歸鄉里, 故來別矣." 問: "夫人率歸, 則其家區處, 何如耶?" 答曰: "竝率去矣." 金公曰: "大善哉!" 仍[149]酌酒相別. 後二十五年, 金公遂得緋玉, 出宰安東到任. 翌日, 有一民, 納刺請謁, 前參奉權某也. 金公良久, 始記得徽陵伴僚事, 而計其年紀, 則八十五歲也. 急爲邀見, 童顔白髮, 不扶不杖, 飄然入座, 望之若神仙中人. 握手敍阻懷, 設酒饌款待, 飮啖如常, 權公曰: "民之得拜城主於今日也, 天也, 民賴城主勸婚, 晩得良耦, 連生二子, 稍學詩文, 戰藝於京師, 擢聯璧進士, 明日卽到門日也. 城主適莅此府, 豈[150]可無下臨之擧耶? 故民急請謁者, 良由以也." 金公驚賀不已, 快許之, 權公辭去. 明日, 金公携妓樂, 備酒饌, 早往之, 見其居, 溪山秀麗, 花竹翳如, 樓榭隱敞, 好家居也. 主人下階迎之, 遠近風動, 賓客雲集. 俄而, 新恩來到, 幞頭鶯衫, 風彩動人, 馬前兩立白牌, 雙笛嘹亮, 觀者如堵, 咸嗟嘆權公之福力. 金公聯呼新恩, 問其年, 則伯二十四, 季二十三, 權公續絃之翌年又翌年,[151] 連得雙玉也. 與之酬酢, 容貌則鸞鵠也, 文章則琬琰也, 可謂難弟難兄. 金公歆歎不已, 老主人喜色, 可知座間. 權公指在傍一老人, 曰: "城主知此人乎? 此是昔年徽陵犯樵人也." 計其年, 則五十五矣. 遂設樂而娛之, 主人仍請留宿, 曰: "民之今日之慶, 皆城主之[152]賜也. 城主之適臨蓬蓽, 天與之, 非人力也." 遂止宿穩話. 翌朝, 權公進酒饌侍坐, 口欲言而囁嚅, 不敢發端, 金公曰: "有所欲言乎?" 權公乃言曰: "老妻平日, 爲城主有結草之願, 而幸臨陋地, 一拜尊顔, 則至願遂矣. 女

---

148) 而: 저본에는 빠져 있으나 나본에 의거하여 보충함.
149) 仍: 저본에는 빠져 있으나 나본에 의거하여 보충함.
150) 豈: 나, 다본에는 '或'으로 되어 있음.
151) 權公續絃之翌年又翌年: 나, 다본에는 '權公之續絃翌年'으로 되어 있음.
152) 之: 저본에는 빠져 있으나 나, 다본에 의거하여 보충함.

子之不思體面, 只有感恩之心, 容或無怪, 願城主暫入內室受拜,
恐未知何如? 且城主之於老妻, 德如天地, 恩猶父母, 何嫌之有?"
金公不得已入內, 軒上設席迎坐, 老夫人出[153]拜於前, 感極而悲,
涕淚汎瀾. 又見兩少婦, 凝粧盛飾, 隨後而出拜, 其子婦也. 其三婦
人, 默然侍坐, 其愛戴之意, 溢於顔色, 遂進滿盤珍羞. 權公又請金
公於夾房前, 見年可六七歲稚兒, 短髮染黑鬆鬆, 手執窓闑而立,
方瞳瑩然, 黯黯視人, 精神若存若無. 權公指之, 曰: "城主知此人
乎? 是犯樵人爲[154]之慈親也, 今年九十五歲, 其口中有聲, 城主試
細聽之, 則[155]非他聲也, '金宇杭拜政丞, 金宇杭拜政丞.' 二十五年,
祝願如一日, 尙今口不絶聲, 至誠安得不感天乎?" 金公聽之, 犁然
而笑, 遂辭諸人還衙. 其後, 金公果拜相, 肅廟朝, 以藥房都提調,
往視延礽君患候, 英廟潛邸時封號也. 說其平生官蹟, 語及權參
奉, 敍其顚末, 英廟聞甚奇之. 及登極後, 式年唱[156]榜日, 偶見榜目
中安東進士權某, 乃是權公之孫也. 自上特敎曰: "故相臣金宇杭,
說權某之事, 甚稀事也. 其孫又捷司馬, 事不偶然." 特除齋郞, 卽
使之繩武其祖, 嶺人榮之焉.

1-26.

忠武李公, 初除宣沙浦僉使, 歷辭諸宰, 一老宰慇懃致款, 曰:
"吾知君大器也, 其進不可量. 且知君尙無室家, 吾側室有女, 與君
爲小星, 使奉巾櫛, 何如?" 李公感其意許之, 老宰曰: "然則[157]不必

---

153) 出: 나, 다본에는 '請'으로 되어 있음.
154) 爲: 가, 나본에는 빠져 있음.
155) 則: 저본에는 '聽之'로 나와 있으나 나, 다본에 의거함.
156) 唱: 저본에는 '吸'으로 나와 있으나 나, 다본에 의거함.
157) 然則: 저본에는 빠져 있으나 나, 다본에 의거하여 보충함.

煩耳目, 發行之日, 待於弘濟橋頭." 治行啓發, 至橋頭, 見一轎馬
行具鮮明, 翩翩而來, 問宣沙行次, 李公迎見其婦人, 軀殼甚大, 言
語無味. 李公心中以爲[158], '見欺於勒婚!' 然亦難排却, 黽勉同行到
鎭, 主饋而已, 頓無顧念之意. 一夕, 營門秘關來到, 坼見之, 有軍
務相議事, 不留晷刻馳進云矣. 遂促飯而喫, 入別小室, 其[159]小室
曰: "令監知今行有何事耶?" 曰: "不知." 小室曰: "當此亂世去就之
際, 不能預料事機, 何以濟之[160]乎?" 李公奇其言, 探[161]問之, 小室
曰: "有如許事應變之節, 如是如是." 仍出紅錦緞天翼, 着之品製適
中. 李公甚驚異之, 馳到營下, 則巡使辟左右, 言曰: "今天使回路,
逗遛此城, 討白銀萬兩, 而若不聽施, 則梟首道伯云. 事係罔措, 物
亦難辨, 百爾思量, 非君則[162]無以應變, 故請來." 聞其言, 則果是
小室臨行指敎之事也. 遂依其言, 自當措處之意, 大言之, 出坐練
光亭, 招營校之伶俐者一人, 附耳語. 良久, 旋卽選營妓慧艶者四
五人, 使之隨廳, 或歌或琴, 盃酒狼藉. 又招營校, 附耳語曰: "今不
出銀, 巡使被死, 滿城魚肉, 夫等死耳. 汝出往城內, 家家挿火藥,
練光亭上, 放砲三聲衝之." 營校唯唯而退, 而已, 入告曰: "盡挿
矣." 俄而, 放砲一聲, 諸妓在傍, 竊視之大恐惻, 佯託小避, 稍稍出
去. 各傳其家, 須臾, 滿城皆呼爺喚孃, 挈妻携子, 爭出城外, 喧聲
動天. 天使初聞砲聲, 甚訝之, 及聞喧聲, 驚動之, 急起探問之際,
營校一人, 對曰: "宣沙浦僉使, 若此若此." 酬酢之間, 砲聲又起,
若又一砲, 則燒存性矣. 天使神魂荒錯, 忙不及履, 走到練[163]光亭,

---

158) 心中以爲: 저본에는 '以爲心中'으로 나와 있으나 나, 다본에 의거함.
159) 其: 저본에는 빠져 있으나 나, 다본에 의거하여 보충함.
160) 之: 저본에는 빠져 있으나 나본에 의거하여 보충함.
161) 探: 나, 다본에는 '試'로 되어 있음.
162) 則: 저본에는 빠져 있으나 가, 나본에 의거하여 보충함.

握李公手, 乞活殘命. 李公據理責之, 曰: "上國, 父母之國[164]也, 使臣來宣詔命也, 沿路陪臣, 恪勤接待. 而責出無例之銀, 固是行不得之政, 一城之人, 死則死耳, 無寧共死於爐中也." 天使曰: "吾之命, 懸於大爺之手, 今當立馬於堠前, 上馬卽行, 罔夜疾馳, 三日內, 當渡鴨綠江, 願停一砲." 李公曰: "天使無禮, 吾不之信焉." 呼砲手, 天使抱李公腰, 千乞萬乞[165], 號哭隨之, 不得已遂許之, 使之促馬急發. 天使一行, 無限感謝, 一齊上馬, 風馳電邁, 果於三日內, 陪持來告, 天使渡江. 巡使大喜, 設宴以謝之. 由是, 名振一世, 李公辭歸, 每[166]事問於小室, 眞異人哉! 故以貌取人, 失之子羽也.

1-27.

天將李提督如松, 壬辰倭亂提千兵, 東援朝鮮, 大捷於平壤. 倭酋平行長宵遁, 乘勝逐[167]北, 至靑石洞, 洞深而傍多阻隘, 樹木參天, 溪澗屈曲. 忽見前面白氣亘天, 冷光逼人, 提督曰: "是倭中劍客之像也." 遂駐軍, 一字擺開馬上, 抽雙劍, 聳身騰空. 諸軍仰視, 則但聞刀環之聲琤琤然, 出於白氣之中. 俄而, 倭人身首, 紛紛墜下, 冷氣纔收, 提督嗒然[168]在馬[169]上, 鼓行出靑石口. 及其碧蹄之敗, 退師開城府, 無意進攻. 一日, 西厓[170]柳相成龍, 以接伴[171]使,

---

163) 練: 저본에는 '鍊'으로 나와 있으나 가, 나본에 의거함.
164) 國: 나, 다본에는 '邦'으로 되어 있음.
165) 乞: 저본에는 빠져 있으나 나본에 의거하여 보충함.
166) 每: 저본에는 '無'로 나와 있으나 나본에 의거하여 바로잡음.
167) 逐: 저본에는 '遂'로 나와 있으나 가, 나본에 의거함.
168) 嗒然: 나, 다본에는 '嚁然'으로 되어 있음.
169) 馬: 저본에는 '爲'로 나와 있으나 가, 나본에 의거하여 바로잡음.
170) 厓: 저본에는 '崖'로 나와 있으나 나본에 의거하여 바로잡음. 이하의 경우도 동일함.
171) 接伴: 저본에는 '伴接'으로 나와 있으나 나, 다본에 의거함.

進議軍務, 提督搔頭[172]而語. 遙見天邊, 一度白虹, 自遠而近. 提督急急結鬐, 曰:"劍客來也!"抽壁上雙刀, 避入洞房, 不開戶, 使西厓留觀動靜. 霎時間, 白虹之氣, 飛入洞房, 但聞錚錚之聲, 連[173]續不絶, 而冷氣滿屋. 西厓心魂慄悸, 忽見一足露出, 打戶而還入, 西厓疑[174]其提督之足, 又疑其打戶而還入者, 欲閉之意也. 遂起閉戶, 須臾, 提督開戶[175]而出, 提嬋娟美人頭, 擲於地. 西厓精神始定, 進賀不已, 提督曰:"倭中素多劍客, 而盡殲於靑石洞, 此美人倭中第一高手, 劍術通神, 天下無敵, 吾常[176]關念, 今幸斬之, 更無憂矣. 然公之閉戶, 何其警也?"西厓曰:"打戶還入, 其意可知矣."又曰:"亦何以知吾之足而閉之也?"西厓曰:"倭人足小, 而今見大足, 豈不知將軍之足耶?"提督曰:"朝鮮亦有人矣."西厓曰:"敢問閉戶之意?"提督曰:"美人學劍術於海上空闊之地, 故吾入夾房, 使不得逞其能. 鬪劍數十合, 見美人稍稍失勢, 恐出戶遠遁, 故欲其閉也. 若一出戶, 碧海萬里, 何處可捕? 今日, 政君之閉戶之功, 實多也." 自此, 益敬重之. 余見劍術, 自古尙矣, 猿公穿壁, 通其神; 荊軻擲柱, 失於疎, 皆下於提督之能通神術也.

1-28.

金尙書某, 有知人之鑑. 一日, 見路傍有總角, 衣服襤縷, 形容憔悴, 携歸其家, 問:"汝是何許人也?"對曰:"早失父母, 四顧無親, 行乞於市, 姓名亦不自知, 年則十五歲也." 尙書曰:"汝留住吾家,

---

172) 搔頭: 나본에는 '梳頭'로 되어 있음.
173) 連: 저본에는 빠져 있으나 나본에 의거하여 보충함.
174) 疑: 나, 다본에는 '意'로 되어 있음. 이하의 경우도 동일함.
175) 戶: 저본에는 빠져 있으나 나본에 의거하여 보충함.
176) 常: 나, 다본에는 '甞'으로 되어 있음.

衣食不乏也." 仍賜名曰'金童', 總角感謝, 居數月[177], 願學書, 日就月將, 過目成誦, 運筆如神, 眞奇才也. 尚書愛之重之, 須臾不離. 尚書素無睡, 雖深夜之中, 一呼則金童應對, 諸傔皆未也. 金童在尚書家, 日入書樓[178], 閱[179]書籍, 尤耽看星曆之書. 尚書叩之, 則略言其奧旨, 與之揚扢古今, 則如誦熟文, 與他人言, 韜晦不答. 尚書愛之如子, 每有大事相議, 勸之娶妻, 則固辭不願. 如是過今十年,[180] 一日夜呼之, 則金童不應, 擧燭視之, 則[181]杳無形迹. 尚書如失右左手, 寢食不甘, 第四日, 金童忽來現, 喜色滿面, 尚書驚喜, 曰:"汝不告而去, 去向何處, 豈吾待汝之心有未盡而然耶? 且汝有喜色, 何[182]也?" 金童笑曰: "非也, 當從容告之." 夜間又問之, 金童曰: "吾非朝鮮人也, 中國閣老之子也. 父親遭奸臣之讒, 遠配沙門島, 遠近諸族, 皆被散配. 父親深知星曆之數, 臨行, 敎小子曰:'吾十年當赦還, 而汝在中國, 則必死於奸臣之手, 東出朝鮮, 則後必生還云云.' 遂轉轉流乞, 至於此, 幸蒙大監河海之澤, 養育之, 敎誨之. 此生此恩, 無以爲報, 日前不告而去者, 登果川五鳳山, 仰觀星象, 父親已赦還矣. 小子當告歸, 而報恩之心切於中, 遍求山地於五鳳山下, 得一明穴, 而明日, 請共往觀之." 尚書驚且異之. 翌日, 共往五鳳之下, 指一阜, 曰: "此是吉地, 急行大監親山緬禮, 擇日裁穴." 又曰: "子孫昌盛." 出五相國讖之, 還家拜辭而別. 尚書如其言, 將行緬禮, 開壙七尺, 出盤石[183], 上四面有罅, 而以手壓之,

---

177) 月: 저본에는 '日'로 나와 있으나 이본을 따름.
178) 樓: 저본에는 '林'으로 나와 있으나 이본에 의거함.
179) 閱: 저본에는 '開'로 나와 있으나 이본에 의거함.
180) 如是過今十年: 나, 다본에는 '如今過十年'으로 되어 있음.
181) 則: 저본에는 빠져 있으나 나본에 의거하여 보충함.
182) 何: 저본에는 '何何'로 나와 있으나 가, 나본에 의거함.
183) 石: 저본에는 빠져 있으나 나, 다본에 의거하여 보충함.

則微有搖動. 尙書旣聞盤石之說於金童, 故將待時而下棺, 懸燈於墓閣而坐. 尙書之愛傔一人, 獨往壙中, 異其石之搖動, 欲知其中之有何物, 暗自以手揭而視之, 其石底四隅有玉童子, 捧石而立. 中有一玉童, 又捧之, 稍長於四隅之玉童, 此所以石搖也. 傔人驚訝之, 急下盤石之際, 琤然有折玉之聲, 傔人大驚之, 心語曰:"吾受恩於大監家, 而誤了此吉地, 後必有災禍, 吾雖無心之致, 生不如死, 然不忍實告." 時至下棺, 封墳而來. 尙書家或有些少憂患, 則傔人心焉, 如燬危而復安者, 屢矣. 金童還入中國, 閣老果敕還登用[184], 奸臣被誅, 父子相逢於萬死之餘, 其喜可知. 金童登第, 而爲翰林學士, 一日, 閣老問:"汝受恩於朝鮮金某, 何以報之?" 翰林曰:"占一吉地, 指示而來矣." 閣老曰:"何許吉地乎?" 翰林槩言之, 閣老驚曰:"遺慘禍於恩人矣! 地中五箇玉童, 應山外五峯, 而中峰凶煞也, 猝貴而已[185]亡, 汝何不審詳也?[186]" 翰林悟悔無及, 閣老曰:"凶黨已誅, 今大赦天下, 汝以頒圖, 往朝鮮, 使之急急改葬, 更占吉地而來." 翰林如其敎, 以副使出來, 會金尙書於明雪樓, 敍舊愴新, 呼以恩爺, 遂言其父親之意. 尙書聞甚罔措之際, 其愛傔隨來, 竊聽之, 出言其時折玉所以然, 尙書悅然曰:"此乃轉禍爲吉, 偶合也!" 開壙時, 搖動之盤石, 下棺時, 安接不搖, 固已異之. 下棺後, 忽暗雷乍起, 霹靂壞了山外中峯之大巖石, 此其驗也. 翰林大喜曰:"尙書家子孫大昌[187]矣." 使還復其言於閣老.

---

184) 登用: 이본에는 '登庸'으로 되어 있음.
185) 已: 저본에는 빠져 있으나 나, 다본에 의거하여 보충함.
186) 汝何不審詳也: 나, 다본에는 '汝不詳審乎'로 되어 있음.
187) 大昌: 나, 다본에는 '昌大'로 되어 있음.

1-29.

東岳李公, 新娶後, 上元夜, 聽鍾於雲從街, 醉過泥洞[188]前路, 倚門而臥. 俄而, 婢僕輩來, 喧曰: "新郎醉倒於此矣!" 仍扶入其家新房, 而公渾不省矣. 洞房華燭, 與新婦同寢, 翌曉睡覺, 則別人之室也, 非聘家也. 公問新婦, 此是誰家, 新婦疑之, 反詰之, 相與錯愕. 蓋其家新過婚禮之三日也, 新郎亦聽鍾於街上而夜遊[189], 仍爲不來, 東岳誤入此室者也. 公問新婦曰: "何以處事則好也?" 新婦曰: "吾有夢兆之符合, 此亦緣分, 以婦女之道言之, 吾辦一死, 可也. 然吾亦屢世譯官家無男獨女也, 吾死, 父母老, 無依托之所, 不忍於此, 不獲已從權之計. 願爲小室, 且奉養老親, 以終年, 何如?" 曰: "吾非故犯也, 君非亂奔也, 從權無妨. 而但家有老親, 庭訓莫[190]嚴, 吾年未弱冠, 且未登第, 以書生育小室, 豈不難乎?" 新婦曰: "無難, 君之姨姑之家, 或有置我之所乎?" 曰: "有之." 曰: "然則今急起, 與我偕行, 置我於其家, 使兩家莫知之. 君必登第, 未第前, 誓不相面, 登第後, 實告于兩家老親, 以爲團聚之如何?" 公如其言, 區處於其寡居姨母家, 助其針線, 相依如母女以過. 新婦家, 朝起視之, 新郎新婦不知去向, 大驚怪, 往探新郎家, 始知假郎之偕通. 遂秘其事, 假稱以新婦暴疾不起, 假殮虛葬之. 東岳更不接面於小室, 晝夜勤工, 文章大達, 不幾年登科, 始告老親, 率來小室. 又欲通小室家, 則小室曰: "必不信也." 出給新婚時紅錦衾領, 曰: "以此爲信, 此錦在昔年, 遠祖入燕時, 皇帝所賜也. 天下所無之異錦, 獨吾家有之, 以爲新婚時衾領, 見此必信." 遂如之, 老

---

[188] 泥洞: 저본에는 '履洞'으로 나와 있으나 나, 다본에 의거함. 이하의 경우도 동일함.
[189] 聽鍾於街上而夜遊: 저본에는 '聽鍾沈於夜遊'로 나와 있으나 나본을 따름.
[190] 莫: 나, 다본에는 '甚'으로 되어 있음.

譯[191]見其女, 悲喜交至. 且見李公, 宰相人也, 聞其始終, 曰: "天也! 吾老夫妻, 後事有托矣." 無他子女, 以其家貲奴婢田宅, 悉付之, 長安甲富也. 其小室賢而有智, 治産業, 奉巾櫛, 皆有閨範. 李公家至今以世富稱, 其泥洞第宅, 乃醉人之第也, 小室子孫, 且繁衍云爾.

1-30.

李節婦, 忠武公後裔也. 嫁爲閩兵使孫婦, 纔過醮禮, 新郎還家不淑. 時節婦年纔勝笄, 依其祖母在溫陽, 而夫家淸州, 訃來哭之, 水漿不入口. 父母憐而慰之, 左右防守之, 節婦一日請, 曰: "吾爲人婦, 而遭此崩城之痛, 生不如死. 更思之, 媤家有祖父母舅姑, 而無奉養之人, 而余未新禮矣. 且家君不幸早死, 而送終祭奠[192], 亦無人主管, 吾從死, 則非爲人婦之道矣. 吾將奔哭治喪後, 乞螟蛉於族人家, 使媤家無絶嗣之歎, 吾之責盡矣. 願速[193]治行!" 父母聞其言, 年雖稚少, 辭正理順, 將從之, 猶慮其自經, 猶豫久之. 節婦曰: "無疑也, 吾已定於心矣." 以誠意動之然後, 遂治行, 往淸州. 以年少藐然之婦人, 入其家, 事舅姑以孝, 奉祭奠以禮, 治家産, 御婢僕, 綽有條理, 隣里親戚, 咸稱賢婦, 而憐其早寡也. 乞嗣於族人家, 躬往席藁懇之, 始得來, 置師傅, 勤敎之, 取子婦入門. 其後十餘年, 其祖父[194]母舅姑, 皆以天年終, 以禮葬之, 哀毀踰節, 治三代墳山於家後園, 備置石物. 一日, 製新服着之, 與其子及子婦, 同

---

191) 老譯: 나. 다본에는 '譯官'으로 되어 있음.
192) 祭奠: 나본에는 '奠祭'로 되어 있음.
193) 速: 저본에는 '迷'로 나와 있으나 가, 나본에 의거하여 바로잡음.
194) 父: 저본에는 '母'로 나와 있으나 가, 나본에 의거하여 바로잡음.

上¹⁹⁵⁾墳上省拜, 回到家中, 謁家廟, 灑掃室宇, 回坐房中, 招其子內外, 區處家內事傳之, 曰: "汝內外, 年旣長成, 足以奉祭祀接賓客, 吾且衰¹⁹⁶⁾矣, 汝其勿辭!" 勉戒之言, 頗多. 夜深却退去欲睡, 小婢忽來告急, 其子入見, 則一小瓶盛毒藥, 藥汁淋漓, 此是奔哭時, 已持來者也. 舖衾褥, 正衣服而臥, 已無及矣. 其子內外, 號哭之際, 見一大紙軸在褥前, 展視之¹⁹⁷⁾, 乃遺言也. 先敍其早罹凶毒之痛, 次敍家法古蹟¹⁹⁸⁾, 次敍治家之規, 次錄臧獲・奴婢文書所在, 纖悉無漏. 末乃言, "吾不死於聞訃之日, 不忍閔氏之絶嗣, 且念父母之無依, 今吾責盡¹⁹⁹⁾矣. 付托得人矣, 豈可苟延一²⁰⁰⁾縷命耶? 將歸見家君於地下, 告其終始吾之事也." 其子治喪, 附葬於先君之墓, 遵遺教, 克終家道. 遠近士林, 發文相告, 上徹旌閭焉.

1-31.

許生者, 方外人也, 家貧落魄, 好讀書, 不事家人生產業, 床頭惟有『周易』一部. 雖簞瓢屢空, 不以爲意, 其妻紡績織紝, 以奉之. 一日入內, 妻斷髮²⁰¹⁾裹頭而坐, 以供朝夕之具, 許生喟然歎曰: "吾十年讀易, 將以有爲, 今忍見斷髮之妻乎?" 遂約妻曰: "吾出外一年²⁰²⁾而歸, 苟延縷命." 且長其髮, 彈冠而出, 往見松京甲富白姓人, 請貸千金, 白君一見, 知其爲非常人, 許之. 許生齎千金, 西遊箕

---

195) 上: 저본에는 빠져 있으나 이본에 의거하여 보충함.
196) 衰: 나, 다본에는 '老'로 되어 있음.
197) 之: 저본에는 빠져 있으나 나, 다본에 의거하여 보충함.
198) 家法古蹟: 나, 다본에는 '古蹟家法'으로 되어 있음.
199) 責盡: 나, 다본에는 '盡責'으로 되어 있음.
200) 一: 저본에는 빠져 있으나 나본에 의거하여 보충함.
201) 髮: 저본에는 빠져 있으나 나본에 의거하여 보충함.
202) 讀易 … 吾出外一年: 저본에는 빠져 있으나 가, 나본에 의거하여 보충함.

城, 訪名妓楚雲家, 日辦酒肉, 與豪客少年, 專事遊蕩. 金盡, 復往見白君, 曰: "吾有大販, 復貸三千金乎?" 白君又許之, 又往雲娘家, 乃治第, 綠窓朱樓, 珠簾錦床, 日置酒笙歌自娛. 金盡, 又往見白君, 曰: "復貸三千金乎?" 白君又許之, 又往雲娘家, 盡買燕市明珠·寶貝·奇錦·異緞, 以媚雲娘. 金盡, 又往見白君, 曰: "今有三千金, 可以成事, 而恐君不信也." 白君曰: "惡是何言也? 雖更貸萬金, 吾不惜也." 又許之, 又往雲娘家, 買一名駒, 置之櫪上, 造纏袋, 掛之壁上. 遂大會諸姝, 佚宕遊衍[203], 散金於纏頭之費, 以適雲娘之意也. 金盡, 許生故生寂寞凄凉之心, 以示雲[204]娘, 娘水性也, 已生厭意, 與少年謀所以去許生者, 許生照得其意. 一日, 謂娘曰: "吾所以來此者, 販商也, 今萬金已盡, 張拳[205]而已, 吾將去矣, 能無眷戀乎?" 娘曰: "苽熟蔕落, 花謝蝶稀,[206] 何戀之有?" 許生曰: "吾之財, 盡入於鎖金券矣, 今將永別, 汝以何物贈行乎?" 娘曰: "惟君之所欲." 生指座上[207]烏銅爐, 曰: "此吾所欲也." 娘曰: "何惜之有?" 遂許之. 許生[208]遂於座上, 片片碎之, 納于纏袋[209], 騎名駒, 一日馳至松京, 見白君, 曰: "事成矣." 出示纏袋中物, 白君頷之. 許生携纏袋, 騎名駒, 馳至會寧, 開市列肆而坐. 有賈胡一人來, 見碎銅, 嘖嘖之[210]曰: "是也!" 請論價, 曰: "是無價寶也, 十萬金雖小, 願請交易." 許生睨視, 良久許[211]之, 遂交易歸, 見白君, 以十萬金

---

203) 遊衍: 나, 다본에는 '衍遊'로 되어 있음.
204) 雲: 저본에는 빠져 있으나 나본에 의거하여 보충함.
205) 拳: 저본에는 '眷'으로 나와 있으나 가, 나본에 의거함.
206) 花謝蝶稀: 나, 다본에는 '花老蝶小'로 되어 있음.
207) 座上: 나본에는 '壁上'으로 되어 있음.
208) 遂許之, 許生: 저본에는 빠져 있으나 나본에 의거하여 보충함.
209) 袋: 저본에는 '貸'로 나와 있으나 가, 나본에 의거함.
210) 之: 저본에는 빠져 있으나 나, 다본에 의거하여 보충함.

還之, 白君問所以然²¹²⁾, 許生曰: "向者碎銅, 非銅, 乃烏金也. 昔秦始皇, 使徐市採藥東海上, 出內帑中烏金爐, 以贐之, 蓋煎藥²¹³⁾於此爐, 則百病奏效. 後徐市失於海中, 倭人得之, 以爲國寶. 壬辰之亂, 倭酋平行長, 持來行中, 據平壤, 方其宵遁也, 失之亂兵中. 此物遺在名妓楚雲家, 故吾望氣而尋之, 以萬金易之. 賈胡乃西域人也, 亦望氣而來, 其無價之論, 乃是確論也." 白君曰: "取一爐, 雖非萬金, 亦此容易, 何其勤勞再三乎?" 許生曰: "此天下至寶也, 有神物助焉, 非重價, 則莫可取也." 於是, 白君曰: "君神人也." 盡以十萬金, 還付之, 許生大²¹⁴⁾笑, 曰: "何其小覰我也? 吾室如懸磬, 讀書樂志, 今此之行, 特一小²¹⁵⁾試耳." 遂辭去, 白君驚異之, 使人尾其跡, 家乃紫閣峯下一草屋也, 屋中琅琅有讀書聲而已. 白君知其人, 每月早晨, 以來包錢緡, 置之其門內, 僅繼一月之用, 許生笑而受之. 李相公浣, 時爲元戎, 受記宰之重, 圖伐燕之計, 訪人材, 聞許生之賢. 一夕, 微服往見之, 論天下事, 願安承教, 許生曰: "固知公之來也, 公欲擧大事, 依我三策否?" 李公曰: "敢聞其說." 許生曰: "今朝廷, 黨人用事, 萬事掣肘, 公能歸奏九重, 破黨論用人才乎?" 李公曰: "此事誠難矣哉!" 又曰: "斂軍收布, 爲一國生民之愁苦, 公能行戶布法, 雖卿相子弟, 不使謀避乎?" 李公²¹⁶⁾曰: "亦難矣." 又曰: "我東國濱于海, 雖有魚鹽之利, 蓄積不敷, 粟不支一年, 地不過三千里, 而拘於禮法, 專事外飾, 能使一國之人, 盡爲胡服

---

211) 許: 나, 다본에는 '諸'으로 되어 있음.
212) 所以然: 나, 다본에는 '其由'로 되어 있음.
213) 煎藥: 나, 다본에는 '剪藥'으로 되어 있음.
214) 大: 저본에는 '曰'로 나와 있으나 가, 나본에 의거하여 바로잡음.
215) 小: 저본에는 빠져 있으나 나, 다본에 의거하여 보충함.
216) 李公: 나, 다본에는 '答'으로 되어 있음.

否?" 李公曰: "亦難矣." 許生曰: "汝不知時宜, 妄張大計, 何事可做? 速退去!" 李公汗出沾背, 告以更來, 無聊而退. 翌朝訪之, 蕭然一空宅而已.

1-32.

金衛將大甲, 礪山人也. 年十歲, 父母俱沒, 家有蠱變, 渾眷繼沒. 大甲走避禍京城, 零丁無依, 行乞於市, 心語曰: "將入大家, 庇吾身." 見閔相公百祥於安國洞第, 自道身世, 願依托焉. 閔公見十歲兒, 形貌雖憔悴, 言語頗精詳, 許之. 大甲不避厮役, 灑掃惟勤, 而見閔公家子侄學書, 必潛聽之, 一覽輒記誦, 又習翰墨, 模倣妙法. 閔公奇其才, 使家客教誨之, 纔成童, 穎悟夙成, 無適不宜. 後有一唐擧之術者, 見之嗟愕, 見閔公, 使之出送, 閔公曰: "何謂也?" 其人曰: "彼兒已中蠱毒, 不久將有不吉之兆, 害及主家." 公曰: "彼如窮鳥之投人, 安忍逐之?" 後其人更來力勸, 公不聽, 其人曰: "公之厚德, 足以弭災而庇人. 然試吾術, 備黃燭三十雙, 白紙十束, 香三十炷, 粮米十斗, 使兒往深山僻寺, 誦偈焚香, 三十夜以攘之然後, 可以永無患矣." 公如其計, 大甲往山中, 凡三十日, 靜坐不交睫, 攘畢, 還見公. 公更邀其人, 以觀之, 其人曰: "無慮矣." 在公第同甘苦二十年, 閔公爲箕伯, 以幕賓隨去, 臨歸時, 營庫[217]所掌, 爲萬餘金, 稟其區處. 公曰: "吾歸橐無一物, 君之所知, 豈以此物累吾橐耶? 君自爲之." 大甲固辭不得, 退而思之, 曰: "吾頂踵毛髮, 皆公之所[218]賜也, 又畀之以鉅貨, 吾將有計." 臨發稱病, 固辭於江頭, 公頷之. 大甲乃貿燕市之物貨, 載船浮海而南, 盡賣於

---

217) 營庫: 이본에는 '營廩'으로 되어 있음.
218) 所: 저본에는 빠져 있으나 나, 다본에 의거하여 보충함.

江鏡市, 得數三萬金. 遂訪石泉[219]故宅, 蓬蒿滿目, 振而起舍, 種樹鑿池, 買良田數十頃於野前, 治陶朱·猗頓之術, 課農至滿千包而後止. 以千石翁稱之. 乃喟然歎曰: "吾以孤危之踪, 得免禍網, 以至居家致千石, 是誰之賜也?" 西入長安, 閔公家已零替矣, 哭之痛, 凡閔相家婚葬[220]之需, 遷謫之費, 大小營判, 無不繼給, 年至八十五, 而至死不替. 蓋閔公之知鑑, 金老之幹才, 可謂有是公有是客也.

1-33.

江陵金氏一士人, 家貧親老, 乏菽水之供, 其老慈語子曰: "汝家先世, 本以富稱, 奴婢之散在湖南島中者, 不知其數, 汝往推刷也." 仍出示篋中奴婢文券軸, 士人持往, 島中百餘戶村落, 自占居生, 皆奴婢子孫也. 見券羅拜, 遂欽數[221]千金贖之, 士人燒其券, 駄錢而還路, 過錦江邊. 時冬月甚寒, 見江邊一翁·一媼·一少婦入水, 而互相拯出, 扶而痛哭. 士人怪問之, 老翁曰: "吾有獨子, 吏役於[222]錦營, 營以逋欠在囚, 屢違定限, 明日則死日, 而分錢粒米, 無可辦出, 不忍見獨子之被刑, 吾亦[223]投水而死. 老妻少婦, 共欲於此, 而不忍見入水, 互相拯出, 仍與痛哭矣." 士人曰: "若有錢幾何, 則可以償逋也?" 曰: "數千金, 可以句當也." 士人曰: "吾有推奴錢幾駄, 洽滿數千, 以此償之." 卽與之, 其三人又大聲哭, 曰: "吾輩四人之命, 因此而得生, 將何以報恩? 願[224]入吾家, 留宿而去." 士

---

219) 石泉: 나, 다본에는 '泉石'으로 되어 있음.
220) 婚葬: 나, 다본에는 '婚喪'으로 되어 있음.
221) 數: 저본에는 빠져 있으나 이본에 의거하여 보충함.
222) 於: 저본에는 빠져 있으나 가, 나본에 의거하여 보충함.
223) 亦: 이본에는 '欲'으로 되어 있음.

人曰:"日已暮道遠, 老親倚門久矣, 不可留延[225]." 卽馳去, 不顧三人, 仍以此物, 盡償宿逋, 當日其子放出獄門, 渾室感祝士人, 而其居住姓名, 亦莫知之. 士人歸家, 其老慈喜其無恙而還, 又問其推奴如意, 益喜之, 問: "其贖良之財, 何以輸還[226]?" 士人對以錦江事, 其老慈拊[227]其背, 曰: "是吾子也!" 後老慈, 以天年終於家, 家益剝落, 初終拮据, 萬不成樣. 金哀與地師一人, 步行尋山, 遍行[228] 諸山, 到一[229]處, 地師大讚, 曰: "富貴福祿, 不可形言之地也." 山下有一大家舍, 問於村人, 則金老家也, 良田美畓, 遍於一野, 村落撲地, 皆其奴僕也. 顧地師而言曰: "如許之地, 何以占得乎? 然日已暮, 留宿彼家而去, 可也." 入其[230]室, 有一少年, 迎接客室[231], 待以夕飯, 金哀對燈而坐, 悲懷弸中, 山地關心, 長吁而已. 忽自內室, 一少婦開戶突入, 扶金哀大哭, 而氣窒不能言. 少年驚問其故, 少婦曰: "此是錦江所逢之恩人也." 少年又抱而哭之, 老翁·老媼聞此言, 又突出抱而泣之, 哭止明燭, 相對各問年條事實, 果不爽矣. 蓋少婦一自其後, 夜則焚香祝天, 願逢恩人, 以報其德, 其夫亦退吏, 村居移徙于此, 猝爲巨富. 而少婦每於外室[232], 窺視客人, 審察其容貌, 年少眼明之人也. 見而記得, 蓋其至誠感天也. 仍問遭艱之由, 金哀言及家後山地事, 其家猶恐不及, 答曰: "窆葬之節, 吾

---

224) 願: 저본에는 빠져 있으나 가, 나본에 의거하여 보충함.
225) 留延: 나, 다본에는 '連留'로 되어 있음.
226) 還: 나, 다본에는 '來'로 되어 있음.
227) 拊: 나본에는 '撫'로 되어 있음.
228) 遍行: 나, 다본에는 '遍踏'으로 되어 있음.
229) 一: 저본에는 '山'으로 나와 있으나 이본에 의거함.
230) 其: 저본에는 빠져 있으나 가, 나본에 의거하여 보충함.
231) 客室: 나, 다본에는 '賓客'으로 되어 있음.
232) 外室: 이본에는 '外堂'으로 되어 있음.

家自當之, 第往靷行而來也." 發靷[233]諸具及擔軍, 皆以奴僕治送, 兼送[234]轎馬, 率送其家眷[235]而幷來. 窆禮卒哭後, 金家獻奴婢·田宅文券, 請辭去, 金哀曰: "去將安之?" 答曰: "後洞又有別業, 足以資生矣. 此物都是喪主之福力, 非吾家之所有也, 願勿辭焉." 其後, 金哀之子孫赫昌, 冠冕於世矣.

---

233) 發靷: 나, 다본에는 '轅靷'으로 되어 있음.
234) 送: 저본에는 빠져 있으나 나본에 의거하여 보충함.
235) 家眷: 나, 다본에는 '內眷'으로 되어 있음.

卷二

2-1.

　金相國某, 少時, 與親友數人, 讀書於白蓮峰下映月菴. 一日, 親友皆有故還家, 夜深獨坐, 明燭看書, 忽有女人哭聲, 如怨如訴, 從月菴後, 自遠而近, 至於窓外而止. 公怪之, 端坐不動, 問曰: "鬼乎, 人[1]乎?" 女人長吁而答曰: "鬼也." 公曰: "然則幽明有殊, 安糅陽界?" 女人曰: "吾有前生解冤之[2]事, 而非公則莫可解, 欲訴冤而來." 公開戶視之, 不見其處, 有嘯於空中, 曰: "現形則恐致公驚." 公曰: "第現之." 言罷, 一少婦披髮流血, 而立於前, 公曰: "訴何冤乎?" 女人曰: "吾乃譯官之女也, 嫁于某譯[3]官, 新婚未幾, 家夫惑於淫婦, 罵我敺我. 末乃信其淫婦之說[4], 謂我有鶉奔之行, 夜半以劍刺我, 棄之於映月菴絶壑之間, 人無知者. 紿吾父母, 曰: '淫奔而去.' 吾誤死於非命, 固冤也. 又蒙不潔之名, 千古泉壤, 此冤難洗." 公曰: "冤鬼雖可矜惻, 吾何以解之?" 女人曰: "公某年必登科, 歷某職, 某年必爲秋曹參議, 秋曹刑獄之官也, 解冤豈不易哉?" 仍辭去. 翌朝, 潛視絶壑之間, 果有一女屍, 昨夜所見者也, 鮮血淋漓, 有若新死者. 然返而讀書, 秘不發說. 後果如其言, 登科歷某職, 至秋議. 公記得怨女[5]之訴, 卽赴衙設坐起, 捉來某譯官, 訊問曰: "汝知映月菴冤死之人乎?" 其人抵頭, 遂與之共往映月菴[6], 檢

---

1) 人: 저본에는 '女'로 나와 있으나 나, 다본을 따름.
2) 之: 저본에는 빠져 있으나 나, 다본에 의거하여 보충함.
3) 譯: 저본에는 '驛'으로 나와 있으나 나, 다본에 의거함.
4) 說: 나, 다본에는 '讒'으로 되어 있음.
5) 怨女: 나, 다본에는 '冤女'로 되어 있음.
6) 映月菴: 나, 다본에는 '其處'로 되어 있음.

驗其屍[7], 其人語塞卽服. 遂[8]招寃女之父母, 使之埋葬, 其譯則置之辟. 當夜, 公又入映月菴, 秉燭獨坐, 其女泣謝於窓外, 整其鬢髻, 衣服楚楚, 非復前日之[9]容也. 公使之近前, 更問前程, 女人曰: "公某年某職, 某時某事, 位至大官, 而某年爲國辦死然後, 令名無窮, 子孫昌大矣." 仍辭去. 公點檢平生, 若合符契, 果於某年, 終事於國事, 而永垂令名焉[10].

2-2.

韓安東光近, 世居西郊, 其祖父生時, 家産稍饒, 婢僕[11]之侈盛, 甲於一邑矣. 有一悍僕, 侵辱其韓安東祖父, 則其爲上典者, 寧不憤切哉? 當其打殺之際, 厥漢逃走, 移其憤於厥漢之婦, 囚之於內庫中. 此時, 方其子婦聘禮之日也, 如是吉日, 不得用刑, 姑俟之經禮後, 打殺厥婢爲計. 新婦初來, 夜長更深, 自外聞之, 有涕泣哽咽之聲, 數夜不絶, 縱[12]以三日. 新婦樣子心甚爲訝, 追尋則自庫中出來[13]矣. 牢鎖堅閉, 不可闖入, 乃親拔鎖鑰, 開門而入, 則厥婢急驚畏縮, 曰: "小人不知死而暫泣, 知罪知罪!" 新婦曰: "汝是何人, 連夜爲此悲泣於庫中耶?" 答曰: "小人之夫某也, 日前大辱老生員主, 卽地逃躱, 故老生員主, 以夫之罪, 反囚小人於庫中, 以待阿只氏聘禮經過, 卽爲打殺爲敎, 姑爲待命. 此小人則已矣, 不以爲痛, 而第所悲者, 所抱孩子, 今經二七日, 若小人死, 則可憐此生, 亦從而

---

7) 其屍: 나, 다본에는 '屍身'으로 되어 있음.
8) 遂: 나, 다본에는 '仍'으로 되어 있음.
9) 之: 저본에는 빠져 있으나 나본에 의거하여 보충함.
10) 焉: 저본에는 빠져 있으나 나본에 의거하여 보충함.
11) 婢僕: 나, 다본에는 '奴僕'으로 되어 있음.
12) 縱: 저본에는 '雖'로 나와 있으나 가, 나본에 의거함.
13) 來: 저본에는 빠져 있으나 나, 다본에 의거하여 보충함.

死. 故如此情景思之, 不覺哽咽之泣自然出矣. 如斯之外, 更無他罪矣." 新婦聞來, 藹然之端, 隨感而發. 於是, 謂厥女曰:"吾昨日新來新婦[14]也, 吾今出送汝矣, 汝須遠逃保生云云[15]." 厥女曰:"小人則生出好矣, 阿只氏罪責想不少矣, 不敢云云." 新婦卽曰:"吾則[16]自有防塞之道, 汝勿爲多言而出去也." 厥女於是出走. 及其數日, 聘禮已經, 而老生員宿憤, 尙存于中, 大坐高軒, 捉出所囚之婢, 則仍無形迹, 空鎖庫門耳. 老生員大鬧一場, 渾室將至生死. 新婦於是, 唐突[17]自現, 具道[18]其出送之端, 老生員聞, 雖憤矣, 事旣至此, 亦無奈何. 伊後, 幾許年, 家計漸銷, 老人已爲謝世. 其後, 新婦有子二人, 俱有才華, 家則甚貧, 昔之新婦, 今當老死. 方其擧哀發喪之日, 忽有一箇僧漢, 呼哭而入, 直伏場內, 哀哭甚[19]切. 一室以爲惝恍, 厥僧哭訖, 二棘問曰:"汝是何僧, 敢入哭於士大夫家喪事乎?" 厥漢涕泣而道之, 曰:"小人某也之子, 某婢之子也. 小人幸蒙大夫人抹樓下主[20]德澤, 至今生存, 則當此之時, 敢不奔哭乎? 然則小人, 卽宅之[21]奴子也." 二棘聞之, 自幼有某奴之詬辱逃走, 則伊時庫中小兒, 乃是厥僧也, 相顧默視而已. 後數日, 尙留廊下, 忽言[22]曰:"喪制主當此巨創成服, 已過[23]襄禮, 何以拮据? 小人有所稟白者, 故耳." 二棘曰:"宅舊山, 更[24]無餘麓之可占, 家計且貧,

---

14) 新來新婦: 나, 다본에는 '新來之人'으로 되어 있음.
15) 云云: 이본에는 '如何'로 되어 있음.
16) 則: 저본에는 빠져 있으나 가, 나본에 의거하여 보충함.
17) 唐突: 나, 다본에는 '突出'로 되어 있음.
18) 道: 이본에는 '狀'으로 되어 있음.
19) 甚: 이본에는 '深'으로 되어 있음.
20) 主: 저본에는 빠져 있으나 나본에 의거하여 보충함.
21) 之: 저본에는 빠져 있으나 나본에 의거하여 보충함.
22) 言: 이본에는 '報'로 되어 있음.
23) 過: 이본에는 '經'으로 되어 있음.

難營新占, 此是吾之兄弟晝宵深慮者[25]也." 厥僧曰: "小人自庫中出後, 小人之母, 每抱哺撫育, 自解語時, 必以抹樓下主恩澤, 汝當報焉. 母死已久矣, 小人一聞此遺言以後, 落髮爲僧, 幸得神師, 揣宅之形勢, 求占於近三十里地. 勿聽他師之指用之, 則宅之福力, 必如意矣. 小人之債, 庶可了矣." 二棘曰: "然則何處耶?" 厥僧[26]曰: "自此渡一江, 則仁川地也. 願與喪制主, 親往見之, 則自可辦矣." 其翌日, 二棘人與厥僧往見之, 則厥僧指一蓬科, 曰: "此是也." 二棘曰: "此是古塚也, 豈可毁用耶?" 厥僧曰: "此乃古人之置標, 非塚也, 幸勿疑焉." 喪人顧念勢貧, 從他求山, 有所窘迫, 仍從渠言葬之, 則果是麗朝埋標也. 伊時, 葬畢後, 厥僧因爲告, 曰: "在小人之道, 今爲盡[27]酬恩矣. 抹樓下主得入福地, 幸莫大焉. 若過三霜, 則小喪制主, 文德稍優, 若至十年後, 則又登文科, 其後, 漸漸昌大[28]矣." 小喪制主, 卽[29]韓光近也, 果闡癸巳文科, 屢經淸秩, 子孫繁赫. 壬辰間, 以安東倅, 忽[30]逢嶺外地師, 見其親山, 則是非紛然, 將營緬禮. 卜日破壙[31]之時, 自山上見之, 則有一老禿僧, 手持白衲, 呼手上曰: "勿毁少俟!" 大段高聲而來, 韓安東止其役事, 待其上來, 則乃是向日占山僧也. 先爲問安後, 曰: "此山所, 胡爲而緬禮乎?" 安東曰: "有災害云耳." 厥僧曰: "地中若安穩, 則令監放心乎?" 曰: "然也." 厥[32]僧卽於左傍鑿穴, 令令監入手, 曰: "如何?"

---

24) 更: 이본에는 '已'로 되어 있음.
25) 者: 저본에는 빠져 있으나 나, 다본에 의거하여 보충함.
26) 僧: 저본에는 '漢'으로 나와 있으나 이본을 따름.
27) 盡: 저본에는 빠져 있으나 가, 나본에 의거하여 보충함.
28) 漸漸昌大: 이본에는 '無限大昌'으로 되어 있음.
29) 卽: 가, 다본에는 '乃是'로 되어 있음.
30) 忽: 저본에는 빠져 있으나 가, 나본에 의거하여 보충함.
31) 壙: 저본에는 '礦'으로 나와 있으나 나, 다본에 의거함.

安東曰:"果有吉氣, 似無災害." 厥僧曰:"必速充³³⁾封, 永爲放心, 勿營緬禮." 仍辭去, 曰:"今春夏間, 令監必有眼患, 以後則更勿望矣.³⁴⁾ 此山所, 若無毀破, 而穩過一紀, 其爲發蔭, 有不可量. 今至於此, 莫非宅之門運也." 其後, 厥僧之言, 果如左契, 安東以壬子秋, 運氣之後, 竟以眼疾廢明, 不久而死焉.

2-3.

李東皐相之傔人, 有皮姓者, 東皐自少至老, 使爲侍令. 皮傔無他³⁵⁾子, 而只有一女, 稍長, 每曰:"小人只有一女, 將得贅婿, 以爲依托之計, 郎材專望大監分付矣." 皮女方二八, 東皐終無如許之說. 一日, 自闕歸來, 卽坐定後, 急呼皮傔, 曰:"今朝得汝婿材, 必速招來!" 卽呼下人, 曰:"汝今去六曹街, 上京兆府前, 有一總角掩空石而坐者, 必須呼³⁶⁾來也." 下人卽去, 則果有矣, 以李政丞大監分付, 招汝來, 厥童曰:"政丞大監, 不必招吾, 吾則吾自爲之." 固辭不來, 下人無可奈何, 空來, 東皐曰³⁷⁾:"必然如是也." 又遣旗手數人招來, 則始來矣, 東皐分付曰:"汝欲娶妻乎?" 厥童曰:"別無意娶妻矣." 東皐力勸得諾, 皮傔在傍見之, 不勝駭然. 東皐旣爲分付, 不得已邀去, 置之廊底, 洗滌而以副衣着之. 東皐又分付皮傔, 曰:"不卜日, 而明日過婚, 若過數日, 必失之.³⁸⁾" 皮傔果以翌日, 醮禮成婚, 渾室莫不掩鼻而笑之. 厥童少無愧色, 一自娶妻後, 不出

---

32) 厥: 저본에는 빠져 있으나 가, 나본에 의거하여 보충함.
33) 充: 저본에는 빠져 있으나 나본에 의거하여 보충함.
34) 矣: 나, 다본에는 '焉'으로 되어 있음.
35) 他: 저본에는 빠져 있으나 나, 다본에 의거하여 보충함.
36) 呼: 나, 다본에는 '率'로 되어 있음.
37) 曰: 저본에는 빠져 있으나 나, 다본에 의거하여 보충함.
38) 必失之: 나, 다본에는 '則必失之矣'로 되어 있음.

越房, 奄作一箇懶漢, 爲三年. 一日, 皮婿忽起, 洗滌着巾, 一[39]室爲訝, 曰: "今日胡爲而洗梳耶?" 答曰: "今日則大監必來矣." 俄而, 門外有辟除之聲, 大監果入門矣, 問曰: "汝婿安在?" 直入越房, 握皮婿手, 曰: "何以爲之, 何以爲之? 專恃汝矣." 皮婿答曰: "天運也, 奈何?" 東皐曰: "汝必救濟汝之妻眷, 伊時, 吾之家眷[40], 同爲救濟." 皮婿曰: "且看來頭如何? 不可質言矣." 如是數談, 東皐卽去. 伊後, 一室以是爲怪, 其所接待, 稍優於前[41]矣. 一夕, 皮傔歸來, 方入門, 其婿急呼曰: "丈人勿脫衣, 卽去大監宅, 以終大監損[42]命." 丈人曰: "吾俄者, 盡布衾褥而來, 大監吸烟草而坐, 與客談話, 是何說也?" 婿曰: "急去急去!" 丈人如其言, 卽入大監寢房, 已無及矣. 少焉別世, 其來見時連聲, 何以爲之者? 身後有龍蛇之厄運故也. 東皐死後三年, 皮壻忽請其丈人, 曰: "吾之一入君門, 無所事爲, 政難消遣, 幸望丈人, 以數千金備給, 則將爲販賈也." 丈人曰: "君言似然也." 得給數千金, 仍爲持去, 不過三四朔, 空手歸來, 曰: "今行狼狽, 又備五六千數, 當爲善販矣." 丈人又備給其數, 則不過五六朔, 又空手來, 曰: "又爲狼狽, 丈人家與田庄什物, 盡賣而給之, 則當有好道理大興販." 丈人一從渠言而給之, 以至借人屋子而居焉. 其壻盡持[43]去, 這間皮家之交誼, 當何如哉? 其壻又空來, 曰: "丈人所給錢, 又盡狼狽見失, 幸使我見大監宅書房主, 則欲爲得錢, 更爲興販." 丈人遂往東皐家, 皮壻見而問候, 先發五六千金, 拮据之請, 東皐子弟, 一聞卽諾. 皮壻持去, 又如前空來, 而

---

39) 一: 저본에는 '渾'으로 나와 있으나 나, 다본을 따름.
40) 家眷: 나, 다본에는 '家屬'으로 되어 있음.
41) 前: 나, 다본에는 '前日'로 되어 있음.
42) 損: 저본에는 '指'로 나와 있으나 나, 다본에 의거함.
43) 持: 저본에는 '持持'로 나와 있으나 가, 나본에 의거함.

見東皐子弟所存, 如干家庄鄕庄, 盡數斥賣, 作錢請貸云云. 東皐
子弟, 亦無一言苦色而諾之, 以某月備送爲約, 乃盡持去. 伊後, 四
五朔而來, 自初運錢, 計其年數, 則爲⁴⁴⁾五年矣. 會其丈人與東皐子
弟, 而⁴⁵⁾言曰: "吾兩家財産, 吾盡狼狽消融, 到今則無辭可答. 幸望
兩家家眷, 與吾同⁴⁶⁾去鄕中, 以爲資生." 兩家一齊曰: "諾." 蓋其有
東皐之遺訓故耳. 卜日, 兩家家眷, 無老少兒穉之漏, 盡備牛馬, 騎
之駄之, 向東門出去行. 行屢日, 忽抵峽中, 路盡山窮, 高峰反壁,
當前到此, 解送所騎駄牛馬, 兩家家眷, 下坐山下, 只爲相顧而涕
矣. 少焉, 石壁上掛正練數百條矣, 盡把那正練, 一齊而上, 則其山
之下, 一望平夷. 有瓦屋數處, 鷄犬聲相連, 奄成一小郡邑樣, 一瓦
屋各爲分處, 有鹽醬與倉儲之粟. 於是, 始知向日運錢之妙理也.
兩家春耕秋獲, 鄕居滋味, 雖云⁴⁷⁾安穩, 然東皐子弟, 素是京華宰相
子弟, 每有懷土之哀, 有時言之. 一日, 皮婿携上高峰, 指示一處,
曰: "去年, 倭虜大入我國, 生民盡爲魚肉, 犯入京城, 大殿今在義
州. 如斯之時, 宅在京城, 則其能保存乎? 小人幸逢大監, 以至婚
媒之境, 且⁴⁸⁾大監親枉勤, 托書房主兄弟, 以有此桃源之排置也."
於焉之間, 爲八年⁴⁹⁾於山中矣, 皮壻曰: "書房主欲永居此乎?" 曰:
"願居此山中, 以送歲月也." 曰: "不然. 若書房主永居此中, 必爲凡
民, 大監立朝事業, 終歸泯滅. 今則倭人⁵⁰⁾盡撤歸, 一國頗乾淨, 不
如還去世上. 皮同知以爲吾無他子弟, 只有一壻, 吾今老矣, 無出

---

44) 爲: 저본에는 빠져 있으나 나, 다본에 의거하여 보충함.
45) 而: 저본에는 빠져 있으나 나, 다본에 의거하여 보충함.
46) 同: 저본에는 '眷'으로 나와 있으나 이본을 따름.
47) 云: 나, 다본에는 '爲'로 되어 있음.
48) 且: 저본에는 빠져 있으나 나, 다본에 의거하여 보충함.
49) 八年: 가, 나본에는 '八九年'으로 되어 있음.
50) 倭人: 이본에는 '倭虜'로 되어 있음.

世意, 欲爲老死於此中." 婿曰: "然矣." 遂率東皐子弟家眷, 直出來, 到忠州邑內南山底, 曰: "此基地甚好, 後孫必有積累, 兼有科慶, 簪纓之[51]連綿, 勿移他處, 永爲奠居." 卽爲回去焉.

2-4.

林將軍慶業, 微時居於達川, 時時以馳獵爲事. 一日, 逐鹿於月岳山側, 不騎而手持一劍而已, 行行逐鹿, 至於太白山中, 日將夕矣. 路且窮焉, 叢薄完密, 巖壑傾仄, 遇一樵夫, 問人家, 曰: "自此越一岡, 則其下有人家." 林公從其言, 越岡而見, 則果有一大瓦家. 於是, 林公直入大門, 則日已昏瞑[52], 東西莫辨, 絶無人響, 乃一空舍也. 林公終日山行, 氣力甚憊, 乃得門內一間房, 以爲寄宿, 解衣獨臥, 忽窓外有火光來照, 心以爲疑, 必是木怪之火. 遂[53]開門而問曰: "君止宿於此房乎?" 此人卽俄者樵夫也, 曰: "得饒飢乎?" 曰: "未也." 樵夫入開壁藏, 以酒肉給之, 曰: "必[54]盡喫也." 于時, 林公腹甚空矣, 仍盡喫, 與樵夫數語未了, 樵夫復開壁藏, 出一長劍, 林公曰: "是何物也? 欲試於吾耶?" 樵夫笑曰: "否也. 今夜有所可觀, 君能見之否?" 曰: "如敎." 時夜未[55]半, 樵夫携劍, 與林公向一邊去, 重重門戶, 沈沈樓閣. 逶迤而去[56], 有燈影照池, 池中有一高閣, 其上笑語爛漫, 映窓所照, 乃是二人對坐之[57]影也. 樵夫指池邊亭亭樹, 曰: "君必上此樹, 須解帶與枝結身, 而愼勿聲也." 林公乃如

---

51) 之: 저본에는 빠져 있으나 나, 다본에 의거하여 보충함.
52) 瞑: 나본에는 '暝'으로 되어 있음. 서로 통함.
53) 遂: 저본에는 '忽'로 나와 있으나 나본을 따름.
54) 必: 나본에는 '須'로 되어 있음.
55) 未: 나본에는 '將'으로 되어 있음.
56) 而去: 저본에는 '去來'로 나와 있으나 나본에 의거함.
57) 之: 저본에는 빠져 있으나 나본에 의거하여 보충함.

約, 樵夫超[58]入閣中, 三人同坐, 或飮或語, 樵夫謂何許男子曰: "今日旣有約, 以爲決斷, 如何?" 彼男子曰: "然矣." 同起推門, 而超騰池上, 則空中但聞閃爍刀環聲. 如是者久, 林公於樹上, 寒氣逼骨, 身不能安住, 寒氣乃是劍氣也. 忽有某物墜地響[59], 卽聞下來語, 乃是樵夫聲也. 伊時, 寒粟少解, 精神頓生, 林公下樹來, 樵夫仍[60]挾而偕入閣中, 中有嬋娟美人. 樵夫曰: "以汝幺麽之女, 害此世上大用之材, 汝罪汝亦知矣." 謂林公曰: "君以如干膽勇, 不必出現於世, 吾今許君, 以如彼之色, 如此之屋, 山中閑靜之地, 以送餘年, 如何?" 林公曰: "主人此夜之事, 都不可知, 願得詳聞而後, 惟君之命." 樵夫曰: "吾非常人, 乃是綠林豪客也. 屢年[61]排置如此屋全一壑, 道道有之, 必置一箇美娥, 而彼隨隙, 潛奸於俄者所死男子[62], 反欲害我, 非一非再, 故吾不得已有俄者[63]光景也. 雖殺彼客, 彼娥豈忍殺之? 以此丘壑與彼娥許君者, 良由以也." 林公曰: "彼男子性[64]甚住甚." 曰: "彼亦是兩國大將材也, 南大門內折草匠也, 乘昏而來, 當晨而去, 吾已知之. 男子之貪花, 女子之貪香, 不必盡責, 吾謹避之. 渠爲妖媚之所諭, 必殺吾乃已, 吾之此擧, 豈吾之本心哉?" 仍爲一場大哭[65], 曰: "惜哉![66] 自吾手殺大男子." 又曰: "君且思之, 一從吾言, 勿爲世間半上落下之事也. 自有天運之所關, 必

---

[58] 超: 나본에는 '越'로 되어 있음.
[59] 響: 나본에는 '聲'으로 되어 있음.
[60] 仍: 나본에는 '乃'로 되어 있음.
[61] 年: 저본에는 빠져 있으나 가, 나본에 의거하여 보충함.
[62] 男子: 나본에는 '男兒'로 되어 있음.
[63] 俄者: 나본에는 '此'로 되어 있음.
[64] 性: 저본에는 '姓'으로 나와 있으나 나본에 의거함.
[65] 大哭: 나본에는 '痛哭'으로 되어 있음.
[66] 惜哉: 저본에는 빠져 있으나 나본에 의거하여 보충함.

不如⁶⁷⁾意, 徒勞而已." 林公一向掉頭, 樵夫曰: "已矣已矣!" 卽旋劍斷彼娥之頭. 其翌日, 樵夫曰: "君頗有大用之材⁶⁸⁾, 男子出世, 劍術不可不知." 林公學劍術, 不過五六日, 而其神妙變幻之術, 未得盡透, 得其糟粕而來. 樵夫先知丙子事, 故如是耳.

2-5.

李提督東征時, 多月逗留金浦, 琴姓女人親近. 而回軍歸路, 與金姓譯人, 爲龍陽之寵, 晝宵相昵, 則金譯⁶⁹⁾年纔二十, 丰茸有美色, 言必從, 計必用, 其親愛可知. 渡鴨江時, 軍粮幾許, 以某日, 輸運于山海關之意, 發文于遼東都統. 伊時, 提督渡江, 方向柵門, 運糧違令矣, 提督大怒, 將行軍律於都統. 都統有三子, 長則時任侍郎, 次則爲庶吉士, 第三子以神異之僧, 皇帝待之神師, 起別院於大內而置之, 若肅宗之居鄴侯於蓬萊也. 伊時, 三子聞其事, 俱爲來會於其父, 相議紓⁷⁰⁾危之策, 神僧曰: "有妙計⁷¹⁾." 於是, 邀見金譯, 三人合席, 請曰: "父親此不幸, 萬無生路, 惟望君爲吾等善辯⁷²⁾解紛也." 金曰: "顧以外國幺麽之蹤, 何敢干天將軍紀乎? 所懇若是鄭重, 聽不聽在人, 第當從容言之." 卽入來, 提督曰: "彼之邀汝, 有何酬酌?" 金譯⁷³⁾言其顚末之如許, 提督良久, 曰: "吾橫行戰場, 未嘗從私人之一言, 今汝以幺麽之蹤, 受如彼貴人之懇托, 則汝之爲吾緊切, 可知矣. 且吾入來, 無以生色於汝, 吾必從汝言矣." 金

---

67) 如: 저본에는 '知'로 나와 있으나 가, 나본을 따름.
68) 頗有大用之材: 저본에는 '頗有可用之材'로 나와 있으나 나본에 의거함.
69) 譯: 저본에는 '驛'으로 나와 있으나 나본에 의거하여 바로잡음.
70) 紓: 저본에는 '紆'로 나와 있으나 가, 나본에 의거함.
71) 妙計: 나본에는 '妙策'으로 되어 있음.
72) 辯: 저본에는 '辨'으로 나와 있으나 가, 나본을 따름.
73) 譯: 저본에는 빠져 있으나 나본에 의거하여 보충함.

出見三人, 盡告提督所言, 三人竝稽首再拜, 曰: "君之德河海也, 何以報焉?" 金則不以爲德, 三人曰: "君以年少, 想有意於寶貝玩好, 未知何如?" 曰: "吾雖妙年, 素以儉質存心, 家且不貧, 未嘗留心於玩好也." 三人曰: "君是朝鮮國一譯官, 自上國命君, 爲爾國之政丞, 如何?" 曰: "我國專尙名分, 而吾則中人也, 若爲政丞, 則必以中人政丞指之, 反不如不爲也." 三人曰: "以君爲大國高官崇秩, 乃爲中原高門大家之族[74], 何如?" 曰: "吾父母俱存, 離闈情迫[75], 惟願速還, 提督回軍之後, 卽令還歸, 是爲大惠." 三人曰: "吾輩酬恩, 不必更言, 惟君必言其所願也." 三人勤勤懇懇, 金發口而言曰: "吾平生所願, 願一見天下一色矣." 三人聞之, 嘿然良久, 神僧曰: "然矣然矣!" 二人從而許之, 曰: "然矣." 如是而散. 金入見提督, 提督問曰[76]: "汝以何所願而言乎?" 金曰: "願一見天下一色爲言矣." 提督蹶起執手, 曰: "汝非小國人物, 何其言之大也? 然則彼皆許之乎?" 曰: "許矣." 提督曰: "彼從何而得來? 此是[77]雖皇帝之貴, 不可見矣." 金仍隨提督, 入皇城, 三人來邀, 金往, 則三人曰: "勿歸以永今夕." 茶罷, 少焉, 渾室香薰[78]襲人, 園門開處, 粉黛數十人, 或持香燭[79], 或捧紅帕床, 兩兩而出, 排立堂上, 以金[80]所見, 無非傾國之色. 旣已見之, 欲起還歸, 三人曰: "胡起?" 曰: "吾旣見天下一色, 不必留矣." 三人笑曰: "此是侍娥, 豈得爲天下一色乎? 今出來." 須臾, 園門大開, 一朶蘭麝之薰濃郁, 侍女十餘, 擁後而出上

---

74) 大家之族: 나본에는 '大族'으로 되어 있음.
75) 情迫: 나본에는 '情邈'으로 되어 있음.
76) 問曰: 저본에는 '曰問'으로 나와 있으나 가본에 의거하여 바로잡음.
77) 是: 나본에는 '則'으로 되어 있음.
78) 薰: 저본에는 '熏'으로 나와 있으나 나본을 따름. 이하의 경우도 동일함.
79) 燭: 저본에는 빠져 있으나 가, 나본에 의거하여 보충함.
80) 金: 저본에는 빠져 있으나 가, 나본에 의거하여 보충함.

堂, 凝粧粉脂一塊, 坐於交[81]子上. 三人與金譯, 亦排[82]坐交子上, 問金曰: "此眞君所願見天下一色也?" 金目無所[83]見, 不知爲何狀也. 三人曰: "今宵, 君必與此爲雲雨之會." 金曰: "吾願一見, 而不願爲洞房之親也." 三人曰: "此何言也? 吾輩受恩於君, 君旣願見一色, 吾輩雖磨骨割肉, 豈可不聽乎? 第二色, 第三色, 不難得來. 至於天下一色, 雖天子之勢[84], 實難得來. 年前, 雲南王有仇於人, 而吾輩爲之報仇, 其王方酬恩, 君旣願見一色, 而其王之女, 天下第一色也. 向者, 吾輩之良久, 曰: '然.' 以是故耳. 自君別來, 吾輩送媒於雲南王, 王亦許之. 及君入京, 彼姬率來, 這間折千里馬者三, 費銀子數萬, 以其雲南距京, 三萬里之遠也. 今此相會, 君卽[85]男子, 彼卽[86]女子, 若爲一見而散, 則彼之深閨畏人之行, 果何如? 勿復爲辭, 今夕爲合巹之禮, 亦不宜乎!" 金仍留宿, 其夜共牢, 蠟燭成堆, 麝薰襲裾, 眼花迷離, 見而不見, 少狂蝶探花之心, 無鴛鴦弄波之聲. 三人自外窺見, 擄得其如此沒風致, 呼金而出, 曰: "合歡之樂, 何其寥寂也?" 出楪子置前, 曰: "喫此!" 此乃蜀山紅蔘也, 喫而入房, 眼明神爽, 彼姬之毛髮頂踵, 瞭然可視. 經夜而後, 三人已來待[87]矣, 問金曰: "彼姬何以區處?" 曰: "顧以外國之蹤, 今當猥恩, 來頭之事, 不可[88]預料." 三人曰: "君幸以奇耦, 得此天下之一色, 豈可一會而散乎? 君以外國之人, 兩親離闈, 仍爲居此偕老,義亦不可. 吾等三人, 旣[89]蒙君之厚恩, 又使上國, 則每年正使之行, 以譯任必[90]隨入來, 一年一逢, 若牛女七夕之會, 不亦爲美事耶?" 金譯如其言, 自幼至老, 以譯任, 每年一會行樂, 終有一箇男子, 金之後裔,[91] 大昌于燕京焉.

2-6.

李參判堉, 有膂力, 近於神勇, 大抵李公之勇, 可謂蓋世絶倫也. 少時, 與儕同上白雲臺, 前下者, 躓足於巖上鑿路, 將落於萬仞之下, 李公卽飛下, 挾而置之於巖上. 肅廟[92]時, 湖南有神虎, 日傷數百, 所傷爲萬餘, 一道慄慄, 自朝家以至下送營門砲手, 終不可捉矣. 李公於是, 以廟薦別擇, 特除道伯, 以捉虎次下來. 方抵陵隅店, 則公棄轎, 忽於去路上, 携一知印而下坐. 一行見之, 盡下馬問候, 莫知其所然, 公咄嗟曰: "幾失我知印也! 吾坐轎中見之, 則厥虎捉知印而去, 故吾卽逐[93]奪而來." 到營後三日, 分付于一營曰: "今夜無擧火, 各廳無相往來, 勿爲雜談喧譁也." 初更時, 公背上衣宕巾, 出坐宣化堂交子上. 俄有, 倏忽之影, 已而, 場中有墮物之聲, 有物黑窣地, 宛如伏地也. 公坐而從容諭之, 曰: "汝之害傷於我國者, 萬非有運於其間也. 汝旣如此, 久留則我自有處置之道, 汝必斯速渡海去也! 汝欲去, 則必須擧頭叩地也." 於是, 大虫叩地搖尾, 頃刻不知影響矣, 更無虎患於一道矣.

---

89) 以外國之人 … 旣: 저본에는 빠져 있으나 가, 나본에 의거하여 보충함.
90) 必: 나본에는 '亦'으로 되어 있음.
91) 金之後裔: 나본에는 '金裔之屬'으로 되어 있음.
92) 肅廟: 나본에는 '肅宗'으로 되어 있음.
93) 逐: 저본에는 '遂'로 나와 있으나 가, 나본을 따름.

2-7.

南斯久允默長子某, 爲御營軍官, 積年勤仕, 出監鳳山郡屯, 則打[94)]稻場有一總角, 雖執農業, 容貌乃是班脈也. 心甚憐之, 叩其來歷, 則曰: "姓申, 本是班家子孫, 居于延安, 年前以歉荒, 渾家[95)]散之四方, 至於此境云矣." 南聞其言, 矜惻之, 三年往監, 別加斗護, 助婚而成娶, 又給好庄, 以至成家. 由是, 申童成樣饒居矣, 每秋, 申童細木一疋·綿絲二朵持來, 南亦厚報以送之. 一者, 南忽得運氣, 方其出汗之際, 症頗危重, 莫可回甦, 昏絶半晌. 南忽長歔而翻身, 曰: "異哉!" 一室以爲神奇, 在傍問曰: "胡爲而謂異也?" 南曰: "米飮速進也!" 飮後坐, 敍冥府事, 曰: "吾爲二鬼卒所驅去, 忽至一官府, 則樓臺宏壯, 使令雜沓, 有非人間所覩者. 二鬼卒, 使立於門外而入去. 俄有, 一人自內出, 問曰: '子非京居之南某乎?' 曰: '然矣.' 其人曰: '我則鳳山某村, 申童某之祖父也. 冥冥之中, 感君施惠[96)]於孫兒, 以成家稍饒, 則幽明路殊, 末由酬恩. 今君年限算滿, 冥官送差捉來, 卽吾含珠結草之時也. 俄者, 府中有變通, 今此還送人間, 君須愼重出去也.' 卽招閽者, 分付按送, 似是冥府一官員也. 今吾還生, 莫非某也祖父之德矣." 仍爲出汗, 而無事出場也.

2-8.

嶺南某郡, 有一士人, 年至四十餘, 有獨子遭憾, 心魂不定, 如癡如狂. 一日, 坐於堂上, 有過客入來, 見主人氣色之慘然, 問之, 主人以憾對, 客曰: "然則君[97)]之先山, 在於何處?" 曰: "在家後也." 願

---

94) 打: 저본에는 빠져 있으나 가, 나본에 의거하여 보충함.
95) 渾家: 나본에는 '渾室'로 되어 있음.
96) 施惠: 나본에는 '施恩'으로 되어 있음.

一見, 主人遂與之往見, 客曰:"此山不吉, 當此變喪也." 主人曰: "於何得吉地乎? 且吾夫妻, 俱爲斷産之境, 有福地, 則可得續嗣乎?" 客曰:"入洞口, 見一處可合意, 惟君掃萬行緬禮焉." 客再三力勸, 主人果行緬禮. 數月後, 士人之妻死焉, 士人又喪配, 悲悼悽楚, 不幸中家稍饒,[98] 卽爲再醮聘歸. 向者[99] 過客又來, 先問曰:"其間喪配再醮乎?" 主人曰:"聽君之言, 以至喪配, 有何顔色而問貶[100]乎?" 客笑曰:"有今日之慶, 故有向日之禍矣." 仍爲留連數日, 語主人曰:"某夜犯房, 必爲生男." 臨發留期, 曰:"某月生男, 伊時, 吾復來見矣." 其後, 果如其言生男. 客又來, 大喜升堂, 曰:"主人生男乎?" 曰:"然矣." 坐定, 先見新生兒四柱, 曰:"此兒必長壽善養也, 其婚處, 吾自居媒矣." 其兒稍長, 年至十四五, 客積年不來, 忽自來[101]到, 曰:"子弟善長否?" 卽呼來見之, 客曰:"主人能記此兒新生時媒婚之說乎?" 主人曰:"年久之言, 果依俙耳." 臨發請柱單, 主人以其言, 自初至終, 如合符契, 第書給矣. 不久, 客又傳涓單[102], 主人不問門閥[103]之如何, 閨養之如何, 少無疑慮, 而與客治婚行發之. 一宿後, 漸入深谷中, 主人顧謂客曰:"君何欺人之甚也?" 客曰:"與君有何含嫌而欺之乎?" 竟至一處, 盤廻路轉, 高峯上數間茅屋而已. 其日卽婚日, 而場中畧有舖席, 有一箇老人出接, 乃是査頓也. 仍爲納幣醮禮後, 見新婦貌樣, 則萬不成樣. 士人憂色形外, 査頓與客, 言於主人曰:"大事幸而順過[104], 女息旣爲結

---

97) 君: 나본에는 '主人'으로 되어 있음.
98) 不幸中家稍饒: 나본에는 '而家勢則稍饒'로 되어 있음.
99) 向者: 나본에는 '向日'로 되어 있음.
100) 問貶: 가본에는 '問之'로, 나본에는 '來見'으로 되어 있음.
101) 來: 나본에는 '外'로 되어 있음.
102) 涓單: 나본에는 '涓吉'로 되어 있음.
103) 門閥: 나본에는 '地閥'로 되어 있음.

笋,則不必久在於親家."士人不得已,以客所騎馬,載其新婦而來,
渾家[105]見之,無不駭歎.新婦少無變色,只居一房,不干家産.然而
其親家信息,坐而知之,舅姑以是爲怪,而居媒之客,經[106]婚後,一
不來焉.一日,舅姑相議曰:"吾輩今則老矣,升斗之出入,田畓之
耕作,正爲苦惱,專付於兒子內外.吾之內外[107]坐而食之,以終餘
年,可也."於是,治家凡節,付之兒子內外,則新婦少無謙言,不下
堂,奴耕婢織,指揮使役,一無失規,各得其度.曰:'某日雨焉云.'
則雨;'某日晴焉云.'則晴,農不失時,數三年間,家産漸興.於是,
一室與隣里,始知爲賢婦.一日[108],新婦忽語其舅曰:"今則春秋已
爲七旬矣,不必塊處無聊,日與洞中親知,相會宴樂.杯盤之供,吾
自當之,如是而好送歲月,何如?"舅曰:"吾之願久矣."一自其後,
堂中履舃交錯,濟勝若流,進排如令,於焉爲四年矣.家無片土,産
業盡蕩[109],新婦語其舅姑曰:"今則家産蕩敗[110],已無餘地,此處則
不可久居,幸望搬移于吾之親家洞內,自有生理之安矣."其舅姑專
信新婦,事無大小,不得携貳,曰:"若有好道理,則汝自爲之."新
婦於是,盡賣家産,與如干薄庄,率其眷屬及[111]奴僕,陸續入來於
其親家,則向者居媒之客,已待矣.其舅久居山中,不勝紆鬱之
色,[112]新婦請與登山,山外有彭輷之聲,其舅驚問曰:"此何聲也?"

---

104) 順過: 나본에는 '順成'으로 되어 있음.
105) 渾家: 나본에는 '渾室'로 되어 있음.
106) 經: 나본에는 '過'로 되어 있음.
107) 吾之內外: 나본에는 '吾輩'로 되어 있음.
108) 一日: 저본에는 빠져 있으나 나본에 의거하여 보충함.
109) 盡蕩: 나본에는 '蕩敗'로 되어 있음.
110) 蕩敗: 나본에는 '盡蕩'으로 되어 있음.
111) 及: 저본에는 빠져 있으나 나본에 의거하여 보충함.
112) 不勝紆鬱之色: 나본에는 '甚菀菀'로 되어 있음.

新婦曰:"倭賊今戰于某邑, 故有此聲." 其舅曰:"吾洞何如?" 婦[113] 曰:"吾之所居家, 已爲火燼, 一洞或逃[114]或死, 近境盡爲魚肉矣." 其舅曰:"然則汝先知有亂, 見機而入山耶?" 新婦曰:"雖微物, 皆知天機, 避風避雨, 可以人而不知[115]哉?" 八九年後, 又爲率眷出山, 治産業農, 後爲成家.[116]

2-9.

安東姜錄事, 有二女子, 爲甲乙而長矣. 姜之家業稍饒, 其女弟兄, 自齠齡至出嫁, 每事相爲互勝, 未嘗有相負者矣. 以至生男生女, 必以供將. 長則嫁金姓, 次則嫁安姓, 而金則門閥[117], 稍可以爲司馬, 終至寢郞, 安則地閥少下於金, 雖得爲司馬, 至於寢郞[118], 則無可爲之勢. 安婦以一事之不及於乃兄, 終至絶食, 無生意, 曰:"吾自兒時, 至成嫁, 未曾[119]一事之有負於阿兄, 今以家長門閥之不逮. 有此不及於阿兄, 吾復何面目生於世乎?" 仍爲不食, 其子曰:"不必如是, 若與我數千金, 則自有父親初仕之道矣." 其母遂許之, 其子翌日, 促裝而出. 伊時, 白休菴自湖南宰, 方爲銓曹亞堂, 乘召上來, 將入店舍, 安生先入店次, 休菴追後而入. 安生同坐一房, 不以爲避, 時至初昏, 門外有哀痛呼哭之聲, 安問曰:"是何哭也?[120]" 僕曰:"某郡由吏, 則有待京耗於此, 俄聞京耗之狼狽, 有此哀哭

---

113) 婦: 저본에는 빠져 있으나 나본에 의거하여 보충함.
114) 或逃: 저본에는 빠져 있으나 가본에 의거하여 보충함.
115) 不知: 나본에는 '不如'로 되어 있음.
116) 後爲成家: 나본에는 '復以成家云云'으로 되어 있음.
117) 門閥: 나본에는 '地閥'로 되어 있음.
118) 郞: 저본에는 '意'로 나와 있으나 가, 나본에 의거함.
119) 曾: 나본에는 '嘗'으로 되어 있음.
120) 是何哭也: 나본에는 '何爲有哭聲也'로 되어 있음.

矣." 安生招問其由吏, 則曰: "小人以某郡由吏之任[121]積年, 爲萬餘金之逋, 方收納, 將至盡納[122]. 今未備三千兩, 自京有所切緊許得諾, 故小人送子, 而來待此店矣. 俄聞京報之狼狼, 今若空還, 則闔門將至死境, 故不勝哀痛而哭也." 安生一聞[123], 默然良久, 曰: "三千兩錢不少也, 數千金若備給, 則其餘汝可充備乎?" 由吏曰: "若得數千金, 則其餘有某條充納之道矣." 安生無一言半辭, 天然呼僕, 曰: "行中駄來錢二千兩, 盡爲出給某吏也." 休菴在傍, 見其措處之如許, 不得不[124]動心, 問其所從來與其地閥, 則曰: "某州某姓人." 問其行中錢所自出, 則曰: "以家計之不瞻, 方爲推奴而來." 更問其先代之科宦, 則生以其父司馬言之, 休菴詳問其[125]姓名, 中心愛其少年之處事, 入京後有當窠, 竟爲寢郎. 其妻竟使之不仕, 然則高於金參奉一等也. 一日, 安生言於其母曰: "聞休菴白先生, 方在被謫, 顧以平日受恩, 不可不救之, 若費[126]千餘金, 庶可爲休菴地也." 其母從其言, 安生上京, 行貨結曾經兩司一員, 以爲切緊之間, 給其困窮, 臺官問曰: "我與君, 素非親切之人, 吾賴君之濟急不少, 未知君有所關於我乎?" 安生曰: "無所關也. 白某與我,[127] 有宿嫌, 方欲搆殺於士禍, 無便可乘, 幸逢君, 正是合意也. 吾不惜千金托結者, 此也." 臺官曰: "白某有士林重望, 吾所宿慕, 子之言, 得無誤耶?" 安生曰: "白某之陰譎, 君尙不知耶? 方與倭虜相通, 誘而入寇於我國, 年年自海上, 運送米穀, 此一事, 可謂大罪案, 君何

---

121) 任: 저본에는 빠져 있으나 가, 나본에 의거하여 보충함.
122) 盡納: 나본에는 '了刷'로 되어 있음.
123) 一聞: 나본에는 '聞之'로 되어 있음.
124) 不得不: 나본에는 '自然'으로 되어 있음.
125) 其: 나본에는 '其父'로 되어 있음.
126) 費: 나본에는 '備'로 되어 있음.
127) 白某與我: 나본에는 '然而白休菴與我'로 되어 있음.

爲斬之?"臺官信疑間, 旣聞此說, 不可不乃劾一奏疏, 朝家洶洶. 竟劾白某之情跡, 則乃是孟浪說[128]也. 自上判教, 以'白某之淸儉貧寒, 一世之所共知, 且忠義節行, 亦可蘊抱. 其爲諦結倭虜而運送米穀者, 莫非搆捏造語.' 爲先罪其言官, 以此推之, 則白某之符同趙某者, 亦是糢糊不分明事, 勿復擧論. 己卯士禍大起, 一時淸流, 盡爲混入, 休菴竟以安生而得免之.

2-10.

仁祖朝, 倭攻琉璃國, 虜其王而去. 其世子載國寶, 欲贖其父, 漂到濟州, 牧使某出見, 問舟中寶, 答以酒泉石·漫山帳. 石者方石一塊, 中央凹以淸水貯之, 卽變爲酒, 帳者以蜘蛛絲, 染藥織成, 小張則不覆一間, 大張雖泰山[129]可覆, 而雨亦不漏, 眞絶寶也. 牧使請之, 世子不許, 牧使圍捕其世子, 彼卽以石投海, 牧使盡籍舟中餘寶, 仍殺[130]之. 臨死請筆硯, 書一律曰: '堯語難明傑服身, 臨刑何暇訴蒼旻. 三良八穴人雖[131]贖, 二子乘舟賊不仁. 骨暴沙場纏有草, 魂歸故國弔無親. 竹西樓下滔滔水, 遺恨分明咽萬春.' 旣殺, 誣以犯境賊, 啓于朝. 後事露, 幾死僅免.

2-11.

世傳, 若通內侍之妻, 則登科云. 趙相顯命, 少時聞其言, 而欲一試之, 使人居間, 而致意於壯洞一宦侍妻, 其女許之, 約以某日內

---

128) 孟浪說: 나본에는 '孟浪之事'로 되어 있음.
129) 泰山: 저본에는 '太山'으로 나와 있으나 나본을 따름.
130) 殺: 나본에는 '杖殺'로 되어 있음.
131) 雖: 가본에는 '誰'로 되어 있음.

侍入番後潛來矣. 及期委往, 果無人矣, 仍與其女, 交歡而臥矣. 夜將闌, 有開門聲, 而內侍入來, 趙相驚惶[132], 莫知所爲, 其女指之, 曰: "但坐此, 隨問酬答也." 已而, 宦者[133]着公服而入來, 其女問曰: "大監何爲而夜出也?" 宦者曰[134]: "適承命, 往毓祥宮, 歸路爲暫見君而來矣." 仍顧見趙相而問曰: "此何人也?" 其女笑而對曰: "富平居吾之姨兄也." 宦者致疑, 曰: "君是富平金生乎? 何不趁卽來訪而今始來, 何時入來乎?" 曰: "今夕始來矣." 伊時, 適有科期, 宦者曰: "欲見科而來乎?" 曰: "然矣." 宦者忽忽起, 曰: "吾今入去矣, 須與君妹, 敍阻懷也." 臨起, 托曰: "君於入場後, 必坐於薑田上, 則吾當以水刺茶啖退物給矣." 曰: "諾." 宦者出門後, 笑而與其女同寢, 至曉乃去. 數日後, 入場而慮其來訪, 坐於壯元峰下, 見一內侍與紅衣者, 遍訪於場內, 曰: "富平金生, 坐於何處云云." 諸人皆不知, 而趙相心獨知之, 其人漸近, 趙相乃以扇[135]掩面而臥, 知舊在傍者, 嘲之曰: "汝是[136]金生乎? 何爲聞其聲而避臥也?" 趙相不答而臥矣. 其宦侍來訪而問之, 傍人以弄談指示, 曰: "此矣." 宦者擧扇而見之, 曰: "君旣在此, 而雖是喧擾之中, 何不應聲也?" 自紅衣袖中, 出果肴之屬, 而饋之, 曰: "以此作饒飢之資云云." 一接[137]笑而趙相無一言矣. 果登是科, 以此, 每每見嘲於親知[138]中云云[139]矣.

---

132) 驚惶: 나본에는 '惶怵'으로 되어 있음.
133) 宦者: 나본에는 '內侍'로 되어 있음.
134) 宦者曰: 저본에는 빠져 있으나 나본에 의거하여 보충함.
135) 乃以扇: 저본에는 빠져 있으나 나본에 의거하여 보충함.
136) 是: 저본에는 빠져 있으나 가, 나본에 의거하여 보충함.
137) 接: 저본에는 빠져 있으나 가, 나본에 의거하여 보충함.
138) 親知: 나본에는 '知舊'로 되어 있음.
139) 云云: 저본에는 빠져 있으나 가, 나본에 의거하여 보충함.

2-12.

　金鉉[140]者, 英廟朝臺臣也, 鯁直敢言, 人號鐵令公. 宋淳明除箕伯, 辭朝而出南門外, 時有餞之者, 盃盤豊厚, 金鉉適在座同盃矣. 掇床未幾, 而宋對坐客而言曰: "吾之姑母家在近, 暫拜而來矣, 可少坐焉." 仍出門而去, 未幾還來, 將欲發行, 座客皆作別, 而金正色而言曰: "令監不可發行, 頃遲[141]焉." 宋曰: "何故也?" 金曰: "令監以主人, 不顧座上之客而出門, 此則大失賓主之體[142]禮也. 飮食出給下隷[143], 而旋則出門, 下隷何可得喫餘瀝乎? 此則不通下情也. 大失體禮, 不通下情, 而何可受方伯之責, 而道率列邑守宰乎? 吾將治疏矣." 仍起去. 宋疑[144]其戲言, 而發程矣, 金卽歸家, 治疏駁之, 曰: "臣於新箕伯私席, 有一二事目見者, 大失體禮, 不通下情, 不可置之方伯之任, 請改差." 上以依施下批, 宋纔到高陽而見遞. 古之官箴, 乃如是矣.

2-13.

　英廟戊申, 嶺南賊鄭希亮, 起兵安陰, 以應麟佐. 希亮, 桐溪之宗孫也, 初名遵儒, 而以名祖之孫, 稱有學問[145], 頗有名於嶺右者也. 以其梟獍[146]之性, 敢生射天之計, 以熊輔[147]爲謀主, 而先發凶檄, 進兵居昌. 本倅逃走, 執座首李述源, 而使之起軍, 則李述源據義

---

140) 鉉: 저본에는 '鉱'으로 나와 있으나 가, 나본에 의거함.
141) 遲: 저본에는 '達'로 나와 있으나 가, 나본에 의거함.
142) 體: 저본에는 빠져 있으나 가, 나본에 의거하여 보충함.
143) 隷: 저본에는 '肆'로 나와 있으나 가, 나본에 의거하여 바로잡음.
144) 疑: 나본에는 '意'로 되어 있음.
145) 學問: 나본에는 '文學'으로 되어 있음.
146) 獍: 저본에는 '獐'으로 나와 있으나 가, 나본에 의거함.
147) 輔: 나본에는 '補'로 되어 있음.

責之, 辭氣凜冽. 賊使之降, 則述源憤罵, 曰: "吾頭可斷, 此膝不可屈於汝矣. 汝以名祖之孫, 世受國恩, 國家何負於汝, 而汝作此擧也? 獨不忝於汝祖忠節乎?" 賊怒以刃脅之, 述源終不屈, 遂遇害至死, 罵不絶口. 其子遇芳, 收其屍斂之, 安于枕流亭, 而哭曰: "父讐未雪, 吾何生? 爲復之後, 乃可葬也." 仍白衣起軍[148], 與賊戰于牛頭嶺之下, 遇芳居先力戰, 夜登皐而呼曰: "居昌之軍民, 聽我言! 希亮國賊也, 汝輩若從之, 則死亡無日矣. 汝輩中如有縛致吾陣者, 赦前罪錄勳, 利害順逆, 不難辨矣云." 而周行倡聲, 而邑校數人, 適在賊陣, 夜縛希亮, 而致之陣中. 諸議皆以爲囚之檻車, 上送大陣可也, 遇芳泣曰: "殺父之讐, 吾何可一時共戴天乎?" 仍以刃刳其腹而出肝, 祭于父柩前. 仍行襄禮, 自朝家旌其閭而贈職, 建祠于熊陽面, 名曰'褒忠祠', 春秋享之. 李遇芳, 以承傳箚仕, 官至縣監云云[149].

2-14.

麟佐之起兵也, 初粧喪車, 而兵器束作[150]棺樣, 擔軍皆賊徒也. 以數十喪車, 擔入淸州城內, 營將南忠壯延年及幕客洪霖, 言于兵使李鳳祥曰: "喪車多入城內, 事甚怪訝, 請搜見而譏察焉." 兵使醉而答曰: "過去喪車, 何必疑訝? 君等退去, 可也." 時夜將半, 有一雙鵲, 上下於樓上之樑, 而逐之不去, 噪之不已. 已而亂作, 城中大亂, 賊兵擁入營門, 兵使昏夢之中, 走避于後庭竹林之中. 忠壯坐于樓上而號令, 賊問兵使去處, 忠壯曰: "我也!" 罵賊不屈, 而遂遇

---

148) 軍: 나본에는 '兵'으로 되어 있음.
149) 云云: 저본에는 빠져 있으나 나본에 의거하여 보충함.
150) 作: 나본에는 '裝'으로 되어 있음.

害, 賊中有知面者, 見之, 曰:"非也." 遂至竹林, 而又刺殺之, 洪霖以身覆之, 幷被害. 兵使·營將及裨將, 自朝家竝施㫌閭贈職之典. 其後, 有人題詩于淸州城外南石橋石上, 曰: '三更鳴鵲繞樑喧, 燭滅華堂醉夢昏. 裨將能全蓮幕節, 元戎反作竹林魂. 雲惟死耳傳唐史, 陵獨何心負漢恩. 堪笑漁人功坐受, 一時榮寵耀鄕村.' 此詩傳播, 而不知誰作也. 其後, 南忠壯緬禮時, 請挽[151]於知舊之間, 有兪生彦吉, 卽兪知樞從行間也. 詩曰: '吾頭可斷膝難摧[152], 千載森萬仞崔. 是夜人能貞節辦, 暮春天以雪風哀. 名符漢塞張拳[153]死, 姓憶睢陽齕指回. 堪笑五營巡撫使, 忍能無恙戴頭來.' 李氏子孫見此詩, 指以淸州詩, 亦此人所作也. 至於鳴寃之境, 兪生竟被謫, 便是詩案也.

2-15.

尹判書汲, 美風儀, 善文翰, 志又亢, 未嘗與人交. 其在漢城判尹時, 府隷皆以爲, '當今之世, 地處也, 風儀也, 言論也, 文華也, 無出於此大監之右云矣.' 一日, 罷衙歸路, 路逢一騎牛客, 衣弊縕[154]而過. 彼此見, 而俱下帤下牛, 執手而問上來之由, 騎牛客曰:"聞美仲闕食, 已三日云. 而昨日, 吾家適受還米, 故載米而來, 將饋之云云." 府隷莫不驚而探知, 騎牛客, 卽尹副學心衡也, 美仲, 李正言彦世之字也.

---

151) 挽: 나본에는 '輓'으로 되어 있음. 서로 통용됨.
152) 摧: 가, 나본에는 '推'로 되어 있음.
153) 拳: 저본에는 '奉'으로 나와 있으나 가, 나본에 의거함.
154) 弊縕: 나본에는 '縕弊'로 되어 있음. 뜻은 서로 통함.

2-16.

　李兵使源, 提督如松之後也. 朝家以提督之有勞於壬辰之役, 收用其孫, 位至兵使, 有勇力, 能超數仞之墻, 彎一石弓. 其堂叔某, 居春川地, 而躬耕資生, 亦有膂力神勇, 而人皆不知. 春畊時, 家貧無牛, 乃手自把耒耟而耕田, 則反勝於牛耕, 以是人或怪之. 其知舊有爲豊川倅, 一日, 委往見之, 仍言曰: "吾有大禍, 欲圖免而力不足, 君以故人之情, 能活我乎?" 倅曰: "何謂也?" 曰: "吾之氣力健實然後, 可免此禍, 而窮不能如意, 自今日, 君可饋大牛乎! 喫十牛則可免矣." 倅許之. 李生每日, 使牽牛而來, 屠于前, 飮其血, 又擧肉而吮之, 色白後棄之. 連日如是, 託于本倅, 曰: "日間有一僧來, 問吾之下來與否矣. 以姑不來爲言, 而彼若不信, 則吾以期日之書置矣." 出此而示之, 倅許之矣. 數日後, 門者入告曰: "有江原道五臺山僧, 請謁矣." 使之入來, 則卽一狀貌獰悍[155]之健僧也. 入來施禮, 而問曰: "春川李生來此乎?" 答曰: "有約而姑不來矣." 僧曰: "與小僧, 丁寧約會于此, 而過期不來, 甚可訝矣." 倅出其書而示之[156], 曰: "有書在此, 汝試見之, 某日當來云矣." 其僧見書畢, 辭曰: "伊日, 謹當出來云." 而出門, 倅怪之, 問于李生, 則曰: "此僧卽殺我之人也, 而吾氣力未充實, 不得敵彼, 故欲調補十餘日, 而始欲與之較力矣." 到伊日, 其僧又來請見. 時李生在座, 其僧入來, 又問李生之來否, 李生開戶而言曰: "余果來矣!" 厥僧冷笑, 曰: "汝旣來矣, 可出來." 李生自腰間, 出一鐵椎而下堂, 與僧對立, 其僧又出一椎[157], 相與之擊. 未幾, 竝化爲一, 帶白虹亘于天際, 而

---

155) 獰悍: 나본에는 '獰猂'으로 되어 있음.
156) 而示之: 저본에는 '示'로 나와 있으나 나본을 따름.
157) 一椎: 나본에는 '鐵椎'로 되어 있음.

空中只有椎擊之聲而已. 李生自空中, 挾椎而落來[158], 仰面而臥如尸, 傍人皆驚駭, 李生乃瞬目, 而使勿近. 少焉, 其僧自雲中, 又挾椎而[159]飛下, 如胡鷹之搏雉[160], 將近李生之前, 李生忽擧椎, 而其僧頭碎而斃於地. 李生喘息而起, 曰: "吾與此僧, 每較椎法, 力弱而不得勝. 今日, 又幾爲渠所輸, 不得已用臥椎法, 幸而渠不知而直下矣. 渠若知此法而橫下, 則吾不得免矣, 亦是數也云." 而更留數日告歸. 豊川倅問僧之來歷, 則不答而去, 隱於春川山下[161]云爾.

2-17.

英廟每幸毓祥宮, 趙判書重晦, 以臺臣上疏, 以爲, '歲時未行太廟之謁, 先行私廟於禮, 不可云云.' 上大怒, 卽以步輦, 直出興化門, 時當倉卒, 侍衛之臣, 陪護之軍, 皆未備. 由夜峴, 到毓祥宮, 垂涕而敎曰: "以不肖之故, 辱及亡親, 以何顔面, 更對臣民乎? 予當自處, 令軍兵執戟環衛, 而大臣以下, 一勿許入, 如許入, 則大將當施軍律." 又敎曰: "八十老人[162], 若坐氷上, 不久當死." 仍以手足沈之前池氷雪之氷. 時當早春, 氷未解之時, 百僚追到, 而被阻搪, 不得入. 正廟以世孫, 獨侍立, 叩頭涕泣而諫之, 終不聽. 少焉, 玉體戰慄, 世孫涕泣而復諫, 則上曰: "斬趙重晦頭, 置之目前, 則予當還宮!" 世孫急出門, 呼[163]大臣, 令曰: "趙重晦斯速斬頭以來!" 時金相相福, 獨立於衛外, 奏曰: "趙重晦無可斬之罪, 何可迫於嚴令

---

158) 落來: 나본에는 '落下'로 되어 있음.
159) 而: 저본에는 공백으로 되어 있으나 가, 나본에 의거하여 보충함.
160) 雉: 나본에는 '兎'로 되어 있음.
161) 山下: 나본에는 '山中'으로 되어 있음.
162) 老人: 나본에는 '老夫'로 되어 있음.
163) 呼: 나본에는 '招'로 되어 있음.

而殺不辜乎? 惟願邸下務積誠意, 期於天意之回." 世孫頓足而泣, 又下令曰: "宗社之危, 迫在俄頃[164], 大臣何愛一重晦而不奉命乎?" 金相對曰: "此是大朝之過擧, 何可因過中之擧殺言官[165]乎? 臣雖死, 不敢奉令." 上下相持之際, 自上下敎曰: "趙重晦姑勿斬." 先以庭請啓辭入之, 右相仍與諸臣, 呼草登啓以入, 上覽之, 裂書而擲于地, 曰: "此是啓辭乎?" 乃是趙重晦之行狀也. 諸臣改草以亟正邦刑, 入啓, 上命三倍道, 濟州安置, 卽日發送[166], 而仍還宮. 趙重晦未及濟州, 而有放釋之命.

2-18.

李判書鼎輔, 以副學遭故. 一日, 往省湖中先山, 聞獨子病報, 蒼黃復路, 行到省草店, 時日暮, 而貫目商人十餘人, 先入店矣. 李公處于越小房, 夜深月明, 不寐而坐. 一商人開戶而出溺, 仰見天象, 忽呼同伴之字, 曰: "某也出來!" 已而, 一人又出, 相對而坐[167], 一人指示星辰, 曰: "畢星犯某星, 明午必大雨, 數日不止矣. 趁早[168]起動, 越某川, 可也." 一人仰視, 曰: "然矣." 仍與之酬酢, 一人問曰: "今日所逢守令行次, 汝知之乎?" 曰: "聞是靈光倅也." 曰: "其人何如?" 曰: "風儀動盪矣." 曰: "其面目能無凶氣乎!" 曰: "十年之後, 必舞於車上矣, 至凶之象也." 曰: "今日入此店喪人知之乎?" 曰: "極貴人, 見今似貴至宰相之班矣." "其眉間得無所現之氣耶?" 曰: "其形極淸秀, 子宮甚貴, 必聞獨子病報而去. 然而昨日午

---

164) 俄頃: 나본에는 '時刻'으로 되어 있음.
165) 官: 저본에는 '宮'으로 나와 있으나 가, 나본에 의거하여 바로잡음.
166) 發送: 저본에는 '還宮'으로 나와 있으나 나본에 의거함.
167) 坐: 나본에는 '立'으로 되어 있음.
168) 早: 나본에는 '卽'으로 되어 있음.

後, 已不救矣, 仍以無嗣可慮矣." 公聞而訝異之, 開戶而視之, 則二人仍入房中[169], 鼾聲如雷. 李公高聲, 曰: "俄者, 酬酢之人誰也? 願一見之." 連聲而無應者, 未幾鷄鳴[170], 行人皆起而催飯出門, 李公亦秣馬而發. 午過後, 大雨果注, 川渠漲溢, 行人數日不通, 到家則其子已死, 果符其言. 而靈光倅, 卽申致雲也, 乙亥謀逆[171]伏誅.

2-19.

北關人喪配後, 後娶, 而其後妻悍惡, 疾其前妻子女, 如仇讐而侵虐之. 其子與女, 不堪其苦, 娚妹相携而出門, 女是十二[172]歲, 子是十三[173]歲矣. 其娚托其妹於外家, 將向京城, 訪其親戚之在洛[174]者, 欲托身. 臨行作詩, 別其妹, 曰: '烝烝大舜不怨號, 王子悲歌亦暮途. 去住殊常無奈爾, 死生有命可憐吾. 遠天獨下離群鴈, 古木雙啼反哺烏. 日下長安何處是, 熹迷[175]前路問征夫'云云. 語甚凄然. 余在箕城時, 聞日前過去云爾.

2-20.

趙侍直泰萬, 泰億之伯兄也. 其爲人落拓不羈, 自處以方外之人, 棄官不仕. 泰億之爲兵判, 故犯夜被捉, 而誘其巡邏之鄕軍, 曰: "吾之弟泰億, 在於角峴兵判宅門下, 暫爲通之, 泰億阿汝兄泰萬, 見捉於巡邏云云, 則當優[176]給酒債云云." 而先給數盃資, 其鄕

---

169) 房中: 나본에는 '房內'로 되어 있음.
170) 鳴: 저본에는 '唱'으로 나와 있으나 나본을 따름.
171) 謀逆: 나본에는 '謀臣'으로 되어 있음.
172) 二: 나본에는 '三'으로 되어 있음.
173) 三: 나본에는 '二'로 되어 있음.
174) 洛: 나본에는 '京'으로 되어 있음.
175) 熹迷: 나본에는 '俙微'로 되어 있음.

軍依其言, 往呼泰億傳之, 泰億大驚而出來, 巡軍始知宰相之兄, 恐懼而走. 泰萬謂其弟曰: "吾之被捉, 君今捄之, 而君之被捉, 有譙杖之云."[177]

2-21.

李益著, 以義城宰, 一日宴飮, 時甞[178]夏節也. 忽有一陣風過去, 益著急撤樂, 而作營行[179], 見巡使, 請貸南倉錢五千兩, 以貿年麥. 時價至賤, 貿麥而封置各洞, 使洞任守直矣. 七月初夜, 忽覺睡而呼官僮, 摘後園一葉草, 而視之, 曰: "然矣云." 而翌朝見之, 則嚴霜大降, 草木盡凋. 是秋, 嶺南一道, 野無靑草, 仍爲地赤而設賑, 穀價登踊, 麥一石價, 初夏不過三四十錢矣, 其秋[180], 價至三百餘錢. 益著以其麥資賑, 而又發賣報南倉錢如數, 益著有占風之術也. 後移隣邑, 而趙顯命時爲巡使, 益著往見, 鬖髮未整, 亂髮露於網巾. 旣退, 巡使拿入隨陪吏, 以容儀怠慢數之, 益著復請謁而入謝, 曰: "下官年老氣衰, 鬖髮未及整, 見過於上官, 知罪知罪! 如是而何可供職乎? 惟願啓罷." 巡使曰: "尊丈以俄者事有此敎乎? 此不可不體禮間事也, 何必乃爾?" 益著曰: "以下官而不知事, 上官之體禮, 則何可一日供職乎? 斯速啓罷, 可矣." 巡使曰: "不可如是." 益著正色, 曰: "使道終不許乎?" 曰: "不可許矣." 益著曰: "使道必欲使下官作駁擧, 良可慨然." 仍呼下隸而言曰: "持吾冠袍而

---

176) 優: 나. 다본에는 '復'로 되어 있음.
177) 巡軍始知宰相之兄 … 而君之被捉有譙杖之云: 저본에는 빠져 있으나 다본에 의거하여 보충함.
178) 甞: 문맥상 '當'이 되어야 함.
179) 營行: 나본에는 '營門'으로 되어 있음.
180) 秋: 저본에는 '後'로 나와 있으나 나본을 따름.

來." 仍脫帽帶, 而解符置之于巡使之前, 而大責曰: "吾以佩符之
故, 折腰於汝矣. 今則解符矣, 汝非我故人之穉子乎? 吾與爾翁,
竹馬之交也, 同枕而臥, 約以先娶婦者, 知新婦之名字而相傳矣.
汝翁先吾娶汝母, 而以汝母之名, 來傳于我, 言猶在耳. 汝以汝翁
先沒之已久, 而待我至此, 是亡[181]父之不肖子也. 鬢髮不整, 何關
於上下官體禮乎? 吾老不死, 以口腹之故, 果爲汝之下官, 汝若念
爾亡父, 則固不敢如是也, 汝乃狗彘之不若也." 言罷, 冷笑而出,
巡使半晌無語, 隨至下處, 懇乞曰: "尊丈此何擧也? 侍生果有大得
罪矣, 知罪知罪! 幸勿强辭焉." 益著曰: "以下官叱辱上官於公堂,
以何顏而復對吏民乎?" 仍拂衣而起, 不得已啓罷.

2-22.

有一宰相之女, 出嫁未期而喪夫, 孀居于父母之側矣. 一日, 宰
相自外而入內, 見其女在於下房, 凝粧盛飾, 對鏡自照, 已而, 擲鏡
而掩面大哭. 宰相見其狀, 心甚惻然, 出外而坐, 數食頃無語. 適有
親知武弁之出入門下者, 無家無妻, 年少壯健者也, 來拜問候, 宰
相屛人, 言曰: "子之身世, 如此甚困窮, 君爲吾之女婿否?" 其人惶
蹙, 曰: "是何敎也? 小人不知敎意之如何, 而不敢奉命矣." 宰相
曰: "吾非戲言." 仍出櫃中銀子一封, 給之, 曰: "持此而往, 貰健馬
及轎子而待令, 夜罷漏後來, 待于後門之外, 切不可失期." 其人半
信半疑, 第受之, 而依其言, 備轎[182]馬, 待之于後門矣. 自暗中, 宰
相携一女子, 而使入轎中, 而誡之曰: "直[183]往北關而居生也." 其人

---

181) 亡: 저본에는 '忘'으로 나와 있으나 나본에 의거함.
182) 轎: 저본에는 '嬌'로 나와 있으나 가, 나본에 의거하여 바로잡음.
183) 直: 나본에는 '卽'으로 되어 있음.

不知何委折, 而共隨轎出城矣. 宰相入內房, 而哭曰: "吾女自決矣." 家人驚惶, 而皆擧哀, 宰相仍言曰: "吾女平生, 不欲見人, 吾可襲斂, 雖渠之娚兄[184], 不必入見矣[185]." 仍獨自斂衾而裹之, 作屍體樣, 而覆以衾, 始通于其舅家, 入棺後, 送葬于舅家先山之下矣. 過幾年後, 宰相子某, 以繡衣按廉北關, 行到一處, 入一人之家, 則主人起迎, 而有兩兒在傍讀書, 狀貌淸秀, 頗有自家之面貌[186]. 心切怪之, 日勢已晩,[187] 又困憊, 仍留宿矣. 至夜深, 自內忽有一女子出來, 把手而泣, 驚而熟視, 則卽已死之妹. 不勝驚訝[188]而問之, 卽以爲因親敎居于此, 已生二子, 此其兒矣. 繡衣口噤, 半晌無語, 略言阻懷, 待曉辭去, 復命還家. 夜侍其大人宰相而坐, 時適從容, 低聲而言[189]曰: "今番之行, 有可怪訝之事矣." 宰相張目熟視而不言, 其子不敢發說而退. 此宰相之姓名, 不記之.

2-23.

李觀源, 判書鼎輔之繼子也. 有文學, 早登司馬, 而性甚簡亢. 洪國榮, 卽其戚五寸姪也, 爲人薄倖[190], 無行檢. 觀源未嘗與之接談, 如或來拜, 則點頭而已, 國榮自兒時, 含憾而切憎之. 及到丙申後, 獄事大起, 觀源之妻父洪啓能被拿伏法矣, 國榮以觀源亦參是謀, 請拿. 及觀源之被拿也, 自上問: "汝受學於汝之妻父云, 然否?" 供曰: "矣身粗解文字, 平日不服於矣身妻父矣, 受學云云, 千萬不近

---

184) 娚兄: 나본에는 '妹兄'으로 되어 있음.
185) 矣: 저본에는 빠져 있으나 나본에 의거하여 보충함.
186) 面貌: 나본에는 '顔面'으로 되어 있음.
187) 日勢已晩: 나본에는 '日已暮矣'로 되어 있음.
188) 驚訝: 나본에는 '訝怪'로 되어 있음.
189) 言: 나본에는 '告'로 되어 있음.
190) 倖: 저본에는 '箨'으로 나와 있으나 가, 나본에 의거함.

矣." 又教曰: "汝與妻父, 何爲論『書傳』「太甲」篇乎?" 供曰: "今有
故, 未嘗見妻父之面矣, 何暇論『書傳』乎?" 命推得情. 觀源泣曰:
"矣身罪雖可殺, 矣父有勞於[191]王家之臣也, 乞有矣身之命, 無使矣
身父絶嗣焉." 上聞之而憐之, 仍命停刑, 下教曰: "李觀源, 聽其言,
觀其[192]貌, 有可恕之道, 特爲島配." 觀源直出南門外, 治裝將赴謫,
其妻洪氏, 先來待于店舍矣. 觀源見而泣, 曰: "子欲死乎?" 洪氏正
色斂衽, 對曰: "以妾家事, 連累於舅家, 至使君子, 至於此境, 妾雖
粉骨碎身, 卽地溘然, 無以自贖. 而天日無幽, 不燭天下, 至冤之
事, 必有伸雪之日, 妾當圖生, 欲見伸雪之日矣, 何乃輕死? 且妾
竊有慨惜者, 夫子讀古人之書, 言行相符, 妾常敬服矣. 以今日事
見之, 不覺惘然自失, 以堂堂大丈夫, 何爲此兒女子之涕泣乎?" 觀
源收淚而謝之, 洪氏仍勉以在道加護, 而不言他事, 仍起而辭, 曰:
"久坐徒亂人心, 從此告別." 仍出門處他房, 終不更對, 招其轎前
婢, 而托曰: "汝可隨往謫所." 其婢[193]泣曰: "小人有良人矣, 何以離
去?" 洪氏責曰: "吾別進士主矣, 汝焉敢言汝夫之難離乎? 斯速隨
去!" 仍作一封書, 給婢[194], 曰: "到謫所, 可納此書." 婢子不得已治
裝隨去矣. 及到謫所, 坼見則書曰: "此婢性行良順, 亦解衣服飮食
之節, 勸使作副室云云." 觀源執書而泣, 曰: "是數也!"[195] 仍作小
室, 生二子而夭. 至辛亥, 上忽以前望李健源, 除注書, 乃是觀源兄
也. 健源席藁於闕外, 而不應命, 上下教嚴切, 使之入侍肅命, 又
辭, 上下教曰: "前席辭免, 大臣外不敢爲者也. 李健源渠以假官,

---

191) 勞於: 저본에는 빠져 있으나 가, 나본에 의거하여 보충함.
192) 其: 저본에는 '容'으로 나와 있으나 나본을 따름.
193) 婢: 저본에는 '婢曰'로 나와 있으나 가, 나본에 의거함.
194) 給婢: 나본에는 '給之于婢'로 되어 있음.
195) 曰是數也: 저본에는 빠져 있으나 나본에 의거하여 보충함.

焉敢乃爾?" 命除明月萬戶, 當日辭朝, 健源辭陛之時, 上敎曰: "可往見汝弟." 蓋觀源所在之島, 隣近故也. 健源赴任, 往見其弟, 相持痛哭, 攢祝聖恩. 伊後, 觀源患時疾, 健源往而救護, 亦染其病, 兄弟俱死, 命也夫, 慘矣慘矣! 李判書之妾, 全州妓也, 國榮幼少時, 嘗梳洗於此妓者, 久矣. 妓老在觀源家, 見此光景, 夜往國榮家, 欲乞其全保, 而阻閽不得入門. 待曉, 赴闕之路, 老妓突出而向軺車, 曰: "令監何必忍使我大監家覆亡乎?" 國榮聽若不聞, 命使驅逐左右巡牢, 一時迫逐. 老妓仰天痛哭, 曰: "天乎! 知之使國榮陰誅云矣." 國榮入奏, 以觀源妻洪氏路上詬辱, 洪氏因此謫于豊川, 未解配而死.

2-24.

洪翼靖公鳳漢, 卽高王考[196]第二婿也. 惠嬪誕降于平洞故第, 長於吾家, 以至於入宮. 晩年, 每下問舊第之尙傳與否. 洪公登第後, 英廟眷注隆重, 秉權數十年[197], 而其子弟次第[198]決科, 門庭烜爀. 時金龜柱, 亦以戚里相頡頏, 而有猜忌之心, 收合[199]人心, 自處以下士, 儒生之婚喪, 貧不能辦者, 皆力爲之助. 以是之故, 聲譽蔚然. 金參判[200]光默, 正言時, 往洪相, 而洪相時適入內舍, 傔從輩未卽通, 以至食頃之久, 金台乃大慍, 不見而去. 自是之後, 大生嫌隙, 仍附於金與金鍾秀, 諸人相黨, 號曰'攻洪十八學士', 論議峻激, 而皆以龜柱爲領袖. 自此, 南北黨始分矣. 儕流中老熟之論, 皆以

---

196) 考: 저본에는 빠져 있으나 가, 나본에 의거하여 보충함.
197) 數十年: 가, 나본에는 '數三十年'으로 되어 있음.
198) 次第: 나본에는 '登第'로 되어 있음.
199) 收合: 나본에는 '收拾'으로 되어 있음.
200) 參判: 나본에는 '判書'로 되어 있음.

爲嬪宮孤危, 洪相不可斥彼輩, 皆目之爲洪黨, 互相攻擊. 龜柱欲
求儒生中疏斥洪相之人, 時淸州儒生韓鍮, 以裕坤[201]錄事, 上京將
治疏, 而爲人猂毒[202], 龜柱與之親密, 置之家後山亭, 待之如燕丹
禮荊卿也. 每以攻洪事言之, 則鍮曰: "吾以他事上來, 彼旣與我無
嫌, 則當局首相, 吾何故論疏云云." 龜柱曰: "聊試耳, 更不强勸!"
一日, 洪相爲見龜柱而來, 聞後堂喧笑, 問曰: "後亭有人乎?" 曰:
"有淸州韓鍮者, 卽東方一士也, 吾姑邀置家中." 洪相曰: "令公與
吾, 俱是戚里也, 不必廷攬人客矣云." 而少焉, 歸去矣. 翌日, 龜柱
粧出一隷, 做假洪相之傳喝, 迨渠之在座, 而傳之相約後, 坐山亭,
與韓酬酌. 忽有一隷來, 問: "令監何在?" 龜柱曰: "何處來?" 隷對
曰: "小人卽國洞領相宅隷也, 大監傳喝, 以爲, '昨奉尙慰夜候, 何
如昨豈不云乎? 吾與令, 俱是戚里也, 不必廷攬人客, 而至於淸州
韓哥者, 尤是怪物, 不可久留, 斯速逐送, 爲好云云.'" 韓鍮[203]聞此
言, 勃然大怒, 面色[204]靑紅, 仍起請疏草. 主人以不必如是, 挽止,
則怒髮衝冠, 拂袖而起, 左挾斧, 右持草席, 走伏闕門之外, 而疏
曰: "請斬洪鳳漢之頭, 以謝神人之事云云." 自上卽爲行刑. 其後,
又有沈儀之疏, 大抵俱是死黨也, 而龜柱之激使呈疏也.

2-25.

英廟幸春坊, 命春桂坊官員進前, 討論經旨, 又敎曰: "今日適從
容, 爾等各言古談, 以供一笑." 諸臣次第奏達, 時李運永, 以洗馬

---

201) 坤: 나본에는 '昆'으로 되어 있음.
202) 毒: 저본에는 '毒毒'으로 나와 있으나 가, 나본에 의거함.
203) 韓鍮: 나본에는 '韓哥'로 되어 있음.
204) 面色: 나본에는 '顔色'으로 되어 있음.

進前, 曰: "臣之桂坊, 近日有大得矣." 上曰: "何爲也?" 對曰: "春坊自前有投壺之器, 而桂坊獨無, 故臣等發簡於曾經之作守宰者, 收合錢百兩而新造矣. 日前春坊, 以春坊投壺器, 不如桂坊之新件古風而換去矣." 上笑曰: "以新換舊, 何云大得也?" 對曰: "春坊之臣, 不知古事, 而然此投壺, 卽孝廟之在瀋陽也. 以此消遣, 及還而登大位, 仍以此賜送于春坊, 此是稀貴之器, 而豈非大得乎?" 上命持來, 撫摩而愀然, 春坊奏曰: "若然則還春坊, 可矣." 上敎曰: "此則大不然矣, 留作桂坊之器." 春坊之臣, 大以爲無顏, 而此器常在桂坊矣.

2-26.

洪純彥, 少落拓, 有義氣. 嘗赴燕到通州, 夜遊靑樓, 見一女子, 極有殊色. 意悅之, 托主嫗[205]要歡, 見其衣素, 問之, 女對曰: "妾本浙江人, 父母仕宦京師, 不幸遘[206]癘疾, 一時俱沒. 旅櫬在館, 獨妾一身, 返葬無資, 不得已將自鬻於娼家矣." 言畢, 仍哽咽泣下, 純彥聞之愍然, 曰: "葬費幾何?" 女曰: "可用百[207]金耳." 卽罄橐與之, 終不近焉. 女請姓名, 終不言, 女曰: "大人不肯言, 妾亦不敢受賜." 純彥乃言姓而同行, 莫不唾其迂闊. 女後爲禮部侍郎石星之繼室, 侍郎聞之此事, 而高其義, 每見東使, 必問洪通官來否. 時本國以宗係卞誣, 前後十餘使, 皆未得請. 萬曆甲申【明廟時】, 純彥隨卞誣使黃芝川廷彧, 到北京, 望見朝陽門外, 錦幕連雲, 有一騎疾馳來, 問洪判事, 言, "禮部侍郎石公[208], 與夫人迎候." 俄而, 見女奴十餘

---

205) 主嫗: 나본에는 '主媼'으로 되어 있음.
206) 遘: 나본에는 '遭'로 되어 있음.
207) 百: 나본에는 '三百'으로 되어 있음.

輩, 簇擁一夫人, 自帳中出, 純彦驚訝欲避, 侍郎曰: "君記通州施恩事乎? 我[209]聞夫人言, 君誠天下之義士, 今幸相遇, 大慰我心." 夫人見卽拜, 純彦俯伏固辭, 侍郎曰: "此報恩拜, 君不可不受. 夫人蒙君高義, 得葬父母, 感結中心, 何日忘也?" 仍大張宴, 夫人執盃以進, 侍郎問: "東使來此爲何事?" 純彦以實對, 侍郎曰: "君須毋慮, 留館月餘, 果得準." 請特[210]命, 錄示新改會典, 蓋石公極力實爲之地也. 及還邀至其家, 禮待[211]甚厚, 夫人以鈿函十, 各盛五色錦緞十疋, 曰: "此是妾手織以待公, 至今已逢君, 願以此獻公." 純彦固辭不受, 還到鴨江邊, 見擡杠軍隨至, 置其緞而去. 錦緞悉刺'報恩'二字, 旣歸, 買錦者爭赴, 人稱所居洞, 改爲'報恩緞洞'云. 壬辰倭寇來犯, 請救天兵, 亦皆石侍郎之獨力周旋云.

2-27.

尼尹以背師, 見棄君師父一也, 生三事一之義至重矣. 若使爲師者, 設有誣辱, 其親之事在弟子之道, 固當思其自靖不可以倒戈矣. 至於尼尹則不然, 尤翁初無誣其親之事, 而只以墓文之不叶所望, 生釁而排斥, 乃曰: "栗谷有入山之失, 先人無可死之義, 栗翁若有與人約死之事, 則引而言之, 可也." 今於此物不親着, 而如是言之, 亦可異也, 且尼尹見南人輩, 得時尤翁必無幸矣. 而恐禍及己, 以早自立異之計, 至有做出己酉擬書之擧, 其患得失之病, 有如是矣. 其上疏言, '其親之稱以死罪臣云者, 非以向日自廢事而言

---

208) 石公: 저본에는 '聞入來'로 나와 있으나 나본을 따름.
209) 我: 나본에는 '俄'로 되어 있음.
210) 特: 나본에는 '時'로 되어 있음.
211) 待: 저본에는 '侍'로 나와 있으나 나본을 따름.

也, 卽逋慢君命而然也云云.' 魯西尹宣擧之在江都[212], 與友及妻, 約死而不死, 此爲自家沒身之恨死之一字, 固不可容易責之於人子也. 宣擧以此自廢, 如尤春諸先生, 以其悔過爲貴, 而許與矣, 自家之疏稱以死罪者, 以此也. 而其子則反以此誣, 其旣骨之親, 此豈人子之道耶? 尼尹見擯於尤門之後, 自附於少輩而已. 初非少論之領袖, 當以趙持謙·韓泰東爲首, 可也, 而今之少論, 稱曰'明齋', 還可呵也.

2-28.

尼尹之不貳尤門時, 門徒之少者, 或受業於尼尹, 此無怪之事也. 韓慶州聖輔, 卽尤門弟子[213]也, 四兄弟中三人, 受業於尤翁. 其中一人及子姪, 皆受學於尼尹, 韓慶州無嗣, 以其姪配夏爲子矣. 及其尼尹之見擯也, 韓公使配夏絶尼尹, 曰: "彼旣背師之賊也, 不可相通矣." 配夏曰: "大人旣以背師爲罪, 何使小子又背師也? 此則不敢奉命矣." 以是之故, 父子不相見, 幾月矣. 配夏後以奉命, 往湖西, 慶州戒之, 過淸州華陽洞, 須拜先生[214]影幀而去, 可也, 配夏曰: "敢不如[215]命!" 發行渡江, 則其弟配周追到, 曰: "聞伯氏欲拜宋某之畵像云, 然否?" 答曰: "然矣." 曰: "宋某則凶逆[216]也, 伯氏何可拜其祠乎?" 配夏曰: "父命也, 何可不奉乎?" 配周曰: "伯氏如欲往拜, 則弟當隨往, 將唾其像." 而自此, 弟當書白于伯氏[217]之前矣,

---

212) 在江都: 나본에는 '江都在時'로 되어 있음.
213) 弟子: 가, 나본에는 '高弟'로 되어 있음.
214) 先生: 저본에는 '華陽洞'으로 나와 있으나 나본에 의거함.
215) 不如: 나본에는 '不奉'으로 되어 있음.
216) 凶逆: 나본에는 '凶徒'로 되어 있음.
217) 伯氏: 나본에는 '伯父'로 되어 있음.

仍作書, 曰: "宋某擧世方欲寢皮[218]食肉, 伯父何可使兄欲拜於其祠乎云云." 答曰: "汝欲寢先生之皮, 先寢吾皮; 汝欲食先生之肉, 先食吾肉云云." 配夏兄弟, 以是見棄於世. 其後, 尼尹削逸疏出, 韓慶州之第三弟之子, 進士早孤, 而就養於其伯父矣. 適以伴任書謹悉, 其妹卽尼尹之子婦也, 尼尹呼其子婦, 而問曰: "汝知汝家事乎?" 答曰: "不知." 尼尹曰: "汝之娚以泮任, 請吾削逸矣, 女子之道, 所重在舅家, 汝可往辭于汝家祠宇, 而絶娚妹之情義, 可也." 其妹乘轎, 卽到祠堂前, 痛哭而辭, 不見其娚而歸.

2-29.
徐孤青起, 沈相悅家私奴也. 沈相死後, 敎訓其孤靑, 每朝問候於夫人, 前後戶庭, 躬自灑掃. 沈之子, 或有過失, 則必開廟門, 而或撻或責, 其謙恭守分如此. 一日, 以意外事, 受罪於夫人而歸家, 家則沈相家門外也. 翌日, 軒軺塡巷而來, 沈相家人, 意謂將入其門矣, 過門而入孤靑家. 婢僕以此, 意告于沈相夫人, 夫人悔之, 招問孤靑, 則答曰: "小人適出入於宰相門下矣, 諸宰相以小人之受罪, 致慰而來云云." 夫人始大驚, 從此以後, 不以奴隷待之. 孤靑行誼, 大有勝於龜峰矣.

2-30.
洪相沂川命夏, 與金判書佐明, 俱是東陽尉女壻也. 金公早登科第, 聲望蔚然, 洪公以四十窮儒, 家貧贅居于東陽門, 自聘母·翁主以下, 皆賤待之. 妻娚申冕者, 亦早登第, 而爲人驕亢, 待沂川尤

---

[218] 皮: 저본에는 '被'로 나와 있으나 가, 나본에 의거함.

薄, 以奴隸視之. 一日對飯, 而適有雉脚之爲饌者, 申冕擧而投之
於狗, 曰: "貧士之床, 雉脚何爲?" 公但含笑, 而少無怒意. 東陽尉
獨知晩必大達[219], 每責其子, 而加意於洪公. 金公之爲文衡也, 洪
做數首表而視之, 曰: "可做科第耶?" 金公不見, 以扇揚之, 曰: "豹
乎彪乎?" 洪公笑而收之. 一日, 東陽尉出他暮歸, 聞小舍廊笙歌之
聲, 問於傍人, 則以爲, "令監與金參判令監及他宰數人, 方張樂而
遊矣." 申公問: "洪生[220]在座否?" 曰: "洪生在下房而睡矣." 申公[221]
嚬眉, 曰: "兒輩事可駭矣." 仍請洪公而問曰: "汝何爲不參於兒輩
之遊耶?" 對曰: "宰相之會, 非儒生之所可參, 況是不請客也!" 申
公曰: "汝則與吾一遊, 好矣." 仍命樂盡歡而罷. 申公有疾濱危, 公
把沂川之手, 一手擧杯而勸飮, 曰: "吾有一言可托于汝者, 可飮此
杯, 而聽我臨終之言." 洪公謙讓, 曰: "未知有何下敎, 願先承敎後,
飮此杯. 申公連日飮杯, 後吾當言之." 洪公一味不從, 申公四五次
勸之, 而終不聽, 乃擲杯於地而含淚, 曰: "吾家亡矣!" 仍賫[222]命,
蓋似是托子之言也. 其後, 洪公登第, 十餘[223]年之間, 位至左相. 肅
廟朝, 申冕獄事出, 而自上問于洪相曰: "申冕何如人也?" 洪相對
以不知, 仍伏法[224]. 冕之平日行事, 沂川含憾, 久矣, 旣受知於東陽
尉, 則一言救之, 以報東陽知遇之感[225], 可也. 而不此之爲者, 沂川
事極可咄歎. 沂川拜相之後, 金公佐明, 尙帶文衡之任, 燕京奏文,
文衡製進, 而以四六爲之, 先鑑于大臣而入啓例也. 金公以其所製之

---

219) 大達: 나본에는 '大貴'로 되어 있음.
220) 洪生: 나본에는 '洪公'으로 되어 있음.
221) 公: 저본에는 '公曰'로 나와 있으나 가, 나본에 의거함.
222) 賫: 나본에는 '殞'으로 되어 있음.
223) 餘: 저본에는 빠져 있으나 나본에 의거하여 보충함.
224) 法: 나본에는 '罪'로 되어 있음.
225) 感: 나본에는 '恩'으로 되어 있음.

表, 入鑑于大臣, 洪公以扇揚之, 曰: "豹乎彪乎?" 此亦量狹之事也.

2-31.

柳常[226]者, 肅廟朝名醫也, 尤精於痘疫方, 人家小兒之救活者, 甚多. 有一中村家, 甚富饒, 兩世寡居, 只有遺腹子一人, 年纔六七歲, 而未經痘者也. 其母買舍於柳醫[227]之門前, 托兒於柳醫[228], 饌品之新出, 酒肴之豊潔, 逐日[229]饋之. 如是者數年, 朝夕不怠, 柳亦憐其心, 而感其意, 率置其兒而訓之矣. 一日, 其兒患痘, 而初出之日, 已是不治之症也. 柳醫矢于心, 曰: "吾若不得救出此兒, 不敢復以醫術自處矣." 藥罐五六箇, 羅于前, 分溫凉熱冷, 補瀉之劑, 而別煎之, 隨症之變而用矣. 一日, 似夢非夢間, 一人來呼柳醫之名, 而言曰: "汝何爲而必欲救[230]此兒之病也?" 柳曰: "此兒家情景可憐[231], 必欲救活矣." 其人曰: "汝必欲活乎? 吾則必殺之矣." 柳醫曰: "汝何爲而必欲殺之?" 其人曰: "此是與我有宿怨故也, 汝不必用藥云云." 柳醫曰: "吾技窮則未知如何, 而吾技不窮矣. 汝雖欲殺之, 吾則必欲活之矣." 其人曰: "汝第觀之!" 柳亦曰: "汝第觀之!" 其人有怒氣而出門, 柳醫連用藥餌, 艱辛至二十日矣. 一日, 其人又來, 而問曰: "從今以後, 汝其可活此兒乎? 汝第觀之." 仍出門而去矣. 少焉, 門外喧擾, 內局吏隸及政院隸, 喘息而來言, "上候以痘症不平, 斯速入侍." 連忙催促, 疾馳而去, 入闕之後, 仍更不得

---

226) 柳常: 다른 야담집에는 '柳瑺'으로 나옴.
227) 柳醫: 나본에는 '柳常'으로 되어 있음.
228) 柳醫: 나본에는 '其人'으로 되어 있음.
229) 逐日: 저본에는 '逐之'로 나와 있으나 나본에 의거함. 가본에는 '逐之'로 되어 있음.
230) 救: 나본에는 '活'로 되어 있음.
231) 憐: 가본에는 '矜'으로 되어 있음.

出來矣. 數日間, 其兒仍[232]不救云矣. 肅廟痘候[233]極重, 柳醫欲用
猪尾膏, 以此稟于明聖大妃殿, 大妃大驚, 而敎曰: "如此峻劑, 何
進御乎? 此則大不可矣." 柳時伏于簾外, 大妃在簾內, 下敎, "汝欲
用此藥耶?" 柳醫曰: "不可不用矣." 大妃殿頓足, 曰: "汝有兩頭
乎?" 柳醫俯伏而奏曰: "小臣之頭, 雖可斷, 此藥進御後, 可以責效
矣." 大妃終不許進御, 柳醫乃袖其器而入診, 仍潛自進之, 食頃之
後,[234] 諸症差勝, 聖候平復, 雖賴天地神明之佑, 而柳醫之術, 亦可
謂神矣. 其後, 以此勞, 除豊德府使, 赴任矣. 一日, 肅廟進御軟泡
湯, 而仍成闕格, 以撥馬召柳醫入診,[235] 柳醫罔夜上來, 到新門, 門
姑未開. 自門內告于兵曹, 使之稟而開門, 往來之際, 稍[236]遲延柳
醫, 見城底一草廬, 燈火熒然, 仍暫憩于其家矣. 一老嫗[237]問于房
內之女兒, 曰: "俄者米泔水, 置之何處, 恐滴于太泡上矣." 柳醫怪
而問之, 則對曰: "米泔水滴於太泡, 則卽地消瀜故也." 已而, 門鑰
出來, 城門開矣. 柳乃赴闕, 而問症候, 則以軟泡而滯者也. 卽使內
局, 入米泔水一器[238], 微溫而進御矣, 滯氣乃降, 事亦異矣.

2-32.

趙持謙, 號汙齋; 韓泰東, 號是窩, 每以金煥獄事爲非, 欲因此而
除. 老論每當臺職, 欲以是發之啓辭, 僚中論議, 不一未克售計矣.
一日講筵, 趙以司諫, 韓以執義登筵, 而三司之中, 無一老論之參

---

232) 仍: 나본에는 '必'로 되어 있음.
233) 痘候: 나본에는 '痘患'으로 되어 있음.
234) 食頃之後: 나본에는 '頃之'로 되어 있음.
235) 柳醫入診: 저본에는 빠져 있으나 가, 나본에 의거하여 보충함.
236) 稍: 저본에는 '梢'로 나와 있으나 가, 나본에 의거함.
237) 老嫗: 저본에는 '老人嫗'로 나와 있으나 가, 나본에 의거함.
238) 器: 나본에는 '椀'으로 되어 있음.

者, 只有疎齋李公, 時年十八, 以弘文正字適參矣. 韓·趙以爲時不可失, 將欲發兩司合啓, 老論之在外者諸人, 皆曰: "今則大禍將起矣, 此將奈何? 李某以二十年新進, 何以相機周旋耶云矣." 講筵罷後, 承旨兩司進前傳啓, 韓·趙起伏而傳啓, 將發新啓之際, 疎齋奏曰: "今日講筵, 何等嚴重, 而臣見執義韓泰東, 泥醉矣, 推考何如?" 蓋韓不飮酒, 有鼻病鼻梁, 皆紅故也. 承旨罵[239]曰: "臺諫[240]斯速避嫌!" 韓心知其事, 不勝忿憤, 遽起而避嫌之時, 口又訥語者, 不分明. 上曰: "大醉矣, 罷職可也!" 趙以獨臺, 不得發啓而罷. 其後, 少論臺官, 以疎齋之欺罔慘駁[241], 而其臨時處變, 亦可見矣.

2-33.

竹泉每每主試, 試鑑如神. 適作湖中楸行而回, 時當監試會期, 有一士子, 騎馬而在前, 馬上常手持一冊子, 終日看之, 中火宿所之時, 必同店矣. 竹泉心甚怪之, 及到宿所店, 使人邀來而問之, 則卽赴會試人也. 自言, "兩老親侍下, 今行爲六七次, 每屈於[242]會圍, 情理切迫云云." 又問: "所看冊子何書, 而須臾不暫離手也?" 對曰: "年前所作私草, 而今則精神昏耗, 掩卷輒忘, 故常目在之意故也." 竹泉請其冊子, 見之則箇箇善作, 仍嗟嘆而問曰: "課工如是勤實, 句作[243]又如是淸新, 何爲屢屈也? 此是有司之責也." 其人曰: "今則年老多惻, 自作自書之字畫, 每每橫書如是, 而安得不屈乎? 今行又當如此, 初不欲赴, 而爲老親所勸, 不得已作此不緊之行也."

---

239) 罵: 가, 나본에는 '高聲'으로 되어 있음.
240) 臺諫: 나본에는 '臺官'으로 되어 있음.
241) 欺罔慘駁: 나본에는 '罔極慘迫'으로 되어 있음.
242) 於: 저본에는 빠져 있으나 가, 나본에 의거하여 보충함.
243) 作: 저본에는 '在'로 나와 있으나 가, 나본에 의거함.

竹泉憐以憫之, 慰誘曰: "今番須勞力而觀之." 仍爲入城, 而當會試主試考卷之時, 有一卷字畫, 或書橫書, 竹泉見而笑, 曰: "此必是厭者之卷也." 仍向諸試而言曰: "此是老儒實才之卷也, 今番吾輩可積善矣." 仍不問而擺置矣. 及其榜出, 見其封內, 則年紀不至衰老, 心切訝之矣. 放榜後, 新恩之來, 見恩門也, 此人亦來見, 竹泉賀曰: "積屈之餘, 得此一捿者, 幸矣." 其人對曰: "初試卽初爲之矣." 又曰: "老親侍下, 可以供歡矣." 又對曰: "永感下矣." 竹泉怪而問曰[244]: "向於路上, 何爲飾詐欺我也?" 其人避席俯伏, 而對曰: "小生知大監之主試, 故以此欺之, 不如是, 大監豈或擢拔乎? 自知死罪云云." 竹泉熟視而笑而已.

2-34.

西賊之亂, 魁則洪景來, 謀主則禹君則, 君則勸景來, 曰: "急引兵, 向安州, 則安州必不能守矣. 箕城·黃岡等地, 亦皆如是矣. 兩西已得, 而鼓向而上, 則京城可得." 景來曰: "不然. 吾輩初起兵, 無根本之地, 若孤軍深入, 而義州·寧邊之兵, 議其後, 則腹背受賊[245], 取敗之道也. 不如先擊寧邊爲根本, 如漢高祖之關中, 光武之河內, 次下義州, 以絶後患, 而直犯京城, 則萬全之計也." 西賊此言, 俱有兵法之可據, 若從君則之計, 則都下未受賊之前, 自成魚肉矣. 其計之不行也, 若使寧邊有失, 爲賊所據, 而官軍如來[246], 則開城而守之; 官軍如去, 則又出兵掠之, 如彭越之遊兵, 則此亂不知何時可底定, 而國家轉輸之費, 軍卒干戈之役, 又不知何時可

---

244) 曰: 저본에는 빠져 있으나 나본에 의거하여 보충함.
245) 賊: 가, 나본에는 '敵'으로 되어 있음. 이하의 경우도 동일함.
246) 如來: 나본에는 '下來'로 되어 있음.

休矣. 寧邊不失者, 豈非生民之福耶? 尹郁烈以咸從府使, 出戰松林之捷, 博川津頭之勝, 皆其功也. 如金見臣者, 不過敵退後入據白馬之空城, 別無斬將搴旗之功, 而特以遐土卑微之蹤, 能不赴敵而起義兵者, 亦可謂忠矣. 論功之時, 尹郁烈別無異賞, 而金見臣節次推遷, 至兵使, 其亦有數之幸不幸而然歟? 李堯憲以巡撫使留京, 而送中軍朴基豊, 圍定州城相守, 幾月而無功, 仍拿來而代送柳孝[247]源. 朴基豊性寬厚, 與士卒同甘苦, 大得軍中之心. 柳孝源性嚴峻, 不恤士卒, 大失軍心, 幸以江界銀店穿壙之徒, 穿城下地道, 埋火藥而燒之, 城以是而頹圮, 大軍驅入而成功矣. 不然而又持久, 則軍中又將有他變矣. 景來在定州城, 立紅陽傘, 乘轎而皷樂, 前導周行城上, 而撫士卒, 設文武科. 城中之賊徒, 以渠之曾登科紅牌, 自城上投之於外, 曰: "還汝國之紅牌云云." 令人聞此[248], 不覺髮竪而齒切. 大軍入城之日, 一城之人, 不分玉石, 幷屠之可也, 而旣破獲醜, 而令曰: "投兵降者, 當勿問云." 脅從之徒皆降, 而一時斬之, 此則大非不殺降之意, 是可歎也! 金見臣至武宰, 而不知守分, 大失鄕里之人心云.

2-35.

尹某, 卽有地閥之武弁也. 性甚悍毒而又妄率, 博有文藝, 出入時宰相之門, 宰相多許可者. 其在湖中也, 適居憂窮, 不能[249]自存, 隣里適有[250]親知之人, 與松商, 以錢貨相去來者. 尹弁請於其人,

---

247) 孝: 나본에는 '厚'로 되어 있음. 이하의 경우도 동일함.
248) 此: 나본에는 '之'로 되어 있음.
249) 能: 저본에는 빠져 있으나 나본에 의거하여 보충함.
250) 有: 저본에는 빠져 있으나 가, 나본에 의거하여 보충함.

欲貸用錢兩, 其人以八十兩, 書標以給, 使之推用於松人處矣. 尹弁乃潛改十字以百字, 而全州上納錢換用矣, 換錢失期, 自完營查實, 知其爲尹弁之所爲. 朴崙壽之爲完伯也, 發送鎭營校卒, 以結縛尹弁某, 以來之意嚴切[251], 而校卒來矣, 尹弁方在罔措之中矣. 其人來言曰: "君之當初行事, 雖甚不美事, 已至此, 君則前啣一入鎭營, 則豈非敗亡身命乎? 吾則布衣, 當代行, 定限以來趁, 卽備送好矣. 備納後, 放送其人, 無可奈何?" 盡賣自家之田土家產[252]而充報, 閱幾月, 得放還家. 又以杖毒, 幾至死境[253], 僅生出家, 仍蕩敗而目見, 尹弁無出處, 姑竢日後, 而一不開口矣. 其後, 尹弁爲端川府使, 其人始爲貰馬騎, 而訪於千里之外, 意謂執手致款矣. 阻閽而不得入, 留月餘, 行資已罄, 負債於店主[254]者, 亦多, 其人計無所出, 進退維谷. 一日, 聞本倅出他之報, 要於路直前, 而呼曰: "吾來久矣!" 尹倅顧而言于下隷, 曰: "可率入衙中云." 而去. 未幾還來, 敍寒喧後, 別無他言, 其人仍語曰: "吾之貧窮, 君所知也. 以舊日之誼, 千里委來矣, 阻閽而留月餘, 食債又多. 君幸憐而濟之, 吾不言向來債矣." 尹倅聞而嚬蹙, 曰: "公債如山, 無暇救君." 仍定下處於外, 接待極其冷落, 留數日, 給病馬一匹, 曰: "此馬價, 過[255]數百金, 君可牽去賣用云." 而又以五十兩賑之, 其人懇請, 曰: "馬是病脚, 錢又如此, 其少食債及回[256]粮, 亦云不足, 此將奈何? 君其更思." 尹倅作色, 曰: "君之故債之中, 有此贈也, 如非君, 則可空

---

251) 嚴切: 가. 나본에는 '嚴飭'으로 되어 있음.
252) 家産: 나본에는 '什物'로 되어 있음.
253) 境: 저본에는 빠져 있으나 나본에 의거하여 보충함.
254) 店主: 나본에는 '主人'으로 되어 있음.
255) 過: 나본에는 '至'로 되어 있음.
256) 回: 나본에는 '還'으로 되어 있음.

手而見逐, 勿多言!"仍使之出去, 其人大怒, 散其錢於庭中, 而叱辱曰: "汝乃偸喫公貨, 將入於鎭營, 而吾以義氣代汝而行, 幾死獄中, 蕩敗家産, 而報其債矣. 汝乃今爲守宰, 而吾自千里而來, 則汝旣不邀以見[257], 而見又疎待, 末乃以五十兩贈我. 此猶不足於往來之需, 古今天下, 寧有如許非人情之賊漢乎?"仍放聲大哭而出門, 呼寃通街[258]之上, 對往來之人, 而皆言其狀. 尹倅聞而憾之, 又忿其揚渠之惡, 使將校搜驗其行具, 則有宗簿, 卽廳帖二張矣. 尹倅囚其人, 卽發營行對監司, 而[259]言曰: "下官之邑, 捉得御寶僞造罪人, 將何以治之?"監司曰: "自本邑治罪, 可也."尹倅曰: "若然則下官可處置之乎?"曰: "諾."仍還官而打殺之, 世豈有如許殘忍非人情之人乎? 吁! 亦慘毒矣.

2-36.

金化縣村人父子, 往來兎山興販, 金之距兎, 卽峽路無人之境也. 一日, 買牛於兎山場市, 馱數十兩錢而歸, 父在前而子在後, 其子年纔十四五歲兒也. 行到一處, 忽有一健夫, 突出凹處, 刺其父殺之, 又將殺其子, 其子哀乞曰: "吾卽兎山某店乞食兒也, 無父母兄弟, 四顧無親, 行乞於店幕, 此人給錢, 而要使驅牛同行, 故隨而來者也. 殺我何爲? 若活我, 則吾當隨君爲卒徒矣, 未知如何?"盜乃許之, 使驅牛到兎山邑底, 將賣牛於肉直, 方論價之際, 其兒忽爾高聲, 曰: "此是殺吾父賊, 吾將發告于官矣, 諸人捉留此漢!"諸人大驚, 仍縛其盜, 而其兒入官庭, 泣訴其狀, 置之于法. 余在洪邑

---

257) 見: 나본에는 '接'으로 되어 있음.
258) 通街: 나본에는 '通衢'로 되어 있음.
259) 而: 저본에는 빠져 있으나 나본에 의거하여 보충함.

時, 金化倅來傳此言, 余聞而歎曰:"渠以十餘歲兒, 猝當蒼黃之際, 有此處變[260]者, 可謂膽略矣, 恨不解其姓名矣."

2-37.

李文靖公秉泰, 按于東峽, 行過一邑, 而邑內距路十餘里. 旣非抽挫之邑, 故不入, 而自外過去, 將向他邑, 到一村前, 餒甚, 求飯於門前. 一女子出門而應, 曰:"無男丁之家, 貧窮極矣. 家有媤母, 而朝夕尙闕, 何暇有饋行人之飯乎?"公曰:"家長往何處乎?"其女曰:"問之何爲? 吾之家長, 卽此邑之吏房, 而惑於妖妓[261], 薄母黜妻, 至於姑婦之在此耳." 獨見叱責不已, 房內有老嫗聲, 曰:"阿婦何爲作不緊之言彰夫之惡乎? 不必如是云云." 公聞而痛之, 仍復路而還, 問其邑底, 尋首吏之家. 時當午時, 入其家, 則首吏坐於廳上, 而喫午飯, 傍有一妓, 亦對飯. 公坐於廳邊, 而言曰:"吾是京中過客, 偶到此處而失時, 願得一盂飯而療飢焉." 當歉歲設賑時也, 其吏擧眼而熟視上下, 而呼雇奴而謂曰:"俄者, 爲狗産而煮粥者有餘乎?" 曰:"有之." 吏曰:"以一器給此乞人." 已而, 雇奴以一器糟糠之作粥者, 來置于前, 公曰:"君雖饒居, 君則吏輩也, 吾雖行乞, 吾則士族也. 失時而覓飯, 則君以他飯饋之, 好矣. 若不然, 則雖除飯以給, 亦無不可, 而何乃以狗虓口吻餘物饋人, 此何道理?" 其吏圓眸怪眼, 而辱之曰:"汝是兩班, 則何不坐於汝矣, 舍廊作此等行事[262]也? 今當歉歲, 雖此物, 人不得得喫矣, 汝是何人, 而乃敢如是云?" 而擧粥椀打之, 傷額血流, 粥汁遍於身上. 公忍痛而出, 卽

---

260) 處變: 나본에는 '變通'으로 되어 있음.
261) 妖妓: 나본에는 '妖妾'으로 되어 있음.
262) 事: 저본에는 빠져 있으나 나본에 의거하여 보충함.

爲出頭. 此時本倅, 適以賑餘之穀, 作錢而送京第[263], 文書見捉, 仍封庫罷黜, 而首吏竝妓以杖殺之[264]. 以一女子之怨言, 事至於此, 古所謂'五月飛霜'者, 政謂此也.

2-38.
中和縣有一殺獄, 卽金哥漢, 入其族侄婦房中, 而其侄婦以刀刺金哥而死. 自本里, 仍爲私和而掩置矣, 入於本郡, 廉探而報于營門者也. 其女則以爲, '厥漢暗地入房, 恐有强奸之事, 故以刀刺之云云.' 而厥漢則自來酗酒者, 而每每言其女之短處, 心常不快者云云. 諸議皆以爲, "此漢之突入女子之房, 其心可知, 必然欲行奸而然, 不然, 豈入女子之房乎?" 府君敎曰: "厥漢之入房, 只緣無間出入之故也, 寧欲有奸計而入耶? 渠則已死矣, 今無可明之辭, 而執其疑然之跡, 驅入於敗倫之科者, 其於死者, 豈不冤乎? 大抵獄情, 聽其兩人之言而決之, 至若一死一生[265], 而全[266]爲生者, 不顧死者, 豈可成說乎? 諸議極不穩當, 文案一成, 便作千古之罪人, 此豈仁人君子之心乎?"

263) 京第: 나본에는 '京師之第'로 되어 있음.
264) 殺之: 나본에는 '打殺'로 되어 있음.
265) 一死一生: 나본에는 '一生一死'로 되어 있음.
266) 全: 저본에는 '金'으로 나와 있으나 가, 나본에 의거하여 바로잡음.

卷三

3-1.

　柳統制鎭恒, 少時, 以宣傳官入直矣. 時壬午, 酒禁極嚴. 一日月夜, 上忽有入直宣傳官入侍之命, 鎭恒承命入侍, 則出一長劍以賜, 而敎曰: "聞閭閻尙多釀酒云, 汝須持此劍出去, 限三日, 捉納則好矣. 不然, 則汝頭可以來納!" 鎭恒承命而退歸家, 以袖掩面而臥, 其嬖妾問曰: "何爲而如是忽忽不樂也?" 曰: "吾之嗜酒, 汝所知也, 而斷飮已久, 喉渴欲死." 其妾曰: "暮後可圖, 第姑俟之." 及夜, 其妾曰: "吾知有酒之家, 除非吾躬往, 則無以沽來." 因[1]佩壺, 而以裙掩面出門而去, 鎭恒潛躡其後, 則入東村一草家, 沽酒以來. 鎭恒飮而甘之, 更使沽來, 其妾又往其家而沽來. 鎭恒佩壺而起, 其[2]妾怪而問之, 答曰: "某處某友, 卽吾之酒伴也, 得此貴物, 何可獨醉? 欲與之飮云." 而出門, 尋其家而入戶, 則數間斗屋, 不蔽風雨, 而有一儒生, 挑燈讀書. 見而怪之, 起而迎, 曰: "何來客子深夜到此?" 鎭恒坐而言曰: "吾是奉命也." 自腰間出酒壺, 曰: "此是宅中所沽也. 日前傳敎[3], 如斯如斯, 君旣見捉, 則不可不與之同行." 其儒生半晌無語, 曰: "旣犯法禁, 何可稱頉? 然而家有老親, 願一辭而行, 何如?" 柳曰: "諾." 儒生入內, 低聲呼母, 老親驚問曰: "進士乎? 何爲不眠而來乎?" 儒生對曰: "前旣不仰陳乎? 士夫雖餓死, 而不可犯法云矣, 而慈母終不聽信, 今乃見捉, 小子今方就死矣." 其慈親[4]放聲大哭, 曰: "天乎天[5]乎! 此何事也? 吾之潛

---

1) 因: 가, 나본에는 '仍'으로 되어 있음. 이하의 경우도 동일함.
2) 其: 저본에는 빠져 있으나 가, 나본에 의거하여 보충함.
3) 傳敎: 가, 나본에는 '下敎'로 되어 있음.

釀, 非貪財而然也, 欲爲汝粥飮之資矣. 今乃如此, 是吾罪也, 此將奈何?" 如是之際, 其妻亦驚起, 搥胸號哭, 儒生徐言曰: "事已到此, 哭之何益? 但吾無子, 吾死之後, 子可奉養老親如吾在時, 某洞某兄, 有子幾人, 一子率養而安過." 申申付託而出, 柳在外聞其言, 而甚悲之[6]. 及其主人[7]之出來也, 問之曰: "老親春秋, 今幾何?" 曰: "七十餘矣." 又問曰: "有子乎?" 曰: "無矣." 柳曰: "此等景象, 人豈忍見? 吾則有二子, 又非侍下, 可以代君而死, 君則放心." 酒壺竝使出來, 仍與對酌, 而打器埋之[8]于庭, 臨行, 言曰: "老親侍下, 家計不成, 吾以此劍, 聊表一時之情, 須賣而供親也." 因解佩刀, 與之, 而主人固辭, 不顧而去, 主人問: "姓名爲誰?" 曰: "吾乃宣傳官也, 姓名何須問?" 飄然而去. 翌日卽限也, 入闕待罪, 則上問曰: "果捉酒而來乎?" 對曰: "不得捉." 上怒曰: "然則汝頭何在?" 鎭恒俯伏, 無語良久, 仍命三倍道, 濟州安置. 鎭恒在謫幾年, 始解配, 十餘年落拓, 晚後復職, 得除草溪郡守, 而在任幾年[9], 專肆[10]肥己, 民皆嗷嗷不堪. 一日, 繡衣出道封庫, 直入政堂, 鄕吏及倉色諸人[11], 一倂拿入, 刑杖方張. 柳從門隙窺見, 則的是向來東村酒家之儒生也. 仍使之[12]請謁, 則御史駭而不答, "本官何爲請見? 可謂沒廉恥之人矣." 鎭恒直入而拜, 御史不顧, 而正色危坐, 柳曰: "御史

---

4) 慈親: 가, 나본에는 '老親'으로 되어 있음.
5) 天: 나본에는 '地'로 되어 있음.
6) 甚悲之: 가본에는 '甚惻然'으로, 나본에는 '心甚惻然'으로 되어 있음.
7) 其主人: 가, 나본에는 '儒生'으로 되어 있음.
8) 打器埋之: 저본에는 '打之埋器'로 나와 있으나 가, 나본을 따름.
9) 在任幾年: 가, 나본에는 '在郡數年'으로 되어 있음.
10) 肆: 나본에는 '事'로 되어 있음.
11) 諸人: 저본에는 '一人'으로 나와 있으나 가, 나본에 의거함.
12) 使之: 저본에는 빠져 있으나 가, 나본에 의거하여 보충함.

道知本官乎?"御史沈吟不答, 而獨語于口, 曰:"本官我何[13]知之?" 柳曰:"貴宅前日, 豈不在於東村某洞乎?"御史微驚, 曰:"何爲問之?" 柳曰:"某年某月日夜, 以酒禁事奉命之宣傳官, 或記有否?" 御史尤驚訝, 曰:"果記得矣." 柳曰:"本官卽其人矣!"御史急起把手, 而淚下如雨, 曰:"此是恩人也, 今之相逢, 豈非天乎?"仍命退刑具及諸罪人, 一幷放之, 終夜張樂, 娓娓論懷, 更留幾日而歸. 仍卽襃啓, 繡啓之襃奬, 前未有出於此右也, 自上嘉其治蹟, 特除朔州府使. 伊後, 此人位至大臣, 而到此言其事, 一世譁然義之, 柳鎭恒位至統制使. 此是少論大臣, 忘[14]其姓名, 不得記之云.

3-2.

禹六不者, 趙相顯命之傔從也, 甚質直, 而嗜酒貪色. 李參判泰永家, 有婢莫大者, 人頗姸美, 六不仍作妾而大惑, 每出入廊下. 一日, 在趙相家, 新統制使下直而來, 請古風, 則給二兩, 六不受而還, 擲於前, 曰:"歸作大夫人衣資!" 統使含怒而熟視, 去矣. 仍後, 爲捕將而上來, 乃出令曰:"捕校中如有捉納禹六不者, 吾施重賞." 過幾日, 果見捉, 直欲施亂杖之刑, 人急告于趙相, 趙相時帶御將, 乘軺而過捕廳門外, 駐軒而傳喝, 曰:"此是吾之傔人[15]也, 渠雖有死罪, 欲一面而訣, 須暫出送." 捕將不得已出送, 以紅絲結縛, 校卒十餘人隨而來. 六不見趙相, 泣曰:"願大監活我!" 趙相曰:"汝犯死罪, 吾何以活之? 然而汝旣死矣, 吾欲把手而訣, 可解縛." 校卒以將令爲難, 趙相怒叱曰:"斯速解之!" 校卒不得已承命而解縛, 趙

---

13) 我何: 가, 나본에는 '何以'로 되어 있음.
14) 忘: 가, 나본에는 '忌'로 되어 있음.
15) 傔人: 나본에는 '傔從'으로 되어 있음.

相執其手, 而仍上置於軺軒踏板上, 仍分付御廳執事, 曰:"如有追來之捕廳所屬, 一併結縛." 軍士[16]唱諾, 而回車疾馳而還, 留之家中, 而不使出門. 趙相死後, 侍其子趙相載浩, 常見有不是事, 諫之, 則趙相叱曰:"汝何知而敢如是耶云云." 六不直入祠堂, 呼大監而哭, 曰:"大監不久必亡, 小人從此辭退云." 而仍更不往其家. 及到壬午年, 酒禁之令至嚴, 六不以酒爲糧, 斷飮已久, 仍以成病, 有朝夕難保之慮. 莫大潛釀一小缸, 夜深後勸之, 則驚問曰:"此物何處得來?" 曰:"爲君之病潛釀矣." 仍呼莫大而出外, 以手握渠之髻而拿入, 曰:"禹六不捉入云[17]." 渠自作分付曰:"汝何爲而犯禁釀酒乎?" 又自對曰:"小人焉敢乃爾? 小人無識之妻, 爲小人病而釀之矣." 官又分付曰:"可斬!" 仍作斬頭樣, 曰:"如此則何如? 吾以小民, 何敢冒犯國禁乎? 大是不可." 仍破瓮而不飮, 因病而不起.

3-3.

湖中古有一士, 迎妹婿, 而三日內, 仍病不起. 自士人家治喪, 而幷孀妹送于舅家, 其士人隨後渡江, 士人不勝其悲慘之懷, 仍賦曰: '問爾大同江上船, 古又今娶而來者幾人, 嫁而歸者幾人? 未有如此行, 丹旌前素車後, 靑孀新婦白骨新郞. 江上船歸不疾, 郞魂猶有臥東床. 江上船歸莫懶, 聞有郞家十年養孤兒之萱堂. 暮望子子不來來, 汝喪此理誰復問? 蒼蒼小婢依船泣, 且語彼鳥者元央. 猶自雙雙飛飛, 水之北山之陽, 奈何吾上典, 一去不復還云.' 而書置于柩前, 一聲長呼. 少焉, 忽有長虹, 自江中亘于柩上, 已而, 柩自柝[18]裂, 死者還歸云, 亦可異矣. 事近齊諧, 而姑錄之.

---

16) 軍士: 나본에는 '軍卒'로 되어 있음.
17) 云: 가, 나본에는 '矣'로 되어 있음.

3-4.

楊蓬萊士彦之父, 以蔭官爲靈巖郡守, 受由上京, 還官之路, 未及本郡. 一日程, 曉起作行, 未及店舍, 人馬疲困, 爲尋路傍閭舍, 欲爲中火之計. 時當農節, 人皆出野, 村中一空, 一個村舍, 只有一女兒, 年可十一二歲, 對下隷而言曰: "吾將炊飯, 須暫接於吾家, 可也." 下隷曰: "汝以年幼之兒, 何可炊飯而供饋行次乎?" 對曰: "此則無慮, 須卽行次好矣." 一行無奈何, 入門, 則其女子淨掃房舍, 鋪席而迎之, 謂下隷曰: "吾家進支米, 自吾家辦之矣, 只出下人各名之糧, 可也." 楊家細察其女子行動[19], 容貌端麗, 語音[20]清朗, 少無村女之態, 心甚異之. 已而, 進午飯, 則其精潔疎淡, 絶異常品, 上下皆嘖嘖稱奇. 楊倅招使近前, 而問: "年幾許?" 對曰: "十二歲矣." 又問: "汝父何爲?" 對曰: "此邑將校, 而朝與吾母出野鋤草也." 楊倅奇愛之, 乃出箱中靑紅扇各一, 而給之, 戲言曰: "此是吾之綵於汝之需, 謹受之." 其女子聞其言, 卽入房中, 出紅色袱, 而鋪之前, 曰: "此扇置此袱之上." 楊倅問其故, 對曰: "旣是禮幣, 則莫重禮物, 何可以手授受乎?" 一行上下, 莫不稱奇, 楊倅遂出門[21]作行, 到郡後忘之[22]. 過數年後, 門卒入告曰: "隣邑某處將校某, 來謁次通刺矣." 使之入來, 則卽素昧之人也. 楊倅問曰: "汝之姓名云何, 而緣何而來見?" 其人拜伏而言曰: "小人卽某邑之校也, 官司再昨年, 京行回路, 有中火於小人之家, 而時有一兒女炊飯接待之事乎?" 楊倅曰: "然矣." 又曰: "伊時, 或有信物之給者乎?" 曰:

---

18) 柝: 나본에는 '坼'으로 되어 있음. 서로 통함.
19) 行動: 가, 나본에는 '兒則'으로 되어 있음.
20) 音: 저본에는 '言'으로 나와 있으나 가, 나본을 따름.
21) 出門: 저본에는 빠져 있으나 나본에 의거하여 보충함.
22) 忘之: 나본에는 '置之忘域矣'로 되어 있음.

"不是信物, 吾奇愛其女兒之伶俐, 以色扇賞之矣." 其人曰: "此兒, 卽小人之女也, 今年十五歲矣. 方欲議婚, 則女兒以爲, '吾受²³⁾靈巖官司禮幣, 矢死不之他云云.' 故以一時戱言, 何可信之? 欲使强之, 則以死爲限, 萬端誘之, 難回其心, 迫不得已來告矣." 楊倅笑曰: "汝女之好意, 吾何忍背之? 汝須擇日以來, 吾當迎來矣." 及吉期, 以禮迎來, 爲小室. 時楊倅適鰥居, 以其女處內之正堂, 而主饋飮食衣服, 無不稱意. 及遞歸本第, 其撫愛嫡子女篤至, 馭諸婢僕, 各盡其道, 至於一門宗黨, 無不得其歡心, 譽聲溢於上下內外. 産一男²⁴⁾, 卽蓬萊也, 神彩俊逸, 眉目淸秀, 政是仙風道骨. 幾年後, 楊倅作故哀毁, 成服之日, 宗族咸集, 蓬萊之母, 號泣而出座, 言曰: "今日, 列位齊會, 諸喪人在座, 妾有一奉托之事, 其能肯許否?" 喪人曰: "庶母賢淑, 所託者, 吾輩安²⁵⁾有不從之理乎?" 諸宗之答亦然, 乃曰: "妾有一子, 而作人不至愚迷, 然而我國之俗, 自來賤孼, 渠雖成人, 將焉用之? 諸位公子, 雖恩愛無間, 而妾死之後²⁶⁾, 將服妾母之服矣, 如是則嫡庶懸殊矣. 此兒將何以行世? 妾當於今日自決, 若於大喪中彌縫, 則庶無嫡庶之別矣. 奉望列位, 哀憐將死之人, 勿使飮恨泉下." 諸人皆曰: "此事, 吾輩相議好道理, 俾無痕跡矣, 何乃以死自²⁷⁾期乎?" 蓬萊母曰: "列位之意, 雖可感, 却²⁸⁾不如一死之爲愈." 言罷, 自懷中出小刀, 自刎楊倅柩前, 諸人皆大驚而嗟惜, 曰: "此人也, 賢淑之性, 以死自決, 而如是勤託,

---

23) 受: 저본에는 '守'로 나와 있으나 가, 나본을 따름.
24) 男: 가, 나본에는 '子'로 되어 있음.
25) 安: 나본에는 '豈'로 되어 있음.
26) 妾死之後: 나본에는 '妾後死之日'로 되어 있음.
27) 自: 가, 나본에는 '爲'로 되어 있음.
28) 却: 저본에는 '而'로 나와 있으나 가, 나본을 따름.

逝者之託, 不可孤也." 遂相議, 而嫡兄輩視若親兄弟, 少無嫡庶之別. 蓬萊長成之後, 位歷士夫之職, 名滿一國, 不知其庶流云.

3-5.

海豊君鄭孝俊, 年四十三, 貧窮無依, 喪妻者三, 而只有三女, 無一子. 以寧陽尉之曾孫, 本家奉先之外, 魯陵及顯德王后權氏·魯城王后宋氏, 三位神主奉之, 而無以備香火, 在家愁亂. 每日從遊於隣居李兵使進慶[29]家, 以賭博爲消遣, 李卽判書俊民之孫也, 時以堂下武弁, 日與海豊賭博矣. 一日, 海豊猝然而言曰: "吾有衷曲之言, 君其信聽否?" 李曰: "吾與君如是親熟, 則何有難從之請乎? 第言之!" 海豊囁嚅良久, 乃曰: "吾家非但屢世奉祀, 且奉至尊之神位, 而吾今鰥居無子, 絶嗣必矣, 豈不矜悶乎? 如非君, 則吾何開口乎[30]? 君其矜悶我情勢, 能以我爲女婿乎?" 李乃勃然作色, 曰: "君言眞乎假乎? 吾女年今十五, 何可與近五十之人作配乎? 君言妄矣,[31] 絶勿更爲沒知覺必不成之言也." 海豊滿面羞愧, 無聊而退, 自此以後, 更不往其家矣. 其後, 十餘日之夜, 李兵使就睡[32]矣, 昏夢中, 門庭喧擾, 遠遠有警蹕之聲, 一位官服者入來, 曰: "大駕幸于君家, 須卽出迎!" 李慌忙而下階, 俯伏于庭, 已而, 少年王端冕珠旒, 來臨大廳之上, 命李近前, 而敎曰: "鄭某欲與汝結親, 汝意如何?" 遂起伏而對曰: "聖敎之下, 焉敢違咈? 而但臣之女, 年未及笄, 而鄭是三十年長, 何可以作配乎?" 又敎曰: "年齒多少, 不須較

---

29) 進慶: 나본에는 '眞卿'으로 되어 있음.
30) 乎: 저본에는 빠져 있으나 나본에 의거하여 보충함.
31) 君言妄矣: 저본에는 빠져 있으나 나본에 의거하여 보충함.
32) 睡: 나본에는 '寢'으로 되어 있음.

計, 必須成婚, 可也." 仍還宮. 李乃怳惚而覺, 卽起入內, 則其妻亦明燭而坐, 問曰: "夜未曉, 何爲入來?" 李以夢中事言之, 其妻曰: "吾夢亦然, 大是怪事." 李曰: "此非偶然之事, 將何以爲?" 其妻曰: "夢是虛境, 何可信之云矣?" 過十餘日, 李又夢, 大駕又臨, 而玉色不豫, 曰: "前有所下敎者, 汝何尙不奉行乎?" 李惶蹙而謝, 曰: "謹當商量爲之矣." 覺而言于其妻曰: "夜[33]夢又如是, 此必是天意也. 若逆天, 則或[34]有大禍矣, 將若之何?" 其妻曰: "夢雖如是, 事則不可行[35]矣, 吾何忍以愛女, 作寒乞人四娶乎? 此則無論天定與人定, 死不可從矣." 李自此之後, 心甚憂惶, 寢食不安. 過十餘日後, 大駕又臨于夢, 曰: "向日下敎者, 非但天定之緣, 此乃多福之人也, 於汝無害而有益者也. 屢次下敎, 而終是拒逆, 此何道理? 將降大禍矣." 李乃惶恐, 起伏而對曰: "謹奉聖敎矣!" 又敎曰: "此非汝之所爲, 專由於汝妻之頑, 不奉命, 當治其罪." 仍下敎拿入, 霎時大張刑具, 拿入其妻而數之, 曰: "汝之家長, 欲從吾命, 汝獨持難而不奉命, 此何道理?" 仍命加刑, 至四五杖而止. 李妻惶恐而哀乞, 曰: "何敢違越, 謹當奉敎!" 仍停刑而還宮. 李乃驚覺而入內, 則其妻以夢中事言之, 捫膝而坐, 膝有刑杖之痕. 李之夫妻大驚恐, 相與議定, 而翌日請海豊, 曰: "近日, 何久不來云." 則海豊卽來矣, 李迎謂曰: "君以向日事, 自外而不來乎? 吾於近日千思萬量, 非吾則此世無濟君之困, 吾雖誤却吾女之平生, 斷當送歸于君家矣. 君爲吾家之東床, 吾意已決, 寧有他議? 柱單不必, 相請此席書之, 可也." 仍以一幅簡, 給而書之, 仍於座上, 披曆而涓吉, 丁寧相約

---

33) 夜: 가, 나본에는 '此'로 되어 있음.
34) 或: 가, 나본에는 '恐'으로 되어 있음.
35) 行: 가, 나본에는 '成'으로 되어 있음.

而送之. 翌日朝, 其女起寢, 而言于其母曰: "夜夢甚異, 嚴君之博友鄭生, 忽化爲龍, 而向余語曰: '汝受吾子.' 吾乃開裳幅而受, 小龍五箇, 蜿蜿蜒蜒於裳幅之上, 授受之際, 一小龍落于地折項, 而豈不可怪乎?" 父母聞其言而異之. 及入鄭門, 逐年生産, 生純男子, 五人皆長成, 次第登科, 二男位至判書, 三男位至大司諫, 四男·五男, 俱是玉堂. 長孫又登第於海豊之生前, 其婿又登第. 海豊以五子登科, 加一資, 位至亞卿, 享年九十餘, 孫曾滿前, 其福祿之盛, 世所罕比. 其第五男, 以書狀[36]赴燕回路, 未出柵而作故, 以其柩還, 時海豊尙在, 果符夢中之事. 其夫人先海豊三年而沒. 海豊窮時, 適於知舊之家, 逢一術士, 諸人皆問前程, 海豊獨不言, 主人言曰: "此人相法神異, 何不一問?" 海豊曰: "貧窮之人, 相之何益?" 術士熟視, 曰: "這位是誰? 今雖如此貧窮, 其福祿無限, 先窮後通[37], 五福俱全之相, 座上人, 皆不及云矣." 其後, 果符其言. 海豊初娶時, 醮禮之夕, 夢入一人之家, 則堂上排設, 一如婚姻之儀, 但無新婦, 覺而訝之. 喪妻, 再娶之夜, 夢又入其家, 則又如前夢, 而所謂新婦, 未免襁褓. 又喪妻, 三娶之夕, 夢又入其家, 則一如前夢, 而稱以新婦襁褓之兒, 年近十餘歲, 而稍長矣. 又喪妻, 及四娶, 李氏門見新婦, 則卽向來夢見之兒也. 凡事皆有前定而然也, 李兵使夢中下敎之君上, 乃是端廟云爾.

3-6.

沈一松喜壽, 早孤失學, 自編髮時, 專事豪宕, 日夜往來於俠肆靑樓. 公子王孫之宴, 歌娥舞女之會, 無處不往, 蓬頭突鬢, 破履弊

---

36) 書狀: 나본에는 '書狀官'으로 되어 있음.
37) 通: 나본에는 '達'로 되어 있음.

衣, 少無羞澁, 人皆目之以狂童. 一日, 又赴權宰宴席, 雜於紅綠叢
中, 唾罵而不顧, 毆逐而不去. 妓中有少年名妓一朶紅者, 新自錦
山上來, 容貌歌舞, 獨步一世. 沈童慕其色, 接席而坐, 紅少[38]無厭
苦之色, 時以秋波, 微察其動靜, 仍起如厠, 以手招沈童. 沈童起而
從之, 紅附耳語曰: "君家何在?" 沈童詳言某洞第幾家, 紅曰: "君
須先往, 妾當隨後卽往矣. 幸俟之, 妾不失信矣." 沈童大喜過望,
先歸家, 掃塵而俟之. 日未暮, 紅果如約而來, 沈童不勝欣幸, 與之
接膝而酬酌. 一童婢自內而出, 見其狀, 回告於母夫人, 夫人以其
子狂宕爲憂, 方欲招而責之, 紅曰: "催呼童婢而來, 吾將入謁於大
夫人矣." 沈童如其言, 呼婢使通, 則紅入來拜於堦下, 曰: "某是錦
山新來妓某也. 今日, 某宰家宴會, 適見貴宅都令, 諸人皆以狂童
目之, 而以賤妾愚見, 可知其大貴氣像[39]. 然而其氣大麤粗, 可謂色
中餓鬼, 今若不抑制, 則將至不成人之境矣. 不如因其勢而利導
之, 妾自今日, 爲都令斂跡於歌舞花柳之場, 周旋筆硯書籍之間,
冀其成就之道矣. 未知夫人意下何如? 妾如或以情欲而有此言, 則
何必取貧寒寡宅之狂童乎? 妾雖侍側, 決不使任情受傷矣, 此則勿
慮." 夫人曰: "吾兒早失家嚴, 不事學業, 全事狂宕, 老身無以制之,
方以是晝宵熏心矣. 今焉, 何來好風吹, 送如汝佳人, 使吾狂童, 得
至成就, 則可謂莫大之恩也, 吾何嫌何疑哉? 然而吾家素貧, 朝夕
難繼, 汝以豪奢之妓女, 其能忍飢寒而留此?" 紅曰: "此則少無嫌,
萬切勿慮." 遂自其日, 絶跡於娼樓, 隱身於沈家, 其梳頭洗垢之節,
終始不怠. 日出則使之挾冊, 就學於隣家, 歸後, 坐於案頭, 晨夕勸
課, 嚴立科程[40]. 少有怠意, 則勃然作色, 以別去之意, 恐動沈意愛

---

38) 少: 저본에는 '小'로 나와 있으나 가, 나본에 의거함.
39) 像: 저본에는 '象'으로 나와 있으나 가, 나본을 따름.

而憚之, 課工不懈. 及到議親之時, 沈童以紅之故, 不欲娶妻, 紅知其意, 詰其故, 乃嚴責曰: "君以名家子弟, 前程萬里, 何可思一賤娼, 而欲廢大倫乎? 妾決不欲因妾之故而使之亡家矣, 妾則從此去." 沈童不得已娶妻, 紅下氣怡聲, 洞洞屬屬, 事之如老夫人. 使沈童定日限, 四五日入內房, 則一日許入其房, 如或違期, 則必掩門不納[41], 如是者數年矣. 沈童厭學之心, 尤倍於前日, 投書於紅之臥, 曰: "汝雖勤於勸課, 其於吾之不欲何?" 紅度其怠慢之心, 有不可以口舌爭也. 乘沈生出外之時, 告于老夫人曰: "阿郎厭讀之性[42], 近日尤甚, 妾雖以誠意, 亦無奈何, 妾從此告辭矣. 妾之此擧, 卽激勸之策也. 妾雖出門, 何可永辭乎? 如聞登科之報, 則須當卽地還來矣." 仍起而拜辭, 夫人執手而泣, 曰: "自汝之來, 吾家狂勃之兒, 如得嚴師, 幸免蒙學者, 皆汝之力也. 今何因一厭讀之微事, 捨我母子而去乎?" 紅起拜, 曰: "妾非木石, 豈不知別離之苦乎? 然而激勸之道, 惟在於此一條, 阿郎歸, 聞妾之告辭, 而以決科後更逢爲約之言, 則必也發憤勤業矣. 遠則六七年, 近則四五年間事也, 妾當潔身而處, 以俟登科之後期矣. 幸以此意, 傳布阿郎, 是所望也." 仍慨然而出門, 適訪老宰無內眷之家, 得一處, 見其主人老宰, 而言曰: "禍家餘生, 苦無託身之所, 願得厠婢僕之列[43], 俾效微誠, 針線酒食, 謹當看檢矣." 其老宰見其端麗聰慧, 憐而愛之, 許其住接. 紅自其日, 入廚備饌, 極其甘旨, 適其食性, 老宰尤奇愛之, 仍曰: "老人以窮奇之命, 幸得如汝者, 衣服飮食, 便於口體. 今

---

40) 科程: 가, 나본에는 '課程'으로 되어 있음.
41) 納: 가본에는 '入'으로 되어 있음.
42) 性: 가, 나본에는 '症'으로 되어 있음.
43) 列: 가, 나본에는 '例'로 되어 있음.

則依賴有地,"⁴⁴⁾ 吾旣許心, 汝亦殫誠, 自今結父女之情, 可也." 仍使
之入處內室, 以女呼之. 沈生歸家, 則紅無去處, 怪而問之, 其母夫
人傳其臨別時言, 而責之曰: "汝以厭學之故, 至於此境, 將何面目
立於世乎? 渠旣以汝之登科爲期, 其爲人也, 必無食言之理, 汝若
不得決科, 則此生無相逢之機⁴⁵⁾, 惟汝意爲之." 沈生聞之惘然, 如
有失矣. 數日, 遍訪於京城內外, 終無蹤跡, 乃矢于心, 曰: "吾爲一
女之見棄, 以何面目對人? 彼旣以科後相逢爲約, 吾當刻意工課,
以爲故人相逢之地, 而如不得科名, 而不如約, 則生而⁴⁶⁾何爲?" 遂
杜門謝客, 晝宵不輟其做讀, 才過數年, 鬼捷龍門. 生以新恩遊街
之日, 遍訪先進, 老宰卽沈之父執也. 歷路拜謁, 則老宰欣然迎之,
敍古話今, 留與從容做話. 已而, 自內饋饌, 新恩見盃盤饌品, 愀然
變色, 老宰怪而問之, 則仍以起拜, 始陳顚末, 且曰: "侍生之刻意
做業, 期於登科者, 專爲故人相逢之地⁴⁷⁾. 今見饌品, 則宛是故人⁴⁸⁾
所爲也, 故自爾傷心也." 老宰問其年紀狀貌⁴⁹⁾, 而言曰: "吾有一個
養女, 而不知所從來矣, 無乃此女乎?" 言未畢, 忽有一佳人, 推後
窓突入, 抱新恩而哭痛, 新恩起拜於主人⁵⁰⁾, 曰: "尊丈今則不可不
許給侍生矣." 主人曰: "吾於垂死之年, 幸得此女, 依而爲命, 今若
許送, 則老夫如失左右手矣. 事甚難處, 而其事也甚奇, 相愛也如
此, 吾豈忍不許?" 新恩起拜, 而僕僕稱謝. 時日已昏黑, 與紅幷騎
一馬, 以炬火導前而行, 及門, 疾呼母夫人, 曰: "紅娘來矣!" 其母

---

44) 今則依賴有地: 나본에는 '今得依賴地'로 되어 있음.
45) 相逢之機: 가, 나본에는 '更逢之期'로 되어 있음.
46) 而: 저본에는 '以'로 나와 있으나 가, 나본을 따름.
47) 之地: 저본에는 '也'로 나와 있으나 가, 나본을 따름.
48) 故人: 가, 나본에는 '紅之'로 되어 있음.
49) 問其年紀狀貌: 저본에는 '聞其年貌狀態'로 나와 있으나 가, 나본에 의거함.
50) 主人: 저본에는 '新人'으로 나와 있으나 가, 나본에 의거함.

夫人, 不勝欣喜, 履及於中門之內, 執紅之手而升堂, 喜溢堂宇, 復
續前好. 沈後爲天官郞, 一夕, 紅斂袵而言曰: "妾之一端深誠[51], 專
爲進賜成就矣, 十餘年念不及他. 吾鄕父母之安否, 亦不遑問知[52],
此是妾之日夜掛心者也. 進賜今當可爲之地, 幸爲我[53]求錦山宰,
使妾得見父母於生前, 則至恨畢矣." 沈曰: "此是至易之事." 乃治
疏乞郡, 果爲錦山倅, 挈紅偕往. 赴任之日, 問紅之父母安否, 則果
皆無恙. 過三日後, 紅自官府,[54] 盛具酒饌, 而往其本家, 拜見父母,
會親黨三日大宴, 衣服需用之資, 極其豊厚. 以遺其父母而言曰:
"官府異於私室, 官家內眷, 尤有別於他人. 父母與兄弟, 如或因緣,
而頻數出入, 則招人言, 累官政. 兒今入衙, 一入之後, 不得更出,
亦不得頻頻相通. 以在京樣知之, 勿復往來, 以嚴內外之分." 仍拜
辭而入, 一未相通于外. 幾過半年, 忽一日, 自內婢傳小室之言請
入, 適有公事, 未卽起, 婢子連續來請. 公怪之, 入內而[55]問之, 則
紅着新件衣裳, 鋪新件枕席, 別無疾恙, 而顔帶悽慘[56]之色, 而言
曰: "妾於今日, 永訣進賜, 長逝之期也. 願進賜保重享榮貴, 而勿
以妾之故疚懷焉. 妾之遺體, 幸返葬於進賜先塋之下, 是所願也."
言罷, 奄然而沒. 公哭之慟[57], 仍曰: "吾之出外, 只爲紅娘之故也. 今
焉, 渠已身死, 我何獨留?" 仍呈辭單而遞歸[58], 以其柩同行錦江[59],

---

51) 深誠: 가, 나본에는 '心誠'으로 되어 있음.
52) 問知: 가, 나본에는 '聞知'로 되어 있음.
53) 我: 가, 나본에는 '妾'으로 되어 있음.
54) 紅自官府: 저본에는 '自官'으로 나와 있으나 나본에 의거함.
55) 而: 저본에는 빠져 있으나 가, 나본에 의거하여 보충함.
56) 悽慘: 가, 나본에는 '悽愴'으로 되어 있음.
57) 慟: 가, 나본에는 '痛'으로 되어 있음.
58) 遞歸: 가, 나본에는 '圖遞'로 되어 있음.
59) 錦江: 저본에는 빠져 있으나 가, 나본에 의거하여 보충함.

有'錦江春雨丹旌⁶⁰⁾濕, 知是佳人別淚餘'悼亡詩. 嗚乎, 誠異哉!

3-7.

洪宇遠, 少時作鄕行, 入一店幕, 無男子主人, 而只有女主人, 年可二十餘, 容貌頗美. 其淫穢之態, 溢於面目, 見洪之⁶¹⁾年少容美, 喜笑而迎之, 冶容納媚, 殆不忍正視. 洪視若不見, 坐於房中, 其女頗數入來, 手撫房堗, 而問曰: "得無寒乎?" 時以秋波送情, 洪端坐不答. 至夜深時, 洪臥于上房, 女則臥于下房, 微以言誘之, 曰: "行次所住之房漏湫, 何不來臥于此房乎?" 洪曰: "此房亦⁶²⁾足容膝, 挨過一夜, 何處不可? 不必更移也." 女又曰: "行次或以男女之別爲難乎? 吾輩⁶³⁾常賤, 有何男女之可⁶⁴⁾別? 斯速下來爲好矣." 洪不答, 微察其氣色, 則必有鑽穴來劫之慮, 以行中麻索, 縛其隔壁之戶而就寢矣. 其女自語⁶⁵⁾曰: "來客無乃宦侍乎? 吾以好意再三誘之, 使入於佳人懷中, 穩度良夜, 不害爲風流好事, 而一向牢拒⁶⁶⁾. 甚至於縛戶不納, 可謂天字怪物, 可恨可恨!" 洪佯若不聞而就睡, 昏夢中, 忽聞下房有怪底聲. 已而, 窓外有咳嗽之聲, 曰: "行次就寢乎?" 洪驚訝而應, 曰: "汝是何許人, 而深夜來問⁶⁷⁾?" 對曰: "小人卽此家主人, 今將欲開戶擧燭別有稟白之事耳." 洪乃起坐而開戶, 則主人持火而入, 明燭而坐, 進酒肴一床而勸之, 洪曰: "此何爲? 汝是主人,

---

60) 春雨丹旌: 가, 나본에는 '秋雨銘旌'으로 되어 있음.
61) 之: 저본에는 빠져 있으나 가, 나본에 의거하여 보충함.
62) 亦: 가, 나본에는 '可'로 되어 있음.
63) 吾輩: 가, 나본에는 '吾儕'로 되어 있음.
64) 可: 저본에는 빠져 있으나 가, 나본에 의거하여 보충함.
65) 自語: 가, 나본에는 '獨語'로 되어 있음.
66) 一向牢拒: 가, 나본에는 '聽我漠漠'으로 되어 있음.
67) 深夜來問: 가, 나본에는 '問我何爲'로 되어 있음.

晝往何處, 而夜深後始來?" 主人漢曰: "行次今夜經一場危境矣. 小人之妻, 貌雖美, 而心甚淫, 每乘小人之出他, 行奸無常[68], 小人每欲捉贓, 而終未如意. 今日, 必欲捉奸, 稱以出他, 懷利刃, 匿于後面矣. 俄者, 行次酬酌, 已悉聞之, 行次如或爲其所誘, 則必也殞命於小人劍頭矣. 行次以士夫之心事, 鐵石肝腸, 終始牢拒, 至於鎖門之境, 小人暗暗欽歎之不暇, 敢以酒肴, 以表此歎服之心. 厥女欲誘行次, 事不諧意, 則淫心難制, 與越邊[69]金總角同寢, 故小人以一刃, 斷其男女之命. 事已到此, 行次須卽出門, 可也, 少留, 則恐有意外之禍[70], 小人亦從此逝矣." 洪大驚起, 趣裝而出門, 則主人漢因擧火而燒其家, 與洪同行數十里, 因分路作別, 曰: "行次早晚間必顯達, 此別之後, 會難得[71] 萬望保重!" 殷勤致意而去. 洪登第, 以繡衣暗行, 山谷間只有一草舍, 日勢已暮, 仍留宿. 見其主人, 卽是厥漢, 呼問曰: "汝知我乎?" 主人曰: "未嘗承顔, 何以知之?" 洪曰: "汝於某年某邑某地, 逢一過客, 有所酬酌, 夜間放火其家, 而與我同行數十里之事, 汝能記憶乎?" 主人怳然而悟[72], 起拜曰: "行次其間, 必也登第而就仕矣." 洪不以諱之, 以實言之, 仍問曰: "汝何爲獨處於四無隣里之地乎?" 對曰: "小人自其後, 寓居於隣邑, 又娶一女, 而頗[73]亦姸美, 若在村閭熱鬧之中, 恐或更有前日之慮[74], 擇居於深山無人之地云."

---

(68) 常: 나본에는 '雙'으로 되어 있음.
(69) 邊: 저본에는 '便'으로 나와 있으나 나, 다본을 따름.
(70) 意外之禍: 가, 나본에는 '禍延之慮'로 되어 있음.
(71) 會難得: 가본에는 '難會期'로, 나본에는 '後難會期'로 되어 있음.
(72) 悟: 가, 나본에는 '覺'으로 되어 있음.
(73) 頗: 가, 나본에는 '貌'로 되어 있음.
(74) 前日之慮: 가, 나본에는 '向日之故'로 되어 있음.

3-8.

燕山朝, 士禍大起, 有一李姓人, 以校理亡命, 行到寶城地. 渴甚, 見一童女汲於川邊, 趨而求飮, 其女以瓢盛水, 而摘川邊柳葉, 浮之器中而給之. 心竊怪之, 問曰: "過客渴甚, 急欲求飮, 何乃以柳葉浮水而給之?" 答曰: "見君甚渴, 使之緩緩而飮故耳."[75] 其人大驚異, 問曰: "君是誰家女?" 對曰: "越邊[76]柳器匠家女云." 仍[77]隨其後, 往柳匠家, 求爲婿而託身焉. 自以京華貴家, 安知柳器之織造乎? 日無所事, 以午睡爲業, 柳匠之夫妻, 怒罵曰: "吾之迎婿, 期欲造柳器之業[78]也, 今焉新婚, 只喫朝夕飯, 晝夜昏睡,[79] 卽一飯囊也云." 而自伊日, 朝夕飯供, 減半而饋之. 其妻憐而悶之, 每以鍋底黃飯, 加而饋焉, 夫婦之恩情甚篤. 如是度了數年之後, 中廟改玉, 著一新,[80] 昏朝沈廢之流, 一竝赦而付職加官. 李生亦還付官職,[81] 行會八道, 使之尋訪, 傳說藉藉. 李生聞於風便, 而時適朔日, 主家將納柳器於官府矣. 李生乃謂其主翁曰: "今番則官家朔納柳器, 吾當輸納矣." 其婦翁責曰: "如君渴睡漢, 不知東西, 何可納器於官門乎? 吾雖親納之, 每每見退, 如君者, 其何可無事善納[82]乎?" 不肯許之, 其妻曰: "試可乃已, 盍使往諸?" 柳匠始乃許之. 李氏背負而至官門前, 直入庭中, 近前高聲, 曰: "某處柳匠, 納器次

---

75) 見君甚渴, 使之緩緩而飮故耳: 나본에는 '吾視客子甚渴, 若或急飮冷水, 則必也生病, 故以柳葉浮水, 使之緩緩飮之故也'로 되어 있음.
76) 邊: 저본에는 '便'으로 나와 있으나 가, 나본을 따름.
77) 仍: 가, 나본에는 '其人'으로 되어 있음.
78) 業: 가, 나본에는 '役'으로 되어 있음.
79) 喫朝夕飯, 晝夜昏睡: 저본에는 '喫飯朝夕昏睡'로 나와 있으나 가, 나본에 의거함.
80) 著一新: 저본에는 빠져 있으나 가, 나본에 의거하여 보충함.
81) 官職: 저본에는 '前職'으로 나와 있으나 가, 나본을 따름.
82) 善納: 가, 나본에는 '納之'로 되어 있음.

來待矣!"本官乃是平日切親之武弁也, 察其貌, 聽其言, 乃大驚起而下堂, 執手而迎[83]之上座, 曰: "公乎公乎! 晦迹於何處, 而乃以此樣來此乎[84]? 朝廷之搜記已久, 營關遍行, 斯速上京, 可也." 仍命進酒饌, 而又出衣冠改服, 李曰: "負罪之人, 偸生於柳器匠家, 至今延命以度, 豈意天日之復見也?" 本官仍以李校理之在邑, 成報於巡營[85], 催發駟騎, 使之上洛, 李曰: "三年主客之誼, 不可不顧, 且有糟糠之情, 吾當告別於主翁. 今將出去, 君須於明朝, 來訪吾之所住處." 本官曰: "諾." 李乃還着來時衣[86], 出門而向柳匠家, 言曰: "今番柳器, 無事上納矣." 主翁曰: "異哉! 古語曰: '鴟老千年, 能搏一兎[87].' 此說信非虛也. 吾婿亦有隨入爲之乎? 奇哉奇哉! 今夕, 則當加給數匙飯矣." 翌日平明, 李早起灑掃門庭, 主翁曰: "吾婿善納柳器, 今又能掃庭, 今日日可出於西矣." 李復[88]鋪藁席于庭, 主翁曰: "鋪席何爲?" 李曰: "本府官司當行次, 故如是耳." 主翁冷笑, 曰: "君何作夢中語也? 官司主何可行次于吾家乎? 此千不近萬不似[89]之說也. 到今思之, 昨日柳器之善納云者, 必是委棄路上而歸, 作誇[90]張之虛語也." 言未已, 本官工吏持彩席而喘喘來, 鋪房中而言曰: "官司主行次, 今方來到矣!" 柳匠夫妻, 蒼黃失色, 抱頭而匿于籬間. 少焉, 前導聲及門, 本官騎馬而來, 下馬入房, 與敍別來寒暄, 仍問曰: "嫂氏何在? 使之出來!" 李乃使其妻來拜, 其女

---

83) 迎: 가, 나본에는 '延'으로 되어 있음.
84) 乎: 저본에는 빠져 있으나 가, 나본에 의거하여 보충함.
85) 巡營: 나본에는 '營門'으로 되어 있음.
86) 衣: 나본에는 '服'으로 되어 있음.
87) 兎: 가, 나본에는 '雉'로 되어 있음.
88) 復: 가, 나본에는 '乃'로 되어 있음.
89) 不似: 가, 나본에는 '不近'으로 되어 있음.
90) 誇: 저본에는 '夸'로 나와 있으나 가, 나본을 따름. 서로 통함.

以荊釵布裙, 來拜於前, 衣裳雖弊, 容儀閒雅, 有非常賤女子. 本官致敬, 曰:"李學士身在窮道, 幸賴嫂氏之力, 得至今日, 雖義[91]氣男子, 無以過此, 何不欽歎乎?" 其女斂衽而對曰:"顧以至微賤之村婦, 得侍君子之巾櫛, 全昧如是之貴人, 其於周旋接待之節, 無禮莫甚[92]矣, 獲罪亦大矣. 何敢當尊客之致謝乎[93]? 官家今日, 降臨常賤漏湫[94]之地, 榮耀亦極矣. 竊爲賤女之家, 恐有損於福力也." 本官乃[95]命皁隷, 招入柳匠夫妻, 饋酒賜顔. 已而, 隣邑守宰, 絡繹來見, 巡使又送幕客傳喝, 柳匠之門外, 人馬熱鬧, 觀者如堵. 李謂本官曰:"彼雖常賤, 吾旣敵體, 必作配矣. 多年服勞, 誠意備至, 吾今不可以貴而易之, 願借一轎偕行." 本官乃卽地得一轎, 治行具以送之. 李於入闕謝恩之時, 中廟命入侍, 俯詢[96]流離之顚末, 李乃奏對甚悉, 上再三嗟歎, 曰:"此女子, 不可以賤妾待之, 特陞爲後夫人, 可也." 李與此女, 榮貴無比,[97] 多有男女. 此是李判書長坤云矣.

3-9.

湖中一士人, 行子婚於隣邑五六十里, 新郞醮禮夜, 入新房, 與新婦對坐. 夜將深, 一聲霹靂, 後門破碎, 忽有一大虎, 突入房中, 噉[98]新郞而去. 新婦蒼黃急起, 乃抱虎後脚不捨, 虎直上後山, 其行如飛. 而新婦限死隨去, 不計巖穴之高下, 荊棘之叢樾, 碎裂衣裳,

---

91) 義: 저본에는 '意'로 나와 있으나 가, 나본을 따름.
92) 莫甚: 나본에는 '極'으로 되어 있음.
93) 乎: 저본에는 빠져 있으나 가, 나본에 의거하여 보충함.
94) 漏湫: 나본에는 '陋湫'로 되어 있음.
95) 乃: 가, 나본에는 '聽罷'로 되어 있음.
96) 詢: 가, 나본에는 '問'으로 되어 있음.
97) 榮貴無比: 저본에는 빠져 있으나 나본에 의거하여 보충함.
98) 噉: 가, 나본에는 '嘆'으로 되어 있음. 이하의 경우도 동일함.

頭髮散亂, 遍身流血, 猶不止. 行幾里, 虎亦氣盡, 仍抛棄新郎於草
岸之上而去. 新婦始乃收拾精神, 以手撫身體, 則命門下微有溫
氣, 四顧察視, 岸下有一人家, 後窓微有火光. 度其虎行之已遠, 乃
尋逕而下, 開後戶而入, 則適有五六人會飮, 肴核狼藉. 忽見新婦
之入, 滿面脂粉, 滿身濃血, 衣裳裂拆,[99] 不辨人鬼. 望之卽一女兒,
諸人皆驚仆於地, 新婦乃曰: "我是人也, 列位[100]幸勿驚動. 後岸有
人, 方在死生未分中, 乞急救!" 諸人收拾驚魂, 一齊擧火而上後岸,
有少年男子, 僵仆岸上, 氣息將盡, 諸人始審視, 則乃主人之子也.
主人大驚, 擧而臥之房內, 灌以藥水等物, 過數更後乃甦. 擧家始
也驚惶, 終焉慶幸. 蓋新郎之父, 治送婚行, 適會隣友, 飮酒之際,
而卽其家之後也. 始知其女子之新婦, 延置于房, 饋以粥飮. 翌日,
通于婦家, 兩家父母, 莫不驚喜, 歎其至誠高節, 鄕里多士, 以其事
呈官, 至承旌褒之典云.

3-10.

金監司緻, 號南谷, 栢谷金得臣之父也, 自少, 精推數法,[101] 多奇
中神異之事. 仕昏朝, 爲弘文校理, 晩始悔,[102] 託病解官, 卜居於龍
山之上, 杜門晦跡, 謝絶人客[103]. 一日, 侍者來告曰: "南山洞居沈
生, 請謁云矣." 金公謝曰: "尊客不知此漢病廢而枉顧乎! 人事之廢
絶已久, 今難迎拜,[104] 甚可恨矣云." 而金公平日, 每以自家, 推數

---

99) 滿身濃血, 衣裳裂拆: 가, 나본에는 '和血而凝遍身, 衣裳隨處而裂'로 되어 있음.
100) 列位: 나본에는 '諸位'로 되어 있음.
101) 精推數法: 나본에는 '精於推數'로 되어 있음.
102) 悔: 저본에는 '悟'로 나와 있으나 가, 나본을 따름.
103) 人客: 나본에는 '來客'으로 되어 있음.
104) 今難迎拜: 가, 나본에는 '今無延迎'으로 되어 있음.

平生, 則當得水邊人之力, 可免大禍, 忽爾思來客, 旣是水邊姓, 則 斯人也無乃有力於我? 急使侍者, 追還於中路, 此是沈器遠也. 沈 生隨其奴還來, 則金公連忙起迎, 曰: "老夫廢絶人事, 已久矣, 尊 客枉屈, 適有採薪之憂, 有失迎拜之禮, 慚愧無地." 客曰: "曾未承 顔, 而竊聞長者精通術數[105]云, 故不避猥越, 敢以來質. 某以四十 窮儒, 命途奇窮, 今此之來, 欲一質定於神眼之下矣." 仍自袖中出 四柱, 而示之, 且曰: "某之來時, 有一親切之友, 又以四柱托之, 難 以揮却, 不得已持來矣." 金公一見之, 極口稱贊, 曰: "富貴堂前, 不須更問矣." 最後又出示一四柱, 曰: "此人不願富貴, 只願平生無 疾恙, 且欲知壽限之如何?" 已而, 公瞥眼一觀, 卽命侍者, 鋪席置 案, 起整衣冠, 斂膝危坐, 以其四柱, 置之書案上, 焚香而言曰: "此 四柱貴不可言, 有非常人之命數, 可不欽哉!" 沈生欲告退, 公曰: "老夫病中愁亂, 難遣尊客, 幸且暫留以慰病懷也." 仍使之留宿, 至 夜深無人之時, 公乃促膝而近前, 曰: "某實託病, 老夫不幸出身於 此時, 當[106]染跡於朝廷者, 旣[107]而悔悟, 杜門病蟄, 而朝廷之翻覆, 不久矣. 君之來質, 吾已領略, 幸勿相外而欺我, 以實言之, 可也." 沈生大驚, 初欲諱之, 末乃告其故, 公曰: "此事可成, 少無疑慮, 而 將以何日擧事乎?" 曰: "定於某日矣." 公沈吟良久, 曰: "此日吉則 吉矣, 此等大事擇日, 有殺破狼之日然後, 可矣. 某日若於小事則 吉矣, 大事則不可矣, 某當爲君, 更擇吉日矣." 仍披曆熟視, 曰: "三月十六日, 果吉矣! 此日犯殺破狼, 擧事之際, 必也先有告變之 人, 而少無所害, 畢竟無事順成矣. 必以此日擧事, 可也." 沈大異

---

105) 術數: 가, 나본에는 '推數'로 되어 있음.
106) 當: 가, 나본에는 '會有'로 되어 있음.
107) 旣: 가, 나본에는 '晩'으로 되어 있음.

之, 乃曰:"若然則公之名字, 錄入於吾輩錄名冊子矣." 公曰:"此則非所願也, 但明公事成之後, 幸救垂死之命, 俾不及禍, 是所望也." 沈快諾而去. 及其更化之日, 多以金公之罪, 不可原言者衆, 沈乃極力救之, 超拜嶺南伯而卒. 公嘗以自家四柱, 問于中原術士, 則書以一句詩, 詩曰:'花山騎牛客, 頭戴一枝花'云, 然莫曉其意. 及爲嶺南伯, 巡到安東, 猝患痁疾, 遍問遣却[108]之方, 則或以爲, '當日倒騎黑牛, 則卽瘳云云.' 故依其言, 騎牛而周行庭中, 纔下牛而臥房內, 頭痛極甚, 使一妓以按之, 問其名, 則一枝花也. 公[109]忽憶中原人詩句, 歎曰:"死生有命!" 乃命鋪新席, 換着新衣, 盛服正枕而臥, 悠然而逝. 是日三陟倅, 忽見公盛騶從入門, 驚而起迎, 曰:"公何爲越他道, 而來訪下官也?" 金公笑曰:"吾非生人也. 俄者已作故, 以閻羅大王赴任之路, 歷見君, 而且有所託者, 某方赴任, 而恨無新件章服, 君幸念平日之厚誼, 新備一襲否?" 三陟倅心知其虛誕, 而因其強請, 出篋中緞一疋而給之, 則金公欣然受之, 告辭而去. 三陟守大驚訝[110], 送人探知, 則果是日, 沒于安東府巡到所矣. 以是之故, 金公爲閻羅大王之說, 遍行于世. 朴久堂長遠, 與金公之子栢谷, 切親之友也, 曾於北京推數以來, 則書以某年某月當死云云矣. 當其年正初, 委送人馬, 邀栢谷以來, 授以一張簡而書之, 栢谷曰:"書以[111]何處?" 久堂曰:"欲得君之一書于老尊丈前矣." 栢谷恍惚而不書, 久堂曰:"君以吾爲誕乎? 勿論誕與不誕, 第爲我書之." 再三懇請, 栢谷不得已擧筆, 久堂口呼, 而使之書, 曰:"某之

---

108) 遣却: 가, 나본에는 '譴却'으로 되어 있음.
109) 公: 저본에는 빠져 있으나 가, 나본에 의거하여 보충함.
110) 訝: 저본에는 빠져 있으나 가, 나본에 의거하여 보충함.
111) 以: 저본에는 '於'로 나와 있으나 가, 나본을 따름.

切友朴某, 壽將止[112]於今年也, 幸伏望特垂矜憐, 俾延其壽限云云." 外封書'父主前', 內封書'子某白'云云. 書畢, 久堂淨掃一室, 與栢谷焚香, 焚其書, 曰: "今以後, 吾知免矣." 遇其年, 果無恙,[113] 又過數十年後始歿, 事近誕忘, 而金公之精魂, 大異於人矣. 其後, 每夜盛騶率, 列燈燭, 往來壯[114]洞·駱洞之間, 或逢知舊, 則下馬而敍懷. 一日之[115]夜, 一少年曉過駱洞, 逢公於路, 問曰: "令監從何而來乎[116]?" 金公曰: "今曉卽吾之忌日也, 爲饗飮食而去, 祭物不潔, 未得歆饗, 悵缺而歸." 仍忽不見, 其人卽往其家, 家在倉洞, 主人罷祭出來, 以其語[117]傳之. 栢谷大驚, 直入內廳,[118] 遍察[119]祭需, 無一不潔, 而餠餌之中, 有一人毛, 擧家驚悚. 其後, 又一人逢於路, 公曰: "吾曾借見他人『綱目』, 未及還, 第幾卷第幾張, 有金箔挾置者, 日後還送之時, 如或不審, 則金箔有遺失之慮, 須[120]以此言傳于吾家, 遂詳審而送, 可也." 其人歸傳其語, 栢谷探見『綱目』, 則金箔果有之, 人皆異之. 其外多有神異之事, 不能盡記焉[121].

3-11.
鄭桐溪蘊, 少時, 與洞中名下士, 作會試之行, 中路逢一素轎, 或先或後. 後有一童婢隨去, 編髮垂後及趾, 容貌甚美[122], 冉冉而行,

---

112) 止: 저본에는 '進'으로 나와 있으나 가, 나본을 따름.
113) 遇其年, 果無恙: 나본에는 '果穩度其年'으로 되어 있음.
114) 壯: 저본에는 '長'으로 나와 있으나 나본에 의거함.
115) 之: 저본에는 빠져 있으나 가, 나본에 의거하여 보충함.
116) 乎: 저본에는 빠져 있으나 가, 나본에 의거하여 보충함.
117) 語: 가, 나본에는 '酬酌'으로 되어 있음.
118) 直入內廳: 저본에는 '入內'로 나와 있으나 가, 나본을 따름.
119) 察: 가, 나본에는 '審'으로 되어 있음.
120) 須: 저본에는 빠져 있으나 가, 나본에 의거하여 보충함.
121) 記焉: 저본에는 '述'로 나와 있으나 가, 나본을 따름.

舉止端雅. 諸人在馬上目之, 曰: "美艷!" 童婢頻頻顧後, 獨注目於桐溪, 如是而半晌, 諸人相與戲言, "文章學識, 固可讓頭於輝彦, 而至於外貌, 何渠不若輝彦, 而厥女奚獨屬情於輝彦也? 世事蓋未可知也." 相與一笑. 未幾, 轎子向一村閭而去, 桐溪立馬而言曰: "過此十餘里有店舍, 君輩且歇宿而待我, 我則向北村寄宿, 明曉當[123]追到矣." 諸人皆[124]曰: "吾輩之期望於輝彦者何如, 而今當千里之科行, 聯轡同行, 不可中路相離. 今於路次逢一妖女, 空然爲情欲所牽, 妄生非意之計. 至欲捨同行, 而作此妄行, 人固未易知, 知心[125]亦難也." 桐溪笑而不答, 促鞭隨去, 於焉之際, 及其門, 則一大家舍也, 外廊則廢已久矣. 桐溪下馬, 坐於外廊之軒上矣, 其童婢入內, 少焉出來, 笑容可掬, 乃言曰: "行次不必坐此冷軒, 暫住小女[126]之房." 桐溪隨入其房, 則極其精潔, 已而, 進夕飯, 亦疎淡而旨. 其婢曰: "小婢入內, 灑掃廚下而下[127]矣." 仍入去, 初更出, 揮送其親屬而避之, 促膝而坐於燭下, 桐溪笑而言[128]曰: "汝何知吾之來此, 而有所排設也?" 婢曰: "小人面貌免麤, 而行年十七, 未嘗擧眼對人, 今午路上, 屬目於行次者, 非止一再, 則行次雖是剛腸男兒, 豈或恝然耶? 小人之如是者, 竊有悲寃之情[129], 欲借行次而伸雪, 未知行次, 果[130]能肯從否?" 仍揮淚而顔色凄然, 桐溪怪而詰

---

122) 甚美: 가, 나본에는 '佳麗'로 되어 있음.
123) 當: 저본에는 빠져 있으나 가, 나본에 의거하여 보충함.
124) 皆: 저본에는 빠져 있으나 가, 나본에 의거하여 보충함.
125) 心: 저본에는 빠져 있으나 나본에 의거하여 보충함.
126) 小女: 가본에는 '小婢'로 되어 있음.
127) 而下: 가, 나본에는 '出來'로 되어 있음.
128) 言: 가, 나본에는 '問'으로 되어 있음.
129) 情: 가, 나본에는 '懷'로 되어 있음.
130) 果: 가, 나본에는 '倘'으로 되어 있음.

其故, 則對曰: "小婢之上典, 以屢代獨子, 娶一淫婦, 靑年死於奸
夫之手, 而旣無强近親戚[131], 無以復冤雪讐. 而只有小婢一人知其
事, 而冤憤之心, 結于胸膈, 而自[132]顧以女子之身, 無所施, 只願許
身於天下英男, 假手而雪憤矣. 今日, 上典之淫妻, 自本家還來, 故
小婢不得已隨後往來矣. 路上見諸人行次之中, 行次容貌, 頗不埋
沒, 而膽氣倍於他人, 眞吾所願者也. 以是之故, 以目送情誘, 到此
地. 奸夫今又相會, 淫謔狼藉, 此誠千載一時, 幸須乘機而圖之."
桐溪曰: "汝之氣槪, 非不奇壯, 而吾以一個書生, 赤手空拳, 豈
得[133]行此大事?" 童婢曰: "吾有意而藏置弓矢者, 久矣, 行次雖昧
射法, 豈不知彎弓而放矢乎? 若放矢而中, 則渠雖凶獰之漢, 豈有
不死之理乎?" 仍出弓矢而與之, 偕入內舍, 從窓隙窺見, 則燭火明
亮, 一胖大漢, 脫衣而露腎, 與淫婦相抱戲謔, 無所不至. 桐溪乃引
矢, 極力從窓隙射去, 一矢正中厥漢之背, 洞胸而仆[134]. 又欲以一
矢射其淫婦, 童婢揮手止之, 促使出外, 曰[135]: "彼雖可殺, 吾事之
久矣, 奴主之分旣嚴, 吾何忍自手殺之? 不如棄之而去." 促行至渠
房, 收拾行李, 隨桐溪而出. 桐溪適有餘馬之載卜者, 不得載後而
同行, 行幾里, 訪同行科客所住處, 則時天色未明, 艱辛搜覓, 入門
則同行驚起, 而見桐溪與一女子同來[136]矣. 一人正色而言, 曰: "吾
於平日, 以輝彦爲學問中人矣, 今忽於路次携女而行, 君之此擧,
吾儕意慮之所不到也. 士君子行色, 固如是乎?" 正色責之, 桐溪笑

---

131) 親戚: 나본에는 '親屬'으로 되어 있음.
132) 自: 저본에는 빠져 있으나 가, 나본에 의거하여 보충함.
133) 豈得: 가, 나본에는 '遽'로 되어 있음.
134) 仆: 나본에는 '伏'으로 되어 있음.
135) 曰: 저본에는 빠져 있으나 가, 나본에 의거하여 보충함.
136) 同來: 가, 나본에는 '同行'으로 되어 있음.

曰:"吾豈貪色徒, 不知士大夫行作舉也? 個中自有委折, 從當知之矣." 仍與之上京, 置之店舍. 桐溪果中會試, 放榜後, 還鄉之日, 又與之率來, 仍作副室. 其人溫恭姸美, 百事無不可意, 家鄉稱其賢淑矣.

3-12.

禹兵使夏亨, 平山人也, 家貧. 初登科, 赴防於關西江邊之邑, 見一汲水婢之免役者, 貌頗免麤, 夏亨嬖之, 與之同處. 一日, 厥女謂夏亨曰:"先達旣以我爲妾, 將以何物爲飮食衣服之資乎?" 對[137]曰:"吾本家貧, 況此千里客中手無所持者乎[138]! 吾旣與汝同室, 則所望不過澣濯垢衣補綻弊襪而已, 其何物之波及於汝乎?" 其女曰:"妾亦知之熟矣. 吾旣許身爲妾, 則先達之衣資, 吾自當之, 須勿慮也." 夏亨曰:"此則非所望也." 厥女自其後, 勤於針線紡績, 衣服飮食, 未嘗闕焉. 及赴防限滿, 夏亨將還歸, 厥女問曰:"先達從此還歸之後, 其將留洛而求仕否?" 夏亨曰:"吾以赤手之勢, 京中無親知之人, 以何粮資留京乎? 此則不可爲[139]矣, 欲從此還鄉, 老死於先山之下, 爲計矣." 女曰:"吾見君[140], 容儀氣象, 非草草之人也. 前程優可至梱帥, 男子旣有可爲之機, 何可坐於無財, 而埋沒於草野乎? 甚可歎惜! 吾有積年所聚[141]銀貨, 可至六百兩, 以此贐之矣. 可備鞍馬及衣資[142], 幸勿歸鄉, 直向洛下而求仕焉, 十年爲限, 則

---

137) 對: 저본에는 빠져 있으나 가, 나본에 의거하여 보충함.
138) 乎: 저본에는 빠져 있으나 가, 나본에 의거하여 보충함.
139) 不可爲: 가, 나본에는 '無可望'으로 되어 있음.
140) 君: 가, 나본에는 '先達'로 되어 있음.
141) 所聚: 저본에는 빠져 있으나 가, 나본에 의거하여 보충함.
142) 衣資: 가, 나본에는 '幸資'로 되어 있음.

可以有爲也. 吾賤人也, 爲先達何可守節? 當託身於某處, 先達作宰本道然後, 卽日當進謁, 以是爲期, 願先達保重." 夏亨意外得重財, 心竊感幸, 遂與其女, 揮淚作別而行. 其女自送夏亨之後, 轉托於邑底鰥居之一校家, 其校見其人物之伶俐, 與之作配而處, 家頗不貧. 其女謂校曰: "前人用餘之財, 爲幾許, 凡事不[143]可不明白爲之, 穀數爲幾許, 錢帛布木爲幾許, 器皿雜物爲幾許, 皆列書名目及數爻, 而作長件記." 校曰: "夫婦之間, 有則用之, 無則措備, 可也, 何嫌何疑而如是也?" 女曰: "不然." 懇請不已, 校[144]乃依其言而書給, 其女受之, 藏之衣笥, 勤於治產, 日漸富饒. 女謂之曰: "吾粗解文字, 好看洛中朝報政事, 盍爲每每借示於衙中乎?" 校如其言, 而借示之, 數年之間政事, 宣傳官禹夏亨, 由經歷, 陞副正, 乃除關西腴邑矣. 其女自其後, 又見朝報, '某月日某邑倅禹夏亨辭朝矣.' 女乃謂校曰: "吾之來此, 非久留計也, 從此可以永別矣." 校愕然問其故, 女曰: "不必[145]問事之本末, 吾自有去處, 君勿留戀." 乃出向日物種長件記, 以示之, 曰: "吾於七年爲人妻, 理家產, 萬一有一箇之減於前者, 則去人之心, 豈能安乎? 以今較前, 幸而無減, 有一二三四倍之加數者, 吾心可以快活矣." 仍與之作別, 使一雇奴負卜, 而作男子粧, 着平凉子, 徒步而行夏亨之郡. 夏亨莅任, 纔一日矣, 託以訟民而入庭, 曰: "有所白之事, 願升塔而白活." 太守怪之, 初焉[146]不許, 末乃許之. 又請近窓前, 太守益[147]怪而許之, 其人曰: "官司主識小人乎?"[148] 太守曰: "吾新到之初, 此邑之民, 何由知

---

143) 不: 저본에는 '不不'로 나와 있으나 가, 나본에 의거함.
144) 校: 저본에는 빠져 있으나 가, 나본에 의거하여 보충함.
145) 必: 저본에는 빠져 있으나 가, 나본에 의거하여 보충함.
146) 焉: 가, 나본에는 '則'으로 되어 있음.
147) 益: 나본에는 '尤'로 되어 있음.

之?" 其人曰: "獨不念某年某地赴防時同處之人乎?" 太守熟視, 急起把手, 入于房中, 曰: "汝何作此樣而來也? 吾之赴任之翌日, 汝又來此, 誠奇會." 彼此不勝其喜, 共敍中間阻懷. 時夏亨喪配矣, 因以其女, 入處內衙正堂, 而摠家政委任. 其女撫育其嫡子, 指使其婢僕, 有法度, 恩威並行, 衙內洽然稱之. 每勸夏亨備局使託給錢兩, 而得見每朔朝報, 女見之而揣度世事, 時宰未及爲銓官, 而未久可爲者, 必使厚饋. 如是之故, 其宰樞[149]秉軸, 極爲吹噓, 歷三四腴邑, 家計稍[150]饒, 而饋問尤厚. 次次陞遷, 位[151]至節度使, 年近八十, 以壽終于鄕第[152]. 其女治喪如禮, 過成服, 謂其嫡子曰: "令監以鄕曲武弁, 位至亞將, 位[153]已極矣, 年過稀年, 壽亦[154]極矣, 有何餘憾? 且以我言之爲婦事夫, 自是, 當然之道理, 有何自爲誇矜? 而積年以來, 費盡誠力, 贊助求仕之方, 得至于今, 貴已極矣, 責亦盡矣. 顧[155]以遐方賤人, 得備小室於武宰, 享厚祿於列邑, 吾之榮亦極矣.[156] 今有何痛寃之懷? 但令監在世時, 使我主家政, 此則不得不然, 而今喪主如是長成, 可幹家事, 嫡子婦當主家政, 請還家政." 嫡子與婦, 泣而謝曰: "吾家得至于今, 皆庶母之功也, 吾輩只可依賴而仰成, 今何爲而遽出此言也? 不可云." 則女亦曰: "不可如是, 家道亂也." 乃以大小物件·器皿·錢穀等, 成件記, 一倂

---

148) 官司主識小人乎: 저본에는 '太守識我乎'로 나와 있으나 나본에 의거함.
149) 宰樞: 가, 나본에는 '宰相'으로 되어 있음.
150) 稍: 가, 나본에는 '漸'으로 되어 있음.
151) 位: 저본에는 빠져 있으나 가, 나본에 의거하여 보충함.
152) 于鄕第: 저본에는 빠져 있으나 가, 나본에 의거하여 보충함.
153) 位: 가저본에는 '榮'으로 나와 있으나 가, 나본을 따름.
154) 亦: 가, 나본에는 '已'로 되어 있음.
155) 顧: 가, 나본에는 '吾'로 되어 있음.
156) 吾之榮亦極矣: 저본에는 빠져 있으나 가, 나본에 의거하여 보충함.

付之嫡子婦, 使處正堂, 而自家退處越邊一房, 曰:"自此, 一入而不可出!" 仍闔門絶粒, 數日而死. 嫡子輩皆哀痛, 曰:"吾之庶母, 非常人也, 何可以庶母待之?" 初終後葬事, 待三月將行, 別立廟而祀之. 及兵使之葬期已迫, 將遷柩, 而柩重不可擧[157], 雖千百[158]人, 無如之何. 擧家惶惶, 諸人皆曰:"無或係意於小室而然耶?" 乃治其小室之靷, 將行同發, 則兵使之柩, 輕擧而行, 人皆異之. 葬于平山地大路邊, 而向西而葬者, 兵使之墳也, 其右十餘步地, 東向而葬者, 其小室之墳云爾.

3-13.

清風金氏祖先, 中葉甚微, 金和順某之父, 居在廣州肆覲坪, 而甚貧賤, 人無知之者也[159]. 趙樂靜錫胤, 適比隣而居, 自京中新來冊子, 多未輸來, 金之家適有『綱目』, 趙聞而願借, 則諾之. 久之, 終不送之, 樂靜心竊訝之, 意其吝惜而不借也. 時當五日, 趙氏婢子, 自金氏家而來, 言曰:"俄見金氏家行祀之儀, 眞箇[160]行祀, 如吾上典宅祭祀, 祀需雖豊潔, 不及於金氏家[161], 神道必不享之. 金氏宅, 則神其洋洋如降歆矣." 樂靜夫人問其由, 則其婢曰:"俄往金氏宅, 方欲行節祀, 廳上堦下, 皆掃灑, 無半點塵垢. 金氏[162]內外, 淨洗弊衣如雪色, 而一身沐浴而着之, 新件席子鋪于上, 上置冊子, 其冊子上, 陳設祭物, 不過飯羹・蔬菜・果品而已. 器數小, 品則極精. 出主而夫妻獻酌拜跪, 皆有法度, 誠敬備至. 小人立其傍, 自不覺毛髮悚然, 怳見神靈之來格. 吾之主人宅祭祀, 較之於此, 可謂有如不祭之歎, 眞個祭祀, 今日始見之云矣." 夫人以其言, 傳于樂靜, 始知『綱目』之不卽借, 蓋以行祀之故也. 金家無床卓, 以其冊代用故也. 樂靜聞而異之, 卽往見金氏, 而賀曰: "聞君有至行, 必有餘慶, 可不欽歎, 吾欲成就令胤, 可許之否?" 金大樂許之. 金和順受業于樂靜之門, 後爲朴潛冶門人, 以學行薦登蔭仕. 自其子監司公, 始顯達, 後有三世五公, 爲大家焉.

3-14.

柳西厓成龍, 居安東家, 有一叔, 爲人蠢蠢無識, 可謂菽麥不辨, 家間因以癡叔目之[163]. 至於西厓, 亦[164]甚易之, 癡叔每曰: "吾有從容[165]可道之語, 而君家每喧擾, 如有無客[166]靜寂之時, 必請我也, 我有萬[167]緊說話云矣." 一日, 適無外客[168], 使人請癡叔, 則叔以弊衣破冠, 欣然而來, 曰: "吾欲與君, 賭一局棊, 未知如何?" 西厓曰: "叔父平日, 未嘗着碁, 忽云對局, 恐非侄之敵手也." 蓋西厓之棊法, 高於一國者也. 叔笑曰: "高下何須論之? 姑且對局, 可也." 西厓强以對局, 心竊訝之. 其叔先着一子, 未至半局, 而西厓之棊全輸, 不敢下手. 始知其叔韜晦, 俯伏而言曰: "猶父猶子之間, 半生相[169]處, 如是相欺, 下懷不勝抑鬱, 從今願安承敎." 叔曰: "豈有欺

---

163) 因以癡叔目之: 가, 나본에는 '號曰癡叔'으로 되어 있음.
164) 亦: 가, 나본에는 '心'으로 되어 있음.
165) 從容: 저본에는 빠져 있으나 가, 나본에 의거하여 보충함.
166) 無客: 저본에는 빠져 있으나 가, 나본에 의거하여 보충함.
167) 萬: 가, 나본에는 '千萬'으로 되어 있음.
168) 無外客: 가, 나본에는 '無人而從容矣'로 되어 있음.
169) 相: 가, 나본에는 '同'으로 되어 있음.

君之理哉? 適偶然耳. 君旣出身於世路, 則如我草野之人, 有何可
敎之事乎? 然而明日, 必有一僧來訪而請宿矣, 切勿許之, 雖千萬
懇乞, 而終始牢拒, 指送後村菴, 而寄宿可矣. 須銘心勿誤!" 西厓
曰: "謹奉敎矣." 及到其日, 忽有一僧通刺, 使之入來, 狀貌堂堂,
年可三四十許人也. 問其居, 則居在江陵五臺山矣, 爲覽嶺南山川
而下來, 遍看名勝, 今方復路, 而竊伏聞大監淸德雅望, 爲當世第
一云. 故以識荊之願, 暫來拜謁, 今則日已晩矣, 願借一席而寄宿,
以爲, "明朝發行之地如何?" 西厓曰: "家間適有事, 故不可以生面
人寄宿, 此村後有佛菴, 可暫留宿, 待朝下來, 可也." 其僧萬端懇
請[170], 而一向牢却, 僧不得已隨童, 向村後之菴. 此時, 癡叔以婢
子, 粧舍堂樣, 自家作居士樣, 以繩巾布褐, 出門合掌拜而迎, 曰:
"何來尊師, 降臨于薄陋之地?" 僧答禮而入坐定, 居士精備夕飯而
進之, 先以一壺旨酒待之, 僧飮而甘之, 曰: "此酒之淸冽非常, 何
處得來?" 對曰: "此老嫗, 卽此邑之酒母妓之老退者也, 尙有舊日
手法而然也[171]. 願尊師勿嫌冷淡, 而盡量則幸矣." 仍進夕飯, 山荣
野蔌, 極其精潔, 其僧飽喫, 而泥醉昏倒矣. 夜深後始覺, 而胸膈悶
鬱, 擧目[172]而視之, 則其居士騎坐胸腹之上, 手把[173]利刀, 張目叱
之, 曰: "賤僧焉敢生心乎? 汝之渡海日, 吾已知之, 汝豈瞞我乎?
汝若吐實, 則或有饒貸之道, 而不然, 汝命盡於卽刻, 從實直告, 可
也." 其僧哀乞, 曰: "今則小僧之死期, 已迫矣, 何可一毫相欺乎?
小僧果是日本僧也, 關伯平秀吉, 方欲發兵, 謀陷本國, 而所忌者,

---

170) 請: 가, 나본에는 '乞'로 되어 있음.
171) 也: 저본에는 빠져 있으나 가, 나본에 의거하여 보충함.
172) 目: 가, 나본에는 '眼'으로 되어 있음.
173) 把: 가본에는 '執'으로 되어 있음.

獨尊家大監, 故使小僧, 先期來此, 以爲先圖之擧矣. 今者, 現露於先生神鑑之下, 幸伏望寄我一縷殘命, 則誓不敢復作此等事." 癡叔曰: "我國兵火, 乃是天數所定, 難容人力, 吾不欲逆天. 吾鄕則雖兵革之禍, 吾在矣, 優可救濟, 倭兵若躪此境, 俱不旋踵矣. 如汝螻蟻之命, 斷之何益? 寬汝禿頭而送之, 往傳于平秀吉, 使知我國之吾在也." 仍釋之, 其僧百拜稱謝, 曰: "不敢不敢!" 抱頭鼠竄而去, 歸見秀吉, 備傳其事. 秀吉大驚異, 勅[174]軍中, 以渡海之日, 無敢近安東一步地, 一境[175]賴以安過矣.

3-15.

驪州地, 古有許姓儒生, 家甚貧寠[176], 不能自存, 而性甚仁厚. 有三子, 使之勸學, 自家躬, 自乞糧于親知之間, 以繼書糧, 無論知與不知, 皆以許之仁善, 來必善待, 而優助糧資矣. 數年之間, 偶以癘疫, 夫妻俱歿, 其三子晝宵號泣, 艱具葬需, 僅行初喪矣. 三霜纔過, 家計尤無可言, 其仲名弘云者, 言于其兄及弟, 曰: "曾前吾輩, 幸免餓死者, 只緣先親之得人心, 而助糧資之致也. 今焉, 三霜已過, 先親之恩澤已竭, 無他控訴. 以今倒懸之勢, 弟兄束手無策, 坐而待死矣.[177] 不可不各自圖生, 自今日, 兄弟各從素業, 可也." 其兄其弟曰: "吾輩之自少爲業, 不過文字而已, 其外農商之事, 非但無錢可辦, 且昧方向, 何以爲之乎? 忍飢科工之外, 無他道矣." 弘曰: "人見各自不同, 從其所好, 可矣, 而三兄弟俱習儒業, 則終身

---

174) 勅: 저본에는 '飭'으로 나와 있으나 가, 나본을 따름.
175) 一步地, 一境: 저본에는 '一境, 安東'으로 나와 있으나 가, 나본에 의거함.
176) 貧寠: 가, 나본에는 '貧寒'으로 되어 있음.
177) 弟兄束手無策, 坐而待死矣: 가, 나본에는 '弟兄闃沒之外, 無他策矣'로 되어 있음.

之前, 其將俱死於飢寒矣. 兄與弟, 氣質甚弱, 復理學業, 可也, 吾
以限十年, 竭力治産, 以作日後兄弟賴活之資矣. 自今日破産, 二
嫂各姑還于本第, 兄與弟, 負策上山, 乞食於僧之餘飯, 以十年後
相面爲限, 可矣. 所謂世業, 只有家垈[178]牟田三斗落及童婢一口而
已, 此是宗物也, 日後自當還宗矣. 吾姑借之, 以作營産之資矣."
自伊日, 兄弟流淚相別, 其嫂送于家, 兄與弟, 治送于山寺, 賣其妻
之新婚時資粧, 價至七八兩而已. 時適木花豊登, 以其錢盡貿甘
藿, 背負而遍訪其父平日往來乞粮之親知人家, 以藿立作面幣, 而
乞綿花. 諸人憐其意, 而優給不計好否, 所得爲幾百斤, 使其妻晝
夜紡績, 渠則出而賣之, 又賣[179]耳牟十餘石. 每日作粥, 與其妻, 以
一器, 分半而喫之, 婢則給一器, 曰: "汝若難忍飢寒, 自可出去, 吾
不汝責." 其婢泣曰: "上典則喫半器, 小的則喫一器, 焉敢曰飢? 雖
餓死, 無意出去云云." 隨其上典, 勤於織布, 許生則或織席, 或捆
屨, 夜以繼日, 少不休息. 或有知舊之來訪, 則必賜座於籬外, 而言
曰: "某也! 今不可以人事責之, 十年後相面云." 而一不出見, 如是
者三四年, 財利稍殖. 適有門前畓十斗落·田數日耕[180]賣者, 遂準
其價買之. 及春耕作時, 乃曰: "無多之田畓, 何可雇人耕播? 不爲
自己之勤力其中, 但不知農功之如何, 此將奈何?" 遂請隣里老農,
盛其酒食, 使坐岸上, 親執耒耨, 指使耕種, 一聽老農. 其耕之也,
鋤之也,[181] 必三倍於他人, 故秋收之穀, 又倍於他人. 田則種烟草,
而時當亢旱, 每於朝夕, 汲水而澆之, 一境之[182]烟草, 皆枯損, 而獨

---

178) 家垈: 저본에는 빠져 있으나 가, 나본에 의거하여 보충함.
179) 賣: 가, 나본에는 '貿'로 되어 있음.
180) 耕: 저본에는 '頃'으로 나와 있으나 가, 나본에 의거함.
181) 鋤之也: 저본에는 빠져 있으나 나본에 의거하여 보충함.
182) 之: 저본에는 빠져 있으나 가, 나본에 의거하여 보충함.

許之種苗茂, 京商預以數百金買之. 及其二芽之盛, 又得厚價, 草農之利, 近四百金. 如是者五六年, 財産漸殖, 露積四五百石穀, 近地百里內田畓, 都歸於許生, 而其衣食之儉約, 一如前日樣. 其兄其弟, 自山寺, 始下來見之, 弘之妻, 始精備三盂飯而進之, 則弘張目叱之, 使之持去, 更使煮粥而來. 其兄怒而罵, 曰: "汝之家産, 如此其富, 而獨不饋我一盂飯乎?" 弘曰: "吾旣以十年爲期, 十年之前, 以勿喫飯, 盟于心矣. 兄於十年之後, 可喫吾家飯矣[183], 兄雖[184]怒我, 我不以介於懷矣." 其兄怒而不食[185], 還上山寺矣. 翌年春, 兄與弟, 聯璧小成, 弘多持錢帛而上京, 以備應榜之資[186], 率倡而到門. 伊日, 招倡優而言[187]之, 曰: "吾家兄弟, 今雖小成, 且有大科, 又當上山而工課, 汝等無益, 可以還歸汝家." 於是, 各給錢兩而送之, 對其兄及弟, 而言曰: "十年之限, 姑未及矣, 須卽上山, 待限滿下來, 可也." 仍卽日送之上山, 及十年之限, 奄成萬石君矣. 仍擇布帛之細者, 新造男女衣裳各二件, 治送人馬於二嫂之家, 約日率來, 又以人馬, 送之山寺, 迎來兄及弟, 團聚一室. 過數日後, 對兄弟而言曰: "此室狹隘, 無以容膝, 吾有所經紀[188]者, 可以入處." 仍與之偕行, 行數里, 越一崗, 則山下之大洞有甲第, 前有長廊, 奴婢牛馬, 充溢其中, 內舍分三區, 而外舍則只有一區, 甚廣闊. 三兄弟內眷, 各占內舍之一區, 兄弟則同處一房, 長枕大被, 其樂瀜洽. 其兄驚問曰: "此是誰家, 如是壯麗?" 答曰: "此是弟之經

---

183) 吾家飯矣: 나본에는 '吾食之飯'으로 되어 있음.
184) 雖: 저본에는 '須'로 나와 있으나 가, 나본에 의거함.
185) 食: 가본에는 '喫飯'으로, 나본에는 '喫粥'으로 되어 있음.
186) 資: 가, 나본에는 '需'로 되어 있음.
187) 言: 가, 나본에는 '諭'로 되어 있음.
188) 經紀: 가, 나본에는 '經營'으로 되어 있음.

紀者, 而亦不使家人知之耳." 仍使之奴隷, 舉木函四五雙, 置于前, 曰: "此是田土之券[189], 從今吾輩均分, 可也." 仍言曰: "家産之致此, 荊妻之所殫竭者也, 不可不酬勞." 乃以二十石落畓券, 給其妻, 三人各以五十石落分之, 其婢女之長成, 亦分給資産田畓焉. 從此以後, 衣食極其豐潔, 其隣里宗族之貧窮, 量宜周給, 人皆稱之. 一日, 弘忽爾悲泣, 其兄怪而問之, 曰: "今吾輩衣食自足[190], 有何疚懷而如是也?" 弘曰: "兄及弟, 讀書成名, 皆占小科, 已出身矣[191], 而弟則汨於治産, 學業[192]荒蕪, 卽一愚蠢之人. 先人[193]之所期望, 於我者蔑如, 豈不痛哉? 今則年紀老, 大難可復習儒業, 不如投筆而業武." 自其日, 備弓矢習射, 數年後, 登武科, 上京求仕, 得付內職, 漸次陞品, 除安岳郡守. 方在赴任, 其妻喪逝.[194] 弘喟然歎曰: "吾旣永感, 祿不逮養, 猶欲赴任者, 以一生之老妻艱苦, 欲使一番榮耀[195]矣. 今焉, 妻不生存, 我何赴任爲哉?" 仍呈辭圖遞, 下鄕終老云爾.

3-16.

宣廟壬辰之亂, 天將李提督如松, 奉旨東援, 平壤之捷, 入據城中, 見山川之秀麗[196], 懷異心, 有欲動搖宣廟, 而仍居之意. 一日, 大率僚佐, 設宴于練光亭上, 江邊沙場, 有一老翁, 騎黑牛而過者,

---

189) 券: 저본에는 '卷'으로 나와 있으나 가본에 의거함. 이하의 경우도 동일함.
190) 自足: 가, 나본에는 '不換三公矣'로 되어 있음.
191) 已出身矣: 저본에는 빠져 있으나 가, 나본에 의거하여 보충함.
192) 學業: 가, 나본에는 '舊業'으로 되어 있음.
193) 先人: 가, 나본에는 '先親'으로 되어 있음.
194) 方在赴任, 其妻喪逝: 가, 나본에는 '定赴任之期, 而奄遭喪妻'로 되어 있음.
195) 榮耀: 가, 나본에는 '榮貴'로 되어 있음.
196) 秀麗: 가, 나본에는 '佳麗'로 되어 있음.

軍校高聲辟除, 而聽若不聞, 按轡徐行. 提督大怒, 使之拿來[197], 則牛行不疾, 而軍校輩無以追及, 提督不勝忿怒, 自騎千里名騾, 按劍而追之. 牛行在前不遠, 而騾行如飛, 終莫能[198]及. 踰山渡水, 行幾里, 入一山村, 則黑牛繫於溪邊垂楊樹下[199], 有茅屋, 竹扉不掩. 提督意其老人之在此, 下騾杖劍而入, 則老人起迎於軒上. 提督怒叱曰:"汝是何許野老, 不識天高, 唐突至此? 吾受皇上之命, 率百萬之衆, 來救汝邦, 則汝必無不知之理, 而乃敢犯馬於我軍之前乎? 汝罪當死." 老人笑而答曰:"吾雖山野之人, 豈不知天將之尊貴乎? 今日之擧, 全爲邀將軍而欲屈[200]鄙所之計也. 某竊有一事之奉託, 難以言語[201]導達, 故不得已行此計也." 提督曰:"所託何事? 第言之!" 老人曰:"某[202]有不肖子二人, 不事仕農之業, 恣行强盜之事, 不率父母之敎, 不知長幼之別, 卽一禍根, 以吾之氣力, 無以制之. 竊伏聞將軍神勇蓋世, 欲借神威, 除此悖子也." 提督曰:"在於何處?" 答曰:"在於後園草堂上矣." 提督按劍而入, 有兩少年, 共讀書. 提督大聲叱曰:"汝是此家之悖子乎? 汝翁欲使除去, 謹受我一劍!" 仍揮劍擧之, 則其少年不動聲色, 徐以手中書證竹捍之, 終不得擊. 已而, 其少年以其竹, 迎擊劍刃, 劍刃錚然一聲, 折爲兩段[203]而落地矣. 提督氣喘汗流, 少焉, 老人來叱曰:"小子焉敢無禮?" 使之退坐, 提督向老人而言曰:"彼悖子勇力非凡, 無以抵[204]當, 豈不

---

197) 來: 나본에는 '入'으로 되어 있음.
198) 莫能: 가, 나본에는 '不可'로 되어 있음.
199) 下: 가, 나본에는 '前'으로 되어 있음.
200) 屈: 가, 나본에는 '枉'으로 되어 있음.
201) 言語: 저본에는 빠져 있으나 가, 나본에 의거하여 보충함.
202) 某: 가, 나본에는 '鄙'로 되어 있음.
203) 兩段: 가, 나본에는 '兩端'으로 되어 있음.
204) 抵: 가, 나본에는 '担'로 되어 있음.

負老人之託?" 老人笑曰: "俄言戱耳. 此兒[205]雖有膂力, 以渠十輩, 不敢當老身一人. 將軍奉皇旨, 東援而來, 掃除梟寇, 使我國再奠基業, 將軍唱凱還歸, 名垂竹帛, 則豈非大丈夫之事[206]乎? 不此之思, 返懷二心[207], 此豈所望於將軍者乎? 今日之擧, 欲使將軍, 知我東亦有人才之故也. 將軍若不悟意改圖而執迷, 則吾雖老矣, 足可制將軍之命, 勉之勉之! 山野之人, 語甚唐突, 惟將軍垂察而恕之." 提督半晌無語, 低頭喪氣, 仍諾諾而出門云爾.

3-17.

倡義使金千鎰之妻, 不知誰家女子, 而自于歸之日, 一無所事, 日事晝寢. 其舅戒之, 曰: "汝誠佳婦, 而但不知婦道, 是可欠也. 大凡婦人, 皆有婦人之任[208], 旣出家, 則治家營産, 可也, 而不此之爲, 日以午睡爲事乎?" 其婦對曰: "雖欲治産, 赤手空拳, 何所藉而營産乎?" 其舅悶而憐之, 卽以租數三十包·奴婢四五口·牛數隻, 給之, 曰: "如此則足可爲營産之資乎?" 對曰: "足矣." 仍呼奴婢, 曰: "今則汝輩已屬之我, 當從吾指使. 汝可駄穀於此牛, 入茂朱某處深峽中, 伐木作家, 以此租作農粮, 而勤耕大田[209]. 每年秋收所出都數, 來告於我, 粟則作米貯置, 每年如是, 可也." 奴婢承命, 而向茂朱而居矣. 其後數日, 對金公而言曰: "男子手中無穀[210]錢, 則百事不成, 何不念及於此?" 公曰: "吾是侍下, 人事衣食, 皆賴於父

---

205) 兒: 저본에는 '男'으로 나와 있으나 가, 나본을 따름.
206) 事: 가, 나본에는 '事業'으로 되어 있음.
207) 二心: 가, 나본에는 '異心'으로 되어 있음.
208) 任: 저본에는 '責'으로 나와 있으나 가, 나본을 따름.
209) 大田: 저본에는 빠져 있으나 가, 나본에 의거하여 보충함.
210) 穀: 저본에는 빠져 있으나 가, 나본에 의거하여 보충함.

母, 則錢穀從何而辦出乎?" 婦曰: "竊聞洞中李生某家, 積屢萬財貨, 而性嗜賭博云, 郎君何不一往, 以千石露積一塊爲賭乎?" 公曰: "此人以博局自來有名[211], 吾則手法甚拙, 此等事, 何可生心賭博?" 婦曰: "此易與耳, 第持來博局也." 仍對坐而敎[212]之, 諸般妙手, 隨手指揮, 金公亦奇傑之人也, 半日對局, 陣法曉然. 其婦曰: "今則優可決勝, 君子以三局兩勝爲約[213], 初局佯輸, 而二三局則僅僅決勝. 旣得露積後, 彼若欲更決雌雄, 則此時卽出神妙之手, 使彼不得生意[214], 可也." 金公然其言, 明日卽[215]往其家, 請賭博, 則其人笑曰: "君與我居在比閈, 未聞君之賭博矣, 今忽來請者, 未知其故也. 且君非吾敵手, 不必對局矣." 金公曰: "對局行馬然後, 可定其高下, 何必預先斥罷?" 仍强請至再至三, 其人曰: "若然則吾於平生對局, 不賭則不博, 今欲以何物爲賭乎?" 公曰: "君家有千石露積者三四塊, 以此爲賭, 可矣." 其人曰[216]: "吾則然矣, 君則以何物爲對[217]乎?" 公曰: "吾亦以千石爲資." 其人曰: "君以侍下之人事, 不少之穀, 從何辦出乎?" 金公曰: "此則勝負判決然後, 可言之事, 吾若不勝, 則千石豈不輸給乎?" 其人勉强而設局[218], 以兩勝爲限, 初則金公佯輸一局, 其人笑曰: "然矣! 君非吾之敵手, 吾不云乎?" 金公曰: "猶有二局矣, 第又對局." 李生心異之, 又與對坐,[219]

---

211) 自來有名: 가본에는 '一手有名於世'로 되어 있음.
212) 敎: 가, 나본에는 '訓'으로 되어 있음.
213) 約: 가, 나본에는 '賭'로 되어 있음.
214) 生意: 가, 나본에는 '下手'로 되어 있음.
215) 卽: 가, 나본에는 '躬'으로 되어 있음.
216) 曰: 저본에는 '則'으로 나와 있으나 가, 나본에 의거함.
217) 對: 가, 나본에는 '賭'로 되어 있음.
218) 設局: 가, 나본에는 '對局'으로 되어 있음.
219) 又與對坐: 가, 나본에는 '又復對局'으로 되어 있음.

連輸二局, 李生驚訝, 曰:"異哉異哉! 寧有是理? 旣許之, 千石不可不給, 卽當輸之, 第又更賭一次." 金公許之, 復對局, 始出神妙之手, 李生勢盡力窮, 不敢下手. 金公笑而罷歸家, 言其妻, 妻曰: "吾已料之[220]矣." 公曰:"旣得此, 將焉用之?" 妻曰:"君子之所親知中, 窮婚窮喪及貧不能資生者, 量宜分給. 毋論遠近貴賤, 如有奇傑之人, 則與之許交, 逐日邀來, 則酒食之供[221], 我自辦備." 金公如其言而行之. 一日, 其婦又請其舅, 曰:"媳欲事農業, 籬外五日耕, 可得許耕乎?" 其舅許之, 於是耕田, 遍種匏種, 待熟作斗, 使之着漆, 每年如是, 充五間庫. 又使冶匠, 鍊出二個如匏斗樣[222], 竝置庫中, 人莫曉其故. 及壬辰倭寇大至, 夫人謂金曰:"吾之平日勸君子, 以恤窮濟困, 交結英男, 欲於此等時, 得其力故也. 君子倡起義兵, 則舅姑避難之地, 吾已料定[223]茂朱地, 有穀有家, 庶不貽君子之憂矣. 吾則在此, 辦備軍粮, 使不乏絶也." 金公欣然從之, 遂倡義兵, 遠近之平日受恩者來附, 旬日間, 得精兵四五千, 使軍卒, 各佩漆匏而戰. 及其回陣之時, 遺棄鐵匏於中路而去, 倭兵大驚, 曰: "此軍人人佩此瓢, 其行如飛, 其勇可知其無量." 遂相與戒飭, 無敢嬰其鋒, 以是之故, 倭兵見金公之軍, 則不戰而披靡. 金公多建奇勳, 蓋其夫人贊助之力也.

3-18.

盧玉溪禛, 早孤家貧, 居在南原地, 年已長成, 無以婚娶. 其堂叔

---

220) 之: 가, 나본에는 '知'로 되어 있음.
221) 供: 가, 나본에는 '費'로 되어 있음.
222) 如匏斗樣: 가본에는 '斗容匏樣'으로 되어 있음.
223) 料定: 가, 나본에는 '經紀'로 되어 있음.

武弁, 時爲宣川倅, 玉溪母親, 勸往宣川, 乞得婚費[224]以來. 玉溪以編髮, 徒步作行, 行至宣川, 阻閽不得入, 彷徨路上. 適有一童妓, 衣裳鮮新者過去, 停步而立, 熟視而問曰: "都令從何而來?" 玉溪以實言之, 妓曰: "吾家在於某洞, 而卽第幾家, 距此不遠, 都令須定下處於吾家." 玉溪許之, 艱辛入官門, 見其叔, 言下來之由, 則嚬蹙, 曰: "新延未幾, 官債山積, 甚可悶也云." 而殊甚冷落, 玉溪以出宿於下處之意, 告而出門, 卽[225]訪其家, 其童妓迎笑欣然, 使其母, 精具[226]夕飯而進之. 夜與同寢, 其妓曰: "吾見本官, 手段甚小, 雖至親之間, 其婚需之優助, 有未可知也. 吾見都令之氣骨狀貌, 可有大顯達之相也, 何必自歸於乞馱[227]之行乎? 吾有私貯之銀五百餘兩, 留此幾日, 不必更入官門, 持此銀直還, 可也." 玉溪不可, 曰: "行止如是飄忽, 則堂叔豈不致責乎?" 妓曰: "都令雖恃至親之情, 而至親有何可恃? 留許多日, 不過被人苦色, 及其歸也, 不過以數十金贐行, 將安用之? 不如自此直發可也." 玉溪自此, 晝則入見其叔, 夜則出宿妓家. 一日之夜, 妓於燈下, 理行裝, 出其銀, 而裹之以袱. 及曉, 牽出廐中一匹好馬, 駄之, 促其行, 曰: "都令不過十年, 必大貴矣. 吾當潔身俟之, 會面之期, 只在登科後耳[228], 千萬保重." 因雙淚沾衣, 玉溪亦悵然發行, 不辭其叔而行矣. 翌日[229] 本官聞其已發, 竊怪其行色之狂妄, 而中心也, 自不妨其多少費財也. 玉溪發行幾日, 無事抵家, 娶妻營産, 頗無衣食之憂

---

224) 婚費: 가, 나본에는 '婚需'로 되어 있음.
225) 卽: 저본에는 '則'으로 나와 있으나 가, 나본을 따름.
226) 具: 가, 나본에는 '備'로 되어 있음.
227) 乞馱: 가, 나본에는 '乞客'으로 되어 있음.
228) 登科後耳: 가, 나본에는 '一條路而已'로 되어 있음.
229) 翌日: 가, 나본에는 '平明'으로 되어 있음.

矣. 乃刻意就課, 四五年後登第, 大爲上知. 未幾, 以繡衣按廉于關西, 心念其妓, 直訪其家, 則其母獨在, 見玉溪, 認其顔面, 乃執袂而泣, 曰:"吾女自送君之日, 棄家逃去,[230] 不知去向, 消息永絶, 于今幾年. 老身日夜[231]思想, 淚無乾時云云."玉溪茫然自失, 自量以爲,[232] '吾之此行, 專爲故人相逢矣, 今無形影, 心膽俱墜, 然而渠必爲我晦跡之故也.' 仍更問曰:"老嫗之女, 自一去之後, 存沒尙未聞乎[233]?" 對曰:"近者風聞, 或說吾女寄跡於成川境內之山寺, 藏踪秘跡, 人無見其面者云云. 風傳之言, 亦[234]未可信, 老身年老氣衰, 且無男子, 無以跟尋矣." 玉溪聽罷, 直往成川地, 遍訪一境之寺刹, 窮搜而終不可尋[235]. 行到一寺, 後有千仞絶壁, 其[236]上有一小菴, 而岩峭山峻, 無着足處矣. 玉溪攀蘿扶藤, 艱辛上去, 則有數三僧徒, 問之, 則以謂, '四五年前, 有一個女子, 年近二十, 以如干銀兩, 付之禮佛之首座, 以爲朝夕之費. 而伏於佛前卓下, 被髮掩面, 而朝夕之飯, 從窓穴而入送. 或有大小便之時, 暫爲出門, 而卽時還入, 四五年如一日矣.[237] 小僧輩, 皆以爲菩薩生佛, 不敢近前矣.' 玉溪心知其妓, 乃使首座, 從窓隙傳語, 曰:"南原盧都令, 專爲娘子而來, 何不開門而迎見?"其女因其僧而問曰:"盧都令若來, 則登科乎否乎?"玉溪遂以登科後, 方以繡衣來到云, 其女曰:"妾之積年, 晦跡而喫苦, 全爲郞君地也, 豈不欣欣然? 卽出迎之, 而積年

---

230) 棄家逃去: 가, 나본에는 '棄母逃走'로 되어 있음.
231) 日夜: 가, 나본에는 '晝夜'로 되어 있음.
232) 自量以爲: 저본에는 빠져 있으나 가본에 의거하여 보충함.
233) 乎: 가, 나본에는 '否'로 되어 있음.
234) 亦: 가, 나본에는 '猶'로 되어 있음.
235) 不可尋: 가, 나본에는 '無形影'으로 되어 있음.
236) 其: 저본에는 빠져 있으나 가, 나본에 의거하여 보충함.
237) 四五年如一日矣: 가, 나본에는 '如是者, 已有年矣'로 되어 있음.

之鬼形, 猝難現露於丈夫, 則爲我留十餘日, 妾謹當梳洗理粧, 復其本形後, 可以相對矣." 玉溪依其言, 遲留幾個日後[238], 其女凝粧盛飾, 出而見之, 相與執手, 而悲喜交集[239]. 居僧始知其來歷, 莫不嗟歎. 玉溪于本府借轎馬, 駄之送宣川, 使[240]其母相面. 及其竣事而歸也, 與之同載, 與之同室, 愛重終身云爾.

3-19.

延原府院君李光庭, 爲楊牧時, 養一鷹, 使獵夫每作山行. 一日[241], 獵夫出去, 經宿而返[242], 傷足而行蹇. 公見而問之, 笑而對曰: "昨日, 放鷹獵雉, 雉逸而鷹逃, 四面搜訪, 則鷹坐某村李座首門外大樹上. 故艱辛呼鷹而臂之, 將欲復路之際, 忽聞籬內有喧笑之音[243]. 故自籬間窺見[244], 則有五介處女, 豪健如壯男樣, 相率而來, 氣勢甚猛. 故意其或被打, 急急避身, 足滑而傷. 時日已昏黑[245], 心甚訝之, 隱身於籬下叢樾之間而聞之, 則其五處女相謂曰: '今日適從容, 又當作太守戲, 可乎!' 僉曰: '諾.' 其中大處女, 年可三十, 高坐石上, 其下諸處女, 各稱座首·刑房·伋唱·使令, 名色侍立於前. 已而, 太守處女[246]出令曰: '座首拿入!' 刑房處女呼伋唱處女, 而及唱處女呼使令處女, 而傳分付, 使令承令, 而捉下座

---

238) 幾個日後: 가본에는 '過十餘日後'로, 나본에는 '過數日後'로 되어 있음.
239) 集: 가, 나본에는 '至'로 되어 있음.
240) 使: 가, 나본에는 '與'로 되어 있음.
241) 日: 저본에는 '行'으로 나와 있으나 나본에 의거함.
242) 返: 가, 나본에는 '還'으로 되어 있음.
243) 喧笑之音: 가, 나본에는 '喧擾之聲'으로 되어 있음.
244) 見: 저본에는 '去'로 나와 있으나 가, 나본에 의거함.
245) 日已昏黑: 가, 나본에는 '日勢幾昏'으로 되어 있음.
246) 各稱座首·刑房·伋唱·使令 … 太守處女: 저본에는 빠져 있으나 나본에 의거하여 보충함.

首處女, 使之²⁴⁷⁾跪于庭下. 太守處女高聲, 數其罪, 曰:'婚姻人之
大倫也, 汝之末女, 年已過時, 則其上之女, 從可知已, 汝何爲而使
汝五個女, 空然至廢倫之境乎? 汝罪當死.'座首處女俯伏而對曰:
'民豈不知倫紀之重乎? 然而民之家計赤貧, 婚具實無可辦之望矣.'
太守曰:'婚姻稱家之有無, 則無論其勢, 只具單袞酌水成禮, 有何
不可之理乎? 汝言太迂闊矣.'座首曰:'民之女, 非一二人, 郎材亦
無可求之處矣.'太守又叱曰:'汝若誠心廣求, 則豈有不得之理乎?
以鄕中所聞言之, 某村之趙座首·吳別監, 某村之鄭座首²⁴⁸⁾·金別
監·崔鄕所家, 皆有郎材如是, 則可定汝五女之配矣. 此人輩與汝,
地醜德齊, 有何不可之理?'座首曰:'謹當依下敎通婚, 而彼必以民
之家貧, 不肯矣.'太守曰:'汝罪當笞, 而今姑十分參恕²⁴⁹⁾, 斯速定
婚而成禮, 可矣. 不者, 後當嚴治矣.'仍命拿出, 五個處女, 仍相與
大笑, 一鬨而散. 其狀絶倒, 仍而作行, 寄宿於旅舍, 今始還來矣."
延原聞而大笑, 召鄕所, 問座首來歷·家勢·子女之數, 則以爲, "此
邑曾經首鄕之人²⁵⁰⁾, 而家勢赤立²⁵¹⁾, 無子而有五女, 家貧之故, 五
女已過時, 而尙未成婚矣." 延原卽使禮吏告目, 請座首以來, 未幾
來謁, 公曰:"君曾經鄕所而解事云, 吾欲與之議事, 而未果矣."仍
問子女之數, 則對曰:"民命途奇窮, 未有一子, 只有無用之五女
矣."問:"俱已婚嫁否?" 對曰:"一未成婚矣." 又問:"年各幾何?" 對
曰:"第末女年, 已過時矣." 公乃以俄時所聞, 太守處女之分付, 再
問之, 則其答果如座首處女之言. 公乃歷數某座首·某別監·某鄕所

---

247) 使之: 가, 나본에는 '拿而'로 되어 있음.
248) 座首: 저본에는 '佐倅'로 나와 있으나 가, 나본에 의거함.
249) 參恕: 가, 나본에는 '參酌'으로 되어 있음.
250) 首鄕之人: 나본에는 '座首'로 되어 있음.
251) 家勢赤立: 저본에는 '家貧'으로 나와 있으나 나본을 따름.

之家, 依太守處女之言, 而言曰: "何不通婚乎?" 對曰: "渠必以民之家貧, 不願矣." 公曰: "此事吾當居間矣." 使之出去, 又使禮吏, 請五鄕所而言曰: "君家各有郞材云, 然否?" 對曰: "果有之." 問: "已成娶否?" 對曰: "姑無定婚處矣." 公曰: "吾聞某村某座首之家, 有五女云, 何不通婚而結親乎?" 五人躊躇不卽應, 公正色曰: "彼鄕族, 此鄕族, 門戶相敵, 君輩之不欲, 只較貧富而然也? 若然則貧家之女, 其將編髮而老死乎? 吾之年位, 比君輩, 何如不少之地? 旣發說, 則君輩焉敢不從乎?" 乃出五幅簡, 使置于五人之前, 曰: "各書其子四柱, 可也." 聲色俱厲, 五人惶蹙俯伏, 曰: "謹奉敎!" 乃各書四柱以納, 公以年紀之多少, 定其處女之次序, 仍饋酒肴. 又各賜一疋苧, 曰: "以此爲道袍之資." 又分付曰: "李家五處女之婚具, 自官備給, 本家勿慮也." 卽使之擇日, 期在數日之間, 仍送布帛錢穀, 使備婚需. 伊日, 公出往李家, 屛幛[252]鋪陳之屬, 自官家借設, 列五卓於庭中, 五女五郞, 一時行禮. 觀者如堵, 無不欽歎延原之積善. 其後, 繁衍而顯達, 皆由積善之餘慶云爾.

---

252) 屛幛: 가, 나본에는 '屛帳'으로 되어 있음.

卷四

4-1.

　安東權進士某者, 家計最饒富, 性嚴峻, 治家有法. 有獨子而娶婦, 婦性行悍[1]妬難制, 而以其舅之嚴, 不敢使氣. 權如有怒氣, 則必鋪陳於大廳而坐, 或打殺婢僕, 若不至傷命, 必見血而止. 以此, 如鋪席於大廳[2], 則家人喘喘, 知其有必死之人也. 其子之妻家, 在於隣邑, 其子爲見其妻父母而行, 歸路遇雨, 避入店舍, 先見一少年坐於廳上, 而廐有五六匹駿馬, 婢僕又多. 若率內眷之行, 與權少年, 與之寒暄, 以酒肴饌盒勸之, 酒甚淸冽, 肴又佳旨[3]. 相問其姓氏與居住, 權生則以實先告之, 少年則只道姓氏, 而[4]不肯言所在處, 曰: "偶爾過此, 避雨入此店, 幸逢年輩佳朋, 豈不樂乎?" 仍與之酬酌, 以醉爲期. 權少年先醉倒, 夜深後始覺, 擧眼審視, 同盃少年, 已無影響[5], 而自家則臥於內房. 傍有素服佳娥, 年可十八九, 容儀端麗, 知其非常賤, 而的是洛下卿相家婦女也. 權生大驚訝, 問曰: "吾何以臥於此處, 君是誰家何許婦女, 在於何處乎?" 其女子羞澁而不答, 叩之再三, 終不開口. 最後過數食頃, 始低聲而言曰: "吾是洛下門地繁盛仕宦家之女子, 年[6]十四出家, 十五喪夫, 而嚴親又早棄世, 倚在甥兄主家矣. 兄之性執滯, 不欲從俗而執禮, 使幼妹寡居也, 欲求改適之處, 則宗黨[7]之是非大起, 皆以汚辱

---

1) 悍: 가, 나본에는 '捍'으로 되어 있음. 서로 통함.
2) 鋪席於大廳: 저본에는 '鋪陳'으로 나와 있으나 나본에 의거함.
3) 佳旨: 가, 나본에는 '豊旨'로 되어 있음.
4) 而: 저본에는 빠져 있으나 가, 나본에 의거하여 보충함.
5) 影響: 가, 나본에는 '形影'으로 되어 있음.
6) 年: 저본에는 빠져 있으나 나본에 의거하여 보충함.
7) 宗黨: 나본에는 '黨族'으로 되어 있음.

門戶, 峻辭嚴斥. 兄不得已罷議, 因具轎馬駄我而出門, 無去向處而作行, 轉而至此. 其意以爲, '若遇合意之男子, 則欲委託之.' 自家因而避之, 以遮宗族之耳目也. 昨夜, 乘君之醉, 而使奴子負以入臥內, 家兄則必也遠走." 仍指在傍之一箱, 曰: "此中有五六百銀兩, 以此, 使作妾之衣食之資云爾." 權生異之, 出外而視之, 則其少年及許多人馬, 幷不知去處, 只有蒙駄之童婢二名在傍. 生還入內, 與其女同寢, 已而, 百爾思量, 則嚴父之下, 私自[8]卜妾, 必有大擧措, 且其妻悍妒之性, 必不相容, 此將奈何? 千思萬量, 實無好個計策, 反以奇遇之佳人爲頭痛. 使婢子謹守門戶, 而言于其女曰: "家有嚴親, 歸當奉稟而率去, 姑俟之." 申飭店主而出門, 直向親朋中智慮者之家, 以實告之, 願爲畫策. 其友沈吟良久, 曰: "大難大難! 實無好策, 而只有一計, 君於歸家之日後[9], 吾當設酒席而請之. 君於翌日, 又設酒筵請我, 我自有方便之道矣." 權生依其言, 歸家之數日, 其友送伻, 懇請以適有酒肴, 諸益畢會, 此會不可無兄, 須賁臨云. 權生稟于父而赴席, 翌日, 權生稟其父, "某友昨日, 擧酒相邀, 而酬答之禮, 不可無也. 今日, 畧具[10]酒饌, 而請邀諸友, 則似好矣." 其父許之, 爲設酒席而邀其人, 且邀[11]洞中諸少年, 諸人皆來, 先拜見之, 權生老父謹, 曰: "少年輩迭相酒會, 而一不請老我, 此何道理乎?" 其少年對曰: "尊丈若主席, 則年少侍生, 坐臥起居, 不得任意爲之. 且尊丈性度嚴峻, 侍生輩暫時拜謁, 十分操心, 或恐其見過, 何可終日侍坐於酒席? 尊丈若降臨, 則可謂殺風

---

8) 自: 저본에는 '且'로 나와 있으나 가, 나본에 의거하여 바로잡음.
9) 日後: 나본에는 '數日'로 되어 있음.
10) 具: 저본에는 '有'로 나와 있으나 가, 나본을 따름.
11) 邀: 나본에는 '請'으로 되어 있음.

景矣." 老權笑曰: "酒會, 豈有長幼之序乎? 今日之酒, 我爲主矣. 擺脫拘束之儀, 終日湛樂, 君輩須百番失儀於我, 我不汝責, 盡歡而罷, 以慰老夫一日孤寂之懷也." 諸少年一時敬諾, 長幼匝坐[12]而擧觴, 酒至半, 其多智之少年近前, 曰: "侍生有一古談之奇事, 請一言之以供一粲." 老權[13]曰: "古談極好, 君試爲[14]我言之." 其人乃以權少年之客店奇遇, 作古說而言, 老權節節稱奇, 曰: "異哉異哉! 古則或有此等奇緣, 而今則未得聞也." 其人曰: "若使尊丈當之, 則當何以處之? 中夜無人之際, 絶代佳人在傍, 則其將近之乎否乎? 旣近之, 則其將畜乎? 抑棄之乎?" 老權曰: "旣非內侍[15]之人, 則逢佳人於黃昏, 豈有虛度之理也? 旣同寢, 則不可不率畜, 何可等棄而積惡乎?" 其人曰: "尊丈性本方嚴, 雖當如此之時, 而必不毁節矣." 老主人掉頭, 曰: "不然不然! 使吾當之, 不得不毁節矣.[16] 彼之入內, 非故爲也, 爲人所欺, 此則非吾之故犯也. 年少之人, 見美色而心動, 自是常事, 彼女旣以士族, 行此事, 則其情慽矣, 其地窮矣. 如或一見而棄之, 則彼必[17]含羞含冤, 而豈非積惡乎? 士大夫之處事, 不可如是齷齪也." 其人又問曰: "人情事理, 果如是乎?" 老權曰: "豈有他意? 斷[18]當行薄倖之人, 豈可爲也?" 其人笑曰: "此非古談, 卽允友日前事也. 尊丈旣以事理當然, 再三有質言敎之, 則允友庶免罪責矣." 老權聽罷, 半晌無語, 仍正色厲聲, 曰: "君輩皆罷去! 吾有處置之事矣." 諸人皆驚怵而散, 老權高聲

---

12) 匝坐: 가, 나본에는 '雜坐'로 되어 있음.
13) 老權: 나본에는 '老主人'으로 되어 있음. 이하의 경우도 동일함.
14) 爲: 저본에는 빠져 있으나 나본에 의거하여 보충함.
15) 內侍: 가, 나본에는 '宦刑'으로 되어 있음.
16) 老主人掉頭曰 … 不得不毁節矣: 저본에는 빠져 있으나 나본에 의거하여 보충함.
17) 彼必: 나본에는 '必是'로 되어 있음.
18) 斷: 나본에는 '但'으로 되어 있음.

曰:"斯速設席於大廳!"家中皆悚然, 不知將治罪何許人矣. 老權坐
於席上, 又高聲曰:"速持斫刀以來!"奴子惶忙承命, 置斫刀及木板
於庭下, 老權又高聲曰:"捉下書房主, 伏之斫刀板!"奴子捉下權少
年, 以其項置之刀板, 老權[19]大叱曰:"悖子! 以口尙乳臭之兒, 不告
父母, 而私蓄少妾者, 此是亡家之行. 吾之在世, 猶尙如此, 況吾之
身後乎! 此等悖子, 留之無益, 不如吾在世之時, 斷頭以杜後弊, 可
也." 言罷, 號令奴子, 擧趾而斫之. 此時, 上下遑遑, 面[20]無人色,
其妻與其子婦, 皆下堂而哀乞[21], 曰:"彼罪雖云可殺, 何忍目前斷
却獨子之頭乎?" 泣諫不已, 老權高聲而叱, 使退去, 其妻驚怵而
避. 其[22]子婦以頭叩地, 血流被面, 而告曰:"年少之人, 設有放恣自
擅之罪, 尊舅血屬, 只此而已. 尊舅何忍作殘酷之事, 使累世奉祀,
一時絶嗣乎? 請以子婦之身, 代行其死." 老權曰:"家有悖子, 而亡
家之時, 辱及先祖矣. 吾寧殺之於目前, 更求螟嗣, 可也. 以此以
彼, 亡則一也, 不如亡之乾淨之爲愈也." 仍號令而使斫之, 奴子口
雖應諾, 而不忍加足. 其子婦泣諫益苦, 老權曰:"此事, 亡家之事
非一矣. 以侍下之人, 擅自畜妾, 其亡兆一也; 以汝之悍妬, 必不相
容, 如此則家政日亂, 其亡兆二也. 有此亡兆, 不如早爲除去爲好
也." 子婦曰:"子婦亦是具人面人心矣, 目見此等光景, 何可念及妬
之一字乎? 若蒙尊舅一番容恕, 則子婦謹當與之同處, 少不失和
矣. 願尊舅勿以此爲慮, 特下廣蕩之典[23]." 老權曰:"汝雖迫於今日
擧措, 而有此言, 必也, 面諾而心不然矣." 婦曰:"寧有是理乎? 如

---

19) 老權: 나본에는 '其父'로 되어 있음. 이하의 경우도 동일함.
20) 面: 저본에는 빠져 있으나 가, 나본에 의거하여 보충함.
21) 哀乞: 저본에는 '乞哀'로 나와 있으나 나본을 따름.
22) 其: 저본에는 빠져 있으나 나본에 의거하여 보충함.
23) 典: 가, 나본에는 '恩'으로 되어 있음.

或有近似此等之言, 則天必殛之, 鬼必誅之矣." 老權曰: "汝於吾之生前, 無或然矣, 而吾死之後, 汝必復肆其惡. 此時則吾已不在, 悖子不敢制, 此非亡家之事乎? 不如斷頭以絶禍根." 婦曰: "焉敢如是? 尊舅下世之後, 如或有一分非心, 則不若豚犬[24], 當矢言而納侤矣." 老權曰: "若然則汝以矢言, 書紙以納." 其子婦書禽獸之盟, 且曰: "一有違背之事, 子婦當天雷震死[25]," 矢言至此, 而尊舅終不聽信, 有死而已." 老權乃赦之, 仍命呼首奴, 分付曰: "汝可率轎馬人夫, 往某村店, 迎書房主小室以來!" 奴子承命而率來, 行視舅姑之禮, 又禮拜於正配, 而使之同處. 其子婦不敢出一聲, 到老和同, 人無間言云爾.

4-2.

古有一宰, 爲關西伯, 有獨子而率居. 時有童妓, 與之同庚, 而容貌佳麗, 與之相狎, 恩情之篤, 如山如海. 箕伯遞歸, 其父母憂其不能斷情而別妓, 問曰: "汝與某妓有情, 今日倘能割情, 而決然歸去否?" 其子對曰: "此不過風流好事, 有何係[26]戀之可言乎?" 其父母幸而喜之, 發行之日, 其子別無惜別之意. 及歸, 使其子負笈山寺, 俾勤三餘之工. 生讀書山房, 而一日之夜, 大雪初霽, 皓月滿庭, 獨倚欄檻, 悄然四顧. 萬籟收聲, 千林闃寂, 若雲間獨鶴, 失群而悲鳴; 巖穴孤猿, 喚侶而哀號. 生於此時, 心懷愀然, 關西某妓, 忽然入想, 其姸美之態, 端麗之容, 森然如在目前. 相思之懷, 如泉湧出, 欲忘而未忘, 終不可抑. 因坐而苦候晨鍾, 不使傍人知之, 獨自

---

24) 不若豚犬: 저본에는 '犬豚不若'으로 나와 있으나 나본을 따름.
25) 當天雷震死: 가, 나본에는 '父母之肉, 可以生啗矣'로 되어 있음.
26) 係: 나본에는 '結'로 되어 있음.

草履, 結褁[27]佩如干盤費, 步出山門, 直向關西路而行. 翌日, 諸僧及同窓之人, 大驚搜索, 終無形影. 告于其家, 擧家驚遑, 遍尋山谷而不得, 意謂, '虎豹所噉.' 其寃痛之狀, 無以形言矣. 生間關作行, 行僅幾日, 到浿城, 卽訪其妓之家, 則妓不在焉. 只有妓母[28], 見生之行色草草, 冷眼相對, 全無欣款之意. 生問曰: "君之女何在?" 對曰: "方入於新使子弟守廳[29], 一入之後, 尙不得出來, 然而書房主, 何爲千里徒步而來也?" 生曰: "吾以君女思想之故, 柔腸欲斷, 不遠千里而來者, 全爲一面之地." 老妓冷笑, 曰: "千里他鄕, 空然作虛行矣. 吾女在此, 而吾亦不得相面, 何況書房主乎? 不如早歸." 言罷, 還入房中, 少無迎接之意. 生乃慨歎出門, 而無可向處, 仍念營吏房曾親熟, 且多受恩於其父者, 仍問其家而往見, 則其吏大驚, 起而迎之座, 曰: "書房主此何事乎? 以貴价公子, 千里長程, 徒步作行, 誠是夢外[30], 敢問此來何意?" 生告之其故, 其吏掉頭, 曰: "大難大難! 是今巡使子弟寵愛, 此妓跬步不暫離, 實無相面之道. 然姑留小人之家幾日, 庶圖可見之機." 仍接待款洽. 生留數日, 天忽大雪, 吏曰: "今則有一面之會, 而未知書房主能行之否?" 生曰: "若使吾一見其妓之面, 則死且不避, 何況其外事乎?" 吏曰: "明朝, 調發邑底人丁, 將掃雪營庭, 小人以書房主, 充於冊房掃雪之役, 則或可瞥眼相面矣." 生欣然從之, 換着常賤衣冠, 渾入於掃雪役丁之叢, 擁箒而掃冊室之庭. 時以眼頻頻偸視廳上, 終不得相面. 過食頃之後, 房門開處, 厥女[31]凝粧而出, 立於曲欄之上[32], 甄

---

27) 結褁: 가본에는 '以納'으로 되어 있음.
28) 妓母: 가, 나본에는 '老母'로 되어 있음.
29) 守廳: 가, 나본에는 '隨廳'으로 되어 있음.
30) 夢外: 나본에는 '夢寐之所不到'로 되어 있음.
31) 厥女: 나본에는 '厥妓'로 되어 있음.

雪景而立. 生停掃而注目視之, 厥女忽然色變, 轉而入房, 更不出來. 生心甚恨之, 無聊而出, 吏問曰: "得[33]見其妓乎?" 生曰: "霎時見面." 仍道其一入不出之狀, 吏曰: "妓兒情態, 本自如此較冷煖, 而送舊迎新, 何足責乎?" 生自念行色, 進退不得, 心甚悶矣[34]. 然厥妓一見生之面目, 心知其下來, 欲出一面, 而其奈冊室暫不得使離何哉! 仍心思脫身之計, 忽爾渾淚, 作悲哀之狀, 冊室驚問曰: "汝何作此樣也?" 妓掩抑而對曰: "小人家無他兄弟, 故小人在家之日, 親自掃雪於亡父之墳墓矣. 今日大雪, 無人掃雪, 是以悲矣." 冊室曰: "然則吾使一隷掃之矣." 妓止之, 曰: "此非官事, 當此寒沍, 使渠掃雪於不當之小人先山, 則小人之亡父, 必得無限辱說. 此則大不可, 小人暫往而掃之, 旋卽入來, 無妨矣. 且父墳在於城東[35]十里之地, 去來之間, 不過數食頃矣." 冊室憐其情事而許之, 厥妓卽往其家, 問母曰: "某處書房主, 豈不下來此[36]乎?" 母曰: "數日前, 暫來見而去矣." 妓吞聲而責其母, 曰: "人情固如是乎? 彼以卿相家貴公子, 千里此行, 專爲見我而來, 則母親何不挽留而通我乎? 母以冷落之心[37]相接, 彼肯留此乎?" 仍揮涕不已, 欲訪其所在處, 而無處可問. 忽念, '前等吏房, 每親近於冊室, 無或寄宿於其家耶?' 乃忙步往尋, 則果在矣. 相與執手, 悲喜交切, 妓曰: "妾旣一見書房主, 則斷無相捨之意, 不如從此相携逃避矣." 因還至其家, 則母適不在, 搜其箱篋中所貯五六兩銀子, 且以渠之資粧貝

---

32) 上: 나본에는 '頭'로 되어 있음.
33) 得: 저본에는 빠져 있으나 가, 나본에 의거하여 보충함.
34) 矣: 저본에는 빠져 있으나 가, 나본에 의거하여 보충함.
35) 城東: 나본에는 '城外'로 되어 있음.
36) 此: 저본에는 빠져 있으나 가, 나본에 의거하여 보충함.
37) 心: 가, 나본에는 '事'로 되어 있음.

物, 作一負卜[38]. 賫人背負, 往其吏家, 使吏賫得二疋馬, 吏曰:"賫馬往來之際, 蹤跡易露, 吾有數匹健, 可以賭之." 又出四五十兩, 俾作路需, 生[39]與厥妓, 卽地發行, 向陽德·孟山之境, 買舍於靜僻處, 居焉. 伊日, 營中[40]怪其妓到晚不來, 使人探之, 無去處矣.[41] 問于其母, 則母亦驚遑, 而不知去向, 使人四索, 終莫能知矣. 厥妓一日[42], 謂生曰:"郎旣背親而作[43]此行, 則可謂父母之罪人也. 贖罪之道, 惟在登科, 結科之道, 在乎勤課, 衣食之憂, 付之於妾. 自今用力於課讀然後, 可以有爲矣." 使之遍求書冊, 賣之不計其價. 自此勤業, 科工日就, 過四五年之後, 邦國有慶,[44] 方設科取士, 女勸生作科行, 準備資斧而送之. 生上京, 不得往其家, 寓於旅舍, 及期赴場, 懸題後, 一筆揮灑, 呈券而待榜, 榜出, 生嵬乎第一人矣. 自上招吏判, 近榻前而敎曰:"曾聞卿之獨子, 讀書山寺, 爲虎所啣去云矣. 今見新榜壯元封內[45], 則的是卿之子, 而職啣何爲而書大司憲也? 是可訝, 而父子之同名, 亦是異事, 且朝班宰列, 寧有卿名之二人乎? 誠莫曉其故也." 上使呼新恩來, 吏判俯伏榻下而俟之. 及新恩入侍, 則果是其子, 父子相持, 暗暗流淚[46], 不忍相捨. 上異之, 使之近前, 詳問其委折, 新恩俯伏而起, 以其背親逃走之事, 掃雪營庭之擧, 以至與妓逃避, 做工登科之由, 一一詳達. 上拍案稱

---

38) 卜: 저본에는 빠져 있으나 가, 나본에 의거하여 보충함.
39) 生: 저본에는 빠져 있으나 나본에 의거하여 보충함.
40) 營中: 가본에는 '營冊'으로, 나본에는 '營冊室'로 되어 있음.
41) 無去處矣: 가, 나본에는 '則無形影'으로 되어 있음.
42) 一日: 나본에는 '整頓家事'로 되어 있음.
43) 作: 저본에는 빠져 있으나 가, 나본에 의거하여 보충함.
44) 邦國有慶: 가, 나본에는 '國有大慶'으로 되어 있음.
45) 封內: 가, 나본에는 '秘封'으로 되어 있음.
46) 流淚: 가본에는 '揮淚'로, 나본에는 '揮涕'로 되어 있음.

奇, 而敎曰:"汝非悖子, 乃是⁴⁷⁾孝子也. 汝妻之節槩志慮, 卓越於他, 不知賤娼流乃有如此人物. 此則不可以賤娼待之, 可陞副室." 卽日, 下諭關西道臣, 使之治送其妓, 新恩謝恩而退, 隨其父還家, 家中慶喜之狀, 溢於內外. 封內職啣之書, 以大司憲者, 蓋是上山時所帶職故也. 妓名紫鸞, 字玉簫仙云耳⁴⁸⁾.

4-3.

李貞翼公浣, 荷孝廟眷注, 將謀北伐, 廣求人材, 雖於行路上, 如見人之貌之魁偉, 則必延致之門, 隨其才而薦于朝. 曾以訓將, 得暇掃墳⁴⁹⁾, 行到龍仁店幕, 有一總角, 年近三十許之人, 身長幾十尺, 面長一尺, 骨瘦嶒崚⁵⁰⁾, 短髮鬖鬆. 布褐不能掩身⁵¹⁾, 踞⁵²⁾坐土廳之上, 以瓦盆酌濁醪, 飮如長鯨. 公於馬上, 瞥見而⁵³⁾異之, 仍下馬, 坐于岸上, 使人招其童以來. 厥童不爲禮, 又箕踞于石上, 公問姓名, 答曰:"姓朴名鐸." 又問:"汝之地閥何如?" 答曰:"自是班族, 而早孤家有偏母, 而家貧負薪而養之." 又問:"汝飮酒, 能復飮乎?" 對曰:"卮酒, 安足辭?" 公命下隷, 以百錢沽酒以來. 已而, 沽濁醪二大盆以來, 公自飮一椀, 以其器擧而給之, 厥童少無謙讓⁵⁴⁾之意, 連倒二盆. 公曰:"汝雖埋沒草野, 困於飢寒, 骨格非凡, 大可用之人也. 汝或聞吾名乎? 我是訓將李某也, 方朝廷營大事, 遍求將帥

---

47) 是: 저본에는 빠져 있으나 가, 나본에 의거하여 보충함.
48) 耳: 가, 나본에는 '爾'로 되어 있음.
49) 掃墳: 저본에는 빠져 있으나 가, 나본에 의거하여 보충함.
50) 嶒崚: 가, 나본에는 '層稜'으로 되어 있음.
51) 不能掩身: 저본에는 '掩身不偉'로 나와 있으나 나본에 의거함.
52) 踞: 저본에는 '距'로 나와 있으나 가, 나본에 의거함.
53) 而: 저본에는 빠져 있으나 가, 나본에 의거하여 보충함.
54) 謙讓: 가, 나본에는 '謙辭羞澁'으로 되어 있음.

之材, 汝若隨我而去, 富貴不難也[55]!" 厥童曰: "老母在堂, 此身未可許人也." 公曰: "然則吾當升堂拜君母, 而家安在? 汝須導我[56]." 行十餘里, 抵其門, 不蔽風雨, 數間斗屋也. 厥[57]童先入門, 已而, 出一弊席, 鋪之柴門外, 出而迎之. 其母蓬頭布裙, 年過六十, 相與讓席坐定, 公曰: "某是訓將李某也. 掃墳之行, 路逢此兒, 一面可知非凡, 尊嫂有此奇男, 大賀大賀!" 老婦斂衽而對曰: "草野之間, 無父之兒, 早失學業, 無異山禽野獸, 大監過加詡獎, 不勝慚愧." 公曰: "尊嫂雖在草野, 時事必有及聞者矣. 見今朝廷方營大事, 招延人材, 某見此兒, 不忍遽別, 欲與之同行, 以圖功名, 則此兒以無親命爲辭. 故不得已躬來敢請, 尊嫂果許之否?" 老嫗曰: "鄉曲愚蠢之兒[58], 有何知識而敢當大事乎? 且此是[59]老身之獨子, 母子相依焉, 有難[60]遠離, 不敢奉命矣." 公懇請再三, 老婦曰: "男子生而志四方, 旣已許身於國家, 則區區私情不可顧矣. 且大監之誠意如是, 何敢不許乎?" 公大喜, 卽辭其老嫗, 與其男子偕行, 還至[61]洛下, 詣闕請對, 上曰: "卿旣作掃墳之行, 何爲輕還也?" 公奏曰: "小臣下鄕之路, 逢一奇男子, 與之偕來矣." 上曰: "使之入侍." 則突鬢蓬頭, 旣一寒乞之兒[62], 直入榻前, 不爲禮而踞坐. 上笑而敎曰: "汝何瘦瘠之甚也?" 對曰: "大丈夫不得志於世, 安得不然乎?" 上曰: "此一言, 奇且壯矣." 顧李公, 曰: "當除何職乎?" 公曰: "此兒姑未

---

55) 不難也: 가, 나본에는 '何足道哉'로 되어 있음.
56) 導我: 가, 나본에는 '導前'으로 되어 있음.
57) 厥: 저본에는 빠져 있으나 가, 나본에 의거하여 보충함.
58) 愚蠢之兒: 나본에는 '愚氓'으로 되어 있음.
59) 是: 나본에는 '兒'로 되어 있음.
60) 難: 저본에는 빠져 있으나 가, 나본에 의거하여 보충함.
61) 至: 가, 나본에는 '歸'로 되어 있음.
62) 一寒乞之兒: 나본에는 '一箇乞人'으로 되어 있음.

溪西野譚 卷四 439

免山禽野獸之態, 臣謹當率育家中, 磨以歲月[63], 訓誡人事然後, 可以責一職矣." 上許之, 李公常置左右, 豊其衣食, 而教以兵法及行世之要, 聞一知十, 日就月將[64], 非復向日癡蠢子. 上每對李公, 問朴鐸之成就, 公每以將進奏達, 如是度周年矣. 公每與朴鐸, 論北伐之事, 則某出謀發慮, 反有勝於自家, 公乃大奇之, 將奏達而大用之. 未幾, 孝廟賓天, 朴鐸隨人參哭班, 痛哭[65]不已, 至於目瘇而淚血. 每日朝夕, 必參哭班, 及因山禮畢, 告公以永訣, 公曰: "此何言也? 吾與汝情同父子, 汝何忍捨我而去耶?" 對曰: "吾豈不知大監之眷愛恩哉? 某之來此, 非爲哺啜之計也. 英雄之聖主在上, 可以有爲皇天不弔, 庶事皆非[66], 今則天下事, 無復可爲, 此誠千古不禁英雄之淚矣. 吾雖留[67]此, 大監門下[68], 無可爲之機, 則若拘於顔私, 浪費衣食, 逗留不去, 亦甚無義, 不如從此辭去以奉老母之爲愈也." 仍揮淚拜辭而歸[69], 與其母離家而入深峽, 不知所終. 尤齋先生常對人, 道此事而常嗟歎焉.

4-4.

趙豊原君顯命, 英廟甲寅年間, 按嶺藩, 而鄭彥海爲通判矣. 一日, 與之終夜酬酢, 幾至鷄鳴而罷, 通判還衙, 解衣將就寢, 營隸以巡使傳喝, 以爲, '適有緊急面議事, 以平服斯速入來!' 通判莫知其故, 忙整巾服, 從後門入見, 則巡使曰: "通判須於天明時, 馳往漆

---

63) 歲月: 나본에는 '日月'로 되어 있음.
64) 將: 저본에는 '長'으로 나와 있으나 가, 나본에 의거함.
65) 痛哭: 저본에는 '哭痛'으로 나와 있으나 나본을 따름.
66) 庶事皆非: 가, 나본에는 '奄遭大喪'으로 되어 있음.
67) 留: 저본에는 '在'로 나와 있으나 가, 나본을 따름.
68) 大監門下: 저본에는 빠져 있으나 가, 나본에 의거하여 보충함.
69) 而歸: 저본에는 빠져 있으나 가본에 의거하여 보충함.

谷地, 有老除吏裵以發, 其弟時任吏裵之發, 捉入着枷後, 先問以
發子女有無, 則彼必若以'有一女死已久矣'云[70], 使渠前導, 馳往其
葬所掘檢, 可也. 其屍體卽女子, 而年可十七歲, 面貌頭髮, 如斯如
斯, 所着衣裳, 上衣玉紬赤古里, 下衣藍木裳, 須詳審以來." 通判
驚異, 仍曰: "事已如此, 則何待天明? 下官卽爲擧火發行[71]." 仍辭
出, 卽治行而發向漆谷, 人皆驚曰: "此邑初無殺獄之發告, 檢官何
爲而來?" 上下莫不驚訝, 通判直入坐衙軒, 命捉入二裵吏, 問以發
曰: "汝有子女乎?" 對曰: "小人無子, 只有一女, 年及笄病死, 葬
已[72]近十年矣." 又問曰: "葬於何處?" 對曰: "距官府可十餘里地
矣." 通判使之着枷, 而使兩吏立於馬頭, 直往其女之葬處, 掘塚破
棺而出屍, 則面色如常[73], 其容貌衣裳, 一如巡使之言. 仍使解絞,
脫衣而檢驗[74], 則無傷處之可執, 更使合面檢之, 則背上有石打處,
肉皮破傷, 血猶淋漓. 乃以是定實, 因修報[75]檢狀, 以發兄弟及夫
妻, 出付刑吏, 使之上送營獄. 疾馳而歸見巡使, 道其事, 巡使曰:
"然矣." 仍捉入裵吏兄弟夫妻, 自營庭施威[76]嚴問, 則以發對如前,
之發則曰: "使道明鑑如神[77], 小人何敢隱情乎? 小人之兄, 家饒而
無子, 只有一女, 以小人之子立後, 則小人之兄, 每曰: '吾儕小人,
有何養子之可言乎? 祖先奉祀, 弟可代行, 吾則得女婿, 而率畜爲
可云.' 而小人兄嫂, 卽女之繼母, 常憎其女, 故小人與兄嫂同謀,

---

70) 云: 가, 나본에는 '爲言'으로 되어 있음.
71) 發行: 나본에는 '馳往'으로 되어 있음.
72) 已: 저본에는 빠져 있으나 가, 나본에 의거하여 보충함.
73) 常: 가, 나본에는 '生'으로 되어 있음.
74) 檢驗: 가, 나본에는 '檢尸'로 되어 있음.
75) 修報: 가, 나본에는 '忙修'로 되어 있음.
76) 威: 저본에는 '恩'으로 나와 있으나 가, 나본에 의거함.
77) 神: 저본에는 '新'으로 나와 있으나 가, 나본에 의거하여 바로잡음.

以姪女失行倡言, 而使兄欲殺之. 兄不忍着手, 小人乃乘兄出外日, 與兄嫂, 縛姪女, 而以亂石搗其胸而殺之. 仍爲入棺, 數日後, 兄入來, 告以渠與某處總角潛奸, 見捉之後, 不勝羞愧, 至於自決, 故已爲入棺云, 則無奈何. 而葬于此處者, 至[78]十年, 而兄則至于今, 認以爲然矣. 此是小人欲使小人之子爲子, 而全貪兄家財産之故也, 此外無他可達之辭矣." 又問以發之妻, 則所供亦然, 仍成獄. 通判問曰: "使道何由知此獄之如斯, 屍體衣服及獄情虛實, 如是其詳也?" 巡使笑曰: "昨夜, 通判退出之後, 欲就寢矣. 燭影明滅, 寒風逼骨, 燭影之背, 有一女子, 百拜而稱有冤訴之事, 吾問曰: '汝人乎鬼乎? 有何冤抑, 而如是來訴也? 一一詳陳.' 女子泣而拜, 曰: '吾是某邑吏之女, 橫被惡名, 而爲人所謀陷, 以被打殺. 一生一死, 人之不免[79], 則吾之一死, 固不尤人, 而但以閨中處子之身, 蒙被陋名[80]而死, 此是千古至冤之事也. 每欲伸訴於巡使, 而人皆精魄不全, 難以訴冤, 今公精魄[81] 有異於他也[82]. 故不避猥越, 敢來[83]訴冤, 萬望伸雪焉.' 吾快諾, 則其女出門而滅, 故心竊訝之, 請通判而行檢者爾."

4-5.

高裕, 尙州人也, 爲人剛直廉潔. 以文科, 屢典州郡, 而官人不敢干囑, 其發奸摘伏之神, 如漢之趙廣漢, 到處以善治著名. 其在[84]昌

---

78) 至: 저본에는 '幾'로 나와 있으나 나본을 따름.
79) 不免: 가, 나본에는 '常事'로 되어 있음.
80) 陋名: 가, 나본에는 '累名'으로 되어 있음.
81) 今公精魄: 나본에는 '今使道神明'으로 되어 있음.
82) 也: 저본에는 빠져 있으나 가, 나본에 의거하여 보충함.
83) 來: 저본에는 '此'로 나와 있으나 가, 나본을 따름.
84) 在: 가, 나본에는 '爲'로 되어 있음.

寧也. 前後疑獄之決, 每多神異. 有僧薄有文華才藝者, 交結洛下權貴, 以表忠祠院長, 怙勢行惡, 所到之處, 守宰奔趨下風. 雖以道伯之體重, 亦與之抗禮, 少有違咈, 則守宰每每見辱, 道內黜陟, 皆出於此僧之手, 號稱南朋者也. 貽弊各邑, 行惡寺刹, 僧俗擧皆側目[85], 莫敢誰何. 南朋適有事, 過昌寧, 使開正門, 入見本倅, 而不爲禮. 高裕預使約束官隷, 使之捉下, 其凌辱之說, 恐喝之言, 不一而足, 遂卽地打殺. 居數日, 京中權貴之書, 爲南朋言者沓至矣, 人心稱決焉.[86] 趙尙書曬爲嶺伯也, 道內設酒禁, 以昌寧之不遵[87], 令飭至有首吏鄕推治之境. 高裕一日, 至營下, 使下隷, 買酒以來, 大醉而入見巡使, 曰: "昌寧一境[88], 雖有酒薄, 不敢飮矣[89]. 今來營下, 則無家不釀, 酒味且佳[90], 下官無量而飮云." 巡使知其意, 微笑而不答矣. 屢典郡縣, 一毫不取, 歸家則食貧如初. 尙州吏屬一人, 每以傔從自隨, 廩俸之餘, 必擧而給之, 其人以此饒富矣. 其後, 高裕之沒, 其子孫貧, 不能聊生. 此時, 其傔年[91]已八十餘. 一日, 謂其子與孫曰: "吾家之致此富饒者, 皆高官司之德也. 官司在世時, 非不欲錢穀納之, 而恐累淸德, 設或納之, 必無許受之理, 故忍而至此矣. 聞其宅家勢[92]萬不成說云, 吾心何安乎? 人而背恩忘德[93], 天必殃之, 吾自初留意, 而買某處畓, 又有樓上所貯錢矣. 將以此納,

---

85) 目: 저본에는 '足'으로 나와 있으나 가, 나본에 의거함.
86) 京中權貴之書 … 人心稱決焉: 가, 나본에는 '書札之來, 不可勝記, 皆以南朋爲托矣'로 되어 있음.
87) 遵: 가, 나본에는 '禁'으로 되어 있음.
88) 一境: 저본에는 빠져 있으나 가, 나본에 의거하여 보충함.
89) 矣: 저본에는 빠져 있으나 가, 나본에 의거하여 보충함.
90) 酒味且佳: 가, 나본에는 '可謂大酒'로 되어 있음.
91) 年: 저본에는 빠져 있으나 가, 나본에 의거하여 보충함.
92) 家勢: 가, 나본에는 '形勢'로 되어 있음.
93) 忘德: 저본에는 빠져 있으나 가, 나본에 의거하여 보충함.

汝於明日, 須往邀其宅子若孫以來." 其子與孫拜應[94], 曰: "唯唯."
口雖諾之, 而心則不欲. 及其日, 詐曰: "有事不來云矣." 此時高之
孫, 適入城內, 暫訪其家, 則其人之子與孫, 自外揮逐, 不使相面於
其祖. 高生大怒, 欲言不言, 忍憤歸路, 適逢邑底親知人, 言其痛駭
之狀. 其人來問於老者, 老者大驚, 招其子與孫, 以杖毆之, 使乘貰
轎, 而卽往其家, 待罪門下. 高生驚訝而出, 見老者, 强請同行, 至
其家, 接以酒肴, 乃言曰: "小人之衣食, 無非先令監之德澤, 小人
爲貴宅而留意經紀者, 玆以奉納, 幸勿辭焉." 仍出畓卷之每年秋收
二百石者, 及錢千兩手標而送之. 高生之家, 仍以致富云. 尙州之
人, 來傳此事, 故玆錄之.

4-6.

古有一宰相, 有同研之人, 文華贍敏, 而屢屈科場, 家計剝落[95],
窮不能自存. 宰相適出補安東倅, 其人來見, 乘間而言曰: "令監今
爲安東倅, 今則吾可以得聊賴之資, 非但聊賴, 可以足過平生矣."
宰相曰: "吾之作宰, 助君衣食之資而已[96], 何以足過平生也? 此則
妄想也." 其人曰: "非爲令監之多給錢財也, 安東都書員, 所食夥
多, 以此給我, 則好矣." 宰相曰: "安東鄕吏之邑也, 都書員吏役之
優窠, 豈有許給於京中儒生耶? 此則雖官令[97], 恐無以得成矣." 其
人曰: "非爲令監之奪而給之我也. 吾先下去, 當付吏案, 旣付吏案
之後, 有何不可之理乎?" 宰相曰: "君雖[98]下去, 吏案豈可容易付之

---

94) 拜應: 나본에는 '應諾'으로 되어 있음.
95) 剝落: 가본에는 '貧寒'으로, 나본에는 '寒貧'으로 되어 있음.
96) 而已: 가, 나본에는 '可也'로 되어 있음.
97) 官令: 가, 나본에는 '官威'로 되어 있음.
98) 雖: 저본에는 '須'로 나와 있으나 가, 나본에 의거함.

耶?" 其人曰: "令監到任後, 民訴題辭, 順口呼之, 刑吏如不得書, 則罪之汰之. 又以此等刑吏之守廳, 治首吏, 每每如此, 則自有可爲之道. 凡於文字上, 如出於吾手, 則必稱善, 如是過幾日, 出令以刑吏試取, 無論時任與閑散吏, 文筆可堪者, 幷許赴而試之, 則吾可自然居首, 而得爲刑吏矣. 爲刑吏之後, 都書員一窠分付, 則好矣. 若然則外間事, 吾當隨聞隨錄以進矣, 令監可得明治之名[99]矣." 宰相曰: "若然則第爲之也." 其人前[100]期下去, 稱隣邑之逋吏, 寄食旅舍, 往來吏廳, 或代書役, 或代看檢文書, 人旣詳明, 文筆又優, 諸吏皆待之. 使之寄食於吏廳庫直, 而宿於吏廳, 諸般文字, 與之相議. 新官到任之後, 盈庭民訴, 連呼題辭, 刑吏未及受書, 必捉下猛棍. 一日之間受罪者, 不知其數, 至於上營報狀及傳令, 必執頉而治之[101], 又拿入首吏, 以刑吏之不擇, 每日治之. 以是之故, 吏廳如逢亂離, 刑吏無近前, 文狀去來, 此人筆跡, 如入則必也無事. 以是之故, 一廳諸吏, 惟恐此人之去也. 一日, 分付首吏, 曰: "吾於在京時, 聞本邑素稱文鄕矣, 以今所見, 可謂寒心. 刑吏無一入可合者[102], 自汝廳會, 時任及退吏[103]之有文筆者, 試才以入." 首吏承命而出, 題試之, 以諸吏文筆入鑑, 則此人居魁矣. 仍問曰: "此是何許吏?" 對曰: "此非本邑之吏, 卽隣邑退吏, 來寓於小人廳者也." 乃曰: "此人文筆最勝, 聞是隣邑吏役之人, 則無妨於吏役, 其付吏案而差刑吏也." 首吏依其言爲之. 自是日, 此吏獨自擧行, 自其吏之

---

99) 明治之名: 가본에는 '神異之名'으로 되어 있음.
100) 前: 나본에는 '先'으로 되어 있음.
101) 治之: 가, 나본에는 '治嚴'으로 되어 있음.
102) 一入可合者: 저본에는 '一可合'으로 나와 있으나 가본에 의거함. 나본에는 '一言可合者'로 되어 있음.
103) 退吏: 가, 나본에는 '邑底吏'로 되어 있음.

爲刑吏[104], 一未有致責治罪之擧, 自首吏以下, 始乃放心. 廳中無事. 及到差任之時, 特兼都書員而擧行, 無一人敢有是非者. 其吏畜一妓而爲妾, 買家而居, 每於文牒擧行之際, 必錄外間所聞, 置之方席而出, 本倅暗持見之. 以是之故, 民隱吏奸, 燭之如神, 吏民皆慴伏. 明年, 又使兼都書員, 兩年所得, 殆至萬餘金, 暗暗換送京第. 本倅瓜遞之前, 一日夜, 仍棄家逃走. 吏廳擧皆惶惶, 首吏入告, 則曰: "與其妾偕逃走乎?" 對曰: "棄家棄妾, 單身逃去矣." 曰: "或有所逋乎?" 曰: "無矣." 曰: "然則亦是怪事, 自是浮雲蹤跡, 任之可也云矣." 其人還家, 買家買土, 家甚饒足, 後竟登科, 屢典州郡云爾.

4-7.

古有一士人, 居于外邑, 治送其子婚于隣境, 而急患關格而死. 新郎纔罷醮[105]禮, 訃書乃至, 仍卽奔喪而歸, 治喪而將營窆. 山地未定, 率地師求山, 轉至其妻家後山麓, 地師占曰: "此地極佳, 而山下有班戶, 恐不許入葬矣." 喪人左右審視, 則其山下班戶, 卽其妻家也, 其妻家只有寡居之聘母, 又是無男獨女也. 喪人卽[106]下去, 而拜其妻母, 則妻母悲喜交至, 精備午飯而待之, 問其來由, 則以占山爲對. 妻母曰: "他人固不許矣, 君欲占山, 則豈不許乎?" 喪人乃大喜而告歸, 其妻母曰: "君旣來此矣, 暫入越房, 見女兒而去." 喪人初則强辭, 其妻母携手而入, 與其妻對坐而出. 喪人始也羞赧, 忽有春心萌動, 仍强逼而成婚, 雲雨纔罷而歸去. 其家治喪, 行

---

104) 刑吏: 가, 나본에는 '刑房'으로 되어 있음.
105) 醮: 저본에는 '譙'로 나와 있으나 가, 나본에 의거하여 바로잡음.
106) 卽: 가, 나본에는 '仍'으로 되어 있음.

到山下, 將下棺之際, 其妻家婢子來, 告曰: "吾家內小上典, 方爲奔哭而來矣, 役丁須暫避!" 已而, 其妻徒步上山, 哭於柩前而盡哀, 仍向喪人而言曰: "某日, 君子之來也, 與吾同寢而去, 不可無標迹, 須成手記以給我." 喪人面發頳[107]責之, 曰: "婦女胡得亂言? 斯速下去!" 其女子終不去, 曰: "不得手標[108]之前, 死不得下去云云." 時喪人之叔與諸宗, 會山下者甚多, 莫不驚駭, 其叔叱責曰: "世豈有如許之事乎? 吾家亡矣. 若有此等駭惡之擧, 須成給手記也. 日勢已晚, 役軍四散, 豈不狼狽於大事乎?" 勸使書給, 喪人不得已成[109]給手記, 其女子始下去[110], 諸人莫不唾罵. 及封墳還虞, 數日後, 喪人偶然得病, 仍以不起, 數朔之後, 其寡妻之腹漸高, 滿十朔而生男子. 宗黨[111]隣里, 皆驚訝曰: "其家喪人, 纔行醮禮而奔哭, 則此兒出乎云?" 而疑訝未定, 其女子乃出其夫手記, 示之然後, 是非大定. 人問其故, 則對曰: "纔罷醮禮而奔哭之, 喪人葬前來, 見其妻, 已是非禮. 及其來見之時, 又以非禮逼之者, 又是常情之外, 人無常情, 則其能久乎? 吾非不知以禮拒之, 而其或有落種, 强以從之. 旣以思之, 則此時夫婦之會合, 雖家內無有知者, 夫死之後生子, 則必得醜談, 而發明無路. 以是之故, 冒死忍恥, 受此手記於衆會之中也云云." 人皆歎服其明鑑. 其遺腹子, 後登科顯達云矣.

4-8.

古有武弁, 以宣傳官, 侍衛於春塘臺試射, 濟牧之罷狀, 適入來

---

107) 頳: 가, 나본에는 '騂'으로 되어 있음.
108) 手標: 나본에는 '手記'로 되어 있음.
109) 成: 가, 나본에는 '書'로 되어 있음.
110) 下去: 가본에는 '乃下'로 되어 있음.
111) 宗黨: 나본에는 '宗族'으로 되어 있음.

矣. 武弁因語同僚曰: "吾若除濟牧, 則豈不爲萬古第一治天下大貪吏乎?" 同僚笑其[112]愚癡. 上聞之, 下詢誰發此言, 武弁不敢欺, 仍伏地奏曰[113]: "此是小臣之言也." 上曰: "萬古第一治, 豈有天下大貪之理乎? 天下之大貪, 何可爲萬古第一治乎?" 武弁俯伏對曰: "自有其術矣." 上笑而許之, 仍特敎超拜濟州牧使, 而敎曰: "汝第往, 爲萬古第一治天下大貪, 不然則當[114]伏妄言之誅矣." 武弁承命而退, 歸家, 多貿眞麥末, 染以梔子水, 盛于大甕中, 作三馱, 而餘外但衣服而已. 辭朝而赴任, 只與傔從一人隨行, 聽訟公平, 朝夕供饋之外, 不進一杯酒, 廩有餘財, 幷付之於革弊, 土産無一所取. 如是度[115]了一年, 吏民皆愛戴, 每稱, '設邑後初有之淸白吏.' 令行禁止, 一境晏如. 一日, 忽有身病, 閉戶呻吟, 過數日, 病勢大添[116], 食飮全廢, 坐暗室中, 痛聲不絶. 鄕所及吏校輩, 三時問候, 而不得見面. 首鄕中軍懇請曰: "病患症勢, 未知何祟, 而邑亦有醫藥, 何不治之?" 太守喘促而作喉間聲, 曰: "吾之病源, 吾自知之, 有死而已, 君輩須勿問也." 諸人曰: "願聞症勢之如何?" 太守良久, 强作聲而言曰: "吾於少時, 得此病, 吾之世業家産, 盡入於此病之藥, 治近十年[117], 更不發, 故意謂快差矣. 今則無可治之道, 只俟死期而已." 諸人强問: "何症, 而藥亦何料? 使道病患如此, 無論邑村, 雖割肉剜心, 無有辭焉. 且升天入地, 必求藥餌矣, 只願指示藥方." 太守曰: "此症卽丹毒也, 藥則牛黃也. 只牛黃數十斤作餠, 付之遍

---

112) 其: 가, 나본에는 '甚'으로 되어 있음.
113) 曰: 저본에는 빠져 있으나 나본에 의거하여 보충함.
114) 當: 가, 나본에는 '汝'로 되어 있음.
115) 度: 가, 나본에는 '過'로 되어 있음.
116) 添: 가, 나본에는 '深'으로 되어 있음.
117) 十年: 가, 나본에는 '卄年'으로 되어 있음.

裹一身, 每日三四次, 改付新藥, 必是四五日則可瘳. 而吾之家計
稍饒矣. 以是之故, 一敗塗地矣. 今於何處, 更得牛黃而付之乎?"
諸人曰: "此邑之産, 求之易矣." 首鄕仍出, 而傳令各面, 以爲, '如
此官司之病患, 苟有可瘳之方, 則吾輩固當竭力求之. 況此藥乃是
土産[118]而不貴者也! 無論大小民, 不計多少, 隨有隨納.' 民人輩聞
令, 而爭先來納, 一日之間, 牛黃之納, 不知幾百斤. 儘從受而藏之
于籠, 以所駄來梔子餠換之, 每日以其餠盛于器, 埋之于地, 曰:
"人或近之, 毒氣所薰, 面目皆傷." 如是者五六日, 病勢漸差, 起而
視事, 公廉之治, 又復如前. 滿瓜而歸來, 濟民立碑思之. 上京後,
販此藥, 得數千萬金. 蓋濟州之牛十, 則牛黃之入爲八九, 以是之
故, 牛黃至賤. 此人知此狀, 預備梔子餠, 而行此術, 官隷不敢近,
而自遠見其埋黃, 認以爲牛黃也.[119]

4-9.
成廟時, 或微行, 一夜雪月照耀, 與數三宦侍, 微服而出, 行到南
山下. 時夜三更,[120] 萬籟俱寂, 街無人行, 山下數間斗屋, 燈火明
滅, 有讀書聲. 上以幅巾道服, 開戶而入, 主人驚起延坐, 而問曰:
"何許客子, 深夜到此?" 上曰: "偶然過去, 聞讀書聲而來." 仍問:
"所讀何書?" 對曰: "『易經』也." 上與之問難, 應對如流, 眞大儒也.
問: "年紀幾何?" 對[121]曰: "五十餘矣." 曰: "不廢科工乎?" 對曰: "數
奇, 故屢屈科場矣." 請見其私草, 乃出示[122]之, 箇箇名作, 上怪而

---

118) 土産: 가, 나본에는 '邑産'으로 되어 있음.
119) 認以爲牛黃也: 나본에는 이어서 '此人以是, 家計殷富云爾'라는 내용이 첨부되어 있음.
120) 時夜三更: 다본에는 '時政三更後'로 되어 있음.
121) 對: 저본에는 빠져 있으나 가본에 의거하여 보충함.

問之, 曰: "如許實才, 尙未登科, 此則有司之責也." 對曰: "窮奇之數[123], 何可致怨於有司之不公乎?" 上熟視其私草中一篇題所作, 仍問曰: "再明有別科云, 其或聞之否?" 曰: "不聞矣, 何時出令乎?" 上曰: "俄者, 自上有命, 第爲努力見之!" 仍辭出還宮, 使掖隷, 以斛米斤肉, 自外投之. 其翌日, 特出令, 仍設別科, 及期, 御題以向夜所見儒生私草中題出揭, 而只待其文之入來. 未幾, 試券入呈, 果是日前[124]所見之句, 自上大加稱賞, 多下御批[125], 仍擢第一矣. 及其坼榜之時, 呼入新恩, 則非向夜所見之儒生, 卽一少年儒生也. 上驚訝而下敎曰: "此是汝之所做乎?" 對曰: "非也, 果逢於小臣老師私草中書呈矣." 上又敎曰: "汝師何不赴擧?" 曰: "臣之師, 偶飽米肉, 卒患關格, 不得入場, 故小臣懷其私草而來矣." 上默然良久, 使之退出. 蓋所賜米肉, 過飽於飢腸而生病也. 由是觀之, 人之一飮一啄, 皆係天定, 此儒終始蹇屯云爾.[126]

4-10.

成廟夜行, 過[127]一洞, 洞是幽僻處, 遠見柴門開處, 見一女子出來, 而門前之樹有鵲聲. 其女子四顧而無人, 仍往其樹下, 又作鵲聲, 以口含木而上, 上有鵲而受之. 上心竊訝之, 仍咳嗽, 則其女子驚避于門內, 又有一人, 從樹上跳下, 入柴門. 上追到而問之, 則其人答曰: "自少業科工, 年近五十, 而尙未得科. 曾聞家有南鵲巢,

---

122) 示: 저본에는 '視'로 나와 있으나 다본을 따름.
123) 數: 다본에는 '致'로 되어 있음.
124) 日前: 가, 다본에는 '向夜'로 되어 있음.
125) 御批: 저본에는 '批點'으로 나와 있으나 가, 다본을 따름.
126) 此儒終始蹇屯云爾: 가, 다본에는 '此儒因此病不起云'으로 되어 있음.
127) 過: 다본에는 '至'로 되어 있음.

則登科云. 故此樹種于門前者, 已過十餘年, 而鵲不來巢. 吾今夜與老妻, 戲作雌雄鵲相和之聲, 而含木枝作巢, 以爲閒中劇戲, 而不料爲客所見. 請問客子何許人, 而深夜到此?" 上笑而憐之, 以過客爲答, 還宮. 翌日, 出科令, 以人鵲爲題, 一場士子, 皆不知解, 此士子心獨知之呈券而登科. 南鵲之靈, 有如是, 此亦運到[128]而然矣.

4-11.

成廟夢見黃龍, 由崇禮門而入, 額上書以'李石'. 上驚而覺之, 問內侍夜何如, 對曰: "幾至罷漏時矣." 仍命一別監, "卽往于內門, 鎖開後, 如有初入之人, 毋論某人, 率置汝家後, 回奏!" 別監承命而出, 少俟于門內, 少焉開門, 有一總角, 負炭而入. 別監執留, 其人驚惶戰栗, 仍携至渠家而來奏. 時謁科只隔數日矣, 上命別監, "姑留汝家,[129] 饋朝夕, 及科期, 使之加冠, 而備給儒巾·靑袍. 但試紙·筆墨勿給, 而偕汝以來場中, 第觀其動靜之如何." 別監承命而出, 問兒曰: "汝欲入科場乎?" 對曰: "小人無識, 賣炭爲業, 何由入場乎?"[130] 別監依下敎, 備給巾服, 强使入場, 而同坐壯元峰, 只觀光矣. 日稍晩, 榜旣出, 時傍有老儒, 頻頻熟視, 仍近前而問曰: "汝乃石伊乎?" 對曰: "然." 老儒執手垂涕, 曰: "汝生存於世乎? 吾與乃翁, 卽切友也, 與乃翁同硏, 不知幾年. 某年, 汝家疾疫, 伊時, 汝之乳媼, 抱汝逃走云. 汝年不過數三歲, 今於長成之後, 吾何以記得? 今於此相逢, 吾心忽爾有感認汝, 丁寧如是, 豈非天耶? 汝翁私草在於吾, 而今日之題, 吾與汝翁, 舊時宿搆也. 吾則以吾之所

---

128) 運到: 가, 다본에는 '會時'로 되어 있음.
129) 而來奏 … 姑留汝家: 저본에는 빠져 있으나 다본에 의거하여 보충함.
130) 對曰 … 何由入場乎: 저본에는 빠져 있으나 다본에 의거하여 보충함.

搆用之, 今餘汝翁之作, 汝已呈劵乎?"對曰:"何敢呈劵也? 爲此人所勸, 以欲瞻闕內威儀而入來矣." 老人[131]曰:"吾有空正草, 汝可觀科."仍書封內, 以李石書之而呈劵矣. 未幾榜出, 李石居魁矣. 呼新恩入侍, 上問曰:"此是汝作乎?"李石[132]對以實, 上命尋其老儒入侍, 下敎曰:"令除齋郞, 汝可敎李石文字也."仍除一參奉[133], 而使李石受業矣. 李石位至參判, 爲一代[134]名臣云矣.

4-12.

鄭北窓之友, 一人病重, 宜藥[135]無效. 其老父知北窓之神異, 來問, 則答曰[136]:"年數已盡, 無可救之道."其父泣而哀乞, 願知其可救之方, 北窓憐其情理, 曰:"然則不得不減吾年, 以添公之子十年壽."仍曰:"公於來夜三更後, 獨自步上南山絶頂, 則必有紅衣·黑衣二僧相對而坐矣. 伏其前, 哀乞公之子壽, 雖怒逐之, 切勿退去, 雖以杖毆之, 勿去, 務積誠意, 則自有可知之道矣."其人如其言, 至其夜, 獨自乘月上南山, 果有二僧. 仍於前泣, 乞其壽, 二僧驚曰:"過去山僧, 何以知公子之命限[137]脩短? 斯速退去!"其人聽若不聞, 一樣哀乞, 僧怒曰:"此是狂人!"擧杖打之, 痛不可忍, 而如前哀乞. 良久, 朱衣僧笑, 曰:"此必是鄭磏之所指導也. 此兒所爲可恨, 當減渠壽十年, 而添此人之壽, 無妨."黑衣僧點頭, 曰:"然矣."二僧始扶而起之, 曰:"聊試之矣."黑衣僧自袖中出冊子, 以給

---

131) 老人: 가, 다본에는 '其儒'로 되어 있음.
132) 李石: 저본에는 빠져 있으나 가, 다본에 의거하여 보충함.
133) 參奉: 가, 다본에는 '齋郞'으로 되어 있음.
134) 一代: 가본에는 '成廟'로, 다본에는 '成廟時'로 되어 있음.
135) 宜藥: 다본에는 '醫藥'으로 되어 있음.
136) 答曰: 저본에는 빠져 있으나 가, 다본에 의거하여 보충함.
137) 命限: 가본에는 '命數'로, 다본에는 '命壽'로 되어 있음.

朱衣僧, 朱衣僧月下擧筆, 若有書字樣, 而言曰: "公之子, 從今延十年壽矣, 可歸語鄭礦, 勿泄天機也." 仍忽不見. 蓋朱衣僧南斗星, 黑衣僧北斗星也. 其人歸家, 其子病瘳, 十年後乃死. 北窓年纔三十餘[138]而卒, 一如其言.

4-13.

月沙夫人, 權判書克智女也, 有德行. 二子白洲·玄洲, 皆顯達, 而治家儉素[139], 華麗之衣, 未嘗近身. 時某公主家迎婦, 上命滿朝, 命婦赴宴, 婦女競[140]以華侈相尙, 伊日之宴, 珠翠綺羅, 奪人眼目. 追後, 有轎子入來, 而一老夫人, 扶杖而來, 葛衣布裳, 麤劣極矣. 將升堂, 主人公主倒屣下迎, 年少諸婦人, 莫不指笑而驚訝. 進饌後, 其老夫人先起告歸, 公主以日早挽留, 則老夫人曰: "鄙家大監, 以藥院都提調, 曉而[141]赴闕, 伯兒以政官赴政席, 小兒以承旨坐直, 老身歸家, 可備送夕飯." 座中大驚, 始知爲月沙夫人云.

4-14.

徐花潭敬德, 博學多聞, 天文·地理·術數之學, 無不通曉, 卜居于長湍花潭之上, 仍以號焉. 一日, 會學徒講論, 忽有一老僧來拜而去. 花潭送僧後, 忽爾嗟歎不已, 學徒[142]問故, 花潭曰: "汝知其僧乎?" 曰: "不知." 花潭曰: "此是某山之神虎也. 某處之女, 方迎婿, 而將爲害矣, 可憐矣." 一學徒曰: "先生旣知之, 則有何可救之

---

138) 纔三十餘: 가, 다본에는 '過五十'으로 되어 있음.
139) 素: 저본에는 '率'로 나와 있으나 가본을 따름.
140) 競: 저본에는 '竟'으로 나와 있으나 가본에 의거함.
141) 而: 다본에는 '已'로 되어 있음.
142) 徒: 저본에는 '者'로 나와 있으나 가, 다본을 따름.

道乎?" 花潭曰: "雖有之, 而無可送之人." 一人曰: "弟子願往." 花潭曰: "若然則好矣." 仍授一書, 曰: "此是佛經, 往其家, 勿先泄, 而但使之具床卓, 燭火於廳上. 使其處女, 處其房中, 鎖閉門戶,[143] 又使健婢四五[144]人, 堅執勿放. 汝於廳上, 讀此書, 而勿誤勿怕而讀[145], 挨過鷄鳴時, 自可無事. 戒之愼之!" 其人受敎[146], 而馳往其家, 則上下紛紛, 問之, 則以爲, '明將迎婿, 今方受綵.' 其人見主人, 寒暄後, 仍言曰: "今夜, 主家有大厄, 吾爲此來, 欲使免焉, 可如斯如斯." 主人不信, 曰: "何處過客, 作此病風之言也?" 其人曰: "勿論吾言之病風與否, 過今夜, 則自有可知之道矣. 過後, 吾言如無靈, 則伊時毆逐, 無所不可, 第須依吾言爲之, 可[147]也." 主人心甚訝, 然第依其言, 鋪設而俟之. 其處女亦依其人之言, 處之房內, 其人端坐廳上, 燭影之下, 讀經矣. 三更時候, 忽有霹靂聲, 家人皆戰慄走避, 見一大虎, 蹲立於庭下而咆哮, 其人顔色不變, 讀經不輟. 此時, 處女欲放矢, 限死欲出, 諸婢左右挽執, 處女跳跟不堪. 其虎忽爾大吼, 而嚙破窓前木, 如是者三, 因忽不見, 而處女昏絶矣. 家人始收拾精神, 以溫水灌之口, 須臾得甦. 其人讀罷出外, 則擧家揖謝, 皆以爲神人, 以數百金欲酬[148], 其人曰: "吾非貪財而來." 仍拂衣告辭, 還拜花潭而復命, 則花潭笑曰: "汝何爲誤讀三處?" 曰: "無誤." 花潭笑曰: "俄者, 其僧又過去, 而謝我活人之功, 又曰: '經書誤讀三句[149], 故嚙破窓木而識之矣.'" 其人思之, 果是誤讀也.

---

143) 鎖閉門戶: 가, 다본에는 '鎖四面門'으로 되어 있음.
144) 四五: 가, 다본에는 '五六'으로 되어 있음.
145) 勿誤勿怕而讀: 가, 다본에는 '勿誤句讀'로 되어 있음.
146) 受敎: 다본에는 '承命'으로 되어 있음.
147) 可: 저본에는 빠져 있으나 다본에 의거하여 보충함.
148) 欲酬: 다본에는 '欲酬其恩'으로 되어 있음.
149) 句: 가, 다본에는 '處'로 되어 있음.

4-15.

朴曄, 光海時人也, 有將略·天文·地理·奇耦·術數之學, 無不通解. 以光海同婿, 爲關西伯, 十年不遞, 威行關西, 北虜畏之, 不敢近邊. 一日, 呼幕客, 具酒肴以給, 曰: "持此而往中和駒峴下, 以待, 則必有二健夫執策而過者矣. 以吾之言致意, 曰: '汝輩雖來往我國, 亦有月矣, 他人皆不知, 吾則已知之矣. 行役良苦, 爲送酒肴, 可一醉飽而速歸, 可也云.' 而傳之." 幕客往駒峴而待之, 則果有二人之過矣. 依其言傳之, 則二人相顧失色而言曰: "吾輩雖來此, 何敢慢將軍乎? 將軍神人也, 將軍之世, 吾輩何敢更來乎?" 仍飮酒而去, 此則龍骨大·馬夫大也. 潛來我[150]國, 爲探虛實, 而或爲政院臺隷, 而人皆不知, 曄獨知之云耳.

4-16.

朴曄有嬖妓, 一日, 謂[151]曰: "今夜, 汝欲隨我而往一處壯觀乎?" 妓曰: "敬諾." 至夜, 曄躬自牽出靑騾, 轡鞍騎之, 而置妓于前, 以紬疋[152]束其腰, 而繫于自家身上, 戒之闔眼. 仍加鞭而去, 兩耳只有風聲, 到一處, 使妓開眼, 始收拾精神見之, 則廣漠之野, 雲幕連天, 燈燭煌煌. 曄使妓開眼, 四望廓然, 戒之勿怕, 妓戰慄[153]而伏于幕中坐板之下, 曄兀然獨坐於床上. 少焉, 有鳴鑼聲, 胡騎千萬, 捲地而來, 有一大將下馬, 杖劍而入幕, 笑曰: "汝果來矣!" 曄笑曰: "然矣." 其將曰: "今日可試劍技而決雌雄, 可也." "諾." 杖劍起

---

150) 我: 저본에는 '此'로 나와 있으나 가, 다본에 의거함.
151) 謂: 가, 다본에는 '問'으로 되어 있음.
152) 紬疋: 가, 다본에는 '禾紬'로 되어 있음.
153) 開眼 … 妓戰慄: 다본에는 빠져 있음.

而下床, 與胡將對立於平原之上, 以劍共爲擊刺之狀. 未幾, 兩人化爲白虹, 聳入天中, 空中只聞搏擊聲. 少焉, 胡將仆地, 自空飛下, 踞胡將之胸, 而問曰: "何如?" 胡將謝曰: "從今以往, 不敢復與爭衡矣." 曄笑而起, 仍與之同入帳中, 呼酒相飮, 胡將先起告歸, 胡騎又如前, 擁遮而去. 未及數馬場, 一聲砲響, 許多胡兵[154], 連人帶馬, 皆騰入天上, 烟焰漲天. 只餘胡將一人, 更來乞命, 曄點頭, 曰: "歸去!" 仍呼妓出騎靑騾, 如來時樣而歸. 此盖金汗之父魯花赤, 演武場所也, 而胡將卽其人, 而數萬騎一時盡爲燒死云耳.

4-17.

朴曄之按關西時[155], 有親知宰相, 送其子, 托曰: "此兒姑未冠, 而使卜者推數, 則今年有大厄, 若置將軍之側, 無事云, 故茲送之." 曄許使留之. 一日, 此兒晝寢, 曄攪[156]睡, 曰: "今夜, 汝有大厄, 若依吾言, 則可免矣." 黃昏後, 牽出所騎之騾, 鞴鞍騎其兒, 戒之曰: "汝騎此而往, 此騾行幾里, 到一處當立, 始可解鞍, 尋逕而行幾里, 必有一巨刹, 年久廢寺也. 入其房, 則有大虎皮, 汝試可蒙皮而臥, 有一老僧來, 索其皮, 切勿給. 如至見奪之境, 則以刀欲割之, 彼不敢奪, 如是相持, 至鷄鳴後, 無事. 鷄鳴後, 許給其皮, 可也, 汝能行此乎?" 對曰: "謹受敎矣!" 仍騎騾出門, 則其行如飛, 兩耳但聞風雨聲, 不知向何處, 度山踰嶺, 至一山谷, 乃下馬, 帶微月之光, 尋草路行, 則果有廢寺. 開房戶, 則塵埃堆積, 而房下埃有虎皮, 依其言, 蒙皮而臥矣. 食頃後, 忽有剝啄之聲, 一老僧狀貌兇獰, 入言

---

154) 胡兵: 다본에는 '胡騎'로 되어 있음.
155) 時: 저본에는 빠져 있으나 다본에 의거하여 보충함.
156) 攪: 저본에는 '攬'으로 나와 있으나 가, 다본을 따름.

曰: "兒來矣!" 近前, 曰: "胡爲蒙此皮而臥也?" 其兒不答而臥自如, 其僧欲奪, 則以刀作欲割之狀, 其僧退坐, 如是五六次, 遠村雞聲喔喔. 其僧微笑曰: "此是朴曄之所爲, 亦復奈何?" 仍呼起其兒, 曰: "今則還皮於我無妨, 可起坐!" 其兒旣聞朴曄之言, 故給皮而起坐, 其僧又曰: "汝脫上下衣給我, 而切勿開戶!" 其兒依其言, 解衣給之, 從窓隙窺見, 則其僧擧皮蒙之, 變爲一大虎, 大聲咆哮. 仍面前啣衣, 幅幅裂之, 還脫皮, 又爲老僧, 入戶而開一弊箱, 出僧之上下衣服, 使服之. 又出一周紙軸, 披而見之, 以朱筆點其兒[157]之名字上, 仍曰: "汝可出語朴曄云: '天機不可泄也.' 汝從今入虎群, 決無傷害之慮矣." 又給一片油紙, 曰: "持此而出, 如有攔路者, 出示此紙." 其兒依其言出門, 曲曲有虎遮路, 每示此紙, 則低尾而去. 未及洞口, 又有一虎, 出示此紙, 不顧而將噬, 其兒曰: "若如此, 則與我偕至寺中, 決訟于老僧乎!" 虎乃點頭, 與之偕至寺中, 則老僧尙在, 道其狀, 僧叱曰: "汝何違令?" 虎曰: "非不知命, 而餓已三日, 見肉而放逐乎?" 曰: "然則給代, 可乎?" 曰: "幸矣." 僧曰: "從東行半里, 有着氈笠之人, 作汝療飢也." 其虎依其言出門, 食頃, 忽有砲聲之遠出, 僧笑曰: "厭漢死矣!" 其兒問其故, 僧曰: "渠是我之卒徒, 不從令, 故俄使往東給砲手矣." 蓋着氈笠者, 卽砲手也. 其兒辭而出洞, 則天曉而騾吃草, 仍騎而還, 見朴曄, 言其狀, 曄點頭而治送其家. 此兒, 後至顯達[158]云.

4-18.

癸亥, 李延平諸人, 將謀擧義, 具綾城仁垕亦預, 而時在朴曄幕

---

157) 兒: 저본에는 빠져 있으나 가본에 의거하여 보충함.
158) 後至顯達: 가, 다본에는 '果大達'로 되어 있음.

下. 一日告辭, 朴曄贐行以紅氈三十駄, 仁垕辭以無用, 曄笑曰:
"將有日後之用, 第銘之[159]于心." 仁垕辭退矣. 後朴曄受後命,時擧
朝皆恐, 無人敢下去者, 仁垕自請下去而處絞, 則曄多譽家. 其譽
家諸人, 一時持劍而入, 仁垕一幷禁之, 入棺送喪行, 到中和, 仁垕
除御將, 仍先還矣. 譽家追至, 破棺寸斷而去, 此是殺千人之報[160]
也. 曄少時推數, 則不殺千人, 千人殺汝. 千人乃具仁垕少字, 而曄
誤知而多殺不辜, 以充千人之數, 良可歎也! 反正時, 仁廟之軍, 無
以區別, 以其紅氈, 作氈笠而着之, 今之紅氈笠, 卽其制也. 曄知
之, 而有此贈之.

4-19.

癸亥三月反正後, 朴曄獨立燭下, 撫劍發歎, 窓外有咳嗽[161]聲,
問[162]: "誰也?" 對曰: "幕客某也." 曰: "何爲而來?" 曰: "使道將何以
爲之?" 曰: "試問於汝, 將何爲之?" 曰: "小人有上中下三策, 使道
收於三策之中[163]." 曰: "何爲上[164]策?" 曰: "使道擧兵而叛[165], 北通
金人, 則臨津以北, 非朝家之有也, 此上策也, 下不失尉佗之計也."
"何謂中策?" 曰: "急發兵三萬, 使小人將之, 鼓行而上[166]京, 則勝敗
未可知也, 此中策也." "何謂下策?" 曰: "使道世祿之臣, 順受國命,
此下策也." 曄默然良久, 喟然長歎[167]曰: "吾從下策!" 曰: "小人自

---

159) 銘之: 가본에는 '明銘'으로 되어 있음.
160) 報: 가, 다본에는 '害'로 되어 있음.
161) 咳嗽: 가본에는 '咳唾'로 되어 있음.
162) 問: 저본에는 빠져 있으나 다본에 의거하여 보충함.
163) 收於三策之中: 다본에는 '擇於三策, 可也'로 되어 있음.
164) 上: 저본에는 '三'으로 나와 있으나 가본에 의거함.
165) 叛: 저본에는 '反'으로 나와 있으나 가, 다본을 따름.
166) 上: 가본에는 '向'으로 되어 있음.

此告辭." 仍不知去向[168]. 此人姓名不傳,[169] 可歎也.

4-20.

　鄭錦南忠信, 光州人也. 其父以鄕任在鄕廳, 年近六十而無子, 一日之夜, 夢見無等山坼裂, 靑龍躍出來, 纏[170]于身. 仍驚起, 汗出沾背, 心竊怪之. 仍更夢, 又[171]北山坼裂, 白虎跳出, 又抱于懷, 驚覺而起, 仍不寐. 時夜將半, 月色滿庭, 下階徘徊, 見一人臥於竈邊, 往視之, 則乃食婢也. 忽爾心動, 與之合, 仍以有娠, 生忠信, 骨格超凡. 及長, 爲本州知印, 權都元帥慄, 時以牧使, 見而異之, 知其非凡類, 率來京中, 送于其女婿李鼇城家, 以傔從育之矣. 後當倭亂, 多建功, 位至副元帥, 封錦城君. 在北邊時, 與魯花赤相親, 魯花赤請與飮酒, 出見其諸子, 次次來拜, 皆偃坐受之. 及到第六子, 忠信熟視而起敬, 魯花赤問其故, 曰: "不意秦始皇復出!" 魯花赤笑曰: "汝猶不知, 此乃唐太宗." 此是淸太祖[172]也, 後果代皇明入帝中國焉[173].

4-21.

　李起築, 店舍雇奴也. 爲人甚魯鈍, 不知東西, 只以飽飯爲好, 有絶倫之力, 店主以奴隷使[174]之. 主家有女, 年及笄, 而稍解文字, 性

---

167) 長歎: 저본에는 빠져 있으나 가, 다본에 의거하여 보충함.
168) 向: 가, 다본에는 '處'로 되어 있음.
169) 此人姓名不傳: 가, 다본에는 '未知此人爲誰, 而姓名不露於世'로 되어 있음.
170) 纏: 저본에는 '躔'으로 나와 있으나 가, 다본에 의거함.
171) 又: 저본에는 '又夢見'으로 나와 있으나 다본에 의거함.
172) 淸太祖: 가, 다본에는 '金汗'으로 되어 있음.
173) 入帝中國焉: 가, 다본에는 '而爲天子'로 되어 있음.
174) 使: 저본에는 '事'로 나와 있으나 가, 다본에 의거함.

又穎敏, 父母鍾愛, 而欲擇佳婿嫁之, 其女不願, 曰:"吾之良人, 吾自擇之, 願嫁于李己丑矣." 己丑年生故, 仍以名呼之起築者, 改名也.[175] 父母大驚而叱曰:"汝何嫁于雇奴?" 使勿更言, 則其女以死自期, 不願他適, 曰:"旣以己丑作配, 則不願此土[176], 與之上京, 買斗屋資生云云." 父母亦以爲, '在此惹人恥笑, 不如各立之爲好.' 仍給家産送之. 其女與己丑上京, 買舍壯洞, 沽酒爲業, 酒甚淸冽, 人皆稱之. 一日, 『史略』初券授之, 而標於伊尹廢太甲放桐宮篇而示, 曰:"持此冊, 往神武門後, 松陰下有諸人之聚會者, 以冊置于前, 而願受學焉." 己丑依其言而往, 則果有八九人團會酬酢, 聞其言, 相顧大驚, 曰:"誰所使也?" 對曰:"小人之妻, 如是云矣." 諸人問其家而偕往, 則其女迎之座, 而設酒肴待之, 仍託曰:"列位之事, 妾已知之, 家夫愚癡, 而有膂力, 日後將有用處, 事成後, 得參勳錄, 幸也. 吾家有酒而多肴, 議事時, 必會于妾家無妨, 妾家靜僻, 無有人知." 衆皆驚異而許之, 蓋此是昇平·延平之諸人. 其後, 擧義而入彰義門, 時己丑居前, 折將軍木而入, 事定策勳, 參二等功臣.

4-22.

錦南以捕將兼都監中軍, 一日, 往拜于白沙, 白沙曰:"吾所騎馬, 吾甚愛, 愛其馴良善步矣. 今忽有病, 汝其看審用藥, 可也." 錦南敬諾而下堂, 躬自牽出, 步于庭下, 審其病而議藥. 時一宰相適在座, 問曰:"令公知馬病乎?" 對曰:"略知之." 宰相曰:"令公明日, 可訪我." 錦南曰:"諾." 明日往見, 則宰相指馬而言曰:"此馬有病, 可暫見而試[177]藥." 錦南出于廳而呼隸, 曰:"急往都監, 招一馬醫以

---

175) 改名也: 다본에는 '後改之故也'로 되어 있음.
176) 此土: 가본에는 '此居'로, 다본에는 '居此'로 되어 있음.

來!"下隷承命而去, 宰相曰: "令公旣知之, 何不親見乎?"曰: "小
人雖疲魯, 顧其位, 則乃武宰也, 何可作馬醫事乎?"曰: "然則昨於
鰲城宅, 何爲議馬病乎?" 錦南冷笑曰: "大監何可與鰲城大監比論
乎?" 仍辭去, 宰相羞愧良久焉.

4-23.

鰲城, 文學·才諝·德行·名節之兼備, 推爲第一. 少時, 與隣居宰
相之子親熟, 相與往來, 其人積年沈痾, 漸至無奈何之境. 其父以
獨子之病, 晝宵焦心, 聞有一盲名卜知人死生, 送騎迎來, 使之卜
之. 卜者作卦, 沈吟搖頭, 曰: "必不幸, 將於某月日時死矣." 其父
涕泣曰: "或有可救之方否?" 卜者曰: "第有一事之可救, 而此則不
可發說." 其父曰: "願聞之." 卜者曰: "若言則吾必死, 何可爲他人
而代死乎?" 其父泣而詰之, 卜盲作色, 曰: "主人之言, 非人情也,
好生惡死, 人之常情也. 主人欲爲其子, 而吾獨不爲吾身乎? 此則
不可更問." 主人無奈何, 涕泣而已. 其病人之妻, 自內持小刀而來,
手把卜盲之項, 而言曰: "吾是病人之妻也, 夫死則吾下從, 已決於
心. 汝若不知卜理, 則不言容或無怪, 而旣解之矣, 且有可救之方
云, 而以死爲言, 終不言之. 吾旣聞知, 到此地頭, 何可顧男女之別
乎? 吾以死決, 則此刀刺汝矣, 汝之死, 則一也. 旣知一死, 則何不
明言而救人命乎?" 卜者默然良久, 曰: "駟不及舌, 政謂此也! 吾將
言之, 放之可也." 仍言曰: "有恒福者乎?" 主人曰: "果有而卽吾[178]
兒之友也." 曰: "自今日邀此人, 與之同處, 使之不暫離, 過某日,
則自可無事矣." 且曰: "吾於伊日當死, 吾之妻子, 可善顧恤, 視同

---

177) 試: 가, 다본에는 '示'로 되어 있음.
178) 吾: 저본에는 빠져 있으나 가, 다본에 의거하여 보충함.

家人云."而辭去. 主人邀白沙¹⁷⁹⁾, 道其事, 而强請同居, 白沙許之, 自其日¹⁸⁰⁾來, 留其家, 與病人同處, 坐臥不離. 至伊日之夜三更時, 陰風入戶, 燭光明滅, 而病人昏昏不省. 鰲城臥見, 燭影之下, 一鬼卒狀貌獰悍, 杖劍而立, 呼鰲城之名, 曰: "汝¹⁸¹⁾可出給我病人!" 鰲城曰: "何謂也?" 曰: "此人與我, 有宿世之怨, 故今欲報讐之, 若失此期, 則不知何時可報." 白沙曰: "人旣托我以子, 則吾何給汝而殺之乎?" 鬼曰: "汝不給我, 則吾將幷汝殺之." 白沙曰: "我死則已, 不死之前, 決不給汝!" 鬼乃大怒, 擧刀而向之, 忽爾悚然而退, 如是者三, 仍擲劍俯伏, 曰: "願大監憐我之情事而出給." 曰: "何不殺我乎?" 鬼曰: "大監國之棟樑, 名垂竹帛之正人君子, 何敢害之? 只願出給." 曰: "殺我之外, 無他策." 仍抱病人而臥, 如是際, 遠村鷄鳴矣. 鬼乃大哭, 曰: "不知何年報讐, 豈不寃恨? 此是某處某盲之所指也, 吾可雪憤於此人矣." 仍杖劍而出門, 不知去處. 此時, 病人昏絶, 以溫水灌之口得甦, 而翌朝, 卜者之訃書來矣.¹⁸²⁾ 其主家, 厚遺葬需, 優恤其妻子云爾.

4-24.

月沙赴燕京, 與王弇州世貞親熟, 結以文章之交. 一日, 早朝往見, 則弇州具公服而起, 曰: "適有入闕之事, 少間當還, 君須吾書樓上搜¹⁸³⁾覽諸書, 而待吾來." 仍囑其家丁¹⁸⁴⁾, 使備朝饌而進之. 弇

---

179) 白沙: 가, 다본에는 '鰲城'으로 되어 있음. 이하의 경우도 동일함.
180) 其日: 가, 다본에는 '今日'로 되어 있음.
181) 汝: 저본에는 빠져 있으나 가, 다본에 의거하여 보충함.
182) 卜者之訃書來矣: 가, 다본에는 '向日之卜者訃來'로 되어 있음.
183) 搜: 가, 다본에는 '披'로 되어 있음.
184) 家丁: 가, 다본에는 '家人'으로 되어 있음.

州出門後, 餠麵·酒肉·魚果之屬, 相續而進. 月沙且啖且看書, 日晚, 弇州出來, 問月沙, "朝饌已罷否?" 曰: "不曾喫." 弇州驚訝而責家人[185], 對曰: "俄者已進." 弇州大笑曰: "朝鮮人, 以一椀白飯·一器藿湯, 爲朝夕飯矣, 豈如吾儕之所啖耶? 斯速備飯而來, 吾忘之矣云." 月沙還歸後, 對人曰: "吾於此羞愧欲死云." 一日, 又往見弇州, 蜀郡太守, 爲其父求碑文, 而禮幣[186]以蜀帛一車, 雙陸一隊, 分美人靑紅裳, 各十五, 而以黃金爲盧而送之. 大國餽遺之豊, 如是矣.

4-25.

東陽尉申翊聖, 象村之子也, 文章才諝, 冠於當世. 嘗以身爲駙馬, 不得致位卿相, 爲至恨, 每對翁主叱責, 曰: "吾非都尉, 則此世文衡, 捨我其誰?" 每出入, 未嘗乘軒, 而遵大路, 必騎驢遮面, 而行間路, 恒自鬱鬱不得志. 至親家有婚事, 欲借金轎而用之, 東陽尉使借之, 尙宮內人曰: "此轎翁主所乘者, 不可借人." 東陽尉怒曰: "有轎而不許人乘, 將焉用之?" 命碎之. 宣廟知其不得文衡爲恨, 文衡圈點後, 被圈人出題試之, 而使東陽尉考試, 曰: "考被抄於文衡人之試卷, 反勝於文衡矣云爾."

4-26.

鄭陽坡少時, 與親友二人, 讀書于山寺. 一日, 論懷而各言平生所欲爲, 陽坡曰: "吾則科第, 坐于廟堂之上, 致君澤民, 名垂竹帛, 則好矣." 一人曰: "吾則不願仕宦, 擇居山明水麗之地, 以娛平生, 是所願矣." 一人獨無言, 二人問曰: "君何無一言乎?" 其人曰: "吾

---

185) 家人: 다본에는 '家丁'으로 되어 있음.
186) 禮幣: 가, 다본에는 '禮單'으로 되어 있음.

之所欲, 大異於二君, 不須問矣." 二人强之, 乃曰: "吾不幸生[187])於 偏邦, 自顧此世, 無可容身之所, 不如自橫. 吾志爲大賊之魁, 處深 山窮谷, 率數萬之衆, 奪不義之財, 以供軍粮, 橫行山間, 而歌童舞 女, 羅列於前, 山珍海錯, 厭飫於口, 如斯度了, 則幸矣." 二人大 笑, 而責之以不義. 其後, 陽坡果登第, 位至上相, 一人以布衣終 老, 一人不知下落矣. 陽坡按北關也, 其布衣之人, 窮不能自存, 恃 同硏之誼, 徒步作乞駄之行, 向北關矣. 到淮陽之地, 忽有一健奴, 鞚一駿驄, 而迎於前, 曰: "小人仍奉使道將令, 來到於此, 亦已久 矣. 快乘此馬而行, 可也." 其人怪而問曰: "汝使道誰也?" 曰: "去則 自可知矣." 其人仍上馬, 則其疾如飛, 行幾里, 又有一馬之待, 且 有盂盤之供. 怪而又問, 則其答如前. 行幾里, 又如是, 漸入深峽之 中, 而夜又不息, 炬火導前而行, 其人不知緣何向何處, 只從其奴 之言而行. 翌午, 入一洞口, 深山之中, 人居櫛比, 有一大朱門. 入 三重門, 下馬而入, 則堦下一人, 頭戴紫騣笠, 身被藍色雪[188])紋緞 天翼, 腰繫紅帶, 足穿黑靴. 而身長八尺, 面如傅粉, 河目海口, 儀 表堂堂, 威風凜凜. 軒然而笑, 執手而共升堦, 曰: "某也, 別來無恙 乎?" 其人初不知何許人矣, 坐定熟視, 則乃是山寺同苦之時, 願爲 賊將之人也. 其人大驚, 曰: "吾輩[189])山門各散之後, 不知踪跡矣, 今乃何至於斯也?" 賊將笑[190])曰: "吾向日[191])不云乎? 吾今諧宿願, 則不羨富貴矣, 人生此世, 豈不有志於功名進就乎? 然以其命懸於 他人之手, 畏首畏尾, 平生作蠅營狗苟之態, 一有所失, 則棄身東

---

187) 生: 가, 다본에는 '坐'로 되어 있음.
188) 雪: 가, 다본에는 '雲'으로 되어 있음.
189) 吾輩: 저본에는 빠져 있으나 가본에 의거하여 보충함.
190) 笑: 저본에는 빠져 있으나 다본에 의거하여 보충함.
191) 向日: 가, 다본에는 '豈'로 되어 있음.

市, 妻子爲奴, 此豈所可願耶? 吾今擺脫塵臼, 入深山之中, 有衆數萬, 財積丘陵, 吾非如鼠竊狗偸之爲, 而探囊胠之爲也. 吾之卒徒, 遍於八道, 燕市倭館之物, 無不畢致, 貪官汚吏之財, 必也攘奪. 權與富, 不讓於王公, 人生幾何, 聊以自適耳." 仍命進盃盤, 有美女數雙, 擎盤而跪進, 水陸畢陳, 而酒旨而肴豊, 與之盡歡, 同卓而食, 共床而寢. 明日, 與之同覽軍中財貨及山水景槩, 仍言曰: "君之此行, 欲見鄭某, 而將有所求耶?" 曰: "然." 賊將曰: "此人之規模, 君豈不知耶? 雖有贈, 而未洽於君之所望矣, 不如更留幾日, 自此直歸, 可也." 其人曰: "必不然! 舊日[192]同硯之情, 彼豈忘之耶?" 賊將笑曰: "量其贐物, 不過幾兩矣, 何可爲此而作遠行乎? 吾當有贐矣, 勿往可也." 其人不聽, 決意欲行, 賊將曰: "君旣如是, 吾不更挽." 仍留數日, 其人要行, 賊將使奴馬護送如來時, 臨行, 戒曰: "君見鄭某, 切勿言吾之在此也! 鄭某雖欲捕我, 不可得矣. 言出之日, 當有聞之矣, 若然則君頭不可保, 愼之勉之! 勿出口可也." 其人發矢言曰: "寧有是理?" 賊將笑而餞行, 送之出門, 其人依前乘馬, 出山門外大路, 牽夫辭而去. 其人徒步作行, 到北營, 見監司, 寒暄禮罷後, 其人低聲密告曰: "令公知吾輩[193]少時山寺, 作伴讀書之某人去處乎?" 曰: "一自相別以後, 不知下落矣." 其人曰: "今在令公道內, 而卽大賊也, 渠言則有數萬徒黨云[194], 而皆散在各處, 而所見渠之部下無多, 而俱是烏合之賊徒也. 令公若借我伶俐之健卒三四十人, 則當縛致於營下矣." 監司笑曰: "渠雖賊魁, 姑無作弊於郡邑, 且量君之勇智才力, 恐[195]不及此人矣, 空然惹起禍機

---

192) 舊日: 저본에는 빠져 있으나 가, 다본에 의거하여 보충함.
193) 吾輩: 저본에는 빠져 있으나 가, 다본에 의거하여 보충함.
194) 有數萬徒黨云: 다본에는 '有衆數萬餘云'으로 되어 있음.

乎? 君且休矣!" 其人作色, 曰: "令公知大賊之在境內, 而掩置不
捕, 後若滋蔓, 則責歸於誰也? 公若不從吾言, 則還洛之後, 吾當
告變矣." 監司不得已許之, 留數日而送之, 所贐之物, 不過物種幾
件, 路需所用,[196] 而分付校卒, 使之偕行. 其人率校卒, 埋伏於山左
右叢樾之間, 戒之曰: "吾先入去, 汝等姑俟之." 行至幾里, 向時[197]
牽騎來邀之人, 又來傳賊將之言, 與之偕來, 而不送騎矣, 心竊怪
之. 行到洞口, 一聲號令, 使之拿入, 無數健卒, 以繩縛之, 前遮後
推,[198] 如快鶻搏兎樣而入. 其人喘息未定, 被拿至庭下, 仰見, 賊將
盛備威儀, 怒叱曰: "汝何顏來見我乎?" 其人曰: "吾有何罪而待我
至此之辱也?" 賊將叱曰: "吾豈不云乎? 汝往北營, 所得無多, 而期
欲往見, 癡愚可知.[199] 且汝[200]以吾事泄之北營, 不思臨別之託, 尙
何撓舌?" 其人曰: "天日在上, 吾無是事, 君從何得聞而疑我乎?"
賊將號令卒徒, 曰: "可拿入北營校卒!" 言未已, 數十個校卒, 一時
被縛, 伏於堦下, 賊將指示而言曰: "此是何許人也?" 其人面如土
色, 無言可答, 只稱死罪. 賊將冷笑, 曰: "如汝腐鼠孤雛, 何必汚我
刃也? 棍之可也." 仍下十餘杖, 而依前縛之, 校卒則使之解縛, 曰:
"汝等良苦, 何爲隨此人而至?" 命各賜二十兩銀子而送之, 曰: "歸
語爾主將, 更勿聽此等人之言云云." 仍使卒徒, 出各庫財帛・銀錢・
器用等物, 或駄或擔, 一時擧火, 燒其屋宇, 曰: "旣被人知, 不可處
矣." 更使一卒歐逐, 其人出之門外大道, 仍不知去處矣. 其人艱辛

---

195) 恐: 저본에는 빠져 있으나 가본에 의거하여 보충함.
196) 不過物種幾件, 路需所用: 가, 다본에는 '數符賊之言, 擇校如數'로 되어 있음.
197) 向時: 가, 다본에는 '來時'로 되어 있음.
198) 前遮後推: 가, 다본에는 '前推後遮'로 되어 있음.
199) 所得無多, 而期欲往見, 癡愚可知: 가, 다본에는 '所得豈不符吾言乎'로 되어 있음.
200) 汝: 저본에는 빠져 있으나 가, 다본에 의거하여 보충함.

得脫, 而前進歸家, 則已移他洞矣. 尋其家而入, 則門戶之大, 比之前居, 大不同矣. 問於家人, 以爲, '在北營時, 豈不作書而送物種乎?' 其人驚訝, 出而視之, 則恰如自家之筆, 非自家之爲也. 其錢與布帛數, 甚夥多[201], 默而思之, 此是賊將之所送, 而倣自家之筆迹, 送之也. 後[202]乃悔之云爾.【或云: '北伯[203]非陽坡云.' 而未可詳知也】

4-27.

孝廟亦間間微行, 一日, 步過宮墻後, 時雪夜嚴酷. 軍舖守直一人, 自外而入, 曰: "寒威如此, 何以經夜?" 一人曰: "今夜, 何爲而寒乎?" 其人曰: "吾輩何爲而露宿遼東乎? 豈可曰寒乎? 主上今方議北伐, 如此之時, 吾輩豈不從征乎?" 曰: "無是理矣, 懷德宋相大監, 日前入來獨對, 已定計云矣." 其人曰: "必不然." 曰: "汝何以知之?" 曰: "主人無威斷, 此等大事, 何以辨之乎?" 曰: "汝又何以知之?" 曰: "主上若有剛斷, 則年前以王子守江華時, 金慶徵豈不斬? 一慶徵尙不得正其罪, 何況上國乎? 吾是以知之." 孝廟聞此言, 不勝憤恨而還宮.

4-28.

肅廟於春塘臺池邊, 建三間樓, 名曰'觀豊樓'. 時尹判書絳, 以副學上疏, 諫曰: "非時土木之役, 亡國之兆." 上優批, 而以虎皮一領賞之, 命使之親受. 尹承命而入闕, 則一宦侍導前, 至春塘臺. 而已, 軍卒高聲, 而有捉入命, 尹被拿伏於庭下. 上以便服, 坐於一小

---

201) 夥多: 가, 다본에는 '夥然'으로 되어 있음.
202) 後: 다본에는 빠져 있음.
203) 北伯: 저본에는 '此'로 나와 있으나 가, 다본에 의거함.

樓上, 教曰: "汝試見之, 此樓不過三間, 有何非時土木之役而亡國之可言乎? 汝輩所居, 有山亭水閣, 而吾獨不得建此小閣耶? 汝欲釣名而有此疏, 心常痛恨, 可以決棍矣." 尹乃對曰: "小臣罪當萬死, 顧其職, 則玉署之長也, 殿下不可以辱儒臣也." 上曰: "儒臣獨不可治罪乎?" 命決棍五度後, 教曰: "汝以儒臣, 受此棍治, 已是汝之羞辱, 汝可出而言之, 在予爲過擧, 而汝獨不戮辱其名乎?" 命給豹皮而出送.

4-29.

肅廟有患候, 一日, 命入梨園樂及妓女, 自內張樂. 時臺諫尹某, 獨詣臺廳, 啓以'不正之色, 不雅之樂[204], 此是前代帝王, 所以亡國也, 亟賜撤去云云.' 上大怒, 卽有親鞫之命, 擧朝惶惶[205], 爲先自禁臺官·書吏喝導, 竝蒙頭捉待, 禁堂[206]捕將, 皆命招諸事預備而無動靜, 管絃之聲不絶. 申後, 下敎曰: "更思之, 臺言好矣. 俄者, 設鞫之命還收, 臺臣及下隸, 一幷放送, 而不可無褒典." 內下茶啖二床, 御酒二瓶, 一則饋臺隸, 及賜虎皮一令. 臺諫及下隸, 驚魂纔定, 盡意醉飽, 上下俱沈醉. 及退歸之時, 前導下隸, 蒙虎皮, 而呼唱於大路, 觀者問[207]其故, 則答曰: "主上殿下, 挾娼會飮, 見捉於禁亂, 吾方收贖[208]云云." 聞者絶倒. 諫院至今有虎皮之藏焉云爾.

---

204) 樂: 다본에는 '聲'으로 되어 있음.
205) 惶惶: 가, 다본에는 '遑遑'으로 되어 있음.
206) 禁堂: 다본에는 '禁將'으로 되어 있음.
207) 問: 저본에는 '聞'으로 나와 있으나 가, 다본을 따름.
208) 收贖: 다본에는 '收贖而歸'로 되어 있음.

4-30.

一儒生, 投筆而業武藝, 習射於慕華館, 夕陽罷歸. 有一內行, 駕轎而來, 後無陪行, 只有童婢隨後, 而頗姸美. 儒生見而欲之, 腰矢肩弓而隨, 或前或後, 風吹簾捲, 瞥見轎內, 女人素服而坐, 眞國色也. 儒生精神悅惚, 心內暗忖, '此是誰家女子? 第往探知其第矣.' 隨後而行, 入新門, 轉向南村某洞一大第而入. 儒生彷徨門外, 日勢已暮, 向店買食, 而帶弓矢, 周察其家前後, 無可闖入處. 後墻[209]依一小阜而不高, 踰墻而下, 則其家後面, 東西兩房[210], 燈光熒然, 照後雙窓. 往其窓下, 潛窺東房, 則有一老嫗, 倚於枕上, 而俄者所見之女子, 讀諺冊燈下, 聲音琅琅而已. 老嫗曰: "今日, 似必困憊, 可歸汝房休息." 其女子退歸西房, 儒生自外又往西房窓外, 窺見, 則女子喚童婢, 謂曰: "行役之餘, 汝亦困憊, 可出宿于汝母房, 明早入來." 童婢出門, 女子起而閉上窓戶, 儒生暗喜, 曰: "此女子獨宿, 吾當乘間突入, 可也云." 而屏氣窺見, 則女子開籠而出鋪錦衾, 吸烟茶而坐燈下, 若有所思想者然, 儒生心竊訝之. 少焉, 後園竹林有人跡, 儒生驚怵, 隱身以避而見之, 一禿頭和尙, 披竹林而來, 叩後窓, 而自內開窓而[211]迎之. 儒生隨後窺見, 則其和尙摟抱其女, 淫戲無所不至. 已而, 其女起向卓上, 拿下酒壺饌盒, 滿酌而勸之, 和尙一吸而盡, 問曰: "今日墓行, 果有悲懷否?" 女笑答[212]曰: "惟汝在吾, 何悲懷? 且是虛葬之地, 亦有何悲懷可言乎?" 又與僧一場淫戲, 而裸體同入衾中, 相抱而臥. 此時, 儒生初來欲奸之心, 雲散

---

209) 墻: 저본에는 '場'으로 나와 있으나 다본을 따름.
210) 房: 저본에는 '旁'으로 나와 있으나 가, 다본에 의거함.
211) 而: 저본에는 빠져 있으나 다본에 의거하여 보충함.
212) 女笑答: 가, 다본에는 '其女含笑'로 되어 있음.

霧消, 而憤慨之心倍激矣. 仍彎弓注矢, 從窓外滿的射去, 正中和尙之禿頭頂門上揷去, 其女驚起戰慄, 急以衾裹僧之尸, 置之樓上. 儒生細察其動靜, 踰後墻而出, 時已罷漏, 仍爲還家. 其夜, 似夢非夢間, 有一靑袍儒生, 年可十七八矣, 來拜於前,[213] 曰: "感君之報讐, 是以來拜." 儒生驚問曰: "君是何人, 所仇何人? 吾無報仇之事, 君何以來謝?" 其人掩抑而對曰: "某乃某洞宰相之子也, 讀書于山寺時, 使主僧持粮饌, 往來于家中, 淫婦見而通奸矣. 某於歸覲之時, 此僧同行, 到無人之地, 蹴吾殺之, 以尸置於山後巖穴, 于今三年矣. 冤死而無[214]報讐, 昨夜, 君之所射殺者, 卽其僧, 其女卽吾之妻也. 此仇已雪, 感謝無地. 又有一事奉託者, 君須往見吾父親, 告吾之尸在處, 使之移窆, 則恩又大也." 言訖, 不知去處, 儒生驚覺, 而心甚異之. 翌日, 更往其家, 通刺而入, 則一宰相起迎坐定, 儒生問曰: "子弟有幾人?" 主人揮淚而言曰: "老夫命途奇窮, 無他子女, 五十後得一兒, 愛如掌珠. 纔成婚禮, 往山寺課工, 爲虎所噉去, 終祥未過矣." 曰: "小生有一疑訝事, 第隨我而訪尸, 可乎!" 主人驚曰: "君何由知之?" 曰: "第往見之." 主人具鞍馬, 與之同行, 至某寺, 下馬登山, 行幾步, 有巖石而有穴, 以土石塞其口. 使隷去土石, 以手探之, 則有一尸, 出而見之, 果其子, 而顔色依舊. 老宰抱尸哭, 幾絶而甦, 向其儒生曰: "汝何由知之? 必是汝之所爲也." 儒生冷笑, 曰: "吾若行之, 則何可見公而道之乎? 第爲治喪而歸, 問其由於令子婦, 其房樓上, 有一物可證者, 公須速行之." 老宰一邊運尸, 安于僧舍而歸家, 直入子婦房, 問曰: "吾有朝服之置於汝樓上矣, 吾可出而見之, 須開樓門." 其婦慌忙而對曰: "此則

---

213) 來拜於前: 다본에는 '前拜於座下'로 되어 있음.
214) 無: 저본에는 빠져 있으나 다본에 의거하여 보충함.

兒當出來, 何必$^{215)}$尊舅之親搜也云?"而氣色頗殊常, 老宰仍向樓, 開鎖而入, 則有穢惡之臭, 搜之至籠後, 有以錦衾裹者. 出而置於房內, 則一少年胖大和尙之屍, 而揷箭於頂門之上矣. 老宰問曰: "此何爲也?" 其子婦面如土色, 戰慄不敢對. 仍出請其父與兄, 道其事而黜之. 其父以刃刺, 而殺之云矣, 仍改葬其子之屍於先山下矣. 一夜, 其儒生又於似夢非夢間, 其少年又來, 百拜致謝, 曰: "君之恩無以酬之, 今科擧$^{216)}$不遠, 而場中所出之題, 卽吾之平日所做之文. 吾可誦傳之, 君須書之, 入場後呈券$^{217)}$, 則可做第矣." 誦傳一首賦, 題是'秋風悔心萌'也. 其儒生受而書之, 日後, 科擧已迫, 則入場果出此題, 仍書其賦而呈券, 至'秋風颯兮夕起, 玉宇廓而崢嶸'之句, '秋'字誤書以'金'字矣. 時竹泉金公鎭圭主試, 見此券, 曰: "此賦果是善作, 而似是鬼神之作, 無乃欲試吾輩試鑑之故耶云矣." 至'金風颯兮夕起'之句, 笑曰: "此非$^{218)}$鬼作!" 乃擢第一, 人問其故, 竹泉答曰: "鬼神忌金, 若鬼作, 則必不書金字, 故知非鬼作$^{219)}$云矣." 榜出, 其儒生果$^{220)}$登第, 其姓名考之科榜, 則可知其誰某, 而未及考見云爾.

4-31.

金文谷, 諱壽恒, 夫人羅氏也, 明村羅良佐之姊, 有識鑑. 爲女擇婿, 使第三胤三淵, 往見閔氏諸少而定婚, 三淵往見, 而告曰: "閔

---

215) 必: 다본에는 '須'로 되어 있음.
216) 科擧: 다본에는 '科期'로 되어 있음. 이하의 경우도 동일함.
217) 券: 저본에는 '卷'으로 나와 있으나 가, 다본에 의거함.
218) 非: 저본에는 '乃'로 나와 있으나 가, 다본에 의거함.
219) 作: 다본에는 '語'로 되어 있음.
220) 果: 저본에는 빠져 있으나 다본에 의거하여 보충함.

家兒皆氣短, 貌不揚, 無可合者." 夫人曰: "此是名家也, 後進必不然." 其後, 三淵擇定李氏兒, 而言曰: "今果得佳郎矣." 夫人曰: "爲誰?" 曰: "風儀動盪, 才華發越, 眞大器之人." 曰: "然則好矣." 及迎婿合졸之日, 夫人歎曰: "三兒有目無珠!" 三淵怪問, 夫人曰: "新郎佳則佳矣, 而壽限大不足, 不過三旬, 汝何所取而定婚?" 而已熟視, 而又歎曰: "吾女先死, 亦復奈何云云." 責三淵不已, 三淵終不以爲然. 一日, 閔氏趾齋鎭厚及閔丹巖鎭遠諸從兄, 俱以弱冠, 適有事而來矣. 三淵入告曰: "母氏每以閔家之不得連婚爲恨, 今閔家少年來矣, 母氏可從窓隙窺見, 必下諒小子言之不誣." 夫人從而窺見, 又責曰: "汝眼果無珠! 此少年俱是貴人, 名垂後世之大器. 惜乎! 其不得連婚." 其後, 果符其言, 閔公俱大達, 而李氏年纔過三十, 以參奉夭, 而夫人之女, 先一年而歿. 夫人嘗織錦布三端, 而一端造文谷之官服, 二端深藏, 而第二胤農巖登第, 而不許造朝衣. 後夢窩以蔭官登第, 仍使造朝衣, 一端藏之, 孫婿趙文命登第, 又使造朝衣. 三人俱位至三公, 夫人之意, 以爲未至三公之人, 不可許故也. 農巖登第而入謁, 夫人嚬眉, 曰: "何爲而如山林處士樣也?" 其後, 夢窩登第而入謁, 則夫人笑曰: "大臣出矣."

4-32.

二憂堂趙忠翼公, 喪配後, 悲不自勝. 時判騎省, 而適有公故, 曉起而俟曹吏之來, 請坐而無消息, 幾至日出而不來. 公大怒, 趣駕而赴, 公該吏捉待, 拿入而將棍之, 吏乃泣告曰: "小人有切悲之情事, 願一言而死." 公問: "何事?" 吏曰: "小人喪妻, 而家有三幼稚矣, 一子纔五歲, 二子三歲, 一女纔生一朞. 小人身兼慈母而養育之, 今曉欲起, 則稚女啼號[221], 故請隣家女乳之. 少焉, 兩子又飢呼, 小人以錢買粥而饋之, 如斯之際, 自爾晚時. 小人旣知有公故, 且知大監威令, 焉敢故爲犯科乎?" 公聞而悲之揮淚, 曰:"汝之情事, 恰似余矣." 仍放釋, 優給粮米布, 以爲養兒之資. 蓋吏無此等之事, 而知公之情事, 故以此飾詐而圖免也云爾.

---

221) 啼號: 가, 다본에는 '啼呼'로 되어 있음.

卷五

5-1.

　　兪文翼公拓基, 按嶺南時, 巡到慶州, 則趙相文命, 時爲慶尹. 兪公知其人之可大用, 欲試其量, 因微事, 推治邑隷, 無人免者. 旣罷, 顧謂府尹曰: "吾到令監邑, 推治下吏[1], 若是之多, 於令監心, 得無如何底意?" 趙笑而對曰: "使道旣按一道, 則此是使道之下隷, 且下隷輩渠自得罪, 而施刑杖於下官, 何關?" 氣色自如, 公笑曰: "吾今行得一大臣矣!" 其後, 公以正卿, 出補楊牧, 而趙相時帶總戎使, 楊是總營[2]之管下. 兪公以牧使, 一日, 投刺於總使, 禮畢而將出門, 趙相笑曰: "年前, 吾於大監之前, 作此禮矣, 今大監, 又作此禮於吾之前, 世事未可知矣." 公熟視而笑, 曰: "惜乎! 未得爲首相矣." 趙公[3]果位至左相, 未躋領相. 古人之以一言定其位限, 如此.

5-2.

　　三淵金先生, 諱昌翕, 晚居于雪嶽菴, 以'永矢'爲名, 僧與同處. 一日夜, 同房僧爲虎所噉[4], 淵翁爲文弔之, 不勝慘惻. 數日後, 婿李公德載來拜, 時年十六七矣. 淵翁言前狀, 戒勿出外, 夕飯後, 李公不知去處, 淵翁連呼而無應聲, 始大驚, 聚會僧徒, 火炬而推尋. 月色如晝, 李公獨坐後山絶頂上, 淵翁見而大責, 曰: "吾不云乎? 日前, 同房僧爲虎所噉, 汝以幼稚兒, 獨自登陟於昏夜無人之中,

---

1) 下吏: 다본에는 '下隷'로 되어 있음.
2) 總營: 가, 다본에는 '總廳'으로 되어 있음.
3) 趙公: 가, 다본에는 '趙相'으로 되어 있음.
4) 噉: 가, 다본에는 '嚽'으로 되어 있음. 이하의 경우도 동일함.

倘有虎豹, 其將奈何？ 汝不聽長者之訓, 有如是矣." 李含笑曰: "岳翁以同房僧之爲虎所噉, 久愈疢懷, 故小子俄於山上刺殺大虎, 爲僧執刃[5]報仇耳." 淵翁不信, 曰: "寧有是理?" 翌朝, 諸僧會而往見, 則山下之壑, 有大虎亂刺而倒. 蓋李公有絶人之力, 又善劍, 故能如是云.

5-3.

金進士某, 有智略而家貧, 落拓不得志, 常鬱鬱. 有親知宰相之子, 約與明日同往東郊, 弔親友之反虞. 其日未明, 有人來言曰: "某家某送騎云: '聞某友反虞, 未明入來, 吾輩未明出城, 人馬送之, 急急騎來.'" 金生信之不疑, 騎馬出城, 其行如飛, 到鍾巖, 金生問曰: "汝家上典, 在於何處?" 牽夫曰: "在前面." 仍加鞭, 到樓院, 日尙未出. 遵大路行, 行到一處, 則又有一健夫, 具鞍馬待, 傍而有一人, 具酒饌[6]進之. 金生疑益甚, 問曰: "汝輩是何人, 而此何爲也?" 其人答曰: "第可飮喫, 換騎而行, 則自可知矣. 金公[7]不得已依其言行, 行到五六十里, 又有如前鞍馬酒食, 晝夜不止. 幾日, 到一處, 則四山環繞之中, 有一洞府, 人家櫛比, 有一大舍, 如公廨樣, 朱門有三. 下馬而歷重門而入, 則一丈夫擁衾而臥, 左右侍娥, 扶而起坐, 氣息奄奄, 向金生而言曰: "吾亦洛下人, 誤入此, 積有年矣. 今則病且死矣, 無人可代, 聞君智略, 故邀來. 若欲圖免, 則大禍有之, 愼之. 吾雖賊魁, 未嘗行不忍之事, 如貪官汚吏之物, 富民之吝而不施者[8], 量其可取而取之, 以充軍需之用, 君代吾而善

---

5) 執刃: 저본에는 빠져 있으나 가본에 의거하여 보충함.
6) 酒饌: 가본에는 '酒飯'으로 되어 있음.
7) 金公: 가본에는 '金生'으로 되어 있음.

處, 可也. 人生斯世, 功名在天, 非人之可爲, 曷若坐此, 而號令軍中, 歌姬舞女, 山珍海錯, 不患不得, 則可謂公卿不換者也. 勉之勉之哉!" 言訖, 更無所言而臥. 金生始知其賊魁[9], 滿心驚訝, 無計脫身, 第坐於廳上, 則如軍校者十餘人, 來拜於庭下. 軍卒一時來謁, 以絲笠藍袍, 加之於身, 其供饋等節, 極其豊潔. 是夜, 賊魁死, 軍中擧哀, 挂孝治喪, 極其侈麗, 成服後, 瘞於山後麓. 金生留七八日, 軍中有偶語, 曰: "舊帥已沒, 新帥代坐, 而于今近十日, 而無出謀發慮之事, 似是一箇飯囊, 將焉用之? 更俟幾日, 若一樣, 則不可不殺, 而更求他人, 爲好云云." 金生微聞此言, 大生疑㥘. 翌朝, 坐于廳上, 招首校分付曰: "間緣舊帥之喪[10]未畢, 無暇問之, 見今軍中需用, 能不匱乏乎?" 對曰: "如干所貯, 幾盡於喪需, 見今餘存無多, 方以此爲憫矣." 金生曰: "再明, 當分送軍卒, 軍令板入來!" 其校承命而退, 未幾, 入軍令板, 背後列書可偸之人家. 金生乃以永興朱進士家劃出, 則首校俯伏請, 曰: "此家果是巨富, 而實無可偸之望. 其洞中四五百戶, 俱是奴屬, 而每戶門楣, 懸一大鈴, 以其索頭, 都聚於一索, 掛於主家. 若有警, 則搖鈴索, 許多之鈴, 一時應之, 一入之後, 萬無出路, 此將奈何?" 金生乃叱曰: "將旣出令, 雖水火中, 固不可辭, 焉敢亂言而搖軍心乎?" 卽拿入, 嚴棍六七度後, 分付曰: "此則吾當親往!" 明日, 金生粧出營裨樣, 以靑天翼佩將牌, 如大箱子・大籠等屬數十駄, 載之於馬, 隨後人, 皆以驛卒樣粧出. 而日暮時, 馳入朱進士家, 以爲, '咸營進上押[11]去裨將云.' 入

---

8) 不施者: 가본에는 '不給人之財'로 되어 있음.
9) 賊魁: 가본에는 '賊將'으로 되어 있음. 이하의 경우도 동일함.
10) 喪: 가본에는 '喪禮'로 되어 있음.
11) 押: 가본에는 '領'으로 되어 있음.

門, 朱進士慌忙迎接, 寒暄後, 向主人言曰: "此是營門別進上物品[12]也, 有所重, 可置之于大廳上." 主人依其言置之, 備夕飯供饋, 到夜, 與主人聯枕矣. 主人睡夢之中, 胸膈塞鬱, 驚覺, 則俄者營裨, 據胸而坐, 手執長劍, 而言曰: "吾非營裨, 乃是賊魁, 汝若出聲, 則當以劍斬之. 指示錢帛所在處, 則汝可活, 否則汝命止於今夜. 命爲重乎? 錢帛爲重乎?" 主人面如土色, 惶汗洽背而哀乞, 曰: "謹當一一奉行, 幸勿傷吾!" 賊將許諾, 招卒徒之隨來者, 開庫而一一搜出. 如斯之時, 家皆驚動, 或有近之者, 則主人[13]連聲, 曰: "須勿近我, 而庫中之物, 任其收去!" 於是, 賊徒爛入庫中, 布木之屬, 銀錢之物, 收而駄之, 並其主人家牛馬而駄之. 使之運出洞口後, 左手執主人手, 右手執長劍, 同行出門, 至洞口外, 抛却主人, 乃上馬去, 如風雨之驟. 一行所得, 殆過數萬餘金, 軍中莫不稱神. 過四五日後, 又使人入來軍令板, 劃出釋王寺, 首校又稟曰: "此寺洞府, 只有一路, 若深入而官軍塞洞口, 則無以出來, 此將奈何?" 金叱退, 曰: "今番吾又作行!" 仍粧出咸興中軍服色, 而多率校卒, 賊徒數人, 以紅絲結縛, 隨後而入寺中, 坐于樓上. 而捉入賊漢, 鉤問惡刑備至, 賊招出僧徒, 隨出隨縛, 四五百僧徒, 一齊縛置.[14] 仍使搜出佛器·錢布等屬, 一幷駄之馬, 而鱗次出送. 時有數僧, 採樵於山[15], 見其狀, 急告于安邊官, 本倅大驚, 急發奴令及軍校, 掩入洞口. 賊徒聞此報, 急報金生, 金生乃以賊徒中四五人, 削髮爲僧徒樣, 面帶血痕, 作痛聲出, 向官軍曰: "賊徒踰後山而去,

---

12) 物品: 가본에는 '物種'으로 되어 있음.
13) 主人: 가본에는 '朱者'로 되어 있음.
14) 一齊縛置: 가본에는 '無不縛之'로 되어 있음.
15) 於山: 저본에는 '山上'으로 나와 있으나 가본을 따름.

官軍速追後山之路[16], 不必入此洞." 官軍聞之, 一幷踰後山而去. 金公[17]乃從洞口脫身而走. 又得錢布數百[18]駄, 軍需裕足. 如此設計而收納者, 不止於此. 過數三年後, 金生集徒黨[19], 而言曰: "汝輩皆以平民, 迫於飢寒有此擧, 然此非長久之計. 汝輩各分金帛, 則衣足食豊矣, 何必如是也? 吾亦非久居此地之人也. 庫中所在之物, 各自均分, 還歸故里, 以作平民, 好也. 未知汝輩之意[20]何如?" 諸人皆曰: "惟將軍令." 金生乃出所積之物, 均給各人, 火燒其居, 騎馬出山, 始還故第.[21]

5-4.

老峰閔公鼎重, 與弟驪陽維重, 友于篤至, 常[22]嗜酒, 而監司公每禁之, 使不得放飮矣. 監司公按節原營, 兄弟俱作覲行, 留幾日, 伯則以亞銓承召, 季則以副學承召, 一時幷到. 閔公於此日, 使之許飮, 兄弟對酌, 沈醉後, 仍出往客舍, 坐廳上, 連使進酒. 下隷以巡相分付, 不敢繼進爲言, 二公醉中大言曰: "汝之使道[23], 接待別星, 固不當如是云云." 而昏睡矣. 醒後, 知其酒中失言, 兄弟大驚, 席藁於門外, 公笑而不責.

---

16) 後山之路: 저본에는 '後路'로 나와 있으나 가본을 따름.
17) 金公: 가본에는 '金生'으로 되어 있음.
18) 數百: 가본에는 '百餘'로 되어 있음.
19) 徒黨: 가본에는 '卒徒'로 되어 있음.
20) 意: 가본에는 '心'으로 되어 있음.
21) 始還故第: 가본에는 '還歸本第'로 되어 있음.
22) 常: 저본에는 '甞'으로 나와 있으나 다본을 따름.
23) 使道: 가, 다본에는 '巡使'로 되어 있음.

5-5.

　申判書鉦, 號寒竹堂, 有知人之鑑. 喪獨子, 而有遺腹孫女, 年[24] 及笄矣. 其孀婦, 每請於其舅曰: "此女之郞材, 舅必親相而擇之." 申公笑曰: "汝求何許郞材?" 對曰: "壽至八十偕老, 位至大官, 家富而多男." 公笑曰: "世豈有如許兼備之人乎? 若副汝願, 則猝難得矣." 伊後, 出入而還,[25] 則必問郞材可合者, 每如是矣. 一日, 公乘軒而過壯洞, 群兒嬉戲, 叢中有一兒, 年可十餘歲, 蓬頭突鬢, 騎竹而左右跳踉. 公停輢而熟視之, 則衣不掩身, 河目海口, 骨格異凡. 仍命一隷, 使之招來, 則掉頭不肯, 使諸隷扶持而來, 其兒號哭曰: "何許官員, 空然捉我? 我有何罪而如是也?" 諸隷擁至輢前, 公曰: "汝之門閥,[26] 何如人也?" 曰: "門閥知之何爲? 吾是兩班." 公又問: "汝年幾何, 而汝家何在, 汝姓云何?" 對曰: "欲捧疤軍丁乎? 何[27]問姓名居住也? 吾姓兪氏[28]也, 吾年十三也, 吾家在越洞矣. 何爲問之? 速放我去!" 公乃放送, 而尋其家, 則不蔽風雨之斗屋也. 只有寡居之母夫人, 招出婢子, 傳喝曰: "我是某洞申某也, 有一個孫女, 方求婚矣, 今日, 定婚於宅都令而去云云." 仍飭下隷, 歸家愼勿出言, 適他暮歸, 則孀婦又問郞材, 公笑曰: "汝求何許郞材?" 孀婦又如前言,[29] 公笑曰: "今日得之矣." 孀婦欣然而問: "誰家之子, 家在何處?" 公曰: "不必知其家, 後當知之." 及到納采之日, 始乃言之, 其孀婦自內急送解事一老婢, 往見其家計之貧富, 郞貌[30]

---

24) 年: 저본에는 빠져 있으나 가, 다본에 의거하여 보충함.
25) 出入而還: 가, 다본에는 '出門而歸'로 되어 있음.
26) 門閥: 저본에는 '閥閥'로 나와 있으나 가, 다본에 의거함.
27) 何: 다본에는 '何爲而'로 되어 있음.
28) 氏: 저본에는 빠져 있으나 가, 다본에 의거하여 보충함.
29) 又如前言: 다본에는 '對如初'로 되어 있음.
30) 郞貌: 가, 다본에는 '郞材'로 되어 있음. 이하의 경우도 동일함.

之妍醜, 則婢子回告曰: "家是數間斗屋, 不蔽風雨, 廚下生鼎中有
蛛絲, 郎貌則目如筐, 亂髮如蓬, 無一可取. 吾小姐入門之後, 杵臼
必親執矣, 以吾小姐如花如玉, 生長綺紈之弱質, 何可送之于如此
之家乎?" 孀婦聞此言, 魂飛膽落, 而卽受采之日也, 事到無可奈何
之境, 仍飮泣而治迎郎之具矣. 翌日, 新郎入來行禮, 孀婦審視, 則
果符婢言, 而卽一可憎之郎也, 心焉如碎. 而過三日後, 送郎, 而夕
飯時, 新郎又來, 申公問: "汝何爲更來?" 新郎曰: "歸家則夕飯無
期, 且有順歸人馬, 故還來矣." 公笑曰: "然則留之." 自此,[31] 每留
在婦家也. 連日內寢, 新婦以弱質之女子, 見困[32]於丈夫, 幾至生病
之境. 公憂之, 諭曰: "汝何爲連日內寢也? 今日可出外, 與吾同寢,
可也." 新郞曰: "敬受敎矣!" 及夜, 公就寢, 而新郞寢具鋪之於前
矣. 乍闔眼, 則新郎以手搥公之胸, 公驚曰: "此何爲?" 新郎對曰:
"小婿果不安其寢, 昏夢之中, 每有此等事." 公曰: "後勿如是!" 對[33]
曰: "諾." 未幾, 又以足擲之, 公又驚覺而責之. 而已, 又手足或打
或擲, 公不堪其苦, 乃曰: "汝可入內而宿, 吾不可與同寢矣." 新郞
仍捲其寢具, 荷而入內, 則其夜適有族黨婦女, 聚會[34]於新房中, 驚
起而避之去, 新郎高聲而言曰: "諸家婦女皆急避, 而獨留兪書房夫
人, 可也云." 如是之故, 上下皆厭苦之. 申公按海藩也, 內行將[35]率
去, 而使兪郎陪來, 孀婦曰: "兪郎不可率去, 姑留之, 使吾女暫息,
可也." 公不許而率去矣. 及墨進上時, 公呼兪郞而問曰: "汝欲墨
乎?" 對曰: "好矣." 公指示而言曰: "任自擇去!" 兪郎躬自擇之, 大

---

31) 自此: 저본에는 빠져 있으나 가, 다본에 의거하여 보충함.
32) 困: 가, 다본에는 '惱'로 되어 있음.
33) 對: 저본에는 빠져 있으나 다본에 의거하여 보충함.
34) 聚會: 가, 다본에는 '適留'로 되어 있음.
35) 將: 저본에는 빠져 있으나 가, 다본에 의거하여 보충함.

折墨百同別置, 該監裨將稟[36]曰: "若如此, 則恐有闕封之慮." 公曰: "使之急急更造也." 兪郞還至書室, 分給[37]下隷, 無一個剩餘云. 兪郞, 卽兪相拓基也, 享年八十, 而位至領相, 子有四人, 家又富, 果符申公之言. 其後, 兪公爲海伯, 率女壻洪南原盆而去, 又當墨進上時, 呼洪郞, 而使之任自擇去. 則洪郞擇其大折二同·中折三同·小折五同, 別置, 公曰: "何不加取?" 洪曰: "凡物有限用處, 小壻若盡數擇之, 則進上何以爲之? 洛下知舊, 何以問之? 小壻則優可用矣." 公睨視而笑, 曰: "緊莫緊矣, 可作蔭官之材矣." 果如其言.

5-6.

陜川守某, 年六十, 只有一子而溺愛, 敎訓失, 方年至十三歲, 目不識丁. 海印寺有一大師僧, 自前親熟, 往來衙中矣. 一日, 來言曰: "阿只年旣成童, 尙不入學, 將何以爲之?" 倅曰: "雖欲敎文字, 而慢不從命, 不忍楚撻, 以至於此, 深以爲悶." 大師曰: "士夫子弟, 少而失學, 則將爲世棄人, 全事慈愛, 而不事課工, 可乎? 其人物凡百, 可以有爲, 而如是抛棄, 甚可惜也. 小僧將訓學矣, 官家豈可許之乎?" 倅曰: "不敢請固所願也." 曰: "然則有一事可質者, 以生死惟意爲之, 可嚴立科程[38]之意, 作文記踏印, 以給小僧. 且一送山門之後, 限等內, 官隷之屬, 一不相通, 割恩斷愛然後, 可矣. 衣食之供, 小僧自可辦之, 如有所送者, 僧徒往來便, 直送于小僧, 許爲宜. 官家其將行之乎?" 倅曰: "惟命是從矣!" 仍如其言, 文記給之, 自伊日, 送兒于山門, 而絶不相通. 其兒上山之後, 左右跳踉, 慢侮

---

36) 稟: 가, 다본에는 '奏'로 되어 있음.
37) 分給: 가, 다본에는 '幷給'으로 되어 있음.
38) 可嚴立科程: 다본에는 '可立嚴課'로 되어 있음.

老僧, 辱之頰之, 無所不爲. 大師視若不見[39], 任其所爲. 過四五日後平明, 大師整其弁袍, 對案跪坐, 三四十人, 橫經侍坐, 禮儀整肅. 大師仍命一闍梨僧, 拿致厥童, 厥童號哭詬辱, 曰: "汝以僧徒, 何敢侮兩班至此乎? 吾可歸告大人, 將打殺汝矣." 仍罵曰: "千可殺萬可殺賊禿云云." 限死不來, 大師大聲叱之, 曰: "此是變也!"[40] 責諸僧, 使之縛來, 諸僧一齊[41]縛致之. 大師出示手記, 曰: "汝之大人, 書此給我, 從今以往, 汝之生死, 在於吾手. 以兩班家子弟, 目不識字, 全事悖惡之行, 生而何爲? 此習不袪, 將亡汝之門戶矣, 第受吾罰!" 仍以錐末炙火, 待赤而刺之于股, 厥童昏塞, 半晌而甦. 大師又欲刺之, 乃哀乞曰: "自此以後, 惟命是從, 更勿刺之." 大師執錐, 而責之誘之, 食頃後始放, 使之近前, 以『千字文』先授, 而排日課程, 不許少休. 此童年旣長成, 志慮亦長, 聞一知十, 聞十知百, 四五朔內, 『千字』·『通鑑』, 皆通曉, 而晝夜不輟, 孜孜不懈. 一年之餘, 文理大就, 留寺三年, 工夫大[42]成. 每於讀書之時, 獨語于心, 曰: "吾以工夫, 受辱於山僧者, 皆不學之致也. 吾將勤工登科後, 必打殺此僧, 以雪此日之羞恥[43]云." 而一念不懈, 尤用工力, 大師又使習科工. 一日, 大師使近前, 曰: "汝之工夫, 優可作科儒, 明日, 可與下山." 翌日, 率來衙中[44], 言曰: "今則文辭將就, 登科後, 文任亦不讓於他也. 小僧從此辭去." 仍相別[45]而去. 其兒始議親成婚, 而上京後, 出入科場, 數年之後, 決科. 數十年間, 得爲嶺伯,

---

39) 不見: 다본에는 '尋常'으로 되어 있음.
40) 曰此是變也: 저본에는 빠져 있으나 다본에 의거하여 보충함.
41) 一齊: 가본에는 '齊來'로 되어 있음.
42) 大: 다본에는 '已'로 되어 있음.
43) 羞恥: 가, 다본에는 '恨'으로 되어 있음.
44) 衙中: 다본에는 '衙門'으로 되어 있음.
45) 相別: 가, 다본에는 '留置'로 되어 있음.

始大喜, 心獨語曰: "吾今以後, 可殺海印寺僧, 以雪向日之憤云矣." 及按到出巡也, 申飭刑吏, 作別杖, 擇善執杖者三四人以從, 將到山門, 殺此僧計也. 行到紅流洞, 此老僧率諸僧, 秪[46]迎于路左, 巡使仍下轎, 執手而致款. 老僧欣然而笑, 曰: "老僧幸而不死, 及見巡使威儀, 幸莫大焉." 與之入寺, 而請曰: "小僧之居房, 卽使道向年工夫之處也, 今夜移下處, 與老僧聯枕, 無妨矣." 巡使許之, 與之同處就寢. 更深後, 僧曰: "使道兒時, 受學之時, 有必殺小僧之心乎?" 曰: "然矣." 曰: "自登科至建節, 皆有此心乎?" 曰: "然矣." 曰: "發巡時, 矢于心, 而欲打殺小僧, 至于別刑杖·擇執杖之擧乎?" 曰: "然矣." 曰: "然則何不打殺而下轎致款乎?" 巡使曰: "向來之恨, 心乎不忘, 及對君顏, 此心氷消雲散, 油然有欣悅之心故也." 僧曰: "小僧亦已揣知矣, 使道位可至大官, 而某年某月日, 按節箕城也. 當是時, 小僧當迲上佐矣, 使道必須加禮, 而如見小僧之樣, 與之同寢, 可也. 愼勿忘置, 必須如是." 巡使許諾, 老僧仍出示一紙, 曰: "此是爲使道推數平生而編年者也, 享年幾許, 位至幾品, 昭然可知也. 而俄者箕營事, 愼勿忘却." 巡使唯唯. 翌日, 多給米布錢木之屬而去. 其後幾年, 果爲箕伯, 一日, 閽者告曰: "慶尙道陜川海印寺僧, 欲入謁矣." 巡使怳然驚悟[47], 卽使入來, 使之升堂, 把袖促膝, 問其師之安否. 夕餐與之連床, 至夜又與之同寢, 至更後, 房堗過溫, 巡使乃易寢席而臥矣. 昏夢之中, 忽有腥穢之臭, 以手撫僧, 則僧之臥處, 有水漬手, 仍呼知印, 擧火而見, 則刃刺於僧腹, 血流遍地. 巡使大驚, 急使運置於外, 卽爲窮查, 則巡使所嬖之妓, 卽官奴之所眄, 而彼此大惑也. 以是含憾, 爲刺巡使而入來, 以

---

46) 秪: 가, 다본에는 '祇'로 되어 있음. 서로 통함.
47) 驚悟: 가, 다본에는 '覺悟'로 되어 있음.

爲下堗之臥者, 卽巡使也. 而刺之矣. 仍拿致嚴覈, 則一一直招, 遂置之法, 治送僧喪于本寺. 蓋大師預知有此厄, 而故使上佐代受故也. 其後, 功名壽限, 皆符大師之推數矣.

5-7.

柳生某者, 洛下人也. 早有文名, 年二十登司馬, 家甚貧寠, 居水原地. 其妻某氏, 才質俱美, 以針線資生矣. 一日, 傳言門外有一女子, 善劍舞戱云, 柳生招入內庭, 使之試藝. 其女入內[48], 熟視柳妻, 直上廳而相抱, 放聲大哭. 莫知其故, 問于其妻, 則答云: "面熟之人故也." 仍不試劍技, 而留數日而送之矣. 越五六日後, 望見前路, 三個新轎, 駕駿馬而前, 有婢子數雙, 亦騎馬陪後, 而直向其家. 柳生訝之, 使人問: "何來內行誤入吾家?" 下隷不答而[49]入門, 下轎於內門, 人馬皆宿[50]於店幕. 柳生倍生疑訝, 書問其內, 則以爲, '從[51]當知之, 不必强問云云.' 自伊日, 夕飯饌需豐潔, 水陸備陳, 心尤疑惑. 又書問, 則以爲 '只可飽喫, 不必問之, 從當知之.' 其明日, 朝夕飯又如是, 過數日, 其內書請以爲, '作京行云云.' 柳生怪之, 請於中門內暫面, 而問曰: "內行從何而來? 朝夕之供, 何其豊厚? 洛行之言, 有何委折, 而何以治行發程乎?" 其妻笑曰: "不必更問, 終當知之. 至如洛行之人馬, 不必掛[52]念, 自當備待, 只可治行而已." 柳生疑訝[53], 而任其所爲矣. 翌日, 三轎依前駕馬, 自家所騎之

---

48) 女入內: 저본에는 '女人來'로 나와 있으나 다본을 따름. 가본에는 '女入來'로 되어 있음.

49) 而: 저본에는 빠져 있으나 다본에 의거하여 보충함.

50) 宿: 가, 다본에는 '息'으로 되어 있음.

51) 從: 가, 다본에는 '終'으로 되어 있음. 이하의 경우도 동일함.

52) 掛: 저본에는 '挂'로 나와 있으나 가, 다본에 의거함.

53) 疑訝: 가, 다본에는 '怪訝'로 되어 있음.

馬, 亦已具鞍待矣, 第騎馬隨後[54]矣. 到京城南門, 而入會洞一大第, 三轎入於門內, 自家下馬於中大門外而入, 則有一空舍. 而鋪筵設席, 書冊筆硯之屬, 唾口溺器之物, 左右羅置. 有冠者數人, 如傔從樣者, 待令而使喚[55], 奴婢輩四五人, 入庭現謁. 柳生問曰: "汝輩誰也?" 對曰: "皆是宅奴子也." 柳生曰: "此宅誰宅也?" 曰: "進士主宅也." 又問: "左右鋪設之物, 何處得來者?" 對曰: "皆進士主需用什物也." 柳生驚訝, 如在[56]雲霧中. 夕飯後, 擧燭而坐, 其妻[57]作書, 曰: "今夜[58], 當出送一美人, 庶慰孤寂之懷也." 柳生答以爲[59], "美人誰也? 此何事也?" 其妻曰: "從當知之云." 而至夜深後, 傔從輩皆出外, 自內門一雙丫鬟, 擁出一個絶代美人, 凝粧盛飾, 坐於燭下. 侍婢又鋪寢具而入, 生問何許人, 則笑不答, 仍與之就寢. 明朝, 其妻以書[60]賀得新人, 而今夜當換送他人云云, 生亦莫知其故, 任之而已. 其夜, 侍婢如前擁一美人而出來, 察其形容, 乃是別人, 生又與之同寢矣. 翌早,[61] 其妻又以書賀. 午後時, 門外忽有喝導聲, 一隷入來而告, 曰: "權判書大監行次入來矣!" 生驚而下堂拱立[62], 俄而, 一白髮老宰相, 乘軒而入來, 見柳生, 欣然把手, 上堂坐定. 生拜而問: "大監不知何許尊貴之人, 而小生一未承顔, 何爲而降臨也?" 其宰相笑曰: "君尙未覺繁華夢耶? 吾第言之, 如君之

---

54) 隨後: 다본에는 '後往'으로 되어 있음.
55) 使喚: 다본에는 '喚使'로 되어 있음.
56) 在: 가, 다본에는 '坐'로 되어 있음.
57) 妻: 저본에는 '書'로 나와 있으나 가, 다본에 의거하여 바로잡음.
58) 夜: 저본에는 '後'로 나와 있으나 가, 다본에 의거함.
59) 爲: 저본에는 빠져 있으나 가, 다본에 의거하여 보충함.
60) 以書: 저본에는 빠져 있으나 다본에 의거하여 보충함.
61) 翌早: 가, 다본에는 '翌朝'로 되어 있음.
62) 拱立: 저본에는 '近入'으로 나와 있으나 가본을 따름. 다본에는 '拱入'으로 되어 있음.

八字, 古今罕倫也. 年前, 君之聘家與吾及譯官玄知事家, 俱隔墻, 而同年月日, 三家俱産女, 事甚稀異, 故三家互相送兒而見. 及稍長之時, 三女朝夕相逢而嬉遊, 渠輩私自矢心, 同事一人相約, 而吾亦不知, 彼家亦不知. 其後, 君之聘家移去, 而不問聲息矣. 吾女卽側生也, 年[63]及笄, 欲議婚, 則抵死不願, 曰: '旣有前約, 當從君妻而事一人, 其外雖死父母家, 決無入他門之念云云.' 玄家女子, 又如是云, 責之諭之, 終不回心, 至於過卄五歲, 尙未適人矣. 向聞, 玄女學劍技, 粧男服, 出遊八方, 將尋君聘家去處云矣, 日前, 逢着於水原地云. 再昨之夜, 出往佳人, 卽庶女也; 昨夜, 出來佳人, 卽玄女也. 家舍及奴婢·什物·書冊·田土等屬, 吾與玄君排置者也. 君一擧得兩美人及家産, 古之楊少遊, 無以加此, 君可謂好八字也." 仍使人呼玄知事而來. 須臾, 一老人金圈紅帶, 來拜於前, 權判書指而言曰: "此是玄知事也云." 三人盛設酒肴, 終日盡歡而罷. 權卽權大運也. 柳生與一妻二妾, 同室和樂者數年. 一日, 柳妻謂其夫曰: "見今朝廷, 南人得時, 而權判書南魁而當局矣. 近日之事, 無非滅倫之事, 不久必敗, 則恐有禍及之慮, 不如早自下鄕, 以爲免禍之計." 柳生然其言, 盡賣家産, 携妻妾還鄕, 更不入京矣. 坤殿復位之後, 南人皆誅竄, 權大運亦參其中, 卽甲戌年事也. 柳生獨不被連坐之律, 柳妻可謂女中之知識者也, 豈凡人之一例乎?

5-8.

洪東錫者, 惠局吏, 而二憂堂傔人也. 辛壬之間, 少論臺官發啓, 而故使東錫寫之, 東錫投筆, 曰: "子不可以手寫其父之罪名, 傔從

---

[63] 年: 저본에는 빠져 있으나 가, 다본에 의거하여 보충함.

於官員, 亦有父子之義, 小人不可寫!" 諸臺怒使囚之, 至於受刑數三次, 而終不書之. 及二憂堂之謫濟州也, 東錫自退而隨往. 至下後命之時, 悔軒聞此報, 走馬發行, 未及三十里, 都事先入持[64]藥椀, 促使飲之, 則東錫在傍, 曰: "罪人之子, 不久入來云, 少延晷刻, 以爲父子相面之地云." 則都事不許, 東錫乃蹴其藥器, 覆之, 諸人皆失色, 而無可奈何. 都事不得已, 藥椀爲海水漂沒修啓, 而悔軒入來矣. 自禁府更送藥水之際, 拖至月餘, 及受後命之時, 二憂堂謂悔軒曰: "東錫汝可以同氣視之." 東錫隨喪上來, 復爲惠吏, 世世承襲, 而其子孫出入趙公門下, 而通內外.

5-9.

連山人金銖者, 善相人也, 出入四大臣門下. 而辛壬前, 見郊外動駕, 遍觀班行諸人, 而獨自咄歎. 至最後散班, 有一朝士貌, 而騎駑馬參班而過者, 問是誰, 則或曰: "沈僉知云." 又探知其家之在何洞, 翌日往訪, 則沈僉知驚起而迎, 曰: "聞名久矣, 無由邀來, 今焉甚風吹到." 金曰: "某有相人之術, 請相令監之相[65]而來矣." 仍言曰: "大監[66]大貴人, 數年後, 位至一品矣.[67]" 沈不敢當, 曰: "寧有是理?" 曰: "無相法則已, 若有則言不誣矣." 又曰: "有所託於令監者[68], 能不忘否?" 沈曰: "第言之." 金請紙筆, 書曰: "某年月日, 湖西金某, 還歸故土, 更不出門云." 而付壁上, 曰: "日後, 必有事端矣, 令監銘心而活我." 沈驚訝曰: "何其言之妄也?" 金曰: "勿論妄

---

64) 持: 다본에는 '去'로 되어 있음.
65) 相: 가, 다본에는 '狀'으로 되어 있음.
66) 大監: 가, 다본에는 '令監'으로 되어 있음.
67) 數年後, 位至一品矣: 다본에는 '數年之門, 位必至一品矣'로 되어 있음.
68) 者: 저본에는 빠져 있으나 다본에 의거하여 보충함.

不妄, 第以此爲證云." 而辭出, 沈甚竊訝於心, 而沈卽檀也. 辛壬年, 以判金吾當大獄, 鞫庭之時[69], 招出湖西金某, 沈乃大覺, 曰: "金生可謂神人也!" 遂言, "金某年來不在京, 吾所稔知也[70]." 遂極力救之.

5-10.

張武肅鵬翼, 以家貧親老, 投筆而位至秋判. 當戊申及乙亥逆變, 躬擐甲冑杖劍, 立殿門外, 英廟始乃就寢, 其佩國家安危如此. 以秋判兼訓將及捕將, 常乘軒車. 一日, 出城過一洞, 則時當生進放榜, 曲曲家家選優, 路旁井邊, 有一婢子汲水, 而傍人問之曰: "汝家新恩, 何以應榜?" 對曰: "應榜猶屬餘事, 朝夕難繼, 吾家老上典, 方在巓頷中, 應榜何可[71]念及乎?" 此時, 武[72]肅公聞其言, 停軺而使厥婢近前, 問曰: "汝家何在, 而汝主方應榜乎?" 答曰: "家在某處." 手指而示之, 不遠之地, 而不蔽風雨之數間斗屋也. 公仍呼新來, 則儒生不肯, 曰: "武將何可以呼我? 我不可以出." 公乃曰: "吾亦生進, 以生進呼生進, 無有[73]不可, 斯速出來!" 儒生不得已出來, 數次進退, 偕入其門, 問曰: "應榜何以爲之?" 對曰: "朝夕難供, 何論應榜乎?" 公曰: "此吾將備給." 又曰: "旣是侍下, 當率倡[74]矣." 對曰: "雖是侍下, 何敢議到於率倡乎?" 公曰: "侍下何可不率倡乎?" 仍分付捕廳, "倡優四人極擇, 而服飾務令鮮明, 唱榜前待

---

69) 時: 저본에는 빠져 있으나 다본에 의거하여 보충함.
70) 也: 저본에는 빠져 있으나 가본에 의거하여 보충함.
71) 可: 다본에는 '暇'로 되어 있음.
72) 武: 저본에는 '忠'으로 나와 있으나 가본에 의거하여 바로잡음.
73) 有: 가, 다본에는 '所'로 되어 있음.
74) 率倡: 가, 다본에는 '率唱'으로 되어 있음. 서로 통함. 이하의 경우도 동일함.

令. 吾當留宿於此一遊矣, 自都監新營, 盛設夜饌, 備待于此處山棚左右, 使捕廳待令分付!" 日暮後, 鋪陳其家前通街之上, 終夜張樂, 及曉而罷. 又以錢三百, 獻壽於其老親, 先輩之風流如此[75].

5-11.

李忠州聖佑, 光佑之從兄也. 卓犖不羈, 嘗斥光佑以逆節, 絶不往來, 平生憎南九萬之爲人. 常在家, 有屠狗漢, 唱買狗而過門外, 李乃捉來露臀, 欲打屠漢, 而大聲辱曰: "南九萬, 狗也彘也云!" 而連聲詬辱, 乃擊節, 曰: "快矣!" 仍放送, 事多駭俗如此. 光佑之爲嶺伯也, 以宗家之故, 每送忌祭及四節祭需, 領去吏每被打而來, 若當封送之時, 吏皆避之. 有一吏自願領去, 一營上下, 皆怪之, 使之上去, 則吏領察祭需而上京, 則凌晨往其家. 李忠州始起寢臥, 而使家人照數捧之云, 則[76]吏無去處, 人皆訝之. 明日如是, 再明日又如之, 李忠州使捉入其吏, 叱責曰: "汝是何許人, 旣封祭需來, 則納之可也, 連三日, 暫來旋去, 有若侮弄者然, 達營下習, 固如是乎? 此是汝之監司指使者乎? 汝罪當死." 其吏俯伏, 曰: "願請一言而死." 問: "何言也?" 吏曰: "小人巡使道之封祭需也, 着道袍, 設鋪陳, 跪坐監封. 及其畢封, 載之於馬也, 下堦再拜而送, 此無他爲所重也. 今進賜不巾櫛而臥受之, 小人義不辱, 故果爾不得納上, 至於三日之久矣. 此祭物, 用之祖先忌日[77], 則進賜固不當如是褻慢也. 嶺南之俗, 雖下賤之輩[78], 皆知祭需之爲重也, 何況京華士大夫

---

75) 如此: 다본에는 '有如此者, 豈不美哉'로 되어 있음.
76) 則: 가본에는 '仍'으로 되어 있음.
77) 忌日: 가본에는 '忌辰'으로 되어 있음.
78) 下賤之輩: 가본에는 '下隷之賤'으로 되어 있음.

乎? 願進賜整衣冠, 設席及床, 下堂而立, 則小人謹當納上矣." 李
忠州無奈何, 依其言而爲之, 則其吏乃各擧物種, 而高聲曰:"此是
某物, 此是某物云." 過食頃後罷, 李忠州拱手而立, 心頗善之. 及
歸, 作書而稱其吏之善知禮解事云云, 李光佑聞而大笑, 仍差優窠
云矣. 李忠州, 夏月爲弔知舊之喪, 坐其哀次矣. 時魚贊善有鳳, 亦
在同座, 見其斂襲之少有違禮, 則必使之更解絞布, 如是者數矣.
日中斂襲未畢, 李乃勃然變色, 呼其奴拿魚贊善, 叱責曰:"人於他
家之大事, 不言爲大助, 汝於斂襲, 細談支離, 小斂失時, 六月屍
體, 將盡朽敗." 仍捽曳而出之, 座中皆大驚失色. 其不循俗規, 如
是矣.

5-12.

趙泰億之妻沈氏, 性本猜妬, 泰億畏之如虎, 未嘗有房外之犯.
泰耆之箕伯也, 泰億以承旨奉命, 適行於關西, 留營中數日, 始有
所眄之妓. 沈氏聞其由, 乃卽地治行, 使其甥[79]陪行, 而直向箕
城[80], 將欲打殺其妓. 泰億聞其言失色, 泰耆亦大驚, 曰:"此將奈
何?" 欲使其妓避之, 其妓對曰:"小人不必避身, 自有可生之道, 而
貧不能辦矣." 泰耆問其由[81], 對曰:"小人欲飾珠翠於身, 而無錢甚
恨[82]." 泰耆曰:"汝若有可生之道, 則雖千金, 吾自當之, 惟汝所欲,
可也." 使幕裨[83]隨所入得給云, 而中和・黃州, 出送裨將而問候, 且
備送廚傳而支供矣. 沈氏之一行, 到黃州, 則云:"有裨將之來待,

---

79) 甥: 가, 다본에는 '姍'으로 되어 있음.
80) 箕城: 가, 다본에는 '箕營'으로 되어 있음.
81) 由: 다본에는 '計'로 되어 있음.
82) 甚恨: 가, 다본에는 '恨歎'으로 되어 있음.
83) 幕裨: 가, 다본에는 '幕客'으로 되어 있음.

且有支供之供饋者." 乃冷笑曰: "吾豈大臣別星行次乎? 焉用問安
裨將乎? 且吾之路需自足[84], 不必支供." 幷使退出, 到中和, 又如
是斥退. 發行過栽松院, 將入長林之中, 時當暮春, 十里[85]春意方
濃, 曲曲淸江, 景物佳麗[86]. 沈氏搴轎簾而玩賞, 過長林, 林盡而望
見, 則白沙如練, 澄江如鏡, 粉堞周繞於江岸, 商舶紛集於水上. 練
光亭・大同門・乙密臺・超然臺[87]之樓閣, 丹靑照耀, 屋宇縹緲, 奪人
眼目. 沈氏嗟歎曰: "果爾[88]第一勝區, 名不虛傳矣!" 且行且玩之
際, 遠遠沙場之上, 忽有一點花, 渺渺而來. 漸近則一個名姝, 綠衣
紅裳, 騎一匹繡鞍駿驄, 橫馳於沙上而來. 心甚訝焉, 駐馬而見之,
及近, 其女子下馬, 以鶯舌唱喏, 曰: "某妓請謁." 沈氏一聞其名,
無名[89]業火, 衝起三千丈矣, 仍大聲叱責[90]曰: "某妓某妓! 渠何爲
而來謁?" 第使立之于馬前, 其妓斂容而敬立馬前. 沈氏見之, 則顔
如含露之桃花, 腰如倚風之細柳, 羅綺珠翠, 飾其上下, 眞傾國之
色. 沈氏熟視, 曰: "汝年幾何?" 曰: "十八歲矣." 沈氏曰: "汝果名物
矣. 丈夫見此等絶色而不近, 則可謂拙夫. 吾之此行, 初欲殺汝而
來矣, 旣見汝則名物也, 吾何忍着手[91]? 汝可往侍吾家令監, 而令
監炭客也, 若使之沈惑而生病, 則汝罪當死, 愼之愼之!" 言罷, 仍
回馬[92]而向京路. 泰耉聞之, 急走伻傳喝, 曰: "嫂氏行次, 旣來到城

---

84) 自足: 가, 다본에는 '優足'으로 되어 있음.
85) 十里: 저본에는 '時節'로 나와 있으나 가, 다본을 따름.
86) 佳麗: 가 다본에는 '頗佳'로 되어 있음.
87) 超然臺: 저본에는 빠져 있으나 다본에 의거하여 보충함.
88) 果爾: 저본에는 빠져 있으나 다본에 의거하여 보충함.
89) 無名: 저본에는 빠져 있으나 다본에 의거하여 보충함.
90) 叱責: 저본에는 빠져 있으나 다본에 의거하여 보충함.
91) 何忍着手: 가, 다본에는 '何必下手'로 되어 있음.
92) 馬: 저본에는 '路'로 나와 있으나 가, 다본을 따름.

外, 而仍不入城, 何也? 願暫到城內, 留數日營中而還京, 可矣."沈氏冷笑曰: "吾非乞駄客也, 入城何爲?"不顧而馳還京第. 其後, 監司[93]招致其妓, 而問曰: "汝何以大膽直向虎口而反獲免焉?"對曰: "夫人之性, 雖悍妬, 而作此行於千里之地者, 豈區區女子所可辦也? 馬之踶齧者, 必有其步, 人亦如是. 小人死則死矣, 雖避之, 其可免乎? 故玆凝粧而往拜. 若被打殺, 則無可奈何也, 不然則或冀其憐愛之心故也云爾."

5-13.

李大將潤城之爲平兵也, 嬖一妓. 潤城每晨如廁, 一日之夜, 晨如廁, 還來欲開戶, 則有一知印, 與其妓狼藉行淫. 潤城假稱腹痛, 復坐廁上, 過一頃[94]之後入來, 仍不問之. 翌日, 知印與其妓逃走矣, 亦不問焉[95]. 遞歸, 張大將志恒, 爲其代赴任, 則知印與妓, 謂李[96]之已遞, 還歸應役矣. 張帥到任三日後, 設宴于百祥樓, 而張樂酒, 至半酣, 仍拿下知印與其妓, 男女縛以一索, 投之江. 李之不問, 張之沈江, 俱爲得體云爾.

5-14.

李土亭之菡, 生而穎悟, 天文·地理·醫藥·卜筮·術數之學, 無不通曉, 未來之事, 預先知之, 世以是稱以神人. 兩足繫一圓匏[97], 杖下又繫一圓瓢, 行于海上, 如踏平地, 無處不往. 如瀟湘·洞庭之勝

---

93) 監司: 가, 다본에는 '泰耆'로 되어 있음.
94) 一頃: 다본에는 '食頃'으로 되어 있음.
95) 焉: 가, 다본에는 '而置之'로 되어 있음.
96) 李: 저본에는 '吏'로 나와 있으나 가, 다본에 의거함.
97) 匏: 가, 다본에는 '瓢'로 되어 있음. 서로 통함.

景, 皆目見而來, 周行四海, 以爲, '海上有五色, 分四方中央, 而隨其方位同色云.' 家貧窮寒, 朝夕無以供, 而不以介于心. 一日, 坐於內堂, 夫人曰: "人皆稱君子有神人[98]之術云, 見今之粮乏絶火, 何不一試神術而救此急也?" 公曰: "雖有神術, 天機不可漏泄, 人慾不可妄肆, 若如是, 則罪莫大焉." 夫人復懇之, 公笑曰: "夫人之言, 旣如是, 吾當少試之." 命婢子持一鍮器, 而諭之曰: "汝持此器, 往京營[99]橋, 則有老嫗, 以百錢願買矣, 汝可賣來." 婢子往見[100], 則果有老嫗願買, 一如所指敎,[101] 仍捧價而來, 又命曰: "汝持此而往西小門外市上, 則有一個篛笠人, 持匙節, 將欲急賣矣, 汝以此錢買來." 婢子又往, 則果符其言, 持匙節來納, 卽銀匙節也. 又命曰: "持此而往畿營前, 下隸方失銀匙節, 而來求同色者, 示此, 則可捧十五兩錢, 汝可賣來." 婢子又往, 則果符其言也, 得[102]十五兩錢而來, 更以一兩錢, 給婢子而言曰: "買器老嫗, 初失食器, 而欲代之矣. 今焉, 得其所失之器, 欲還退, 汝可還退而來." 婢子又往見, 則果然, 仍還退其器而來, 以其錢與器, 傳之夫人, 使作朝夕之備. 夫人更請加數, 則笑曰: "如斯足矣."[103] 其神異之事, 類多如此云.

5-15.

李公慶流, 以兵曹佐郞, 當壬辰倭亂, 而其仲氏投筆供武職. 助防將邊璣出戰時, 以其仲氏從事官啓下, 而名字誤以公書之, 仲氏

---

98) 神人: 다본에는 '神異'로 되어 있음.
99) 營: 저본에는 빠져 있으나 가, 다본에 의거하여 보충함.
100) 往見: 가본에는 '承命而往'으로 되어 있음.
101) 一如所指敎: 저본에는 빠져 있으나 가, 다본에 의거하여 보충함.
102) 得: 가, 다본에는 '捧'으로 되어 있음.
103) 如斯足矣: 다본에는 '如斯足矣, 不必添加'로 되어 있음.

曰:"以吾啓下, 而誤書汝名, 吾可往矣." 公曰:"旣以吾名啓下, 則吾當行之." 仍束裝而辭于慈親, 蒼黃赴陣. 邊璣出陣于嶺右, 大敗而逃, 軍中無主張, 仍大亂. 公聞巡邊使李鎰在尙州, 單騎馳赴之, 與尹公暹・朴公箎, 同赴幕下, 又戰不利, 一陣陷沒, 尹・朴兩公, 皆被害. 公出陣外, 則奴子牽馬而待之, 見而泣告曰:"事已到此, 須[104]速速還京, 可也." 公笑曰:"國事如此, 吾何忍偸生?" 仍索筆, 告訣于老親及伯氏, 藏于袍裾中, 使奴傳之, 欲還向賊陣, 則奴子抱而泣不捨, 公曰:"汝誠亦可佳[105], 吾當從汝言, 而吾飢甚, 汝可得飯而來." 奴子信之不疑, 尋人家乞飯而來, 則公已不在矣. 奴子望賊陣, 痛哭而歸. 公以得飯爲托而送奴, 仍回身, 更赴敵陣, 手格殺數人, 而仍遇害, 時年二十四四月二十四日, 而尙州北門外坪地也. 奴牽馬而來, 擧家始聞凶報, 以發書之日爲忌日, 而始擧哀. 其奴自到而死, 馬亦不食而斃, 以所遺[106]衣冠, 斂而入棺, 葬于廣州突馬面先塋之左麓, 而其下又葬奴與馬. 尙州士林, 壇而行俎豆禮, 自朝家贈職都承旨. 乙卯正廟, 以親筆書, '忠臣義士壇', 建閣于北畔, 命使三從事幷享, 而春秋行祀. 公卒後, 每夜家中來, 聲音笑貌, 宛如生時. 對夫人趙氏酬酌, 無異平昔, 每饍具以進, 則飮啖如生時, 而後乃見之, 飮食如前. 每於日後之昏始來, 臨鷄鳴, 則出門而去, 夫人問:"公之遺骸, 在於何處? 若知之, 則將返葬矣." 公愀然曰:"許多白骨堆中, 何由辨知乎? 不如置之爲好. 且吾之所埋處, 亦可無害矣." 其他家事區處, 一如平時, 小祥後, 間日降臨矣. 及大祥時, 乃辭曰:"從今以後, 吾將不來矣." 公子府使公, 時年四

---

104) 須: 가, 다본에는 '願'으로 되어 있음.
105) 佳: 저본에는 '矣'로 나와 있으나 가, 다본에 의거함.
106) 遺: 저본에는 '遇'로 나와 있으나 가, 다본에 의거함.

歲矣, 撫而嗟歎, 曰:"此兒必登第而不幸[107], 當不幸時, 然伊時, 吾當更來." 仍出門, 伊後, 更無影形. 其後, 二十餘年後, 光海朝, 公之子登第, 謁廟之時, 自空中呼新恩進退, 人皆異之. 公之母親, 常有病患, 時則五六月間也, 喉渴思橘, 若得喫, 則病可解矣, 無由得橘. 數日後, 空中有呼兒之聲, 伯氏公下庭仰視, 則雲霧中, 以三橘投之, 曰:"老親念橘, 故吾於洞庭得來矣, 可以進之." 仍忽不見, 以橘進之, 病患卽差. 此時, 陶菴李文正公神道碑銘, 曰'空裡投橘神怳惚云'者, 卽此也. 每當忌辰行祀時, 闔門之後, 則必有匙箸聲, 其庶族秉鉉, 語人曰:"吾少時參祀, 每聞此聲矣, 近日以來, 未嘗聞矣." 其家行祀時, 餠內有人毛之入者, 罷祀後聞之, 則外舍有呼奴之聲. 家人怪而聽之, 則出自舍廊, 奴子承命而入, 則使捉致蒸餠婢子, 分付曰:"神道忌人毛髮, 汝何不察? 罪可撻!" 仍命楚撻. 自是, 常[108]當忌辰, 雖年久之後, 家人不敢忽焉.

5-16.

李文清秉泰, 監司□□之侄也. 性至孝淸儉, 一毫不以取於人, 位至副學, 而居不容膝, 衣不掩身, 言議淸高, 有廉頑起懦[109]之風. 自失怙之後, 就養於監司公. 監司公按海西時, 病患甚篤,[110] 公時副學, 上疏陳情, 乞往欲省, 特許之. 借隣家駑馬與奴, 發向海營, 中路馬斃, 仍徒步而及抵營下, 阻閽不得入. 蓋閽者見其破笠弊袍, 殆同乞人, 阻而不許入, 不知爲巡使親侄故也. 公亦不自言之,

---

107) 不幸: 다본에는 빠져 있음.
108) 常: 가, 다본에는 '每'로 되어 있음.
109) 廉頑起懦: 저본에는 '廉懦頑起'로 나와 있으나 가, 다본을 따름.
110) 病患甚篤: 저본에는 '病甚'으로 나와 있으나 가본에 의거함.

少待于門外矣. 新迎下隷在京承顔者, 見而驚之, 迎拜前導而入.
及門, 監司公見儀, 叱責曰: "此何貌樣? 此是辱朝廷也. 汝旣請由,
則時任副學也, 乘馹而來, 可也. 今以乞客樣下來, 自此, 海西之
民, 以副學之位, 皆如此等人知之矣, 豈不貽羞乎? 可卽退去!" 公
不敢入門, 惶蹙而退于冊室矣. 少焉, 自內出送一襲衣・笠子・新巾・
玉圈・紅帶, 使之改服而入[111]. 公迫於嚴敎, 不得已承命改服, 上下
一新, 始乃進拜於澄軒, 則監司公見而笑[112], 曰: "今而後, 始知
爲[113]副學矣." 留月餘告歸, 臨發盡脫冠巾, 別封以置, 而還着來時
之弊衣而歸.

5-17.

文淸公, 初除嶺伯, 辭不赴, 上怒之, 時補陜川郡守. 邸人來見,
則絶火已屢日矣, 所見甚悶, 以一斗米・一級靑魚・數束薪, 入送于
內矣. 下直而出, 見白飯・魚炙[114], 問家人此物從何得, 家人以實
對, 公正色曰: "何可受下隷無名之物乎?" 仍以其飯羹出給邸人.
及到任其郡, 一毫不近, 治民以誠. 時値大旱, 一道皆祈雨而無驗,
公行祀後, 仍伏於壇下, 暴陽之中矢心, 曰: "不得雨, 以死爲期."
只進米飯, 而數日心禱矣. 第三日之朝, 一朵黑雲, 出於所禱之山
上矣, 暫時大雨注下, 一境周洽. 接境之邑, 無一點雨過境者, 一道
之內, 陜川一境, 獨占大登. 吁, 亦異矣! 海印寺有紙役, 寺僧每以
此爲痼弊矣, 自公上官之後, 一張紙曾不責出矣. 一日, 適有修簡

---

111) 入: 가, 다본에는 '來'로 되어 있음.
112) 見而笑: 가, 다본에는 '笑而敎'로 되어 있음.
113) 爲: 저본에는 빠져 있으나 가본에 의거하여 보충함.
114) 魚炙: 가본에는 '魚湯'으로 되어 있음.

事, 責納三幅簡紙, 則寺中各房僧, 以十幅來納. 公命捉來僧, 而分付曰: "自官旣有三幅之分付, 則一幅加減, 俱是罪也, 汝何敢加數來納乎?" 仍留置三幅, 餘皆還給而送之. 其僧受簡, 而出給官隷, 則俱不受, 不得已掛之外三門楣之上而去. 伊後, 公適出門, 見而怪之, 問而知之, 笑曰: "使置案上矣." 遞歸時見之, 則加用一幅, 所餘六幅, 置簿於重記. 公於暇日, 遊海印寺, 見題名之多, 指龍湫上特立之岩, 曰: "此石面題名, 則好矣, 而石立於水深處, 無接足刻之道矣云云." 諸僧徒聞此言, 七日齋戒, 禱于山神. 時當五月, 潭水氷合, 代作梯而刻, 此是傳來之事. 而遞歸時, 邑中大小民人遮路, 曰: "願留一物以爲永世不忘之資云云." 公曰: "吾於汝邑, 一無襯身之物, 而製一道袍矣." 此以出給, 卽龘袍也. 以此立祠, 而號曰'淸白祠', 至今春秋, 享以俎豆焉.

5-18.

李三山台重, 以言事忤, 上旨出補甲山府. 時靈城朴文秀, 按北關矣, 公至坐於樂民樓上而待之. 公延命後, 入見巡使, 則文秀曰: "令監老論中峻論也, 吾亦少論中以峻爲名者也. 今日相逢, 適于從容, 請與論議, 可乎?" 公曰: "諾." 文秀曰: "老少論, 俱是逆云矣." 公曰: "天下義理, 無兩是雙非, 下敎何爲也?" 文秀曰: "少論於戊申·乙亥, 有擧兵之擧, 此則今朝之逆也, 老論終是景廟之逆也, 故云爾." 公笑曰: "老論無稱兵之擧, 何可與少論同日語哉? 使道旣使之有懷無隱, 則終日危言而無誅, 可乎?" 朴曰: "諾." 公曰: "少論之中下官, 以使道爲逆賊云矣." 文秀大驚, 曰: "何謂也?" 公曰: "按廉三南, 三年之久也, 麟賊之醞釀, 果不知乎? 若曰不知, 則溺職矣, 若曰知之, 則豈不伏知情之誅耶[115]? 以是, 知其爲逆矣." 文秀面如土色, 曰: "不必更論此等事, 名樓可張樂矣." 仍呼妓進樂[116], 極歡而罷.

5-19.

三山按箕臬也, 崔鎭海爲宣川府使, 李仁綱在中和任, 崔則英廟外家也, 李則顯隆園外家也. 公於登程之日, 語人曰: "此兩人, 不可置之字牧之任也, 到卽罷黜矣." 及到中和, 本倅入謁, 公問曰: "君爲誰?" 對曰: "東宮外四寸也." 公張目, 曰: "誰?[117]" 又對如前, 仍使退出, 卽地修啓, 曰: "中和府使李仁綱, 毛羽未成, 言語做錯, 不得已罷黜云云." 渡浿之際, 宣川府使延命矣, 入謁, 公又問曰: "君爲誰?" 崔鎭海答曰: "小人宣川府使也." 公厲聲曰: "吾豈不知宣川府使耶? 問君爲何如人耶!" 鎭海曰: "小人門閥卑賤, 而荷國厚恩, 滾到于此矣, 此任於小人, 過濫莫甚矣. 使道只可知宣川府使崔鎭海而已, 其餘不須問, 小人連姻[118]接族, 非市井則乃是吏胥也. 雖擧某某名字而對之, 使道何由知之乎? 此等處不必下問." 公微笑心善之, 款待[119]而送之. 其後, 顧念異於他倅, 事事皆從一言契合有如是矣.[120] 兩人優劣, 可知矣.

5-20.

耆隱朴文秀, 以繡衣行他邑, 日晚不得食, 頗有飢色. 仍向一人

---
115) 誅耶: 가본에는 '罪乎'로 되어 있음.
116) 進樂: 가본에는 '設樂'으로 되어 있음.
117) 誰: 다본에는 '誰之'로 되어 있음.
118) 姻: 가, 다본에는 '婚'으로 되어 있음.
119) 心善之, 款待: 저본에는 '善待'로 나와 있으나 다본을 따름.
120) 顧念異於他倅, 事事皆從一言契合有如是矣: 저본에는 '念異他倅事事皆從'으로 나와 있으나 다본을 따름.

家, 則只有一童子, 年近十五六矣. 乃向前, 乞一盂飯, 則對曰: "吾則偏親侍下, 而家計貧窮, 絶火已數日, 無飯可待矣[121]." 文秀困憊少[122]坐, 童子屢望屋漏之紙囊, 微有慘色[123], 而卽解囊入內, 數間斗屋戶外, 卽其內堂也. 在外聞之, 則童子呼母, 曰: "外有過客, 失時請飯, 人飢豈不顧耶? 糧米絶[124]乏, 無以供[125]飯, 以此炊飯, 可也?" 其母曰: "如此則汝之親忌, 將闕之乎!" 童子曰: "情理雖切[126]迫, 而目見人飢, 何可不救乎?" 其母受而炊之, 文秀旣聞其言, 心甚惻然. 童子出來, 文秀問其由, 則答曰: "客子旣聞之[127], 則不得欺矣. 吾之親忌不遠, 無以可祀, 故適有一升米, 作紙囊懸之, 雖闕食而不喫矣[128]. 今客子飢餓, 家無供饋之資, 不得已以此炊飯矣. 不幸爲客所聞知, 不勝慚愧云云." 方與酬酌之際, 有一奴子, 來言曰: "朴道令斯速出來!" 其童子哀乞曰: "今日則吾不得去矣." 文秀問姓名, 則乃是同姓也. 又問: "彼來者爲誰?" 曰: "此邑座首奴也. 吾之年紀已長, 聞座首有女通婚, 則座首以爲見辱云, 而每送奴子, 捉我而去, 摔曳侮辱, 無所不至, 今又推捉矣." 文秀乃對奴, 曰: "吾乃此童之叔也, 吾可代往." 飯後, 仍隨奴而往, 則座首者高坐, 而使之捉入云. 文秀直上廳, 坐而言曰: "吾侄之班閥, 猶勝於君, 而特以家貧之故, 通婚於君矣. 君如無意, 則置之可也, 何每每捉來示辱乎? 君[129]以邑中首鄕, 有權力而然乎?" 座首大怒, 捉入其

---

121) 可待矣: 가, 다본에는 '與客'으로 되어 있음.
122) 少: 저본에는 '小'로 나와 있으나 가, 다본을 따름.
123) 慘色: 다본에는 '慘然之色'으로 되어 있음.
124) 絶: 저본에는 '見'으로 나와 있으나 가, 다본을 따름.
125) 供: 저본에는 '炊'로 나와 있으나 가, 다본을 따름.
126) 切: 저본에는 '絶'로 나와 있으나 가, 다본에 의거함.
127) 之: 가, 다본에는 '知'로 되어 있음.
128) 而不喫矣: 저본에는 '不喫'으로 나와 있으나 다본에 의거함.

奴, 而叱曰:"吾使汝捉來朴童矣, 汝何爲捉此狂客而來, 使汝上典如是見辱乎? 汝罪當笞!"文秀自袖中, 露示馬牌, 曰:"汝焉敢若是?"座首一見, 而面如土色, 降于堦下俯伏, 曰:"死罪死罪!"文秀曰:"汝可結婚乎?"對曰:"焉敢不婚?"又曰:"吾見曆, 三明卽吉日, 伊日, 吾當與新郎偕來矣, 汝可備昏具以待."座首敬諾. 文秀仍出門, 直[130]入邑內而出道, 謂本官曰:"吾有族侄, 在於某洞, 與此邑首鄕定昏, 期在某日. 伊時, 外具及宴需, 自官備給爲好."本官曰:"此是好事, 何不優助? 謹當如命."又請隣邑守令. 當日, 文秀請新郎於[131]下處, 具官服, 而文秀備威儀隨後. 座首之家, 雲幕連天, 盃盤狼藉, 座上御史主壁, 諸守令皆列坐, 座首之家, 十層光輝矣. 行禮後, 新郎出來, 御史命拿入座首, 座首曰:"小人依分付, 行婚禮矣."御史曰:"汝田與畓, 幾何?"曰:"幾石數矣."曰:"分半給女婿乎?"座首告曰:"焉敢不然?"御史曰:"奴婢·牛馬及器皿·什物, 亦幾何?"答[132]曰:"幾口, 幾件, 幾匹, 幾個矣."曰:"又爲分半給女婿乎?"答曰:"焉敢不然?"御史卽命書文記, 而證人首書御史朴文秀, 次書本官某某邑倅, 列書而踏馬牌, 仍以轉向他處云矣.

5-21.

蔡紹權, 壽之子, 性歇後坦率, 凡衣冠略不致意. 嘗一足着白靴, 一足着黑靴而往, 吏胥掩口相笑. 仕罷, 往見判書[133]金安老, 金大笑曰:"花色深淺先後發, 正謂此也."【『思齋撫言』】

---

129) 君: 저본에는 빠져 있으나 다본에 의거하여 보충함.
130) 直: 저본에는 '卽'으로 나와 있으나 가, 다본을 따름.
131) 於: 저본에는 빠져 있으나 다본에 의거하여 보충함.
132) 答: 저본에는 빠져 있으나 가본에 의거하여 보충함.
133) 判書: 저본에는 빠져 있으나 이본에 의거하여 보충함.

5-22.

蔡湖洲裕後, 與鶴谷洪瑞鳳情厚. 洪公與議靖社, 欲拉蔡公共事, 而不知其意之如何, 以詩試之, '少日風波畏, 風波亦已多. 今宵睡足處, 夢裡[134]定風波.' 蔡公茫然不知其意, 洪公遂不敢告. 及勳業, 蔡始覺之, 曰: "我於其詩[135], 若知其事, 將何以處之乎?" 其不能覺得天相我也.【『閒居漫錄』】

5-23.

動人紅, 彭原妓也, 頗知文辭[136]. 有一兵馬使分道, 與太守圍棋, 因宿醉未解, 曰: "都護博千杯酒, 醉未分東西." 紅妓在傍, 曰: "太守分營一局棋, 衆不知東西[137]." 其自敍詩曰: '娼女與良家, 其心間幾何. 可憐栢舟節, 自誓矢靡他.'【『補閒集說』】

5-24.

昔漢陽士人崔生, 其名則忘之矣. 此人累世公卿家子弟也, 早以文藝聞, 旣壯, 屢擧不中, 家貧親老, 妻子凄凉. 門生故吏多顯者, 而勢去崔門, 莫肯相恤. 崔生讀『孟子』, 至'惰其四肢, 不顧父母之養, 一不孝也', 掩卷太息, 曰: "我實不孝也." 乃束筆硯, 封硯櫃[138]而藏之, 集其蒿而焚之, 其書滿架而托其友. 明日, 賣其家, 受直五百金, 奉其父母, 率其妻孥, 挈家僮二人・婢三人, 往湖西之淸州庄. 庄餘祭田十餘結, 茅屋七間, 奴婢手指十餘, 牛蹄角三. 崔生乃

---

134) 裡: 저본에는 '唱'으로 나와 있으나 이본에 의거함.
135) 詩: 저본에는 '事'로 나와 있으나 나, 다본을 따름.
136) 文辭: 이본에는 '文句'로 되어 있음.
137) 東西: 이본에는 '生死'로 되어 있음.
138) 硯櫃: 저본에는 '書冊'으로 나와 있으나 이본에 의거함.

招奴婢, 誓曰: "吾與若等約十年, 吾田百結, 奴婢百口, 百頭牛·百蹄馬[139], 屋五十間, 日用萬錢, 月費布三百疋[140]. 聽吾命者, 人各受百金之賞, 不用命者, 吾[141]當殺." 奴婢等對曰: "人孰不欲富厚? 是分福, 何可必乎?" 崔生曰: "禍福無不自己求之者, 求則得之, 何難之有? 若等但聽吾命, 勿愁其不可必也." 奴婢等心不以爲然, 而口應曰: "諾." 崔生乃與五百金, 使之貿五穀而儲之, 時湖西大熟, 五錢收租二十五斗, 他穀稱是. 明年春, 崔生身操鎜錏爲農夫[142], 倡坐於溝澮之間, 秋收百石者二之, 是歲又大有年, 穀直比去歲尤賤[143]. 崔生乃盡賣其祭田十結[144], 受錢三千兩, 悉[145]以貿五穀, 並前貿而計之, 則[146]穀爲四千餘石. 越明年, 夏旱秋潦, 野無立苗, 歲則大饑, 經冬至春, 老羸塡壑, 壯者流散, 十室九空, 而皮穀一石, 直錢十兩, 米倍之. 老奴等請賣所貿之穀, 崔生不許, 曰: "汝往召鄉里父老來." 來則立之階下, 而告之曰: "吾家四隣之窮餓殆死者, 幾人矣." 父老等對曰: "何人不死? 多無田土者, 其有田地者, 具牛耟, 多男女, 服田力農, 足支一年者, 亦皆面浮黃, 欲盡矣. 此輩今年之粮, 皆夏枯秋浸, 而往往立於田中, 不用刈穫之故耳." 崔生曰: "噫, 盡劉矣! 我有穀若干石, 雖小, 能施濟衆. 吾不忍吾鄉里之盡劉, 從某至某, 錄其人口多少·戶之大小, 以示之, 可乎!" 父老應聲羅拜[147], 曰: "此眞生佛也." 歸告其四隣, 而錄其戶口, 以呈崔生,

---

139) 馬: 저본에는 빠져 있으나 이본에 의거하여 보충함.
140) 疋: 이본에는 '尺'으로 되어 있음.
141) 吾: 저본에는 빠져 있으나 나, 다본에 의거하여 보충함.
142) 夫: 저본에는 '人'으로 나와 있으나 나, 다본에 의거함.
143) 尤賤: 이본에는 '加之'로 되어 있음.
144) 十結: 저본에는 빠져 있으나 나, 다본에 의거하여 보충함.
145) 悉: 저본에는 빠져 있으나 이본에 의거하여 보충함.
146) 則: 저본에는 빠져 있으나 다본에 의거하여 보충함.

約曰:"同召." 其錄中人, 凡五百餘家, 一千三百餘口, 分與其穀, 曰:"汝等勿愁飢餒, 力作本業, 可也." 於是, 逐月計口給粮, 使無捐瘠, 其賣牛而無牛者, 買之而給, 其農饁五百餘家, 分給五穀之種, 用力齊修勤業, 趨時任事, 自相激勸. 崔生[148]曰:"吾去年將斂[149], 而廢我稼矣, 今年吾將修之. 然十結之田, 旣賣矣, 當廣取他人之田, 作收其半." 乃率其奴婢, 而躬自監課, 是歲果大登, 穫[150]而分之, 爲百餘石矣. 五百餘家, 亦各自收, 役畢, 相與言曰:"吾輩此穀, 皆崔氏之力也. 五百餘家, 一千三百餘口, 當今年春夏, 十室九空之時, 獨能免苦飢, 而全活父母兄弟妻子, 安樂於同室, 歌謠於南畝者, 伊誰之惠也? 人有如此肉骨之恩, 而不思所以報德, 則狗彘不食吾餘矣." 衆口一談曰:"果然." 其中老成學識者, 相聚而議, 曰:"崔氏之穀, 乃崔氏之祭田十結及京第所賣錢也. 以今年[151]春穀直論之, 則四千餘石, 可受四萬兩錢, 而顧此之不賣, 以活吾屬, 此天下義士仁人也. 吾屬只以四萬兩之數, 還之, 則可謂[152]太薄矣, 宜以六萬償之." 僉曰:"可矣." 乃列書戶口多寡, 繼粮乃農饁穀種[153], 乃買牛直錢之數, 以秋穀錢直計之, 百錢直二十斗穀, 通爲六萬餘石. 於是, 五百餘戶之民, 牛駄馬載, 首尾相屬[154], 簇立於崔家大門之外. 崔生怪問其故, 民人皆[155]曰:"方有謹當徐對耳." 皆

---

147) 羅拜: 저본에는 빠져 있으나 이본에 의거하여 보충함.
148) 生: 저본에는 빠져 있으나 이본에 의거하여 보충함.
149) 斂: 다본에는 '歉'으로 되어 있음.
150) 穫: 저본에는 '獲'으로 나와 있으나 가본을 따름.
151) 年: 저본에는 빠져 있으나 이본에 의거하여 보충함.
152) 可謂: 저본에는 빠져 있으나 이본에 의거하여 보충함.
153) 穀種: 저본에는 빠져 있으나 이본에 의거하여 보충함.
154) 相屬: 이본에는 '相接'으로 되어 있음.
155) 皆: 저본에는 빠져 있으나 이본에 의거하여 보충함.

以其穀, 露積於外, 其父老乃入, 而列拜於庭, 曰: "以穀計之, 則輕於鴻毛; 以恩論之, 則重於泰山, 小人等敢以鴻毛, 以報泰山." 崔生曰: "幾何?" 曰: "六萬餘石." 崔生曰: "吾固非墨翟之愛, 伯夷之廉, 然以吾之穀數, 較六萬餘石, 則什而加五[156], 是投方寸之餌, 釣任公之鱉也." 固辭不肯受, 父老等曰: "不然. 今年若賣[157]四千石, 則當得四萬兩, 以四萬兩, 買京鄕新買之百貨, 則至秋出賣, 當得[158]十二萬兩, 以十二萬兩貿租, 則當得十二萬石. 今六萬, 乃十二之半也, 不取十二萬, 而取六萬, 是不廉乎? 所不計較利害, 散於垂死之衆民, 而一言不及於望報, 此非愛乎? 以民人等利害言之, 五百餘戶, 一千三百餘口, 窮春[159]大歉之時, 雖欲得債, 元無其路. 假使得錢, 其殖必無下什伍, 以錢買穀, 穀貴錢賤, 持錢者滿市, 擔穀者絶無, 而僅有如此之際, 人其生乎? 又安能及時爲農, 百室盈盈乎? 此穀不受, 則小人願爲奴婢, 以報萬一." 崔生曰: "汝言及此, 安得不受乎?" 民人等皆曰: "穀自外輸, 感自內結, 未死之前, 何日忘之?" 崔生曰: "予少受多, 我實靦然, 何感之有?" 明年春, 賣穀一石, 錢爲百五, 通爲九萬兩錢,[160] 通爲十八萬兩. 自此以後, 錢多不得買穀, 穀多亦難換錢, 乃分與五百餘戶之識利害者, 行商焉. 十年之間, 貨財充溢, 皆如厥初誓奴婢之言. 乃賞其奴婢各百金, 五百餘戶之民, 賴其力, 凶年則常取貸於崔生焉. 此其章章尤異者也.

---

156) 五: 가본에는 '伍'로 되어 있음.
157) 賣: 저본에는 '買'로 나와 있으나 이본에 의거함.
158) 得: 이본에는 '至'로 되어 있음.
159) 春: 저본에는 '夏'로 나와 있으나 이본을 따름.
160) 賣穀一石, 錢爲百五, 通爲九萬兩錢: 다본에는 '穀一石, 直二兩錢'으로 되어 있음.

5-25.

韓石峯, 自幼習書, 未嘗一日廢止, 至中年, 自以爲筆已熟之盡. 一日, 路經鍾閣, 有一人至高樓, 樓下呼請買油, 一人自樓上應之, 曰: "汝持器而立樓下, 吾當從上注之." 遂俯注於小瓶口, 無一點之差, 韓見之, 歎曰: "吾筆雖熟, 不至於是境也." 歸而益習, 卒成名筆.

5-26.

李白沙, 五歲詠劍琴, 曰: '劍有丈夫心, 琴藏太古音.' 南藥泉, 九歲詠月, 曰: '衆星皆列陣, 明月爲將軍.' 二詩, 可占他日之大貴矣.

5-27.

南春城以雄, 性剛果. 其爲都憲也, 有巫挾妖術惑衆者, 拿致憲府, 將刑之, 巫能施其術, 撓公所坐交椅, 使不得安身, 左右莫不驚惶失色. 公毅然不動, 却交椅而坐席, 巫又撓之, 公乃掇席及地衣, 倚軒壁而坐. 巫不能撓, 遂杖殺之.

5-28.

趙龍洲, 嘗以前大提學下鄕, 有里中人失鼎, 欲呈訴於本縣, 請文於公. 公平生不作此等文字, 重違其言, 强諾之, 半日沈吟, 僅得 '夫鼎也者, 不可須臾離也' 一句, 遂辭[161]塞. 適有一校生來見, 曰: "大監作何文, 而苦思至此?" 公告以實, 校生曰: "是何難成?" 遂一筆搆成, 公見之, 歎曰: "人皆謂我文章, 今日之作, 子乃文章也."

---

161) 辭: 이본에는 '思'로 되어 있음.

5-29.

鄭相太和, 嘗指夫人之腹, 曰: "彼腹生壽·富·貴之子, 豈不異哉?" 其後, 子載岳八十餘卒, 稀壽也, 載崙以駙馬, 積貨[162]屢巨萬, 巨富也, 載嵩官至議政, 極貴也. 其先知何其神[163]哉!

5-30.

金愼齋少時, 有親友家婢子, 持小札來, 適値大雨, 終日不得還. 公不得已宿其婢於別房, 其婢年少絶美, 公夜臥, 心動難制, 乃起立[164]而鑰鎖其門, 還臥而心猶動, 又投其鑰匙於屋上. 公可謂不負其號矣.

5-31.

申平城武人, 平生不解文字, 而喜作詩. 嘗有一句, 曰: '木木槐木淸風多.' 以未得其對爲恨, 有一儒生, 作對曰: '相相申相風月好.' 蓋譏之也. 又以遠接使, 行到義州, 作詩曰: '義州風月好.' 所歷路到處, 必以'某地風月好'爲首句. 及到開城府, 歎曰: "開城府惡地也! 詩亦不可作." 蓋以'開城府風月好'爲句, 便成六字, 而不知詩有六字也, 聞者齒冷. 又與子書, 曰: "地官吾山所見, 應政丞出, 然則好哉!"

5-32.

蔡希菴, 嘗閒居, 有人來呼侍童, 曰: "蔡彭胤在否?" 其人容貌醜

---

162) 貨: 이본에는 '貲'로 되어 있음.
163) 神: 나, 다본에는 '異'로 되어 있음.
164) 立: 가본에는 '入'으로 되어 있음.

怪, 衣裳襤褸[165], 狀如乞人. 侍童謾罵之[166], 曰: "爾是何人, 敢呼宰相姓名乎?" 蔡公適臥房中, 聞其聲而異之, 開簾引入[167] 與之坐, 而問曰: "何所聞而來耶?" 曰: "聞公詩名, 久矣, 欲玩寶什而來耳." 公遂出示私稿, 其人畢覽, 曰: "儘美矣!" 公曰: "子旣見我之詩, 願聞子之詩." 曰: "公欲聞之, 命題呼韻, 則當賦之矣." 蔡公以 '獨釣寒江雪'爲題, 呼'凝'·'繩'·'鷹', 使賦絶句, 其人應曰[168]: '白玉連江萬里凝, 探深無路下長繩. 漁翁捲釣空呵手, 鱸膾誰能薦季鷹.' 詩成辭去, 問其姓名, 不對而去.

5-33.

李海皐奴子, 名愛男者. 壬辰倭寇猝至, 大駕西幸時, 公以說書直闕中, 徒步扈從. 愛男聞變, 急具鞍馬, 遭公於弘濟院, 以乘公, 星夜跋涉, 行到臨津, 大雨下注, 夜黑如漆, 咫[169]尺不辨. 村民盡逃, 不知船泊何處, 擧朝焦遑[170], 計無所出, 愛男乃以火爇江邊村舍, 通明如晝. 於是, 見船數隻, 繫在江邊, 得以利涉. 宣廟聞燒廬覓舟之言, 問曰: "是乃誰之計也?" 侍臣對以愛男, 上甚奇之. 自是, 御膳必賜愛男, 每以乾物, 盛諸布袋. 至白川, 而御膳闕供, 愛男以袋中物進之, 上尤奇之. 亂定還都, 召見于差備門, 親[171]賜金圈, 愛男納之囊中, 終身不着云.

---

165) 襤褸: 가, 나본에는 '纜縷'로 되어 있음.
166) 之: 저본에는 빠져 있으나 이본에 의거하여 보충함.
167) 開簾引入: 나, 다본에는 '使之入見'으로 되어 있음.
168) 應曰: 이본에는 '應口卽對曰'로 되어 있음.
169) 咫: 저본에는 '只'로 나와 있으나 이본에 의거함.
170) 焦遑: 이본에는 '焦惶'으로 되어 있음.
171) 親: 저본에는 빠져 있으나 가, 다본에 의거하여 보충함.

5-34.

申汾運, 善相人, 閔趾齋嘗問其窮達, 答曰: "相君之面, 全無貴氣, 其不霑一命哉!" 及閔公辭出, 見其氣止行步, 招入而語曰: "相君之背, 都是貴格, 必躋吾位哉!" 後果至判書.

5-35.

張旅軒顯光, 居仁同. 嘗打麥于庭, 大雨暴注[172], 收置軒上, 公年老貌鱉, 衣冠甚麤, 頗似村老. 時本道方伯之子, 爲避雨, 入坐軒中, 而不禮焉, 卒然問曰: "打麥不少, 君似食粟矣." 答曰: "能力穡[173], 僅免飢餒矣." 見髻着金圈, 更問曰: "無乃納粟乎?" 答曰: "近來加資甚多, 故鄉人亦着[174]之矣." 又問: "君有子乎?" 答曰: "有繼子." 問: "在家否?" 曰: "有役方上京耳." 問: "何役?" 答曰: "方爲副學役矣." 時公之子爲副學, 而名則應一也. 又問曰: "旅軒張先生, 在此邑, 或知之否?" 曰: "近處少年無知, 稱我旅軒也." 道伯之子聞之, 不勝驚惶, 下庭而立[175], 曰: "小子愚迷, 獲罪於先生, 請受其罰." 公勸使升軒, 而責之曰: "士子言語, 不可不愼, 是後, 須勿復然!" 其後, 道伯率子而來, 謝其不能敎子之罪, 欲笞其子, 公力止之, 乃已.

5-36.

金判書始振, 有知人之鑑. 嘗於路上, 見[176]一童子, 遇戴水桶女

---

172) 注: 저본에는 '至'로 나와 있으나 나, 다본을 따름.
173) 穡: 나본에는 '稼'로 되어 있음.
174) 着: 이본에는 '得'으로 되어 있음.
175) 立: 나, 다본에는 '泣'으로 되어 있음.
176) 見: 저본에는 '有'로 나와 있으나 나, 다본을 따름.

兒, 與之戲焉. 見其容貌秀美, 使人問之, 乃閔黯也, 知其必大貴, 許以女[177]妻之. 及奠鴈之日, 金公見之, 忽色不豫, 客問其故, 曰: "恨吾之見未明矣. 渠雖位極人臣, 其如不令終何? 俾吾女, 同享其樂, 不見其敗而先死, 亦何恨乎!" 後果如其[178]言.

5-37.

晉州有死節兵使忠烈祠, 歲久頹圮, 上雨旁風, 塑像沾濕. 洪參知景濂, 見而憫之[179], 語諸營將, 合力重建, 營將不聽. 公獨辦財力, 更建其祠而祭之, 親自將事, 極其誠敬. 一日, 夢有四人來謝, 曰: "吾輩賴公之惠, 獲免沾濡, 無以酬恩, 當禱于天, 使公之子孫, 世世科甲連綿矣." 召羅卒, 謂曰: "牧使以文官, 能建吾輩之廟, 營將則同是武弁, 而不能出一文錢, 不可不罰." 促使拿入, 棍打無數, 仍令引出斬之. 公覺而異之, 卽送人問營將安否, 則通宵痛魘[180]頂, 忽浮高勺水不入, 未幾命絶. 其後, 公之三子·三孫·曾玄, 俱得文科.

5-38.

鄭監司孝成, 性寬溫, 雖子弟不輕爾汝. 嘗交一閭巷微賤人, 引與之坐, 待以朋友, 其子玄谷, 諫曰: "大人與此人交, 等級夷矣, 禮貌損矣, 正爲諸子羞矣." 公笑曰: "禮豈論地位[181]哉? 吾所交者, 以心也, 君之朋, 則皆面也, 非心也. 其欲試之耶?" 遂父子乘夜微服而出[182], 問曰: "君之友, 誰最密也?" 曰: "某學士." 卽往其家, 低聲

---

177) 女: 저본에는 빠져 있으나 다본에 의거하여 보충함.
178) 其: 저본에는 빠져 있으나 이본에 의거하여 보충함.
179) 憫之: 저본에는 빠져 있으나 다본에 의거하여 보충함.
180) 魘: 저본에는 '魔'로 나와 있으나 다본에 의거함.
181) 位: 저본에는 '伍'로 나와 있으나 다본을 따름.

而告曰: "某父子不幸殺人, 其人士族, 且有數子, 方持刃遍搜坊谷[183], 曰: '如有藏匿者, 必先殺之.' 以是, 人無敢容接者, 玆恃平日交誼, 敢來投焉." 對曰: "非不欲受, 家庭有故, 不得留人." 又往數處, 皆貴遊也, 皆如前言不納. 公遂往其人之家, 又告如前, 其人卽迎入內房, 謂其妻曰: "此爺有難, 如或不免吾輩與之同死, 須先暖[184]酒壓驚, 炊飯療飢." 洽洽歡歡, 少無難色. 公大笑, 顧謂玄谷曰: "吾之友與君之友, 交情何如?" 玄谷大愧服.

5-39.

乙亥逆獄, 志伏法, 浩追用逆律. 時有林志浩者, 呈于禮曹, 請改其名, 判書李益炡題之, 曰: "賊志之志者, 逆浩之浩字[185], 必欲改之, 則林巨正之林字, 何不獨改?" 聞者齒冷.

5-40.

元相仁孫, 嘗問于李三洲鼎輔曰: "徐命天·李敏坤·金載人, 天地人三才, 地變爲坤, 難得其代云." 李公曰: "魏昌祖·崔益男·元仁孫, 祖子孫三代, 子變爲男." 聞者捧腹.

5-41.

昔有一都事考講, 有白髮校生, 挾『史略』初卷而入, 請天皇氏大文, 都事心侮之, 欲使落講, 問曰: "爾知天皇氏父名乎?" 對曰: "亞

---

182) 出: 저본에는 빠져 있으나 이본에 의거하여 보충함.
183) 坊谷: 이본에는 '各坊'으로 되어 있음.
184) 暖: 나, 다본에는 '煖'으로 되어 있음.
185) 字: 이본에는 '者'로 되어 있음. 이하의 경우도 동일함.

使知此邑郭座首之¹⁸⁶⁾父名乎?" 都事大叱曰: "吾何以知之乎?" 校生曰: "今世生存之人名, 亞使尙不能知, 小生安知累萬年前天皇氏之父名乎?" 都事大笑.

5-42.

金沙川幹, 淸苦力學, 近世罕比. 有一門生, 嘗問: "先生於讀書, 亦有一膝之工否?" 公曰: "吾上寺讀書, 自暮春至季秋, 凡七個月, 不解帶, 不脫笠, 未嘗鋪席鋪衾安寢¹⁸⁷⁾. 讀書夜深欲睡, 則以兩拳相累, 置額其上, 睡欲深, 額便欹墜, 覺而起讀. 日以爲常, 始入山時, 見播種方始, 乃出山已獲食云." 蓋公¹⁸⁸⁾誠篤之志, 固卓乎難及, 而亦其精力旺厚, 有非凡倫之所可及者, 存焉.

5-43.

成廟時, 湖南興德縣化龍里, 有吳俊者, 士族也. 事親至孝, 親沒葬靈¹⁸⁹⁾鷲山, 結廬墓側, 日歠白粥一器, 哭¹⁹⁰⁾泣之哀, 聽者隕淚. 祭奠常設玄酒, 而有泉在山谷中, 極淸甘, 可距五里, 吳君必親自提壺汲之, 不以風雨寒暑中小懈. 一夕, 有聲發自山中如雷, 轉一山盡撼, 朝起視之, 則有泉湧出廬側, 淸潔甘洌, 一如谷泉, 往視谷泉, 已渴矣. 遂取用庭泉, 得免遠汲之勞也, 人名之¹⁹¹⁾'孝感泉'. 廬在深山之中, 虎豹之所宅, 盜賊之所聚¹⁹²⁾, 家人甚憂. 旣過小祥, 一

---

186) 之: 저본에는 빠져 있으나 다본에 의거하여 보충함.
187) 安寢: 이본에는 '臥寢'으로 되어 있음.
188) 公: 저본에는 빠져 있으나 다본에 의거하여 보충함.
189) 靈: 저본에는 빠져 있으나 나, 다본에 의거하여 보충함.
190) 哭: 저본에는 빠져 있으나 나, 다본에 의거하여 보충함.
191) 人名之: 나, 다본에는 '邑人名之曰'로 되어 있음.
192) 聚: 다본에는 '萃'로 되어 있음. 서로 통함.

日, 忽見一大虎, 蹲坐廬前, 吳君戒之曰: "汝欲害我乎? 旣不可[193] 避, 任汝耳, 但我無罪." 虎便掉尾低頭, 俯伏而跪, 若致敬者, 吳君曰: "旣不相害, 何不去耶?" 虎出門外, 伏而不去, 日以爲常, 至若撫弄, 若家犬豕. 而每當朔望, 虎必致一大鹿, 或山猪於墓[194]前, 以具祭需, 周年不一闕, 猛獸盜賊, 因以屛跡. 及吳君闋服還家, 而虎始去, 其他孝感異跡, 甚多, 而泉虎事, 特其最著也. 其時, 道臣上聞于朝, 成廟特命旌閭, 賜米帛. 吳年六十五卒, 贈司僕正, 邑人享之鄕賢祠. 今上卽祚, 深患近來院宇之弊, 命掇[195]甲午以後祠宇, 興德儒生, 列吳君[196]孝行以聞, 上命獨不毁, 亦曠典也. 其祠近頗傷弊, 吳君之後泰運, 具其事, 來告于太學, 請自太學行簡, 通于本邑鄕校, 令其章甫, 同力修葺. 吾以得聞, 東漢時, 蜀人姜時, 事母至孝, 母好飮江水, 又嗜魚膾, 時妻龐氏, 去舍六七里, 汲水以繼, 時力作供膾. 一日, 舍側忽湧[197]甘泉, 味如江水. 每朝躍出兩鯉, 以供甘旨, 赤眉馳兵而過, 曰: "驚大孝, 必觸鬼神." 光武拜時郎中. 又見『稠海拾遺』, 云: "曹曾魯人, 事親盡禮, 亢旱井池[198]皆渴, 母思淸甘之水, 曾跪而操缾, 則甘泉自湧." 吳君之事, 與此若合符契. 蓋曰 '至誠感神', 傳曰: '誠未有不動者.' 信哉! 孝感泉, 至今尙在, 瀿沸澄澈, 邑人愛護, 以石築云. 此誠東國未曾有之事也, 吁亦異矣![199]

---

193) 可: 저본에는 빠져 있으나 다본에 의거하여 보충함.
194) 墓: 이본에는 '廬'로 되어 있음.
195) 掇: 다본에는 '撤'로 되어 있음.
196) 君: 저본에는 빠져 있으나 다본에 의거하여 보충함.
197) 湧: 저본에는 '聳'으로 나와 있으나 이본을 따름.
198) 井池: 다본에는 '井泉'으로 되어 있음.
199) 吁, 亦異矣: 이본에는 '奇哉奇哉'로 되어 있음.

5-44.

李璲, 小字宗禧, 家本湖西全義縣也. 九歲值閭室遘病, 其父母婢僕[200], 一時病臥, 獨宗禧未痛. 其父光國, 病已久矣, 而未退熱, 氣窒者二日, 全身厥冷, 而無省視者. 宗禧獨自遑遑, 蹩起病婢, 急煮米飲訖, 將刀斫破四指, 血注梡中, 滿梡殷赤, 周筯啓父之齒, 攪和連灌用半梡, 已有, 氣息微微出鼻口. 兒驚喜, 遂盡用一梡, 父乃甦, 發語聲, 幸得生. 翌日向晡, 氣又窒如前, 兒號泣禱天, 又亂斫衆指於几上, 血大出, 一病婢見之, 驚呼扶擁. 兒亟揮之, 使去俾無驚動家衆, 和血於粥, 又進一梡. 方進粥時, 室中忽聞有呼, 云: "宗禧! 汝誠感天, 冥府已許汝父之生, 汝其放心, 勿悲痛." 家中內外臥者, 莫不聞之, 皆曰: "長湍生員聲音也." 長湍生員, 卽宗禧之外祖尹謙, 其死已[201]久矣. 其父得生, 卽退熱, 日向蘇完, 而其母亦繼瘳. 宗禧事, 無不稱道, 藉藉里人, 遂報於邑倅, 倅大奇之, 特[202]報監營, 道伯李聖龍給復, 而聞于朝, 旌其閭. 宗禧今年三十二, 來居京師阿峴, 余嘗見貌, 端潔莊雅士也. 夫親病斷指者多, 今以九歲兒行之, 不計身命, 不求聲聞, 不知痛苦, 有[203]出天之孝, 宜其感動, 神明續父之命也.

5-45.

丁恭安公玉亨, 字嘉仲, 羅州人, 月軒壽崗之子也. 爲直學時, 於道中逢一使酒者, 謂執鞚曾縛, 已曳其髮, 批頰無數, 其執鞚者, 雖

---

200) 婢僕: 나, 다본에는 '奴僕'으로 되어 있음.
201) 已: 저본에는 빠져 있으나 다본에 의거하여 보충함.
202) 特: 이본에는 '轉'으로 되어 있음.
203) 有: 이본에는 '猝'로 되어 있음.

見曳, 而猶不釋鞚. 丁公隨其鞚者, 見曳而或東或西, 良久而終不怒, 使酒者力疲, 乃解去五六步, 復來, 拜於馬[204]前, 曰:"大人當作政丞云." 竟因回去, 公亦[205]唯唯而不問.

5-46.

宋龜峯翼弼, 安相瑭家甘丁之子. 宋祀連作妾而生龜峰, 生而奇傑, 道學[206]蔚然, 爲後生之師表, 如栗谷李先生·牛溪成先生, 皆許與之, 交遊學者, 稱以龜峰先生. 然而爲人, 負氣傑鷔[207], 其謙恭自卑之德, 不及於徐孤靑. 常對栗谷, 曰:"叔獻與吾, 連婚何如?" 栗谷笑曰:"我朝自有名分, 此則不可矣." 龜峰笑曰:"叔獻亦未免俗客云矣." 龜峰非不知, 故爲此言者, 聊試栗谷而然也. 然而其傲態如此, 沙溪金先生, 師事之龜峰. 嘗往沙溪家, 則饋以豆粥[208], 龜峰責之, "汝以雜飯饋我, 決非待長者之道也云耳." 龜峰遭其母喪, 門人問銘旌何以書之, 叔獻來當書之, 少俟之. 已而, 栗谷來弔, 而書銘旌, 曰'私婢甘丁之柩', 門人皆失色. 栗谷之書, 龜峰之受, 豈他人所可爲者耶?

5-47.

景廟患候彌留, 而儲位未定時, 三宗血脈, 只有英廟而已. 四大臣夢窩金公昌集, 寒圃齋李公健命, 疎齋李公頤命, 以爲國家深長之慮, 發建儲之請, 李公廷熽, 上疏請之. 如趙泰耉·崔錫恒·金一

---

204) 馬: 저본에는 빠져 있으나 이본에 의거하여 보충함.
205) 亦: 나, 다본에는 '竟'으로 되어 있음.
206) 道學: 다본에는 '文章道學'으로 되어 있음.
207) 傑鷔: 이본에는 '傑傲'로 되어 있음.
208) 豆粥: 나, 다본에는 '豆飯'으로 되어 있음.

鏡·柳鳳輝之徒, 必欲沮戲其議, 二憂堂趙公泰采, 卽泰耉從行間也. 三相慮其爲泰耉邊, 不以大議議之, 趙公往見三相, 曰: "公等聞有大議, 而不使小生聞知, 何也? 或以小生之從行間事而然耶? 公私自別, 義理至嚴, 何可以私害公耶? 小生亦參其議[209]." 仍相與之定議, 此之謂四大臣也. 耉·輝輩, 忌英廟之英明, 樂景廟患候中用權, 遂起大獄, 四大臣及向國效忠之臣, 一幷除去矣. 大而誅戮, 小而竄配, 朝著一空, 此是辛壬士禍也. 二憂堂亦在其中, 其季胤悔軒公, 泣乞于泰耉兄弟之門, 耉與億曰: "汝翁如有一言于吾輩, 則當極力救矣." 悔軒泣傳其言, 則二憂堂怒叱, 而終無一言. 以至於受後命之境, 而公少無悔心. 甲辰, 英廟登極後, 幷復官, 丙申, 正廟致祭文, 有曰 '禍起蕭墻, 忠逆乃判' 者. 此時, 禍溢滔天, 老論一邊人, 皆一網打盡, 其婦女皆發配. 曾大姑母, 適金公達行, 以夢窩孫婦, 亦在編配之中, 禁府隷問名, 則其婢子打頰, 曰: "汝焉敢問吾內上典名字乎?" 聞者齒冷.

5-48.

孝廟朝, 尤菴先生受不世之遇, 明春秋大義, 孝廟以北伐之事, 委之於[210]先生. 先生非不知北伐事之不濟, 而將伸大義於天下, 後世如諸葛武侯之[211]六出祁山之意, 而時輩不諒此意, 每以尤翁之意, 爲迂闊輩, 顧何足責乎? 尤翁獨對罷後, 歷見陽坡鄭相太和, 時其弟鄭相至和在座, 嚬眉而避, 曰: "此老何爲而來乎?" 已而, 尤翁坐定, 陽坡問曰: "今日獨對, 上下酬酢, 何如?" 尤翁曰: "卽北伐

---

209) 其議: 나. 다본에는 '公議'로 되어 있음.
210) 於: 저본에는 빠져 있으나 다본에 의거하여 보충함.
211) 之: 저본에는 빠져 있으나 다본에 의거하여 보충함.

事, 而上以軍粮之轉輸, 無人爲憂, 故小生薦大監矣. 未知大監意向如何?" 陽坡曰: "小生才雖不及於蕭何, 豈不效蕭何之爲耶? 軍粮一事, 小生自可當之." 尤翁曰: "若然則國家之幸也." 少間, 更無酬答之語[212], 鄭相在狹室, 高聲問曰: "厥漢去乎?" 陽坡微笑而答曰: "果川山直漢已去, 宋相在座矣." 言畢, 尤翁起出門, 陽坡呼其季, 責曰: "君何言輕若是?" 鄭相[213]曰: "伯氏俄以軍粮擔當, 以今經費, 何以繼軍粮耶? 不量事勢, 而乃反輕言之若是, 弟所心笑而不服也." 陽坡笑曰: "軍粮吾不當耶?" 鄭相曰: "伯氏雖有可當之才, 其於無穀何?" 陽坡又笑, 曰: "兵渡鴨江, 則吾可督粮矣." 一笑而罷.

5-49.

尤翁遭遇孝廟, 如孔明之於[214]昭烈也, 寧有一毫貶薄之意哉? 至於服制之議, 則此天經地緯也, 豈有私意於其間也哉? 南人中, 如尹鑴·許穆, 指以爲, '有貶薄之意於先王云云.' 而尤相[215]竟以是被禍, 吁! 亦冤[216]矣.

5-50.

正廟乙卯, 卽惠嬪回甲之年也. 上以喜懼之心, 兼有[217]不測之痛, 閏二月, 奉慈宮, 幸華城, 行酌獻禮于顯隆園. 還御行宮行, 設宴進

---

212) 語: 이본에는 '聲'으로 되어 있음.
213) 鄭相: 다본에는 '答'으로 되어 있음.
214) 於: 저본에는 빠져 있으나 이본에 의거하여 보충함.
215) 尤相: 이본에는 '尤翁'으로 되어 있음.
216) 冤: 가, 다본에는 '冤且痛'으로 되어 있음.
217) 有: 저본에는 '以'로 나와 있으나 다본을 따름.

酌, 命慈宮內外親, 同姓八寸及異姓六寸, 無論文蔭武弁[218], 皆參宴. 又命侍衛文武百官及軍兵皁隷, 幷揷花. 時余以慈宮外戚六寸親, 所後先府君及諸昆弟, 皆參是宴. 未明, 赴行宮庭, 慈宮御洛南軒, 房垂珠簾, 上侍于簾外. 廳上簾外, 置大花樽, 揷三色桃, 假花遮日, 竹皆束花. 文武侍衛及預宴諸臣·伶官·奴隷, 皆揷花, 其燦爛輝煌, 殆難名狀. 儀仗及贊引擧行, 皆以妓女行之, 庭設大風樂, 無論文蔭武, 各以一大卓, 賜饌又宣醞. 妓垂五色汗衫, 輪回擎銀盃而進, 殆至十餘盃. 上敎曰: "今日, 不醉無歸, 皆盡量而飮." 余則以花揷于衣襟之前, 蓋不欲簪于首, 而有妨科名故也. 酒到數三巡, 而有失儀之慮, 拜受而潛瀉于[219]座下, 午後進饌床, 幷如前進者, 置于左右而已. 上製下七律一首, 命預宴諸臣賡韻, 賤臣賡[220]進曰: '天眷吾東景籙新, 邦家大慶萃今春. 壽康宴設呼千歲, 長樂樽開頌六旬. 盛禮欣瞻天上樂, 彩花遍揷殿外[221]人. 微臣此日無疆祝, 玄圃仙桃結幾巡'云云. 趁夕暫退, 夕飯後, 又入庭, 仍達夜, 夜設煎鐵, 每人各一器蠟燭, 如臂大間. 一人設置行宮簾桶, 以靑紅紗燈籠, 懸之, 照耀如晝, 此身怳如在玄圃瑤池也. 罷漏後退出, 東方旣白歸, 依幕少睡. 翌日, 行養老宴, 各賜黃巾, 鳩杖[222]父老, 皆乘醉呼千歲, 一時幷起舞, 亦一可觀. 夕上御將臺, 放火砲埋, 火光遍于城中, 砲聲動山岳, 又行城操滿城通紅, 卽一壯觀, 夜歸下處.[223] 翌朝, 將回鑾, 有待令于始興之下敎, 故與平汝, 隨後陣作,

---

218) 弁: 저본에는 빠져 있으나 이본에 의거하여 보충함.
219) 于: 저본에는 빠져 있으나 다본에 의거하여 보충함.
220) 賡: 저본에는 빠져 있으나 이본에 의거하여 보충함.
221) 外: 나, 다본에는 '中'으로 되어 있음.
222) 杖: 이본에는 '節'으로 되어 있음.
223) 夜歸下處: 다본에는 '夜久罷, 歸下處'로 되어 있음.

到始興, 日幾夕矣. 承旨傳下敎, 曰:"今日, 慈宮欲見汝輩矣, 氣度不平, 汝輩好好還家." 命退出. 明日, 卽令節, 自華城距樂溪, 不過四十里地, 而始興相距稍遠, 而且不知程, 途所騎馬, 卽海營雇馬, 帶隷卽海營奴也. 幷皆[224] 初行, 樂溪道里, 問于店家, 則以爲, '軍場市邊東行云.' 故寸寸問而作行, 行到軍川, 日已暮矣. 時有微月, 尋逕而行, 誤入山路, 行十餘里, 馬忽驚覺而不行, 隨後之隷, 疾聲而呼父母, 直向馬前而立. 余與平汝, 驚駭問之, 則口不能答, 只以手指傍, 仍諦視, 則有一巖在於溪傍四五間地巖上, 時有二盞燈火光, 明滅不定, 知其爲虎也. 心雖驚惻, 無可避之路, 仍與平汝, 敲石出火光, 使搖之, 顧徐徐作行, 行或數十里, 而其巖一樣在其處. 已而, 遠村有犬吠聲, 心甚欣欣然而行.

5-51.

金鍾秀·沈煥之輩, 初以攻洪之人, 作一黨. 而金以傷人害物爲事, 丙申之獄, 老論古家之[225]盡數敗亡者, 雖是國榮之所誣, 而無非鍾秀之所慫慂, 自爲箚子而然也. 李琭與文良海, 往覆謀凶, 而鍾秀預知之, 金俊容爲其間所使, 而文賊之書云:"發亂反正之初, 底定人心,[226] 惟夢村台一人而已." 此指鍾秀而言也. 履鎔仍袖其書, 往鍾秀, 鍾秀踰後垣, 自夢村疾馳, 入城請對, 而泣陳其被誣之狀, 上亦置而不問. 煥之則廢處龍仁地, 正廟特拔之, 眷遇隆重, 位至大臣, 而庚申後, 裕賊欲沮戲大婚, 投呈凶疏, 而煥之以首相, 乃奏以先臣忠愛. 其後, 壯勇營革罷收議, 渠有曰:"何待三年云?" 洪

---

224) 皆: 다본에는 '是'로 되어 있음.
225) 之: 저본에는 빠져 있으나 다본에 의거하여 보충함.
226) 底定人心: 다본에는 '定其人心'으로 되어 있음.

樂性處分收議, 曰:"降在殿下之庭, 無所不可." 此三條奏議, 俱是不可逭之逆節也. 乙丑, 裕賊獄後, 始逼奪鍾秀之兄鍾厚, 以山林自處, 號木菴, 而爲國榮呈願流疏矣. 文稿開刊, 時拔此疏不錄, 還可笑也. 墓在楊州地, 而年前電擊封墳, 幾至露棺, 其家人改封築矣. 其後, 又雷震亦可異矣.

5-52.

洪格者, 水原人也. 登武科, 晚始筮仕, 以禁府都事, 五次見汰[227], 其官數之奇險如此. 年又衰老, 居于水原, 得差外營衛將, 以斗祿資生. 衛將之任, 每夜巡邏于行營, 而年少之輩, 或訪酒家, 或訪妓樓, 每每闕巡. 而洪格則年老之人也, 恪勤職事, 隨更行巡[228], 而不暫休. 正廟聞而嘉之, 外人皆不知也. 煥之秉銓時, 以其門客, 擬於內資, 主簿首望, 而猶恐天點之下, 于副本末望, 問政色吏曰: "世所不知之遐鄉武弁有之, 可備此望." 吏以洪格對, 蓋是落仕數十年, 而世不知存沒之故也. 乃擬於末而蒙點. 煥之含嫌於此, 翌年, 貶渠以內資提調, 書洪格之貶, 曰:"何擬于官云?" 而書下, 洪格往而泣訴, 曰:"小人有何釁累而如是書貶, 使不得照望於官方? 願聞其故." 煥之無以答, 仍使逐出, 此豈可爲之事[229]耶? 殘惡極矣.

5-53.

正廟爲今上, 揀擇嬪宮, 而初揀日, 已屬意於金敦寧之家, 再揀之後, 設衛等節, 一嬪宮威儀, 人孰不知聖意之所在? 未及三揀,

---

227) 汰: 저본에는 '駄'로 나와 있으나 이본에 의거함.
228) 行巡: 이본에는 '巡綽'으로 되어 있음.
229) 爲之事: 이본에는 '爲者'로 되어 있음.

庚申, 正廟昇遐, 煥之輩締結泥峴之金, 必欲沮戲大婚. 蓋以金敦寧之不附於[230]己, 故也. 遂粧出裕賊之疏, 而至有金家一族中定婚之議, 朝野喧藉, 以彛天之與邪魁相親, 起大獄, 而又援引金鑢, 蓋金鑢北村親知人也. 以鑢證援金氏之計也, 鑢累受刑訊, 而終不服, 金觀柱以委官, 問曰: "汝於[231]北村無親知之人乎?" 鑢供曰: "矣身粗有文藝, 非但北村有親知之人也, 南村亦多, 奚獨指北村而爲也?" 抵死不輸款, 金亦無可奈何[232], 仍遠配金鑢, 而其凶計日甚. 貞純大妃[233], 以日月之明·天地之德, 洞悉其凶計奸狀, 少不動搖, 終始保護. 至於壬戌行大禮, 而使吾東宗社, 有億萬年磐泰之安, 猗歟盛矣!

---

230) 於: 저본에는 빠져 있으나 이본에 의거하여 보충함.
231) 於: 저본에는 '以'로 나와 있으나 이본을 따름.
232) 無可奈何: 저본에는 '無奈'로 나와 있으나 나, 다본에 의거함.
233) 大妃: 이본에는 '大妃殿'으로 되어 있음.

卷六

6-1.

　尹判書游, 以副使奉命入燕, 知舊中問曰: "令公之風流, 歷箕城, 必有妓女之所眄矣." 尹答曰: "聞無可意者, 而只有一妓可合, 此則將使薦枕云." 厥妓, 卽時箕伯之子所嬖者也. 聞此言, 猶恐失之, 使行入府時, 深藏而不出. 副使到箕城, 留二日, 仍無某妓待令之令[1), 箕伯之子, 以爲傳言之訛矣. 及其發行之時, 坐於轎上, 而言曰: "吾忘之矣, 某妓卽知舊之托, 而未及招見, 可暫招來." 下隸傳言, 則箕伯之子, 意以爲, '今當發行, 出送固無妨云.' 使之出送矣. 副使問曰: "某班汝知之乎?" 曰[2)]: "然矣." 副使使之近前, 出[3)]轎內饌盒, 而命喫之. 其妓以手受賜之際, 把手而入轎內, 仍使之闔轎門, 載于馬, 勸馬一聲, 飛也似以出普通門. 箕伯之子, 聞此報, 雖忿而奈何[4)]? 副使仍與之, 偕往灣上, 渡江時, 言曰: "汝若歸去則好矣, 不然, 當[5)]待明春之回還." 其妓願留待明春, 又偕來, 聞者絶倒.

6-2.

　金相若魯, 以箕伯移兵判時, 按箕營未久, 江山樓臺, 笙歌綺羅, 不能忘懷. 大發火症, 揚言曰: "兵曹下隸, 如或下來, 則當打殺云云." 兵曹所屬, 無敢下去者.[6)] 龍虎營諸校屬, 相與議曰: "將令如

---

1) 令: 나, 다본에는 '言'으로 되어 있음.
2) 曰: 저본에는 빠져 있으나 나, 다본에 의거하여 보충함.
3) 出: 저본에는 빠져 있으나 나, 다본에 의거하여 보충함.
4) 奈何: 나, 다본에는 '無奈何矣'로 되어 있음.
5) 當: 저본에는 '恐'으로 나와 있으나 나, 다본을 따름.
6) 無敢下去者: 나, 다본에는 '不敢下來'로 되어 있음.

此, 固不敢下去, 若緣此而不得下去, 則又有晚時之罪, 此將奈何?" 其中一校曰: "吾當下去, 無事陪來矣, 君輩其將厚饋我乎?" 皆曰: "君如下去, 無事陪來, 則吾輩當盛酒饌而待之." 其校曰: "然則吾將治行矣." 仍擇巡牢中身長而有風威氣力者十雙, 服色皆新造, 而號令之聲, 用棍之法, 皆使習之, 與之同行. 時若魯, 每日設樂於練光亭而消遣, 望見長林之間, 有三三五五來者, 心甚訝之而已. 有一校衣服鮮明, 而趣入於前, 使下隷告, 曰: "兵曹敎鍊官現身矣." 若魯大怒, 拍案高聲, 曰: "兵曹敎鍊官, 胡爲而來也?" 其人不慌不忙而上階, 行軍禮後, 仍號令曰: "巡令手斯速現謁!" 聲未已, 二十餘箇巡牢, 趣入拜於庭下, 分東西而立, 其身手也軍服也, 比箕營羅卒, 不啻霄壤. 其校忽又高聲號令, 曰: "左右禁喧譁!" 如是數次, 仍俯伏而稟達曰: "使道雖以方伯, 行次於此處, 固不敢如是. 今則大司馬大將軍行次也, 渠輩焉敢若是誼譁, 而邑校不得禁止乎? 邑校不可不拿入治罪矣." 仍號令, "左右禁亂, 將校斯速拿入!" 巡牢承命而出, 以鐵索繫項拿入, 其校分付曰: "使道雖是一道方伯,[7] 不可如是擾喧, 況今大司馬大將軍行次乎! 汝輩焉敢不禁其亂雜云?" 而仍使之依法, 巡牢執其所持去之兵曹白棍, 袒衣而棍之, 聲震屋宇. 其應對之聲, 用棍之法, 卽京營之法[8], 而與箕營之隷, 不可同日而語矣. 若魯心甚爽然, 下氣而坐, 任其京校之爲, 至七度, 其校又稟曰: "棍不可[9]七度." 使之解縛而拿出. 若魯心甚無聊, 呼營吏, 謂曰: "營門付過記幷持來, 以給京校." 其校受之, 一一數其罪, 而或棍五度, 或棍六七度而拿出. 若魯又曰: "前付過

---

7) 使道雖是一道方伯: 다본에는 '使道行次雖是方伯'으로 되어 있음.
8) 法: 나, 다본에는 '例'로 되어 있음.
9) 不可: 나, 다본에는 '不過'로 되어 있음.

記之丈周者, 竝付京校." 其校又如前之爲, 若魯大喜, 問京校曰: "汝年幾何, 而誰家人也?" 答以年幾何, 某家之人也, 曰: "汝於[10]箕城初行乎?" 曰: "然矣." 曰: "如此好江山, 汝何一番不遊乎?" 仍入帖下記, 以錢百兩·米五石, 書以給之, 曰: "明日, 可於此樓一入遊, 而妓樂飮食, 當備給矣." 仍信任如熟面人. 留幾日, 與之上京, 一時傳爲笑談.

6-3.

尹參判弼秉, 午人也, 居抱川. 以生進, 將赴到記場, 曉到東門外, 則時尙早, 門未開, 仍入酒店而少坐. 伊時, 適有隣居人賣柴之行, 仍坐牛背柴上而來矣. 店主出迎, 曰: "生員此行赴科, 而姓是尹氏乎?" 答曰: "然矣." 店主曰: "夜夢, 一人牽牛而馱柴, 柴上又有五彩[11]玲瓏之一物, 從此路而來, 入于酒店, 故問: '其柴上載何物?' 則答曰: '此牛産雛, 而乃[12]是龍也, 故欲賣於京市而來云.' 驚覺而心甚訝之. 生員旣從此路, 而又坐牛柴上, 姓又尹氏云. 嘗聞尹氏指以爲牛, 而龍是科徵也, 可賀登科." 尹笑而責之而入城, 果登是科.

6-4.

李監司溁,[13] 致祭時, 朝士多會. 時張武肅公, 以漢城判尹兼訓將而參座矣, 大廳之上, 倚席枕, 吸烟竹. 兪公拓基, 以臺諫後至, 及到廳邊, 還下去, 會客皆莫知其故矣. 兪相坐於小舍, 而分付諫院

---

10) 於: 저본에는 빠져 있으나 이본에 의거하여 보충함.
11) 五彩: 나, 다본에는 '五色'으로 되어 있음.
12) 乃: 저본에는 '此'로 나와 있으나 나, 다본을 따름.
13) 李監司溁: 나본에는 '高王考監司公諱溁'으로 되어 있음.

吏, 曰: "大廳上橫竹倚枕之重臣, 誰也?" 對曰: "訓鍊使道也." 兪相
叱曰: "今日公會也, 武相焉敢如是無禮於公座乎?" 公乃投竹而起,
曰: "可以去矣." 一蹙眉而網巾坼裂. 伊後, 逢兪相, 以執法之意致
謝, 交歡而罷. 兪相之執法, 武肅公之氣岸, 槪如此.

6-5.

張武肅公, 嚴於忠逆之分, 如時相李光佐, 必去姓呼次對. 時光
佐奏曰: "近日, 武將驕蹇, 事多寒心, 臣旣忝在大臣之列, 而武將
慢侮忒甚, 朝禮恐不如是矣." 上曰: "武將誰也?" 對曰: "訓將也."
上將欲下問之際[14], 右相閔公丹巖, 入來就坐後, 公起伏, 曰: "小臣
之敬大臣, 如是矣, 彼領相則逆臣[15]也, 臣雖武將, 何事禮賊臣[16]
乎?" 上大怒, 命削職.

6-6.

申大將汝哲[17], 少時, 習射于訓鍊院, 歸路, 都監軍一人, 乘醉詬
辱. 申公仍蹴殺之, 直入李貞翼[18]公浣家通刺, 使之入來, 而寒喧
罷, 李公曰[19]: "何爲來見?" 申公曰: "某名某也, 俄於射亭歸路, 都
監軍士如斯如斯, 某果蹴殺之, 此將奈何?" 李公笑曰: "殺人者死,
三尺至嚴, 焉敢逭律?" 申公曰: "死則一也, 殺一軍士[20]而死, 非丈
夫之事也. 欲殺其大將而死, 如何?" 李公曰: "汝欲殺我乎?" 申公

---

14) 際: 나, 다본에는 '時'로 되어 있음.
15) 逆臣: 나, 다본에는 '逆賊'으로 되어 있음.
16) 賊臣: 나, 다본에는 '逆臣'으로 되어 있음.
17) 汝哲: 나, 다본에는 '莊武公汝哲'로 되어 있음.
18) 翼: 저본에는 빠져 있으나 가, 다본에 의거하여 보충함.
19) 曰: 저본에는 '問'으로 나와 있으나 나, 다본을 따름.
20) 軍士: 나, 다본에는 '軍官'으로 되어 있음.

曰:"五步之內, 不得其恃衆矣." 李公笑曰:"第姑俟之." 仍分付都
監執事, 曰:"聞軍卒一人, 乘醉臥於街上, 托以伴死, 須擔來." 下
隷承命而擔來, 拿入決棍而出之, 仍以無事. 李公使留之, 曰:"汝
大器也, 可親近往來." 愛如親子姪. 一日, 召而言曰:"吾親知人家
在不遠, 而以染疾, 擧家皆死, 無人斂襲. 諸具吾已備置, 今夜, 汝
可往其家, 躬自殮襲, 可也." 申公承命, 而至其家, 夜執燭而往, 則
一房之內, 有五尸, 乃以布木, 次次斂之. 至第三尸, 將斂之時, 忽
然尸起而批頰, 燭乃滅矣. 申公少不驚動, 以手按之, 曰:"焉敢如
是?" 公呼人, 爇燭而來, 其尸大笑起坐, 乃是李公也. 蓋李公欲試
其膽氣, 而先臥尸側.

6-7.

光廟嘗[21]不喜一卑官, 不欲遷職累數年. 內宴, 宰樞皆在殿, 上顧
見其卑官, 亦以金帶矣. 心自驚訝, 宴罷, 急令銓曹, 考其官實歷以
進, 果皆以淸班除擬而進也. 上乃曰:"人之貴賤, 有命存焉, 亦非
人主之所能爲也." 銓曹除官, 必備三人擬進, 光廟或以筆濃蘸黑
汁, 臨于三人姓名之上, 隨其落墨[22]處下點, 而或命宮人不解文字
者點出, 曰:"是亦命也!"

6-8.

成廟鍾愛一女子[23], 多有過制之事, 烏府論之. 上命召入掌令某,
入謁, 上使之前, 遂書一句而賜, 曰:'世人最愛重陽菊, 此花開後

---

21) 嘗: 저본에는 빠져 있으나 나, 다본에 의거하여 보충함.
22) 墨: 저본에는 빠져 있으나 나, 다본에 의거하여 보충함.
23) 女子: 가, 다본에는 '王子'로 되어 있음.

更無花.' 其人拭淚. 而未幾, 上登遐.【『五山說林』】

6-9.

判中樞具壽永, 以奇技淫巧, 慾遢阿附, 無所不至, 朝野側目. 三大將軍[24]擧事日, 聞結陣於光化門外, 渾家痛哭, 罔知所爲. 有一健奴, 曰: "人之死生, 各有其數, 何可坐而待死? 急具肉食, 我當導令公而去, 求幸免之地." 乃盛備佳肴美醞, 鞍馬僕從, 略如常日, 前後呵擁而出. 到軍前, 奴自持軺床, 引坐三大將越邊, 衆人雜坐於三大將前, 未及見具之來就坐也. 時九月初三日, 三大將達宵露坐, 飢乏中發寒粟外, 逼思食而不敢言. 具奴持饌盒[25], 以次投進, 又以大酌遞進, 諸公不問其所出處, 到手輒盡. 至四五遍, 始問[26]: "此爲誰家物也?" 具奴指具而對曰: "乃具公之所賚來也." 三大將相顧錯愕之際, 奴曰: "今日之會, 此爲大功, 非此則諸公應餒, 何以了大事?" 傍有人, 曰: "此言甚是." 自此得交, 漸有投機投策之事, 遂策勳爲君. 史氏曰: "具之尼[27]惡, 浮於任士洪, 而非但免死, 乃能轉禍爲福, 當時三大將處事之疎, 由此而可想見矣."

6-10.

柳恒齋, 爲人曠蕩不檢, 爲時議所不容. 出爲忠淸監司, 「題丹陽郡」一絶, '拾盡凶頑石, 平鋪淸淨流. 捕風囚海若, 然後放吾舟.' 靜菴旣敗, 奸徒傳誦其詩, 疑柳不容於淸議, 而有此詩, 卽薦擢爲憲

---

24) 將軍: 나, 다본에는 '將'으로 되어 있음.
25) 盒: 나, 다본에는 '榼'으로 되어 있음.
26) 問: 저본에는 '聞'으로 나와 있으나 이본에 의거함.
27) 尼: 나, 다본에는 '爲'로 되어 있음.

長.柳卽日拜命,經趨[28]禁府,自門隙招靜菴,執其手,歎[29]曰:"豈意至此耶?"遂論袞·貞之奸,且面折之.未幾被斥,歸安城邸舍.及辭連誣告獄成,袞等上疏,搆列黨人姓名,雲居第四.及冲庵被殺,雲自知禍必及已,縱酒爛腹而卒.【『竹澗閑語』】

6-11.

洪忍齋暹,以吏曹佐郎,往見吏曹參判許洽,言間頗侵安老,且曰:"「秦檜傳」,不可不使見李令公大憲也."洽愕然曰:"老夫忝公堂[30]上,醉而來見,猶之可也.而吾弟旣無分,且是法官之長,或少失禮,則所關非輕,切勿往也."仍呼洪下人,戒[31]令宜還本家,無得他往.洪遂辭出,直向沆家,下人不得止之,洽使人探之,果已到矣.洽曰:"吾過矣.使吾下人,勒還本家,則必無此事,大禍今起矣."馳馬去,則洪已還矣.洽曰:"洪正郎大醉,不省人事."沆曰:"顔色如白玉者,有何醉色?但無所言耳."洽曰:"外雖如此,其實大醉,雖有所言,何足與較?"沆不答,洽無可奈何而還.沆夜抵安老家,翌朝獨啓,而鞠之省獄,一日受一百二十杖,氣息將絶,乃流之海島.方未出獄,骨節盡碎,呼吸不出,謂之已死,置之墻下,覆以草席.公亦忽忽似睡[32],忽聞呼委官聲者三,判府事以下,奔走下迎.公開眼視之,乃大偏也.公暗謂,'寧有是理[33]乎?'其後三十年,公旣入相,以委官坐禁府,其時執杖者,尙在云.史氏曰:"人之生

---

28) 趨: 저본에는 '筵'으로 나와 있으나 이본에 의거함.
29) 歎: 나,다본에는 '痛哭'으로 되어 있음.
30) 堂: 저본에는 '室'로 나와 있으나 이본에 의거함.
31) 戒: 저본에는 '戎'으로 나와 있으나 나,다본에 의거함.
32) 睡: 나,다본에는 '醉'로 되어 있음.
33) 理: 저본에는 빠져 있으나 나본에 의거하여 보충함.

死, 本在於天, 雖有百許沆, 其能殺一忍齋哉? 洽與沆, 其可以魯衛視之哉!"【『寄齋雜記』】

6-12.
宣廟聖智出天, 凡邊事規畫, 皆自睿斷. 備局諸臣, 有或[34]下問, 則聖敎允當覆啓, 而政院奉行不及, 往往惶恐待罪, 故其時語曰: '惶恐待罪承政院, 上敎允當備邊司.' 宣廟內官李鳳廷, 嘗昵侍寵光[35], 供筆硯間, 頗得宸翰模法. 東皐李浚[36]慶, 時爲首相, 牌招鳳廷責之, 曰: "汝以內官, 模習御筆, 將欲何爲? 不改, 當有重刑!" 鳳廷大懼, 效雪松[37]體以被之, 宣廟聞而喜焉.

6-13.
貞淑翁主, 宣廟女而東陽尉內也. 嫌其庭狹隘, 告之於上曰: "隣家逼側, 語聲[38]相聞, 簷宇淺露, 無有碍隔, 願得價而買此地." 上曰: "聲低則不聞, 簷隔則不見, 庭何必曠乎? 人之居處, 容膝足矣." 仍下蘆簾二部, 曰: "以此而蔽之, 可也." 翁主不敢加點.

6-14.
光廟時[39], 弘文館書吏金忠烈, 見寵姬金尙宮用事, 人心憤惋上疏, '赫赫宗周, 褒姒[40]滅之, 我朝鮮三百年[41]宗社, 金尙宮滅之, 臣

---
34) 有或: 나, 다본에는 '每有'로 되어 있음.
35) 寵光: 나, 다본에는 '龍光'으로 되어 있음.
36) 浚: 저본에는 '俊'으로 나와 있으나 이본에 의거하여 바로잡음.
37) 雪松: 저본에는 '公雪'로 나와 있으나 나, 다본을 따름.
38) 語聲: 나, 다본에는 '語音'으로 되어 있음.
39) 時: 저본에는 빠져 있으나 나, 다본에 의거하여 보충함.
40) 姒: 저본에는 '似'로 나와 있으나 이본에 의거하여 바로잡음.

爲殿下痛哭'等語. 到政院, 論議不一, 終至退却. 忠烈稍解詩律,
自號玉壺.【『公私聞見錄』】

6-15.

權石洲韠, 善詩歌, 落魄不拘節, 傲世[42]不赴擧. 光海辛亥, 設科
策士, 進士任叔英, 所對諷論時政, 言甚切直, 考官懼而[43]不敢棄.
光海親監大怒, 命拔去榜中, 兩司交爭. 韠有詩, 云:'宮柳靑靑鶯
亂啼, 滿城冠蓋媚春輝. 朝家共賀昇平樂, 誰遣危言出布衣.'宮柳
蓋指外戚諸柳, 布衣指叔英也. 光海治獄, 搜讞家文書, 見此詩惡
之, 仍命拿鞫, 刑竄朔方. 出東門外, 見人家壁上書,'勸[44]君更進一
盃酒, 酒到不劉伶墳上土. 三月將盡四月來, 桃花亂落如紅雨.'歎
曰:"此詩讖也, 其知我死矣.[45]" 勸君之勸字, 書壁者, 誤書權字者[46]
也. 時當三月, 桃花亂落, 遂未赴謫所而死.

6-16.

許筠常幻作無據之事, 每令朝野顚倒. 丁巳, 回自京師, 曰:"中
國有『林居漫錄』, 宗系蒙誣, 如舊不改."光海大驚, 卽令筠委往申
卞, 筠多載珍賄以往, 僞書彼此御[47]府文籍, 定奪回報. 光海以爲大
慶, 朝廷[48]遂上尊號. 沈一松喜壽, 知情狀, 謂同僚曰:"前於己丑盡

---

41) 年: 저본에는 빠져 있으나 나, 다본에 의거하여 보충함.
42) 世: 저본에는 빠져 있으나 나, 다본에 의거하여 보충함.
43) 懼而: 저본에는 빠져 있으나 나, 다본에 의거하여 보충함.
44) 勸: 나, 다본에는 '權'으로 되어 있음.
45) 其知我死矣: 나, 다본에는 '吾其死矣'로 되어 있음.
46) 誤書權字者: 나본에는 '誤落權字改'로 되어 있음.
47) 御: 저본에는 '卸'로 나와 있으나 나, 다본에 의거함.
48) 廷: 저본에는 '庭'으로 나와 있으나 이본에 의거함.

昭雪, 今日又卞何?" 筠啣之搆捏, 斥逐喜壽, 出門賦詩, 曰: '出門是非棄官歸, 回首江山何處依. 欲買小舟無片價, 傾箱猶有舊朝衣.'【『檜山雜記』】

6-17.

光海廢世子祬之將死也, 仁烈王后告仁祖曰: "祬之罪, 可生可死, 非婦人所知, 而國之興亡, 在於德之修否, 係於心之操縱, 決於俄頃. 故古有'朝爲天子, 暮求爲匹夫而不得'者. 殿下之操心, 不如今日, 則安知無復有賢於殿下者乎? 前人所爲, 後人所效, 願勿輕[49]殺祬, 以爲他日保我子孫之計." 仁祖墮玉淚傾聽, 而勳臣・臺臣, 啓請案法, 竟賜[50]死.

6-18.

光海遷濟州, 李延城時昉爲牧使, 申飭廚人, 潔羞以進. 光海喜有異於前日[51]也, 曰: "此必受恩於予者也." 隨往宮人曰: "非也." 光海曰[52]: "汝何以知之?" 宮人曰: "爺爺之黜陟臣僚, 一從後宮毀譽, 此倅若曾曲邌受恩者, 則必將薄待故主, 擬掩前日陰秘之跡, 豈敢致誠如此哉?" 光海知爲時昉, 垂淚低頭, 羞見宮人. 蓋時昉靖社元勳延平貴之子, 亦參勳籍, 封延城君, 而光海朝未霑一命云.

6-19.

仁城君珙, 宣廟王子也. 因戊辰李孝立之亂, 遂遭禍, 諸子皆竄

---

49) 輕: 저본에는 빠져 있으나 나,다본에 의거하여 보충함.
50) 賜: 저본에는 빠져 있으나 이본에 의거하여 보충함.
51) 日: 저본에는 빠져 있으나 나,다본에 의거하여 보충함.
52) 曰: 저본에는 빠져 있으나 이본에 의거하여 보충함.

配, 及蒙宥還, 蟄處畏縮, 故不畜牛馬. 丙子秋, 仁祖領賜馬貢, 愛置槽櫪間, 而無馴擾騎載之事. 及至臘月十二日, 西報猝至[53], 滿城鳥鼠[54], 大駕入南城. 仁城君之子海寧君佋, 將扈從, 而家中只有此馬, 乃自輔鞍箱勒, 而前躍後跳, 殆不可乘. 而事急無可奈何, 不得不冒死騎之, 旣騎之[55]後, 或躓或蹶, 終能追逐屬車[56], 得入山城. 仁祖[57]聞其來, 謂群臣曰: "仁城之子, 扈從來到, 予甚喜之." 暨還都, 首下仁城復官之命, 繼有仁城諸子付錄之恩. 海寧常謂人曰: "人家禍福之至, 莫非天數." 當時吾輩, 復見天日, 皆由此馬之力也. 【『閑溪漫錄』】

6-20.

趙之耘, 字耘之. 曾於金監司弘郁喪, 弔畢而出門, 東溟鄭斗卿入來, 爲逡巡退讓, 東溟立而睨視, 曰: "爾是何人之子?" 之耘擧親以對. 東溟曰: "聖上殺金文叔, 此爲聖世之累, 惜哉惜哉!" 蓋其時上密遣掖庭人, 看弔者, 故人皆畏不敢弔. 東溟故潑此, 使之聞之. 【『晦隱雜記』】

6-21.

魚文貞公世謙, 字子益, 孝瞻之子, 變甲之孫也. 性豪邁, 不拘小節, 在相位遭艱. 成廟以其年老, 命食肉, 公對客恣啖之, 人頗譏議. 公聞之, 曰: "以我食肉爲不可, 則可, 獨處而食肉, 對人而不食

---

53) 至: 저본에는 '地'로 나와 있으나 나, 다본에 의거함.
54) 鳥鼠: 나, 다본에는 '鳥竄'으로 되어 있음.
55) 旣騎之: 저본에는 빠져 있으나 이본에 의거하여 보충함.
56) 車: 저본에는 '入'으로 나와 있으나 나, 다본에 의거함.
57) 祖: 저본에는 '朝'로 나와 있으나 나, 다본에 의거함.

肉, 吾未知其是也." 其時, 金濯纓馹孫, 居喪稍弱, 自知滅性, 不待
人勸, 而殺鷄食之, 乃曰: "余在翰林, 嘗書一宰相食肉之非, 不意
今日, 身復蹈之."

6-22.

朴思菴, 乙酉歲, 領黃閣, 盧蘇齋守愼, 鄭林塘惟吉, 爲左右相,
鄭松江澈, 沈聽天守慶, 以原任坐東壁, 五公皆壯元及第. 其時作
契, 名曰'政府龍頭會軸'. 松江有詩, 曰: '五學士爲五壯頭, 聲名到
我不相牟. 秖應好事無分別, 等謂當時第一流.'【『五山說林』】

6-23.

成眞逸侃, 字和仲[58], 任之弟, 倪之兄也. 夢見李提學愷爲龍, 自
家攀龍, 飛渡江岸, 草木人物, 皆非世間所覩. 其後未幾, 伯高被
誅, 眞逸亦病, 病中作詩書之, 曰: '西風拂嘉樹, 零落發華滋. 我亦
一天物, 玉汝來有期.' 翌日而逝.

6-24.

宗室江楊君定, 臨終, 折取盆梅一枝, '遮鼻嗅弄笛[59]'一絶句, 困
不能成字, 令其壻代書之, 詩曰: '年將知命病相催, 屋角悠悠楚
紫[60]哀. 梅栐不知人事變, 一枝先發送香來.' 書畢而逝. 公少年鼎
貴, 雖不閑於詩律, 臨絶之奇[61], 可哀也. 平生酷好琴酒[62], 亦喜『資

---

58) 和仲: 저본과 이본에 모두 '□和'로 나와 있으나 의미상 바로잡음.
59) 笛: 이본에는 '書'로 되어 있음.
60) 紫: 나, 다본에는 '些'로 되어 있음.
61) 奇: 나, 다본에는 '音'으로 되어 있음.
62) 酒: 저본에는 '書'로 나와 있으나 나, 다본에 의거함.

治通鑑』, 遺命此三殉葬, 家造外槨, 遂以玄琴一張·『通鑑』一秩·酒一壺, 置其內而埋之.

6-25.
魚贊成有沼之遠祖重翼, 本性池, 生而體貌奇異, 腋下有鱗甲. 及長[63], 仕高麗王太祖, 時人咸稱其三鱗非常人也. 王太祖見之, 曰: "汝有鱗甲, 反是魚也." 因賜魚姓. 【『東閣雜記』】

6-26.
我朝穆祖兒時, 與樵童六七人, 同至南門外川邊大石下, 嬉戲, 有大虎咆哮, 欲噉人, 樵軍曰: "吾輩必無盡死之理, 此中有當死食者, 推與之, 可也." 仍各以所着小服投之, 以驗其應食者, 自上至下, 無一衣見攫者. 至穆祖投衣, 虎立而攫之, 衆樵以穆祖, 推與之, 穆祖不得已, 直往虎前. 川上大巖, 忽地崩落, 六七樵兒, 無一免者, 穆祖獨免, 而虎亦因忽不見. 至今有虎頭隕石[64]在川中, 亦可異矣. 【『完山志』, 卽今寒碧前】

6-27.
癸亥反正日[65], 光海從北門逃出, 中殿柳氏與數十宮人, 乘夜往後苑, 藏伏魚水堂中. 軍兵圍之數匝者兩日, 柳氏曰: "吾豈隱匿圖生耶?" 使宮人宣言中殿在此, 則宮人輩惶懼不敢出. 有韓僕香者, 自請宣言, 乃出立階上, 曰: "中殿在此矣!" 大將方據胡床, 卽起立, 而令

---

63) 長: 나, 다본에는 '壯'으로 되어 있음.
64) 石: 저본에는 '岩'으로 나와 있으나 나, 다본을 따름.
65) 日: 저본에는 '月'로 나와 있으나 이본에 의거함.

軍卒稍退其陣. 韓又以柳氏意, 問曰: "主上旣已失國, 新主者誰歟?" 大將曰: "宣祖大王之孫." 而不敢言誰某矣. 韓又以己問曰: "今日此計, 爲宗社耶, 爲富貴耶?" 大將曰: "宗社幾亡, 故吾輩不得不奉新主, 反正豈自爲富貴也?" 韓曰: "旣以義爲名, 則豈可餓殺前王之[66]妃?" 大將聞此言, 卽報于仁祖, 飯供頗厚云.【『公私聞見錄』】

6-28.

五峰李㟓公好閔, 字希彥, 延平人, 武判書叔琦之曾孫也. 少時, 與朋儕四五人, 會做於僻巷窮舍. 一夕, 諸友皆歸家, 公獨坐讀書, 忽有瓦礫[67]砂石, 自空亂下, 拂面撲衣者無數. 公苦之, 俛首俯伏, 取冊籠以蓋身. 須臾, 有擊籠作聲者, 曰: "府院君新來!" 如是者五六聲. 蓋勳臣正一品職而新來者, 俗稱新及第之號也. 公未久擢文科, 壬辰策扈聖功, 封延陵府院君.【『閑溪漫錄』】

6-29.

天安客舍, 有鬼魅來往, 公行不得入處. 完豊府院君李曙, 年少時, 以宣傳官, 賫諭旨, 馳往湖南, 夜投本郡館舍[68]. 有鬼物開戶視之, 還閉門而退, 曰: "府院君在此, 不可入."【『菊堂俳語』】

6-30.

太虛亭崔文靖公恒, 旣卒, 葬於廣州, 今漢南山城下. 其夫人有見識, 文靖葬後, 夫人見山, 曰: "此是無后之地, 宜改葬, 而國制禮

---

[66] 之: 저본에는 빠져 있으나 이본에 의거하여 보충함.
[67] 礫: 저본에는 '爍'으로 나와 있으나 나, 다본에 의거함.
[68] 館舍: 나, 다본에는 '客舍'로 되어 있음.

葬之地, 不敢遷動, 吾宜別葬."自卜於其地十里餘, 而卒乃別葬, 至今有後云.【『晦隱雜識』】

6-31.

魚文孝公孝瞻, 嘗卞論山家地理說之非, 上疏極陳明白正大. 英廟問鄭文成麟趾曰:"孝瞻之論, 然矣, 其父母之窆, 能不用其法乎?"麟趾曰:"嘗奉使於咸安, 見孝瞻葬其父於家園之側, 似非惑於地理也." 後文孝卒, 子世謙·世[69]恭, 葬於漢津濱, 亦不擇地, 家法如此云.【『筆苑雜記』】

6-32.

慶州風水無後餘, 故土狗皆尾短, 俗稱以東京狗. 至今京中, 亦目短尾狗, 曰'東京狗'.【『晦隱雜識』】

6-33.

浩亭河崙, 字大臨, 晉州人. 素好相人, 謂閔政丞霽曰:"吾相人多矣, 未有如公之二甥者, 吾欲見之, 請公先容." 霽謂太宗曰:"河崙欲見君." 太宗乃見之, 崙遂欣然結交. 後爲靖社佐命功臣, 配享廟庭.【『東閣雜記』】

6-34.

廣平大君諱璵, 少時相者言, 法當餓死. 太宗[70]曰:"予子豈有餓死之理乎?"盡以東籍田賜之, 遂移籍田于別所. 大君後因食魚, 魚

---

69) 世: 저본에는 빠져 있으나 나, 다본에 의거하여 보충함.
70) 太宗: 나, 다본에는 '英廟'로 되어 있음.

骨[71]哽喉, 不食而卒.【『芝峯類說』】

6-35.

琉球國遣使來, 宴于南別宮, 李判書世佐, 爲館伴, 蔡仁川壽亞焉. 宴已, 其使謂舌官曰: "判書於相法凶惡, 亞則善." 舌官曰: "判書不獨身顯, 三子皆擢科, 列要津, 其福罕, 何以爲凶?" 使默然曰: "吾非知也." 蓋慶陽長大豊碩, 望其貌, 知其爲福人, 聞者皆笑其妄也. 未幾, 慶陽闔門遭禍, 仁川能獲終吉, 方知其善相也.【『龍泉談寂記』】

6-36.

韓松齋忠, 氣槪豪放, 早有文名, 喜音律, 又能彈琴. 中癸酉壯元, 以弘文典翰, 忠奏請使赴京, 聞善卜者, 令譯官, 問其平生首尾吉凶. 卜者推數, 只書藏頭體一律, 曰: '少年才藝倚天摩, 手把龍泉幾處磨. 石上梧桐將發響, 音中呂律有時和. 口傳三代詩書教, 文起千秋道德波. 皮幣已成賢士價, 賈生寧獨謫長沙.' 後卽被謫, 又被告杖死[72]獄中. 平生首尾, 彷彿如此, 亦可怪也.【『思齋摭言』】

6-37.

李貳相長坤, 燕山時, 以校理亡命, 嘗數月一至家, 見其夫人而去. 一日到家, 天向曙, 不敢入, 隱於家後竹林. 夫人以其過期不至, 疑其死, 招筮卜之, 筮言, "不死矣, 影在庭中." 公聞之, 自後不敢再至家. 晚年嘗言, "筮亦不虛云."【『芝峯類說』】

---

71) 骨: 저본에는 빠져 있으나 이본에 의거하여 보충함.
72) 死: 저본에는 빠져 있으나 이본에 의거하여 보충함.

6-38.

沈士進友勝, 朴子龍東亮, 皆在備局司, 論及時事, 子龍曰: "已無可爲者." 士進曰: "君勿憂! 中興其不遠也." 子龍曰: "何爲也?" 士進曰: "洪延吉宗祿有子, 愚而不識字, 一日, 夢占一絶句, 曰: '細雨天含柳色靑, 東風吹送馬蹄輕. 太平名官[73]還朝日, 奏凱歡聲落洛城.' 辛卯冬也, 寄示延吉謫所, 以爲不久當見宥, 延吉叱之見瞞, 何人爲此[74]說也云. 此豈[75]非中興之兆也?" 子龍語延吉曰: "此言然乎?" 答曰: "宥之! 文理不長, 故以奏凱, 爲我放還之兆, 而天含字亦未知何意也." 子龍曰: "若論中興功, 此子當[76]爲第一." 延吉亦笑之. 【『寄齋雜記』】

6-39.

曹臣俊公著, 號無憫翁, 家住松都. 申元澤混, 自安州授敎拜校理, 承召過松都, 見無[77]憫翁求詩, 卽題贈, 曰: '仙官瑤籍送群才, 何事翻然下界來. 跨鶴鞭鸞歸路近, 五雲多處是蓬萊.' 申謝而去. 無憫更吟一遍, 而驚曰: "此是挽申語也." 申歸京師, 數月而沒之.

6-40.

金判書時讓, 光海朝謫鍾城, 夢有人贈詩, 記得一聯, '不到觀魚海, 何由見太平.' 莫知其意. 後配寧海, 寓居觀魚臺下, 癸亥反正, 始得北還.

---

73) 官: 나, 다본에는 '宦'으로 되어 있음.
74) 此: 저본에는 빠져 있으나 이본에 의거하여 보충함.
75) 豈: 저본에는 빠져 있으나 나, 다본에 의거하여 보충함.
76) 當: 저본에는 '常'으로 나와 있으나 이본에 의거함.
77) 無: 저본에는 빠져 있으나 나, 다본에 의거하여 보충함.

6-41.

成文景公石麟, 少倜儻有奇節. 嘗爲楊伯顔幕下禦倭, 失律當刑, 假寐, 有人言曰:"公着篙冠, 無憂也." 公解曰:"以篙裹頭, 不祥甚矣." 竟貸死除名, 後爲首相, 曰:"吾夢篙冠者, 乃高冠也."【『筆苑雜記』】

6-42.

李校理首慶, 初謫穩城時, 夢受香如差祭官, 及放還, 乃一千八日也. 香字千八日也, 是其應也. 金典翰弘度初生, 其考參知魯, 夢有人使命, 其名曰'歸甲', 以爲小字. 及長, 遂魁蓮桂, 人以爲魁甲之應也, 戊午謫甲山而卒, 歸甲之應如驗. 其時, 金虬亦謫慶源, 而小字乃宜慶也, 人怪之.【『鯦鯖瑣語』】

6-43.

崇禎丙子之亂, 金自點爲都元帥, 領兵在外. 嘗使南斗柄斥堠將, 丁丑正月十五日, 師次楊根, 忽以他人代之, 召斗柄, 語曰:"曉夢, 爾大人乞余, 今日, 改汝斥堠, 覺來, 心不安, 故以此人代之矣." 斗柄泣曰:"今月,[78] 是吾父戰亡之月." 蓋其父忠壯公, 曾於丁卯之亂, 死節於安州也, 是日, 代斗柄者, 果遇賊死. 斗柄後官至參判兼御營大將.【『閑居漫錄』】

6-44.

南袞爲「柳子光傳」, 甚有功思, 於士禍一節, 模寫如畫, 可謂曲

---

[78] 改汝斥堠 … 今月: 저본에는 빠져 있으나 가, 나본에 의거하여 보충함. 다본도 이와 유사함.

盡情態. 有人題詩曰: '畢竟肺腑誰得以, 不知自作傳中人.'【『芝峯類說』】

6-45.

沈判書詻, 年過八十, 經回巹與回榜. 長子光洙承旨, 次子光泗官典籍[79], 有孫七人, 中文科者五人, 內外子孫, 合七十餘人. 約爲花樹契, 各於初度日, 設酒肴, 奉壽於前, 殆無虛月, 或一朔中疊行. 世傳以爲盛事.

6-46.

閭巷間, 有玩好之物而被人側竊者, 則咀呪法以狀之, 往往還置故處. 任斯文義伯, 爲黃海監司時, 所佩銀粧刀及銀盃見偸, 疑下人輩所見偸, 至於冠帶焚香, 親自咀呪, 聞者鄙之. 代任爲監司者辭朝, 南參判老星, 以一絶題扇面, 以贈曰: '銀器藏須密, 粧刀佩亦堅. 焚香冠帶祝, 無若季方然.'【『菊堂俳語』】

6-47.

俗傳, 金富軾·鄭知常齊名, 一時不相能, 鄭爲金所殺, 作陰鬼. 富軾一日, 詠小春詩, 曰: '柳色千絲綠, 桃花萬點紅.' 鄭鬼批富軾頰, 曰: "千絲萬點, 孰數之? 爲何不曰 '柳色絲絲綠, 桃花點點紅'?" 富軾如厠, 鄭鬼拗閬, 問曰: "何物皮閬乎?" 金徐言曰: "汝父鐵閬乎!" 色不變, 亦不敢害, 後竟爲不免焉.【『松溪漫錄』】

---

79) 籍: 저본에는 '簿'로 나와 있으나 다본에 의거함.

6-48.

方進士運, 身短而髥長, 黃大成鉉, 戱之曰: "君之運字, 是孟子 '可運於掌上'之運." 方應聲, 曰: "是莊子'大鵬運於南溟'之運." 時人以爲善對. 【『太平閑語』】

6-49.

金乖崖守溫, 爲兵曹正郎, 卽有一人姓金者, 爲佐郎. 乖崖嘗語金曰: "吾善相人, 子之相法爲壽." 金喜曰: "試言之." 金又曰: "先生許我壽相, 何惜一辭乎?" 乖崖曰: "秘法何可浪傳?" 答設勝宴, 少可敷陳, 金果設宴,[80] 會同僚, 乖崖曰: "先生已享之壽, 已過五十, 吾是以爲壽相. 先生未享之壽, 吾何以得知乎?" 滿座皆笑. 【上同】

6-50.

戶曹正郎金順[81]命, 禮曹正郎朴安性, 相與友善. 禮曹淸而戶曹富, 朴每有求於金, 以爲本曹供饋之資. 一日, 朴使又至, 金乃叱曰: "無物可給, 何不取吾腎囊而喫之也?" 使歸告朴, 時金吉通爲禮曹參判[82], 乃金之父也. 朴於是, 乃報金曰: "所曹腎囊, 欲以進堂上, 可急送." 金不敢一言, 俯首而已. 【上同】

6-51.

鄭松江澈, 善詼諧. 壬辰之亂, 車駕駐平壤, 松江嘗與柳西崖・許岳麓筬・李坡谷誠中諸人, 會于練光亭, 遙見賊火明滅於松樹, 銃

---

80) 少可敷陳, 金果設宴: 저본에는 빠져 있으나 이본에 의거하여 보충함.
81) 順: 저본에는 '顯'으로 나와 있으나 나, 다본에 의거하여 바로잡음.
82) 參判: 나, 다본에는 '判書'로 되어 있음.

聲不絶. 西崖泣曰: "吾輩死生, 只在朝夕, 此會未必永訣." 松江曰: "不然, 畢竟同歸于盡, 何謂永訣?" 西崖拭淚, 笑曰: "新亭之上, 豈可無淸談乎?"【『寄齋雜記』】

6-52.

李洪男, 有辯才[83]. 任參議輔臣, 爲掌樂正時, 任有子, 名曰'克', 或云: "克字不佳." 洪男曰: "樂正子名克, 是何不佳之有?" 又有安姓人, 有賤産求名, 洪男命之, 曰'印法', 聞者絶倒.【上同】

6-53.

柳上舍克新, 字汝健, 少時倜儻, 負氣豪放. 白振民, 大諫惟讓之子也, 戲謂柳曰: "君與柳色新, 第幾親?" 柳應聲曰: "色新系渭城, 吾系文城, 自不相涉, 未知白遊衢與汝父, 第幾親?" 白無以答, 聞者絶倒. 蓋白遊衢者, 街路名, 而遊與惟, 讓與羊, 衢與狗, 俗音同也.【『芝峯類說』】

6-54.

天使朱之蕃, 爲詩浩汗, 不事精鍊, 飮量甚寬. 其「遊蠶頭」詩, 押泓字, 人戲之, 曰: '浩浩詞源同鄭協, 恢恢酒量似兪泓.' 蓋兪議政泓善飮, 鄭參判協爲詩, 務多神速故也. 鄭公聞而慍[84], 曰: "何以比余朱天使耶?" 人答曰: "然則換作, '酒量恢恢同鄭協, 詞源浩浩似兪泓.'" 蓋謂鄭善飮, 而兪亦喜詩而不甚工也, 聞者齒冷.【上同】

---

83) 辯才: 저본에는 '辨士'로 나와 있으나 나. 다본에 의거함.
84) 而慍: 저본에는 빠져 있으나 나. 다본에 의거하여 보충함.

6-55.

坡潭子尹繼善, 希宏之子也, 春年之孫也. 於龍灣眷一娥, 臨別有詩, 曰: '眼高箕院無佳麗, 腸斷龍灣有別離.' 因剪其髮以贈之, 余謂, "宜改'斷腸龍灣, 爲斷髮龍灣.'" 申判書點聞之, 曰: "此斷髮文身也." 聞者大哂.【上同】

6-56.

崔參判惠吉, 新得美妾, 以時同副承旨, 久鎖直不得出, 懇乞遞直於右承旨趙公纘韓, 趙曰: "令公餉我栭餠, 則當許之." 崔卽通于家, 蒸熟栭餠而[85)]來, 趙不能飮, 而喫餠旣盡. 俄而, 漏局人告申時, 院吏唱, "右令公[86)]出!" 崔曰: "今日, 許我脫直, 而令監違約出去, 何無信之甚耶?" 趙公曰: "令公之栭餠, 少矣." 院中絶倒.【『菊堂俳語』】

6-57.

張斯文仲仁, 謁李判書景魯, 言及卜妾事, 公曰: "某人有女, 頗美云, 君何不圖之? 恐爲疾足者之先得." 張曰: "大監爲中人父." 公曰: "是何言也? 不敢當, 不敢當!" 蓋俗以謂媒者曰'中人父', 而與張名嘗同, 故也.【上同】

6-58.

嶺南儒生成汝信·金泰始·白見龍, 年皆七十, 而猶不廢赴擧, 監試·覆試, 三[87)]人聚首, 白髮交輝[88)]. 有一少年, 過而揖, 曰: "座中闕

---

85) 而: 저본에는 빠져 있으나 나, 다본에 의거하여 보충함.
86) 公: 저본에는 빠져 있으나 나, 다본에 의거하여 보충함.
87) 三: 저본에는 '之'로 나와 있으나 이본에 의거함.

一, 敢問其故." 蓋指謂四皓之[89]一也. 成汝信答曰: "其一卽君之祖父, 而捐世已久, 君不知之[90]耶?" 少年[91]退步, 擧場拍手.【上同】

6-59.

趙復興胖, 有其姑, 爲脫脫丞相夫人. 故幼從姑, 養於脫脫氏, 脫脫敗, 公與所幸美人及小[92]官, 避禍本國[93], 中路小官謀於公, 曰: "吾三人脫禍至此, 若有疑而問之者, 是机上肉, 又美人同行, 怪駭人見, 不如割愛[94]以圖存也." 相與[95]言議, 而美人亦英敏, 乃言, "魚與熊掌, 不可兼[96]得, 不可以妾之故騈首就戮也." 泫然泣下, 設小酌, 相與訣別於街路. 二[97]人策馬兼程, 行百六七里許, 公悲念美人不已, 寸步不能進. 其意欲還導美人, 更敍情也. 小官曰: "不須公往, 奴當致公意而還也." 公曰: "諾." 小官往見, 美人墮樓而絶, 解其指環而歸, 給公, 曰: "兒女之不可信如此, 方與二官員, 設酌唱歌, 略無愧[98]色, 可鄙之甚也." 公亦唾之. 旣到鴨綠江, 俱道墮樓之事, 出指環與之, 公痛哭幾絶. 到本國, 娶婦生子五人, 俱顯位至勳相, 猶終身悼念, 每遇忌日, 流涕而祭之.【『靑坡劇談』】

---

88) 輝: 저본에는 '揮'로 나와 있으나 나, 다본을 따름.
89) 之: 저본에는 빠져 있으나 나, 다본에 의거하여 보충함.
90) 之: 저본에는 빠져 있으나 나, 다본에 의거하여 보충함.
91) 少年: 저본에는 빠져 있으나 나, 다본에 의거하여 보충함.
92) 小: 저본에는 '少'로 나와 있으나 나, 다본을 따름.
93) 國: 저본에는 '官'으로 나와 있으나 나, 다본에 의거함.
94) 愛: 저본에는 '髮'로 나와 있으나 나, 다본을 따름.
95) 與: 저본에는 빠져 있으나 이본에 의거하여 보충함.
96) 兼: 저본에는 '無'로 나와 있으나 나, 다본에 의거함.
97) 二: 저본에는 '三'으로 나와 있으나 나, 다본에 의거함.
98) 愧: 저본에는 '情'으로 나와 있으나 나, 다본에 의거함.

6-60.

李判書世佐夫人某氏, 成廟罪廢尹氏之時, 公以承旨, 持藥而去. 其夕還家, 夫人問曰: "聞朝廷論廢妃不已, 畢竟何如?" 公曰: "今日, 已賜死矣." 夫人愕然起坐, 曰: "傷哉! 吾子孫其無遺乎! 母旣無罪而被殺, 子豈無報復他日乎?" 至燕山甲子, 而公之子守貞被殺, 公亦爲棄市. 夫人之[99]先見, 實非常人所及也.【『松窩雜說』】

6-61.

妓女紫洞仙, 才貌冠絶, 宗室永川君定嬖之. 君嘗寵靑郊月, 旣而, 移愛紫洞仙. 適往松都, 松都有靑郊驛紫洞仙, 徐達城君正, 以詩贈行[100], 曰: '靑郊楊柳傷心碧[101], 紫洞烟霞滿意濃.' 君大喜, 於衆中誦此詩, 誇之. 張翰林寧, 奉使本國, 每宴必目洞仙, 眞傾國色. 後金天使湜, 游濟川亭, 紅妓滿前, 問曰: "張翰林常稱貴國紫洞仙, 誰也?" 禮官誣指他妓, 金曰: "非也. 果此人張公必不稱也." 禮官不敢隱, 以馹騎索洞仙於永川第, 金笑曰: "此眞其人."【『靑坡劇談』】

6-62.

柳希春, 自號眉菴, 爲南平縣監, 白休菴仁傑, 宰茂長, 適得宋圭菴麟壽, 爲方伯, 三人相得歡甚. 圭菴心眷扶安妓, 不與之通繾綣, 只載而隨行, 每檄召茂長·南平, 恒同遊處, 一道人謂之 '三差備' 云. 宋公瓜滿, 將餞于礪山, 二人及妓隨之, 宋公曰: "政愛此人之巧慧,

---

99) 之: 저본에는 빠져 있으나 나, 다본에 의거하여 보충함.
100) 行: 저본에는 빠져 있으나 나, 다본에 의거하여 보충함.
101) 碧: 저본에는 빠져 있으나 이본에 의거하여 보충함.

一年同席, 不及亂者, 實恐其死也." 妓卽指前[102]山衆塚, 曰: "果然也, 彼累累者, 皆我夫也." 蓋怨辭也, 一座大噱.【『巴人識小錄』】

6-63.

金庾信, 鷄林人也, 事業赫赫, 布在國史. 爲兒時, 母夫人日加嚴馴, 不妄交遊. 一日, 寓宿女隷家, 其母面數之, 曰: "我已老, 日夜望, 汝成長立功名爲親榮, 今爾與屠沽兒, 遊戲淫房酒肆耶?" 號泣不已, 公卽於母前, 自誓不復過其門. 一日, 被酒還家, 馬解舊路, 誤至娼家, 兒且忻且怨, 垂淚出迎. 公旣醒, 斬馬棄鞍而返, 女作怨辭一曲傳之, 東都有天官寺, 卽其塚也. 李相國公升, 嘗赴東都, 作詩曰: '寺號天官昔有緣, 忽聞經始一凄然. 多情公子遊花下, 含怨佳人泣馬前. 紅鬣有情還識路, 蒼頭何事謾加鞭. 惟餘一曲歌詞妙, 蟾[103]兔同眠萬古傳.' 天官卽女號也.

6-64.

南袞爲黃海監司, 鍾愛海州妓, 還到金郊驛, 意謂, '主倅必以妓追別之, 到驛亭.' 待之不來, 終夜無寐, 吟一絶詩, 書壁上, 曰: '葉走空庭窣窣鳴, 誤驚前夜曳履聲. 旅窓孤枕渾無寐, 半壁殘燈翳[104]復明.'

6-65.

有一老兵使, 得少妓酷愛之, 罄庫而需妓. 瓜滿遞還, 與妓別于

---

102) 指前: 저본에는 '前指'로 나와 있으나 나, 다본을 따름.
103) 蟾: 저본에는 '瞻'으로 나와 있으나 나, 다본을 따름.
104) 翳: 저본에는 '醫'로 나와 있으나 나, 다본에 의거함.

驛亭, 把袖以泣, 衫袖盡濕, 而妓目不淚. 妓之父母, 從兵使背後, 自掩其面, 爲涕泣之狀, 以敎妓. 妓年尙幼者, 不解嬌情而泣, 且無情, 雖欲泣而目不淚. 父母攝衣招出之, 戒且責之, 曰: "使道罄營庫, 爲爾起家, 爾爲木石人也, 何無一點淚相送?" 因摔毆之, 妓大泣, 使之入, 兵使見妓泣而益泣, 曰: "爾勿泣! 見爾泣, 我益慽矣. 爾勿泣, 爾勿泣!"

6-66.

任賓客絖, 從昭顯世子入燕京, 病逝[105]. 其子允錫, 爲開寧縣監, 忽一日, 公儼然來坐衙軒, 一家驚倒, 其言語動止, 宛如常日. 去時, 謂其子曰: "冥府畀我以搜察之任, 今適過此. 父子之情, 生死何間[106]? 欲見汝而來." 仍招童僕謂之, 曰: "汝等盡心主家之事, 無或怠慢, 急其夕飯以進!" 半餉, 使之掇去, 曰: "神氣而飽, 非如生人也." 坐語移時, 起去數步, 不見其形.【『菊堂俳語』】

6-67.

金英憲[107]公之岱, 題義城舘詩, 曰: '聞韶公舘後園深, 中有危樓百餘尺. 香風十里捲珠簾, 明月一聲飛玉笛. 烟輕柳腰細相連, 雨霽山光濃欲滴. 龍荒折臂[108]甲枝郞, 仍鞭[109]憑尤可惜.' 當時膾炙人口. 後十年, 樓火兵板隨而亡. 後又十年, 有一按到縣, 索金詩甚急, 邑人無如之何. 時縣守吳某, 有一女, 曾與約婚於張宰相之子,

---

105) 逝: 저본에는 '遊'로 나와 있으나 나, 다본에 의거하여 바로잡음.
106) 間: 저본에는 '聞'으로 나와 있으나 나, 다본에 의거함.
107) 英憲: 저본에는 '英'으로 나와 있으나 의미상 바로잡음.
108) 折臂: 저본에는 공백으로 되어 있으나 『東人詩話』에 의거하여 보충함.
109) 鞭: 가본에는 '鞍'으로 되어 있음.

而吳携與之任, 女發狂亂語, 忽詠出金詩, 邑人大喜, 錄呈按廉. 詩至今縣在壁上.【『東人詩話』】

6-68.
權文順公弘, 嘗一夜夢, 一老翁俯伏泣訴, 曰:"洪宰相將殲吾族, 願公救之." 老翁曰:"洪宰相必欲與相公同行, 苟相公辭之, 洪公亦不行, 是再生之恩也." 旣而, 有叩門聲, 驚覺問之, 則'洪令公今日, 燒鱉於箭串, 諸相公同之, 以此來耳.' 權以爲老人必鱉也, 辭以疾, 洪聞之, 亦果撤行云爾.【『靑坡劇談』】

6-69.
成處士聃壽, 字眉叟; 成靜齋聃年, 字耳叟, 皆仁齋禧之子, 文肅公瑢之曾孫也. 但以文雅著名, 兄弟娚妹十餘人, 父母皆[110]亡, 三年之喪畢, 會兄弟分財, 見物之有色者, 則曰:"與某." 奴之有實者, 則曰[111]:"與某." 其破碎罷劣, 則曰:"此父母之意也, 我其爲之." 娣妹李廷堅之妻, 無家, 又欲以本宅與之, 諸弟固諫, 家舍傳之長子. 眉叟曰:"均是父母之子, 我不獨有家也." 卽出所有綿布, 爲廷堅買家之資, 一門之內, 人無間言.【『靑坡劇談』】

6-70.
鷺渚李相國陽元, 字伯春, 完山人. 嘗爲平安監司, 當出巡, 謂夫人曰:"此地練[112]光亭, 景致絶勝, 宜與庶尹室內, 一往見之, 而旣

---

110) 皆: 나, 다본에는 '俱'로 되어 있음.
111) 曰: 저본에는 '日'로 나와 있으나 이본에 의거하여 바로잡음.
112) 練: 저본에는 '鍊'으로 나와 있으나 이본에 의거함.

到名亭, 則妓樂不可形言[113]." 又謂其妾曰: "汝亦陪[114]往!" 相公畢巡還營, 聞夫人與庶尹內室同會, 而妾稱病不往. 心疑之, 詰問家人, 審知妾於是日, 自擇善琴歌妓, 獨娛於別所. 卽召而責之, 曰: "汝之不往, 必嫌於衆中, 爲夫人侍者, 而屈禮於[115]庶尹內室也, 且夫人張樂, 而汝何敢別做於一會也? 長此不已, 必亂吾家." 卽爲放出.【『公私聞見錄』】

6-71.

李正厚基, 全義人, 淸江濟臣之孫, 吏曹參判行進及副學行遇之父也. 兩子俱顯朝, 而管束之無異奴隷, 常時嚴禁酒. 一日, 某宰佩酒來, 副學與之飮, 正聞之, 使奴招副學, 至則[116]捽入, 將杖臀[117]. 某宰乞寢, 踵副學而至, 閽者入告, "某宰乘軺至入門矣." 正大聲曰: "吾子違吾言, 故[118]吾杖之, 某宰獨無父乎?" 某宰大駭, 不敢入, 從外還去. 先輩之嚴束子弟, 如此.

6-72.

市北南政丞以雄, 字敵萬, 宜寧人, 忠簡公之[119]智之後也. 有孫, 娶於李同知茂春家, 新婦將謁公姑, 服飾甚奢, 南公不受其禮, 使改服以見. 南公素饒富見稱, 而其能遵法制嚴束子孫, 如此.

---

113) 形言: 이본에는 '無'로 되어 있음.
114) 陪: 저본에는 '倍'로 나와 있으나 나, 다본을 따름. 서로 통함.
115) 於: 저본에는 빠져 있으나 나, 다본에 의거하여 보충함.
116) 則: 저본에는 '於'로 나와 있으나 나, 다본에 의거함.
117) 臀: 저본에는 '臂'로 나와 있으나 나, 다본에 의거함.
118) 故: 저본에는 빠져 있으나 나, 다본에 의거하여 보충함.
119) 之: 나, 다본에는 빠져 있음.

6-73.

厖村黃翼成公喜, 字懼夫, 長水人, 世宗朝, 爲首相三十餘年. 喜怒未嘗一見於言, 而遇奴僕, 未嘗加以箠楚, 所幸侍婢, 與小奴戱謔甚狎, 公見輒笑. 嘗語曰: "奴僕彼[120]亦天民, 豈合虐使之也?" 嘗獨步園中, 隣有狂黨投石, 梨方熟, 零落滿地, 公大聲呼僮, 狂童謂, '必拏吾輩去也.'[121] 驚懼皆走, 入暗中潛聽, 侍童至, 則曰: "將柳器來! 將柳器來, 則將梨以與隣童." 竟無一言. 李文康石亨, 壯元及第, 直拜正言, 投謁於公, 公出『綱目通鑑』一帙, 命文康書題之. 俄而, 有惡婢持小饌, 倚公座俯視, 文康因[122]謂公曰: "將進." 公徐曰: "姑安之." 婢更倚立良久, 厲聲曰: "何遲遲也?" 公笑[123]曰: "進之." 旣進之, 則有小童數輩, 皆襤縷跣足, 或踏公衣, 或挽公鬚, 盡攫其饌而食之. 且毆公, 公曰: "痛矣痛矣!" 小兒者, 皆奴僕之子也.【『靑坡劇談』】

6-74.

尹文憲公子雲, 字望之, 茂松人, 文度公淮[124]之孫, 桐軒紹宗之曾孫也. 爲咸鏡道體察使, 至安邊, 聞李施愛殺節度使康孝文[125], 凶徒響應. 公倍道至咸興, 是夕, 賊又作亂, 殺監司申㴐, 尋移兵抵公所, 排闥露刃環, 觀[126]者如堵. 公整衣冠端坐, 言笑自若, 賊懼而退. 嘯聚之徒, 恣行凶臆, 公在圍中者七日, 處之泰然, 迄不動心.

---

120) 彼: 저본에는 '被'로 나와 있으나 이본에 의거하여 바로잡음.
121) 公大聲呼僮 … 必拏吾輩去也: 나, 다본에는 '公大聲曰, 狂童必拏來也'로 되어 있음.
122) 因: 저본에는 빠져 있으나 나, 다본에 의거하여 보충함.
123) 笑: 저본에는 빠져 있으나 나, 다본에 의거하여 보충함.
124) 淮: 저본에는 빠져 있으나 나, 다본에 의거하여 보충함.
125) 文: 저본에는 '公'으로 나와 있으나 이본에 의거하여 바로잡음.
126) 觀: 저본에는 '庭'으로 나와 있으나 나, 다본에 의거함.

賊悔之, 或有周旋左右爲公地, 而卒全身而還.【『筆苑雜記』】

6-75.

尙友堂許忠貞公琮[127], 字宗卿, 陽川人, 梅叟憘之曾孫, 野堂錦之四代孫也. 自少沈毅, 嘗於行路, 未嘗見左右, 凝然若沈思者, 或至迷路. 嘗結同儕讀書, 偸兒入其室, 盡將衣履去, 諸伴莫不懊恨. 公怡然不以爲意, 取筆書壁上, 曰: '旣奪吾衣兮, 宜吾鞋之莫偸. 旣奪衣又偸鞋兮, 竊爲盜先生不取也.' 識者始服其量. 及釋褐爲軍器直長, 有日食, 上疏論時事, 凡六語多批鱗. 上趣召內閣, 摘疏中語, 佯加威怒, 以試之, 曰: "予無十旬不返, 以糒代犧之失, 爾何以予比於夏康·梁武?" 命力士摔下, 以圓[128]杖杖之, 傍侍股栗. 上又命取匣劍橫膝上, 令'見吾劍拔盡匣[129], 卽令行斬!' 徐徐拔[130]出, 霜刃[131]照人, 閃閃垂垂. 盡力士方挾斧鑕, 目其劍以待之, 公猶不變色, 對隨問無錯. 上還納匣劍, 曰: "眞壯士也!" 自是, 大奇之, 終至大用.【『龍泉談寂記』】

6-76.

明廟大司憲趙公士秀, 與沈相國連源, 同入經筵. 趙公啓曰: "領相沈連源, 造妾家, 極其宏奢, 至施丹雘, 極爲不便." 沈相國拜辭, 曰: "趙士秀之言, 正中臣失." 明廟慰諭, 及其退出, 沈相笑謂趙公曰: "微公之言, 吾過益重矣." 還家, 盡洗其丹雘, 時論韙之.

---

127) 琮: 저본에는 빠져 있으나 나, 다본에 의거하여 보충함.
128) 圓: 저본에는 '聞'으로 나와 있으나 이본에 의거함.
129) 匣: 저본에는 '匣劍'으로 나와 있으나 이본에 의거함.
130) 拔: 저본에는 빠져 있으나 나, 다본에 의거하여 보충함.
131) 刃: 저본에는 '劍'으로 나와 있으나 이본을 따름.

6-77.

　宣廟御經筵, 領相盧守愼, 與修撰金誠一入侍. 金公啓曰:"領相盧守愼, 受人貂皮, 作長衣, 豈意守愼有此事耶?" 守愼遜席[132]謝[133], 曰:"金誠一之言, 是矣. 臣之老母多病, 每於冬節, 不能耐寒, 果求貂裘於族人邊帥, 邊帥以給老母矣." 宣廟兩美, 曰:"大臣臺諫, 俱得其體, 予甚嘉焉." 盧相與金公, 素所[134]相切, 自此, 益加敬重. 此乃祖宗朝美事, 故記之.【『竹窓閑語』】

6-78.

　素閑堂柳孝靖公廷亮, 字子[135]龍, 全州人, 全陽[136]永慶之孫也. 有器量才幹, 嘗納伶倡孫某女爲妾, 而非其願也. 鄭公致和, 時居臺職, 論劾之, 柳公子參判淰, 與鄭公相遇, 輒避之不見. 鄭公往拜柳公, 柳公命參判出見, 屢促而後始出, 柳公戒之, 曰:"吾實犯科, 鄭公之論當矣. 鄭門不以私寃中人, 故示我無異於昔, 吾何有憾? 自今往來如舊, 勿復介意." 參判不敢違, 遂相友如初. 人服柳公爲長者, 鄭益加敬重焉.

6-79.

　朴掌令啓榮, 於丁丑[137]下城後, 見金公尙憲不出仕, 以不韙之目彈論. 而後金淸陰之孫壽興, 長地部, 朴臺之子信圭, 爲郎官, 意金

---

132) 遜席: 이본에는 '遜席'으로 되어 있음.
133) 謝: 나, 다본에는 '謝罪'로 되어 있음.
134) 所: 저본에는 빠져 있으나 나, 다본에 의거하여 보충함.
135) 子: 저본에는 '士'로 나와 있으나 의미상 바로잡음.
136) 全陽: 저본에는 빠져 있으나 나, 다본에 의거하여 보충함.
137) 丁丑: 저본에는 '乙丑'으로 나와 있으나 나, 다본에 의거함.

公不欲相對, 託病不出. 金公曰:"於私義雖不相交, 豈以吾家私讐, 廢朝家揀用之人乎?" 勸之出仕, 與之同事.

6-80.

光海朝, 倖門大開, 後宮用事, 人家奴婢之叛主投入者, 相續. 東陽尉申翊聖奴崔奇男, 有能詩名, 自號龜谷, 爲一時文人所賞譽. 一朝叛其主, 而投屬辛昭媛房. 仁廟反正後, 奇男隨[138]謁本主申公, 申公曰:"使奴叛其主者, 當時君主[139]之禍也. 是以失國, 豈可追責於一賊隷哉?" 待奇男, 無異平昔, 少無幾微色.

6-81.

李判書溟, 字子淵, 完山人, 樑之子也. 爲戶判時, 任參判義伯, 爲郎廳, 有淸將來索珍品倭劍. 李公使任督市人覓納, 屢日始得一劍以進, 則李公受而藏之私室, 又令更進一口, 市人大以爲怨. 任亦疑駭, 妄加醜詆於衆會之處, 而不敢違, 更[140]得一口而進, 大不及於前者. 公命遺淸將, 淸將喜而受之, 未幾, 淸帝求寶劍甚急, 李公以前日所藏者出給, 因笑曰:"郎官今猶辱我乎?" 蓋先料其必有淸帝之求而藏之, 在官府, 或恐爲人所換, 仍留私室以待之. 其料事揣情, 非凡人所及. 【『閑居漫錄』】

6-82.

朴文肅公錫命, 順天人, 靖厚公可興之子也[141]. 少時, 與恭靖王

---

138) 隨: 나, 다본에는 '還'으로 되어 있음.
139) 君主: 나, 다본에는 '君上'으로 되어 있음.
140) 更: 저본에는 '相'으로 나와 있으나 가본을 따름.

同衾而寢, 錫命夢見黃[142]龍在其傍, 顧視之, 則上也. 由是奇之, 友益篤. 及上卽位, 錫命寵遇隆極, 十年爲知申事, 陞知承政府事, 兼判六曹, 近代人臣無比. 其爲承旨時, 上曰: "誰人代君任喉舌?" 錫命曰: "朝臣[143]無可者, 惟承樞府都事黃喜[144], 眞可人也." 上遂用, 未幾, 代朴公爲承旨, 終爲名臣. 人謂之朴公知人. 【『慵齋叢語』】

6-83.

兪提學孝通[145], 善文章, 兼詼諧. 嘗在集賢殿, 諸公論作詩工夫, 兪曰: "古人以詩三上, 尤可以屬思, 馬上·廁上·枕上也. 余則不然, 在三中." 諸君子曰: "何也?" 曰: "閑中·醉中[146]·月中也." 諸君子笑曰: "君之三中, 果尤於三上耳." 【『筆苑雜記』】

6-84.

世宗初設宗學, 聚宗親讀書. 順平君年過四十, 不識一字, 始讀『孝經』, 而學官敎'開宗明義章'第七字, 君尙[147]不能讀, 曰: "僕今老鈍, 只受二字, 足矣." 遂於馬上讀之不撤, 又謂僕從曰: "汝亦不忘'開宗', 以備吾窖." 臨死, 聚妻子呼讀, 曰: "死生至大, 豈不關心? 但永離宗學, 是大快也." 【『慵齋叢語』】

---

141) 可興之子也: 저본에는 '興之子'로 나와 있으나 나, 다본에 의거함.
142) 見黃: 저본에는 빠져 있으나 나, 다본에 의거하여 보충함.
143) 朝臣: 저본에는 빠져 있으나 나, 다본에 의거하여 보충함.
144) 喜: 저본에는 빠져 있으나 나, 다본에 의거하여 보충함.
145) 通: 저본에는 '逈'로 나와 있으나 의미상 바로잡음.
146) 中: 저본에는 빠져 있으나 나, 다본에 의거하여 보충함.
147) 尙: 저본에는 '而'로 나와 있으나 이본에 의거함.

6-85.

李知事自堅, 字子固, 星州人, 愛妓待佳期. 嘗拜江原監司, 將行, 妓以一破扇贈之, 周年遞來, 不改他扇, 畢竟[148]只手破扇竹數箇而已. 聞者爭笑, 李公曰:"諸公勿笑！此眞能中庸之道者也." 曰:"何也?"曰:"不云'得一善, 則眷眷服膺而勿失'乎?"聞者絶倒. 蓋善字與扇字, 同音故也.【『思齋撫言』】

6-86.

有尹斯文者, 善戲謔. 嘗曰:"黃致身·黃保身·黃守身, 羯鼓兄弟, 言面廣而中央細也. 申孟舟·申仲舟·申叔舟·申松舟·申末舟, 瓦甕兄弟, 言上下尖而腰腹大也. 崔衡·崔萍·崔恒, 鑼鐽兄弟, 言上尖而下廣也. 楊汀·楊泚·楊泂, 錐子兄弟, 言上廣而下尖也."其後, 世以趙彦秀·趙士秀, 爲腰鼓兄弟, 亦[149]言兩面廣而中央細也.

6-87.

鄭公芝衍之爲相也, 鄭松江按湖南節, 辭於鄭相, 曰:"目今南檄[150]多, 戎事甚殷, 某以白面書生[151], 豈任[152]方面之重?"鄭相曰:"議者皆以爲死節許[153]公, 公以苦節, 何往不可?"松江笑[154]曰:"功名富貴, 相公爲之, 獨以苦士之節, 委一鄭澈, 澈何堪之?"時以爲名言.【『五山說林』】

---

148) 畢竟: 저본에는 빠져 있으나 나, 다본에 의거하여 보충함.
149) 亦: 저본에는 빠져 있으나 나, 다본에 의거하여 보충함.
150) 檄: 저본은 판독이 불가한데 나, 다본에 의거함.
151) 生: 저본에는 빠져 있으나 나, 다본에 의거하여 보충함.
152) 任: 저본에는 '仕'로 나와 있으나 이본을 따름.
153) 許: 저본에는 빠져 있으나 나, 다본에 의거하여 보충함.
154) 笑: 저본에는 빠져 있으나 나, 다본에 의거하여 보충함.

6-88.

曹判校彦亨, 昌寧人也. 嘗爲端川郡守, 姜木溪渾, 字渾之, 爲咸鏡監司. 曹與監司姜, 少時竹馬交, 旣長亦不衰. 曹性嫉要好善, 不能與世低仰, 由銓郎至執義, 屢跆屢起. 嘗見姜在廢朝所爲, 時憤嫉不置. 丁卯·戊辰年間, 在端川, 聞姜按節卽到郡, 遂治行具, 其戒家人, 備濁酒一桶. 日將暮, 以柑色直領, 曳巨履, 率一奴, 携酒桶, 直詣[155]上房, 呼曰: "渾之何在?" 姜聞其聲, 急起開門迎接, 謂曰: "吾在此!" 極有欣慰之色. 曹就坐, 未寒暄, 先曰: "天寒, 子可飮乎?" 姜自取大盃飮之, 而無肴, 曹亦自酌[156], 而過飮三盃, 曹曰: "前日所爲, 狗彘不若, 僕欲移書, 絶交久矣. 朋友之情, 猶有戀戀, 只欲一見[157]大責後絶之也. 今日相見矣, 我當明日去矣." 更飮一盃, 又連酌三盃, 姜低首無所言, 但垂淚而已. 明日, 曹過棄官而去[158]. 曹[159]卽南溟先生之父也. 其義激之風, 蓋有所自云爾.【『寄齋雜記』】

6-89.

酒隱金忠翼公命元, 字應順, 慶州人, 千齡之孫, 萬鈞之子也. 少時, 落魄於花柳間, 嘗眄一娼, 娼爲宗室某妾, 每夜踰墻相從. 一日夜, 爲宗室所縛, 事甚急, 公兄慶元爲掌令, 聞知公遭禍, 卽馳往, 則門閉不得入. 掌令排門大呼, 曰: "我乃金慶元, 吾弟氣豪[160]無檢,

---

155) 詣: 저본에는 '指'로 나와 있으나 이본에 의거함.
156) 酌: 저본에는 '盃'로 있으나 나, 다본을 따름.
157) 一見: 저본에는 빠져 있으나 나, 다본에 의거하여 보충함.
158) 官而去: 저본에는 빠져 있으나 이본에 의거하여 보충함.
159) 曹: 저본에는 빠져 있으나 가, 다본에 의거하여 보충함. 나본에는 '曹郎'으로 되어 있음.
160) 氣豪: 저본에는 '氣像'으로 나와 있으나 이본을 따름.

得罪於左右, 罪固當死, 死無足惜. 但方占式[161]年初試, 實學甚精, 必捷文科, 左右以義氣, 聞於一國, 何忍以一女子殺才子乎?" 宗室素豪俠好氣節, 下階迎之, 曰: "吾不料佳秀才有是事." 卽令解縛置酒, 酒酣謂曰: "君若登今科, 我當以是妾奉君." 公果擢甲科, 三日遊街之時, 詣宗室家, 謝其意, 宗室遂以其妾歸之. 其女後爲靈川尉所眄, 以罪流義州, 公方鎭直弘文館, 遽出餞于郊, 爲臺諫所彈, 公任放如此.【『紫海筆談』】

6-90.

夏亭柳文簡公寬, 字敬夫, 文化人, 麗朝名臣公權之六世孫也. 公廉方正直, 雖位極人臣, 茅屋一間, 布衣芒鞋, 澹如也. 公退之暇, 敎誨不倦, 摳衣坌集, 有來頷之而已, 不問姓名. 公之宅在興仁門外, 時開史局於金輪寺, 寺在城內, 公領修史. 嘗以軟帽杖屨而行, 不煩輿馬, 或携冠童, 嘯詠往來, 人服其雅量. 嘗經月霖雨, 屋漏如麻[162], 公手傘庇雨, 曰: "顧無傘之家, 何以能堪?" 夫人曰: "無傘之家, 必有所備." 公笑之.【『筆苑雜記』】

6-91.

西平韓文靖公繼禧, 字子順, 領相尙敬之孫, 柳巷修之曾孫, 西平府院君繼美之弟, 上黨府院君明[163]澮之再從兄也. 一門赫然富貴, 而公氷蘗自守, 家計凉薄, 朝夕蔬糲, 老而愈勵. 一門設門會於上黨, 第一座咸曰: "西平年紀已高, 家道窘艱, 盍思所以處之?" 上

---

161) 式: 저본에는 '試'로 나와 있으나 이본에 의거함.
162) 麻: 저본에는 '霖'으로 나와 있으나 나, 다본에 의거함.
163) 明: 저본에는 빠져 있으나 가본에 의거하여 보충함.

黨曰:"此吾之責也." 遽呼兒, 取紙筆來, 成一卷列書, 諸親在座之名, 上敍公淸簡之德. 且述一門不能奉公之失, 末言漸物不足稱情之意, 遂以興仁門外鼓巖下楮田種十石者, 獻之. 公牢讓不受, 上黨以下, 且起且拜, 齊聲共贊, 勢不得已中止然後, 始受之. 老少[164] 咸起舞, 扶杖醉還, 可謂一門忠厚之風.【『寄齋雜記』】

6-92.

李翼平公克培, 字謙甫, 廣州人, 忠僖公仁孫之子, 遁村集之曾孫也. 素有淸望, 其弟克墩, 以貪婪取譏. 一日, 相公造弟克墩家, 入門, 見廡下有熟麻新索延掛於短墻之上, 公却立而問曰: "此索來何處?" 克墩不能隱, 直告曰: "司僕寺官員有相知者, 使用洗踏而送來." 公怒曰: "司僕之索, 當繫司僕之馬, 何爲掛汝之庭乎?" 遂乘軺, 不顧而去. 史氏曰: "祖宗朝宰相, 如此生民, 安得不富? 廣倉稟安得不豊溢乎?"【『松窩雜說』】

6-93.

鄭新堂鵬, 海州人, 性淸簡, 不樂仕宦[165]於朝, 除靑松府使, 赴任臥治. 成昌山希顔, 少與相善, 時爲領相, 通書相訊, 因索栢子淸蜜, 鄭答書曰: "栢在高嶺頂上, 蜜在民間蜂筒, 爲太守者, 何由得之?" 昌山愧謝.

6-94.

鄭校理鵬, 居善山, 以淸節自守. 時柳子光貪姦, 自恣氣焰碩

---

164) 少: 저본에는 '小'로 나와 있으나 가본에 의거함.
165) 宦: 저본에는 '官'으로 나와 있으나 나, 다본에 의거함.

朝[166], 公以表親之故, 雖不廢問候之禮, 婢子必以熟索堅結其臂, 着署而送之, 反則解之, 欲其覺痛, 急往急來, 不使遲留於彼家也. 公之入直, 擧家絶食, 夫人求貨於子光家, 欣然謂曰: "親戚之義, 在於相恤, 校理過於剛愎, 吾豈恝然乎?" 卽納米於袋, 盛於缸, 載於驢而送之. 公出直, 見其玉米飯, 問其所得處, 夫人直告之, 公推案[167]笑之起, 曰: "入直之日, 買泡滓, 作粥饋我, 我知其窘乏, 而不爲措置, 是我之失[168]也, 非家人之失[169]也." 遂辦得準其所用, 幷與本米而還之, 困窮不變, 如此.

6-95.

龜亭南忠景公在, 字敬之, 宜寧人. 好酒多大略, 然謹言語, 未嘗少失, 好與客着棋, 終日不倦. 人問其故, 答曰: "人生有氣, 必有言語, 語[170]則不及朝廷者, 鮮矣. 終日着棋, 可以避言諱矣." 人服其謹愼之.

6-96.

安公坦大, 家勢貧寒[171], 而性極諄謹, 有女入宮, 爲中宗大王後宮, 是爲昌嬪. 持身愈謹益謙, 雖隣家小兒到門詰責, 只引過遜謝, 未嘗一發憤懥之言辭. 及嬪生王子, 遂杜門不出, 恐人或以王子外祖家稱之. 昌嬪次子德興大院君寔, 生[172]我宣祖大王, 入承大統,

---

166) 碩朝: 나본에는 '顯朝'로 되어 있음.
167) 案: 저본에는 '索'으로 나와 있으나 나, 다본을 따름.
168) 失: 나본에는 '過'로 되어 있음.
169) 失: 다본에는 '過'로 되어 있음.
170) 語: 저본에는 빠져 있으나 나, 다본에 의거하여 보충함.
171) 貧寒: 나, 다본에는 '寒微'로 되어 있음.
172) 生: 저본에는 '出'로 나와 있으나 나, 다본을 따름.

安公處地尤尊貴, 而不變賤時之心. 身不着綿緞, 晩以老病失明,
宣廟欲榮其身, 擬以尙方[173]所進貂裘賜之, 恐違雅志, 使人試之,
曰: "主上方製貂裘, 以賜公, 旣賜之後, 公不敢不[174]着." 安公曰:
"我是賤人, 着貂裘死罪, 違上命亦死罪, 死則等也, 無寧安分而死
也." 上知其意, 不可奪, 命家人稱以兒狗皮, 以進之, 安公以手摩
之, 曰: "尙方狗有別種乎! 毛之柔細, 何至此耶?" 爲加於身, 宣廟
之於安公, 爲外曾孫, 不過厚其衣食而已, 未嘗加一命之官, 蓋不
敢私人也. 孝廟追贈右議政. 【『公私聞見錄』】

6-97.

丙子年間, 莊烈大妃疾瘳後, 同顯廟幸後苑[175]. 大妃召請諸公子,
投壺射的, 使其魁者乘馬, 居末者挾鞍籠, 呼唱於前導. 樂善君浦
居末, 大聲呼唱, 作辟除[176]狀, 少無幾微見於色. 又樂善君[177]所眤
婢, 隨[178]夫人入宮, 上欲資大妃一笑, 使樂善負之以行. 樂善負之
甚謹, 汗流滴地, 不聞命不敢捨. 人知其必能保全終始矣, 果終得
年五十五.

6-98.

洪威平公允成, 字子信, 懷德人. 性勤儉, 雖爲首相, 種蔬殖貨,
而無不致意. 其視去機發葵, 不無可愧, 而比之玩歲愒[179]月, 爲有

---

173) 方: 저본에는 '今'으로 나와 있으나 나, 다본에 의거하여 바로잡음. 이하의 경우도 동일함.
174) 不: 저본에는 빠져 있으나 나, 다본에 의거하여 보충함.
175) 苑: 저본에는 '死'로 나와 있으나 나, 다본에 의거하여 바로잡음.
176) 除: 저본에는 '作'으로 나와 있으나 나, 다본에 의거하여 바로잡음.
177) 君: 저본에는 빠져 있으나 나, 다본에 의거하여 보충함.
178) 隨: 나, 다본에는 '及'으로 되어 있음.

愈焉. 嘗路遇二小民圍棋, 駐馬問之, "此有何事, 衣出於此乎? 食出於此乎? 如汝小人, 當日夜勤勞以食其力, 爲此無益之戲, 此亦可食故耶?" 責令食棋子.

6-99.

柳斯文塗, 有詩才. 少時, 遊戲靑樓, 嘗以一絶書娼家壁上, 曰: '半世靑樓宿, 人間積謗喧. 狂心猶未已, 白馬又黃昏.' 一日, 鵝溪李相國山海, 自宴所[180]醉歸, 勢不能及于家, 借路傍人舍而止, 卽娼家也. 旣醒, 見壁上題而大驚, 逢人輒及之, 滿城一時傳誦.【『霽湖詩話』】

6-100.

朴校理箎, 字大建, 密陽人, 遯溪栗之孫也. 年十八, 登瑞葱[181]臺庭試壯元, 時命官朴思菴淳, 疑其年少居魁, 卽刻呼韻而試之, 其詩曰: '文武取才禁苑春, 天顔高處物華新. 暮來唱罷黃金榜, 謬誤君恩摠一身.' 年二十二[182], 以校理爲李鎰從事官[183], 殉節尙州.

6-101.

李白沙恒福, 有賤息擇壻, 招石洲之姪權伿, 以三色桃爲題, 呼韻, 卽應曰: '夭桃灼灼暎疎籬, 三色如何共一枝. 恰似美人梳洗了, 滿顔紅粉未均時.' 公卽令涓吉, 伿年十三.

---

179) 愒: 저본에는 '月'로 나와 있으나 이본에 의거함.
180) 所: 저본에는 '時'로 나와 있으나 나, 다본을 따름.
181) 葱: 저본에는 '摠'으로 나와 있으나 가, 다본에 의거하여 바로잡음.
182) 二十二: 나, 다본에는 '二十'으로 되어 있음.
183) 官: 저본에는 빠져 있으나 나본에 의거하여 보충함.

6-102.

　吳西坡道一, 字貫之, 海州人, 忠貞公允謙之孫也. 幼時, 逐童隊, 至壯洞水閣, 時諸名宦會集, 見吳容貌, 問曰: "爾乃誰家兒?" 答曰: "吾乃楸灘之孫, 公輩不知楸灘翁[184]耶?" 諸人異之, 問: "能作詩否?" 答曰: "飮一大白, 可矣." 卽擧觴屬之, 以三字呼韻, 應口對曰: '樓頭醉臥吳挺一, 松下吟詩柳道三[185].' 諸人責用長者名, 吳答曰: "柳道三吳挺一會, 出韻三字, 安得不爾?" 一座悚然. 又有一句, 曰: '雲愁九疑月千古, 水滿三江秋萬里.' 趙松谷復陽, 大奇之, 竟有東床之選[186]. 【『玄湖瑣說』】

6-103.

　許文景公稠, 操心淸勵, 治家嚴而有法, 敎子弟, 皆用小學之禮, 毫忽細行, 皆自勤愼. 人言, '許公平生不解陰陽之事[187].' 公笑曰: "然則詡・訥, 何從而生?" 時有欲革州邑娼妓之請, 上命問於政府大臣, 皆言革之爲當, 而惟未及公, 人皆意其猛論. 公聞之, 乃啓曰: "誰爲此策? 男女人之大慾, 而不可禁者也. 爲邑娼妓, 公家之物, 取之無禁[188], 而若禁此[189], 則年少朝士奉使者, 皆以非義奪取私家之女. 英雄豪傑, 多陷於罪, 臣意則以爲不革, 宜也." 竟從公意, 因舊不革. 【『慵齋叢話』】

---

184) 翁: 저본에는 빠져 있으나 이본에 의거하여 보충함.
185) 柳道三: 저본에는 빠져 있으나 나, 다본에 의거하여 보충함.
186) 選: 저본에는 '說'로 나와 있으나 나, 다본에 의거함.
187) 事: 저본에는 '言'으로 나와 있으나 나, 다본을 따름.
188) 禁: 나, 다본에는 '妨'으로 되어 있음.
189) 此: 저본에는 빠져 있으나 나, 다본에 의거하여 보충함.

6-104.

洪大司¹⁹⁰⁾憲奧, 南陽人, 忠貞¹⁹¹⁾公應之弟也. 不由科第, 歷陞承旨·方伯, 而進級都憲, 極論任士弘奸邪, 久必爲國家禍. 又劾韓明澮恃功弄權之狀, 風采凝然, 朝廷震慴, 人不敢干以私. 公與李陸隔墻居, 甚相善, 李方搆堂, 樹柱於礎, 井井有度. 公以赴銜道上, 呼謂其家人曰: "歸語及¹⁹²⁾公, 國有常制, 若一毫有踰, 當以法論." 陸罷視之, 則盡毀而斬之, 不敢違尺寸, 其正直方嚴如此. 又能內強外和, 雖至賤之人, 待之必款洽. 嘗遇大旱, 民間禁酒甚嚴, 有醉嫗七八人, 抵掌短歌亂舞而前攔, 公下軺, 曰: "進賜進賜! 此不好乎, 何禁酒乎?" 公曰: "好哉好哉! 爾等勿濫觴以傷財." 一市中, 擧皆¹⁹³⁾嘖嘖不已. 其後, 田霖爲判尹, 行過王子檜山君家, 駐馬呼其主役者, "間¹⁹⁴⁾閣多少, 高下尺數, 自有其法, 爾有殫¹⁹⁵⁾死, 愼無踰也, 今暮當過." 旣暮, 其人迎謁馬首, 曰: "多者輟之, 長者斷之, 不敢犯法也." 霖咆喝徐謂曰: "當初旣違制, 姑不可饒, 但已遵行, 姑俟數日, 用治前過." 其人頓首¹⁹⁶⁾而退. 史氏曰: "洪公偉人, 雖不足言, 田公武夫, 臨官用法, 無所吐茹. 其時, 朝廷紀綱之尊, 人物氣像之大, 猗歟盛哉!" 【『窩齋雜記』】

6-105.

朴久堂英, 字子實, 密陽人. 以金海府使在衙軒, 有東隣哭聲, 急

---
190) 司: 저본에는 빠져 있으나 이본에 의거하여 보충함.
191) 貞: 저본에는 '定'으로 나와 있으나 나, 다본에 의거하여 바로잡음.
192) 及: 저본에는 '乃'로 나와 있으나 나, 다본에 의거함.
193) 皆: 저본에는 빠져 있으나 나, 다본에 의거하여 보충함.
194) 間: 저본에는 '問'으로 나와 있으나 나, 다본에 의거함.
195) 殫: 저본에는 '憚'으로 나와 있으나 나, 다본에 의거함.
196) 首: 나, 다본에는 '足'으로 되어 있음.

呼刑吏, 往捕其女而來, 問曰: "汝何哭?" 對曰: "吾夫無病暴死." 公再問之, 女呼擗, 曰: "吾夫婦同居無間, 隣里所共知." 在庭下人齊聲, 曰: "然! 方無他疑." 公使擡其夫屍而來, 內外上下, 視之無痕. 公令軍校有力者, 迎臥其屍, 自胸至腹, 親手按之, 果竹刺, 長大如中指者迸出. 公卽縛其女, 曰: "吾固疑爾有私, 速言之!" 遂伏曰: "某里某人, 約與同居, 乘其醉寢行凶." 發軍急捕之, 則其言符合, 乃置之於法. 人問曰: "何以知之?" 公曰: "初聞其哭聲不悲, 故逮來, 而檢屍之際, 雖號哭, 實有恐懼之色, 故知之耳." 公學問精微, 邃於易理, 又博觀醫書, 著『經驗』・『活人新方』等, 行于世.【上同】

6-106.

李相國浣, 爲守禦使, 有吏犯罪, 將抵死, 吏有妹, 爲仁祖大妃前侍女, 憂愁涕泣. 大妃見而哀之, 使淑敬公主, 請于李公, 以輕其罪[197], 李公曰: "吏罪重不可赦, 余雖親承懿敎, 不宜順旨屈法, 況[198]以曲徑乎! 願公主更無爲如此之請." 大妃聞而愧悔, 顯廟益加敬憚. 公主, 卽李公妹孫興平尉元夢麟之內也.

6-107.

新羅炤智王, 正月十五日, 幸天泉寺, 有烏銜銀榼, 置于王前. 榼裡有封書, 封之甚固, 外面書曰: '開見則二人死, 不開見則一人死[199].' 王曰: "二人殞命, 不如一人死." 有大臣議, 曰: "一人謂君, 二人謂臣也." 於是, 遂開見, 則其中書曰[200]: '射宮中琴匣.' 王馳還

---

197) 罪: 나, 다본에는 '法'으로 되어 있음.
198) 況: 저본에는 빠져 있으나 나, 다본에 의거하여 보충함.
199) 死: 저본에는 '死生'으로 나와 있으나 이본에 의거함.

入宮, 見琴匣, 持滿射之. 匣中有人, 乃內院焚香僧也. 與妃私通, 將謀弒王, 已定其期也. 妃與僧皆伏誅. 王感烏之恩, 是月是日, 作香飯飼烏, 俗謂之'藥飯', 至今遵之而爲名日. 俗言, 食飯當於烏未起之時, 蓋天泉寺事也.

6-108.

歲時名日, 所擧之事. 除夜前日, 爆竹鳴鈸, 而遂出曰'放收鬼', 淸晨, 附畫物於[201]門戶窓扉, 如角鬼鍾馗之狀者, 曰'群邪'. 除日相謁, 曰'過歲'; 元日相謁, 曰'歲拜', 元日人皆不仕, 爭聚遊, 新歲子·午·辰·亥日如之. 且兒輩聚蒿草, 燒苑園, 亥日燻獮喙, 子日燻鼠喙. 諸司限三日不仕, 是月十五日爲元夕, 故設藥飯. 二月初一日, 曰[202]'花朝', 乘[203]曉散松葉於門庭, 俗曰: '惡其鼻虫, 作針辟之也.' 三月三日上巳, 俗云: '踏靑之節[204].' 人皆出遊於郊野, 煮花設酌[205], 作饌而食. 四月初八日, 俗言, '釋迦如來生辰也.' 是日, 家家竪竿燃燈, 豪富大張綵棚, 以爲樂. 五月五日端午, 懸艾虎於門, 泛菖蒲於酒, 都人樹棚於街市[206], 設鞦韆之會. 六月十五日, 曰[207]'流頭', 昔高麗宦[208]侍輩, 避熱於東川, 散髮于水, 浮沈而飮酒, 曰'流頭'. 世俗因以是日爲名日, 作水團餠而食之, 蓋槐葉冷淘之意也.

---

200) 日: 저본에는 빠져 있으나 나, 다본에 의거하여 보충함.
201) 於: 저본에는 빠져 있으나 나, 다본에 의거하여 보충함.
202) 曰: 저본에는 빠져 있으나 나, 다본에 의거하여 보충함.
203) 乘: 저본에는 '來'로 나와 있으나 이본을 따름.
204) 之節: 저본에는 '節之'로 나와 있으나 나, 다본에 의거함.
205) 設酌: 나, 다본에는 '酌酒'로 되어 있음.
206) 街市: 나, 다본에는 '市上'으로 되어 있음.
207) 曰: 저본에는 빠져 있으나 나, 다본에 의거하여 보충함.
208) 宦: 저본에는 '官'으로 나와 있으나 나, 다본을 따름.

七月十五日, 俗稱'百種', 僧家聚百[209]種花果, 設盂蘭盆, 婦女坌集, 納米穀, 唱亡親之靈而祭. 中秋九月九日登高, 冬至豆粥, 庚申不眠, 皆古之遺意也.【『慵齋叢話』】

6-109.

元朝飮屠蘇酒, 古俗也. 少者先飮, 老者後飮, 今俗, 又於元朝, 晨起逢人, 呼其名應之, 則曰: "買我虛疎!" 是乃賣癡, 皆所以免災厄. 有人元朝絶句, 曰: '人多先我飮屠蘇, 已覺衰遲負壯圖. 歲歲賣癡癡[210]不盡, 猶將古我到今吾.' 殊佳.

6-110.

中廟末年, 都中人相傳, 以爲, '正元夕踏過十二橋, 則消本年十二月朔之災.' 於是, 婦女稍賤者[211], 以比甲蒙頭, 徒步以行, 賤女則相聚作曹耦, 乘昏踏橋, 如恐不及. 無賴子弟, 三五成群, 躡其後, 事甚醜穢. 至明廟朝, 臺諫拿捕治罪, 婦女踏橋之風, 遂絶, 而男子勿論貴賤, 至今以是日, 踏橋成群.【『稗官雜記』】

6-111.

祭用油蜜果, 本於佛供, 蓋素物中最佳者, 無過於此油蜜果者. 故麗朝及我朝中葉以前, 全用, 佛敎遭父母喪者, 皆用素祭, 而以蜜果最上矣. 今旣復古, 用魚肉, 而仍用此, 甚不當也. 好禮之家, 多不用, 而尙踵舊俗者過半.【『晦軒雜記』】

---

209) 百: 저본에는 '首'로 나와 있으나 이본에 의거함.
210) 癡: 저본에는 빠져 있으나 나본에 의거하여 보충함.
211) 者: 저본에는 빠져 있으나 나, 다본에 의거하여 보충함.

6-112.

高麗文宗時, 禮部尙書鄭惟敬, 立糊名取士之法, 凡赴試諸生, 券[212]首書姓名·本貫·四祖·糊封, 試前數日呈院. 其後, 國朝科擧之法漸備, 糊名券首與高麗同, 其收券官·封繡官·技同官·易寫等事, 皆遵元朝制. 兩項場始於我世宗朝, 或講經, 或製述, 隨時[213]不同. 【『筆苑雜記』】

6-113.

李延城石亨, 魁正統辛酉生員·進士試, 又魁其年之科, 一年三魁, 設科以來, 未之有也. 其後, 申參判從濩, 魁司馬試, 又魁殿試, 又魁重試. 李判書承召, 權翼平擥, 尹斯文箕, 魁初試·會試·殿試[214]. 李贊成珥, 甲子魁司馬, 又魁文科會試·殿試. 【『東崗雜記』】

6-114.

權翼平公擥, 庚午鄕·會·殿三試, 皆壯元. 金郡守秀光, 亦於鄕·會·殿三試, 皆居尾. 時人笑曰: "三場壯[215]元, 古今多有, 三場居尾, 天下必無." 【『筆苑雜記』】

6-115.

國朝李石亨·裴孟厚, 皆生進壯元, 金慕齋安國, 嘗慕之, 入場二場皆好, 至俱壯元, 考官抑一試爲第二, 心常憤之. 及爲考官, 金自

---

212) 券: 저본에는 '卷'으로 나와 있으나 이본을 따름.
213) 時: 저본에는 빠져 있으나 나, 다본에 의거하여 보충함.
214) 初試·會試·殿試: 나, 다본에는 '三試'로 되어 있음.
215) 壯: 저본에는 빠져 있으나 나, 다본에 의거하여 보충함.

菴綠二塲文, 俱在一等, 公力爭之, 爲兩壯元云.【『巴人識小錄』】

6-116.

南袞登第唱榜日, 與同年, 詣光化門外, 忽有一先生, 到紅戰階前, 呼新恩禮. 袞趨往, 則其先生語袞曰: "爾以不得第一爲憾耶? 宋朝則蘇東坡, 我國則余, 皆爲第二名, 汝可以此自慰而無憾也." 暗中不識誰某, 頗怪之, 使從人, 問其先生儻從, 則乃是金馴孫. 蓋濯纓平生, 以不得壯元, 介然於懷, 而適南袞爲第二, 因此呼南袞, 而所言若此, 以泄平生不平之意云.【『月汀漫錄』】

6-117.

鄭都憲弘溟, 李判書明漢, 李政丞行遠, 赴大科會試. 終塲製策日, 考官以初塲試券一張書'高等', 揭而示之, 曰: "擧子綴文, 當法此作." 乃李判書所作券表也. 判書知其入格, 無意製策, 周覽諸友之文, 言其利病, 鄭都憲持席避去, 曰: "人必疑我顧籍, 於君不可同席." 李政丞曰: "吾必獨坐." 先輩之避嫌潔己, 如此.【『公私聞見錄』】

6-118.

成廟嘗遊後苑, 題一句於亭柱, 曰: '綠羅剪作三春柳, 紅錦栽成二月花.' 越三日, 更出閒步, 見有續成一句, '若使公侯爭此色, 韶光不到野人家.' 上大駭, 窮問誰人所作, 則乃後苑門直軍卒貴元之作也. 上招前, 問之其由, 則乃寧越校生落講者, 卽令賜第, 榮顯於世.

6-119.

崔判尹演, 能文章, 姿容都雅, 有岳□之美, 二十三登第, 諸公見而愛之, 其爲讀書弘文以是也. 靖陵以手儀爲賞, 嘗夜對連日, 內官稟其數, 上曰: "欲見崔演之容." 蓋公方爲修撰也.【『巴人識小錄』】

6-120.

李完平元翼, 在戊戌·己亥間, 除吏曹判書, 皆固辭不就, 上韙[216]之. 及命相特擢公, 上曰: "予未見辭吏曹判書者, 此人再辭之, 其可相也."【上同】

6-121.

顯廟嘗下敎曰: "仁祖·孝宗, 每以金宗直不典文衡, 爲國朝欠典. 鄭斗卿雖老病不得行, 公以文章, 終不得大提學之名[217]書於丹旌, 豈不冤乎?" 蓋聖意以鄭公以朝夕遞, 以華其銜, 而恐朝臣不知上意彈駁之, 有所趑趄也. 鄭公官至提學, 終不得主盟, 詞垣之難, 於此可見. 聖上謹於官人, 而亦有數存乎其間也.【『公私聞見錄』】

6-122.

洪中樞逸童, 字日休, 南陽人, 氣宇卓犖. 嘗於上前, 論斥佛事, 世祖[218]作怒, 曰: "當殺此虜, 以謝佛氏." 命左右取劍來, 逸童論斥自若, 左右佯以劍撫頂者, 再亦不顧視, 少[219]無懼色. 世祖壯之, 曰: "汝能飮乎?" 逸童曰: "豈敢辭乎?" 卽賜一銀盃, 健倒, 上曰: "頗畏死乎?" 逸童[220]曰: "當死則死, 當生則生, 敢以死生易其心

---

216) 韙: 저본에는 '題'로 나와 있으나 나, 다본에 의거함.
217) 之名: 저본에는 빠져 있으나 나, 다본에 의거하여 보충함.
218) 祖: 저본에는 '宗'으로 나와 있으나 이본에 의거함.
219) 少: 저본에는 빠져 있으나 나, 다본에 의거하여 보충함.
220) 逸童: 나, 다본에는 '對'로 되어 있음.

乎?" 上嘉之, 賜貂裘, 慰解之.【『公私聞見錄』】

6-123.

孫贊成舜孝, 家在明禮洞上層. 一日, 成廟晩與二宦, 登慶會樓, 遙望見南山, 側有數人環[221]坐林薄間. 上認其爲孫公, 亟使人視之, 孫公果與[222]二客飮濁酒, 盤有一黃苽而已. 上嘉之, 卽令盛備酒肉, 馳賜之, 因戒之[223]曰: "明日愼無謝, 他臣知之, 必嫌其偏也." 公與客, 稽首涕泣, 醉飽, 明曉又來謝, 上召見, 責其不遵誡[224], 公泣曰: "臣但[225]謝恩, 何他計也?"【『寄齋雜記』】

6-124.

明廟嘗御後苑, 入侍之臣, 皆賜酒, 尙政丞震, 素不飮, 醉仆道左. 臨還宮, 因左右知爲震, 敎曰: "大臣在道傍, 過行未安." 令以帳圍, 幛後乃進輦.【『筆苑雜記』】

6-125.

金判書時讓, 奉命巡嶺南, 有一邑稽誤失期, 拿致鄕所, 於刑板露臀[226], 將杖之. 忽有自外而入者, 以身架於鄕所臀上, 乃判書女壻李道長, 而所縛之人, 卽李之叔父[227]也. 判書叱之曰: "吾豈因一女壻而廢法乎?" 命羅卒推去而杖之. 李道長, 卽判書元禎[228]之父,

---

221) 環: 저본에는 '塚'으로 나와 있으나 이본에 의거함.
222) 與: 저본에는 빠져 있으나 나, 다본에 의거하여 보충함.
223) 之: 저본에는 빠져 있으나 나, 다본에 의거하여 보충함.
224) 誡: 저본에는 '試'로 나와 있으나 나, 다본에 의거함.
225) 但: 저본에는 빠져 있으나 나, 다본에 의거하여 보충함.
226) 臀: 저본에는 '臂'로 나와 있으나 나, 다본에 의거함.
227) 李之叔父: 나, 다본에는 '李之外叔蔡應麟'으로 되어 있음.

而官經翰林吏郎者也.【『公私聞見錄』】

6-126.

李平靖公約東[229], 爲人貌侵, 雖至碩揚, 人見之高, 不過別侍衛, 則甲士也. 甲士番上六朔而遞. 公嘗以成均主簿還鄉, 爲歇馬于院, 樓上縮坐一隅, 有一人着[230]新靴, 揚揚而來, 至樓上, 詠壁上杜牧之'六朝人物草連空'云云, 而不解文義, 以'朝'爲'朔', 以'連'爲'達'. 公不欲斥言, 但微諷云: '六朔六朔.' 其人曰: "此非汝輩番上之六朔, 汝何知之? 毋談焉!" 及進畫[231]飯, 有野鷄炙, 其人曰: "此汝手技乎! 可分食." 公笑之與之. 及至其邑, 校生祗迎其首者, 其人也, 公下車欲問, 則已逃矣.

6-127.

處士許格, 號滄海, 文靖公琛之孫也. 少學詩於東岳, 得其傳, 崇禎丙子以後, 遂停[232]擧業, 自稱'大明逸民', 足跡罕至城市, 年八十, 以壽終于家. 其春帖詩云: '栗里陶潛宅, 荊州王粲樓. 眼前無長物, 江漢一孤舟.' 李白軒景奭, 嘗赴京, 滄海以詩送之, 曰: '天下有山吾已遯, 城[233]中無帝子何朝.' 其節槪如此, 臨終, 盡焚其稿, 題一絶, 曰: '簇簇前峰削玉僧, 悠悠一水繞村澄. 臨流欲斫桃花樹, 恐引漁郎入武陵.' 以見其志.

---

228) 禎: 저본에는 '楨'으로 나와 있으나 이본에 의거하여 바로잡음.
229) 東: 저본에는 '束'으로 나와 있으나 가본에 의거하여 바로잡음.
230) 着: 저본에는 '者'로 나와 있으나 가본에 의거함.
231) 畫: 저본에는 '盡'으로 나와 있으나 가본에 의거함.
232) 停: 저본에는 '傳'으로 나와 있으나 이본에 의거함.
233) 城: 저본에는 '域'으로 나와 있으나 가, 나본을 따름.

6-128.

朴參判以昌, 尙州人, 安信子也. 少倜儻不羈, 嘗爲承旨, 陪駕而行, 路傍女子設幕, 觀者無數. 有一玉手, 鉤簾半露面, 公大唱曰: "纖纖玉手, 可以執, 可以摟兮!" 同僚曰: "彼必良家女, 君何發言如是?" 答曰: "彼爲良家女, 則我不爲良²³⁴⁾家子乎?" 左右皆噱.【『慵齋叢話』】

6-129.

二樂亭申文景公用漑, 字漑之, 高靈人, 叔舟之孫也. 天恣豪邁, 性嗜²³⁵⁾酒, 有時呼老婢, 相與引滿大酌, 醉倒而止. 嘗養菊八盆, 秋高盛開²³⁶⁾, 入置堂中, 賞玩不已. 一日, 謂家人曰: "今日, 當有八佳賓至矣, 備酒饌以待之." 日將暮, 而寂然無客, 家人稟曰: "已具盤矣." 公曰: "第少俟之." 月旣上, 花光月影, 爛熳交潔, 公呼²³⁷⁾曰: "進酒!" 指八盆菊花, 曰: "此吾嘉賓也." 各陳盛饌, 公曰: "我當行酒以銀桃盃." 各陳二盃而罷, 公亦大²³⁸⁾醉矣.

6-130.

安僉知道宗, 鄭僉知復始, 以同年及第, 入槐院. 鄭坐次於安下, 檢責甚嚴, 鄭苦之, 作詩曰: '荊江波暖訥魚肌, 槐院春深白日遲. 無可奈何安正字, 不如歸去鄭權知.' 蓋鄭家在荊江云.

---

234) 家: 저본에는 빠져 있으나 나, 다본에 의거하여 보충함.
235) 嗜: 저본에는 '耆'로 나와 있으나 이본에 의거하여 바로잡음.
236) 開: 저본에는 '盖'로 나와 있으나 이본에 의거함.
237) 呼: 저본에는 빠져 있으나 이본에 의거하여 보충함.
238) 大: 저본에는 빠져 있으나 나, 다본에 의거하여 보충함.

6-131.

趙滄江涑, 宰臨陂人也, 蘭谷宋進士民古, 自韓山寓, 來訪於縣令. 開座時, 甚喜多酬酌酒盃, 宋醉倒, 殆不省事. 卽以官馬駄送縣齋, 滄江隨後到, 宋下馬倒臥縣齋, 瞋[239]目視之, 曰: "吾詩成矣!" 因浪吟曰: '昏昏潦暑醉似泥, 送客風驪散碧蹄. 官路[240]驛亭如夢過, 不知身已小橋西.' 滄江諷詠嗟賞.

6-132.

鄭東溟斗卿, 字君平, 溫陽人, 之昇之孫, 順明[241]四世孫. 嘗爲北評事, 夜賦詩, 敲椎未定, 聞鷄鳴, 令下人捉鷄, 數之曰: "吾詩未定, 爾敢先鳴!" 卽命斬之.【『夢藝雜記』】

6-133.

蔡湖洲裕後, 字昌伯, 與鄭[242]東溟, 入試院, 東溟爲正言, 不干校考, 而時見落幅, 則必稱奇. 蓋譏誤考察, 頗苦之, 曰: "吾雖不文, 不忝主文柄, 君雖文章, 職是臺諫[243], 不宜越俎." 東溟大怒, 自拔其鬚, 而大呼曰: "昌伯乎! 爾偶讀東策登第, 主文幸耳, 吾視爾文衡有同腐鼠, 何敢嚇我乎?" 蔡卽笑而解之, 因呼酒以勸請賦詩, 時當[244]十月, 雷雨大作, 而科則式年會試也. 卽抽[245]筆書之, 曰: '白岳蒼雲一萬里, 夜來寒雨滿池中. 傍人莫怪冬雷動, 三十三魚盡化

---

239) 瞋: 저본에는 '瞑'으로 나와 있으나 이본에 의거함.
240) 路: 저본에는 빠져 있으나 이본에 의거하여 보충함.
241) 明: 저본에는 '朋'으로 나와 있으나 이본에 의거함.
242) 鄭: 저본에는 빠져 있으나 나, 다본에 의거하여 보충함.
243) 臺諫: 저본에는 '諫臺'로 나와 있으나 나, 다본에 의거함.
244) 當: 저본에는 빠져 있으나 나, 다본에 의거하여 보충함.
245) 抽: 저본에는 '描'로 나와 있으나 다본에 의거함.

龍.' 孝廟聞而嘉之, 歎246)曰: "此詩足以攘此災也."【『壺谷詩話』】

6-134.
金乖崖守溫, 長於詩文, 拙於治産. 每布247)書籍於床, 施席於其上, 人問其故, 乃曰: "床冷無氈也." 門前有大槐樹, 嫩葉成陰, 公令奴鉅斷, 人怪問之, 答曰: "家無薪, 欲炊飯也."【『慵齋雜記』】

6-135.
孫比長, 字永叔. 少時, 赴生員試, 及榜出, 則亂書姓名, 比長色沮, 曰: "榜無吾名." 其朋指示, 曰: "彼第某行者, 是子名也." 比長曰: "彼非孫比長, 乃絲比長." 孫字草書如絲字, 故也. 聞者齒冷.

6-136.
李容齋相公荇, 德水人, 貌侵, 性不喜梳洗. 上嘗燕閑, 問曰: "卿居家不梳洗然耶?" 對曰: "臣家有祭祀時, 臣常梳洗." 上大噱.【『終南叢志』】

6-137.
成察訪汝薰, 以爲, '人不可不知天文.' 一日, 把松炬升茅屋, 仰視星宿, 俯首文書, 不覺炬火落屋上. 俄而火起, 大驚跳下, 曰: "近日, 火星光芒, 果有火災, 天文信不虛矣."【『菊堂俳語』】

---

246) 歎: 저본에는 빠져 있으나 다본에 의거하여 보충함.
247) 布: 저본에는 빠져 있으나 나, 다본에 의거하여 보충함.

집필진 소개

- 연구책임자

  정환국　성균관대학교에서 박사학위를 받았으며, 현재 동국대학교 국어국문문예창작학부 교수로 있다. 한문학과 고전서사를 연구하고 있으며, 저역서로 『초기소설사의 형성 과정과 그 저변』, 『주생전·운영전·최척전·상사동기』, 『조선의 단편 1·2』, 『역주 신단공안』 등이 있다.

- 공동연구원

  이강옥　서울대학교에서 박사학위를 받았으며, 현재 영남대학교 명예교수로 있다. 고전산문을 연구하고 있으며, 저역서로 『죽음서사와 죽음명상』, 『한국야담의 서사세계』, 『구운몽과 꿈 활용 우울증 수행치료』, 『일화의 형성원리와 서술미학』, 『청구야담』 등이 있다.

  오수창　서울대학교에서 박사학위를 받았으며, 현재 서울대학교 명예교수로 있다. 문학작품을 포함한 넓은 시야에서 조선시대 정치사를 연구하고 있으며, 저역서로 『조선후기 평안도 사회발전 연구』, 『춘향전, 역사학자의 토론과 해석』, 『서수일기-200년 전 암행어사가 밟은 5천리 평안도 길』 등이 있다.

  이채경　성균관대학교에서 박사학위를 받았으며, 현재 성균관대학교 한문학과 초빙교수로 있다. 조선후기 야담을 주로 연구하고 있으며, 저역서로 『철로 위에 선 근대지식인(공역)』과 논문으로 「『어우야담』에 담긴 지적경험과 서사장치」, 「『금계필담』에 기록된 신라 이야기 연구」 등이 있다.

  심혜경　동국대학교에서 박사학위를 받았으며, 현재 동국대학교 국어국문문예창작학부 강사를 맡고 있다. 고전소설을 연구하고 있으며, 논문 「조선후기 소설에 나타나는 여성과 불교 공간」, 「윤회에 나타나는 정체성 바꾸기의 의미」, 「〈삼생록〉에 나타나는 애정문제와 남녀교환 환생의 의미」가 있다.

  하성란　동국대학교에서 박사학위를 받았으며, 현재 동국대학교 국어국문문예창작학부 강사를 맡고 있다. 고전소설을 연구하고 있으며, 저역서로 『포의교집(역서)』, 『절화기담(역서)』, 『한국문화와 콘텐츠(공저)』 등이 있다.

  김일환　동국대학교에서 박사학위를 받았으며, 현재 동국대학교 국어국문문예창작학부 교수로 있다. 조선후기 실기문학을 연구하고 있으며, 저역서로 『연행의 사회사(공저)』, 『조선의 지식인들과 함께 문명의 연행길을 가다(공저)』, 『삼검루수필(공역)』 등이 있다.

교감표점 정본 한국야담전집 5
계서잡록溪西雜錄 · **계서야담**溪西野譚

2025년 06월 10일 초판1쇄 펴냄

책임교열　정환국
펴낸이　　김흥국
펴낸곳　　보고사
등록 1990년 12월 13일 제6-0429호
주소 경기도 파주시 회동길 337-15
전화 031-955-9797(대표)
전송 02-922-6990
메일 bogosabooks@naver.com
http://www.bogosabooks.co.kr

ISBN 979-11-6587-825-2　94810
　　　979-11-6587-820-7　(set)
ⓒ 정환국, 2025

정가 32,000원
사전 동의 없는 무단 전재 및 복제를 금합니다.
잘못 만들어진 책은 바꾸어 드립니다.